邓小平与陈云的
世纪历程

张金才　著

人民出版社

目 录

前　言

　　在中共重要领袖人物中，只有邓小平和陈云跨越了两代中央领导集体。他们是共同经历较多、共事时间较长的两位领导人，也是新中国核心决策层中政治寿命最长的两个人。[①] 他们都出生于 20 世纪初，去世于 20 世纪末，共同走过几乎整个 20 世纪，经历了中国共产党革命、建设、改革的各个历史时期，这在中共领袖人物中是绝无仅有的。共同的经历形成了邓小平与陈云在生平业绩、思想理论和品德风范等方面诸多的相同点，奠定了他们长期合作的重要基础。与此同时，由于家庭出身、成长环境、革命历程以及工作领域等方面的差别，也形成了邓小平与陈云不同的性格特征、领导艺术和工作风格，为他们在合作的过程中更好发挥各自作用并互相配合创造了必要条件。以 20 世纪中国历史特别是中国共产党和中华人民共和国的恢宏历史为背景，以邓小平和陈云既相同又相异的政治生涯为主线，全景式地展示他们共同走过的近一个世纪的革命历程，这对于深化和拓展邓小平、陈云生平思想研究，推动中共党史和中华人民共和国史研究不断走向深入，具有重要的学术价值和现实意义。

　　改革开放以来，学术界已有一些对邓小平和陈云进行总体研究的成果问世。在学术论文类中，比较有代表性的是朱佳木的《改革开放初期的陈云与邓小平》（《当代中国史研究》2010 年第 3 期）。文章指出，邓小平和陈云是改革开放初期中共中央决策层中起关键作用的两个人。纵观这一时期陈云与邓小平的关系，可以说他们彼此之间的合作与相互补充是主流，是第一位

---

① 　朱佳木：《改革开放初期的陈云与邓小平》，《当代中国史研究》2010 年第 3 期。

的，差别与分歧是支流，是第二位的；而且，他们之间的差别与分歧也不在于要不要改革开放，而在于如何改革开放。在一系列重大问题上的一致主张是他们携手启动改革开放的思想基础；他们在改革开放的过程中相互支持、配合和补充，使各项事业得以较顺利地进行。在分歧面前，他们以改革开放大局为重，求大同存小异。他们的合作不仅给改革开放事业奠定了良好基础，而且直到今天仍然对中国政治生活产生着深远的影响，成为留给后人的一份宝贵的政治遗产。另外，黎虹的《邓小平、陈云与中央顾问委员会》（《中共党史研究》2017 年第 3 期）、高光景的《邓小平、陈云与改革开放初期的干部队伍建设》（《党的文献》2017 年第 3 期）也较具代表性。在学术著作类中，已有的研究成果是刘杰、徐绿山著的《邓小平和陈云在十一届三中全会前后》（中央文献出版社 2009 年版）。本书全面介绍了邓小平和陈云在中共十一届三中全会前后的历史功绩，内容包括：历史转折的源头可以追溯到 1975 年整顿、粉碎"四人帮"以后孕育历史的转机、思想解放大潮中吹响历史转折的号角等。但直到目前为止，对邓小平和陈云从总体上进行世纪考察的学术论文或著作还不多见。从这个意义上，可以说本书填补了这方面的学术空白。

本书不是邓小平、陈云两人的合传，也不是他们的比较研究，而是重在分析他们革命生涯中各个阶段、各个方面的异同点，考察他们在各个历史阶段、各个工作领域以及各个重大事件中的合作与共事，以此展示他们共同走过的近一个世纪的革命历程。这是本书的主要内容与基本特色。

第一章

生于 20 世纪初

邓小平和陈云均出生于 20 世纪初。20 世纪初的中国在西方帝国主义列强的瓜分下已完全坠入半殖民地的深渊，国家积贫积弱，人民饥寒交迫，并且面临着亡国灭种的危险。在这样日益深重的民族危机和社会危机下，近代中国民族民主革命所面临的反帝反封建的任务，更加迫切地摆在中国人民面前。每位生于这个年代的中华儿女，都注定要承担起实现民族独立和人民解放的历史重任。邓小平和陈云就是在这样的时代背景下先后出生的。

邓小平于 1904 年 8 月 22 日出生在四川省广安州望溪乡姚坪里（今广安市广安区协兴镇牌坊村）；陈云于 1905 年 6 月 13 日出生在江苏省青浦县(今上海市青浦区）练塘镇下塘街。邓小平年长陈云近一岁。他们出生时，正值资产阶级民主革命形势迅速发展。孙中山在 1905 年发起成立的中国同盟会，完整地提出以建立一个资产阶级民主共和国为目标的政治纲领，标志着中国人民开始自觉地为建立一个独立的民主国家而斗争。

邓小平和陈云虽属同龄人，都出生于 20 世纪初，但他们的人生起点诸如家庭身世、成长环境及教育背景等方面却迥然不同。

在家庭身世方面，邓小平出生于一个小地主家庭。祖父邓克达，靠纺线织布积攒家业，置下田地十几亩。父亲邓绍昌，曾就学于成都法政学校，接受新式教育，交游颇广，思想开明。当过教员，当过望溪乡哥老会首领，辛亥革命时期参加四川革命党人起义，1914 年左右担任广安警卫总办（又称团练局长），将家业逐渐扩大。家里最多时有 40 亩田和几万株桑。[①] 邓小

---

① 参见《邓小平年谱（1904—1974）》（上），中央文献出版社 2009 年版，第 1 页。

平家是一座有着典型川东北民居风格的农家三合院，坐东朝西，青瓦粉壁，共有 17 间，当地人称"邓家老院子"。陈云出生于一户贫苦农民家庭，父亲陈梅堂务农兼做手工业，全家既无田地又无房产，几乎一无所有，只能借住在陈徐祠堂里。陈云快出生时，宗族势力不允许他母亲在祠堂里生产，怕"玷辱"祖宗牌位，陈梅堂只好另找住处。后来开米行的闵仲兰同意将他家住宅东侧两间简陋小屋租给他们居住，陈云即出生在这里。①

在成长环境方面，邓小平的家乡广安位于四川省东部。四川，人称"天府之国"。广安，西距成都 200 余公里，南距重庆 100 余公里。这里气候温和，雨量充沛，土地肥沃，是川东北主要粮食产地。邓小平自幼聪明，又是家中长子，因而深得父母喜爱。他后来回忆说："父母之爱我犹如宝贝一般。"邓小平的弟弟邓垦后来也回忆说："我母亲也非常爱小平，他是长子。"②这样的成长地域和家庭环境养成了邓小平敢作敢为、干脆利索、活泼开朗③、乐观忍耐的性格特征。陈云虽家境贫寒，但却生长在典型的江南水乡。他的家乡练塘镇交通便利，经济发达，商业繁荣，是闻名遐迩的鱼米之乡。青浦地处太湖下游，黄浦江上游。境内水网相连，东部河江交错，西部湖荡群集，连通太湖和黄浦江的太浦河，自西向东，流贯青浦全境，内河航运具有天然优势，是苏浙沪的重要水上通道。练塘镇自然条件比较优越。这里地势低平，土地肥沃，镇中心有一条名叫"三里塘"的市河流过，船只往来便利，很早就成为这一带以米市为主的集镇。生长在这样的地域环境中，陈云从小就受到家乡浓郁经济气息的浸染和熏陶。多年后，他的子女问他"为何父亲只有高小文化，却能有这么多的办法和经验"时，陈云回答，上海是金融、经济的中心，这个城市是怎么运转的，他从小耳濡目染。④

---

① 参见《陈云传》（一），中央文献出版社 2015 年版，第 2 页。

② 《邓小平传（1904—1974）》（上），中央文献出版社 2014 年版，第 5 页。

③ "少年时期的邓小平，活泼聪颖，好学善思。"中共广安地委罗松柏：《浓浓的乡情　深深的怀念》，载中共中央文献研究室编：《回忆邓小平》（下），中央文献出版社 1998 年版，第 525 页。

④ 参见《陈云的三个"上海时刻"》，《解放日报》2015 年 6 月 1 日。

　　陈云的童年十分不幸，两岁丧父，四岁丧母，由舅父母抚养长大。为维持生活，舅父母先是开裁缝铺，后因生意冷清，又在家里改开小夜酒店，到晚上卖卖点心，做点小菜，供做生意和听评弹的顾客宵夜，从中赚一点辛苦钱。陈云回忆说："每晚的生意几角到三四元（可赚二分利）。"① 陈云初小毕业后，由于舅父母无力供他继续升学，只好在家"帮助料理酒店生意，充当小伙计"②。这样的成长经历和家庭环境，养成了陈云沉着、文静、内向的性格，培育了幼年陈云的经营意识，为他后来一贯重视经济工作，并最终成长为新中国财经工作领导人埋下了种子。

　　在教育背景方面，邓小平和陈云虽然天资都很聪颖，但家境的差别决定了他们不同的求学之路。邓小平由于家境殷实，父亲开明，5 岁即入本村私塾发蒙，6 岁入望溪乡初级小学堂读书，接受新式教育。学习的主要课目有国文、体操、图画等。学堂由邓绍昌和本乡曾留学日本的革命党人胡光白等创办，邓绍昌本人在学堂教过课。11 岁考入广安县立高等小学堂，住校读书。学校为全县唯一的高等小学堂，位于广安县城。学习的主要课目有国文、算术、理科（理化知识）、史地、修身等。14 岁从广安县立高等小学堂毕业，考入广安县立中学。学习的主要课目有修身、国文、历史、地理、数学、博物、化学、物理、体操等。15 岁那年，收到在重庆的父亲捎来嘱去重庆报考留法勤工俭学预备学校的口信。说服母亲，和族叔邓绍圣、同学胡伦一起去重庆。9 月中旬，经考试被重庆留法预备学校作为自费生录取。学校设施简陋，学生一律走读，食宿自理，学制一年。学校设有法语、中文、代数、几何、物理及工业常识等课目，让学生粗通法语并掌握一定的工业技术知识，为赴法勤工俭学做准备。16 岁那年，邓小平从重庆留法预备学校毕业，踏上了留法勤工俭学的途程。③ 由此可见，邓小平天资是聪颖的，求学之路是顺利的，虽然后来到法国后，因生活所迫只在中学学习过几个月，就先后到几个工厂做工去了，但相比陈云的求学之路，还是优越得多。

陈云天资也很聪颖，但因为家境贫寒，只断断续续读完高小就辍学了。陈云8岁就读私塾，受启蒙教育。每日读《三字经》《百家姓》等书，习毛笔字。9岁进本镇贻善国民学校（初小）读书。根据已有文化程度，被校方分在三年级。对学校设置的国文、算术、手工、体育等课程都很喜欢，上课时仔细听讲，下课后一丝不苟地完成作业，每天还起早到课堂读书、习字，加上天资聪慧、记忆力强，故门门功课成绩优异，受到教师和乡亲们的称赞。11岁在贻善国民学校毕业后，因家境困难，未能继续升学，在家帮助舅父母料理家务。12岁那年，在舅母一位亲戚的资助下，得以进距练塘镇二十多公里的青浦县立乙种商业学校读书，学习一般高小课程及珠算、簿记等。两个月后因资助中断，再次辍学回家。这次在校时间虽短，但学会了珠算和记账等。辍学后，陈云在舅父的小酒店里不声不响地做些杂务。在来舅父家酒店的常客中，有一位中年人叫杜衡伯，是镇颜安小学校长。因为常来这家小酒店，时间长了，他看到瘦弱的陈云蹲在灶前烧火，做些酒店杂务，便跟他攀谈起来。交谈中，他发现陈云聪敏好学，谈吐流利，记忆力强，便免费保荐陈云入颜安小学高小部读书。这样，陈云又获得重新上学的机会。14岁那年，毕业于颜安小学高小部。因不愿加重家庭负担，不再继续求学，在家中帮助舅父母做家务。陈云的班主任老师张行恭同情陈云的遭遇，又欣赏他的才干，通过在上海商务印书馆工作的弟弟张子宏，介绍陈云进商务印书馆当学徒。从此陈云开始了独立谋生的生活。这年他才15岁。①

邓小平和陈云出生在同一个时代，承担着共同的历史使命，但上述几方面的差别，对他们后来各自的革命历程产生了重要影响，形成了他们不同的政治生涯、工作领域、性格特征以及领导风格，甚至他们在健康状况及兴趣爱好等方面的差别，大都也可以从他们不同的家庭身世及成长环境中寻到根源、找到答案。

邓小平的身体一直很好。尽管在法国勤工俭学期间因为干重体力劳动

---

① 参见《陈云年谱（修订本）》上卷，中央文献出版社2015年版，第6—14页。

影响了身体发育①，但他一生都很健康。这固然和他后天坚持锻炼有很大关系，但邓小平小时候家境比较殷实，生活条件较好，为他的身体打下了好底子，不能不说是一个重要原因。相反，陈云的身体一直不太好，动不动就病倒休息。他曾形容自己是"木炭汽车"，走走停停，走几里路，就要停下来，加加"热"，修理修理，有时还要有人推一推。② 这和他幼年的贫寒家境及不幸身世有很大关系。陈云曾痛苦地回忆："吾母生我之后即患疯病，终年在床上不能自己大小便。所以没有奶吃，我自小（先天和后天）身体均差，与母亲的病有很大关系。"③

邓小平性格活泼，爱好广泛，喜欢打桥牌和游泳，尤其喜欢在室外特别是大海里游泳，说那样才有股气势。相反，陈云生性沉静，爱好很少，最大的爱好就是听评弹。陈云的幼年是伴随着评弹艺人的娓娓道白和丝弦弹唱度过的。在喜爱评弹的舅父带领下，陈云不知不觉地也喜欢上这种艺术形式。由于书场离家很近，陈云常常随舅父去听书，有时舅父不去，就自己一个人到长春园听书。听得时间长了，就形成了爱好，这个爱好一直伴随他一生。1977 年 6 月 19 日，陈云在谈起同评弹的接触时说："我十岁前就听书，先是跟舅舅去听，听上瘾了，有时就一个人去。"④从这里，我们同样可以看到邓小平和陈云不同的家庭环境对他们不同性格爱好的影响。

---

① 1985 年 4 月 24 日，邓小平在会见美国联合汽车工人工会代表团和工会领导人访华团，谈到自己在法国的经历时说："我在法国呆了五年半，其中在工厂劳动了四年，干重体力劳动。我的个子小，就是因为年轻时干了重劳动。"见《邓小平年谱（1975—1997）》（下），中央文献出版社 2004 年版，第 1043 页。

② 参见《缅怀陈云》，中央文献出版社 2000 年版，第 19 页。

③ 《陈云传》（一），中央文献出版社 2015 年版，第 2 页。

④ 《陈云年谱（修订本)》下卷，中央文献出版社 2015 年版，第 233 页。

第二章

走上革命道路

伟大的时代造就伟大的人物。邓小平和陈云这一辈无产阶级革命家有个共同的时代特征，就是年纪轻轻即走上革命道路。他们两人都是在20岁加入中国共产党，从此成为一名忠诚的共产主义战士，并在70多年波澜壮阔的革命生涯中，为中国新民主主义革命的胜利和新中国的成立，为中国社会主义的创建、巩固和发展，建立了永不磨灭的功勋。这既是时代对他们提出的必然要求，也是他们顺应时代潮流，为实现民族独立和人民解放而作出的自觉政治选择。

邓小平是在法国勤工俭学期间走上革命道路的，陈云是在上海商务印书馆当学徒和店员期间走上革命道路的，虽然之间远隔重洋，相距万里，但他们走上革命道路的情形是相似的，原因是相同的，

首先，他们都经历过五四运动的洗礼。爆发于1919年的五四运动，激起了尚处于青年时期的邓小平和陈云的极大爱国热情。他们积极投身到这场轰轰烈烈的反帝爱国运动中去。经过这场运动的洗礼，邓小平和陈云增强了爱国思想和民主思想，对他们日后走上革命道路产生了重要影响。

邓小平的家乡虽处于偏远的西南内陆，但也受到了运动的影响。五四运动爆发后，四川各地积极响应举行了声势浩大的游行集会。5月下旬，广安县立中学和县立高等小学堂联合成立学生爱国分会，召开会议通过广安学生爱国简章。邓小平参加了学生爱国分会组织的游行、集会、宣传、罢课和抵制日货等活动。这是他第一次投身群众斗争和政治斗争。11月17日和18日，邓小平又参加了重庆留法预备学校等校学生举行的抵制日货的爱国活动。两千多名学生到重庆警察厅示威，抗议警察厅厅长挪用公款套购并拍卖

日货。学生们将部分日货运到朝天门当场焚毁，回到学校后又焚烧、毁坏带有日本商标的牙粉、脸盆等日用品，以表示抵制日货的决心。① 这场斗争进一步激发了邓小平的爱国热情。"从这一刻起，邓小平本人便与中国人努力摆脱洋人欺侮、恢复其伟大和强盛地位的事业分不开了。"② 这场斗争还使他进一步增强了工业救国的思想。他自己后来说，由于参加了这个运动，"爱国救国思想有所提高。这时所谓救国思想，无非是当时在同学中流行的所谓工业救国思想。在那时我的幼稚的脑筋中，只是满怀希望地到法国去一面勤工，一面俭学，学点本事回国，如此而已。"③

陈云的家乡地处信息灵通的东部沿海，因而受五四运动的影响更深。5月9日，青浦学界举行游行示威，声讨卖国贼曹汝霖、陆宗舆、章宗祥的罪行，城乡各界民众高呼"提倡国货""抵制日货"的口号，散发传单，通电全国要求释放因爱国运动而被捕的学生。11日，青浦县教育会发动全县各校停课3天，上街宣讲国耻。颜安小学的师生很快行动起来。5月中旬，陈云参加了颜安小学高小部师生组成的童子军、救国10人团及宣传队，到练塘镇街头、明园寺及附近的小蒸、泖口等地宣讲国耻，表演短剧，张贴标语，号召抵制日货，高呼"睡狮快醒""不当东亚病夫""打倒卖国贼""废除二十一条""收回青岛"等口号，并在校内带头发起组织救国储金会，动员同学们捐献零用钱，到街头募捐，为爱国宣传活动筹措资金。1939年5月4日，陈云在延安纪念五四运动20周年大会上讲话时说："'五四'的时候，我才十五岁，是一个高等小学三年级的学生。那个学校是在上海附近的乡间，很快就受到'五四'的影响。我们由一个姓张的教员领导着罢课之后，还进行了宣传和演剧。我还记得，我们演的剧叫做《叶名琛》，我也扮了一个角色。有一次在茶馆里讲演，我讲演的时候手足似乎蛮有劲，把脚一顿，桌子上的茶壶都给碰翻了。我们这个小镇也罢了市，人民反对日本和反对卖

---

① 参见《邓小平年谱（1904—1974）》（上），中央文献出版社2009年版，第7页。

② ［美］傅高义著：《邓小平时代》，冯克利译，生活·读书·新知三联书店2013年版，第35页。

③ 《邓小平传（1904—1974）》（上），中央文献出版社2014年版，第22页。

国贼的情绪，确是很高涨。"①经过这场反帝爱国运动的洗礼，陈云懂得了许多国家大事，受到了生动的爱国主义教育，在他少年的心灵里埋下了革命的种子。

其次，他们都从做工经历中产生了革命要求。邓小平和陈云做工的经历使他们对工人阶级受压迫、受剥削的地位有了切身感受，对通过斗争维护工人自身利益、改变不平等社会产生了强烈愿望。这对他们走上职业革命者道路具有重要影响。

邓小平去法国本来是想勤工俭学的，但到法国后，因生活所迫，只在巴耶中学学习过5个月，就先后到几个工厂去做工。1921年4月2日，邓小平到克鲁梭市施奈德钢铁厂轧钢车间当散工，具体工作是人工拖送热轧钢材。这项工作劳动强度很大，又非常危险。不满17岁的邓小平因不堪重负，于4月23日辞去了这份工作。邓小平在这家工厂做了21天的苦工，工资微薄，所赚的钱连饭都吃不饱，还倒赔一百多法郎。这使他初步了解到资本主义社会的黑暗面，体验了工人阶级受压迫受剥削的苦难处境。②从4月26日至10月等待做工的6个月间，邓小平曾做饭馆招待、火车站码头搬运工、清洁工等各种杂工。他后来回忆说："生活的痛苦，资本家走狗——工头的辱骂，使我直接或间接地受到很大的影响，最初两年对资本主义社会性的痛恶略有感觉。"③10月22日，他又到巴黎制作纸扇和纸花的香布朗工厂当扎花工。虽然工价很低，做一百朵花才挣两个法郎，但大约两周后，因活做完，邓小平与一起进厂的一百多名中国勤工俭学生还是于11月4日被厂方解雇。1922年2月14日，邓小平进入夏莱特市哈金森橡胶厂制鞋车间做工。这项工作劳动强度虽不大，但节奏很快。在这家工厂，他断续工作到1923年3月7日。在异国他乡几次做工的经历，使邓小平体验到了劳动和生活的艰辛，也体验到了资本家对工人的残酷剥削，对工人阶级政治上受压迫、经济上受剥削的地位有了更加切身的感受和深刻的认识。

---

① 《陈云年谱（修订本）》上卷，中央文献出版社2015年版，第12—13页。
② 参见《邓小平年谱（1904—1974）》（上），中央文献出版社2009年版，第12页。
③ 《邓小平年谱（1904—1974）》（上），中央文献出版社2009年版，第12—13页。

1985 年 4 月 24 日，邓小平在同美国联合汽车工人工会代表团和美国工会领导人访华团谈到自己在法国的这段经历时说："我也是一个工人，1920 年在法国当工人，那时才 16 岁。当时是勤工俭学。勤工就是劳动，想挣一点钱上学。但这个目标没有实现。我在法国呆了五年半，其中在工厂劳动了四年，干重体力劳动。我的个子小，就是因为年轻时干了重劳动。当时工资很低。但也有个好处，这样的生活使我接受了马克思主义。"① 同年 8 月 31 日，他在会见法国对外关系部部长迪马时又说："我曾在法国呆过五年零两个月，在工厂做工近四年。我同工人关系很好，但你们的资本家也教训了我，使我和我们这批人受到教育，走上了共产主义道路，并信仰马列主义。"② 这些回忆很好地诠释了邓小平在法国做工的经历对他后来接受马克思主义、走上革命道路所产生的重要影响。

陈云在商务印书馆当学徒和店员的生活虽不及邓小平在国外做工那样艰辛，但他作为商务印书馆的一名普通职员，和为数众多的低薪职工一样，也是处于馆内最底层。当时的商务印书馆：（一）俸金微薄。月薪不满 20 元的职工占 75%，因俸金微薄不能携带眷属的职工占 95%；学徒初期月薪只有 2 元，3 年后加满 5 元并升为职员；职员满 5 年不过 15 元至 20 元。（二）工作时间太长。职员每日上午 8 时到馆，下午 7 时半出馆，连路上所费时间共需 13 小时，工友每日在 14 小时以上。（三）待遇不平。馆内每年的花红，总经理、经理及公司高级职员有几万或几千元之多，普通职员只有十余元或数十元不等，病假也要扣薪。③ 再加上资方对集会结社的戒备，使他们的处境日趋艰难，长期以来郁积着强烈的不满和愤怒。1925 年上海五卅运动给商务职工巨大鼓舞，使他们看到自己的力量，认识到工人要解脱苦痛，只有工人自己向前去奋斗；工人自身的利益，只有工人自己去要求。他们决定组织起来，为自己的利益进行斗争。于是爆发了 1925 年 8 月的商务印书馆大罢工。年轻的陈云参加领导了全馆职工大罢工，得到了参与领导和

---

①　《邓小平年谱（1975—1997）》（下），中央文献出版社 2004 年版，第 1043 页。

②　《邓小平思想年谱（1975—1997）》，中央文献出版社 1998 年版，第 333 页。

③　参见《陈云传》（一），中央文献出版社 2015 年版，第 30 页。

组织工人运动的实际锻炼。罢工胜利后不几天，他即加入中国共产党，走上了职业革命者道路。

后来，陈云这样回忆他入党的经过："当时之加入共产党最大的原因是大革命的潮流的影响，同时生活上眼见做了五年学徒，还是每月只赚七元钱的工资，罢工以后，就接近了党了。"①

最后，他们都接受了革命思想的宣传。邓小平和陈云在做工中受中国共产党早期党员及马克思主义传播的影响，接触并接受了革命的民主思想和共产主义思想，对他们走上职业革命者道路产生了直接影响。

邓小平是在哈金森橡胶厂做工时接受革命思想的。在这里，他结识了同厂做工的王若飞和常来哈金森进行革命活动的赵世炎。在他们的影响下，邓小平开始阅读《新青年》等进步书刊，逐渐接受革命思想。他后来回忆说："我自觉那时是有进步的。因为我起初在看关于社会主义的书报了。最使我受影响的是《新青年》第八、九两卷及社会主义讨论集。我做工的环境使我益于陈独秀们所说的话是对的，因此，我每每听到人与人相争辩时，我总是站在社会主义这边的。"②1923年3月，邓小平离开哈金森工厂前，舒辉暲动员他加入旅欧中国共产主义青年团，之后汪泽楷又同他谈过两次话。这使邓小平的思想发生了重要变化，产生了加入革命组织的要求和愿望。他后来回忆说："从自己的劳动生活中，在先进同学的影响和帮助下，我的思想也开始变化，开始接触一些马克思主义的书籍，参加一些中国人和法国人的宣传共产主义的集会。"③"一方面接受了一点关于社会主义尤其是共产主义的知识，一方面又受到了已觉悟的分子的宣传，同时加上切身已受的痛苦，有了参加革命组织的要求。"④同年6月，邓小平正式加入旅欧中国共产主义青年团。加入组织后，他一边继续做杂工，一边在周恩来领导下参加旅欧共青团机关刊物《少年》（后改为《赤光》）杂志编辑工作，负责刻蜡版和油印，并

① 《陈云传》（一），中央文献出版社2015年版，第36页。
② 《邓小平年谱（1904—1974）》（上），中央文献出版社2009年版，第15页。
③ 《邓小平传（1904—1974）》（上），中央文献出版社2014年版，第43页。
④ 《邓小平年谱（1904—1974）》（上），中央文献出版社2009年版，第17—18页。

用本名和化名发表文章，批驳中国青年党的谬论，揭露帝国主义对中国的侵略，号召留欧青年回国投身革命等。邓小平因刻字工整，印刷清晰，装订简雅，被大家称为"油印博士"。在 1924 年 7 月 13 日至 15 日召开的旅欧中国共产主义青年团第五次代表大会上，邓小平当选为执行委员会委员。7 月 16 日，在执委会举行的第一次会议上，邓小平当选为执委会书记局成员。根据中共中央有关规定，凡担任旅欧共青团执委会领导成员者，即自动转为中国共产党党员。邓小平时年 20 岁。从此，他走上无产阶级职业革命家道路，成为一名忠诚的共产主义战士。

陈云在上海商务印书馆当学徒、店员期间，中国社会正发生着深刻的变化，革命的急风暴雨即将来临。1921 年 7 月，中国共产党在上海成立，随后成立了中国劳动组合书记部，加强了对工人运动的领导，中国工人运动率先掀起革命高潮。陈云学徒的商务印书馆是当时上海最重要的一支产业工人大军和知识分子聚集的地方，是当时中国共产党的一个重要活动据点。在中共最早的党员中，陈独秀、沈雁冰（茅盾）、董亦湘、杨贤江等都在这里工作过，并在馆内积极发展党、团组织。同时，商务印书馆又是一个文化氛围浓厚的地方。在这里，陈云有机会接触到当时社会上流行的种种思想和政治主张。这样的时代背景和做工环境，对陈云走上革命道路产生了重要而深刻的影响。

在五卅反帝爱国运动中，陈云和商务印书馆大多数职工一起，参加了罢市和游行。五卅运动直接导致商务员工大罢工，要求组织工会、改善待遇。在这场罢工斗争中，年轻的陈云因为在发行所职工中有较高威信及在五卅运动中的表现，被推举为发行所职工会委员长，参加领导了全馆职工大罢工。陈云因在参加领导商务印书馆罢工中表现突出，在罢工胜利后不几天，也就是 1925 年 8、9 月间，就由商务印书馆编译所中共党员董亦湘、发行所中共党员恽雨棠两人介绍，加入中国共产党。这年他才 20 岁。从此，陈云由一个好学上进的店员，开始成长为一名坚定不移的无产阶级革命者。入党是陈云思想上的重大转变，是他新的政治生命的开始。从此，他为中国共产党领导的中国人民解放事业和社会主义事业奋斗了整整 70 年，贡献出毕生的精力。

陈云下决心参加中国共产党，是他积极投身罢工斗争实践的结果，也是他刻苦阅读革命书籍的结果。这以前，特别是五卅运动后，他经过同事介绍，常到上海通讯图书馆去读书。在这里，陈云读到了马克思主义书籍和其他进步书籍。这对他走上革命道路产生了重要影响。陈云后来在自传中说到入党经过时写道："入党动机显然由于罢工运动和阶级斗争之影响。此时看了《马克思主义浅说》《资本制度浅说》，至于《共产主义 ABC》还看不懂。这些书看来它的道理比三民主义更好。罢工斗争和看了两本书就加入了党，但是我自觉入党时经过考虑，而且入党以后，自己觉得此身已非昔比，今后不是做成家立业的一套，而是要干革命，这个人生观的改革，对我以后有极大的帮助。"①

走上革命道路后，邓小平继续在国外参加党的组织和宣传工作，直到1927年春从苏联回国；陈云继续参加领导工人运动，直到1927年9、10月间离开商务印书馆。

1925年春，邓小平作为中共旅欧支部特派员，被派到里昂地区工作，任宣传部副主任、旅欧中国共产主义青年团里昂支部训练干事，兼任中共旅欧支部里昂小组书记，成为里昂党团组织负责人，同时在里昂做工。6月下旬，邓小平得知在巴黎的中共旅欧支部和旅欧中国共产主义青年团负责人因反帝国主义活动而被捕，他辞去工作回到巴黎，接替党团组织的领导工作。

面对法国当局对中共旅欧党团组织成员的迫害，邓小平没有退缩，而是立场更加坚定，活动更加积极。9月15日，在巴黎塞纳河旁一个会议厅，他参与组织召开旅法华人声援国内五卅运动反帝大会，一千多名旅法华人参加。10月24日，在伊希—莫利诺市夏尔洛街一家咖啡馆主持召开有25人参加的会议，讨论重建在法国的中共组织机构和创办刊物问题。11月15日，在贝勒维拉市布瓦耶街23号主持召开有47人参加的会议，纪念遭法方驱逐病逝于回国船上的王京岐，抗议法国警察逮捕中国人。1926年1月3日，

---

① 《陈云年谱（修订本）》上卷，中央文献出版社2015年版，第25页。

出席旅法中国行动委员会在贝勒维拉市布瓦耶街 23 号召集的会议。在会上发表演说，提出："要和苏俄政府亲如兄弟，反对国际帝国主义。"①

邓小平的频繁活动，引起了法国警方的注意。他后来回忆说："因为我比较活跃。我们的行动法国警察都是清清楚楚的！"②法国警方在监视邓小平的报告中说他"是共产主义的活动分子，经常在共产党的各种会议上发言，并极力主张亲近苏联政府。他还拥有许多共产主义的小册子和报纸，并收到过许多寄自中国和苏联的来信。在邓的身边有两名追随者，与他同住同行"③。

1926 年 1 月 8 日晨，巴黎警方对邓小平等人所住的卡斯德亚街 3 号旅馆 5 号房间进行了搜查，发现了大量法文、中文的宣传共产主义小册子《中国工人》《孙逸仙遗嘱》《共产主义 ABC》和莫斯科出版的中国共产主义报纸《进步报》等中文报纸，以及油印机用印刷金属板、滚筒和印刷纸等。法国警方原准备搜捕邓小平等人并将他们驱逐出境，但在 1 月 7 日晚，邓小平和傅钟等 19 人已乘火车离开巴黎，踏上了奔赴十月革命的故乡——苏联的途程。

邓小平于 1926 年 1 月 17 日到达苏联后，先在莫斯科东方大学学习，后转入中山大学学习。邓小平很珍惜在苏联学习的机会。他在当时写的自传中说道："我能留俄一天，我便要努力研究一天，务使自己对于共产主义有一个相当的认识。"④邓小平学习的课程有中国革命运动史、世界通史、社会发展史、哲学、政治经济学、经济地理、列宁主义以及军事课等。在组织生活方面，邓小平对党小组工作非常热心，积极参加党团员每周一次的党小组会，并就中国革命等重要问题进行讨论。他还经常作为代表，同国民党右派分子进行辩论。

经过近一年的学习，邓小平比较系统地学习了马克思主义基本理论，

① 《邓小平年谱（1904—1974）》（上），中央文献出版社 2009 年版，第 23—25 页。
② 《邓小平传（1904—1974）》（上），中央文献出版社 2014 年版，第 55 页。
③ 《邓小平年谱（1904—1974）》（上），中央文献出版社 2009 年版，第 25 页。
④ 《邓小平年谱（1904—1974）》（上），中央文献出版社 2009 年版，第 28 页。

比较系统地掌握了国际共产主义运动和中国革命运动的发展历史，思想理论水平有很大提高；在学习期间，邓小平还积极参加和组织党的活动，从事组织工作和宣传工作的能力有很大提高。这都为他回国后进行革命活动奠定了重要基础。

邓小平在学习期间的出色表现，赢得了学校领导的好评。1926年11月5日，莫斯科中山大学联共（布）党支部书记阿戈尔在为邓小平签写的鉴定书中说他"是一个十分积极、精力充沛的党员和共青团员（联共（布）预备党员）。他是该大学共青团委员会的一名优秀组织工作者，组织纪律性强，有克制能力，学习能力强，在团委会的组织工作中积累了丰富的经验，进步很快。积极参加社会工作，同其他人保持同志关系。学习优秀、党性强（单独开展工作——单独做国民党党员的工作，被指派做这项工作的都是最优秀的党员）。该同志最适合做组织工作。他具有在法国无产阶级组织的工作经验"①。

1926年11月，中共中央和共产国际决定，选派邓小平等二十几人回国到冯玉祥国民军做政治工作。党组织对他的鉴定是："非常积极，有能力，是一名优秀的组织工作者。守纪律，沉着坚定。学习优秀。党性强。"这年年底，邓小平结束了在苏联的学习，从莫斯科启程回国，投身到国内火热的革命斗争中。

邓小平在法国和苏联参加党的组织和宣传工作的这段时间里，陈云是在商务印书馆参与领导工人运动。

1925年12月22日至25日，商务印书馆发行所和印刷所职工，因馆方报复性地开除发行所和印刷所17名工人进行第二次罢工。陈云参与领导了这次罢工斗争。22日，陈云代表罢工委员会向馆方提出8项复工条件。尽管这次罢工遭到淞沪戒严司令部的武装干涉和工贼的分化破坏，但罢工最终还是取得了胜利。

从1926年10月至1927年3月，陈云作为基层工会领导人，先后参加

---

① 《邓小平年谱（1904—1974）》（上），中央文献出版社2009年版，第30页。

了上海工人为配合国民革命军北伐而举行的三次武装起义。

1926年10月23日至24日，为配合北伐军向江浙挺进，中共上海区委领导上海工人举行了第一次武装起义。商务印书馆工人纠察队担任闸北区部分战斗任务。陈云参加了这次起义。但由于起义准备不足，行动不一，以及归附北伐军的浙江省省长夏超进兵到嘉兴时被孙传芳部队打败，这次武装起义还没真正发动起来就失败了。第一次武装起义失败后，中共上海区委在继续进行军事准备的同时，努力发展工会组织。1926年12月5日，上海店员总联合会宣告成立。陈云代表商务印书馆发行所职工会参加了店总成立大会，会后又受上海总工会指派参加店总领导工作。陈云的革命活动范围开始超出商务印书馆。

1927年2月15日，中共中央召开紧急会议，决定在北伐军到达松江时，上海宣布总罢工，并组织第二次武装起义。2月19日晨6时，上海15万工人开始总罢工。陈云领导南京路上的先施、永安、新新、丽华四大百货公司的店员参加了罢工。21日，罢工人数增至35万，并于当晚与反动军警发生局部战斗。中共中央决定从22日起由总罢工转入武装起义。22日晚6时，上海工人举行第二次武装起义。陈云参加了起义。由于参加起义的水兵未能及时发出起义信号，打乱了起义计划；加之蒋介石命令在嘉兴的白崇禧部停止进攻上海，使工人武装陷入孤军奋战的困境。第二次武装起义又以失败而告终。

1927年2月23日，中共中央和上海区委召开联席会议，决定立即停止第二次武装起义，并组成特别委员会，准备发动第三次武装起义。经过周密准备，第三次武装起义的时机终于到来。3月21日中午，上海80万工人举行总罢工，并立即转入第三次武装起义。起义后1小时，陈云受上海总工会派遣，去龙华与北伐军白崇禧部接头，请求国民革命军出兵助战，遭到拒绝。陈云后来回忆说："三次暴动时未参加纠察队，只管工会。三次暴动后一小时被上总（指上海总工会——引者注）派去新龙华与白崇禧接头，要求国民革命军速进上海（被拒），故未直接参加武装斗争。"①22日晚6时，

①《陈云传》（一），中央文献出版社2015年版，第50页。

上海工人第三次武装起义取得最后胜利，盘踞上海的军阀孙传芳部被彻底打败。

大革命失败后，陈云因遭到国民党反动派的监视和通缉，于 1927 年 9、10 月间离开了商务印书馆。从 1919 年至 1927 年，在商务印书馆工作的 7 年间，陈云完成了从学徒、店员到职业革命者的转变。此后，他投入工农运动的滚滚洪流，踏上了新的革命征程。

第三章

英年担当重任

　　邓小平和陈云都是在英年即脱颖而出，担任高级职务，承担重要责任。邓小平23岁担任中共中央秘书长，25岁以中共中央代表的身份全面领导广西党组织的工作；陈云25岁任中共中央候补委员，26岁任中共中央委员，27岁任中华全国总工会党团书记，独立主持全总工作。这既是历史赋予他们的机遇和舞台，也是他们超群的工作能力和领导才能在早期革命历程中的自然显现。

　　邓小平1927年春从苏联回国后，在西安中山军事学校工作了仅3个月左右的时间，即到中共中央机关工作，担任中共中央秘书。在担任中共中央秘书期间，邓小平参加了1927年8月7日在汉口召开的中共中央紧急会议（即八七会议），参与了会议的筹备工作，并在会上担任记录。会议批判了陈独秀右倾机会主义错误，确定实行土地革命和武装反抗国民党反动派的总方针。八七会议是一个转折点，中国革命从此开始由大革命失败到土地革命战争兴起的历史性转变。在这个重要转折关头，23岁的邓小平做出了自己的贡献。1980年7月15日，邓小平在参观八七会议会址，回忆会议的有关情况时说："为保证会议绝对安全，会议代表有二十多人，分三天三批由党内交通员带进去的。办事情的少数人去得最早，走得最晚，中央负责人最后进，最早走。八七会议会址与餐厅相隔，两处均有后门相通，会议代表全部从后门进入。""李维汉是秘书长。我是第一批，记不清和谁一起进来。我在这里呆了六天。会议开了一天一夜，极为紧张。我是最后走的，走的最晚。八七会议是武汉最热的时候，开会的当时甚至连门也不能开，进去了就不能出来。我是一个晚上带着行李进去的，我们进去就睡地铺。"①

八七会议后，为避开武汉险恶的局势和适应革命发展的需要，中共中央于 10 月初秘密从武汉迁往上海。邓小平随中共中央机关一同迁往上海，年底被任命为中共中央秘书长，这年他才 23 岁。当时的中共中央秘书长，虽然只负责处理中共中央机关日常事务，列席中共中央各种会议并做记录，管理中共中央机关的文书、机要、交通、财务、各种会议安排等，"也为中央起草一些次要性质的文件（如对次要省区的指示）"②，但这一岗位却很重要，工作也很繁忙。

邓小平领导的中央秘书处下设文书、内政、外交、会计和翻译 5 个科，工作范围包括：中央文件的刻印、密写、收发和分送；中央与顺直、满洲、湖南、湖北、广东、广西等地党组织的联系；管理以上海为中心的联系各地的有关文件、钱钞、干部和来往人员的全国秘密交通网；党的经费的收集、汇兑和管理；提出审查各省预算、决算的意见；与共产国际的联系等。当时，每隔几天就要召开一次中央政治局常委会或中央政治局会议。邓小平负责安排会议议程及时间、地点、出席人员等，列席每次会议讨论的议题，重要会议他还要兼做记录。每次会议结束后，他还要对会议决定的事项逐一检查落实。③ 由此可以看出当时中共中央机关的工作量之大，邓小平作为中共中央秘书长的工作之繁忙。正是这些头绪纷繁的事务性工作，保证了中共中央机关在白色恐怖环境下的正常运转。

在邓小平担任中共中央秘书长期间，1928 年中国共产党在莫斯科召开第六次全国代表大会。他协助留在国内的中共中央领导人，处理中共中央日常工作。

1983 年 4 月 29 日，邓小平在同印度共产党（马克思主义）中央代表团谈及当年的情景时说："我二十三岁就当中央秘书长。要讲马列主义水平，说实在的，马列主义的书看得不多，经验也不多。刚从国外回来，担任中央秘

---

① 《邓小平传（1904—1974）》（上），中央文献出版社 2014 年版，第 86—87 页。

② 《邓小平传（1904—1974）》（上），中央文献出版社 2014 年版，第 91 页。

③ 参见《邓小平传（1904—1974）》（上），中央文献出版社 2014 年版，第 105 页。

书长，这是个不低的岗位，但还是承担起来了。"①1984年3月25日，他在同日本首相中曾根康弘谈及个人经历时又说："我一九二七年从苏联回国，年底就当中共中央秘书长，二十三岁，谈不上能力，谈不上知识，但也可以干下去。"② 可以看出，邓小平对自己英年即在中共中央机关担任高级职务是引为自豪的。改革开放后，他也多次以此现身说法，推动干部队伍的年轻化。

邓小平在上海党中央机关担任中共中央秘书长的两年间，陈云也在上海领导农运工作，先是在上海外县参加领导小蒸、松泾农民武装暴动，后随中共淞浦特委迁入上海。这是他们首次同城工作。

1927年9、10月间，中共江苏省委按照八七会议确定的方针，动员在上海的共产党员到外县去发动农民，组织秋收暴动。陈云积极报名。经过区委康生允许，被派回青浦县章练塘去做农民运动。陈云回乡一二月后即成立中共青浦县委，并任书记。1928年年初，成立松（江）金（山）青（浦）县委，陈云为负责人。根据中共中央精神和江苏省委发展农民运动的计划，青浦县委成立了农民革命军总指挥部，陈云任政治委员。同年9月，江苏省委决定把松江地区和浦东地区合并，建立中共淞浦特委，直属江苏省委农委领导，陈云为特委委员兼组织部长。1929年6、7月间，陈云改任江苏省委沪宁路巡视员，在极其艰险的环境下，坚持党的地下斗争。

陈云在参加领导小蒸、松泾农民武装暴动期间，曾多次去上海向江苏省委报告工作。中共淞浦特委机关迁往上海后，陈云也于1928年9月下旬随之迁到上海，开始了在上海秘密环境下的革命斗争。特委机关曾设在同孚路（今石门一路）与福煦路（今延安中路）附近的一家烟纸店楼上，距离中共中央的一处办公和活动地址同孚路柏德里700号很近，但邓小平和陈云此时相互之间并不认识。因为陈云主要是向江苏省委报告工作，与中共中央并无直接工作关系，况且当时秘密工作的环境也不便于人们往来。形势严峻时，中共中央各部门之间也不方便往来。当时在中共中央机关工作的郑超麟

---

① 《邓小平年谱（1975—1997）》（下），中央文献出版社2004年版，第906页。

② 《邓小平文选》第3卷，人民出版社1993年版，第54页。

后来回忆说："那时白色恐怖很厉害，我们中央各部门就不来往了。我参加中央的几次会议，都是有人带我去的。邓小平和中央秘书处住的地方我从来没去过，并且也不许去。"①

邓小平和陈云此时虽然并不认识，但他们在上海的工作经历却有相似之处。

第一，他们都曾担任过党中央机关和中共中央负责人的安保工作。邓小平作为中共中央秘书长，负责党中央机关办公活动地址和中共中央负责人住址的保密工作，在这方面他担负非常重要的责任。他掌握中央活动的地点和各部门的办公地址。为保证安全，中共中央负责人要不断变换住址，并且彼此都不知道，由邓小平单线联系。当时也在中共中央机关工作的黄玠然，后来回忆邓小平的工作情况时说："秘书长知道的事情多，处理的事情多，所以他的工作直接牵涉到中央的安危。"②在白色恐怖下，党内经不住考验而变节投敌、出卖组织和同志的现象时有发生，这更给中央机关和中央负责人的安全保卫和保密工作带来困难。邓小平胆大心细，遇到这样的突发事件他总是当机立断，及时采取有效措施，减少损失，消除后患。③

陈云曾于 1931 年 5 月至 1932 年 3 月在上海担任中共中央特科书记，而中央特科的主要职责和任务就是保卫中共中央机关的安全。

1931 年 4 月 24 日，时任中共中央政治局候补委员、参与领导中央特科工作的顾顺章在武汉被捕叛变。顾顺章长期负责中共中央机关的保卫工作，掌握很多党内核心机密，了解只有极少数人才知道的中共中央机关和中央领导人住址，熟悉党内秘密工作方法。他的叛变给在上海的中共中央机关和中央领导人的安全带来极大威胁。顾顺章叛变后，准备建议国民党以突然袭击方式，将中共中央领导人一网打尽。打入国民党中央组织部的地下党员钱壮飞将顾顺章叛变的情报通过陈云及时转报中共中央后，中共中央当即委托周恩来全权处理这一紧急事变。周恩来在陈云的协助下，采取周密果断的应变

①　转引自《邓小平传（1904—1974）》（上），中央文献出版社 2014 年版，第 96 页。
②　转引自《邓小平传（1904—1974）》（上），中央文献出版社 2014 年版，第 91 页。
③　参见《邓小平传（1904—1974）》（上），中央文献出版社 2014 年版，第 96 页。

措施，避免了一场后果极其严重的大破坏。

陈云在协助周恩来处理顾顺章叛变过程中显示出他的工作能力，因此，中共中央决定，由周恩来、陈云等重新组成中央特别工作委员会，领导中央特科工作。不久，中共中央总书记向忠发被捕叛变，供出周恩来的住处。中共中央决定周恩来停止工作，等候转移到中央苏区去。陈云在危难之际挑起了重建中央特科的重担。陈云主持特科工作后，根据少而精的原则，调整了内部组织。他又改变了特科的活动方式，要求一切工作人员的社会职业必须是真实的，有着落的，从而能够深入社会活动，通过社会活动建立起各种社会关系，以这些社会关系掩护特科工作。同时采取更严密的防范措施，强调单线联系，严格限制相互之间的往来。当时特科同志之间，除相互之间有一二人的联系外，并无其他联系。① 在陈云的领导下，中央特科在严酷的环境中苦撑危局，忠诚地保卫着中共中央机关的安全。

第二，他们都曾以开店方式掩护秘密工作。邓小平在浙江路清河坊开了一家二层楼的杂货铺。楼上是他住的地方，楼下是铺面，卖些香烟、肥皂之类的东西。邓小平经常头戴礼帽，身穿长袍，俨然一个阔老板。这家杂货铺也是中共中央开会的一个地方。后来他把这家杂货铺交给当时在中央机关工作的张纪恩经营，自己又另外租房，开了一家古董店。这家古董店是中共中央同共产国际代表的联络点。在一般人看来，外国人喜欢逛中国的古董店，共产国际代表都是外国人，出入古董店不会引起怀疑。在这里传递信息、情报和文件比较适宜。②

陈云担任中央特科书记期间，也曾以开店方式掩护秘密工作。他花了几千块钱，由一些同情革命的可靠人士出面，办了一二十个小铺子，散布在上海各个地区，以做买卖的形式掩护特科人员往来接头。他在上海红庙路派人开了一个木器家具店，像一个旧货商店的样子。那时在白色恐怖严重的上海，中共中央经常要根据形势的变化，设立或撤销某个机关。有了这个木器

---

① 参见《陈云传》（一），中央文献出版社 2015 年版，第 106—107 页。

② 参见《邓小平传（1904—1974）》（上），中央文献出版社 2014 年版，第 97 页。

店，机关搬家的时候，东西都弄到它那里去，要成立机关，没有家具又可搬来，很方便，是仓库，又做商店，又接头。

陈云自己在上海山海关路与人合开了一家印刷所。这个地下印刷所的老板是李伟基。1928年冬，李伟基到上海，在新闸路星星印刷所做事。陈云知道后，到上海找过他。李伟基回忆说："有一天他与我讲，他和我合开一家小型印刷所"，"他先给我三百元，要我出面筹备"。"在山海关路肇庆里十七号，借了一间统厢房，买了两部小型印刷机"，"取名新生印刷所"。"名义上他负责内务，我担任业务，也雇了一位青年工友和收了一个学徒，大模大样地做起假老板来了。"这位"青年工友"就是特科人员李士英，在这个印刷所当校对。据李士英回忆："我和陈云同志会面时，他穿一件长褂子，外面套一件短背心，戴一顶红帽头"，俨然一个账房先生。"开铺子做买卖"使中央特科有了比较可靠的社会根基，更利于开展隐蔽斗争。共产国际代表曾对陈云这种办法给以充分肯定，说："这个人花了几千元，搞了二三十个铺子，证明这个人不简单。"①

第三，他们对待"左"倾错误方针的态度也有相似之处。由于受"左"倾盲动主义错误的影响，1927年10月下旬，中共湖北省委一些人主张趁唐生智军队败退之机，在武汉三镇马上举行总暴动。从12月下旬开始，中共中央鉴于各地武装暴动和起义相继失败的情况，指示一些地区如果条件不具备不要立刻组织暴动。对武汉三镇马上举行总暴动，中共中央在1928年1月1日《告湖北同志书》中认为是一个错误。但湖北省委一些人仍坚持说湖北已到工农兵暴动夺取政权的时候。邓小平在中共中央机关亲身经历了"左"倾盲动主义错误在党内推行的过程，耳闻目睹了"左"倾错误给中国革命造成的危害。因此，他对湖北省委的盲目暴动明确表示反对。1月18日，邓小平在第14次中共中央临时政治局常委会上明确提出取消湖北总暴动的建议。②经过这次会议及此后两次专门讨论湖北问题的会议，湖北省委的盲动

① 转引自《陈云传》（一），中央文献出版社2015年版，第108—109页。
② 参见《邓小平传（1904—1974）》（上），中央文献出版社2014年版，第93页。

错误最终得到纠正。

到 1929 年，中国共产党经过两年多艰苦卓绝的奋斗，革命在曲折发展中开始走向复兴。而在这时，共产国际多次向中共中央发来"左"倾错误主张的指示。在共产国际的错误指导下，中共中央提出了准备以夺取城市为中心的实现一省几省首先胜利的总暴动方针。对于这一错误方针，邓小平旗帜鲜明地表示反对。在一次讨论李立三提出的夺取中心城市的主张时，邓小平发言说："国民党有几百万军队，现在革命正处在低潮，我们刚刚组织起来，没有足够的武装，土枪土炮的怎么打得赢。"①

陈云也从领导小蒸、松泾农民武装暴动的经验教训中，深刻感受到盲目暴动的极端危害性。1928 年 12 月，当江苏革命运动仍处在低潮的情况下，奉贤县委提出，要求举行庄行农民武装暴动，并希望淞浦特委加以批准。这时，中共六大已经举行，批判了盲动主义错误，提出党的总任务是争取群众，准备暴动。对庄行的行动，淞浦特委召开会议进行了认真讨论。陈云在会上表示，奉贤县委"此次要求的动机带有扒锡箔灰（抢东西的暗号）的浓厚色彩"，因此不支持此次暴动。会议根据多数人的意见，决定"不批准"奉贤县委的要求。

当时的中共奉贤县委书记刘晓后来回忆他向淞浦特委汇报暴动计划时的情景说："我曾经到上海向淞浦特委书记汇报庄行暴动计划。我强调条件都成熟了，陈云则认为：地处敌人的后方，如果搞起来要站住脚是不可能的。为了保证暴动胜利，我要求特委派干部去加强领导，他答允了，但他强调说：'派人给你是有条件的。你们的力量不见得比人家大，估计暴动以后，你们在那里是站不住脚的。如果形势变化，包括你自己在内，主要干部可要撤回上海，千万不能呆在那里呀！总之保存骨干要紧。'"② 这说明，陈云的态度比较慎重，认为奉贤庄行暴动的前景并不乐观，需要做不成功的准备。后来这次暴动果然遭到失败。

---

① 《邓小平传（1904—1974）》（上），中央文献出版社 2014 年版，第 107 页。
② 转引自《陈云传》（一），中央文献出版社 2015 年版，第 62—63 页。

1929 年 8 月后，邓小平离开上海党中央领导机关前往广西，作为中共中央代表全面领导广西党组织的工作，准备武装起义。陈云则调往江苏省委参加领导工作。他们分别走上了更加重要的工作岗位，承担起了更为重要的领导责任。

邓小平去广西工作的担子是很重的。这时他才 25 岁。选派他去广西，体现了中共中央对他的信任。邓小平到广西后，从广西实际出发，正确地贯彻执行中共中央的统战工作方针和兵运工作策略。经过短短几个月卓有成效的工作，中共广西党组织和党领导的武装力量即得到一定程度的恢复和发展，一个新的革命高潮在广西迅速发展起来。

在统战工作方面，邓小平充分利用国民党军阀之间的矛盾，卓有成效地进行了上层统战工作和对旧军队的改造工作。他帮助广西地方实力派俞作柏、李明瑞整训部队，以加强广西军事力量的名义成立了广西教导总队，并安排中共党员干部到俞作柏、李明瑞部队担任要职。共产党员张云逸担任广西警备第四大队大队长；共产党员俞作豫担任广西警备第五大队大队长，驻守南宁的广西警备大队实际被共产党员所掌握。

在兵运工作方面，鉴于俞作柏、李明瑞不听中共方面的劝告，贸然通电反蒋，出兵广东的变局，邓小平按照预定应变方案，于 1929 年 10 月 6 日发动了南宁兵变，把党所掌握的武装力量拉出南宁，向群众基础较好的左右江地区挺进，并将省军械库的所有枪炮弹药等军用物资运往右江地区的百色县城。邓小平把部队拉往左右江地区后，同当地农军结合起来，建立农村革命根据地，这是党的兵运工作策略在广西的一次成功实践，为百色、龙州起义的胜利举行奠定了坚实基础。

10 月 22 日，邓小平率部进驻百色后，立即开始起义的准备工作。12 月 11 日，邓小平、张云逸、韦拔群等领导广西警备第四大队、广西教导总队和右江农民自卫军举行了百色起义，宣布成立中国工农红军第七军，邓小平任中共红七军前委书记（后兼任军部政治委员）。同日，在恩隆县平马镇召开有 11 个县 5 个镇的农会代表、工会代表和红七军士兵代表共 80 多人参加的代表大会，选举产生右江苏维埃政府。接着，在红七军的帮助下，右江地区有 15 个县先后成立了苏维埃政府或革命委员会。中共中央对百色起义予以很高评价，认为是"全国范围内最有组织最有意识的一次兵变"，对于"扩大全国兵变"具有重要意义。①

1930 年 2 月 1 日，邓小平、李明瑞、俞作豫等领导广西警备第五大队和左江工农武装举行了龙州起义，宣布成立中国工农红军第八军和左江革命委员会，邓小平任红八军政委。接着，左江地区有 6 个县先后成立革命委员会，有的县虽未建立革命政权，但也属红八军和左江革命委员会活动范围。至此，在邓小平等人的领导下，在四个多月的时间里，红军发展到七千人，红色区域扩展到二十多个县，拥有一百多万人口，成为当时全国较大的革命根据地之一。②

"百色起义和龙州起义是土地革命战争时期继南昌起义、秋收起义和广州起义之后，中国共产党领导发动的影响较大的武装起义。邓小平是这两次起义的主要领导者和组织者。"③这是他第一次独当一面地领导一个较大区域的全面工作，创造了大革命失败后团结国民党左派举行武装起义、创建红军和革命根据地的成功范例。邓小平后来在回忆这段经历时，对自己英年领导百色、龙州起义，创建左右江革命根据地充满了自豪。1984 年 3 月 25 日，他在同日本首相中曾根康弘谈到个人经历时说："（我）二十五岁领导了广西百色起义，建立了红七军。从那时开始干军事这一行，一直到解放战争结束。"④1986 年 1 月 27 日，他在游览漓江途中，又回忆起 1929 年在广西领导发动百色起义和龙州起义，创建左右江革命根据地，以及与李明瑞、张云逸等交往的情况，说："李明瑞是红七军、红八军建立时的总指挥，我是红七军、红八军的政委，当时才二十五岁。"⑤

---

① 参见《邓小平传（1904—1974）》（上），中央文献出版社 2014 年版，第 137 页。

② 参见《邓小平年谱（1904—1974）》（上），中央文献出版社 2009 年版，第 60 页。

③ 《邓小平传（1904—1974）》（上），中央文献出版社 2014 年版，第 150 页。

④ 《邓小平文选》第 3 卷，人民出版社 1993 年版，第 54 页。

⑤ 《邓小平自述》，解放军出版社 2005 年版，第 43 页；《邓小平年谱（1975—1997）》（下），中央文献出版社 2004 年版，第 1104 页。

　　邓小平在广西战斗、工作的一年半时间里，远在上海的陈云正在江苏省委，参加领导江苏和上海的农民运动和工人运动，后又参加中共中央的领导工作。

　　1929年8月15日，中共江苏省委常委会议决定调陈云参加省委工作。江苏省委书记李维汉在研究调陈云参加省委工作的常委会议上指出：在工作紧张的程度上，在对外县工作的了解上，陈云都比较强，并且陈云是上海商务印书馆的工人。①9月9日，中共江苏省委常委会议确定陈云任农委书记。从此，陈云在人生里程中迈出新的一步，负责领导江苏全省农民运动，视野进一步拓宽，领导能力进一步提高。

　　陈云到任后的大多数时间在江苏各县深入调查，了解情况，努力恢复和发展外县工作。陈云还深入常州，重点指导了天宁寺抗租斗争。11月24日，他在中共江苏省第二次代表大会第七次会议上，作《江苏农民运动的趋势和今后的斗争》的报告，对全省农民运动形势作了分析，指出存在的问题，提出党领导农村斗争的任务和策略。11月26日，中共江苏省第二次代表大会选举产生新的中共江苏省委员会。在新省委第一次会议上，陈云被选为省委候补常委，仍兼任农委书记。在此后近一年中，他继续对江苏各地的农运工作进行具体指导。

　　陈云在分管全省农民运动的同时，还参与领导上海工人运动。江苏省委规定每个常委负责联系一个区委，陈云负责联系沪中区委。他在10月下旬深入沪中地区，帮助沪中区委开展工作。除每日同区委接头外，陈云还多次参加区委常委会议和药业支部会议，系统了解沪中情况，帮助他们确定以估衣、药业、报界、煤炭、彩印五个行业为区委的工作中心，并根据每个行业的实际情况提出各自斗争口号。经过陈云的努力，沪中区委的工作有了明显起色。1930年，陈云又先后兼任中共法南区委书记和闸北区委书记。在法南区，他领导、指导了美亚绸厂和法电厂的工人罢工斗争，并取得胜利。

---

① 参见《陈云传》（一），中央文献出版社2015年版，第65页。

为纠正李立三"左"倾错误，中共中央于1930年9月24日至28日在上海秘密召开扩大的六届三中全会。陈云作为江苏省委代表出席会议。在这次全会上，陈云被补选为中共中央候补委员，开始参加中共中央的领导工作。陈云在25岁即当选为中共中央候补委员，首先是因为他经过革命斗争的磨炼，政治思想水平和组织能力已被党内同志所认可。另外，江苏省委和中共中央的所在地都在上海，与中共中央联系紧密，便于中共中央了解江苏省委常委成员。中共六大后很注重在中共中央领导层中加强工人成分，而陈云是上海商务印书馆工人。这些都是陈云英年即当选为中共中央候补委员的重要因素。1931年1月7日，中共六届四中全会在上海秘密召开。陈云参加了中共六届四中全会，并从中共中央候补委员被补选为中共中央委员。这年他才26岁。

由于顾顺章、向忠发的叛变，中共中央在上海的活动非常艰难，留在上海的中共中央委员和中央政治局委员都已不到半数。1931年9月下旬，根据共产国际远东局的提议，并报经共产国际批准，中共临时中央政治局在上海成立，陈云被指定为中共临时中央成员。1932年3月14日，中共临时中央政治局决定，陈云接任全总党团书记，并参加临时中央政治局常委。年仅27岁的陈云开始独立主持中共中央工会领域工作。

陈云担任全总党团书记后，先是领导沪西工人大罢工斗争，后又指导了南洋烟草公司和时事新报馆的工人罢工斗争，还结合抗日救亡运动，领导和指导在造船、市政、电话等行业广泛开展罢工斗争。在指导上海工联工作取得一定成绩后，陈云又把精力转向领导全国工会工作、工运斗争。组织失业工人斗争，也是陈云相当重视的问题。这一时期工人运动的蓬勃高涨，有当时诸多客观积极因素，但与陈云领导有方、工作得力，而且能在工作中逐步认识以至在一定范围内纠正一些"左"的做法，有着直接的关系。此时的陈云，已处在努力把马克思主义基本原理同中国革命实际相结合的认识过程中。这为他以后在苏区工作中觉察和纠正源自王明"左"倾教条主义的错误打下了思想基础。对这一时期的工作，陈云曾回忆说："在这个时期中我自认是在白色区域中工作上最有兴趣的一个时期。工会工作获得了成绩，我亲自参加了许多罢工和黄色工会工作，个人的获益，实在不小。"①1933 年 1 月，陈云离开上海进入中央革命根据地瑞金，继续参加中共中央及全国总工会的领导工作。

邓小平在广西和陈云在上海的这段时间，正是党内接连发生"左"倾错误的时期。中共中央在指导思想上发生的"左"倾错误对邓小平和陈云都不同程度地产生了影响。所不同的是，邓小平对中共中央的"左"倾错误表示了不同意见，并在率红七军转战千里的途中，对中共中央南方局代表邓岗所推行的"左"倾冒险主义错误领导进行了抵制。而陈云则较多地受到了李立三"左"倾冒险主义错误路线的束缚，并在一定程度上执行了这条路线。

就在红七军达到极盛之时，中共中央的领导却发生了"左"倾冒险主义错误。1930 年 6 月 11 日，李立三主持召开中共中央政治局会议，通过由李立三起草的《目前政治任务的决议》（即《新的革命高潮与一省或几省的首先胜利》），对革命形势作了错误估计，认为总的形势表明中国新的革命高潮已经逼近到我们的前面，并有极大的可能转变为全国革命的胜利。《决议》中规定，红七军进攻柳州、桂林和广州。6 月 16 日，中共中央给军委南方办事处并红七军前委发出指示信。信中指出：中共六大所指出的在总的新高潮下可以是革命先在一省或重要几省区胜利这一前途已摆在面前，红七军要利用这一时机，扩大红军，加强战斗力，坚决地攻打柳州、桂林，向广东的西北江发展。②

邓小平领导的红七军前委却有自己的看法。9 月 9 日，红七军前委发出第六号通告《目前政治形势和右江党的策略》。指出："中国革命高潮日益逼近"，"只要我们加紧的工作，革命高潮的到来决不是很远的前途"。"但另一方面也要防止过分的估量，以为已经开始了革命的高潮。这样的估量，必然要使党的策略走向'左'倾，而忽视了基本的工作和艰苦奋斗的精神，甚至

---

① 《陈云传》（一），中央文献出版社 2015 年版，第 130 页。

② 参见《邓小平年谱（1904—1974）》（上），中央文献出版社 2009 年版，第 67 页。

在短期内革命高潮还未到来时，又会发生失败主义的观念。"现在"决不是已经到了革命的高潮，最主要的是党的领导和群众的力量还嫌薄弱。目前我们正要深刻地认识这一点，很艰苦的来打破这些弱点，促进革命高潮之到来"。"党的任务当然是发展组织，加强党的领导力量，扩大党的政治影响，加紧党的政纲的宣传，加紧反帝国主义和军阀混战的工作，用发动群众组织暴动的行动来消灭军阀混战，驱逐帝国主义，加紧群众斗争和组织的力量，加紧深入土地革命与彻底肃清封建势力的斗争，扩大红军的组织和苏维埃的区域，加速地会合全国红军的力量"，"来促进革命高潮"。9 月 19 日，红七军前委又发出第七号通告《目前右江党的工作方针》。进一步强调：建立党在群众中的力量，巩固苏维埃，创造群众的基础，是右江党在目前的主要任务。① 可以看出，这两个通告与中共中央在给红七军前委指示信中所提要求不一致，但却是符合当时右江地区实际情况的。

9 月底，中共中央派南方局代表邓岗（邓拔奇）来到广西，传达中共中央的命令，指示红七军离开右江地区去攻打柳州、桂林，最后打下广州，完成南中国革命。邓小平感到中共中央的命令脱离红七军的实际，难以执行。因此，他提出："从七军本身力量来执行那样大的三个'打到'口号的任务，是困难的。"红七军"这几千人，百色都未打下，李宗仁、白崇禧已在广西恢复了统治，要想打下柳州、桂林是没有把握的"。② 邓岗等则坚决主张执行中共中央指令。为团结一致对敌，10 月 2 日召开的红七军前委扩大会议决定执行中共中央指令。③

11 月 7 日召开的红七军第一次党员代表大会，在邓岗的主持下通过决议：执行中共中央命令，打到柳州去、打到桂林去、打到广州去，消灭两省军阀，阻止南方军阀不得有一兵一卒向以武汉为中心的首先胜利进攻，完成南方革命。会上，邓小平等提出打柳州困难，先打桂林才能与外面的政治影响联系起来。必须以桂林为中心向柳州推进。应在庆远、融县创造相当基

① 转引自《邓小平传（1904—1974）》（上），中央文献出版社 2014 年版，第 163—164 页。

② 《邓小平传（1904—1974）》（上），中央文献出版社 2014 年版，第 165 页。

③ 参见《邓小平年谱（1904—1974）》（上），中央文献出版社 2009 年版，第 70 页。

础，对柳州形成包围。① 但是这一建议遭到邓岗等人的坚决反对，他们表示不能改变先攻打柳州的决定。

11月9日，邓小平等率红七军主力七千多人离开右江革命根据地开始北上。由于以邓岗为代表的党内"左"倾冒险主义错误的影响，红七军在此后的作战中连连受挫，不得不转战七千里，到江西中央革命根据地同中央红军会合。在转战途中，邓小平对邓岗"左"的错误指挥多次提出不同意见，但均未被采纳。

11月下旬，红七军到达三防后，前委在这里召开了营以上干部会议。会上就要不要打长安进行了讨论。邓小平主张不打长安，绕道福禄过融江。邓岗等人指责邓小平不执行红七军党代表大会的决议案。最后，前委否定了邓小平的意见，决定进攻长安。邓小平后来说："我在会上很孤立，此时我提出辞去前委书记，由中央代表或别的同志担任前委书记的请求，邓、龚、陈等又不同意，结果我服从了大家的决定。"② 后来红七军攻打长安失败。

从红七军党代表大会开始，前委实际上是在中共中央南方局代表邓岗的领导下工作。邓小平等为部队摆脱"左"倾冒险主义的危害，做了很大努力，但不可能从根本上予以改变，部队仍受到很大损失。邓小平深感这种状况不能再继续下去了。1931年1月2日，红七军到达全州并召开前委会议。会上，邓小平等总结北上以来攻城夺寨、强攻强打造成严重损失的教训，力主放弃攻打柳州、桂林、广州等大城市的冒险计划，转变硬打攻坚战略，得到多数人赞同。会后，邓岗离开红七军赴上海，向中共中央汇报工作。③ 邓岗的离去，使红七军在组织上结束了"左"倾冒险错误的领导。

1931年2月，邓小平在转战途中受前委委派，到上海向中共中央汇报工作。他化装成买山货的商人，由赣南特委交通员护送，步行数天，到达广东南雄，后由南雄交通员护送到韶关，乘火车到广州转道香港，乘船抵上海。在上海期间邓小平撰写了《七军工作报告》，详细叙述红七军、红八军

---

① 参见《邓小平年谱（1904—1974）》（上），中央文献出版社2009年版，第71—72页。

② 《邓小平传（1904—1974）》（上），中央文献出版社2014年版，第173页。

③ 参见《邓小平年谱（1904—1974）》（上），中央文献出版社2009年版，第75页。

建立和战斗的经过，左右江地区地方党的状况及土地革命工作，总结百色起义、龙州起义的经验教训。对于这个报告，受王明控制的中共中央不予理睬，还专门发出《中共中央给七军前委信》，指责红七军的工作。信中说："我们认为，立三主义的'左'的言词之下，右倾机会主义的本质与富农路线，没有像七军前委的领导表示的明显的了！"①6月，中共中央批准了邓小平要去中央苏区工作的请求。7月中旬，邓小平从上海乘船，经广东进入中央苏区。

中共党内的"左"倾错误对在上海的陈云也产生了一定影响。1929年11月18日，李立三在中共江苏省第二次代表大会上代表中共中央所作的政治报告中指出，中国革命已"成熟复兴"，并形成"直接革命形势"，并说"革命高潮即是等于直接革命"，"直接革命形势就是总同盟罢工，武装暴动"。因此，党必须采取"进攻路线"。②在讨论中，同意李立三采取进攻路线的意见占了优势，但也有不同意见。陈云在会上谈了自己的看法。他对李立三等的主张虽然没有明确反对，但也不是毫无保留地支持。他说："据昨天争论所谓成熟复兴变成了革命高潮。我以为开始复兴和成熟复兴是有差别的，但不是阶段的区别，而是前进一步，这在职工运动估量尚是正确的。"陈云的看法有一定的实践经验为基础，但在总体上对中国革命问题还没有认识得很清楚。这导致他后来在工作中仍执行了李立三"左"倾错误主张。③

1930年春，中共中央在共产国际影响下，对国内革命形势作出过于乐观的估计，"左"倾冒险主义错误指导思想逐渐发展起来。在中共中央"左"的错误指导下，李维汉于2月13日在江苏省委常委会上分析江苏形势时，认为革命高潮明显快要到来，江苏除坚决执行政治罢工、地方暴动、组织兵变外，还要加紧铁路、海员、兵工厂的工作。会后，江苏省委分别对城市和农村工作作出部署，决定从"三八"开始，组织政治罢工和示威，到"五一"举行总示威和总同盟罢工。虽然陈云在实际工作中对省委的具体做法或多或

① 《邓小平年谱（1904—1974）》（上），中央文献出版社2009年版，第82—83页。
② 转引自《陈云传》（一），中央文献出版社2015年版，第78页。
③ 参见《陈云传》（一），中央文献出版社2015年版，第79—80页。

少提出一些异议，并被省委负责人批评为"右倾病"，但在总的方面陈云没有提出不同意见。他说："中央通告（即2月26日中共中央发出的第70号通告——引者注）在一般策略上是更进一步，这当然是表现形势发展的结果，我完全同意。"①

1930年6月11日召开的中共中央政治局会议，通过李立三起草的"新的革命高潮与一省或几省首先胜利"的决议，标志着李立三"左"倾冒险主义错误在中共中央取得统治地位。会后，李立三主持制定了以武汉为中心的全国中心城市起义和集中红军攻打中心城市的冒险计划。陈云经过几年的实际斗争锻炼，虽然初步养成工作细致、比较注重实际的性格和作风，但作为只有25岁而且到高级领导机关工作不久的年轻人，他对总的政治路线的把握还难以独立作出判断。6月以后，他在几次会议上都表示"我对于中央决议整个路线是同意的"，并认为"目前革命形势是农民斗争已到高潮，我们最中心问题是组织城市政治罢工来爆发工人斗争高潮，这就是革命高潮，我们特别要认清这一点"。陈云在后来谈到这段经历时，认为自己"在党内没有参加小组织活动，只是当时立三路线的执行者之一"②，这是实事求是的。

后来陈云多次检讨自己在20世纪30年代白区工作中的路线错误。1941年10月22日，他在延安整风期间召开的中共中央政治局会议上发言说："十年内战后期的路线是错误的，我在上海时期是赞成这个路线的，是坚决执行者之一，应负一定责任。"③1945年5月9日，陈云在中共七大的发言中，又对他担任中央候补委员以来受"左"倾错误影响的情况进行了反思，认为自己从大革命失败后产生"左"倾观点是因为脱离了生产，参加了领导机关工作。他说："从一九三〇年三中全会选了我做候补中央委员，四中全会选为正式中央委员，一直当到现在"，"这中间犯的许多错误，我都有份，我参加了许多问题的讨论，我都同意了，都举了手。这个错误能不能怪别人呢？不能怪别人，这不是偶然的。我和教条主义和'左'倾路线能够结合起来，是

---

① 《陈云传》（一），中央文献出版社2015年版，第84页。

② 《陈云传》（一），中央文献出版社2015年版，第89页。

③ 《陈云年谱（修订本）》上卷，中央文献出版社2015年版，第389页。

因为我自己有'左'倾观点。""我的'左'倾观点从哪里来的呢？它是有来路的。大革命失败以前，我在工厂工作，搞工会，搞支部书记，康生是我的老上司，我当支书，他当区委，我当区委，他当县委，我当县委，他当省委，一共搞了八年，那时脑子里无所谓有什么大的主义。到大革命失败了，站不住脚，脱离了生产，参加领导机关工作，受了八七会议和十一月会议盲动主义的影响，以至立三路线的影响，许多'左'的观点在我脑子里成了天经地义。认为工人在工厂不是为了吃穿，似乎是为了罢工，而且要坚决地罢，一直罢到底，从工厂里罢出来。"①

　　陈云的自我反思和剖析，说明了贴近客观实际对于防止"左"倾错误的极端重要性，这也是邓小平和陈云受中共中央"左"倾错误影响情形不同的主要原因。邓小平之所以受中共中央"左"倾错误的影响较小，并对"左"倾冒险主义错误领导进行了抵制，是因为他身处军事斗争第一线，远离上海中共中央"左"的直接领导。在当时残酷的斗争环境中如果他不坚持独立思考，不从实际出发，那他就要打败仗，甚至有全军覆没的危险。陈云在领导商务印书馆罢工时，由于他和工人们朝夕相处，非常了解他们的经济要求和政治要求，他向馆方提出的复工条件准确地代表了职工的利益，得到了他们的拥护和支持，因而取得了罢工的胜利。陈云在领导小蒸、松泾农民武装暴动时，也从严酷的斗争实践中深刻感受到盲目暴动的极端危害性。那时的他没有"左"倾观点。后来陈云进入江苏省委和临时中央，逐渐脱离了生产。虽然他也经常深入分管工作领域进行调研，但对实际情况的了解已不如他进入领导机关前那样直接。身处当时中共中央"左"的领导氛围中，年轻的陈云很难不受这种错误倾向的影响和束缚。陈云对这些挫折的总结和感悟，使他政治上一步步走向成熟，并在以后工作中少犯了许多错误。

---

① 《陈云传》（一），中央文献出版社 2015 年版，第 100—101 页。

第四章

苏区岁月

　　苏区岁月是邓小平和陈云的一段共同革命经历。邓小平于1931年8月进入中央苏区；陈云于1933年1月到达中央苏区。1934年10月，他们一起踏上了举世闻名的二万五千里长征路。

　　中央苏区是由中央红军历尽艰辛开创的包括赣西南和闽西的一大片革命根据地。1931年11月中华苏维埃第一次全国代表大会的召开和以毛泽东为主席的中华苏维埃共和国临时中央政府的成立，从各方面促进了根据地的建设。1933年春的第四次反"围剿"战争胜利后，赣西南和闽西的根据地连成一片，中央苏区进入一个新的发展阶段。与此同时，第三次"左"倾错误仍在党内盛行。正是在这样的背景下，邓小平和陈云先后进入苏区。

　　邓小平到达中央革命根据地后，先后担任瑞金县委书记、会昌中心县委书记、江西省委宣传部部长等职。这时，推行"左"倾冒险主义的中共临时中央也从上海迁入中央革命根据地。邓小平同毛泽覃、谢唯俊、古柏等一直坚持从实际情况出发，执行以毛泽东为代表的正确路线。中共临时中央开展了对邓、毛、谢、古的斗争。邓小平被撤销省委宣传部部长的职务，受到党内最后严重警告的处分，被派往中央苏区边远的乐安县所属南村区委当巡视员。这是他在党的政治生活中受到的第一次错误处分。后来，在军委政治部主任王稼祥等人的支持下，邓小平被调到红军总政治部担任秘书长。不久，负责主编总政治部机关报《红星》报，直至1934年年底调任中共中央秘书长。

　　陈云进入中央革命根据地后，继续参加中共中央及全国总工会的领导工作。在领导苏区工人的经济斗争中，他深入实际，依靠群众，纠正了当时发生的若干"左"的错误倾向。1934 年 1 月，陈云在中共六届五中全会上当选为中央政治局委员、常委。同年夏，他负责领导中央革命根据地的军需生产，直至长征开始。

在苏区期间，邓小平继续抵制中共中央的"左"倾错误领导；陈云虽仍未完全摆脱中共中央"左"倾指导思想的影响和束缚，但在全总工作中已开始了局部的纠正"左"倾错误的斗争。

邓小平一进入苏区，就纠正了瑞金正在推行的所谓肃"社会民主党"的"左"的做法，并在瑞金全面进行了拨乱反正的工作。当时任中共瑞金县委书记的李添富大搞肃反扩大化，把一些出身地主、富农家庭或者对他那套"左"的做法表示不满的党员、干部和群众，通通指责为"社会民主党"分子，严刑逼供。全县被杀害的有 400 多人，其中县委、县苏维埃政府部长以上的干部 28 人，区、乡一级的领导干部 77 人，一般干部 273 人。原中共瑞金县委书记邓希平、县苏维埃政府主席萧连彬、县总工会委员长杨舒翘等惨遭杀害。①

在这样的情况下，时任中共苏区中央局巡视员的霍步青和赣东特委书记的谢唯俊等商定由邓小平取代李添富任中共瑞金县委书记，先以赣东特委派往瑞金协助工作的名义开展工作。邓小平组织调查组，深入各区乡调查了解肃清所谓"社会民主党"运动的情况，召开全县党员活动分子会议和县、区、乡三级主要干部会议，提高党员、干部对肃清所谓"社会民主党"运动错误的认识。

9 月下旬，邓小平以中共瑞金县委书记身份，主持召开瑞金县苏维埃第三次代表大会，代表中共赣东特委，宣布拘捕李添富，撤销其县委书记、县肃反委员会主任职务；拘捕在肃清所谓"社会民主党"运动中犯有严重错误的谢在权，撤销其县苏维埃政府主席职务。接着召开公审大会，枪决李添富等。邓小平在会上宣布：第一，立即停止乱杀人。第二，已被供出名字怀疑是"社会民主党分子"的一律不抓。第三，已被关押在狱的，凡是贫农、中

---

① 参见《邓小平传（1904—1974）》（上），中央文献出版社 2014 年版，第 194 页。

农，先放掉，让他们回原地继续参加革命斗争；凡是地主、富农，罚钱后放掉，罚不到钱的取保释放。共释放了 300 多名无辜的干部、群众。瑞金肃清所谓"社会民主党"的错误得以纠正，各方面工作得以顺利发展。①

接下来，邓小平又矫正了当时瑞金土地革命中存在的"左"的偏差。他经过调查研究，从实际出发，积极推行毛泽东 1930 年 2 月为瑞金县制定的土地革命的方针和政策，抵制实行苏区中央局根据王明"左"倾教条主义作出的《关于土地问题的决议案》。他宣布，坚决维护原先按毛泽东提出的正确方针和政策进行的土地分配的成果，对少数没有进行土地分配的地方，要求发动贫苦农民迅速进行土地分配工作。在领导土地分配中，邓小平坚持实行毛泽东提出的"平均分配土地""抽多补少""抽肥补瘦"的土地政策。他特别强调，在土地分配过程中不能侵害中农利益，也不要过分打击富农。②

1932 年 6 月，邓小平调任中共会昌中心县委书记后，以冲锋的精神扩大地方武装；积极开展游击战、运动战，巩固苏维埃政权；用冲锋的精神完成扩红任务；改造和健全各级党组织的领导机构；抓紧党员的发展和培训；开展"查田运动"，重新分配土地；恢复工商业，发展内销外运，使会昌中心县委党政军各方面工作开展得有声有色，成效显著。与此同时，他和毛泽覃、谢唯俊、古柏③等从实际情况出发，贯彻毛泽东的正确主张，抵制"左"倾教条主义，反对"城市中心论"，主张向敌人力量薄弱的广大农村发展；反对军事冒险主义，主张诱敌深入；反对用削弱地方武装的办法来扩大主力红军，主张两种武装力量都要发展；在"查田运动"中，强调不能侵犯中农利益，也不要打击富农，抵制"地主不分田，富农分坏田"的"左"倾土地政策。④

1933 年 1 月，中共临时中央政治局从上海转移到中央革命根据地后，

---

① 参见《邓小平年谱（1904—1974）》（上），中央文献出版社 2009 年版，第 85 页。

② 参见《邓小平传（1904—1974）》（上），中央文献出版社 2014 年版，第 196 页。

③ 毛泽覃，时任中共苏区中央局秘书长。谢唯俊，时任江西省军区政治部主任、中共乐安中心县委书记。古柏，时任红一方面军总前委秘书长。

④ 参见《邓小平年谱（1904—1974）》（上），中央文献出版社 2009 年版，第 90 页。

中共临时中央局同苏区中央局合并，组成新的中央领导机构，改称中共中央局，仍由博古负总责，直接领导中央苏区的工作。新成立的中共中央局继续全面推行以王明为代表的"左"倾教条主义路线，反对毛泽东从斗争实践中产生的正确主张，排挤和打击拥护、执行毛泽东正确主张的人，在中央苏区发动了一场以反对邓小平、毛泽覃、谢唯俊、古柏为代表的"江西罗明路线"的党内斗争。邓小平首当其冲受到打击和批判，起因是所谓的"寻乌事件"。

1932年11月，广东军阀陈济棠部趁红军在北线作战，向中央苏区南部进犯。由于敌我力量悬殊，寻乌县城被占领，寻乌县委、县苏维埃政府机关撤至澄江。此即所谓的"寻乌事件"。寻乌失守后，邓小平在会昌中心县委机关所在地筠门岭召集会、寻、安三县县委书记、县苏维埃政府主席、军事部长联席会议，研究部署军事行动，决定有计划地退却。会后邓小平领导群众坚壁清野，开展游击战，不断袭扰敌人，迫其撤出寻乌城，迅速恢复了被敌占领的苏区。但邓小平却被苏区中央局"左"倾领导人扣上了"在敌人面前惊慌失措，准备退却逃跑"，"执行纯粹防御路线"等帽子，受到严厉批判。

1933年2月23日，中共苏区中央局机关报《斗争》第3期发表署名文章《什么是进攻路线》，批评邓小平领导的会、寻、安中心县委犯了所谓"纯粹防御路线"的错误，提出要"反对一切机会主义的动摇，反对机会主义逃跑和纯粹防御的路线"[①]。3月中旬，邓小平被调离会昌中心县委，担任中共江西省委宣传部部长。

3月下旬，邓小平赶到瑞金参加中共中央局召开的会议，在会上报告会、寻、安三县的工作，受到苏区中央局的严厉批评。会后，邓小平被迫写出检讨书《会、寻、安工作的检查》。《检查》陈述了会昌中心县委从会、寻、安的实际出发开展的各项工作，提出在粉碎国民党粤军的大举进攻中，不能搞"堡垒对堡垒""拼消耗"，而应采用坚壁清野和游击战、运动战的作战方针。邓小平坚持自己的观点和做法，对强加给他的一些不实之词坚决拒绝。他只承认自己"对进攻路线了解的极不深刻"，但不承认游击战的战略部署

---

① 　转引自《邓小平年谱（1904—1974）》（上），中央文献出版社2009年版，第93页。

是"机会主义",是"罗明路线"。他解释说,"防御路线"中的"诱敌深入"等,是正确的军事原则和方针,不是单纯地为了防御而防御,而是为了更有效地消灭敌人的积极防御。邓小平对"左"倾错误的坚决抵制,引起苏区中央局领导人的强烈不满。4月15日,《斗争》第8期发表署名文章《试看邓小平同志的自我批评》,指责邓小平的《会、寻、安工作的检查》"依然站在机会主义的观点上","没有正式提出纯粹防御路线与罗明路线的关系问题。""根本上没有能揭发纯粹防御路线的错误与实质","没有一个字批评自己对纯粹防御路线所负的责任",是"一大篇糊涂的哲学,用来掩盖问题的实质",是"替自己的机会主义辩护"。①

3月底,中共苏区中央局在筠门岭召开会昌、寻乌、安远三县党的积极分子会议,继续揭发和批判邓小平的"错误"。31日,会议作出的《中央苏区会、寻、安三县党的积极分子会议决议》指出:"会、寻、安三县过去在以邓小平同志为首的中心县委的领导下,执行了纯粹的防御路线。这一路线在敌人大举进攻前面,完全表示悲观失望,对于群众的与党员同志的力量没有丝毫信心,以致一闻敌人进攻苏区的消息,立即表示张皇失措,退却逃跑,甚至将整个寻乌县完全放弃交给广东军阀。这一路线显然同党的进攻路线丝毫没有相同的地方。这是在会、寻、安的罗明路线。说纯粹防御路线不是罗明路线的观点,是完全错误的。"《决议》还指出"要坚决打击以邓小平同志为首的机会主义的领导",一场反对以邓、毛、谢、古为代表的"江西罗明路线"的斗争在中央苏区全面展开。②

4月16日至22日,按照中共临时中央的决定,中共江西省委在宁都召开党的全省三个月工作总结会议,以总结江西苏区全省工作为名,集中批判江西的"罗明路线",并将其升级到反党派别活动的高度。会上,时任中共苏区中央局组织部部长的李维汉作《为党的路线而斗争——要肃清在江西的罗明路线,粉碎反党派别和小组织》的报告,指责邓小平、毛泽覃、谢唯俊、

---

① 转引自《邓小平年谱(1904—1974)》(上),中央文献出版社2009年版,第94—95页;《邓小平传(1904—1974)》(上),中央文献出版社2014年版,第209页。

② 转引自《邓小平年谱(1904—1974)》(上),中央文献出版社2009年版,第94—95页。

古柏"是罗明路线在江西的创造者，同时是反党的派别和小组织的领袖"，"在江西创造执行了一条反国际的反党的路线"。会议还指责邓小平在上海时就"散布对于四中全会后中央领导的不信任，实际就在反对共产国际和四中全会"；到中央苏区后，又在赣南会议期间与毛泽覃、谢唯俊一起附和"诱敌深入"粉碎国民党军队第四次"围剿"的主张；完全附和毛泽覃、谢唯俊、古柏在四中全会后多次散布的临时中央的领导是"一派的领袖"的观点。会议认为，邓小平和毛泽覃、谢唯俊、古柏"互相通讯，谈话和讨论"，所谈的是与进攻路线绝对相反的策略、口号等等，统称四人为"邓毛谢古"。会议提出要对其加以"残酷斗争，无情打击"，强迫他们交待所谓反党的"派别观念"和"派别活动"。会议期间，"邓毛谢古"被责令先后两次写出申明书。但他们坚持真理，不向谬误低头。邓小平在申明书中说："感觉自己了解是错了，没有什么问题，只有快到实际工作中去。""自己感觉到不会走到小组织的行动，不成严重问题。"不承认自己"右倾"，说反右派与他没有关系。会议总结认为，"邓毛谢古"虽受到了严重打击，但他们并没有在思想上解除武装。①

5月4日，中共临时中央派人到工农红军学校召开党团员活动分子会议，继续对"邓毛谢古"进行批判。会议作出的《关于江西罗明路线的决议》，列举邓毛谢古的所谓错误，提出他们是"小资产阶级出身的同志"，执行了与党完全不同的路线，而且更进一步根据一定的政纲及派别的观念，形成了小组织的活动。他们对革命斗争的估计，是悲观失望的；他们不相信群众的力量，认为群众是消极的，他们对于群众工作是采取消极怠工的态度的；他们在会昌、寻乌、安远、永丰、吉安、泰和各处，实行了退却逃跑的路线，采取了官僚主义的领导方式，使当地工作受到了损失；他们反对向中心城市发展，主张转移到穷乡僻壤的区域；他们对于四中全会后新的中央领导极端不信任，甚至以"洋房子先生"相呼。《决议》声言："邓毛谢古""如果再

---

① 参见《邓小平年谱（1904—1974）》（上），中央文献出版社2009年版，第96页；《邓小平传（1904—1974）》（上），中央文献出版社2014年版，第210页。

不彻底纠正其错误，我们建议中央局把他们洗刷出布尔什维克的队伍。"①

5月5日，经中共苏区中央局批准，中共江西省委作出《对邓小平、毛泽覃、谢唯俊、古柏四同志二次申明书的决议》。《决议》中说："邓小平同志对他自己机会主义路线和派别观念甚至派别行动的全部，始终是隐藏的"，"邓毛谢古四同志的第二次申明书与第一次申明书的内容没有任何不同"，"没有根本放弃其小组织的机会主义路线"。《决议》责成四人写出第三次申明书，向党作出新的检查。"邓小平同志，必须无保留地揭发他由第七军工作时起经过党大会，经过会、寻、安工作直到第二次申明书止，一贯的机会主义错误和派别观念，以至派别活动，再不容许有任何掩藏。"同时对他们作出组织处理，要求"四同志在省委所指定的群众工作中艰苦地担负起自己的任务，来表现忠实地为党的路线而坚决斗争"。会上，邓小平被撤销省委宣传部部长职务，受到党内"最后严重警告"处分。② 这是他在政治生涯中遭受的第一次磨难。

邓小平后来多次讲到自己的这段经历。1977年9月14日，他在同河野洋平为团长的日本访华团谈到自己被打倒的经历时说："在江西根据地，王明路线夺了毛主席对红军、对苏区的领导权，还反对什么邓毛谢古路线。我算一个头头，叫'毛派头头'。这件事一般人不大知道。"③1980年8月21日，邓小平在同意大利记者奥琳埃娜·法拉奇谈话时，再次提及这段经历。他说："1932年在中央苏区，'左'倾领导者说我是毛派。他们把我作为毛派的头头整下去了。"④

邓小平之所以和"左"倾中央领导人提出不同的主张，并在遭受打击和批判后仍坚持自己的正确观点，是因为他作为县委书记要独立全面地主持一方工作，确确实实地解决实际问题，来不得半点主观主义和教条主义，否则就要碰得头破血流，甚至遭受严重失败。正因为这种思想和观点是从实际

① 转引自《邓小平年谱（1904—1974）》（上），中央文献出版社2009年版，第97页。
② 参见《邓小平年谱（1904—1974）》（上），中央文献出版社2009年版，第97页。
③ 《邓小平年谱（1975—1997）》（上），中央文献出版社2004年版，第201页。
④ 《邓小平画传》上卷，中央文献出版社2014年版，第75页。

工作中产生的，并被实践证明是正确的，所以他坚持起来也就特别坚决。邓小平到南村区委当巡视员后，曾对当地干部介绍过自己在批斗会上据理力争的情况。他说："在会上我两次据理申辩自己的观点，不管他们怎样残酷斗争，采取什么样的措施，我坚信我执行的是马克思主义的正确路线，正确的就要坚持。"①

陈云虽然也是中共苏区中央局领导成员，但他没有参加反对"江西罗明路线"的运动。相反，他在领导苏区工人经济斗争中，深入实际，依靠群众，纠正了当时发生的若干"左"的错误倾向，引导工人着力发展经济，改善工作和生活条件。

陈云进入苏区后，就前往福建汀州（今福建省长汀县）调查了解苏区工人运动情况。通过调查，陈云发现苏区工人运动在执行劳动法方面存在"左"的错误。主要是照抄照搬了一些苏联劳动法和只适合于现代大城市的条文，忽视苏区所处的农村环境和战争条件，片面追求工人福利，提出过高工资待遇要求，使中小企业不堪重负，相当数量的私人企业倒闭，失业工人增加，苏区经济萎缩。

为纠正苏区工人运动在实施《劳动法》中存在的"左"的偏向，1933年4月，陈云、刘少奇等开始对《劳动法》进行修改。在此过程中，陈云于4月25日在《斗争》上发表《苏区工人的经济斗争》一文，批评苏区工人经济斗争中存在的"极端危险的'左'的错误倾向"。他指出："在领导工人的经济斗争中，还存在着另一种极端危险的'左'的错误倾向。这种倾向，表现在只看到行业的狭小的经济利益，妨碍了发展苏区经济、巩固苏维埃政权的根本利益。例如，在许多城市的商店、作坊中提出了过高的经济要求，机械地执行只能适用于大城市的劳动法，使企业不能负担而迅速倒闭；不问企业的工作状况，机械地实行八小时和青工六小时的工作制；不顾企业的经济能力，强迫介绍失业工人进去；在年关斗争中，许多城市到处举行有害苏区经济流通的总同盟罢工。这种'左'的错误，非但不能提高工人阶级的觉悟和积极

---

① 转引自刘金田主编：《邓小平的历程》，人民出版社2015年版，第102页。

性，相反地，只能发展一部分工人不正确的浪漫生活。而且，这种'左'的错误，使许多企业和作坊倒闭，资本家乘机提高物价，并欺骗工人，使工人脱离党和工会的领导。所以，这种'左'的错误领导，是破坏苏区经济发展，破坏工农联盟，破坏苏维埃政权，破坏工人阶级的彻底解放的。"陈云要求苏区党和工会在领导经济斗争中，"必须纠正官僚主义。要重新审查各业集体合同的具体条文，审慎地了解各业的每个商店、作坊的经济能力，依照实际情形，规定适合于每个企业的经济要求。不能不顾实际情况，不体现出各个企业的不同工人的具体要求，千篇一律地抄录劳动法"。①

1934年6月，陈云再次到汀州，探索京果业店铺重新签订劳动合同的经验。在初步了解企业和工人的实际情形后，陈云三次召开党的支部会议，以党支部为中心去动员群众，广泛吸收群众意见，帮助汀州京果业工会支部拟订出比较切合实际的劳动合同，既保护了工人的经济利益，又兼顾了雇主的承受能力，为绝大多数雇主所接受，各店铺顺利地完成了签订新合同的工作。

为纠正工人经济斗争中"左"的倾向，陈云采取有力措施，帮助基层工会工作人员提高工作能力，解决他们在领导作风和工作方式上存在的一些问题。针对基层党和工会干部不去了解工人的想法和情绪，不去了解企业的实际情况，没有做耐心细致的说服工作，空谈原则而不联系实际的工作作风和方法，1933年6月28日，陈云在中华全国总工会苏区中央执行局机关报《苏区工人》上发表《在纠正工人经济斗争"左"的倾向中我们所作的错误》的文章，细致地剖析这种工作作风和领导方式的害处，告诫大家：纠正"左"的倾向不是三言两语可以解决的，没有耐心的说服工作，没有充分的准备工作，没有实际解决工人所遇到的困难，一切企图以命令的方式来通过，丝毫不能解决"左"倾的错误，而且在工人中间可以发生更坏的不满意工会领导的情绪。他指出："目前各级工会在纠正'左'倾的领导上，不是空讲原则，而是要具体的领导工人解决他们自己感觉已经行不通的合同的某些条文"②。

---

① 《陈云文选》第1卷，人民出版社1995年版，第9—10页。
② 《陈云传》（一），中央文献出版社.2015年版，第141—142页。

陈云通过加强对苏区工会工作的指导，特别是局部纠正全总工作中"左"的错误倾向，使苏区工会组织迅速发展，全总领导下的会员总数达到25万余人，工会组织成为苏维埃政权建设的重要柱石。

以上说明，陈云在领导苏区工会工作中（包括之前在领导白区农运、工运中），在一些具体做法和领导方式、工作方法上，同脱离实际、脱离群众的"左"倾指导思想和"左"倾做法是有不同的。陈云与博古等同为中共临时中央政治局成员，但在工作作风上却与之不同，其主要原因是"由于他重视调查研究，了解工运、农运的实际情况，因而逐渐学会从革命斗争中特别是'左'倾错误造成的危害中总结经验教训，学会独立思考问题，因而也逐渐在自己的思想上发生了努力把马克思主义同中国实际相结合的重要变化"①。

当然，陈云从在江苏省委领导农民运动和工人运动，到在中央苏区再次领导工会工作，正是第二次、第三次"左"倾错误在全党盛行之时。在这种情势下，陈云在领导工作中不可能完全摆脱"左"倾指导思想的影响和束缚。②后来，陈云于1941年10月22日在中共中央政治局会议上，诚恳地检讨了自己20世纪30年代在上海和进入苏区后的错误。他说：十年内战后期"路线错误是确定了的，白区工作、苏区工作都是如此"。"上海时期我是赞成这个路线的，无功而有过，应负一定的责任。""在苏区工会工作中未改变'左'的倾向，把上海工运的一套搬到农村。"他还说："我在五中全会上作的报告也是错误的。虽然帮助过几个遭受错误路线打击的人，但未从根本上反对过打击人的做法。"③

在中央苏区时期，邓小平和陈云都不同程度地加深了与毛泽东的关系，增进了对毛泽东的了解，这对他们后来的政治生涯产生了重要影响。

邓小平初次认识毛泽东是在1927年汉口八七会议上。毛泽东在会上提出的"枪杆子里面出政权"的著名论断，给他留下了深刻的印象。邓小平在上海党中央机关担任中共中央秘书长期间，参与了中共中央致朱德、毛泽东并

---

① 《陈云传》（一），中央文献出版社2015年版，第152页。

② 参见《陈云传》（一），中央文献出版社2015年版，第152页。

③ 《陈云传》（一），中央文献出版社2015年版，第333页。

转红四军前委诸同志指示信的讨论，并于 1928 年 6 月 5 日在讨论通过指示信的中共临时中央（留守）政治局常委会上作了发言。指示信是对毛泽东 5 月 2 日给中共中央来信的复信。指示信批准毛泽东来信中关于建立罗霄山脉中段政权的计划。信中还确定，在红四军成立以毛泽东为书记的前敌委员会。①

邓小平在广西领导百色、龙州起义，创建红七军、红八军，开辟左右江革命根据地时，学习借鉴了毛泽东开创井冈山革命根据地的成功经验。1928 年 10 月、11 月，毛泽东先后写成《中国的红色政权为什么能够存在?》和《井冈山的斗争》两篇重要著作，集中阐述了工农武装割据思想。中共中央主办的《红旗》《政治通讯》等刊物，经常登载有关朱毛红军和井冈山革命根据地的文章。邓小平当时担任中共中央秘书长，对毛泽东的思想主张和开辟井冈山革命根据地的经验是非常了解的。他在 1929 年 10 月领导发动南宁兵变后，作出把部队开往农村，同农民革命运动相结合，开辟农村革命根据地的决策，是与毛泽东领导湘赣边界秋收起义，开创井冈山革命根据地的成功经验相通的。② 邓小平在右江地区领导土地革命的做法，是他在 1930 年 1 月从广西回上海向中共中央汇报工作时，从毛泽东、朱德领导的红四军的报告和红四军到上海的同志向中共中央作的口头报告中学得的经验。邓小平创立的红七军，经过千里转战，于 1931 年 7 月到达中央革命根据地，与毛泽东领导的中央红军会合。同年 11 月，在中华苏维埃第一次工农兵代表大会闭幕式上，临时中央政府主席毛泽东亲手授予红七军一面锦旗，上书"转战千里"四个大字。③ 由于以上原因，邓小平在进入中央苏区前，虽然与毛泽东没有直接接触，但他对毛泽东是十分了解的，对毛泽东开辟中央革命根据地的成就是极为崇敬的。

进入中央苏区后，邓小平与毛泽东有了直接的工作接触，并加深了与毛泽东的关系。1931 年 9 月 28 日，邓小平在瑞金城北的叶坪村向率红一方面

---

① 参见《邓小平年谱（1904—1974）》（上），中央文献出版社 2009 年版，第 41 页；《邓小平传（1904—1974）》（上），中央文献出版社 2014 年版，第 102 页。

② 参见《邓小平传（1904—1974）》（上），中央文献出版社 2014 年版，第 123 页。

③ 参见《邓小平传（1904—1974）》（上），中央文献出版社 2014 年版，第 152、184 页。

军途经此地的毛泽东、朱德等汇报瑞金的工作，得到充分肯定。毛泽东、朱德等原定此行到福建筹粮筹款、休整补充，并筹备召开全国苏维埃代表大会。到瑞金后作出调整：选定叶坪村为苏区中央局和红军总部驻地；在叶坪村召开中华苏维埃第一次全国代表大会，建立苏维埃临时中央政府。① 除了瑞金有利的地理位置和其他地域条件外，由邓小平打开的新的工作局面，也是毛泽东、朱德决定留在瑞金的重要原因之一。10月上旬，邓小平在瑞金组织了一个有5万人参加的盛大祝捷大会，庆祝中央红军第三次反"围剿"斗争的胜利。大会设四五个分会场，邓小平陪同毛泽东到各个分会场讲话。②

11月7日至20日，中华苏维埃第一次全国代表大会在瑞金召开。邓小平出席大会并负责会场组织、代表住宿安排等工作。会议期间，为保证会场免遭敌机轰炸，邓小平在瑞金城内布置了假会场迷惑敌人。他这一时期在瑞金的工作，特别是为筹备"一苏全会"所做的工作，得到以毛泽东为主席的临时中央政府的充分肯定。1932年3月，临时中央政府《检查瑞金工作后的决议》评价说：在肃反问题上，"对于过去的错误，如随意捕人偏信口供使用肉刑等，已有大的转变。""革命秩序相当建立。""扩大红军工作已获得相当成绩。"财政上，"相当地执行了财务条例和统一财政训令。"③

在王明"左"倾教条主义路线影响下，中共苏区中央局召开一系列会议，清除毛泽东积极防御路线在中央根据地的影响。1931年11月1日至5日，在中共中央代表团主持下，中央苏区党组织在瑞金召开第一次代表大会（赣南会议）。会议把毛泽东反对本本主义的主张，指责为"狭隘的经验论"；把"抽多补少""抽肥补瘦"的土地分配原则指责为"富农路线"，指责红军"没有完全脱离游击主义的传统"，强调要集中火力反右倾。毛泽东在中央苏区党和红军中的领导地位开始受到排挤。邓小平和毛泽覃、谢唯俊、古柏同毛泽东在思想上是相通的。赣南会议批评毛泽东正确主张时，他们表示了不同意见，被人称为江西苏区的"四大金刚"。他们还针对"左"倾教条主义

---

① 参见《邓小平年谱（1904—1974）》（上），中央文献出版社2009年版，第85—86页。

② 参见《邓小平年谱（1904—1974）》（上），中央文献出版社2009年版，第86页。

③ 转引自《邓小平传（1904—1974）》（上），中央文献出版社2014年版，第198页。

者攻击毛泽东的主张是"山沟沟里的东西",指出"大城市里产生了立三路线,我们苏区的山沟里,却是马克思主义"①。1932年10月上旬,中共苏区中央局在宁都召开全体会议(后通称为"宁都会议")。会议批评毛泽东反对攻打赣州等中心城市,主张向敌人统治较弱、党和群众力量较强的赣东北方向发展的意见,指责其对"夺取中心城市""消极怠工",是"纯粹防御路线"。会后"左"倾领导者撤销了毛泽东红一方面军总政委职务。

1933年1月,中共临时中央迁入苏区后,继续推行以王明为代表的"左"倾教条主义路线,反对毛泽东的正确主张。他们还打击拥护和执行毛泽东正确主张的邓、毛、谢、古等人,发动了反对所谓"江西罗明路线"的斗争,而这场斗争是和当时中央局排斥、打击毛泽东联系在一起的。1943年11月,毛泽东在一次中共中央政治局扩大会议上说:"反邓、毛、谢、古,是指鸡骂狗。"②事实上,邓小平不是"毛派"头子,没有搞过派别活动,也没有跟随毛泽东工作过,只是因为他实事求是的思想方法和毛泽东一致。1989年5月31日,邓小平在同两位中央负责同志谈话时指出:"30年代在江西的时候,人家说我是毛派,本来没有那回事,没有什么毛派。"③

"邓、毛、谢、古"事件使邓小平与毛泽东有了一种特殊关系。"这使毛泽东长期相信邓小平是忠实于自己的。"④毛泽东对中央苏区反对邓、毛、谢、古的斗争一直记在心中。1938年11月5日,毛泽东在中共六届六中全会的结论中提到:1933年在中央苏区对邓小平等同志的打击也应取消⑤,代表中共中央为邓小平平了反。1972年8月14日,毛泽东在邓小平同年8月3日要求出来工作的来信上批示:"他在中央苏区是挨整的,即邓、毛、谢、古四个罪人之一,是所谓毛派的头子。"⑥正是这份关键批示,加快了邓小平

---

① 《邓小平传(1904—1974)》(上),中央文献出版社2014年版,第208—209页。

② 转引自刘金田主编:《邓小平的历程》,人民出版社2015年版,第102页。

③ 《邓小平文选》第3卷,人民出版社1993年版,第301页。

④ [美]傅高义著:《邓小平时代》,冯克利译,生活·读书·新知三联书店2013年版,第46页。

⑤ 参见《邓小平年谱(1904—1974)》(上),中央文献出版社2009年版,第230—231页。

⑥ 《邓小平年谱(1975—1997)》(下),中央文献出版社2004年版,第1961页。

的第二次复出。

陈云在进入中央苏区前，对毛泽东"是不熟悉的，且听说是机会主义"①。但在进入苏区路过汀州有人提议去看一下正在那里养病的毛泽东时，陈云表示同意，因博古反对而没去成。②进入苏区后，陈云与毛泽东有了工作接触。在 1933 年 1 月召开的中共中央会议上，陈云和毛泽东同为新成立的中央领导机构成员。在 1934 年 1 月召开的中共六届五中全会上，陈云和毛泽东均当选为中共中央政治局委员。经过工作接触，陈云对毛泽东"认识上有变化，感觉他'经验多'"③。在 1934 年 1、2 月间召开中华苏维埃第二次全国代表大会时，陈云很希望毛泽东能够继续当选为主席④，表示了对毛泽东的支持。

在中央苏区时期，邓小平和陈云是否已相互认识或有工作往来，根据笔者目前掌握的资料还无法判定，但此时他们已知道对方的名字则是可以肯定的。陈云进入中央苏区后，继续参加中共中央政治局，为常委，并继续担任全总党团书记。在 1934 年 1 月召开的中共六届五中全会上，陈云当选为中共中央政治局委员、中央政治局常委，是知名度很高的中共中央领导人。因此，在中央苏区时期，邓小平肯定已知道陈云的名字。他主编的《红星》报还于 1934 年 5 月 20 日第 43 期发表过陈云撰写的社论，严厉批评军委总供给部对工作不负责任的错误。⑤在中央苏区反对以邓、毛、谢、古为代表的"江西罗明路线"的斗争中，陈云作为中共苏区中央局领导成员虽然没有参加这场运动，但他对所谓"毛派"头子的邓小平一定是有所耳闻的。

---

① 《陈云传》（一），中央文献出版社 2015 年版，第 334 页。

② 参见《陈云年谱（修订本）》上卷，中央文献出版社 2015 年版，第 160 页。

③ 《陈云传》（一），中央文献出版社 2015 年版，第 334 页。

④ 参见《陈云传》（一），中央文献出版社 2015 年版，第 151 页。

⑤ 参见《陈云传》（一），中央文献出版社 2015 年版，第 155 页。

第五章

长征途中

离开中央苏区后，邓小平和陈云踏上了漫漫长征路，并在长征途中亲历了中国共产党历史上具有伟大转折意义的遵义会议。这是他们在土地革命战争时期又一段共同的重要革命经历。

在遵义会议前，邓小平的主要工作是继续主编《红星》报，发挥政治宣传作用；陈云则是在红军第五军团担任中共中央代表，以加强这支部队的政治工作。他们都在政治方面为红军战略转移发挥着重要作用。

长征开始后，中共中央在中央苏区办的其他报刊均已停办，《红星》报是跟随中共中央和中央红军一起行动的唯一报刊。《红星》报一时间成为阐释、宣传中共中央和中革军委战略意图、行动方针的重要渠道。在紧张的行军途中，从1934年10月20日至1935年1月7日攻占遵义，邓小平克服种种困难，坚持油印出版了7期《红星》报。每期的内容都紧密配合部队的行动，使报纸发挥了指导红军各方面工作的重要作用。

10月20日，主编的《红星》报油印版第1期出版。为紧密配合突围战斗，在头版刊发文章《突破敌人封锁线，争取反攻敌人的初步胜利！》。文章说："一年多粉碎敌人五次围剿的战斗，我们曾以顽强守备的阵地战，取得了屡次的部分的胜利，更加强大和锻炼了红军的战斗力量。但这些部分的胜利还未能阻止敌人向着基本苏区的前进；如果我们继续采取防御的阵地战将使我们自己束缚起来而无法求得发展"。"我们的枪炮和刺刀的瞄准点首先是向着南部的敌人，首先是消灭敌人南部的乌龟壳，突破敌人的封锁线"。还刊发文章《当前进攻战斗中的政治工作》。

10月27日，主编的《红星》报油印版第2期出版，刊发社论《在新的环境下的政治工作》。社论指出："我们前面的任务是在敌人封锁线外向敌人反攻，在运动中大量消灭敌人，发动广大工农群众的斗争，创造新的苏维埃区域。"为配合进入白区后的宣传鼓动工作，还编发文章：《十天行军中化装宣传的一瞥》《一件不应当忘记的工作》，强调各部队要加强宣传发动群众，指导部队在行军途中用写标语、画壁画的形式做宣传。

11月9日，主编的《红星》报油印版第3期出版，针对进入白区后有的干部战士不了解白区环境和群众特点，搬用苏区办法而效果不好的情况，刊发社论《关于目前地方居民中的工作》。社论提出：白区的群众同苏区的群众有极大的不同，要根据白区群众的实际情况开展宣传鼓动工作。"宣传的方式必须首先从群众切身的利益开始，然后逐步进入到苏维埃基本主张的宣传。必须以最通俗的言语，极大的耐心，同群众接近，来启发他们的斗争。"社论提出利用打土豪发动群众斗争与组织群众的问题，指出："打土豪的东西，我们很少发给群众。利用这种分发土豪财物给群众的机会来进行我们的工作。"要"深入到群众中去工作"，"要使我们成为苏维埃革命运动的宣传者和组织者，首先就要求我们在地方居民中的工作有彻底的转变"。

11月14日，主编的《红星》报油印版第4期出版。针对行军过程中发生的一些战士逃跑的现象，刊发文章《我们在反攻中的胜利（讨论提纲）》《逃跑的原因在哪里!》等。前文在全面阐明红军战略转移的意义后，鲜明地提出："发扬我们的战斗精神，巩固我们的队伍，提高我们的纪律，到处发动群众的斗争，组织群众与瓦解白军，是完成这些任务的必要条件。必须同一切对于我们目前的行动表示怀疑，在前进中所发生的困难面前表示投降无办法，悲观失望，以及逃跑开小差甚至个别投敌的现象，做坚决的斗争。"后文分析了发生逃亡的原因，提出要加紧巩固部队，彻底消灭逃亡的现象。这一期还刊登文章《加紧扩大红军的工作》，文章要求各兵团"立即行动起来，加紧扩大红军的工作"。

11月25日，主编的《红星》报油印版第5期出版。为鼓舞红军士气，刊发社论《以坚决勇敢的战斗消灭当前的敌人》。社论说明红军摆脱困境的最好办法，就是大量地消灭敌人，号召广大的红军指战员、政治工作人员，

"更加发扬顽强战斗的决心，提高战斗情绪到最高限度，随时准备以坚决勇敢的战斗，完全消灭当前之地。"这一期还刊发文章，介绍某部一连党支部书记朱锡标，当敌人冲过来距离四五十米时，跑到最前面扔手榴弹，掩护全营安全撤退，结果光荣牺牲。文章号召每个红色战士都应继续发扬朱同志坚决勇敢的精神，彻底粉碎敌人的"围剿"。

12月上旬，主编的《红星》报油印版第6期出版。为帮助红军干部战士了解掌握民族政策，开展少数民族群众工作，刊发中共中央《关于瑶苗民族中工作的原则指示》。《指示》提出对瑶民和苗民的基本主张：反对一切汉族的压迫与剥削；汉民与瑶民民族平等；瑶民的事由瑶民自己去决定，汉人不得干涉，并在精神上物质上给他们以实际的帮助。在这个基础上争取瑶民对苏维埃和红军的同情拥护，反对帝国主义、国民党的协同动作。这一期还编发文章《消灭掉队落伍的现象》，提出加强收容队工作，开展反对故意掉队落伍的斗争，加紧卫生工作与改善给养，从积极方面消灭病员与掉队落伍现象。①

1934年年底，邓小平被调离《红星》报，接替生病的邓颖超担任中共中央秘书长。这是他第二次担任中共中央秘书长职务。邓小平之所以被任命为中共中央秘书长，是因为到遵义会议前，绝大多数党内和军内的高级干部已对"左"倾错误的领导强烈不满，毛泽东在党内、军内开始有了发言权。在他的影响下，邓小平被任命为中共中央秘书长。1980年8月21日，邓小平在同意大利记者奥琳埃娜·法拉奇谈话中说："在1935年我们历史上著名的长征中召开的遵义会议上，确立了毛泽东同志在党和军队的领导地位。相应地，我那时也第二次当党中央秘书长。"②这段话十分清楚地说明了邓小平自苏区挨整后再次被起用的原因。

长征出发前夕，陈云被任命为红军第五军团中共中央代表。这是他首次在部队中任职。接受任务后，陈云深入到部队中去传达中共中央精神和了解部队情况，向部队负责人报告目前形势和突围西征的任务，对长征进行政

① 参见《邓小平年谱（1904—1974）》（上），中央文献出版社2009年版，第111—114页；转引自《邓小平传（1904—1974）》（上），中央文献出版社2014年版，第228页。

② 《邓小平画传》上卷，中央文献出版社2014年版，第80页。

治动员。为克服长征开始后部队减员和开小差增多的现象，陈云深入连队了解原因。经过了解分析，他认为这种现象主要是由政治动员不够和连队支部工作不健全等原因造成的。陈云利用行军间隙，深入做部队的思想政治工作，使开小差现象大为减少。

五军团殿后掩护的任务十分艰巨。陈云后来回忆说："长征时五军团打后卫，天天有战斗，没好好睡过觉。"①"我作为后卫部队的政委，有责任设法保障后卫部队不落后，有时6天6夜不能睡觉。"②在湘江战役中，红五军团梯次布置在湘江东岸掩护全军，五军团的34师又掩护军团的主力。由于中共中央及军委纵队负载太重，行动迟缓，湘江战役打得异常惨烈。五军团在敌人前后夹击中打了一天，掩护全军过江。五军团第13师抢在敌人合围前渡过湘江，但担任五军团后卫的第34师被追击上来的国民党部队截住，经过英勇战斗，部队大部壮烈牺牲。湘江战后，中央红军由出发前的8.6万人锐减为3万余人。

湘江的惨败，以及第五次反"围剿"以来一直打的被动仗，使红军干部和战士心中产生许多疑问和不满，高层领导人中间也产生激烈的意见分歧。在关系红军前途和命运的重要关头，12月12日，中共中央在湘南通道召开紧急会议，讨论红军行动方向。后又经过黎平政治局会议的激烈争论，终于在12月18日通过《中央政治局关于战略方针之决定》，决定放弃同二、六军团会合并在湘西创立新根据地的原定计划，改为向国民党力量薄弱的贵州进军，在川黔边地区建立新根据地。

陈云由于随后卫部队行军，没有参加这两次会议，但在贵州洪州司听取了博古关于通道会议情况的通报。中革军委还根据陈云等反映红八军团过湘江后严重减员等情况的电报，决定把八军团编入五军团。军委还把长征出发时分编的第一、第二纵队合编为军委纵队，任命刘伯承为司令员，陈云为政委。根据军委命令，陈云和刘伯承在以后几天内协助五、八两个军团进行

---

① 《陈云文集》第3卷，中央文献出版社2005年版，第434页。
② 《陈云文集》第1卷，中央文献出版社2005年版，第6页。

整编。12月21日，陈云和刘伯承离开五军团，前往军委纵队就职。这以后，他们率军委纵队经黄平，过乌江，向遵义进发。陈云切实履行了红五军团中共中央代表的政治职责，圆满完成中共中央交给的后卫掩护任务。

1935年1月15日至17日，中共中央政治局在贵州遵义召开扩大会议（后通称为遵义会议）。邓小平和陈云都参加了这次在中共历史上具有伟大转折意义的重要会议。邓小平以中共中央秘书长身份参加会议并担任会议记录①，陈云以中共中央政治局委员身份参加会议。会上，博古作关于反对第五次"围剿"的总结报告，拒不承认在军事指挥上犯了错误。周恩来就军事问题作副报告，指出第五次反"围剿"失败的主要原因是军事领导的战略战术错误，并主动承担了一定的领导责任。张闻天按照会前与毛泽东、王稼祥共同商量的意见，作了反"左"倾军事错误的报告，批评博古、李德的军事指挥。毛泽东作长篇发言，阐述了中国革命战争战略战术问题和今后军事上应采取的方针，对导致第五次反"围剿"失败和西征初期严重损失的单纯防御战略错误进行了深入分析。会议改组中共中央领导机构，增选毛泽东为中共中央政治局常委，取消"三人团"，取消博古、李德的最高军事指挥权，决定由中革军委主要负责人朱德、周恩来指挥军事，周恩来为党内委托的对于指挥军事下最后决心的负责者。会议决议指出，红军第五次反"围剿"的失败以及退出苏区后遭到的严重损失，主要原因是博古和李德军事指挥上犯了严重错误。决议肯定毛泽东等关于红军作战的基本原则，提出改变在川黔边建立根据地的决定，确定在成都西南或西北建立根据地。遵义会议结束了王明"左"倾教条主义在中共中央的统治，确立了以毛泽东为代表的新的中共中央的正确领导②，在最危急的关头，挽救了党、挽救了红军、挽救了中

---

① 1958年11月3日，邓小平在参观遵义会议纪念馆时回忆说："会议室找对了，我就坐在那个角里。"见《邓小平年谱（1904—1974）》（下），中央文献出版社2009年版，第1467页。

② 1989年6月16日，邓小平在同几位中共中央负责同志谈话时指出："在历史上，遵义会议以前，我们的党没有形成过一个成熟的党中央。从陈独秀、瞿秋白、向忠发、李立三到王明，都没有形成过有能力的中央。我们党的领导集体，是从遵义会议开始逐步形成的。"见《邓小平文选》第3卷，人民出版社1993年版，第309页。

国革命，是中国共产党历史上一个生死攸关的转折点。

会上，邓小平囿于身份没有作正式发言，但他毫无疑问是毛泽东坚定的支持者。陈云在会上积极支持毛泽东等人的正确主张，为确立毛泽东在红军和中共中央的领导地位作出了重要贡献。遵义会议后在党内负总责的张闻天回忆说：遵义会议上，陈云"是反对'左'倾机会主义路线，拥护毛主席的正确路线的"①。

陈云在遵义会议上支持毛泽东的正确主张有一个认识过程。在中央苏区时期，陈云虽然也是中共临时中央政治局成员，在领导工作中也未能完全摆脱"左"倾指导思想的影响和束缚，但他和博古等的工作作风明显不同。陈云不但没有参加反"罗明路线"的运动，相反，他在全总工作中开始了局部纠正"左"倾错误的斗争。长征开始后，陈云由于随后卫部队行军，对通道会议和黎平会议关于红军行动方向的争论并不很了解，但他在贵州洪州司听取了博古关于通道会议情况的通报，并于1935年1月1日参加了中共中央政治局在猴场召开的会议，了解了黎平会议上毛泽东与博古、李德关于红军行动方向争论的内容。1月2日渡过乌江到团溪时，陈云应张闻天之约谈了一次话，了解到反第五次"围剿"中由于领导错误而造成的损失。这些为陈云在遵义会议上坚定支持毛泽东的正确主张，支持会议确立以毛泽东为代表的正确领导奠定了重要的思想基础。后来陈云回忆这一段思想发展过程时说："我在五军团时总觉得在困难中以团结为是；到黎平会议知道毛、张、王与独立房子的争论内容；团溪时洛甫找我谈过一次，告诉我五次'围剿'时错误中的损失。所以，遵义会议上我已经很了解了当时军事指挥之错误，赞成改变军事和党的领导的一个人。"②陈云作为中共中央政治局常委，他的明确表态对毛泽东是一个至关重要的支持，也对遵义会议实现伟大历史转折起了很重要的作用。

---

① 转引自《陈云传》（一），中央文献出版社 2015 年版，第 169 页。

② 《陈云年谱（修订本）》上卷，中央文献出版社 2015 年版，第 190 页。

　　经过遵义会议，邓小平和陈云与毛泽东的接触更多了，对毛泽东的了解更深了。邓小平的女儿邓榕在《我的父亲邓小平：战争年代》一书中写道："父亲告诉我，遵义会议时，他和毛主席住在一起。遵义会议后，他和毛主席、张闻天一起长征。那时候他们白天行军，疲劳得很，晚上到一个地方，赶快找个地方睡觉。一路都走在一起，住在一起。"①陈云也在 1941 年 10 月 22 日的中共中央政治局会议上回顾了遵义会议前后他对毛泽东的认识变化。他指出："遵义会议前后，我的认识有一个过程。会前不知道毛主席和博古他们的分歧是原则问题，对毛主席也只是觉得他经验多。遵义会议后，开始知道毛主席是懂军事的。红军南渡乌江后，方才佩服毛主席的军事天才。"②陈云还在后来的一些谈话中讲了他对毛泽东遵义会议发言的认识和评价，他说：毛主席讲话的内容"主要是军事问题"，"毛主席在会上讲得很有道理，内容就是《中国革命战争的战略问题》那篇文章里讲的那些"。③表明经过遵义会议，他对毛泽东的了解更加深入。

　　遵义会议前后，邓小平和陈云的直接接触也更多了。长征开始后，邓小平带领《红星》报编辑部被编在第二野战纵队，该纵队也称红章纵队，由中共中央机关、政府机关和军委后勤部门、共青团等单位组成，李维汉任司令员兼政委。此时，陈云随后卫部队行军。1934 年 12 月 18 日黎平会议后，为适应机动作战的需要，中革军委决定对部队进行整编。军委第一、第二野战纵队合并为军委纵队，陈云任政治委员。12 月 21 日，陈云到军委纵队就职。此后，邓小平与陈云有了直接接触的机会。刘英回忆说："长征刚刚开始时，我和邓小平他们常常在一起。只要有半天休息，大家就常常凑在一起，没事干，就吹牛。大家开玩笑，成立了一个牛皮公司，陈云是总经理，邓小平是副总经理。没有吃的，就吹吃的，精神会餐。"④这段话是邓小平和陈云在长征初期深度接触的生动写照。到遵义会议时，由于参加会议的人员

---

① 邓榕著：《我的父亲邓小平：战争年代》，生活·读书·新知三联书店 2013 年版，第 351 页。

② 《陈云年谱（修订本）》上卷，中央文献出版社 2015 年版，第 389 页。

③ 《陈云传》（一），中央文献出版社 2015 年版，第 168 页。

④ 转引自《邓小平画传》上卷，中央文献出版社 2014 年版，第 86—87 页。

并不多，邓小平又担任会议记录，因此，他们在 3 天会议期间一定会有更多的接触与了解。

遵义会议后，邓小平继续随部队长征。陈云则到红三军团传达遵义会议精神，并在红军攻占天全、芦山后，奉命离开长征队伍，经上海转赴莫斯科，承担起了向共产国际汇报红军长征和遵义会议情形的特殊使命。

遵义会议是中共历史上一个生死攸关的转折点，也是邓小平政治生命中的重要转机。6 月 26 日，中共中央政治局在懋功县两河口召开会议，讨论并决定红一、红四方面军会师后统一领导，由军委统一指挥，实行北上创造川陕根据地的战略方针。会后，为加强前线领导力量，中共中央决定调邓小平担任红一军团政治部宣传部部长。毛泽东对接替邓小平担任中共中央秘书长的刘英解释说："前方要加强，小平同志很有才干，所以调他到前方去，让他更好地发挥作用。"[1]

这次调动对邓小平个人事业发展至关重要。到红一军团工作，使他重新回到了军事斗争第一线，而且进入主力红军并担任重要领导职务，这对于他后来在抗日战争和解放战争中，成为人民军队几大主力部队的主要领导人之一，是非常重要的一步。[2]

7 月 16 日，邓小平随红一军团进至松潘西部的毛儿盖。在这里，上任不久的邓小平组织在干部战士中开展宣传活动，宣传党的北上抗日创建陕甘革命根据地的路线，提高部队干部战士的政治觉悟和组织纪律性。活动内容主要是学习、讨论军团政治部印发的《党中央关于会合后政治决议讨论大纲》。讨论的具体问题是：目前政治形势有哪些特点？一、四方面军会合后的基本任务是什么？为什么要加强党在红军中的领导？为什么要强调一、四方面军兄弟般的团结？目前党在红军中的中心工作是什么？等等。通过学习、讨论，消除了一部分人对党中央政治路线的怀疑情绪，广大指战员增强了与红四方面军搞好团结的意识，增强了执行党的群众路线与民

---

①　《刘英自述》，人民出版社 2012 年版，第 55 页。

②　参见《邓小平传（1904—1974）》（上），中央文献出版社 2014 年版，第 236 页。

族政策的自觉性,部队情绪和精神面貌出现了新变化。8月初,为配合红一军政治部进行的为期5天的整顿,邓小平领导宣传部开展政治动员、教育工作。他采用讨论会、课外娱乐测验问答、政治测验评比、自由晚会等形式,进一步宣传中共中央关于赤化陕甘的方针和意义。他还领导印发肃反工作政治材料、纪律问题政治课材料,进行纪律问题教育和反右倾情绪的斗争。①

9月12日,中共中央政治局在甘肃迭部县俄界召开扩大会议。会后,邓小平所在红一军被编为陕甘支队第一纵队。10月19日,邓小平随陕甘支队到达陕西保安县吴起镇。至此,红一方面军历时一年的长征胜利结束。几十年后,当女儿邓榕问邓小平长征中做了些什么时,他只说了三个字:"跟到走。"②

遵义会议会后,陈云撰写了《遵义政治局扩大会议传达提纲》,并到部队传达。传达提纲详细、具体地介绍了会议召开的背景、参加的人员、讨论的内容、得出的结论和作出的决定,指出:遵义政治局扩大会议的召集,是基于在湘南及通道的各种争论而由黎平会议所决定,目的是:(一)决定和审查黎平会议所决定的暂时以黔北为中心建立根据地的问题;(二)检阅在反对五次"围剿"中与西征中军事指挥上的经验与教训。扩大会议认为,当时党的总的政治路线一般的是正确的,一切在苏区内部的后方工作是模范的,但在军事指挥上战略战术上基本上是错误的,而军事指挥是党的总的政治路线的主要部分。提纲指出:"在这一时期中,党内军委内部不是没有争论的,毛张王曾经提出过许多意见,就是恩来同志也曾有些个别战役上的不同意见,但是没有胜利的克服这种错误。至于各军团——尤其是一、三军团的首长不知有多少次的建议和电报,以及每个战役的'战斗详报',提出他们的作战意见,可惜完全没有被采纳。"提纲除写明毛泽东被选为中共中央

---

① 参见《邓小平年谱(1904—1974)》(上),中央文献出版社2009年版,第119—120页;《邓小平传(1904—1974)》(上),中央文献出版社2014年版,第237页。

② 邓榕著:《我的父亲邓小平:战争年代》,生活·读书·新知三联书店2013年版,第348页。

政治局常委等各项决定外，还记述了与会者的态度、会后常委内部的两次分工，以及改变北渡长江、在成都西南或西北建立根据地决定的理由等内容。① 由于当时历史条件的原因，遵义会议未能保存下比较完整的会议资料。陈云撰写的这份传达提纲，是在中国革命从失败走向胜利的转折关头留下的一份非常珍贵的历史文献。

遵义会议后，陈云调任中共中央组织部部长，同时兼任总政治部地方工作部部长。红军四渡赤水进入云南后，他任渡河司令部政委，同司令员刘伯承一道指挥部队顺利北渡金沙江。1935 年 6 月红军攻占天全、芦山后，陈云遵照中共中央的决定，只身一人离开长征队伍，从四川省天全县灵关殿经雅安、重庆于 7 月上旬到达上海，作为中共中央代表，领导恢复中共在国民党统治区的地下组织，同时设法寻找同共产国际的联系，准备向共产国际汇报中共中央和红军的近况，尤其是遵义会议的情形。后因上海白色恐怖严重，陈云在上海恢复中共组织的工作难以进行，同年 9 月，他受命由上海抵达莫斯科，并参加中共驻共产国际代表团的工作。

就在邓小平结束长征的 4 天前，也就是 10 月 15 日，陈云在莫斯科用生动的语言和鲜活的例证，向共产国际详细汇报了红军长征和遵义会议的情况。这是中共高层领导干部系统阐述长征过程的最早报告。

陈云首先说明了红军长征的原因、所做的准备、要达到的目的并列举了达到目的的三点根据，即保全了红军有生力量、和红四方面军胜利汇合、建立了新的实力更强资源更富足的苏维埃根据地。

陈云在报告中把长征分为从江西到贵州、进入贵州到占领遵义、攻下遵义到渡过金沙江和过江之后四个阶段。

在第一个阶段，陈云认为红军取得了胜利，因为突破了国民党军队的四道封锁线。与此同时，陈云也指出这个阶段所犯的 3 个错误：一是部队出发西征之前，在党内、军内和群众中间没有进行足够的解释工作，政治局

---

① 　参见《陈云文选》第 1 卷，人民出版社 1995 年版，第 36—43 页；《陈云年谱（修订本）》上卷，中央文献出版社 2015 年版，第 196 页。

也没有对这一问题进行讨论，使一部分青年战士和个别人开了小差。这是因为当时对保守军事秘密问题理解得过于机械，认为西征这件事不能告诉党员、战士和群众。二是上路时所带辎重太多，带了许多笨重机器和大量物件，使军事行动困难重重，大大削弱了战斗力。这由于当时认为建立新的苏维埃根据地，就是简单地从一个地方搬到另一个地方，不需要再进行一番新的艰苦斗争和极大努力。三是纯军事性质的错误。红军仿佛总是沿着一条用铅笔在纸上画好的路线，朝着一个方向直线前进。结果无论走到哪里，到处都遇着敌人迎击。红军变成了毫无主动权、不能进攻敌人、反而被敌人袭击的对象。军事上的错误使红军付出很大的代价。陈云说，我们对此前"靠铅笔指挥"的领导人表示不信任。在黎平，领导人内部发生了争论。这场争论以决定改变原来的方针而告结束。原来的领导人坚持直线前进的做法，我们坚决加以反对。原来的领导人竟要将持此种意见的人送上军事法庭。我们回答说："应该交付法庭审判的是你们这些领导人，而不是我们"。

在第二个阶段，陈云认为取得了四个胜利：一是抛弃了过去"直线"行军的做法，转而采取比较灵活机动的行进方式。由于策略改变，前进比较顺利，打进了贵州，攻占了遵义城。二是在当地招募新兵，扩充了队伍。三是在遵义城成立革命委员会，建立了地方革命政权。四是在遵义举行了扩大的政治局会议。

在谈到遵义会议时，陈云着重指出：我们在这次会上纠正了第六次反"围剿"（指第五次反"围剿"——引者注）最后阶段与西征第一阶段中军事领导人的错误。大家知道，军事领导人在这一阶段犯了一系列错误。现在，这些错误得到了彻底纠正。建立了坚强的领导班子来取代了过去的领导人。党对军队的领导加强了。我们撤换了"靠铅笔指挥的战略家"，推选毛泽东同志担任领导。

在第三个阶段，陈云认为红军取得了一系列重大胜利。一是强渡了金沙江；二是在桐梓与遵义之间歼敌整整4个师；三是缴获了许多被服、弹药和驮畜等。陈云还指出，西征第三阶段的另一成功之处，是红军十分灵活机动，敌人很难摸清红军的行踪。

在第四个阶段，红军强渡大渡河，飞夺泸定桥。陈云认为这是红军西征史上最大的一次胜利。

陈云接下来指出了红军之所以能在艰难困苦中取得胜利的3点原因。首先是有真正英勇顽强、不怕牺牲的红军战士。红军之所以英勇顽强，一是因为工人在其中占了很大比重；二是她有一支优秀的、坚强的干部队伍。西征取得胜利的第二个原因是我们党真正成熟起来了，尤其是党的领导人成熟了。在中国西部的远征之所以取得胜利，首先要归功于党的领导的正确和坚强。西征取得胜利的第三个原因是所到之处都得到了群众的支持。陈云说：这3个基本特点，是我们红军不断取得胜利的保证。

陈云在汇报中还根据遵义会议精神，从政治和军事两个方面，分析了以博古为首的中共中央在长征前，特别是在第五次反"围剿"中所犯的5个错误：

第一个是在建立抗日统一战线问题上所犯的错误。陈云说：我这里指的是我们对十九路军所犯的错误。我们同十九路军签订的军事协定，不是建立在创建反帝统一战线这一正确立场的基础之上的。我们把十九路军看作是某种试图走特殊道路的反动势力，把它视为没有任何前途的第三种力量。如果我们不犯这个错误，那么，现在福建和中央苏区的局面就会完全不同。第二个错误是，组织西征时，没有向广大群众、红军战士甚至党内讲清楚它的意义，政治局也没有讨论过。第三个错误与干部政策有关。陈云说：当我们离开江西时，带走了主要军事干部、军事学校的所有学员，但却把我们党主要的宝贵干部——那些在民政机关中工作的干部留在了那里。他们当中有许多人本该撤离，而且也是可以撤离的。当时是可以找到人代替他们的。第四个错误与苏维埃政权的经济政策有关。陈云说：我们实际上提出了消灭富农阶级这个任务。我们在对待商人问题上也犯有错误。第五个错误是纯军事性质的错误，我们没有始终如一地坚持运动战术。我们本应深入敌人后方，却采用了阵地战术。我们犯的第二个大的军事错误是分散了红军的主力。以往的战斗经验表明，必须集中主力打击敌人。可我们却把军队分散，使之变成了敌人进攻的目标，自己则丧失了机动能力。

讲完这5个错误后，陈云指出：犯错误当然是件坏事。错误造成了巨大的损失。但我们的力量就在于，我们党能够克服并纠正这些错误。像陈独秀、李立三、瞿秋白犯错误时期需要共产国际出面干预的情况，再也不会有了。目前，我们的党在新的情况下能够自己提出新的任务。我们党能够而且善于灵活、正确地领导国内战争。像毛泽东、朱德等军事领导人已经成熟起来。我们拥有一支真正富有自我牺牲精神、英勇无畏、为实现共产国际总路线而斗争的干部队伍。[①]

陈云所作的报告，使共产国际了解了中国共产党和中国革命的真实情况，对他们正确了解中国共产党以毛泽东为代表的富有实践经验的领袖群体，具有重要意义。陈云向共产国际的汇报是成功的。他不辱使命，圆满完成了遵义会议后新的中央交给他的寻找同共产国际的联系，向共产国际汇报中共中央和红军的近况，尤其是遵义会议情形的重要任务。陈云在共产国际的报告引起苏共中央的关注。12月3日，斯大林为进一步了解中国共产党和中国红军的情况，邀请陈云到他办公室谈话。谈话中，陈云回答了斯大林提出的关于中国工农红军长征和遵义会议的问题。

陈云在莫斯科期间还完成了《随军西行见闻录》的写作。这是陈云为宣传中国工农红军长征而写的一篇文章。在上海寻找地下党关系和等候去苏联的一个多月时间里，陈云即开始撰写这篇文章，后在莫斯科完成。为便于在国民党统治区流传，作者署名"廉臣"，并假托为一名被红军俘虏的国民党军医。本文最早于1936年3月在中国共产党主办的巴黎《全民月刊》上连载，同年7月在莫斯科出版单行本。随后，在国内多次印刷发行。这篇弥足珍贵的历史文献，向世人第一次生动细致地记述了红军长征的历程，描写了红军领导人同群众间的密切联系，对广泛宣传当时鲜为人知的中国工农红军及其英勇的长征，起了不可替代的作用。

---

① 参见《陈云文集》第1卷，中央文献出版社2005年版，第1—34页。

　　陈云 10 月 15 日的报告和《随军西行见闻录》，以及他的"遵义政治局扩大会议传达提纲"一起，成为最早介绍中国红军长征和中共领袖毛泽东等人的重要著作，成为后人研究长征和遵义会议历史难得的珍贵史料。这是陈云对中国革命事业作出的独特贡献。

第六章

全国抗战前夕

　　从 1935 年 10 月长征胜利结束，到 1937 年 7 月全国抗战开始，邓小平继续在红一军团政治部担任重要职务，领导和组织开展部队政治教育工作。陈云先是在莫斯科学习和教学，后回国到新疆工作。虽然这近两年的时间里邓小平和陈云没在一起工作，彼此之间也无直接接触，但他们都在各自岗位上为准备抗战特别是建立抗日民族统一战线而努力工作。

　　当中共中央和红军还在长征途中时，民族危机即变得日益深重。日本继占领中国东北三省后，又通过华北事变，轻而易举地控制了华北大部分地区。日本扩大对华北的侵略，使全国人民的抗日救亡运动进一步高涨起来。在民族矛盾上升为主要矛盾的形势下，中共驻共产国际代表团于 1935 年 8 月 1 日发表《八一宣言》，呼吁全国各党派、各军队、各界同胞立即停止内战，集中一切国力去为抗日救国而奋斗。中共中央和中央红军到达陕甘根据地不久，即于 1935 年 12 月在陕北瓦窑堡举行政治局会议，确定建立抗日民族统一战线的政策和策略。会后，中共中央为准备抗战特别是建立抗日民族统一战线进行了积极而持续的努力。邓小平和陈云围绕中共中央的这一战略方针在各自岗位上做了大量工作。

　　瓦窑堡会议后，邓小平把宣传党的抗日民族统一战线的政策策略作为军团政治部宣传部的一项最紧要的工作，迅速抓起来，推动红一军团开展了一次面向群众的统一战线政策策略的宣传。1936 年 1 月，红一军团陈赓一部，在邓小平和军团政治部宣传部的指导下，进行了一次行程千余里、历时 14 天的集中政治宣传活动。他们提出的宣传口号是"杨虎城不打红军，红军不打杨虎城"。他们将中共中央《抗日救国宣言》《红一方面军首长告"围剿"

官兵书》《民族自卫的抗日六大纲领》《中国共产党的十大政纲》以及新编的歌谣《打倒日本鬼子》等，张贴到经过的各个城镇、村落。各连队把能写字的人集中起来写标语，每到一个地方放下行装就写，有时还点着火把写。在群众集中的地方，就召开群众大会，宣讲党的抗日民族统一战线政策。在群众居住分散的地方，就分散上门作宣讲。一些地方受欺骗的群众进入民团土围子躲避红军，他们就地组织喊话，苦口婆心地动员群众出来与红军见面，向他们宣传党的统战政策。①

1936 年 1 月 19 日，毛泽东、周恩来、彭德怀签署《西北革命军事委员会东进抗日及讨伐卖国贼阎锡山的命令》，宣布抗日主力红军即刻出发，打到山西去，开通抗日前进道路。从 1 月中旬开始，邓小平和红一军团政治部宣传部，组织在部队指战员中广泛开展东征作战的政治动员和政策宣传。主要是组织指战员学习领会红军北上抗日的主张，中国共产党提出的抗日民族统一战线的政策策略；宣讲东征作战的意义和东征中对敌军的政策及敌占区地方工作的政策等。在东征途中，邓小平带领红一军团政治部宣传部宣传共产党的主张，宣传抗日。东征战役结束后不久，邓小平被任命为红一军团政治部副主任，接替奉调到红军大学任教员的罗荣桓。

5 月 18 日，为巩固和扩大西北抗日根据地，扩大红军，毛泽东、周恩来、彭德怀发布西征战役命令。以红一方面军第一、第十五军团和第八十一师、骑兵团共一万三千余人组成西方野战军，彭德怀为司令员兼政治委员，进行西征战役，向陕、甘、宁三省边界地区发动进攻，打击坚持反共的马鸿逵、马鸿宾部，创造新根据地。邓小平随红一军团参加西征，并针对指战员思想政治方面存在的实际问题，在部队中开展了一系列政治教育工作。在开始西征的途中，邓小平和红一军团政治部即在部队中进行了关于加紧政治教育及提高学习精神的上下一致的动员，并把这一工作作为最近阶段中全军团内部政治工作基本内容，成立了团以上各级干部党的小组讨论会；建立了连以上及相当于连的干部政治讨论。讨论会规定：除战斗时，不管行军与驻

① 参见《邓小平传（1904—1974）》（上），中央文献出版社 2014 年版，第 244 页。

军，每日开会一次，每次一至两个钟头。后改为每五天三次政治教育，二次军事教育。每次讨论不得缺席，无故缺席视为兴趣不高，要开展斗争，执行纪律。通过政治教育，从领导和组织的推动上及一般指战员自动学习精神上，高度地转变了政治教育工作，空前地提高了指战员的学习热忱。① 部队在回族地区活动，邓小平很重视在部队中开展党的民族政策教育。时任红一军团直属队总支书记的梁必业回忆说："宁夏是回族居住比较稠密的地区，因此，政治工作要面对民族问题，开展对回民的工作。还做敌军工作和对东北军的统一战线工作。此外，当地哥老会的势力很大，也要做他们的工作。这些工作大部分都是由邓分管的。"②

西征战役后，蒋介石为遏止红军的发展，压迫陕甘宁根据地，部署东北军何柱国及马鸿宾、马鸿逵等率部向红军及陕甘宁发动进攻。为打破敌人的进攻，毛泽东等致电红一、十五军团领导人，要求把对何柱国、马鸿逵等部进行统一战线工作提到比较其他任务在政治比重上更加高的地位。根据毛泽东的指示，邓小平和红一军团政治部在部队中开展了广泛的统一战线政策宣传和教育工作。采取的形式主要是统一编写教材，在排以上干部中上课和开展讨论；在各级机关和连队中建立抗日统一战线小组，负责宣传和贯彻军团关于统一战线工作的指示，布置具体工作任务；统一拟定争取白军的标语口号，在沿途及宿营地书写。军团政治部还要求连队进行四项经常性工作：一是组织停战抗日促进会；二是写标语和散发宣传品；三是召集白军家属会、停战抗日宣传会，组织白军家属给白军官兵写信；四是火线上组织对白军喊话。

军团政治部对"二马"本人及其官兵做了有效的教育争取工作。特别是对"二马"部队俘虏的教育工作取得了很好的效果。俘虏中有不少人留下来当了红军。释放回去的也都积极宣传红军抗日救国的主张和中国共产党的民族宗教政策，影响了很多人。争取何柱国部的工作更有成效。红一军团政

---

① 参见《邓小平年谱（1904—1974）》（上），中央文献出版社 2009 年版，第 129—130 页。

② 转引自邓榕著：《我的父亲邓小平：战争年代》，生活·读书·新知三联书店 2013 年版，第 369 页。

治机关多次对何柱国部进行战场喊话，晚上则到他们营地附近唱《松花江上》等救亡歌曲。两军关系发生变化，后发展到共同联欢，彼此访问，互赠礼品。东北军来人访问，邓小平和军团领导人都亲自出面接待，并派人带他们参观红军营房、伙房和列宁室，组织他们观看红军军事操演和训练。在"九一八"5 周年纪念日这天，红一军团政治部与何柱国部代表签订了"停战协定"。红一军团政治部所做的工作，有力推动了西北地区抗日民族统一战线的建立和发展。①

西安事变后，1936 年 12 月 14 日，邓小平被任命为红一军团政治部主任。1937 年 6 月 14 日，邓小平又出任中国工农红军总政治部副主任、前敌总指挥部政治部副主任，离开战斗和工作了整整两年的红一军团，走上了全军政治工作的领导岗位。

在国内民族危机日益深重的关头，远在莫斯科的陈云也为准备抗战特别是建立抗日民族统一战线做了大量工作。

陈云从 1935 年 10 月 9 日进入莫斯科列宁学校学习。学习的课程主要是列宁主义问题、政治经济学、社会发展史、中国革命问题和中共党史等。陈云如饥似渴地读书，同时，在以前商务印书馆学习的基础上，重新学习英文。他每天记 30 个英文单词，几个月后，就能看莫斯科的英文版每日新闻了。由于学习刻苦，翌年 5 月 8 日，陈云获得列宁学校学习"突击手"称号。这以后陈云具备的系统的马克思主义经济理论知识，同这段时间的学习是分不开的。

与邓小平当年留苏不同的是，陈云在紧张学习的同时，还担负一定的教学任务。1936 年 3 月 1 日，斯大林东方劳动者共产主义大学干部处聘请陈云担任"党建、工会建设代理副教授"。陈云在该校讲课的主要内容是，中国共产党是中国苏维埃和红军的组织者和领导者、第五次反"围剿"的经过、中国工农红军的长征和遵义会议等。由于陈云实践经验丰富，又刚从国内战场上来，他的讲课很受学员欢迎。陈云作报告从来不拿稿子，讲的都是

---

① 参见《邓小平传（1904—1974）》（上），中央文献出版社 2014 年版，第 252—254 页。

中国学员想知道但又不知道的国内政治形势。比如，他讲毛泽东在遵义会议上分析、批评"左"倾教条主义者在军事领导上所犯的一系列根本性错误，讲以毛泽东为代表的正确路线在红军和中共中央领导地位的确立。陈云讲的这些党内大事，对在异国他乡的年轻中国共产党人是极大的鼓舞和教育。

陈云在紧张学习和教学的同时，还在《救国时报》和《全民月刊》上撰写文章，大力宣传中国共产党关于抗日民族统一战线的新策略，批评蒋介石和国民党政府"抗日必先剿共"的误国政策。

1936年5月15日，陈云在《全民月刊》上发表题为《论全中国学生的救国运动》的文章。针对国内学生在是否参加蒋介石召集的18省市专科以上校长和学生代表谈话会问题上的分歧，陈云在文章中首先肯定北平及上海的学生在几次请愿示威游行中，"自己的队伍组织得比以前更加团结与整齐了"，"全国学生及人民的救国运动，正是暂时阻止日本帝国主义进行华北五省'自治'的主要力量之一。"同时，他也指出学生运动存在的缺点，指出他们的分歧给了国民党政府封闭平津学生联合会、拘捕学生积极分子的借口。他告诫学生：必须利用各种可能的合法机会来进行宣传，应当利用南京政府召集谈话会的机会，当代表起行时，当代表经过各地时，当代表返还各地时，在各校学生及人民中间进行广大的宣传鼓动工作。他强调："当着华北存亡的关头，只要不是殷汝耕之流的汉奸，不管是属于哪个阶级的人"，"应该不问平昔的政见，不问阶级，使学生会、工会、商会及一切文化界职业团体，大家联合起来一致救国"。他说："我们共产党人的观点，是以全国人民利益为出发点的。我们以为今天不问什么党派，不问什么人，只要是抗日救国，即令在其他的一些政见上还有分歧，我们都愿手携手地联合起来，因为只有这样，才有利于抗日救国的大团结，只有这个，才是中国全体人民解放的唯一道路。"他预言："全国的学生运动已经是全国人民抗日救国联合战线的预演。全体中国人民的抗日救国的联合战线，终究一定要达到目的和取得胜利。"[1]

---

① 《陈云文集》第1卷，中央文献出版社2005年版，第39—44页。

1936 年 10 月 15 日和 30 日，陈云又分别在《救国时报》上发表《是真话还是谎话？》《"诚意"和"基本准备"》的文章。《是真话还是谎话？》一文批评蒋介石和国民党政府，一面坐视日本进攻绥远，一面拒绝与红军建立和平的关系和抗日救国统一战线而继续进攻红军。文章指出："进攻红军是减弱抗日力量的自相残杀。全国人民应该起来，要求南京政府和蒋介石根本改变一切对内对外的政策，要求南京政府立即撤退甘肃进攻红军的军队，把军队派到绥远、河北去守卫国土，要求南京国民党与中国共产党建立抗日救国的统一战线，共同保卫中国领土，抵抗日本的侵略。"①《"诚意"和"基本准备"》一文以具体事实揭穿了国民党一部分当局所谓"共产党对于统一战线没有诚意"的说法，其实是其拒绝统一战线的饰词。文章针对国民党当局所谓"准备抗日必须国内统一"的说法，指出"实行国共合作，才是抗日准备的真正基本问题，因为这个问题不解决，所谓'剿共'的内战不停止，其余的一切准备工作就无法真正准备。如果这个问题不解决，如果继续进行进攻红军的内战，则所谓'准备抗日'，在人民看来只是对人民不诚实和欺骗"②。

陈云于 1937 年 4 月回国后在新疆工作的 7 个月间，作为中共中央驻新疆代表，他依靠中共中央和共产国际的支持，利用同军阀盛世才建立的特殊统战关系，组织西路军余部干部、战士 400 多人学习文化知识和军事技术，并组建了由中国共产党领导的第一支航空队，为全国抗战培养了一支有文化、有技术的骨干力量。

陈云了解到西路军余部干部和战士绝大多数没有文化，因此，他指出："将来的红军为了战胜敌人，打败侵略中国的帝国主义，必须装备先进的武器，懂得马克思列宁主义的理论，这就需要有文化知识。文化课好比是一把开门的钥匙，没有起码的数学物理知识，就进不了军事技术这一科学大门，不懂得马列主义理论，就好比瞎子走路，会迷失方向。"他要求："大家要安下心来，下苦功夫学习文化知识，掀起学习高潮，每天用半天时间学文化，

---

① 《陈云文集》第 1 卷，中央文献出版社 2005 年版，第 46—48 页。
② 《陈云文集》第 1 卷，中央文献出版社 2005 年版，第 50—55 页。

半天时间学政治、军事课程。"①

陈云对部队的学习作了细致的安排。他按照各人文化程度的不同，编成甲、乙、丙三班。甲班的程度等于高小一、二年级，乙班的程度等于初小三年级，丙班的程度是一、二年级。教员本着能者为师的原则，主要从西路军内部挑选文化程度较高的同志兼任。陈云亲自上政治课。教材一方面从新疆书店购买，另一方面把党的有关文件印成教材，既学文化，又学党的政策。

为加强对西路军指战员的思想政治教育，陈云亲自抓他们的政治学习。他每星期给干部作两三次政治报告，主要讲党的抗日民族统一战线政策、共产国际七大决议和国际形势等。他要求凡是有阅读能力的人，都要认真读几本马克思、列宁和斯大林的著作，每人每星期要向他汇报学习情况，谈心得体会和提出问题。然后由他有针对性地进行辅导。

经过这些艰苦细致的工作，西路军官兵中形成了学习热潮。到7月上旬，文化程度比较低的指战员，在过去学习的基础上，大都掌握了近两三千字，达到能记笔记和阅读报纸，数学则学会四则运算及百分数。这就为下一阶段学习军事技术和政治理论打下了基础。

七七事变爆发后，共产国际决定西路军余部不去苏联，而是留在迪化（今乌鲁木齐）学习。根据共产国际这个决定，陈云提出把"新兵营"进一步办成学习现代军事技术学校的目标，并提出了下一步学习军事、政治和文化的计划，即：（一）学习军事，包括军事战术和装甲车、火炮、坦克、飞机的操作；（二）学习政治，包括中国革命的基本问题、列宁主义问题、党的历史，以及西方史和政治经济学；（三）学习语文和英文。②

为更好地组织大家学习，陈云决定对西路军余部按照"学校的方式"进行整编。西路军工委继续保留，将左支队改编为总支队，下辖四个大队，每大队编三个排，每排三个班，每班十人左右。团营连干部编成干部队。为

---

① 《陈云传》（一），中央文献出版社2015年版，第216页。

② 参见《陈云年谱（修订本）》上卷，中央文献出版社2015年版，第238页。

使西路军总支队官兵尽快开始学习军事技术，陈云正式向盛世才提出请新疆军官学校教官和苏联教官帮助西路军总支队学习掌握新的军事技术和武器装备。由于苏联总顾问巴宁中将支持这个要求，盛世才只得同意。

10月23日，陈云致电毛泽东、张闻天，汇报西路军余部入疆以来的情况，提出将他们分配到迪化各学校去学习新技术的计划，得到中共中央批准。陈云遵照中共中央的指示，将西路军总支队转入机械化武器装备的正规学习和训练。时间初步安排5个月。第一、二、三大队先学习驾驶汽车，在学会驾驶汽车的基础上再选派学习驾驶装甲车和坦克；第四大队学习使用各种火炮。干部队继续学习军事和政治理论。陈云勉励大家进一步努力学好新的军事技术。他说："日本侵略者有飞机、大炮、汽车、装甲车，他们仗着这些武器横行霸道，我们要战胜日本侵略者，不能光靠步枪、刺刀，也需要有飞机、大炮、装甲车来对付侵略者。现在没有，将来总会有的！等有了再去学就晚了。"①

各项军事技术学习全面展开后，陈云深深感到建设一支空军的重要性，因此他又进一步提出培养航空技术干部队伍的计划。他说："我们在中央根据地，在长征途中，吃了国民党空军多少苦头呀！许多英勇善战的好同志，没有倒在与敌人短兵相接的战场上，却惨死在敌机的轰炸扫射下。""现在，日本帝国主义又用飞机对我华北军民狂轰滥炸，制造了很多血案。如果我们党有了一支自己的空军，就能从空中打击敌人，保卫根据地。革命的胜利就会早日到来！空军是很复杂的技术兵种，要建自己的空军，必须及早培养人才。我想，我们可以利用新疆的统战环境，借用盛世才的航空队，为我们党培养一支既会驾驶飞机，又会维护修理的航空技术队伍。只要有了人才，再想办法通过国际援助获得飞机，我们的空军不就可以建立起来了吗！"②陈云从西路军总支队中挑选符合条件的学员到新疆航空队学习，最初选了30人，后来选定为25人。

①《陈云传》（一），中央文献出版社2015年版，第224页。
②《陈云传》（一），中央文献出版社2015年版，第224—225页。

随着抗日战争的激烈进行，敌后抗日根据地的范围越来越大。新的形势和任务，迫切需要大批有经验的领导干部。根据共产国际和中共中央的决定，1937 年 11 月 27 日，陈云离开迪化，经兰州、西安，于 29 日到达延安。由于抗日战争的需要，1940 年年初，根据中共中央的决定，西路军总支队离开迪化、撤回延安，投入抗日战争的烽火中。这是陈云在新疆工作期间为全国抗战培养的一支有文化、有技术的骨干力量。那时培养出来的一批技术力量，后来在人民军队的空军、炮兵等机械化部队建设中发挥了重要的骨干作用。

第七章

抗日烽火中

全民族抗战期间，邓小平在太行前线，任八路军一二九师政治委员和中共中央北方局太行分局书记，后代理中共中央北方局书记，领导华北敌后抗日根据地党政军全面工作；陈云在延安后方，任中共中央组织部部长，后主持边区财经工作。他们在各自岗位上为抗日战争的胜利作出了历史性贡献。

邓小平在太行8年的艰苦岁月中，和刘伯承一道，在中共中央和毛泽东的正确领导下，依靠太行山区全体军民，经历过无数次战斗，克服种种艰难困苦，取得敌后抗战的重大胜利，开辟了晋冀鲁豫抗日根据地，并进行了根据地政权建设和经济建设，根据地不断得到发展和壮大。到1945年8月日本投降时，他们率部开创的太行、太岳、冀南、冀鲁豫四块根据地已基本上连成一片，成为拥有2400万人口、30万军队的全国最大的解放区。①

延安8年间，陈云用很大精力从事党的建设，包括组织建设、培养使用干部、党员教育、群众工作以及秘密工作等，对党的建设从理论到实践都有重大建树。在延安整风期间，他是以毛泽东为主任的中共中央总学习委员会成员之一。主持边区财经工作期间，陈云在十分困难的条件下，卓有成效地执行了毛泽东提出的"发展经济，保障供给"的总方针，为克服由于国民党军和日伪军的封锁而造成的财政经济困难作出了重要贡献。

全民族抗战的8年间，邓小平和陈云虽然不在一起工作，但他们的革命历程却有很多相似之处。

---

① 参见《邓小平画传》上卷，中央文献出版社2014年版，第115页。

第一，这是他们主要工作领域的形成时期。

邓小平是伟大的无产阶级革命家和军事家，军事是他一生的主要工作领域之一。尤其是在新民主主义革命时期，他的主要工作就是带兵打仗。土地革命战争期间，他在广西领导发动百色起义和龙州起义，创立左右江革命根据地。抗日战争和解放战争期间，他同刘伯承一起，开辟晋冀鲁豫抗日根据地，率部千里跃进大别山，组织实施淮海战役和渡江战役，进军解放大西南，为新民主主义革命的胜利和新中国的成立建立了赫赫战功。

全民族抗战 8 年间，邓小平坚决执行中共中央和毛泽东的战略决策，军政兼任、勇挑重担，不畏艰险、出奇制胜，一直处在战略全局的关键位置，处在对敌军事斗争的最前线。

卢沟桥事变后，全国性抗日战争由此开始。在中华民族的危急关头，国共两党实现第二次合作。1937 年 8 月 25 日，中国工农红军改编为国民革命军第八路军，中国工农红军总政治部改为第八路军政治部，邓小平任八路军政治部副主任。他所担负的八路军政治工作的一个重要任务，就是了解部队改编后的思想状况，在实际工作中贯彻中共中央关于国共合作和抗日民族统一战线的方针政策，帮助部队克服各种不良思想情绪，为奔赴抗日战场做好思想上和政治上的准备。1937 年 8 月下旬，八路军开始向华北挺进。9 月初，邓小平随八路军总部出发东进，9 月 23 日抵达山西省五台县，进入抗击日本侵略者的最前线。

1938 年 1 月，邓小平调任八路军 129 师政治委员，师长是刘伯承。邓小平和刘伯承率 129 师深入日本侵略军占领区的后方，以太行山为中心，依托山区进行了一系列战斗，给日军以沉重打击。1938 年 2 月 22 日，129 师主力部队打响长生口战斗。经 5 小时激战，击毙日军 130 余人，俘日军 1人。① 这是邓小平到 129 师后参与指挥的第一仗，首战告捷。3 月 16 日，129 师打响神头岭伏击战。此役共毙伤日军 1500 余人，俘敌 8 人。②3 月

---

① 参见《邓小平年谱（1904—1974）》（上），中央文献出版社 2009 年版，第 179 页。

② 参见《邓小平年谱（1904—1974）》（上），中央文献出版社 2009 年版，第 189 页。

31日，邓小平协同徐向前指挥发起响堂铺伏击战。此役毙敌森本少佐以下400余人，汽车180余辆全部烧毁。[1]4月16日，邓小平和刘伯承、徐向前指挥打响长乐村战斗。此次战斗共毙伤日军2200余人，缴获轻机枪2挺、步马枪100余支、马10余匹和大批军用物资。[2]1939年1月到8月，129师共进行大小战斗78次，歼敌2000余人，收复多座重要县城。[3]12月8日，邓小平和刘伯承共同指挥发起邯（郸）长（治）战役。此役共毙伤日伪军700余人，收复涉县、黎城两县城，拔掉响堂铺、井店等敌军据点23处。[4]

邓小平和刘伯承所率129师经过几次战役在太行山站稳脚跟后，分兵发动群众，组织抗日武装，建立抗日民主政权，创建了晋冀豫抗日根据地。接着，又率部越过平汉铁路，东进冀南平原，开辟冀南抗日根据地；还先后建立太岳和由鲁西等根据地合并而成的冀鲁豫抗日根据地。

抗日战争进入相持阶段后，1939年12月，国民党顽固派发动第一次反共高潮，向八路军总部和129师所在的太行地区发动大规模军事进攻。1940年3月，刘邓指挥部队，在晋察冀军区部队的配合下，奋起反击，取得磁（县）武（安）涉（县）林（县）战役的胜利，共歼灭国民党军97军朱怀冰部及其他反动游杂武装1万余人。[5]此役后，129师完全控制了冀南全部、太行北部、太岳北部共71个县，约800万人口的广大地区[6]，反对国民党顽固派第一次反共高潮取得决定性胜利。

为粉碎日军对华北抗日根据地的"扫荡"，打击日军的"囚笼政策"[7]，

---

[1] 参见《邓小平年谱（1904—1974）》（上），中央文献出版社2009年版，第195页。
[2] 参见《邓小平年谱（1904—1974）》（上），中央文献出版社2009年版，第203页。
[3] 参见《邓小平画传》上卷，中央文献出版社2014年版，第100页。
[4] 参见《邓小平年谱（1904—1974）》（上），中央文献出版社2009年版，第267页。
[5] 参见《邓小平年谱（1904—1974）》（上），中央文献出版社2009年版，第286页。
[6] 转引自邓榕著：《我的父亲邓小平：戎马生涯》，中央文献出版社2010年版，第254页。
[7] "囚笼政策"，是日本帝国主义妄图消灭中国共产党领导的敌后人民武装和摧毁抗日根据地的一种残酷政策。它是以铁路为柱，公路为链，碉堡为锁，辅以封锁沟、墙，对抗日根据地军民实行网状压缩包围。

从 1940 年 8 月 20 日起，八路军向华北日军占领的交通线和据点发动了大规模的破袭战役。战役初期出动兵力 30 个团，后陆续增加至 105 个团，史称"百团大战"。刘邓率领所部 38 个团参加，进行大小战斗 500 余次。太行军区部队在参加百团大战及反"扫荡"战斗中，共毙敌大队长 2 人、毙敌中队长 3 人、小队长以下被毙伤 3389 人。攻克据点、碉堡、县城、市镇 7 个，炸毁碉堡 59 个①，给日伪军以很大打击。

从 1941 年开始，在日军和国民党顽固派的夹击下，华北敌后抗战进入最艰苦的阶段。1942 年 9 月，邓小平兼任中共中央北方局太行分局书记。彭德怀、刘伯承回延安参加整风后，他于 1943 年 10 月代理中共中央北方局书记，并主持八路军总部的工作，在艰苦的条件下，担负起领导华北敌后抗日根据地党政军的全面工作。他本着面向敌占区、面向交通线、敌进我退的方针，积极主动地开展游击战争，指挥部队粉碎日伪军一次又一次的残酷"扫荡"，并领导全区进行建党建军建政活动，进行整风、精兵简政、减租减息和大生产运动，取得很大成绩，胜利完成中共中央交付的各项任务，为抗日战争的胜利作出了重要贡献。经过 8 年的艰苦奋战，军事成为邓小平的主要工作领域之一。

陈云的工作领域主要集中在组织和经济两个方面。全民族抗战 8 年间，陈云形成其组织方面的工作领域，并开始向经济方面转变。

全民族抗战开始后，中国共产党面对的一个重大问题，是必须大量发展党员。在陈云接手中共中央组织部工作时，全国党员人数只有 4 万多，主要集中在红军和陕甘宁边区及其他一些小块根据地。这种状况是同抗战形势的发展和党所担负的重要责任不相适应的。为了克服这个弱点，1938 年 3 月，中共中央发出《关于大量发展党员的决议》。

为贯彻中共中央决议精神，从 1938 年春天开始，陈云用相当多的精力指导各地党组织的恢复和发展。在充分调查研究的基础上，陈云针对不同地区党的组织如何开展工作，提出一系列重要的指导性意见。他强调：在国民

---

① 参见《邓小平年谱（1904—1974）》（上），中央文献出版社 2009 年版，第 325 页。

党统治区，发展党员"既要反对关门主义，也要反对拉伕主义"①。在敌占区，各省委的中心工作应是在农民和士兵中建立基础。在上海、天津等城市，不要去做可能导致组织被破坏的宣传和斗争，要用联络感情等方法去团结群众。②1939 年 1 月 25 日，陈云对各地如何发展党组织又提出一系列具体办法。他指出：在华北敌后发展党员要由过去自外而内、自上而下地发展，过渡到自内而外、自下而上地发展。发展党员时，要尽可能注意发展对象，对活动分子和有能力的人应该正确了解。在国民党统治区发展党员的工作要在群众运动及公开工作掩护下，由派回当地的干部在以往工作的基础上进行，这与华北敌后有区别。这样做，容易培养出群众信任、有独立工作能力的干部，党组织易于巩固。陈云说：有群众工作、有健全的组织生活、有积极分子的支部，党的发展工作容易开展起来，其中最基本的条件是要有党的积极分子。他还提出：对支部发展党员的领导，主要是在政治上讲清意义，推动支部全体成员行动，给予方法上的教育，制定发展计划，检查督促和具体指导；支部发展党员的方法，主要是注意群众领袖和积极分子，严格经过入党对象培养、支部讨论通过、通知本人等程序，加紧新党员入党后的教育；对新党员不仅要求他们抗日，而且要求他们信仰共产主义、经常积极参加支部工作、遵守纪律、交纳党费；新党员一定要有上级批准，经过候补期，举行入党转正仪式，宣读誓词。③陈云的这些意见，是在充分调查研究，认真总结各地党组织工作经验的基础上形成的，在当时具有普遍的指导意义。

在中共中央及以陈云为部长的中共中央组织部直接领导和推动下，各地党的组织和党员队伍得到迅速发展，到 1938 年年底，全国的中共党员人数就从 4 万多增加到 50 多万，许多原来没有党组织的地区建立起党的组织和领导机构。这支力量，不仅在抗日战争中发挥了重要作用，许多人后来还成为党在各方面工作中的骨干。

党员人数增加了，队伍壮大了，党员的成分和思想状况自然也比过去

---

① 《陈云年谱（修订本）》上卷，中央文献出版社 2015 年版，第 256 页。

② 参见《陈云年谱（修订本）》上卷，中央文献出版社 2015 年版，第 257—258 页。

③ 参见《陈云年谱（修订本）》上卷，中央文献出版社 2015 年版，第 278—279 页。

变得更为复杂。陈云认为："这就需要引起我们极大的注意，加强对新党员的思想意识的教育。"①对新党员的教育，陈云一开始就着重于理想信念的教育。1938年4月14日，他在抗日军政大学以《怎样做一个革命者》为题的报告中说："做一个革命者，就要准备为革命奋斗到底。什么叫到底？就是到人死的时候，上海话叫'翘辫子'的时候。因此，做革命者，第一要了解革命道理；第二要做好长期苦干的准备；第三要有牺牲精神，不怕铁窗、杀头，也不为名利和升官发财。在个人利益与革命利益相矛盾时，要服从革命利益。"②

一个理想信念，一个遵守纪律，是陈云对新党员进行教育中看得最重的两个问题。1939年5月23日，陈云写了《为什么要开除刘力功的党籍》的文章。在文章中，陈云通过剖析这个典型事例，论述了共产党员要加强党性锻炼，特别是遵守党的纪律的极端重要性。为什么共产党要这样看重纪律呢？陈云指出："理由很简单，因为共产党要领导无产阶级及劳动人民争取彻底的解放，这不是容易的事。革命胜利基本的条件之一，就是要使无产阶级的党成为有组织的统一的部队。只有有组织和统一才是我们的武器，才是我们的力量。要保障我们的党能有组织和统一，这就需要有严格的纪律。"

"中国革命是长期艰苦的事业，共产党及其党员没有意志行动的统一，没有百折不回的坚持性和铁的纪律，就不能胜利。中国是一个小资产阶级成分占优势的国家，如果中国共产党没有严格的纪律，将无法防止小资产阶级意识侵入党内。如果党不是有铁的纪律的队伍，就不能去团结最大多数的人民群众。因此破坏党纪，实质上就是破坏革命，我们必须与任何破坏纪律的倾向作斗争。"

"我们党内今天有大批的新党员，他们还没有受过党的纪律的教育，还没有养成遵守纪律的习惯。今天处在抗日战争的时代，共产党员遵守党的纪律是胜利的必要条件。我们共产党员在政权机关中、民众团体中工作着，他

---

① 《陈云文选》第1卷，人民出版社1995年版，第124页。

② 《陈云年谱（修订本）》上卷，中央文献出版社2015年版，第254页。

们行为的好坏就立刻影响到人民对共产党的观感。因此，今天在党内尤其是新党员中加强纪律的教育，使他们了解为什么要遵守纪律，怎样做才是遵守纪律，什么事是违犯纪律的等等一类问题，是非常重要的。"①陈云这篇文章，在延安各机关和学校引起很大震动，对于提高新党员的党性及遵守党的纪律的自觉性发挥了重要作用。

干部工作也是这个阶段党的组织工作的重点所在。当时的干部无论数量还是质量都不能满足抗战形势发展的需要，急需培养大批新干部。正如陈云所指出的："现在我们的工作有很大的开展，新的根据地在不断建立，军队在不断扩大，党在全国需要用很多干部，如果没有大批的新干部补充到干部队伍中来，我们的革命事业就要停顿不前，就不能打败日本帝国主义。"②为有计划地培养大批新干部，陈云领导中共中央组织部作出了巨大努力。

开办各类学校是中国共产党培养干部的重要途径。为了满足培养干部的需要，在陈云、李富春指导下，中共中央组织部参与创办了陕北公学、安吴堡青年培训班、鲁迅艺术学院、马列学院、延安女子大学、工人运动学校以及中共中央组织部干部培训班等。陈云不仅参与这些学校办学方针的讨论，而且亲自为学员授课。在教学内容上，陈云要求各院校必须有两门公共课，一门是政治课，学习党的路线、方针和政策；一门是军事课，学习军事知识、游击战术。他还特别要求一些学校要开设党的建设课，学习党的纲领、章程等。中共中央党校是培养党内干部的一所学校，也是陈云花费心血比较多的一所学校。陈云担任中共中央党校校长后，经常去学校讲课。他讲课的内容侧重于党的建设，其中《中国共产党》《最低纲领》《支部工作》《党员》等授课提纲，都由他亲自撰写，很有特点，是深受学员欢迎的课程之一。据不完全统计，抗日战争期间，有约20万人次的干部进入这些学校或培训班学习，毕业后大部分被送到抗日前线和各抗日根据地，在抗日战争的烽火中锻炼成长。这批干部不仅在战争年代，而且在新中国成立后的社会主义建

---

① 《陈云文选》第1卷，人民出版社1995年版，第127—128页。
② 《陈云文选》第1卷，人民出版社1995年版，第178—179页。

设中也发挥了重要的骨干作用。

作为组织部长的陈云，还十分关注党的干部队伍的团结问题。他敏锐地意识到，新老干部不团结的实质，是土地革命时期的农民干部与新参加革命队伍的知识分子干部之间的关系问题。为了调整这种关系，促进新老干部之间的团结，陈云在认真分析实际情况的基础上，有针对性地提出解决问题的办法。陈云认为：无论是新干部还是老干部，都有优点，也都有缺点。新老干部、工农干部和知识分子干部应该团结起来，取长补短，互相学习，共同提高。他举例说："我们许多老干部，他们有一肚子的实际经验，但是讲不出来，写不出来。知识分子新干部读书多，会说会写，但是没有实践经验，写出来的东西往往很空洞。一个是会写没有经验，一个是有经验不会写，这说明什么呢？说明非常需要相互帮助，彼此学习，共同提高。"① 在陈云的帮助下，许多新老干部对自身的长处和短处有了比较清醒的认识，相互之间增进了了解，逐步形成团结互助的新局面。

审查干部是中共中央组织部的重要工作之一。当时，自上而下审查党的各级干部以及党员是巩固党的一项重要措施。在中组部的分工中，陈云亲自抓这项工作。他本着对党的事业、对同志负责的态度，慎重对待审干工作的每一件事情、每一个问题。陈云要求中组部在审查工作中，"必须细心耐烦，不能粗枝大叶。既不能疏忽大意，又不能冤屈好人"。他强调，审查要严格，但"实事求是的审查才是真正的严格"。他要求，每个问题审查结果均需作出结论，结论的字句均需有充分根据。结论应通知本人，对本人因不同意见而提出的理由，必须给予确切答复。审查切忌悬案不决，以使干部安心，使主管机关易于分配工作。② 陈云批评一些人在审查党员成分时，凡是同国民党有关系的就认为其成分复杂，说："这种看法必须纠正。"③

干部分配也是中组部的重要工作之一。陈云总是和干部科的同志一起制订干部分配方案，教育大家一定要有全局观念，既考虑到延安的需要，也

---

① 《陈云文选》第 1 卷，人民出版社 1995 年版，第 181 页。

② 参见《陈云文集》第 1 卷，中央文献出版社 2005 年版，第 283—287 页。

③ 《陈云年谱（修订本）》上卷，中央文献出版社 2015 年版，第 307 页。

要考虑到国统区、敌占区的需要；既考虑到抗日前线的需要，也要考虑到敌后根据地的需要；既考虑到眼前的需要，也要考虑到未来的需要。他提出：对干部要量才使用，但又要反对借口量才使用而讨价还价的倾向；对缺乏经验的干部，应该把他放到实际工作中去锻炼；对长期做一种工作的干部，要设法使他们向全面发展；军队干部和地方干部可以交流使用；等等。陈云提出的这些重要原则，在中组部的工作中得到认真贯彻。①

1944年新春伊始，陈云的工作转到财经方面。这是他以主要精力从事领导财政经济工作的开始。主持边区财经工作后，陈云在贸易、金融、财政等方面采取了一系列有力举措，并取得很大成就。

在边区贸易工作方面，陈云首先需要思考和解决的问题，是怎样进一步打破国民党顽固派对边区的经济封锁，把边区出产的盐卖出去，把边区急需的棉、布买进来，扭转入超局面，并在出入口贸易中使边区不吃亏。为争取主动贸易环境，经过调查研究和反复思考，陈云提出以下应对之策。首先，必须实行贸易统一。他将西北财经办事处物资局改为陕甘宁边区贸易公司，统一管理边区的对外贸易。第二，要事先准确估计情况，预测市场商情，以争取主动。第三，不断总结封锁状态下对外贸易的经验，摸索实现等价交换的途径。第四，贸易公司对边区内部贸易也要采取市场上做生意的办法，不能不计成本购进卖不出去的呆货，也不能将物资无偿供给其他部门。第五，做贸易工作的干部要精通业务，不能大手大脚，不在乎，要反对大少爷态度。② 以上措施的部署落实，对扭转边区进口棉花和布匹、出口食盐方面的被动状态，很快发挥了作用。1944年出超19亿元边币，1945年继续出超。③

在边区金融工作方面，陈云主持边区财经工作后，最迫切的任务是解决边币发行数量问题。关于边币发行数量的根据，陈云认为要考虑四方面的因素：一要看边币、法币同流的程度怎样，现在同过去有变化没有，现在

---

① 参见《陈云传》（一），中央文献出版社2015年版，第277—278页。

② 参见《陈云传》（一），中央文献出版社2015年版，第359—362页。

③ 转引自《陈云传》（一），中央文献出版社2015年版，第369页。

市场是不是需要；二要看生产交换有变化没有，对边币的需求量是缩小还是扩大；三要看发行数量与现在物价的比例怎样，如物价涨了百分之几，就要以此来定流通量和发行量；四要看边币、法币的流通正常与否。为确立边区银行的企业性质，建立规范的信用制度，陈云采取了以下具体做法：一是有借有还，区分财政关系和信贷关系，财政部门向银行借款要经西北财经办事处批准，严格按借贷关系办理；二是借款要有利息；三是集中发行权于西北财经办事处。在处理边币与法币的关系时，陈云强调要以经济手段为主，政治手段为辅，边区金融要稳定在边币与法币的比价上。① 由于措施得力，不仅实现了金融稳定的预想局面，并且使银行在支持生产发展上发挥了积极作用。

在边区财政工作方面，陈云面临的问题是怎样弥补财政赤字，处理"大公"与"小公"的关系，做好财政供给工作。弥补财政赤字的办法，陈云认为一个是节流，一个是开源。在节流方面，他提出"要消灭浪费，开支节省"。在开源方面，他要求发展生产，整顿税收。1945年2月1日，陈云在陕甘宁边区财政厅工作检讨会上讲话，进一步阐述开源节流、多收少付的财政思想。他说："财政工作是什么方针？是生产第一，分配第二；收入第一，支出第二。"② 陈云抓供给工作，一个重要特点是强调要正确处理"小公"和"大公"的关系。1944年11月下旬，他在主持西北财经办事处金融会议时指出：有利小公有害于大公者不能干，有利小公也有利于大公者一定干，有利于小公无害于大公者可以干。③

陈云主持边区财经工作不到一年半时间。他贯彻"发展经济，保障供给"的方针，综合运用贸易、金融、财政等手段，改变了贸易入超的被动局面，实现了金融稳定、财政平衡和生产发展。这不仅对打破封锁、实现边区军民的"丰衣足食"，为抗日反攻准备力量，具有重大的意义，而且为解放战争做了重要的经济准备。

① 参见《陈云传》（一），中央文献出版社2015年版，第372—377页。
② 《陈云文选》第1卷，人民出版社1995年版，第289页。
③ 参见《陈云年谱（修订本）》上卷，中央文献出版社2015年版，第461页。

第二，这是他们思想理论的重要发展时期。

全民族抗战 8 年间，邓小平和陈云结合各自工作实践写下大量文章，丰富和发展了他们的思想理论，成为他们思想发展的一个重要历史阶段。

在全民族抗战时期，邓小平先后撰写和发表了《党与抗日民主政权》《一二九师文化工作的方针任务及其努力方向》《五年来对敌斗争的概略总结》《太行区的经济建设》《在北方局党校整风动员会上的讲话》等文章和讲话，提出了对敌斗争的一系列具体政策和策略，提出了从各方面积蓄力量、为战略反攻和战后建国做准备的方针，丰富和发展了他的根据地建设思想、军事斗争思想、政治工作思想、经济思想、文化思想及其统战思想。这些思想对根据地的建设和发展起了十分重要的指导作用。

在根据地建设思想方面，邓小平认为我们党在敌后创建根据地，必须要有武装、政权和群众这三个条件，缺一不可。关于建立敌后抗日根据地三个基本条件及其相互关系的论述，邓小平说，根据地首先是为抗日而建立的，要抗日就要有武装，因此，根据地必须要有武装。根据地是一个地理区域，要使根据地在一个地区存在和发展，就要有政权，通过抗日政权来领导根据地的各项建设。根据地必须在群众发动起来，参加到抗日斗争中才能建立和巩固，因此必须要有群众，这是基础。①

1943 年 2 月 20 日，邓小平在中共中央太行分局高级干部会议上阐述根据地建设问题时，又进一步发展了他的根据地建设思想。邓小平指出：一个革命根据地必须具备革命的武装、政权、群众组织和党等四种力量。这四种力量缺一不可，缺了一种不可能形成革命根据地。四种力量又互相配合，配合不好也会使根据地受到损害。根据地群众运动的规律，第一是发动群众，在发动群众中组织群众，武装群众；第二是发动群众之后，立即注意整理与健全群众组织生活；第三是在发动与组织群众中注意群众的政治教育，把群众运动提高到民主政治和武装斗争的阶段，使群众形成一个自为的阶级力量，去参加统一战线，参加群众性的游击战争，以巩固既得的政治经

---

① 参见李雪峰：《我在小平同志领导下工作的二十四年》，《党的文献》1998 年第 3 期。

济权利；第四是把群众的经济斗争政治斗争约束于统一战线范围之内。① 这一思想对 129 师的工作和晋冀豫抗日根据地的建立与发展，产生了重要指导作用。

在军事斗争思想方面，1943 年 1 月 26 日，邓小平在中共中央太行分局高级干部会议上所作的报告中，总结了十条重要的对敌斗争经验：（一）敌我斗争不仅是军事力量的竞赛，而且是全副本领的斗争；不仅斗力，更主要是斗智。（二）在对敌斗争中要掌握敌强我弱的特点。我们的原则应是削弱敌人，保存自己，隐蔽积蓄力量，准备反攻。（三）敌我斗争的胜负，决定于人民，首先是敌占区人民的态度。谁关心人民的问题，谁能帮助人民想办法去和敌人斗争，保护人民利益，谁就是群众爱戴的领袖。（四）无论在根据地或敌占区、游击区，一切政策、一切工作的出发点，都必须紧紧掌握住扩大中日矛盾的原则。发展抗日民族统一战线，团结各阶层一切抗日人民对敌斗争。（五）建设根据地（包括武装、政权、群众和党的建设）与对敌斗争，具有不可分离的联系性。要更加加强爱护根据地的观念，努力建设根据地，进行顽强的保护根据地的斗争；同样要在敌占区组织强有力的斗争，以保护根据地。（六）敌我斗争形势是敌进我进。敌人一定要向我们前进，所以我们也一定要向敌人前进，才能破坏或阻滞敌人的前进，巩固我们的阵地。（七）我们作战的指导原则，是基本的游击战，不放松有利条件下的运动战。（八）敌人对我实行总力战，我们对敌亦提出了一元化的斗争。（九）我们的责任，显然不仅是争取抗战胜利，而且是以建设根据地、坚持敌后对敌斗争去示范全国、影响全国，争取战后团结建国。（十）每一个干部在自己的工作中，对于党中央和上级的指示，必须精细地研究，并使之适用于自己工作环境。这将成为今后克服严重困难，取得抗战胜利与战后建国的重要保障。② 这些军事斗争思想是邓小平对 5 年来对敌斗争基本经验的概略总结，为之后对敌斗争提供了指导方针。

---

① 参见《邓小平文选》第 1 卷，人民出版社 1994 年版，第 1—7 页。

② 参见《邓小平文选》第 1 卷，人民出版社 1994 年版，第 33—44 页。

在政治工作思想方面，邓小平于1940年6月21日在涉县温村召开的干部会议上所作的关于战时政治工作的报告中，全面分析、指出了抗战发展的新情况下部队政治工作的7个新特点和新要求。他指出：我们在抗日战争中的政治工作是由抗日战争的基本特点决定的。首先，我们的敌人是日本帝国主义。这场战争的特点是长期战争。我们提出建军、建政、建党，积蓄人力、财力，与敌人作长期斗争。第二，我们的军队是在敌后方，而且是敌我必争的华北。这个斗争是一天天的残酷与困难，必须适合这一特点。第三，敌人要采用许多办法来腐化、毒化、削弱我们的民族力量，尤其是瓦解八路军。斗争是复杂的，必须动员一切力量去战胜敌人。第四，抗日战争与内战不同，增加了友军。我们与他们的制度、阶级基础不同，过去是敌人，今天是朋友，要做好统一战线的工作，要团结一切力量去战胜敌人。第五，由于社会成分的变动，我们的兵员又增加很多，这就要求我们的政治工作不能保守，既要发扬传统的力量，又要经常有新的创造。第六，全国抗战以来，我们的军队是先进的军队，影响社会，改造社会；另一方面社会对我们军队也有影响，其中有好的影响，也有不好的影响。我们政治工作要善于在任何环境中锻炼部队，使我们的部队能立于不败之地。第七，由于抗战，部队分散，我们政治工作的特点是要求干部有独立的斗争能力和领导能力。

邓小平在报告中根据抗战时期部队政治工作的这些新特点和新要求，结合他多年来从事部队政治工作的经验和129师的实际情况，明确提出了战时开展政治工作的9条具体原则：（一）战时政治工作的基本任务是实现战争胜利。（二）党是战争胜利的基本保证。（三）政治工作要保证战斗行动，主要指爱护战士、民众、根据地，保证军事技术提高，保证战争胜利，保证供给，保证卫生，保证兵站，保证本军的巩固与秘密。（四）政治工作要适合情况，要根据不同情况来进行工作，提出具体口号。（五）政治工作要有计划性、准确性及有系统的不间断精神。（六）政治工作要有高度的集中性与自动性。（七）政治工作要具有广泛的群众性。（八）政治工作要发扬传统与新的创造。（九）平时政治工作是战时政治工作的基础，要在平时有计划、有系统、不间断地打下坚固的基础，在战时才能起到应有的作用。①邓小平对抗战时期部队政治工作新特点和新要求的分析，以及据此提出的战时开展政治工作的具体原则，构成他抗战时期部队政工思想的主要内容。这些思想是邓小平自红军时期特别是全民族抗战以来开展部队政治工作实践经验的总结和升华，为取得敌后抗日根据地军事斗争的胜利提供了重要的政治保证。

在经济思想方面，1943年7月2日，邓小平在延安《解放日报》发表《太行区的经济建设》一文。文章立足于太行，面向华北各抗日根据地，全面回顾了抗战以来敌后根据地的经济斗争，提出了一系列关于根据地经济建设的思想观点和主张。文章指出：发展生产是打破敌人封锁、建设自给自足经济的基础，发展农业和手工业是生产的重心。敌后抗战是一个极复杂、极艰苦的斗争，我们已经胜利地度过了整整6年，并且已经奠定了继续坚持争取最后胜利的基础。敌后的经济战线斗争的尖锐程度，绝不亚于军事战线。敌人对我们的经济进攻，是与军事、政治、特务的进攻密切结合着的，是极其残暴的。敌后的经济战线，包含了两个不能分离的环节，一是对敌开展经济斗争，一是在根据地展开经济建设。我们各种具体的经济政策，都是照顾了这两方面而订出来的。文章总结了经济建设的4点经验：第一，敌后的一切离不开对敌的尖锐斗争，我们每一点经济建设的成果，都是用血换来的。第二，没有正确的政策，就谈不上经济建设；而这些政策的制定，必须以人民福利和抗战需要为出发点。第三，任何一个经济建设的事业，没有广大人民自愿地积极地参加，都是得不到结果的。第四，将大批的得力干部分配到经济战线上去，帮助他们积累经验，才能使经济建设获得保障。②《太行区的经济建设》是邓小平抗日战争时期关于经济建设的一篇重要著作。文中阐述的思想，不仅对正处于空前困难时期的晋冀鲁豫根据地的经济建设具有重要的指导作用，而且对于其他各根据地的经济建设具有普遍的指导意义。

在文化思想方面，邓小平鲜明地提出文化服从于政治任务的主张。1941

---

① 参见《邓小平年谱（1904—1974）》（上），中央文献出版社2009年版，第296—297页。

② 参见《邓小平文选》第1卷，人民出版社1994年版，第77—85页。

年 5 月 15 日，他在一二九师全师模范宣传队初赛会上所作的报告中指出：
无论哪一种势力或哪一种派别的文化工作，都是服从其政治任务的。今天的
中国，不管在政治上、军事上和经济上，都存在着三种不同的势力，即抗战
民主派，日寇、汉奸、亲日派，和大地主大资产阶级的反共顽固派。这三种
势力的斗争，也尖锐地表现在文化领域。各种势力的文化工作都是与其政治
任务密切联系着的，所谓超政治的文化是不存在的。①

　　1942 年 1 月 16 日，邓小平在晋冀豫区文化工作者座谈会上所作的讲话
中进一步指出："文化工作的任务，应该服从于政治任务"的原则，不应成
为空洞的口号，而应成实际工作的指标。既然文化工作应该服从于政治任
务，应该发挥其巨大的威力，就必须在文化战线上具有广泛的批判性。我们
要求的不单是对文艺作品的批判，更重要的是对每个时期执行的政治任务
中，以及实际工作中每个优点的传播和每个缺点的揭露。文化工作的力量，
能被有力地发挥出来，还依靠于全体文化人，把所有老知识分子、新知识分
子动员起来，克服关门主义、小团体观念与狭隘的门户之见，真正地发展文
化的统一战线。要为大众服务，就必须了解大众，一切要符合大众的要求，
不可以用自己的水平去估计群众的水平，要接近大众才能提高大众。过去，
许多戏剧、歌曲不受大众欢迎，而有些木刻作品却得到群众的喜欢，是很值
得我们深味的。文化工作同志，要切实注意调查研究工作，克服主观主义，
才能与实际斗争和人民大众相结合。②

　　在统战思想方面，邓小平于 1939 年 5 月 15 日总结华北敌后抗日根据
地情况写成的《在敌后方的两个路线》一文，从 5 个方面论述了在敌后如何
巩固和加强统一战线内部团结、统一的问题，集中体现了他对全民族抗战时
期统战工作的思想和主张。邓小平指出：巩固团结统一，是争取抗战最后胜
利的基础，在全国如是，在敌后方尤其如是。如何才能求得团结与统一？

　　第一，必须各方面具有共同的意志，共同的纲领。即是说在敌后方的

---

① 参见《邓小平文选》第 1 卷，人民出版社 1994 年版，第 22—29 页。

② 参见《邓小平年谱（1904—1974）》（上），中央文献出版社 2009 年版，第 415 页。

各党、各派、各军、各界，都有一个共同奋斗的目标，一切努力都是为着如何去战胜日本强盗，争取国家的独立、自由和解放。第二，必须各方面具有互助互让的合作精神，只有这样的态度，才能求得相互间的亲密合作。所谓互助，就不是互相摩擦，造谣中伤，乘人之危，对消力量，而应减少不必要的摩擦，一致对敌。见人有危，加以援救；见人有难，加以帮助；见人有过，加以劝导；见人有功，加以奖励。所谓互让，就不是片面的投降，而是应以某一问题是否有利于抗战，有利于国家，作为是否可以让步及确定让步程度之标准。第三，必须各方面以民意为依归。决定战争最后胜利的不是技术，而是人力。没有广大民众对于政府、军队的拥护，没有军政民的一致，自然说不上有什么团结。第四，不仅要有各党派、各军队之间的团结，而且要加强各阶级之间的团结。第五，必须严防敌人的造谣欺骗与挑拨离间。敌人是一个以诡计多端、狡猾百出知名的帝国主义，深知我国团结之可怕，而且敌后方又是一个最接近敌人、敌人的影响最易侵入的地方。过去曾经有过一些意志不甚坚定的人，为敌人、汉奸、托派、敌探所鼓动，所诱惑，大造摩擦，破坏团结，甚至不惜为敌人当留声机，跟着敌人叫嚣"防共"，"防止赤化"等等无稽的谰言，并进行反对八路军、反对民众的行为，这是值得惋惜与警惕的。①

全民族抗战时期也是陈云的思想理论大发展的时期。在党建思想方面，他起草了不少党的建设方面的文件，先后发表了《论干部政策》《为什么要开除刘力功的党籍》《怎样做一个共产党员》《巩固党和加强群众工作》《学习是共产党员的责任》《关于干部工作的若干问题》《学会领导方法》《关于党的文艺工作者的两个倾向问题》《要讲真理，不要讲面子》等重要著作，其中《怎样做一个共产党员》被编入印发全党学习的《整风文献》。这些著作对党的建设从理论到实践都提出了重要的思想和观点。

1939年5月30日，陈云写了《怎样做一个共产党员》的文章，比较完

---

① 参见《邓小平军事文集》第1卷，军事科学出版社、中央文献出版社2004年版，第85—86页。

整地提出了衡量共产党员的"六条标准"：第一，终身为共产主义奋斗。即"每个共产党员不仅要坚信共产主义的必然实现，而且必须对于工人阶级和中国人民、中华民族的解放事业，有不怕牺牲、不怕困难和奋斗到底的决心。"第二，革命的利益高于一切。即"每个共产党员，都要把革命的和党的利益放在第一位，以革命的和党的利益高于一切的原则来处理一切个人问题，而不能把个人利益超过革命的和党的利益。"第三，遵守党的纪律，严守党的秘密。即"一个共产党员坚决地自觉地遵守党的纪律是他的义务。他不仅应该与一切破坏党纪的倾向作斗争，而且要着重与自己的一切破坏党纪的言论行动作斗争，使自己成为遵守党纪的模范。"第四，百折不挠地执行决议。即"共产党员不仅在日常工作中要忠实于党的决议，而且要在困难中，在生死关头时，忠实于革命和党的决议；不仅在有党监督时，而且要在没有党监督时，忠实于革命和党的决议；不仅在胜利时，而且要在失败时坚持执行党的决议。"第五，群众模范。即"党员无论在何时何地的一举一动，都必须给非党群众一种好的影响，使他们更加信仰我党，更加敬重我党。"第六，学习。即"每个共产党员要随时随地在工作中学习理论和文化，努力提高自己的政治水平和文化水平，增进革命知识，培养政治远见。"陈云说："只有具备以上的六个条件，才不愧称为一个良好的共产党员，才不致玷污了这个伟大而光荣的党员的称号。"①

干部工作是组织部门最主要、最繁重的工作。作为中共中央组织部部长，陈云领导制定了"了解人、气量大、用得好、爱护人"的12字干部政策。1938年9月，他在抗日军政大学的一次讲演中，全面阐释了自己的这个观点。

了解人，是正确使用干部的前提。陈云指出："要了解得彻底，不是容易的事情，严格地讲是很难的。"因此，了解人的时候要全面，既要看到长处也要看到短处。他说："一个人的长处里同时也包括某些缺点，短处里同时也含着某些优点。用人就是用他的长处，使他的长处得到发展，短处得到

---

① 《陈云文选》第1卷，人民出版社1995年版，第137—144页。

克服。天下没有一个人是毫无长处、毫无优点的，也没有一个人是毫无短处、毫无缺点的，所以我们说，在革命队伍里，无一人不可用。"陈云认为在了解干部的问题上，应该反对两种倾向：一是用一只眼睛看人，只看人家一面，不看全面，不能面面都看到；二是只看到这个人今天干了什么，没有看到他以前干些什么，只看到他本领的高低，没有看到他本质的好坏。陈云说："对于一个人没有根本的估计，用人就会造成很大的错误。"

气量大，就是要广泛地团结人。陈云指出："只有几个人，不要发展，才简单，但是革命一定不会成功。共产党是先锋队，要领导广大的后备军，要与广大群众打成一片，它周围必然是复杂的。今天只有抗大、陕公的同志去和敌人搏斗还不会成功，要团结更多的同志和广大的群众。干革命如果怕复杂，便会愈弄愈复杂，不怕复杂，革命就好办。"陈云认为共产党人应该向孙中山学习，他说："孙中山先生是一个伟大的人物，辛亥革命武昌起义，几天之内全国就有十几个省起来响应。何以孙中山先生能够得到成功呢？原因之一就是他气量大，什么红枪会、哥老会、三教九流的人他都要，不论党派成分，各种人都要，所以能做大事。我们也必须善于用人，只要这个人有一技之长，就要用，只有这样，才能成大事业。我们能不能说只有共产党员才是了不得的人才呢？不见得。社会上的人才不知有多少，许多人都不是共产党员。所以我们要有大的气量，善用各种人才。单枪匹马，革命到底是干不成功的。"

用得好，就是要正确地使用干部。怎样才能用人用得好呢？陈云认为："只有一条，就是上级要信任下级，下级也信任上级，上下互相信任。对领导人来说，一定要做到让下级敢于说话，敢于做事。"陈云指出：要使人敢于说话，"就不能给人戴大帽子，不能把每个微小的错误都提到原则的最高度"。"要能善意地、诚恳地批评人，态度要好，还要指出犯错误的原因以及纠正错误的方法。"要使人敢于做事，就"不要怕下面干部犯错误，要让他们充分发挥自己的能力"。陈云强调："使干部敢说话、敢做事是很重要的。只有这样，才能提高干部的积极性，使干部很安心地工作。""能做到使下级敢说话、敢做事这六个字，工作效果一定会好的。"

爱护人，就是干部犯了错误的时候要帮助他纠正，就像父母爱护子女一样。陈云强调："爱护人很重要。"怎样才能算爱护人呢？他说："凡是提拔干部，得全面估计他的德和才；既提拔起来，就得多方面帮助他，不使他垮台。对于干部一切不安心的问题，都要很耐心很彻底地去解决。当牵涉到一个干部政治生命问题的时候，要很郑重很谨慎地处理。对于干部，不要'抬轿子'，要实事求是。做到这些，才能算真正地爱护人。"[①]

在干部问题上，陈云一方面强调党要正确执行干部政策，另一方面也要重视干部的挑选、提拔、使用和教育培养。对挑选干部，陈云提出四条标准：一、忠实于无产阶级事业，忠实于党；二、与群众有密切联系；三、能独立决定工作方向并负起责任；四、守纪律。这四条干部标准，概括起来是两条：一要讲政治、二要讲能力，陈云说："两者不能缺一，以政治为主。"对提拔干部，陈云强调：原则是"德才并重，以德为主。反对只顾才不顾德，也反对只顾德不顾才。才和德应该是统一的"；方法是"要有准备，预先审慎考虑过的才提拔"，"切忌提而不当又放下去"。具体说来，"先从日常工作中认识之，证明能胜任较繁重的工作；尤须于斗争中考验之，证明政治坚定，主动得力，作风端正"。"从群众运动中发现和提拔。"对使用干部，陈云提出："按照才干，按照需要，同时兼顾。量才为主，应急也不可免。量才的原则是用其长，不是用其短。发挥长处是克服短处的最好办法。"对干部的教育和培养，陈云强调："革命基本理论和实际工作教育要一致起来。只停于实际，就不会有远大目光；只停于高远理论，就不能解决实际问题。理论和实际两者不能或缺。看不见理论和实际统一，或者看不见理论和实际有别，都不对。"[②]

干部又包括党员干部和非党干部两种。当时，绝大多数党员干部在工作中努力同非党干部共事，但在处理同非党干部的关系上也存在一些缺点。为改善同非党干部之间的关系，陈云提出了九条办法：一、重视非党干部的作

---

① 《陈云文选》第 1 卷，人民出版社 1995 年版，第 109、122 页。

② 《陈云文选》第 1 卷，人民出版社 1995 年版，第 212—216 页。

用，在政治上信任他们；二、打破宗派主义，即打破"你们"和"我们"之间的人造墙壁；三、使用人才的原则，是用人唯贤；四、要尊重非党干部的思想自由和生活习惯，同时要求他们在工作上服从党的总的方针；五、非党干部负责某一行政部门之领导时，党必须要求他们在工作上符合于党的方针，但该行政部门之党的组织则应教育党员成为工作的模范，尊重和团结非党干部，保证行政任务完成；六、在民主选举的政权机关和民众团体中，共产党员和非共产党员合作共事，应共同遵守民主集中制的原则，少数服从多数；七、要相互开展善意的批评；八、党对非党干部应在政治上、工作上、物质上给以帮助；九、党的组织部门或干部部门，负有照顾非党干部之责任。[①]

对中共中央组织部来说，如何巩固党的问题是一个新的课题。围绕这个问题，陈云深入思考，提出了两点重要的思想和主张：一是要整理党的内部，即"教育党员，清除坏人"，这是"首先而且基本的工作"；二是要把整理党的内部同加强群众工作联系起来。他指出："群众工作的好坏，是测量党组织的巩固程度的标准之一。"[②]"历来的经验证明，没有一个脱离群众的党组织是巩固的。一切脱离群众的党部，都是最不巩固的党部。所以，只有党与群众密切的联系着，只有党的支部真正成为群众核心的时候，那个党才是一个巩固的党，那个支部才是党在群众中的堡垒。"[③]"如果我们在巩固党的时期内，把整理党的内部与加紧支部周围的群众工作联系起来，那么，不仅党的组织可以巩固，而且群众工作也会大大深入。两者相互配合的结果，会使整个工作向前推进。"[④]陈云提出的这两条意见是巩固党不可分离的两个方面，对各地党组织都有指导意义。

在经济思想方面，陈云在主持边区财经工作一年半的时间里，初步形成其经济思想，为后来主持东北财经工作和领导新中国财经工作奠定了重要基础，积累了宝贵经验。这一思想在稳定物价方面表现得尤为集中和突出。

---

① 参见《陈云文选》第1卷，人民出版社1995年版，第246—249页。

② 《陈云文选》第1卷，人民出版社1995年版，第156页。

③ 《陈云文选》第1卷，人民出版社1995年版，第165页。

④ 《陈云文选》第1卷，人民出版社1995年版，第157页。

其主要点如下：

一是注重调查研究。这是陈云一贯的工作方法。每当工作中遇到问题时，陈云总是先进行深入细致的调查研究，也总能够从中找出解决问题的办法。1944年3月，陈云由中共中央组织部部长转任西北财经办事处副主任时，国民党严密封锁边区，企图"不让一粒粮、一尺布进入边区"，同时千方百计阻止边区食盐出口。由于贸易进口大于出口，加之生产资金的大量投放，以及为调动军队而增加的费用，造成1943年边币发行量增加13倍，下半年开始金融波动、物价猛涨，贸易、金融和财政问题日益凸显出来，成为迫切需要研究和解决的难题。① 面对严峻形势，陈云从调查边区的商情入手，努力寻求打破封锁、扭转入超以稳定物价的应对之策。据当时在陈云身边工作的朱劭天回忆："他常亲自到延安南郊新市场和公司货栈，找群众和干部谈话，直接了解情况和意见，取得第一手材料。我跟随他在新市场向运盐农民调查运盐线路时，他让我绘制了一幅《陕甘宁边区交通干线图》（我仍留有复印件），以便于外出调查时使用。"② 不仅如此，陈云还派人到西安等地侦察、搜集经济情报，注意从报纸、杂志和文献资料中寻找有关动向的蛛丝马迹。朱劭天回忆说："陈云同志非常注意从各方面研究和了解市场发展情况，他曾亲自带领我去枣园党中央图书馆，查阅国民党地区发行的各种报纸、杂志和书籍中有关西北盐业及花纱布的产、供、销资料。"③ 陈云还致信在重庆的中共中央南方局经济组组长许涤新，要他介绍国民党政府的黄金政策、外汇政策、币制改革政策、金融政策、财政收支政策和棉布政策等。经过调查研究，陈云弄清了物价猛涨的原因，找出了解决问题的办法，从而有力地抑制了边区物价的过猛上涨。

二是善于抓住关键。在边区物价上涨中，布匹起着领头作用。抓住了它，就掌握了稳定物价的主动权。因此，陈云十分注意抓住布匹这个关键。他分析说，边区的老百姓大多数能保持粮食自给，但都需要布，而布是从

---

① 参见《陈云传》（一），中央文献出版社2015年版，第358页。

② 转引自朱佳木主编：《陈云和他的事业》（上），中央文献出版社1996年版，第96页。

③ 转引自朱佳木主编：《陈云和他的事业》（上），中央文献出版社1996年版，第97页。

西安来的。"这一条就决定了边区的物价是以布匹为主。布匹涨，猪肉也涨，小米也涨。"他发现布匹涨价"在正常的情况下，是外部原因为主"，"特殊的情况是内部金融波动，比西安涨得快。"从涨价的先后看，"在正常情况下，我们落后于西安，土产品落后于外来品"。据此，陈云提出两项办法：一是不要金融波动；二是正确调整供求关系。陈云还观察到在边区对物价涨跌起领导作用的是延安和绥德，尤以延安为主。为此，他提醒"特别要注意这两个城市的物价"①。由于抓住了关键目标，并采取了相应的措施，保证了边区的"物价相对稳定（一年上涨两三倍，与西安大体持平）"②。

三是强调集中统一。实践证明，在经济面临困难，尤其是物价不稳的情况下，集中有限的资源和力量，保持各部门的协调统一，对于摆脱困境、扭转局面具有重要意义。陈云在领导边区稳定物价的斗争实践中，十分强调集中统一。1944年12月1日到2日，他在中共中央西北局高干会上指出："各分区与延安，贸易公司、银行与财政厅，以及陕甘宁和晋西北两个边区的工作，都要步调一致。若各自为政，互不相谋，各搞各的，就会天下大乱。"③在贸易方面，陈云将西北财经办事处物资局改为陕甘宁边区贸易公司，统一管理边区的对外贸易。他还指出："要把晋西北和陕甘宁的贸易统一起来，进口不要争相买，出口也要有计划，否则对自己不利。"④在金融方面，陈云将银行发行权集中于西北财经办事处。1944年5月14日，陈云与贺龙在给边区银行行长黄亚光、政委贾拓夫的信中指出：今后银行增加发行必须经过财经办事处书面批示。⑤在财税方面，陈云规定分区可以向边区政府提出税收方面的意见，但颁布权属边区政府，内部的税收政策要统一于边区政府。⑥这些措施有效地保持了物价的稳定。

---

① 《陈云文集》第1卷，中央文献出版社2005年版，第416—418页。

② 朱佳木主编：《陈云和他的事业》（上），中央文献出版社1996年版，第95页。

③ 《陈云传》（一），中央文献出版社2015年版，第359页。

④ 《陈云年谱（修订本）》上卷，中央文献出版社2015年版，第463页。

⑤ 参见《陈云年谱（修订本）》上卷，中央文献出版社2015年版，第447页。

⑥ 参见《陈云传》（一），中央文献出版社2015年版，第380页。

四是以经济手段为主。陈云历来主张处理经济问题要尽量运用经济手段。在领导边区稳定物价的斗争实践中，陈云始终注重以经济手段为主，其他手段为辅。

盐是边区最大宗的出口物资，对平衡进出口和稳定物价具有关键作用。为了使食盐按有利价格卖出去，避免出口走私，以保证边区的收入，陈云指示有关部门"减低运盐费用，改善运盐途中条件；提高口岸收购价（较规定的外销价只差20%），保证运盐户有钱可赚"①。对于农户运盐，运往哪个口岸，陈云要求不再由政府摊派任务，而是用规定口岸收购盐价的办法来指挥，从而大大提高了农户运盐的积极性。② 在处理边币与法币的关系时，陈云同样强调要以经济手段为主，政治手段为辅。他说："银行法币换不出来，你叫毛主席、总司令到那里去说：'你们拥护共产党，你们不要来换法币。'这行不行？一定不行。"③ 由于按市场规律办事，不仅扭转了边区贸易入超的被动局面，而且保持了金融稳定，抑制了物价上涨。

五是坚持标本兼治。在领导边区稳定物价的斗争实践中，陈云不仅注重稳住物价，更注重从根本上消除物价上涨的隐患，从而达到治本的目的。边区物价上涨的主要原因是由于贸易入超引起的。因此，要保持边区物价的稳定，除了实施正确的贸易、金融和财政政策外，最根本的还是要靠发展生产。陈云对边区的生产高度重视，尤其强调"重心要放在能减少入口的物资的生产方面去"④，更注重生产需花费法币进口的棉花、布匹和其他工业品。他说："棉花、布匹不要外面的，法币的付出可以减少，金融就可以稳定。"⑤1944年7月21日，陈云在西北局常委会议上就筹划边区铁生产问题发表意见，提出向关中铁厂投资7000万元边币，富村铁厂投资1亿元

---

① 朱佳木主编：《陈云和他的事业》（上），中央文献出版社1996年版，第96—97页。

② 参见《陈云传》（一），中央文献出版社2015年版，第367页。

③ 《陈云文集》第1卷，中央文献出版社2005年版，第406页。

④ 《陈云传》（一），中央文献出版社2015年版，第388页。

⑤ 《陈云文集》第1卷，中央文献出版社2005年版，第403页。

边币。① 陈云也高度重视农业方面生产自给。他说："青菜、萝卜、马、牛、羊、鸡、犬、豕这些东西也要，这些东西也是减少财政开支的。开支减少了，边币就可以少发行一些。"② 生产的发展改变了贸易入超的被动局面，抑制了边区物价的上涨。陈云概括为："由于以发展生产解决财政困难的办法的成效，由于农产品和工业品生产的增加，加上贸易、金融管理的改善，近年来边区的金融和物价，大体上是稳定的。如果生产有了更巨大的收获时，稳定的程度还要增加。"③

在哲学思想方面，全民族抗战 8 年间，陈云利用延安相对安定的环境，进行了系统的理论学习，这段学习对他在实践的基础上提高理论水平发挥了重要作用。他首先读了毛泽东的《实践论》《矛盾论》《论持久战》《战争和战略问题》等著作，还参加中共中央组织的中国古代哲学研究会，担任研究会副组长，主要学习孔子、庄子、荀子、墨子等人的哲学思想。就在这一时期，陈云提出了"不唯上、不唯书、只唯实，交换、比较、反复"的思想方法和工作方法。

1990 年 1 月 24 日，陈云在同浙江省党政军负责同志谈话中，对这 15 字箴言进行了详细阐释。他说，在延安的时候，我曾经仔细研究过毛主席起草的文件、电报。当我全部读了毛主席起草的文件、电报之后，感到里面贯穿着一个基本指导思想，就是实事求是。那么，怎样才能做到实事求是？当时我的体会就是十五个字：不唯上、不唯书、只唯实，交换、比较、反复。

陈云指出，不唯上，并不是上面的话不要听。不唯书，也不是说文件、书都不要读。只唯实，就是只有从实际出发，实事求是地研究处理问题，这是最靠得住的。交换，就是互相交换意见，比方说看这个茶杯，你看这边有把没有花，他看那边有花没有把，两人各看到一面，都是片面的，如果互相交换一下意见，那么，对茶杯这个事物我们就会得到一个全面的符合实际的了解。过去我们犯过不少错误，究其原因，最重要的一点，就是看问题有片

---

① 参见《陈云年谱（修订本）》上卷，中央文献出版社 2015 年版，第 453 页。

② 《陈云文集》第 1 卷，中央文献出版社 2005 年版，第 419 页。

③ 《陈云文选》第 1 卷，人民出版社 1995 年版，第 284 页。

面性，把片面的实际当成了全面的实际。作为一个领导干部，经常注意同别人交换意见，尤其是多倾听反面的意见，只有好处，没有坏处。比较，就是上下、左右进行比较。抗日战争时期，毛主席《论持久战》就是采用这种方法。他把敌我之间互相矛盾着的强弱、大小、进步退步、多助寡助等几个基本特点，作了比较研究，批驳了"抗战必亡"的亡国论和台儿庄一战胜利后滋长起来的速胜论。毛主席说，亡国论和速胜论看问题的方法都是主观的和片面的，抗日战争只能是持久战。历史的发展证明了这个结论是完全正确的。由此可见，所有正确的结论，都是经过比较的。反复，就是决定问题不要太匆忙，要留一个反复考虑的时间。这也是毛主席的办法。他决定问题时，往往先放一放，比如放一个礼拜、两个礼拜，再反复考虑一下，听一听不同的意见。如果没有不同的意见，也要假设一个对立面。吸收正确的，驳倒错误的，使自己的意见更加完整。并且在实践过程中，还要继续修正。因为人们对事物的认识，往往不是一次就能完成的。这里所说的反复，不是反复无常、朝令夕改的意思。

陈云总结道："这十五个字，前九个字是唯物论，后六个字是辩证法，总起来就是唯物辩证法。"①

这 15 个字的思想方法和工作方法，是陈云在延安时期学习马克思主义哲学的体会和收获，是他参加革命以来特别是延安 8 年工作实践的经验总结，是对毛泽东哲学思想的丰富和发展作出的重要贡献。后来，陈云又多次对这 15 个字进行解释和发挥，并写成条幅送给别人。这一思想也随着陈云革命实践的发展而发展，成为其哲学思想的核心和精髓，对我们党和国家的思想理论建设和革命、建设、改革实践发挥了重要的指导作用。

第三，全民族抗战的 8 年对他们的政治生涯都产生了重要影响。

全民族抗战时期是邓小平和陈云革命历程中的一个重要历史阶段。这个历史阶段对他们后来的政治生涯都产生了深远影响。

对邓小平来说，这 8 年间，他首次当选为中共中央委员，进入中共第

---

① 《陈云文选》第 3 卷，人民出版社 1995 年版，第 372 页。

七届中央委员会。这是对邓小平在全民族抗战时期所取得的卓著功绩，尤其是他在代理中共中央北方局书记期间为敌后抗战和根据地建设作出的突出贡献及表现出的领导能力的充分肯定。当选为中共中央委员，进入中共中央领导层，这在他政治生涯中是一个标志性事件，也是一个新的重要起点，对于他后来成为以毛泽东同志为核心的党的第一代中央领导集体的成员和党的第二代中央领导集体的核心，都具有重要意义。

这8年间，邓小平在全民族抗战后期代理中共中央北方局书记，并主持八路军总部的工作，在艰苦的条件下，独立担负起领导华北敌后抗日根据地党政军的全面工作，取得很大成绩，胜利完成中共中央交付的各项任务。经过这种独当一面的工作锻炼，邓小平无论是在军事上，还是在政治、政权、经济、群众工作等方面都积累了丰富的经验，培养了驾驭全局的领导能力。这对他后来长期在中共中央领导工作第一线独立主持某一领域的工作，直至成长为改革开放的总设计师，都产生了重要而深远的影响。

这8年间，邓小平坚决执行中共中央和毛泽东的战略决策，军政兼任、勇挑重担，在太行山坚持抗战8年，取得敌后抗战的重大胜利。邓小平取得的卓著功绩及表现出的领导才能，深得毛泽东的赞赏与认可。毛泽东多次批转邓小平从太行前线发来的报告和总结。这期间，邓小平与毛泽东也建立起了更加紧密的联系。1939年4月29日，邓小平回延安参加中共中央政治局扩大会议。抵达的当晚，邓小平在延安北门外中共中央组织部所在地，见到了毛泽东。毛泽东热情地邀请邓小平和同时抵达延安的其他两位同志，到他的住处杨家岭吃晚饭。这次回延安，邓小平和卓琳结了婚。婚礼就是在毛泽东住的窑洞前举行的。毛泽东参加了邓小平的婚礼。[①] 经过全民族抗战8年，毛泽东对邓小平更加器重和信任，所以在解放战争时期及新中国成立后又委以邓小平更加重要的领导责任。

这8年间，邓小平一直担任129师政委，是这支主力部队的主要领导人之一。129师是晋冀鲁豫野战军和第二野战军的前身。这支部队后来培养出

---

① 参见《邓小平传（1904—1974）》（上），中央文献出版社2014年版，第362、370页。

了许多军队高级将领，走出了我军 2 位元帅、3 位大将、18 名上将、48 名中将、295 名少将。新中国成立后，先后有几十人担任党和国家重要职务，成为中国第二代领导集体的中坚力量，被誉为"中国第二代领导者的摇篮"①。他们作为邓小平的老部下，对邓小平后来主持中央军委工作和领导改革开放，都给予了十分有力的支持。

对陈云来说，这 8 年间，他担任了长达 7 年的中共中央组织部部长。这使他与党的干部群体建立起了密切而深厚的工作关系，树立起了他在干部群体中的历史威望，得到了这些领导干部的大力支持。这为他后来主持新中国财经工作奠定了重要的组织基础。与此同时，陈云在组织领域积累的丰富经验也为他在改革开放后主持中纪委工作创造了有利条件。中共十一届三中全会后，重返中共中央领导岗位的陈云，在推动平反领导干部的冤假错案和干部队伍年轻化方面发挥了重要而独特的作用，这与他在延安时期担任过中共中央组织部部长因而熟悉领导干部的历史情况，并对组织工作和干部群体在党的事业全局中的地位与作用有独特的理解和认识，无疑是有着十分重要的关系的。

这 8 年的后期，陈云主持边区财经工作。他积极贯彻"发展经济，保障供给"的方针，注重调查研究，从当时当地实际情况出发开展工作，由财经办事处综合领导并运用贸易、金融、财政等手段，促进发展生产和保障供给的统一管理，变贸易入超为出超，使金融稳定，财政收支基本平衡，生产进一步发展。陈云在主持边区财经工作中取得了突出成就，积累了丰富经验，锻炼了领导才干，表现了卓越才能，得到了中共中央和毛泽东的信任。这为他后来成为新中国财经工作领导人奠定了重要基础。而陈云在边区积累的领导经济工作的丰富经验也使他受用终生。

这 8 年间，陈云认真贯彻执行中共中央的正确路线，完成中共中央交给的各项任务，尤其是在主持中共中央组织部和边区财经工作中的重要建树，赢得了全党的信任。因此，在中共七届一中全会选出的中共中央政治局

---

① 参见张宝忠著：《跟随邓小平四十年》，中央文献出版社 2015 年版，第 410 页。

委员中，陈云的名字紧排在毛、朱、刘、周、任之后，成为五大书记之后的第六号人物，奠定了陈云在党内的政治地位。这对他此后的政治生涯产生了重要而深远的影响。

全民族抗战期间，邓小平和陈云分处前线和后方，他们的接触也仅限于邓小平3次到延安开会时，以及邓小平4次就太行区和华北地区经济情况致中共中央转西北财经办事处电，但此时他们的关系已十分密切。

1938年9月11日，邓小平到达延安，作为晋冀豫区代表和陈云一起参加了9月29日至11月6日召开的中共扩大的六届六中全会，并分别作大会发言，就全民族抗战15个月以来地区和部门工作进行总结。

邓小平在会上作了两次发言。在10月6日的发言中，他联系129师坚持敌后抗战的经验和体会，就抗战新阶段的形势、华北抗战的任务、开展游击战争以及在统一战线内部与国民党顽固派的斗争等问题作了阐述。邓小平指出："国民党投降妥协危险仍严重存在，虽然有所好转，但必须估计到两面性，必须准备万一。无论政治、思想与群众力量各方面均应注意。应估计到突变。事情应向着坏的方面想，提高自己警惕。""在谈到华北问题时指出：现在主要任务是巩固。发展由上至下是可以的，但巩固必须由下至上，否则无法巩固。在谈到游击战争问题时指出：应从坚持华北抗战着眼来开展游击战。应以分支袭扰，结集主力出击。补充主力部队的方式仍应依靠游击队，但不应一口吞完。枪支问题，应由平原回来部队来调济。地方武装、政府武装与正规军要改善双方关系，要真打游击。地方部队应出动，正规军指挥他们必须经过合法手续。"在谈到国民党问题时说：国民党的发展，主要是采取特务工作方式。利用新叛徒反共，我党应给予制裁。对国民党的斗争方针是在某种条件下，联合旧派①来抵制。抵制方式主要用群众力量，教育群众来反对国民党。在谈到政权问题时说：应淘汰一部分坏分子，提高对政权工作的注意。一切政权的改革及参议会的建立，应完全把握在党手里，但不应排挤同情分子，应好好安置同情分子。在谈到军队问题时指出："学习

① 旧派，又称"旧军"，指国民党山西地方实力派阎锡山指挥的晋绥军。

晋冀察整军精神，要注意实质，应放下架子，先充实基干，然后缩制变小。军区的整理，应采取这样的方式充实主干，抽出一部分干部学习。部队补充应依靠军队本身的努力。军队应协助地方党工作，将军队与地方党的关系搞好。"①

10 月 29 日，邓小平又在会上作《关于地方工作的报告》，介绍开创晋冀豫尤其是冀南敌后抗日根据地的初步经验，阐述敌后根据地的建党、建政、武装斗争等问题。这个报告使中共中央对冀南抗日根据地的情况更加了解，对其发展更加关注。11 月 23 日，中共中央书记处向北方局、冀鲁豫区党委和 129 师发出《关于冀南工作的指示》，对 129 师在冀南的工作成绩予以充分肯定。《指示》中说："我们听了冀南来延同志的报告以后，认为党在冀南获得了很大成绩：在平原在摩擦厉害的冀南区域坚持了游击战争，扩大和锻炼了党及八路军，部分地改造了政权，组织了群众运动。"②

陈云于 10 月 31 日在全会上作了《关于青年工作问题的报告》。当时他任中共中央青年工作委员会书记。报告指出：取消中国共产主义青年团的政策是正确的，取得了成绩。以后青年工作不要只采用中华民族解放先锋队这一个办法，而要采取各种方式。巩固与扩大统一青年组织的方针是争取把三民主义青年团作为全国青年合作的机关，但在实现之前，还需要吸引青年参加其他组织，以求走向统一。战区青年运动要来一个大转变，由学生运动转变为工农青年运动。在云贵川桂大后方，要先采取公开合法的方式进行学生工作，如通过基督教青年会、办合作社等，使其慢慢转到工农青年工作。党领导的青年工作要有统一的组织，但具体形式上可采用联合办事处形式，作用是总结和交换工作经验，发展组织联系。青委工作可以相对独立，但它仍是党委的一个部门，不要成为第二党。党组织在调动干部时要照顾青委干部的稳定性，勿使其流动太大。青年干部的团结对团结全国各党各派的青年有很大作用。青年人的好处是勇敢做事，有话就说，但也有弱点，就是好胜心

---

① 《邓小平年谱（1904—1974）》（上），中央文献出版社 2009 年版，第 231—232 页。

② 《建党以来重要文献选编》第 15 册，中央文献出版社 2011 年版，第 787 页。

很大。说话要谨慎，不要刺激。爽直是好的，但忍耐性不够也是不好的。要以冷静客观的态度来看问题。气量要大些。去小异而求大同。

陈云在报告中还就中共中央组织部的工作，谈了加强党内团结、掌握用人之道的问题。他指出：国际指示对我们今后工作有很大帮助。自1935年遵义会议到现在，中央工作取得了很大成绩。这主要是因为中央集体有政治远见，起了把舵作用，不会被某些现象所蒙蔽，能看到现实的本质。同时，不停留在事件本身，能看到它运动的将来。有了远见，才能对事件的认识更加尖锐。远见就是马列主义。党内团结很重要。要想达到思想上的团结，党内的同志，特别是比较高级机关的同志，看问题的方法要差不多。在领导机关的工作中要互相尊重，要虚心。掌握用人之道，主要是方法问题。第一，要全面认识人。每个人的短处中也有长处。能够看到短中有长，长中有短，则每个人都可用。不要只看一件事情，一个时候，要上下左右看。看人要大公无私，能提意见的干部是好的，不提意见的不见得是好的。第二，用人要气魄大。用干部要实现六个字，即要使人"敢说话、敢做事"。如何使人敢说话？主要是态度问题；少戴高帽子，不要什么都提到原则的高度；对新党员批评要恰当，要使他们有接受的基础。如何才能使人敢做事？上级领导干部，常常因为责任心的关系，对下级抠得太紧，结果下级的自动性、积极性都培养不出来；应该告诉做工作的同志：错误是免不了的，成绩一时不会很大，不要怕犯错误，要大胆去做工作；领导不要什么事都去过问。第三，爱护干部。不要拿干部打桩子和抬轿子。要解决干部的日常问题，使干部安心。对干部要负责，不能提上来又打下去。培养干部要十多年，但损失干部只有几句话就可以。教育干部需要耐心。要使干部觉悟有转弯的余地，对犯错误的同志，应该继续使用，将功补过。第四，做模范问题。每个同志应当做遵守纪律的模范，对遵守纪律的要奖励。①

邓小平这次到延安参加中共扩大的六届六中全会时，知道了陈云和于若木结婚的事情后，马上就作了一首打油诗："千里姻缘一线牵，鼻痛带来

---

① 参见《陈云文集》第1卷，中央文献出版社2005年版，第84—91页。

美姻缘。中山政策女秘书，先生路线看护员。"①意思是说孙中山跟宋庆龄的结合缘于宋庆龄担任孙中山的秘书，而于若木为陈云作鼻痛护理也促成了陈云和于若木的美好姻缘。这首诗非常形象地概括了陈云和于若木相识相恋的经过，也反映了邓小平和陈云关系的密切。事实上，邓小平一生是很少作诗的。

1939年4月29日，邓小平第二次到延安，和陈云一道参加了7月3日至8月25日召开的中共中央政治局扩大会议。在等待开会的两个月时间里，邓小平接触了毛泽东等中共中央领导人和来自各个根据地的负责人，参加了一些会议和活动。会议期间，7月7日，邓小平在延安各界举行的全民族抗战两周年并公祭抗战阵亡将士纪念大会上代表八路军前方将士发表讲演。讲演中说：八路军两年战斗不下数千次，千万民族战士，为祖国流尽了最后一滴血，八路军在华北牵制住敌人九个师团，连伙夫都深明抗战大义，所以八路军是坚决抗战的。有些顽固分子造谣中伤，说八路军"游而不击"，或"不游不击"，已完全为事实所揭穿。八路军抗战两年以来，收复了广大失地，死伤达十万以上。投降派反共分子的毁伤，并不能丝毫有损于八路军，只显得他们的无稽而已。八路军一定要把日寇驱逐出去，建设独立自由幸福的新中国。②

7月16日，为纪念全民族抗战两周年，邓小平在7月7日演讲稿的基础上写成《八路军坚持华北抗战》一文。文章指出：谁都知道八路军的武器是最坏的，生活是最穷困的，但它却能与装备最现代的日寇进行顽强的斗争，并胜利地完成了自己的任务，钳制了敌人的9个师团，即占全国寇兵的四分之一的兵力，给予日寇以严重的打击与消耗。它配合了华北友军，协助了当地政府，动员与组织了广大的华北人民，从日寇、汉奸手上夺回广大的国土，创立了许多块的抗日根据地。它在最困难的环境中，为了保卫我们的国土，没有一天不在与敌人战斗。它不断地打破敌人对于抗日根据地的进

---

① 转引自《于若木画传》，上海社会科学院出版社2014年版，第40页。

② 参见《邓小平年谱（1904—1974）》（上），中央文献出版社2009年版，第256—257页。

攻，并坚持着广大平原的游击战争；它始终至诚地执行着三民主义和统一团结的方针，实行了一些进步的措施，启发了民众的民族自尊心与自信心。依靠着这些，给了华北抗战以新的生命。因此，活跃的华北战线，给了全国各个战线以很大的助力，特别是在保卫西北的任务上，起了很大的作用。当此全民族抗战两周年纪念之际，八路军和华北人民献给全国同胞的，不但是它的光荣战绩，更主要的，还是它的一颗赤诚为国的心。华北的斗争日益严重着，它将一如过去两年，准备在任何困难环境中，为保卫华北，保卫中国而奋斗。①

陈云在会上作了两次发言。针对汪精卫的投降活动和国民党顽固派的倒行逆施，使国内团结抗战局面出现的严重危机，陈云在7月3日的发言中说："反共就是投降的准备，有人对这一点还不了解。要用事实说明国民党投降的危险，以教育群众。"在8月23日的发言中说："现在日本的基本方针是要实行政治诱降，反共危险与投降危险是不可分的。我党在政治上必须对国民党施加压力，在党内外提出反对投降危险是动员群众所必需的。"发言还对自首分子、党员年龄、党费、其他党派加入中共等问题提出了意见。②

会议期间，陈云还于7月8日撰写了晋冀豫工作之意见，对邓小平所在的晋冀豫地区中共组织工作进行指导。意见指出：晋冀豫党的工作取得很大成绩，有强大的党组织，培养了大批干部，积累了许多经验教训；帮助了军队扩大，组织了地方的队伍；开始有计划地组织群众；现正在打击敌人的进攻。晋冀豫是华北抗战的基点，也是保障黄河、联系黄河南岸的基点，是我们的必争之地。晋冀豫地区情况复杂，必须正确把握统一战线原则，广泛开展群运工作。党的工作及其指导，要根据不同地区的不同情况有不同的任务和步骤。党的活动要深入到村，每个区先抓好一个地方，树立模范。要改变组织机构层次过多的情况，多提拔本地干部，多发展女党员。③

---

① 参见《邓小平军事文集》第1卷，军事科学出版社、中央文献出版社2004年版，第103—104页。

② 《陈云年谱（修订本）》上卷，中央文献出版社2015年版，第298页。

③ 参见《陈云文集》第1卷，人中央文献出版社2005年版，第196—202页。

1944年11月至12月间，邓小平就太行区和华北地区经济情况四次致电中共中央转西北财经办事处。而此时正是陈云担任西北财经办事处副主任。

11月1日，邓小平和滕代远、杨立三致电中共中央转西北财经办事处，报告太行区的经济情况：太行区近半月来内地情况无甚变化，除山货外，一般物价均下落，尤其是粮食。敌人加紧掠夺物资，首先是棉花，其次是粮食等，对我山货统制相当严格，采取低价吸收。因为伪钞跌价，一般商人存货不存款，有货不出手，敌人也无可奈何。还报告：天津物价继续上涨，伪币充斥市场，敌人强行抑制物价，结果更促进商人囤积居奇，形成有行无市的局面。

11月15日，邓小平和滕代远、杨立三致电中共中央转西北财经办事处，通报11月上旬华北地区经济情况：最近敌人积极紧缩通货，效果很小，只有粮价稍落，伪钞依然不振。由于通货膨胀，物价飞腾，所以敌人在采取紧缩政策的同时，又要强收物资，在银根吃紧的条件下，不但伪钞不能提高，更迫使囤积居奇，黑市流行。天津有些货不涨也不落，并无成交，有行无市。内地外汇因敌人紧缩，稍感缺乏，土布、食盐、棉花上涨，山货依然上涨。25日，邓小平和滕代远、杨立三致电中共中央转西北财经办事处，再报华北地区经济情况。

12月26日，邓小平致电中共中央并转西北财经办事处，报告12月上半月太行经济状况：敌对我山货掠夺的办法，是经过各种收买，并加公开掠夺，对我山货价格加以限制。敌人的货币政策，一面是紧缩通货，一面又发行大票，市上流行很多，黑市更加厉害。太行内地粮价普遍下跌。由于山货待价不出，因此内地很便宜，盐价稳定。[①] 这些电文对陈云了解太行区和华北地区经济情况，进而更好地领导边区财经工作，发挥了积极作用。

在1945年4月23日至6月11日召开的中共七大上，邓小平和陈云一

---

① 参见《邓小平年谱（1904—1974）》（上），中央文献出版社2009年版，第541—542、545页。

同当选为中共中央委员。这是邓小平首次当选为中共中央委员，而陈云自中共六届三中全会起即为中共中央候补委员，自中共六届五中全会起即为中共中央政治局委员。此次中共七届一中全会第一次会议又选举陈云为中共中央政治局委员，且名字紧排在毛、朱、刘、周、任之后。

邓小平并没有参加中共七大。他于1943年10月代理中共中央北方局书记，并主持八路军前方总部工作，在极其艰苦的条件下，担负起领导华北敌后抗日根据地党政军的全面工作。1945年3月初，为贯彻中共中央关于加强冀鲁豫根据地工作的指示，邓小平率北方局干部由总部驻地山西省左权县麻田镇出发，通过平汉铁路敌人封锁线，进入冀鲁豫地区，住在冀鲁豫分局和冀鲁豫军区司令部驻地河北省清丰县单拐村。中共七大召开之时，他正在冀鲁豫根据地领导开展军事斗争和群众工作。邓小平缺席当选为中共第七届中央委员，这是中共中央和毛泽东对他投身革命以来各个历史时期，特别是太行8年及主持中共中央北方局全面工作以来建立的卓著功绩及表现出的领导才能的肯定与认可。

1945年6月10日，也就是中共七大全体会议宣布6月9日中央委员选举结果的当天，毛泽东即致电邓小平："拟在最近举行一中全会，你在七大当选为中委，望接电即赶回总部，待美国飞机去太行时，就便乘机回延开会。"① 邓小平接电后，于6月中旬离开冀鲁豫根据地返回北方局总部，6月29日离开左权县麻田镇中共中央北方局机关，赴延安出席中共七届一中全会。

1945年7月，邓小平第三次到达延安，作为中共第七届中央委员，和陈云一起参加了8月9日召开的中共七届一中全会第二次会议。会议着重讨论时局问题，通过根据六届七中全会和七大代表意见修改的《中国共产党章程》和《关于若干历史问题的决议》。陈云在发言中指出："罗章龙组织非常委员会、第二省委和区委，是不允许的，是反党的，这一点应当说清楚。当时有人反对六届四中全会，但未参加反党组织，有的参加了又出来，这也必

① 《毛泽东年谱（1893—1949）》中卷，中央文献出版社2002年版，第604页。

须说清楚。"①

此次回延安，邓小平还于 8 月 23 日和陈云一起参加了中共中央政治局扩大会议。会议分析抗战胜利后的国内外形势，讨论党在新形势下应采取的方针和对策。陈云在发言中指出："现在打大城市不合算了，应搞乡村，搞小城市。大城市没有进去，有主客观的原因。新的口号应该是争取和平。可能有些人因没进大城市而不大高兴。只要我们是团结的，就是任何力量都不能打垮的。准备持久这一条很重要，要准备最坏的可能性，但不放弃争取好的局面。要指示各地把小城市的机器好好保留起来，做经济上的准备。"② 会后，邓小平飞返太行前线，陈云奔赴东北战场。

---

① 《陈云年谱（修订本）》上卷，中央文献出版社 2015 年版，第 486 页。
② 《陈云年谱（修订本）》上卷，中央文献出版社 2015 年版，第 488—489 页。

第八章

在解放战争最前线

解放战争期间，邓小平和陈云坚决执行中共中央和毛泽东的战略决策，勇挑重担，不畏艰险，先后担任党和军队的许多重要领导职务，一直处在战略全局的关键位置，处在对敌斗争的最前线。他们虽然分属不同战场，但都为人民解放战争的胜利和新中国的诞生，建立了赫赫功勋，成为中华人民共和国的开国元勋。

在此期间，邓小平任晋冀鲁豫军区政治委员、中共中央中原局书记和后来辖区扩大了的中原局第一书记。他以大无畏的英雄气概，坚决执行毛泽东关于从内线作战转向外线作战的战略决策，同刘伯承一起率领大军强渡黄河，千里跃进大别山，揭开了人民解放战争全国性战略进攻的序幕。在战略决战阶段，邓小平担任统一指挥中原野战军、华东野战军的总前委书记和中共中央华东局第一书记，同这两个野战军的领导同志一起，领导了三大战役中规模最大的淮海战役，领导了渡江战役，解放南京、上海及东南诸省，宣告了国民党反动统治的覆灭。然后又率部进军大西南，参加领导了和平解放西藏，完成中国大陆的解放。邓小平为民族独立和人民解放，为新中国的诞生，建立了不可磨灭的功勋。

在此期间，陈云参加领导了具有重要战略意义的东北解放战争。他转战北满和南满，担任过中共中央北满分局书记兼北满军区政委、东北局副书记兼东北民主联军副政委、南满分局书记兼辽东军区政委、东北军区副政委、东北财政经济委员会主任等职。陈云坚定地执行中共中央和毛泽东正确的战略思想、工作方针和作战方针，并提出若干关系全局的正确意见，为东北根据地的巩固和全境解放作出了突出贡献。辽沈战役胜利后，他兼任沈阳特别市军事管制委员会主任，在不到一个月的时间内，有条不紊地完成了接收沈阳这个大城市的任务，创造了接管大城市的经验。之后，陈云领导东北根据地率先开始恢复经济，支援了全国解放战争，为我们党提供了由战争转向和平建设的宝贵经验。

解放战争期间，邓小平和陈云虽然不在一起共事，但却是他们革命历程共同点较多的时期。

第一，他们都处在军事斗争第一线，这是邓小平和陈云少有的同时从事军事工作的时期。

邓小平在新民主主义革命时期大部分时间都是带兵打仗，解放战争时期更是处在军事斗争第一线。而陈云自称不懂军事，他为数不多的军事经历主要集中在两个阶段：一个是长征途中，一个是东北时期。在 1934 年 10 月中旬开始的中国工农红军长征中，陈云担任五军团（后卫军团）中共中央代表，后改任军委纵队政委。1935 年 1 月，红军占领贵州省遵义县城时，陈云任遵义警备司令部政委。红军四渡赤水进入云南后，他任渡河司令部政委，同司令员刘伯承一道指挥部队顺利北渡金沙江。东北时期是陈云革命历程中一个很不平凡的阶段。在这个阶段中，他在长达 4 年的时间里一直处在军事斗争第一线，参与了领导东北解放战争的全过程，成为与邓小平同时从事军事工作的少有的时期。

抗日战争胜利后，国民党在与共产党进行和平谈判的同时，不断挑起局部战争。由刘邓领导的晋冀鲁豫解放区横亘中原，正堵住国民党军队向华北、东北解放区进攻的通道，是军事上的战略要地，国民党军队的进攻矛头首先就指向这个地区。1945 年 9 月，邓小平和刘伯承指挥了著名的上党战役，全歼侵入解放区腹地的国民党军队，巩固了晋冀鲁豫解放区。接着移师东进，阻击沿平汉铁路北犯的国民党军队，取得了邯郸战役的胜利。这两次战役的胜利有力地遏制了国民党军队对解放区的进攻，大大加强了中国共产党在重庆谈判中的地位，对停战协定的达成起了重要作用。1946 年 6 月，蒋介石发动全面内战。刘邓率晋冀鲁豫野战军主力在陇海铁路南北开展运动战，大踏步进退，连续进行了陇海、定陶、巨野等较大规模的战役，取得八战八捷的胜利，大量歼灭国民党军队的有生力量，打出了刘邓大军的赫赫威名。

1947年6月，邓小平根据中共中央和毛泽东决定的由战略防御转入战略进攻、将战争引向国民党区域的战略部署，和刘伯承率晋冀鲁豫野战军主力12万人，强渡黄河天险，在鲁西南地区经过28天连续作战，歼敌5.6万余人，打开了南下的通路。接着以迅雷不及掩耳之势长驱直入，从几十万敌军前堵后追中杀开一条血路，千里跃进到大别山地区，由此揭开了中国人民解放战争战略进攻的序幕。刘邓大军进入大别山地区后，对国民党在长江以南的广大统治区形成了直接威胁，迫使国民党军队调动主力回援。围困大别山地区的敌军增加到约20万人，斗争极端艰苦。刘邓领导大别山根据地军民积极、灵活地打击敌人，不断粉碎国民党军队对大别山地区的重兵轮番"进剿"。刘邓大军挺进大别山，同相继南下的另外两支野战大军在中原地区布成"品"字形阵势，牵制和吸引了敌军南线160多个旅中的90个旅的兵力，把战线由黄河南北推进到长江北岸，使中原地区由国民党军队进攻解放区的重要后方变成了人民解放军夺取全国胜利的前进阵地。从1948年春起，中原野战军与华东野战军协同作战，相继发起洛阳、宛西、宛东、豫东、襄樊等战役，粉碎了中原国民党军队的防御体系。

1948年11月，淮海战役开始。中共中央和中央军委决定由刘伯承、陈毅、邓小平、粟裕、谭震林组成总前委，邓小平任书记，统一指挥中原野战军（后改称"第二野战军"）和华东野战军（后改称"第三野战军"）。淮海战役中，蒋介石先后集结近80万军队，而人民解放军参战部队只有60万人，在武器装备上国民党军队更是占有巨大的优势。总前委执行集中优势兵力、各个歼灭敌人的方针，经过66天的作战，共歼敌55.5万人，取得淮海战役的完全胜利。1949年4月21日，遵照毛泽东主席、朱德总司令发布的向全国进军的命令，以邓小平为书记的总前委统率第二、第三野战军发起京沪杭战役，一举突破国民党军队的长江防线，浩浩荡荡渡过长江，解放了南京、上海及苏、皖、浙、赣等省广大地区。南京的解放宣告了国民党反动统治的覆灭。随后，邓小平和刘伯承率部进军大西南，迅速消灭了盘踞在云、贵、川三省的 90 多万国民党反动武装，把国民党反动统治势力最后逐出中国大陆。在西南期间，邓小平参加领导了进军西藏和西藏和平解放的工作，实现了祖国大陆的完全解放。邓小平为人民解放事业立下了赫赫战功。

邓小平在解放战争中转战南北的时候，陈云正战斗在东北战场上。抗日战争胜利后，1945 年 9 月陈云到达沈阳，任中共中央东北局委员，参加领导建立东北根据地的斗争。11 月初，任中共中央北满分局书记，后又兼任北满军区政委。11 月底，他在起草给东北局并转中共中央的电报中提出，当前在满洲工作的基本方针，应该是把武装力量及干部分散到广大乡村、中小城市及铁路支线的战略地区，放手发动群众，扩大部队，改造政权，建立沈阳、长春、哈尔滨三大城市外围及长春铁路干线两旁广大的、巩固的根据地。这个正确主张，得到中共中央和毛泽东的充分肯定。陈云用大量时间在宾县、通河、方正、木兰等地进行调查研究，领导创建北满根据地。1946 年 6 月，他任东北局副书记兼东北民主联军副政委。7 月，陈云为东北局起草的《东北的形势和任务》，经东北局扩大会议一致通过并得到中共中央批准。这一决议按照中共中央建立巩固的东北根据地的思想，进一步明确提出深入农村、发动农民是东北斗争成败关键的工作方针；对敌作战则应遵守不重于城市和要地一时的得失，而是力求消灭敌人，改变敌我力量对比的原则，从而进一步统一了东北党政军的思想，使建设根据地的工作大踏步前进。

1946 年 10 月，在国民党对东北采取"南攻北守、先南后北"的战略，调集重兵进攻南满解放区的危难时刻，陈云出任中共中央南满分局(亦称"辽东分局")书记兼辽东军区政委，提出坚持南满斗争的正确战略主张。在东北民主联军北满部队"三下江南"的配合下，他同辽东军区司令员萧劲光等指挥南满部队"四保临江"，这一胜利为东北民主联军转入攻势作战创造了有利条件。接着又指挥南满部队参加对国民党军的夏季攻势，同时领导辽东地区的土地改革，使南满解放区得到恢复和扩大。1948 年 1 月，陈云回到哈尔滨，继续参加东北局的领导工作，同时兼任东北军区副政委，后又参加组织指挥辽沈战役。陈云在建立东北根据地和东北解放战争中作出了历史性贡献。

第二，他们都在地方工作，这是邓小平和陈云少有的同时在地方工作的时期。

邓小平在新民主主义革命时期，除了从 1927 年 7 月到 1929 年 8 月在党中央机关担任中共中央秘书长的两年，以及在长征途中从 1934 年 12 月到 1935 年 6 月第二次担任中共中央秘书长之外，其他时期绝大部分是在地方工作。他先是在广西领导发动百色起义和龙州起义，后到江西瑞金工作。全民族抗战时期，邓小平和刘伯承率部战斗在太行山区，创建了晋冀鲁豫根据地，后主持北方局工作。解放战争时期，邓小平从晋冀鲁豫中央局转战到中原局，后又到西南局并主政西南，也都是在地方工作。而陈云除东北时期之外，其他时期绝大部分是在中央高层工作。因此，解放战争时期成为邓小平和陈云少有的同时在地方工作的时期。

1945 年 8 月，中共中央决定成立晋冀鲁豫中央局和晋冀鲁豫军区，邓小平任中央局书记和军区政治委员。1947 年 5 月，他任中共中央中原局书记。1948 年 5 月，他任辖区扩大了的中共中央中原局第一书记及中原军区和中原野战军政治委员。在开辟中原新解放区的过程中，邓小平发表了《创建巩固的大别山根据地》《跃进中原的胜利形势与今后的政策策略》《贯彻执行中共中央关于土改与整党工作的指示》《关于今后进入新区的几点意见》等讲话和指示，根据中共中央的方针，从中原新解放区的实际情况出发，对整党、土改和工商业政策等问题，提出许多重要意见，受到中共中央和毛泽东的肯定和称赞。

1948 年 1 月 22 日，邓小平在给毛泽东的电报中提出，大别山可分为巩固区和游击区两种区域。在巩固区应实行充分的贫农路线，满足贫农的土改要求。为达到此点，富农的粮食、耕牛、农具、土地、埋藏现金，必须拿出分配。对弱小地主的衣物、家具在分配时，留出自用的部分。对中农一般采取不动的政策为好，不是强制地打乱平分，使中农不满。在游击区一时期内还谈不上平分土地。①

---

① 参见《邓小平年谱（1904—1974）》（中），中央文献出版社 2009 年版，第 712 页。

同年 2 月 8 日，邓小平在给毛泽东的电报中再次提出新区土改工作应分阶段分地区地逐步深入。他在电报中指出，为了避免"犯急性病和策略上的错误"，"在新区树立两个观念非常必要。（一）根据地之确立与土改之完成，要经过相当长的过程，绝非一年半载所能达到。（二）在斗争策略上，应分阶段、分地区地逐步深入。开始应缩小打击面，实与农民有利。"邓小平结合大别山地区土改工作的经验教训，就对待地主、富农、中农的政策和发挥贫雇农的领导骨干作用问题，提出全面意见："（一）中农打乱平分应绝对采取自愿原则，不要勉强。（二）现在的贫农团已经保证了贫农在农村的领导骨干作用，即应迅速扩大为农民协会，吸收中农入会和个别中农积极分子加入领导机关。在尚无工作的此类新区，亦可不先组织贫农团，而先组织农民协会，但必须保证贫农的领导。（三）暂时不斗富农底财。（四）使地主，特别是小地主能够生活，不要一扫而光。"这些意见受到毛泽东的肯定和称赞。他在转发邓小平电报的批语中说："（一）小平所述大别山经验极可宝贵，望各地各军采纳应用。（二）分阶段分地区极为必要。"[1]

经过对新区土改工作的深入调查，邓小平认识到，在新区不管是巩固区还是游击区，马上动手分浮财、分土地是不适宜的，当前新区党的主要精力应该放在发展生产稳定社会秩序、发动群众支援革命战争上面。1948 年 5 月 9 日，他致电毛泽东提出：准备将当前的工作重点"放在财经工作方面"，保证"粮食供应的主要地位"，"大量举办工农商业"，"利用私人工商业来稳定物价"，并"组织公家的经济"等；而"将土改工作推至今冬明春"，"择重点创造典型，积累经验，训练干部"，进一步做好准备工作。[2]

邓小平的意见对毛泽东决定调整新区政策，变土地改革为减租减息起到了重要作用。5 月 25 日，毛泽东为中共中央起草《1948 年的土地改革工作和整党工作》的指示，标志着中国共产党新解放区土改政策的重大调整。为了贯彻中共中央和毛泽东的指示精神，邓小平于 6 月 6 日为中原局起草了

---

[1] 《邓小平年谱（1904—1974）》（中），中央文献出版社 2009 年版，第 716 页。

[2] 参见《邓小平年谱（1904—1974）》（中），中央文献出版社 2009 年版，第 736 页。

《贯彻执行中共中央关于土改与整党工作的指示》(以下简称《指示》)。《指示》指出:"鉴于我们以往在新区所犯的急性病的错误,脱离了群众,孤立了自己,在对敌斗争与确立根据地的事业上,造成了许多困难,所以全区都应根据5月25日中央关于1948年的土地改革工作和整党工作的指示,重新地全盘考虑我们的工作方针和策略步骤。"

《指示》对中原解放区一年来土改工作中的错误和教训进行了全面总结,指出总结这些错误和教训,"目的在于清醒我们的头脑,使今后不再重复这些错误;对已经弄'左'了的地方,懂得教育干部,说服群众,研究妥善办法,迅速获得纠正和补救。""为了不重复错误,有效地团结一切社会力量反对美蒋,更早地完成全部解放中原人民的任务,全区应即停止分土地,停止打土豪分浮财,停止乱没收,禁止一切破坏,禁止乱打人、乱捉人、乱杀人等等现象。"

《指示》还根据中原解放区的实际情况,提出了下一步进行土改的具体工作方针和政策、策略。其中,将原划分的"巩固区"和"游击区"两种区域,改为"控制区""游击区"和"崭新区"三种区域,并分别明确了三种不同区域的不同政策和策略,以更好地进行分类指导。①《指示》上报中共中央后,毛泽东于6月28日代中共中央复电,完全同意中原局这个指示,并将这个文件转发给各中央局、分局、前委,对各地贯彻中共中央5月25日指示发挥了重要作用。

在整党方面,邓小平1948年2月9日致电毛泽东,提出整党宜首先着重于查纪律、思想作风和工作,不宜首先着重于查阶级成分。电报说:近来各地展开查阶级、查思想、查作风运动极端重要。如做得好,可大大提高党的战斗力,但愈操之过急也很危险。最近看到邯郸军区政治部对部队情况的通报中,似对干部出身一点强调过分。整党的目的是把坏人清洗出去,把内部怀疑的人放置不重要岗位,继续审查。对于一切地富出身但愿改造的人,应采取争取和教育的态度。因此,整党的方法应首先着重于查纪律、查思想

---

① 参见《邓小平文选》第3卷,人民出版社1993年版,第115—116页。

作风、查工作，不宜首先着重于查阶级成分。在地方，无论由部队或地方派出的干部，问题均多，亦采取先查思想作风，着重反省的方法，规定过去既往不咎，今后严格注意。同时我觉得党内过去在审干时伤害知识分子党员已经不轻，此次整党确应慎重。① 这一重要意见也受到中共中央和毛泽东的肯定和称赞，对防止和纠正整党工作中"左"的偏向发挥了积极作用。

陈云在东北工作期间，也对党的建设、土地改革和财经工作等问题，提出许多重要意见。

在党的建设方面，陈云针对辽东党内存在的分歧，提出三条原则性意见。"（一）正面地坦率地辨明是非。正面地坦率地辨明是非，这是应有的原则态度，不是得罪人。否则，就会助长混乱，不能解决问题。被责备者不要一触即跳。'大广播'比'小广播'好，正面讲比背后讲好。是否是事实，一见面就清楚了。（二）党内严格执行民主集中制。民主不仅一般需要，在目前情况下有特殊需要。不经大家交换意见，是不可能集中的，形式上集中了也难免出错误。不民主，只集中，必然愈不能集中；多交换意见，反而容易集中。核心领导只有经过严格执行民主集中制，并在实践中经过考验，才能建立起来。民主又必须集中。个人意见不被采纳，不能生气，也不能不尊重集中的决定。（三）每个党员都有在党内发表意见、讨论问题的权利，但又必须有服从决定、积极工作的义务。遇到不如意的事和人，就不干工作，或在言论行动上消极，这是不对的。遵守纪律的重要，恰恰是在自己意见不被通过的时候，或者是有关自己的问题的时候。在我们党内，个别党员的利益必须服从于全党的利益。个人服从组织，少数服从多数，下级服从上级，全党服从中央，这'四个服从'是一个也不能少的。这是我们党的铁的纪律，也是健全党内生活、增强党的战斗力的有力武器。"② 这些重要意见虽然是针对辽东党内存在的分歧提出的，但对健全党内生活，加强党的建设具有普遍的指导意义。

---

① 参见《邓小平年谱（1904—1974）》（中），中央文献出版社 2009 年版，第 717—718 页。
② 《陈云文选》第 1 卷，人民出版社 1995 年版，第 347—348 页。

在土地改革方面，陈云强调要走群众路线，把土地改革全部政策的出发点放在农民彻底翻身这一点上。1947年6月6日，他在南满分局和辽宁省委召开的直属机关千人干部大会上所作的报告中提出四点要求：第一，彻底摧垮地主阶级的封建堡垒。第二，培养群众所拥护的真正积极分子。第三，走群众路线。无论发动斗争还是分地，领导都不要包办代替，要让农民通过诉苦提高阶级觉悟，真正认识与地主斗争的必要性和斗争胜利的可能性。第四，"工作要求透不求快"。最后，陈云郑重指出："发动群众同前方打仗同样重要"，并号召要保证把发动群众这一仗打好。[1] 同年7月28日，陈云在南满分局第三次扩大会议上再次强调土改的中心要放在使占人口百分之六十至七十的雇贫农彻底翻身上，并要团结中农，彻底消灭封建地主阶级。[2] 这些讲话对在南满收复区发动群众进行土地改革起了重要推动作用。到1948年1月，除秋冬攻势的新收复区外，辽宁大体上分了土地，安东、辽南三分之二或四分之三的地区分了土地。辽东土改成绩是基本的，消灭了封建土地制度，发动了农民。只是在对待中农的个别问题上犯了错误，但陈云已作了充分自我批评并已得到纠正。

在财经工作方面，1946年6月，北满分局与东北局合并后，陈云任东北局副书记、常委兼东北民主联军副政委。他在参与东北局大政方针决策的同时，具体工作的重点一度转到财政经济和后勤方面。7月，他兼任新成立的东北铁路总局局长、党委书记。8月，又兼任东北局财经办事处主任。接着，东北各省行政联合办事处行政委员会会议决定设立财政委员会，由陈云任主任委员。1948年1月，陈云从南满回到哈尔滨，继续参加东北局的领导工作，同时兼任东北军区副政委，后又兼任东北财政经济委员会主任，主持东北解放区的经济工作。

陈云主持东北财经工作后，所做的大事之一就是制止物价暴涨。他经过深入细致的调查研究，分析出物价暴涨的三大原因：第一，大量增发纸

① 参见《陈云文集》第1卷，中央文献出版社2005年版，第602—603页。
② 《陈云年谱（修订本）》上卷，中央文献出版社2015年版，第627页。

币;第二,物资不足;第三,政策失误。① 他认为,要力求物价平涨而非暴涨,公家必须设法掌握一定数量的粮、布、盐等物资。1948 年 6 月 28日,陈云在中共中央东北局常委会上提出:"要尽可能多地把粮食控制在手里。首先,要集中力量把布和盐抓起来,有了这些东西就可以向农民换取粮食。"② 这对适当控制物价发挥了重要作用。

在主持东北财经工作中,陈云十分强调按经济原则办事。1948 年 6 月16 日,他在中共中央东北局例会上说:"搞经济总要合乎经济原则,用强迫的办法既违反经济原则,又违反政治原则。"6 月 18 日,陈云在就发展羊草生产、保证军需供应事给东北财经委员会负责人叶季壮等的信中指出:"现在纯粹动员性质的事情太多,农民是讨厌我们的。"他要求必须遵循经济原则,"只要有利,农民必来;牌价太低,农民必不来。"③ 对粮食涨价后公营企业的商品和服务不跟着涨,陈云明确指出那是不行的,不符合经济工作规律。"这可使工业最后总崩溃。"④ 他在写给中共中央的报告中指出:"秋收及新公粮征收以前,估计物价仍将逐步上涨。其中,粮价我无法控制,煤、盐、布、金及公用事业价则必须主动跟上粮价。"⑤ 由于按经济原则办事,既使农民不吃亏,又适时调整公营企业商品和服务的价格,减少和避免了公家的损失,结果是既保护了农民的利益,又使公家有更多的力量掌握一定数量的粮食和布匹等物资,有效地抑制了物价暴涨。

陈云不仅从流通和分配环节上采取对策应对物价上涨,更把恢复和发展生产作为根本办法。1948 年 10 月 8 日、11 日,陈云在中共中央东北局高干会上提出"后方机关要提倡搞农工生产"⑥。对于发展农业,陈云指出:"现在允许人发财是不可怕的。""农民生产积极性越高越好","生产粮越多

---

① 参见《陈云年谱(修订本)》上卷,中央文献出版社 2015 年版,第 656 页。

② 《陈云年谱(修订本)》上卷,中央文献出版社 2015 年版,第 643 页。

③ 《陈云年谱(修订本)》上卷,中央文献出版社 2015 年版,第 642—643 页。

④ 《陈云传》(一),中央文献出版社 2015 年版,第 551 页。

⑤ 《陈云文选》第 1 卷,人民出版社 1995 年版,第 372 页。

⑥ 《陈云文集》第 1 卷,中央文献出版社 2005 年版,第 644 页。

越好"。① 这及时打消了某些农民特别是富裕中农怕富的顾虑。对已恢复生产的工业，陈云要求搞好经济核算，不能做赔本买卖；对准备办的工厂，他要求"要办就要条件确实具备，还要有技术保证"②。陈云还十分重视工业生产的计划性，在东北局高干会上指出，"没有总的统一的计划，等于无计划。下面各部门有计划而上面无计划，一切计划会统统破产。""随便制订的计划，不等于真正的计划。"③ 上述思想和实践，不仅为稳定东北解放区的物价奠定了物质基础，还为此后解决全国范围内的物价问题积累了经验。

第三，他们都不畏艰险，勇挑重担。

解放战争时期，邓小平和陈云都表现了不畏艰险、勇挑重担的革命精神。邓小平集中表现在千里跃进大别山，陈云集中表现在主动请缨去南满。

从 1947 年 3 月开始，国民党军队在全面进攻解放区受挫的情况下，转为集中兵力重点进攻陕北、山东两解放区。从 3 月 11 日起，国民党军队飞机开始大规模轰炸延安。3 月 18 日，毛泽东率中共中央和中央军委主动撤出延安，开始了艰苦的陕北转战。为打破国民党军的重点进攻，粉碎蒋介石企图把战争扭在解放区打的阴谋，中共中央和毛泽东决定由战略防御提前转入战略进攻，指示邓小平和刘伯承准备突破黄河防线，出击中原，调动陕北和山东两战场国民党军回援，并将战争由解放区引向国民党统治区。

为使全体指战员明确南下外线出击的战略意义，邓小平亲自到部队做思想政治工作。6 月 6 日，他在第六纵队团以上干部会和纵队机关及附近部队连以上干部会上的讲话中指出："我们应当把战争推到蒋管区去。不能让敌人把我们家里的坛坛罐罐打烂。我们晋冀鲁豫区好似一根扁担，挑着陕北和山东两大战场。我们要坚决执行党中央、毛主席的战略方针，责无旁贷地打出去，把陕北和山东的敌人拖出来。我们打出去挑的胆子愈重，对全局就愈有利。"④

---

① 《陈云传》（一），中央文献出版社 2015 年版，第 554 页。
② 《陈云传》（一），中央文献出版社 2015 年版，第 555 页。
③ 《陈云年谱（修订本)》上卷，中央文献出版社 2015 年版，第 665 页。
④ 《邓小平传（1904—1974)》（上），中央文献出版社 2014 年版，第 627 页。

6月21日，邓小平又在晋冀鲁豫野战军直属队股长、营级以上干部会议上作战略反攻动员报告。他指出：由于蒋介石反动集团面临着严重的军事危机，不能照旧统治下去了。蒋介石"线"不能保持住，"点"也不能保持住，所以，不能不来一个重点防御。我们歼灭蒋军90个旅以上，战局没有理由不发生变化，事实上已经发生变化了。既然起了基本的变化，为什么不能反攻呢？今天我们不是怕什么冒险主义，而是怕对形势估计不足，怕我们的认识赶不上客观形势发展的需要。从军事上看，敌人采取重点防御。我们就占"面"，有机会就占地方。地方占多了，人口增加了，兵员解决了，财政也解决了。反过来敌人就困难了，敌我力量对比又要起新的变化，道理就在这里。反攻出去很好。① 这次讲话为晋冀鲁豫野战军实施战略进攻做好了思想上和政治上的准备。

6月30日晚，根据中共中央和毛泽东的战略部署，邓小平和刘伯承率晋冀鲁豫野战军主力第1、第2、第3、第6纵队共13个旅12万余人，在冀鲁豫军区第1旅、第2旅接应下，从山东阳谷以东张秋镇至菏泽以北临濮集间150公里的8个地段上强渡黄河天险，突破国民党军黄河防御线，转入外线作战。

为配合晋冀鲁豫野战军主力强渡黄河，7月1日至28日，邓小平和刘伯承指挥发起鲁西南战役。此役历时28天，歼灭国民党军9个半旅、4个整编师师部共5.6万余人②，有力地配合了西北和山东解放军粉碎国民党军的重点进攻，为挺进大别山开辟了通路。

7月23日，鲁西南战役尚未结束，邓小平和刘伯承收到中共中央电报，要他们"下决心不要后方，以半个月行程，直出大别山，占领大别山为中心的数十县，肃清民团，发动群众，建立根据地，吸引敌人向我进攻打运动战"③。7月29日，邓小平又接到中共中央军委电报，说"现陕北情况甚为困

---

① 参见《邓小平军事文集》第2卷，军事科学出版社、中央文献出版社2004年版，第20—26页。

② 参见《邓小平年谱（1904—1974）》（中），中央文献出版社2009年版，第672页。

③ 《邓小平年谱（1904—1974）》（中），中央文献出版社2009年版，第673页。

难"①，希望他们尽快挺进大别山。邓小平和刘伯承意识到，挺进大别山，把战争引向国民党统治区，关系战略全局和党中央在陕北的安危，困难再大也要克服。于是他们当机立断，决心提前结束休整。8月7日晚，他们率领野战军主力4个纵队以迅雷不及掩耳之势越过陇海铁路，向大别山挺进。8月27日，晋冀鲁豫野战军主力历经20天连续急行军千余里，冲破国民党军围追堵截，先敌进入大别山区，胜利完成千里跃进大别山战略任务，由此揭开了中国人民解放战争战略进攻的序幕。

对于当年千里跃进大别山的困难情景，邓小平后来回忆说："毛主席打了个极秘密的电报给刘邓，写的是陕北'甚为困难'。当时我们二话没说，立即复电，半个月后行动，跃进到敌人后方去，直出大别山。实际上不到十天，就开始行动。那时搞无后方作战，困难是可想而知的啊。""往南一下就走一千里，下这个决心，真了不起，从这一点也可看出毛主席战略思想的光辉。而这个担子落在二野身上，整个解放战争最困难的是挑这个担子，是挑的重担啊。不是说消灭敌人九个半旅是挑了重担，主要的是撇开一切困难，坚决地挺进一千里，挑的就是这个重担。过黄泛区，真困难啊，重装备带不走了，只能丢了，所以打淮海战役的时候，二野的炮兵就很少。过淮河，天老爷帮了一个大忙，能够徒涉。过去没有人知道淮河是能够徒涉的，那一次刚涨起来的河水又落下去了，伯承亲自去踩踏，恰好就是那个时候能徒涉，这就非常顺利了。不然，我们过淮河还是能过，但会有伤亡，以后的斗争会更困难一些。当时形势相当严峻，相当险恶，但是整个地看应该说是很顺利地实现了战略反攻的任务，跃进到大别山。"②

邓小平率晋冀鲁豫野战军千里跃进大别山，表现了不畏艰险、勇挑重担的革命精神。时任国民党政府国防部作战厅厅长后来成为起义将领的郭汝瑰评价说："刘伯承、邓小平他们进军大别山呀，那是纵井救人，跳到深井里去救人，自己就是很危险的事情，他们敢干。他们一进军大别山，就把整

① 《邓小平年谱（1904—1974）》（中），中央文献出版社2009年版，第675页。
② 《邓小平文选》第3卷，人民出版社1993年版，第339—340页。

个状况都改变了。国民党所有人马，大别山一部分，徐州分一部分，华北又分一部分，济南又分一部分，国民党的部队分散了。"①

跃进到大别山不易，在大别山站稳脚跟更难。进入大别山之初，部队处于无后方作战，面临重重困难。邓小平在部队中进行深入细致的思想政治工作，激励全体指战员树立起战胜困难的信心和勇气。1947 年 9 月，他在第一纵队连以上干部会议的讲话中指出："我们远离解放区，在敌占区还能没有困难？我们整天背着几十万敌军在这里转，弹药、粮食、被服得不到补充，战士们水土不服，很多人生病闹疟疾，伤病员得不到很好的治疗，群众基础、物资供应都远不如解放区，所有这些都给我们带来了极大的困难。有困难是事实，但有困难并不可怕。我们干革命就难免要同困难打交道，就要有克服困难的耐力。""我们把敌人大量吸引过来，压力大了；我们远离后方，困难多了。但是，我们的兄弟部队在其他战场上就轻松了，就可以腾出手来打胜仗了。""我们背的敌人越多，我们啃的'骨头'越硬，兄弟部队在各大战场上消灭敌人就越多，胜利也就越大。"②

转战大别山是邓小平在抗战胜利后度过的最艰苦的一段岁月。尽管环境十分险峻，困难极其严重，但他置个人安危于不顾，仍然从大局出发，勇挑重担。时任中共中央中原局副书记的李雪峰回忆：邓小平曾给中共中央和毛泽东发过一个电报，大意是：野战军主力丢掉重装备深入大别山牵制了国民党军一些主力，如能同意我们将再次于大别山区周旋月余，可使华野休整一个月，将来可配合东北野战军聚歼国民党主力于中原，我们决心吃更大的苦。这个请示电报中共中央没有批准，主要考虑到中野已损失很大，再拖下去可能拖垮。尽管如此，电报却反映出邓小平顾全大局、勇挑重担的一贯精神。③

陈云在解放战争时期不畏艰险、勇挑重担的革命精神集中表现在主动请缨去南满。1946 年 10 月，国民党撕毁"停战令"，对东北采取"南攻北守、

---

① 转引自《邓小平传（1904—1974）》（上），中央文献出版社 2014 年版，第 652 页。
② 《邓小平传（1904—1974）》（上），中央文献出版社 2014 年版，第 663—664 页。
③ 转引自《邓小平画传》上卷，中央文献出版社 2014 年版，第 138 页。

先南后北"的作战方针，集中力量向中共南满根据地发起进攻，企图先吃掉东北民主联军南满部队，再全力北上进攻东北民主联军在北满的根据地，夺取整个东北。

10月19日，国民党军以8个师约10万兵力分三路向南满根据地进攻。当时，东北民主联军南满部队只有第三、第四两个纵队以及两个独立师，兵力不足4万人，敌我力量严重悬殊。到11月下旬，在国民党军的进攻下，南满根据地只剩下临江、长白、抚松、濛江四县，人口只有22万，形势异常严峻。在领导干部中，对于能否坚持南满对敌斗争出现了意见分歧。南满主力部队已做了在必要时跨过松花江，同北满部队会合的准备。

在这样的危急时刻，陈云挺身而出，主动请缨，要求到南满去。后来，陈云回忆说："敌情严重的，党内有意见（劲光反映），鉴于重大，自告奋勇。"东北民主联军副司令员萧劲光回忆说："当时南满处于国民党进攻的前线，形势严重，陈云同志自告奋勇去南满工作。"10月28日，东北局会议决定派陈云去南满。陈云诚恳地说：南满是东北的一个重要方面，现在需要增加人去帮助南满同志工作。但我在军事上完全是外行，因此去后作用不一定会很大，力求"不增加他们的麻烦，多做一些事情"。① 东北局决定成立南满分局，由陈云兼任分局书记和辽东军区（亦称"南满军区"）政委。这样，陈云受命于危难之际，奔赴南满，开始了具有全局意义的坚持南满根据地斗争的艰苦历程。

陈云奔赴和坚持南满，挑的是一幅艰巨的重担。首先，他要面对军事经验缺乏的困难。陈云到南满后，感到自己的困难在于军事上缺乏经验。1946年12月20日，他在写给东北局领导人的信中说："发生争论时，我无从说话，必须弄清事实，弄清利害，才能下决心。本来懂得军事的人，有许多问题是常识问题，但对我来说，却非下大力去摸不可。这件事比在北满不知苦多少倍，尤其因为军事常常逼在眼前，非迅速决定不可，而且我不能不管。但勇气是有的，现在正鼓起勇气来补十年内战、八年抗战所未

① 《陈云传》（一），中央文献出版社2015年版，第474页。

上的课。"①

其次，陈云在当时十分复杂的情况下做出坚持南满的决策难度是很大的。"坚持南满"还是"撤到北满"是关系全局的大事，关系到能否粉碎国民党对南满、北满采取的"南攻北守、先南后北"的作战方针，关系到能否巩固党在南满、北满的革命根据地，关系到解放整个东北的战局能否顺利发展。而对于是"坚持南满"还是"撤到北满"，南满干部和东北局的看法又不尽一致。因此在十分短促的时间内做出正确决策并能说服各方，对于缺乏军事斗争经验的陈云来说，其难度之大可想而知。但陈云采取他擅长的调查研究的方法，最终果断地作出了"坚持南满"的正确决策，并说服了持有不同意见的人。陈云晚年回忆说：

"我当时是这样讲的：如果我们不坚持南满，向北满撤，部队在过长白山时要损失几千人。撤到北满，敌人还要追过来，还要打仗，从南满撤下来的部队又会损失几千人。由于我们从南满撤了，敌人可以全力对付北满，那时北满也很可能保不住，部队只得继续往北撤，一直撤到苏联境内。但我们都是中国共产党人，不能总住在苏联，早晚有一天还要打过黑龙江，打到北满，打到南满。在这些战斗中，以前从南满撤下来的部队又要损失几千人。而且，当初主力撤回北满后留下来的地方武装也会受到很大损失。""相反，如果我们留下来坚持南满，部队可能损失四分之三，甚至五分之四，但只要守住南满，就不会失去犄角之势，就可以牵制敌人大批部队，使他们不能集中力量去打北满。两相比较，还是坚持南满比撤离南满损失小。"②陈云在关键时刻为坚持南满斗争作出了重要贡献。

最后，做出坚持南满的决策难度很大，实现坚持南满的任务更不容易。为了坚持南满，从1946年12月17日到1947年4月3日，南满部队连续进行四保临江的战斗，北满部队配合南满部队进行三下江南的作战。四保临江、三下江南战役的胜利，彻底粉碎了国民党军"南攻北守，先南后北"的

①　《陈云文选》第1卷，人民出版社1995年版，第327页。

②　《陈云传》（一），中央文献出版社2015年版，第483—484页。

作战计划，坚持了南满根据地，巩固了北满根据地，迫使国民党军由战略进攻转入战略防御，东北民主联军则开始由战略防御转入战略进攻。这些战斗中，陈云在方针指导、组织协调、后勤保障上作出极大努力，发挥了重要作用。萧劲光后来回忆说："事实证明，陈云同志领导南满根据地的斗争，所作出的决策和贡献是举足轻重的，因此只用了一年多时间，就完全改变了态势，我军从被动转入主动，扩大和巩固了根据地。""陈云同志的正确领导，则是一个决定性的因素。"①

陈云后来谈到自己在南满这段工作时说：在坚持辽东问题上，有三种估价：陈云"去坏了"；"去不去一样"；去了"有不少帮助"。我"自估属第三种"。我作为一名"共产党员够格不够格？够格"。从哈尔滨出发时，"明知困难，自告奋勇"。②

解放战争期间，邓小平和陈云分属不同战场，由于战事紧张，因而交往较少。为数不多的几次交往发生在解放战争胜利和新中国成立前夕。

1949 年 7 月 14 日，时任中国人民解放军第二野战军政治委员、中共中央华东局第一书记的邓小平，从上海到达北平，向中共中央领导人汇报华东局工作及大军渡江与接收南京、上海、杭州情况。邓小平说明上海情况严重："煤粮两荒。接收旧人员十五万，工厂原料缺，运输贵，开厂难，学校多，税收少，开支大，被迫大发行。农村全部以物易物，或光洋市场。"邓小平与两月前已从东北来北平主持中央财经工作的陈云面谈上海情况，"提出厂校及人员疏散，向各解放区求援"。③ 中共中央政治局十分重视邓小平的报告，决定委托陈云去上海主持召开各解放区财经会议。7 月 16 日，陈云致电东北局财委李富春、叶季壮，转报邓小平所谈上海情况，请叶季壮离开沈阳赴上海参加财经会议前，研究东北可否挤出 15 万至 20 万吨带壳粮支援上海，并准备从上海迁一部分工厂学校到东北。

陈云到上海后，经过调查研究并综合与会者意见，改变了原有设想，

① 转引自《陈云画传》，浙江人民美术出版社 2011 年版，第 88 页。

② 《陈云传》（二），中央文献出版社 2015 年版，第 603 页。

③ 《陈云文集》第 1 卷，中央文献出版社 2005 年版，第 688 页。

决定立足于恢复与发展生产来解决问题。他说："这件事情要慎重。应将解决目前困难与全国长期建设看成两回事，分开来处理。不能因为目前有困难，就把许多工厂搬走了事。要完全具备搬厂的经济条件并不容易。例如，从原料的供应来说，纺织厂可以搬到棉花产地，但工厂生产需要有适当的厂房，还需要有电力、机械等有关的企业与之相配合，这些条件棉花产地就不一定具备。估计上海工业的主要部分不能搬，目前应力争维持生产。"①

　　邓小平与陈云在这时期的第二次交往是共同参加新中国的开国大典。1949 年 9 月 30 日下午 3 时，邓小平和陈云出席在中南海怀仁堂召开的中国人民政治协商会议第一届全体会议最后一次会议。在会上，他们均当选为中华人民共和国中央人民政府委员、政协全国委员会委员。10 月 1 日下午 2 时，邓小平和陈云出席在中南海勤政殿召开的中央人民政府委员会第一次会议。会议宣告中华人民共和国中央人民政府成立，接受中国人民政治协商会议第一届全体会议 9 月 29 日通过的《中国人民政治协商会议共同纲领》为政府施政方针。下午 3 时，邓小平和陈云登上天安门城楼，出席中华人民共和国开国大典。毛泽东向全中国、全世界庄严宣告："中华人民共和国中央人民政府今天成立了。"邓小平和陈云作为中华人民共和国的开国元勋，共同见证了这一伟大的历史时刻。建立一个人民当家作主的新中国，这是他们参加革命 20 多年来一直为之奋斗的崇高目标和伟大理想。如今这个目标和理想终于在他们盛年的时候变成了现实。新中国成立后，邓小平和陈云在社会主义革命和建设中，又开始了并肩战斗的新征程。

---

① 《陈云文选》第 2 卷，人民出版社 1995 年版，第 2 页。

第九章

新中国成立初期

新中国成立后的头 3 年是国民经济恢复时期。3 年中，我们肃清了国民党反动派在大陆的残余武装力量和土匪，建立了各地各级人民政府，没收了官僚资本企业并把它们改造成为社会主义国营企业，统一了全国财政经济工作，稳定了物价，完成了新解放区土地制度的改革，镇压了反革命，开展了反贪污、反浪费、反官僚主义的"三反"运动，开展了打退资产阶级进攻的反行贿、反偷税漏税、反盗骗国家财产、反偷工减料、反盗窃国家经济情报的"五反"运动。在胜利完成繁重的社会改革任务和进行伟大的抗美援朝、保家卫国战争的同时，我们迅速恢复了在旧中国遭到严重破坏的国民经济，全国工农业生产 1952 年年底已经达到历史最高水平。在国民经济恢复的过程中，邓小平和陈云作出了重要贡献。

新中国成立初期，邓小平主政西南，任中共中央西南局第一书记、西南军政委员会副主席、西南军区政治委员，领导了西南全区的政权建设、社会改造和经济恢复。他和刘伯承、贺龙在指挥部队清剿土匪顽敌的同时，注意团结一切可能团结的人，分化争取敌人营垒中一切可能争取的人，调动各方面的积极因素；谨慎稳妥地消除历史遗留的民族隔阂，促成各民族的团结；发动和依靠群众，顺利完成土地改革和其他社会改革，加强各级政权建设；迅速恢复工农业生产，兴修成渝铁路等，很快改变了那里的混乱面貌，开创了西南地区稳定、发展的新局面。

新中国成立初期，陈云任政务院副总理兼政务院财政经济委员会主任，受命主持领导全国财政经济工作。稳定市场物价，结束国民党政权留下来的恶性通货膨胀，是当时解决财政经济困难和安定人民生活的最紧迫任务之一。陈云通过调查研究，只用不到一年时间，就迅速实现了全国财政经济的统一，稳定了金融物价，调整了工商业，取得新中国在经济战线上的一个重大胜利。接着，陈云针对抗美援朝战争开始后的困难局势，提出财经工作方针应该是国防第一、稳定市场第二，最后才是其他各种经济和文化支出，从而保证了抗美援朝战争的胜利进行和国民经济的迅速恢复。

这一时期，邓小平主政西南，在地方独当一面；陈云任中财委主任，在中央主持全国财经工作。虽然他们条块分工不同，也不在一起共事，但邓小平兼任西南局财经委员会书记和西南军政委员会财政经济委员会主任，因此他们在财经领域建立了良好的工作关系。

邓小平对陈云财经工作的支持主要表现在以下几个方面：一是集粮济沪。1949年12月中旬，华东、华北因旱涝灾害而缺粮的报告纷纷送到陈云桌上。根据华东、华北最低限度的估算，华东来年缺粮11亿斤，华北缺粮18亿斤，共29亿斤。为此，中财委决定调粮到上海等大城市和灾区。经过筹划，中财委决定从东北调入15亿斤，华中调来11亿斤，共26亿斤，尚少3亿斤。明年由于粮食求过于供，市场粮价突出是必然的。而新中国成立后几个月来的实践证明，只有掌握足够的粮食，才有可能防止物价猛涨。为稳定上海物价，支援华东灾区，1949年年底，中财委要求西南调4亿斤粮食去上海。陈云指出："为了保证几个大城市的粮食供应与棉花，不惜工本从四川运些粮食到宁沪。准备四万万斤，来提防奸商的捣乱。""如果四川能下江三四亿斤，则明年克服粮荒的可能是存在的。"①

对于中财委的调粮计划和救灾安排，邓小平领导的西南局顾全大局，积极响应。1950年1月2日，邓小平在向中共中央呈交的关于西南工作情况的综合报告中指出：1949年四川、贵州收成尚好，贵州有少数县份已经开始征粮，缴得又快又好。四川屯粮工作尚未开始。我们正督促部队迅速抽干部下乡，首先求得拿到粮食。中财委要我们送4亿斤粮食去上海，这是完全应该的，也是可能的。与此同时，邓小平又根据西南交通不便以及刚解放、

① 《陈云传》（一），中央文献出版社2015年版，第674—675页。

干部少的实际情况，提出接受、保管、运输粮食的事，须由中财委或上海派一个大的机构来办理才行。①

运送粮食和棉花接济华东，是关系全局的大事，陈云对这件事抓得很紧。1月11日，他接连起草两封电报，一封给华中的邓子恢和东北财委，要求他们短期内运粮济沪应急，一封给华东的饶漱石、曾山："我们要四川调米4亿斤东运。西南财委佳（9日）电称：2月初即可开始起运，但要求华东派人组织运输并在宜昌建仓。""川粮运沪事，我以为你们以尽量抽出人力去组织运粮为好。"第二天，陈云再次指出："我担心的问题，仍是粮食、棉花接济华东的问题。为此，除由东北、华中运粮济沪外，极力想从四川再运三四亿斤。昨已电商由华东抽人组织东运，并于宜昌设仓。"②

当时，西南调运粮食的费用是很大的，平均计算运费等于粮价。陈云说："四川粮用人力搬运，运11亿斤粮即得用11亿斤。先搬川粮4亿斤到宜昌，雇用华东人力搬，一面运粮，一面救灾。"当时西南大力支持中共中央调粮，陈云予以表扬："西南初解放干部少，现把一切可调的军政干部用于征粮，在此种困难情况下，勇敢担任集粮济沪是很好的。"③

二是积极配合陈云关于统一国家财经工作的重大部署。统一全国财政经济工作是稳定物价的基础。如果各个地区之间各自为政，甚至相互封锁，要稳定物价是不可能的。随着统一财经的条件逐步成熟，中财委召开一系列会议，开始部署这方面的工作。1950年3月3日，政务院第22次政务会议讨论并通过陈云起草的《关于统一国家财政经济工作的决定》。《决定》最重要的措施是统一全国财政收支，重点在财政收入。全国财经工作开始实行统一管理。

对于陈云做出的统一全国财经工作的重大部署，邓小平予以积极配合。西南解放不久，邓小平即向中财委请示关于税收、税目、税率统一及管理问题。1950年1月11日，陈云同薄一波复电西南财委，指出：西南地区解放

① 参见《邓小平年谱（1904—1974）》（中），中央文献出版社2009年版，第885页。
② 《陈云传》（一），中央文献出版社2015年版，第675—676页。
③ 《陈云传》（一），中央文献出版社2015年版，第677页。

不久，财经由中央统一需要半年时间。所谓由中央统一，首先是指公粮及主要税收归中央，再由中央按预算拨给地区粮款；其次是指全国统一的税则、税目、税率及管理制度、税收任务由中央规定，但具体管理工作还是由地区负责。[1]

　　按照陈云提出的财经工作先由大区统一，再由中央统一的具体办法，邓小平领导西南财委通过建立金融秩序、平抑物价、保障财政、调整私营工商业等措施，恢复和发展国民经济，实现了西南财经统一和财政经济状况的基本好转，从而为实现全国财经工作的统一创造了条件，奠定了基础。

　　三是努力完成中财委分派给西南局的各项具体任务。我国缺乏天然橡胶。抗美援朝后，帝国主义对我国实行封锁、禁运，天然橡胶无法进口。苏联和东欧国家也缺乏橡胶。苏联要求中国开辟橡胶园，发展橡胶生产。为了打破帝国主义的封锁、禁运，为了工业建设和国防建设的需要，中共中央决定发展我国自己的橡胶生产基地，由政务院副总理兼财经委员会主任陈云主持这项事业。经过调查研究，发现除海南岛外，中国大陆上粤、桂两省北纬二十四度以南地区，云南北纬二十五度线以南、东经一百零二度以西地区，四川自泸州至万县长江河谷地区能够种植橡胶树。因此，西南地区被确定为种植橡胶树的重点地区，云南省被确定为种植橡胶树的三个重点省之一。接到中财委分派的任务后，邓小平及西南局高度重视，指示云南省委及相关地区认真落实华南分局关于种植橡胶树的计划。1951 年 9 月 12 日，邓小平起草中共中央西南局转发华南分局关于种植橡胶树的计划[2]给中共云南省委的电报。电报说："你省是种植橡胶的三个重点省之一，兹将华南分局的计划转给你们，请你们立即专门研究这个问题，从速订出计划报告我们及中央。"[3]同年 10 月 13 日，陈云签发中财委复西南财委电，同意西南财委关于

---

① 参见《陈云年谱（修订本）》中卷，中央文献出版社 2015 年版，第 30 页。

② 华南分局提出的计划是：（一）1951 年在海南岛培育橡胶树苗，树苗长成后移植大陆。（二）今后一年在广东、广西开荒。9 月 6 日，中共中央批准这个计划。《邓小平年谱（1904—1974）》（中），中央文献出版社 2009 年版，第 1009 页。

③ 《邓小平年谱（1904—1974）》（中），中央文献出版社 2009 年版，第 1008—1009 页。

布种橡胶的决议。① 由于部署得力，西南局较好地完成了种植橡胶树的任务。

　　另外，西南是我国重要矿产区，承担着中财委指定的对外矿产贸易的任务。为确保任务完成，1950 年 5 月 1 日，邓小平致电中共云南省委第一书记、云南军区政治委员宋任穷："云南保障对外贸易 4 千吨锡一事，有关国家信誉，中央非常关怀，请你亲自掌握，用全力保障此任务之实现，并随时将情况向中财委及此间作报告。"②

　　陈云对邓小平领导的西南财委工作也十分关心和支持。主要表现在以下几个方面：一是为西南财委建立金融秩序予以货币支持。1949 年 12 月 10 日，重庆解放刚 10 天，中国人民银行西南区行、川东和重庆分行等主要金融机构即正式成立。同时重庆市军管会发布告，宣布人民币为市场唯一合法货币，用人民币收兑人民群众手里的国民党政府货币。当时，随二野大军运进城的人民币总共只有 1000 亿元，而实际上至少需要 9000 亿元才能稳定金融。因此出现了挤兑风潮。邓小平和刘伯承等商量后，调集部队所有款子补充库存，再从临近地区调集一些来应急，同时电请中财委急调了几千亿人民币空运重庆，平息了挤兑风潮。③

　　二是为西南局进行基本建设予以经费支持。1952 年 2 月 27 日，邓小平致电陈云、薄一波、李富春，请求从 1951 年行政费节余的 5000 亿元中，抽提 1000 亿元解决西南几个迫切的问题：（一）架设新建县以上地方电讯线路 299 公里。此项线路重点在云南。为加强边防，巩固国防以及配合土改，贯彻民主建政所必需，务请批准。（二）重庆在修建一批仓库（包括临时仓及简易仓），解决贸易公司百货棉花均露天堆放的问题。（三）在重庆建盖一批房屋，以供工业、民政、卫生三部门需要。以上两项亦可解决部分工人失业及产品积压问题。（四）重庆市医院很少，修建一个医院并在城郊办一个干部疗养院，城市办四个托儿所。④3 月 7 日，陈云同薄一波、李富春复电邓

---

① 参见《陈云年谱（修订本）》中卷，中央文献出版社 2015 年版，第 180 页。
② 《邓小平年谱（1904—1974）》（中），中央文献出版社 2009 年版，第 908 页。
③ 参见《邓小平传（1904—1974）》（下），中央文献出版社 2014 年版，第 848 页。
④ 参见《邓小平年谱（1904—1974）》（中），中央文献出版社 2009 年版，第 1041—1042 页。

小平，同意西南财委所提修建县以上部分新的电话线路和西南民政、工业、卫生部门房屋及仓库、医院等项预算。同时指出，为划清年度收支界限，1951年西南结余仍应全部上缴，要求留用的1000亿元可在1952年度预算内另行追加。①

三是为西南局解放和经营西藏予以资金和政策支持。1950年1月2日，毛泽东决定由中共中央西南局担负解放西藏的任务。几天后，邓小平和刘伯承即作出决定，由二野第十八军执行进军西藏的任务。进军西藏的主要困难为运输问题，急需修建公路，但如报告施工计划与预算要误时误事。为此，邓小平和贺龙致电中共中央军委，要求先拨款后报告。陈云予以大力支持。1951年4月11日，陈云致电贺龙、邓小平等，提出：入藏公路修建"不能按正规手续办理，同意你们先拨款后报告的意见，由你们全权掌握"。"玉隆至昌都公路修建费，已告中财部先拨500亿元应用。""泸定、飞仙关两大桥经费325亿余元，已告财政部立即拨去。"②

西藏财经问题具有很强的政治性和政策性，需要审慎处理。陈云对此提出了许多重要意见。1951年4月12日，陈云签发中财委复西南财委关于西藏解放后藏币是否另印或改为推行人民币的请示电。复电指出：藏币发行总额仅相当于银圆280万元，数目甚小，故不急于推行人民币或另印纸币。要先把旧藏币稳定巩固，把贸易工作做好。③同年4月，陈云又为中财委起草致中共西藏工委、财委并告中共中央西南局、西南财委电，对西藏财经工作提出重要意见。他指出：（一）由于我在西藏驻军购粮购物，致使拉萨市场银圆膨胀，物价大涨，其中粮、菜、柴涨得更多。为缓和物价涨势，决定拨给拉萨人民银行一批印度卢比外汇，以收回银圆；同时，要修正西藏今年的财政概算，尽量节省支出，少抛银圆。（二）必须打破帝国主义对西藏出口羊毛的压价封锁政策，凡属西藏卖不出去的羊毛，我们应该全数收购。（三）目前，国营贸易机构不要向老百姓直接收购和推销，不要把王公贵族

①　参见《陈云年谱（修订本）》中卷，中央文献出版社2015年版，第204页。

②　《陈云传》（一），中央文献出版社2015年版，第770页。

③　参见《陈云年谱（修订本）》中卷，中央文献出版社2015年版，第139页。

喇嘛在贸易经营上原有的利益挤掉。(四)应用拨付你们的印度卢比,批给本地商人购买印度物品入藏,以拖住物价涨势;同时,必须节省财政开支,一切用出去的银圆,都要以批售外汇收回来。(五)可经过驻印华商购买部队日用品入藏,我们也将通过外交渠道谈判由印度购物入藏问题。(六)财经问题是西藏重大的政治问题,财政、贸易、外汇三者必须互相配合,妥善掌握,使其步调一致。你们今年需要多少卢比,请计算电告,我们将尽量支援。[①] 这些意见,为西南局经营西藏提供了有力的政策指导和经济支持。

邓小平和陈云在财经领域建立的工作关系,为此后不久邓小平到中央工作后与陈云在中财委的合作打下了良好基础。

---

① 参见《陈云文集》第 2 卷,中央文献出版社 2005 年版,第 401—403 页。

第十章

在政务院和中财委

　　1952年下半年，为适应大规模经济建设的需要，加强中央的集中统一领导，中共中央决定将各中央局书记和大区主要负责人调到北京，并调整和增设中央及国家机关的部分机构。邓小平在主政西南期间善于把握大局、善于在复杂情况下抓住主要矛盾做好各方面工作并开创工作新局面的卓越领导才能深得中共中央和毛泽东的赞赏。这年7月下旬，他根据中共中央的决定，离开工作了近3年的大西南，奉调进京，开始与陈云一起在政务院和中财委工作。

　　1952年8月7日，朱德主持召开中央人民政府委员会第17次会议，任命邓小平为政务院副总理。在政务院5位副总理中，陈云位列第二，邓小平位列第五。在政务院副总理的分工中，陈云分管财经工作，邓小平分管监察、民族和人事工作。他们在政务院分工合作，互相配合，建立起了良好的工作关系。

　　在邓小平分管的监察工作方面，他督促省市以上财经管理部门和国营财经企业单位成立了监察机构，对于遏制和防止财经部门贪污、浪费及其他违反财经纪律现象，产生了积极作用。1953年年初中共中央部署开展"新三反"运动后，邓小平领导监察部门把"新三反"作为监察工作的重点。同年2月25日，他在政务院人民监察委员会第二次全国监察工作会议上的讲话中指出："加强监察工作就是加强反对官僚主义、命令主义和违法乱纪，提高责任心，培养国家工作人员的纪律观念。""所有的工作中都要提到反对官僚主义、命令主义和违法乱纪，监察工作就要发现、揭露、处理这些问题。"[①] 在邓小平的领导下，各级监委及财经部门监察机构重点监督检查经济

---

① 《邓小平传（1904—1974）》（下），中央文献出版社2014年版，第919页。

部门和厂矿企业，对严肃国家法纪，保证"一五"计划的完成，发挥了重要作用。

在民族工作方面，邓小平多次主持政务院政务会议或其他各种范围的会议讨论民族工作问题，对各地的民族工作给予具体指导。在指导新疆民族区域自治时，邓小平提出了一个很重要的思想，那就是：在一个大的少数民族杂居区内，还要处理好大的少数民族与小的少数民族之间的关系，促进各少数民族之间的团结。他在1953年2月24日就新疆民族区域自治问题给毛泽东和中共中央的报告中指出："在目前情况下，搞好新疆的区域自治还有一个较为关键的问题，即如何适当地教育维吾尔族的广大干部克服某些大民族主义的思想，真正从思想上切实执行中央的民族政策，搞好各民族的团结。"①与此同时，邓小平反复强调，解决民族问题的关键是纠正大汉族主义，解决民族问题的基础是发展经济。1953年9月3日，他在政务院第188次政务会议上的总结讲话中指出："大汉族主义就是资产阶级民族主义，其本质不是以平等的地位对待少数民族，而是剥削少数民族，不愿少数民族进步和发展。""解决民族问题的基础是经济。要提高其生活水平，与我们一道前进。当经济问题一天未解决，民族问题即未能解决。"②

邓小平在担任政务院副总理期间，参与领导的一项重要工作就是1953年5月到1954年6月在全国范围内开展的首次基层人民代表大会代表的选举。这项工作是为召开地方各级人民代表大会和全国人民代表大会、确立人民代表大会制度做准备。在此期间，邓小平不仅担任以毛泽东为主席的中华人民共和国宪法起草委员会委员，参与宪法的起草工作；而且担任以周恩来为主席的中华人民共和国选举法起草委员会委员，具体负责选举法的起草工作。选举法起草并公布后，他还担任以刘少奇为主席的中央选举委员会委员，稍后又被任命为该委员会秘书长，具体负责全国的选举工作。邓小平在这项工作的各个环节都起了重要作用，为新中国成立初期的民主政治建设作

① 《邓小平文集（1949—1974）》中卷，人民出版社2014年版，第73页。
② 《邓小平文集（1949—1974）》中卷，人民出版社2014年版，第121页。

出了历史性贡献。1954 年 9 月 15 日至 28 日召开的第一届全国人民代表大会第一次会议，决定陈云、邓小平等 10 人为国务院副总理。陈云在副总理中排在第一位，仍然主管全国经济工作。邓小平因从 1954 年 4 月 27 日起兼任中共中央秘书长，所以不担任国务院具体工作。

陈云在政务院中作为分管财经工作的副总理，所做的主要工作是决策实行粮油棉统购统销和主持编制"一五"计划。

在"一五"计划基本设想有了初步眉目后，为同斯大林和苏共中央交换意见并商谈有关援助问题，1952 年 8 月 15 日，也就是邓小平被中央人民政府任命为政务院副总理后的第 8 天，陈云、李富春等随周恩来出访苏联。在他们出访期间，邓小平代理总理职务。回国后，陈云等根据在苏联商谈的情况，对"一五"计划轮廓草案又重行计算了一次。

1954 年 2 月 12 日，中共中央政治局召开扩大会议，宣布成立由陈云、高岗、李富春、邓小平、邓子恢、习仲勋、陈伯达、贾拓夫组成编制五年计划纲要草案 8 人工作小组，由陈云任组长。主持编制"一五"计划成为陈云 1954 年的主要工作之一，邓小平给予了有力支持。

4 月 22 日，陈云主持召开编制五年计划纲要草案工作小组第一次会议，李富春、邓小平等出席会议。陈云在会上对五年计划纲要编制过程中的一些主要问题作了说明，指出：（一）与苏联的计划相比，我们的计划间接部分很大，对农业、手工业和资本主义工商业都是间接计划，这可能影响计划的可靠程度。（二）五年计划的主要内容，一是苏联援建的 141 个项目和限额以上的 598 个项目；二是工业发展的速度；三是对农业、手工业和私营工商业社会主义改造的速度；四是市场的稳定。这四个方面也是将来检查五年计划落实情况的主要内容。（三）在五年全部投资中，农业占 9.5%，交通占 13.7%，与苏联比较，比重较小，但再增加也困难。（四）物资供应与购买力相比，缺口占百分之八至十，主要缺的是吃、穿用品和农业生产资料，需再设法解决。（五）在财政方面，五年计划收入 1268 万亿元，是按税收、企业利润超计划完成来计算的。支出中，预备费只占 5.3%，经不起风浪，要防止支出突破预算，但有钱不用也不对，要边走边看。（六）五年计划中工业发展速度有可能超过，基本建设特别是 141 项能否完成，有两种可能性。（七）要完成五年农业发展增长 28% 的计划，一靠天气，二靠农业合作化。大规模兴修水利和开荒，需要大量投资和大批拖拉机，力所不及，而且见效慢。最快的办法是合作化。已有经验表明，合作化可增产百分之十五至三十。如果全国合作化，即可增产 1000 亿斤粮食。①

6 月 29 日至 7 月 1 日，中共中央政治局举行扩大会议，讨论编制"一五"计划问题。在 29 日和 30 日的会上，陈云作了"一五"计划编制情况的汇报。他首先介绍"一五"计划的基本任务，主要指标，主要产品的产量，基本建设的规模，农业、手工业和资本主义工商业社会主义改造的速度等。其次，陈云阐述了编制五年计划的指导思想，即遵守按比例发展和综合平衡的原则。他认为，只有按比例发展，才能取得最快的速度和最好的效益。陈云提出了四大比例，即：农业与工业、轻工业与重工业、重工业各部门之间、工业发展与铁路运输之间要按比例发展。

接着，陈云又分析了财政收支平衡、现金收支平衡、外汇收支平衡、购买力与商品供应之间平衡这四大平衡问题。对财政收支平衡，他说："在财政上必须反对两种倾向：一种是冒进，即将财政收入全部分出去，搞到中途预算破裂。一种是保守，即有钱不用，妨碍建设。为了在财政上避免这两种错误，就必须一方面保有一定数目的预备费，另一方面又准备在年度计划中增加可能增加的投资。"对现金收支平衡，陈云认为"按照计划，五年内现金收支是平衡的。将来要出毛病的话，可能出在商业各部，关键在于商业各部的贷款是否已打足"。对外汇收支平衡，陈云说："对苏外汇的支付是很紧张的。为了偿还欠款，为了进口成套设备及其他物资，5 年内将对苏支付外汇 136 亿卢布。我们必须力求不借外债。为了保持外汇的收支平衡，应压缩不必要的进口。"为保持购买力与商品供应之间的平衡，保持市场平稳，陈云提出五项办法："一是农业、工业和手工业的增产，这是最根本的；二是努力在农村中推销工业品；三是增加农产品出口，进口轻工业原料，如毛

---

① 参见《陈云文集》第 2 卷，中央文献出版社 2005 年版，第 498—501 页。

条、人造丝、橡胶等，经过加工向农村推销，这对回笼货币的作用很大；四是发行公债和提倡储蓄；五是适当调整工农业产品的价格，如烟、酒、糖等消费品可以涨点价，而某些农产品可以降点价。"①

1955年3月21日至31日，中国共产党全国代表会议在北京举行。陈云在开幕会上作了《关于发展国民经济的第一个五年计划的报告》，对这个计划的几个主要原则问题作了说明。会议经过讨论，在闭幕会上一致通过《关于发展国民经济的第一个五年计划草案的决议》。7月30日，一届全国人大二次会议听取和讨论李富春《关于发展国民经济的第一个五年计划的报告》，通过了《中华人民共和国发展国民经济的第一个五年计划（1953——1957）》。

邓小平到中央工作后，受到中共中央和毛泽东的器重。1953年3月3日，毛泽东批示："凡政府方面要经中央批准的事件，请小平多管一些。"②同年8月17日，中共中央政治局决定邓小平兼中财委第一副主任，并兼中央人民政府财政部部长。9月18日，中央人民政府委员会第28次会议正式任命邓小平为政务院财政经济委员会第一副主任、财政部部长。③他与中财委主任陈云密切配合，通盘协调和指导全国各省、区财政、税收、金融、贸易、工商管理等方面的工作，参与有关政策的制定和对外贸易、农副产品经营等一些具体问题的处理，并在中财委所属部门中分管交通、邮电、铁道三个部的工作。

在交通工作方面，邓小平提出其基本工作方针是在国家总方针和总任务下做好交通工作，加强工作中的思想性和政策性，充分发挥现有设备的潜在能力，积极为国家大规模经济建设服务。邓小平还领导交通部在系统内建立起了政治工作制度。他亲自协调中组部和地方党委，解决所需政治工作干部的编制和选调问题。政治工作制度的建立，使这个老行业很快出现了新面貌。④

---

① 《陈云文选》第2卷，人民出版社1995年版，第243—245页。

② 《邓小平年谱（1904—1974）》（中），中央文献出版社2009年版，第1099页。

③ 参见《邓小平年谱（1904—1974）》（中），中央文献出版社2009年版，第1128、1134页。

④ 参见《邓小平传（1904—1974）》（下），中央文献出版社2014年版，第927页。

在邮电工作方面，邓小平主要抓了纯洁队伍和工作方针问题。为贯彻中共中央《关于清理邮电系统要害部位人员以确保党和国家机密的指示》，邮电部拟定了关于执行《指示》的决定（草案），邓小平在1953年5月审阅《决定》（草案）时将其升格为政务院的《决定》，并要求邮电部采取有重点、有步骤、严格审查的方针，由邮电部统一部署，领导亲自动手、层层负责地进行这项工作。为引起各级党委的重视，他还于5月10日代中共中央起草通知，将《决定》转发各中央局、分局，各省市党委，要求各地党委"领导和检查邮电部门对于这个决定的执行"，"指定专人负责联系邮电部门，明了情况，并及时地给以具体的指导"。① 通知发出后，邮电部同各地党委相互配合，迅速果断地在邮电系统开展了清理要害部位人员的工作，纯洁了邮电队伍。关于邮电工作的方针问题，邓小平针对当时邮电工作中存在的脱离政治、脱离实际、分散主义的倾向，于1953年6月1日在第二次全国各省区市邮电局局长会议上的讲话中指出："关起门来办事没有不犯错误的。如果我们能去找党委、找政府，依靠他们，取得他们的领导，是可以解决问题的。"对脱离实际的问题，他指出："各个部门都要根据自己的特点，按照实际情况研究和确定自己的方针，请求中央审查。"② 邓小平的讲话对邮电部门克服上述存在的不良倾向产生了重要影响。

在铁路工作方面，邓小平同样是重点抓其基本工作方针和思路问题。关于基本方针，邓小平在1953年8月审定铁道部起草的《关于营业铁路工作的指示（草案）》时，将铁路工作的根本任务概括为"完成国家运输任务，以满足国家大规模经济建设以及人民在生产上和生活对铁路运输的日益增长的需要。"10月29日，他又在政务院第191次政务会议上指出："铁路是为生产服务的，为经济建设和人民的需要服务的。"③ 这"两个服务"成为铁路工作长期的指导方针。关于发展铁路运输的思路，邓小平主张新线旧线并重，以解决铁路交通对大规模经济建设的制约作用。他在政务院第191次政

---

① 《邓小平文集（1949—1974）》中卷，人民出版社2014年版，第105页。

② 《邓小平传（1904—1974）》（下），中央文献出版社2014年版，第929页。

③ 《邓小平文集（1949—1974）》中卷，人民出版社2014年版，第143页。

务会议上指出："在国家现有财力和我们的技术条件下，一年中要修好多新线很困难，并且新线修得再多，也不能解决旧线任务问题。因为现在运输任务重的不在新线，恰恰是在旧线。因此，应该新旧线并重。"①

邓小平兼任财政部部长期间只管财政工作的大事情，体现了他举重若轻的一贯领导风格。他与几位副部长"约法三章"说，我到财政部工作，决策方面主要靠你们反映情况。如果你们反映的情况对了，我决策错了，这个错误责任由我负；如果你们反映的情况错了，我根据你们反映的情况作了错误的决策，这个错误你们负责。这两句话很好地分清了领导责任问题，使下面同志的工作好做了。邓小平还认为他坐冷板凳比完全坐热板凳要好些。他说，我坐冷板凳，几位副部长坐热板凳，冷热板凳结合起来，就比较全面。如果我坐在财政部，就可能妨碍几位副部长工作。② 这样的领导方法，既发挥了几位副部长工作的积极性和主动性，又保证了财政部工作正确的方针和方向。

邓小平到财政部后，首先要解决的一个难题就是至1953年7月已累计高达21万亿元的巨额财政赤字。8月27日，财政部向中共中央提交了解决财政赤字问题的报告，提出了增收减支的具体措施。第二天，中共中央批转了该报告，并发出《关于增加生产、增加收入、厉行节约、紧缩开支、平衡国家预算的紧急指示》。《紧急指示》下达后，邓小平密切关注着各地的贯彻落实情况，多次代中共中央起草电文，批转各地在贯彻落实《紧急指示》中的好做法和好经验。

9月7日，邓小平为中共中央起草批转华东局、上海市委、浙江省委分别报中共中央关于贯彻执行《紧急指示》报告的电报。电报说：华东局、上海市委、浙江省委对《紧急指示》作了迅速的讨论和正确的措施。根据华东的经验，经过精打细算之后，在收入方面，不但可以保证原定任务的完成，而且还有可能争取超过；在支出方面，估计可能节约地方总预算百分之五至

①　《邓小平文集（1949—1974）》中卷，人民出版社2014年版，第143页。

②　参见《邓小平传（1904—1974）》（下），中央文献出版社2014年版，第942—943页。

七。其他各区情况虽各有不同，但华东这个经验是值得所有地区重视的。①他在电报中还具体指示：各地在收入方面，应积极发展生产，扩大商品流转，增加税收及其他收入，争取超额完成收入计划。在支出方面，应尽力克服实际困难，下半年向中央少要钱或不要钱。②

经过上下努力，到 1953 年底，不仅 21 万亿元的赤字消减了，还有 3 万亿元的结余。正如邓小平 1954 年 1 月 7 日在政务院第 201 次政务会议上所说："这 21 万亿元赤字是在没有任何财政发行，并且没有发行 6 万亿元公债的情况下，基本上是靠减少开支、增加利润消减的，工商业税增加得并不多。"③

与领导交通、邮电、铁路等方面的工作一样，在财政工作困难局面好转后，邓小平即着手解决财政工作的指导思想和方针原则问题。关于财政工作的指导思想，1954 年 1 月 13 日，他在全国财政厅局长会议上的报告中指出，财政工作的全局观点就是必须服从总路线，即必须保证党在过渡时期总路线、总任务的实现。他说："所谓总路线，其主体是国家工业化，两翼是两个改造，即对农业、手工业和对私人资本主义工商业的社会主义改造。财政工作就要保证国家工业化和两翼改造所需的资金。如何保证呢？一是增加收入，二是节约支出。收入方面凡应收者都应收足，支出方面凡能节约者都应节约。""我们要尽量地把财力用到工业化和社会主义改造方面去，要经过两三个五年计划，使我们的国家成为一个伟大的社会主义国家。"④

关于财政工作的方针原则，邓小平提出要把国家财政放在经常的、稳固的、可靠的基础上。1 月 13 日，他在全国财政厅局长会议上的报告中提出今后财政工作的 6 条方针：第一，归口。预算要归口，不能有不归口的预算项目。预算不能由各部门自行决定，但必须以各部门为主，共同商量。第二，包干。包干的目的主要是控制预算。包干分两种：一是中央各口的包

① 参见《邓小平年谱（1904—1974）》（中），中央文献出版社 2009 年版，第 1131 页。
② 参见《邓小平传（1904—1974）》（下），中央文献出版社 2014 年版，第 944 页。
③ 《邓小平文集（1949—1974）》中卷，人民出版社 2014 年版，第 159 页。
④ 《邓小平文选》第 1 卷，人民出版社 1994 年版，第 199—200 页。

干，主要是归大口。二是地方的包干，主要是大区包干。包干之后，由地方去调剂。收入也要包干。总收入不应减少，并争取超过；总支出不应突破，并力求节约。第三，自留预备费，结余留用不上缴。第四，精减行政人员，严格控制人员编制。第五，动用总预备费须经中央批准，批准权应在中央政治局。第六，加强财政监察。6 条方针有一个重大的政治目的，就是要把国家财政放在经常的、稳固的、可靠的基础上。有了后备力量，国家财政才能集中力量保证社会主义工业化和社会主义改造的需要。①

　　1 月 25 日，邓小平在全国财政厅局长会议总结讲话中又强调财政工作要有全面观念，要处理好中央与地方、全体和局部的关系。他指出，过去遇到一些问题，常常没有从大的方面出发，没有把战略问题交代清楚，这是过去财政部工作出了一些问题的原因。全体和局部缺一不可。在中央工作的同志要经常照顾局部和地方，要因地制宜，注意到地方工作有什么困难。凡是地方提出的困难问题，只要是可能解决的，应热心帮助解决；如是不能解决的，也要讲清道理。在地方来讲，则应照顾全体、中央和集中统一，以中央为主体。如果两者之间发生矛盾，地方应服从中央，局部应服从全体，因地制宜应服从集中统一。不如此，就会发生地方主义、本位主义和山头主义。②

　　邓小平在主持制定 1954 年国家预算草案时，同样坚持国家预算要建立在稳妥、可靠的基础上，并有相当的后备力量。1954 年 6 月 16 日，他在中央人民政府委员会第 31 次会议上所作的《关于 1954 年国家预算草案的报告》中指出，1954 年国家预算的任务，就是要从增加生产、扩大物资交流、提高劳动生产率、降低成本、厉行节约和正确执行税收计划和税收政策等一系列的措施中增加收入、积累资金，以保证"一五"计划第二年度的国家建设需要。为此，必须将国家预算建立在可靠的、稳妥的基础上，坚持收支平衡的原则，并且力求在执行的结果上，达到收多于支和有相当的后备力量。③

---

① 参见《邓小平文选》第 1 卷，人民出版社 1994 年版，第 193—197 页。

② 参见《邓小平文选》第 1 卷，人民出版社 1994 年版，第 198—200 页。

③ 参见《邓小平年谱（1904—1974）》（中），中央文献出版社 2009 年版，第 1179 页。

邓小平兼任财政部部长仅 9 个月时间①，但却为全面有效地开展财政工作打下了良好基础。他提出的上述指导思想和方针原则，既符合贯彻落实党在过渡时期总路线开展大规模经济建设的需要，又符合财政工作自身的客观规律，对于做好财政工作具有长期的指导作用。

---

① 1954 年 6 月 19 日，中央人民政府委员会第 32 次会议决定免去邓小平政务院财政经济委员会副主任及财政部长职务。参见《邓小平年谱（1904—1974）》（中），中央文献出版社 2009 年版，第 1179 页。

第十一章

粮食统购统销中的合作

对粮食等主要农产品实行统购统销，是我国工业化初创阶段采取的一项重大决策，对于保证供给和支持建设发挥了重要作用。这一政策是由政务院副总理兼中财委主任陈云于 1953 年 10 月提出并被中共中央接受而实施的。初到中央工作不久、时任政务院副总理兼中财委第一副主任和财政部部长的邓小平在粮食统购统销中给予了陈云大力支持。在邓小平和陈云的密切合作下，粮食统购统销政策得到顺利实施并不断完善，达到了稳定粮食市场、保证人民生活、基本满足初期工业建设对大宗粮食需要的预期目的。

随着 1953 年大规模工业建设的进行，粮食供需缺口迅速扩大，粮食问题已日益严重地摆在人们面前。在 1952 年 7 月 1 日至 1953 年 6 月 30 日的粮食年度内，国家共收入粮食 547 亿斤，比上年度增长 8.9%；但因城市人口和工业就业人数激增，支出 587 亿斤，比上年度增加 31.6%。收支相抵，赤字 40 亿斤。如何解决如此巨大的粮食赤字，成为第一个五年计划建设开始时遇到的复杂而棘手的突出难题。为解决这道难题，陈云提出了粮食统购统销的办法。在此过程中，邓小平给予了积极支持和配合。

鉴于粮食不足将是我国较长时期内的一个基本状况，陈云经过逐个比较多种解决粮食问题的方案，反复权衡利弊得失，终于下决心提出在农村征购、在城市配售的解决粮食问题的办法，也就是后来所说的"统购统销"。他的这个意见，立刻得到周恩来、邓小平等大力支持。[①] 1953 年 10 月 1 日晚，在天安门城楼会见厅里，陈云向毛泽东汇报粮食征购与配售的办法，得到毛

---

① 参见《陈云传》（二），中央文献出版社 2015 年版，第 852 页。

泽东赞同。

考虑到征收公粮在即，是否当年就开始征购粮食，陈云一时下不了决心。关键时刻，邓小平给予陈云大力支持。他建议推迟公粮征收时间以便与粮食征购同时进行，并就此于10月2日为中共中央起草了给各中央局、分局并转各省市委及财委的通知。通知指出，中共中央决定于10月10日至12日召开全国粮食紧急会议，"在这个会议上，将对粮食问题作通盘的考虑，并拟实行粮食征购的政策。因此，今年征收公粮的时间，必须略为推迟，等到全国粮食会议作出新的决定之后，与粮食征购工作同时进行，较为有利。各地接此通知后，应即转知各县，暂不进行征收公粮工作，其开征时间，以后由中央另行通知。"[1] 对于邓小平的建议，陈云十分赞赏。他在10月10日全国粮食会议上的讲话中专门指出："开始时，对于今年实行征购，我还有点犹豫，因为公粮马上就要开征，怕来不及了。后来小平同志想了一办法，把征收公粮的时间推迟一点，征购和征收公粮一起搞，免得搞两起麻烦。中央经过讨论，同意小平同志的意见，决定征收公粮推迟到11月。"[2]

邓小平和陈云在粮食统购统销问题上的合作，缘于他们在粮食问题上的共同主张。

首先，他们都十分重视粮食问题。国以民为本，民以食为天，没有饭吃其他一切都无从谈起。为此，陈云反复强调粮食定，天下定；粮食稳，市场稳。到中央工作后，邓小平多次在政务院会议和其他重要会议上指出粮食问题的重要性和紧迫性。1953年6月5日，他在主持政务院第181次政务会议时指出："粮食问题在相当时期内是个严重的问题。过去我们地方小，供应问题不大，现在不同了，非得有694亿斤才能保证国家的工业建设及其他方面的需要。"[3]

其次，他们都主张对粮食要实行中央集中统一管理。陈云一向认为，在粮食增产有限、粮食供给不能满足需求、缺口较大的情况下，国家对粮

---

① 《邓小平年谱（1904—1974）》（中），中央文献出版社2009年版，第1136页。

② 《陈云文选》第2卷，人民出版社1995年版，第211页。

③ 《邓小平文集（1949—1974）》中卷，人民出版社2014年版，第114页。

食的管理尤为重要。1953年全国财经会议讨论粮食问题时，有与会者提出，为减轻中央的压力，增加地方及时处理粮食问题的机动权，建议粮食由中央统筹统支改为中央与地方分级管理，地区的调剂由地区间互相协商。对此，陈云明确表示反对。他说："如果把由中央统筹统支改为中央和地方分级管理，则各大区、各省为了各自保证自己方面的需要，余粮者必然希望更少调出，缺粮者必然要求更多调入"，结果很可能是上缴粮不能达到中央要求的数量，地区之间的调剂也会因一方要得多，另一方供得少而不能达成协议，最后仍然要求中央作决定。① 此次财经会议在过分批评粮食集中统一管理体制的氛围下形成的《关于粮食问题的决议（草稿）》，提出要"在中央统一领导和计划之下实行统筹兼顾、分区负责、划定范围、因地制宜的办法"。鉴于这一办法对粮食集中统一管理体制造成了冲击，导致了分散主义，邓小平在10月10日的全国粮食会议上直截了当地批评了"分区负责"的提法。他说："我们原来叫做统一领导，统筹兼顾，分区负责，恐怕要改一个字，叫分工负责。"② 他还说："中国山头很多，粮食问题又出了几千万个山头。如不强调统一领导，分工负责，就会出乱子。"③

最后，他们都认为解决当前的粮食问题要着眼于大局和长远。陈云提出粮食统购统销政策虽然是针对当时的粮食危机，但他同时认为"这是一个长远的大计，只要我们的农业生产没有很大提高，这一条路总是要走的"④。邓小平也坚持从工业化建设的大局教育农民，以调动农民交售粮食的积极性。他说，做好购粮工作是为了工业化建设，而工业化建设是国家和人民最大的利益。"国家的根本问题是实现工业化，没有工业化什么都不行。只有实现工业化，才能使国家脱离贫困。农民的最大利益也要靠工业化。"⑤

---

① 参见《陈云文选》第2卷，人民出版社1995年版，第191页。
② 《邓小平传（1904—1974）》（下），中央文献出版社2014年版，第952—954页。
③ 转引自薄一波：《若干重大决策与事件的回顾》（上），中共党史出版社2008年版，第190页。
④ 《陈云文选》第2卷，人民出版社1995年版，第211页。
⑤ 《邓小平文集（1949—1974）》中卷，人民出版社2014年版，第115页。

正是由于邓小平和陈云在粮食问题上的诸多共识，才有了他们在1953年10月全国粮食会议上正式提出粮食统购统销政策时更加紧密的合作。在第一天的会议上，邓小平和陈云分别讲话，互相配合，从不同角度阐述了实行粮食统购统销的必要性，为这一政策的顺利出台和实施奠定了重要的思想基础。

陈云在报告中详细分析了全国粮食方面存在的严重问题，逐一比较了他想过的8种方案，仔细权衡利弊，结论是"只能实行第一种，又征又配，就是农村征购，城市配给。其他的办法都不可行"。他充分估计到实行这项政策的难度和可能遇到的严重问题，提请与会者注意："如果大家都同意这样做的话，就要认真考虑一下会有什么毛病，会出什么乱子。全国有26万个乡，100万个自然村。如果10个自然村中有1个出毛病，那就是10万个自然村。逼死人或者打扁担以至暴动的事，都可能发生。农民的粮食不能自由支配了，虽然我们出钱，但他们不能待价而沽，很可能会影响生产情绪。"①

邓小平在讲话中着重论述了粮食征购和配售对巩固工农联盟，对国家有计划经济建设的关系。他说：一是实行征购和配售，"才能巩固工农联盟"。"道理就在我们这个国家走什么道路的问题，农民走什么道路的问题。"实行征购和配售，有利于农民走社会主义道路，有利于巩固工农联盟，也对农民有利。二是实行征购和配售有利于国家建设。"我们就可以使粮价固定下来，经常不变。要变也是全国的变，不是一个地区一个地区的变，而且是非发生大的灾荒和大的变动不变。整个物价稳定，我们整个国家的计划（包括工业、农业、商业、工资和所有的东西）也就放在了稳定的基础上。这对于我们国家的建设是非常有利的。"②

在13日会议最后一天的讲话中，邓小平又从贯彻过渡时期总路线的角度论述了实行粮食统购统销的必要性，把它与农业社会主义改造联系起来，

---

① 《陈云文选》第2卷，人民出版社1995年版，第210页。

② 《邓小平传（1904—1974）》（下），中央文献出版社2014年版，第954页。

赋予其更加重要的政治意义。他说："你讲征购不联系过渡时期的总路线，就无法使全党同志赞成这个东西。"[1] 为此，邓小平在讲话中指出：农村搞统购统销，实际上就使农村的资本主义受到了很大限制。要使全党所有干部懂得，这次粮食会议，不只是解决了粮食问题，更重要的是要使他们懂得，还解决了过渡时期总路线问题，就是怎样把小农经济纳入国家计划经济的轨道，纳入互助合作的道路，纳入社会主义道路。[2]

邓小平和陈云的报告从不同角度阐明了实行粮食统购统销的必要性和重要性，具有很强的说服力，产生了良好效果。与会者听取报告后一致认为实行征购和配售，是当前粮食严重供不应求的情况下解决产需矛盾的最佳方案，除此以外别无他路。会议经过讨论，确定了实行粮食统购统销的政策。

全国粮食紧急会议一结束，邓小平就主持起草和修改《中共中央关于实行粮食的计划收购与计划供应的决议》稿。10 月 14 日，邓小平将《决议》稿的部分内容批送陈云，并说明："决议共八段，写好了六段（七为节约，八为全党动员）。先送你审阅，请好好改一下，看能否用。如有必要，我们面商一下，再印送中央审查，如何？其余两段，今晚才能送上。"[3]10 月 16 日，中共中央通过《关于实行粮食的计划收购与计划供应的决议》。10 月 19 日，政务院下达《关于实行粮食的计划收购和计划供应的命令》。中共中央的决议和政务院的命令标志着粮食统购统销政策的正式出台。

粮食统购统销政策出台后，邓小平和陈云在宣传教育、政治动员和部署落实等方面分别做了大量工作，共同推动了粮食统购统销工作在全国各地的顺利展开。

实行粮食统购统销，政治动员和宣传教育工作必须跟上去。在全国粮食会议上陈云就指出："征购是一项很艰巨、很麻烦的工作，这比对付资本家难得多。做好这件事，要采取很多经济措施，同时要进行广泛深入的政治

---

[1]　转引自薄一波：《若干重大决策与事件的回顾》（上），中共党史出版社 2008 年版，第188 页。

[2]　参见《邓小平年谱（1904—1974）》（中），中央文献出版社 2009 年版，第 1139 页。

[3]　《邓小平年谱（1904—1974）》（中），中央文献出版社 2009 年版，第 1139 页。

动员。这是一项很大的经济工作，也是一项很大的政治工作。"他要求"在
征购时，要通过人民代表会，大家民主讨论。高级干部也要深入农村，一方
面帮助基层工作，一方面总结经验，指导全面"①。全国粮食会议后，各省立
即开会贯彻全国粮食会议精神，宣传粮食统购统销政策。陈云密切关注着各
地的政治动员和宣传工作，并给予及时和具体的指导，推动粮食统购统销工
作在各地的顺利展开。1953年12月2日，陈云为中共中央起草致各中央局、
分局并转各省、市委电，将中南局、湖北省委、河南省委关于开好粮食统购
工作中各级会议的指示转发各地参考。电报强调指出："各地试点经验已经
证明，只有开好县的干部会议和乡的党内外各种会议，才能很好地完成统购
粮食的任务，其结果也必然把农村工作推进一大步。目前县的三级干部会议
应已经结束，望各地用极大的力量加强对乡的各种会议的领导，保证开好乡
的各种会议，绝不要性急图快，简单从事。"②

在粮食统购统销的政治动员和宣传教育方面，邓小平也做了大量工作。
早在全国粮食会议之前，邓小平即提出做好购粮工作"要有价格政策、必要
的政治工作、必要的经济工作"③。他关于政治工作和价格政策相结合以调动
农民交售粮食积极性来解决粮食收购问题的措施，为以后长时间内国家解决
粮食问题所坚持采用。全国粮食会议后，邓小平密切关注着粮食统购统销政
策的实施情况，对各地在政治动员和宣传教育工作中取得的成功经验及涌
现的典型案例及时进行肯定和推广，指导着各地粮食统购统销工作的顺利
展开。

山东泰安九区上高乡基点村郝培英互助组，开始时农民对粮食统购政
策缺乏认识，有的观望，有的有顾虑，有的甚至消极抵抗。经过政治动员、
思想教育和其他过细工作，情况发生了变化。泰安地委11月16日《关于泰
安九区上高乡基点郝培英互助组在生产中心下完成粮食统购任务的报告》，
经山东分局上报到中共中央。邓小平看了中共泰安地委的报告后批示："这

① 《陈云文选》第2卷，人民出版社1995年版，第213—214页。
② 《陈云传》（二），中央文献出版社2015年版，第866—867页。
③ 《邓小平文集（1949—1974）》中卷，人民出版社2014年版，第114页。

个报告说明粮食统购工作做好了，是会提高农民生产积极性的。"遂将报告送毛泽东阅。11 月 27 日，邓小平在为中共中央起草的批转电报中说："这个报告说明在实行粮食统购政策时，如果工作做得不好，或者做得不充分，是会遭到农民的抵抗，并可能影响到农民的生产积极性的。但是只要工作做好了，就不但能够完成统购的任务，而且必然大大提高农民的政治觉悟和大大提高农民的生产积极性。这个经验值得各地加以重视和仿效。"[①]

由此，邓小平更加感到充分的政治动员和思想教育对于做好粮食统购工作的极端重要性。11 月 27 日，他在审改《关于必须为明年增产粮食做好准备工作的指示（草稿）》时加写了这样一段话："必须纠正那种认为统购粮食一定会损害农民生产积极性的错误的观点"；"采取一些粗暴的办法，犯主观主义和命令主义的错误，那是可能损害农民生产积极性的。但是，根据现有的一些典型经验，已经可以证明，只要在统购工作中进行了充分的工作，就不但不会损害农民的生产积极性，而且可以通过粮食统购这个环节，大大提高农民的政治觉悟，大大提高农民的生产积极性，并使农村的互助合作运动向前推进一步。因为粮食统购政策的本身，不但没有损害农民的利益，而且正是保护了农民的利益。"[②]

粮食统购统销是政策性极强的工作，涉及国家建设和人民生活的方方面面。为使这项政策在全国各地得到顺利实施，在加强宣传教育和政治动员的同时，还需要做许多过细的部署和落实工作。在这方面，陈云主要抓了粮食统销这项工作；邓小平则在粮食统购方面提出了一些政策措施。他们互相配合，相得益彰，共同推进了粮食统购统销工作的顺利开展。

陈云不仅是粮食统购统销的主要决策者，而且是部署与落实粮食统购统销的主要指挥者。全国粮食会议后，他过细地直接抓了北京、天津、济南等北方城市的面粉计划供应工作。

陈云在指导城市面粉计划供应工作时注重因地制宜。北京市的办法是

---

① 《邓小平年谱（1904—1974）》（中），中央文献出版社 2009 年版，第 1146—1147 页。

② 《邓小平年谱（1904—1974）》（中），中央文献出版社 2009 年版，第 1145 页。

分三等供应面粉，认为这样做比较好；天津市则主张不分等级，认为分等很麻烦。陈云都表示同意。济南市由于大米供应不足、主食杂粮库存少，因而在实施面粉计划供应时采取了标准高于北京、天津的临时供应办法。陈云也表示同意，认为只要不定死，对于其他地区可能不会有太大影响。

在实施面粉计划供应中，陈云十分重视搜集与掌握信息，注意以点带面和由此及彼。北京、天津实行面粉计划供应后，11月8日，他为中共中央起草了致广州市委并告华南分局、中南局的电报，要求他们报告京津及北方城市自11月1日实行面粉计划供应或掌握卖出后对广州面粉市场的影响。11月11日，陈云为中共中央批转了北京市委关于面粉计划供应的实施办法、补充规定和说明等文件供各地参考。11月25日，他为中共中央批转了天津市委11月3日关于实行面粉计划供应后各阶层群众动态的报告，供各中央局、分局并各省市委参考。11月26日，他又为中共中央向各地批转了济南市委的报告。陈云为中共中央批转的这些文件，对在全国实施粮食计划供应起着积极的引导与推动作用。

邓小平非常注意在农村粮食统购中把握好政策界限。1953年12月21日，他在审改中共中央批转华东局《关于当前贯彻总路线教育与粮食统购统销工作中几个重要问题的指示》的电报稿时加写道："对余粮户绝对不可采取如同对付地主那样的办法。我们只求完成预定的购粮数目，不要强求超过，不要超过太多，因为国家财力有限，不可能购买太多。而在统购之后，农民手中仍有相当多的余粮，这不是什么坏现象，而是一种很好的现象。这也须请各地加以注意。"[1]

同日，他在为中共中央起草的批转中共湖北省委《关于全面做好粮食统购工作的指示》的电报中又指出："在粮食统购中，不要笼统地提出向富农作斗争的口号，只宜对个别确实顽抗的旧富农进行必要的斗争，而且在处理上不宜过严，以免影响到中农。因为粮食统购的对象主要是中农，如果一般地提出向富农作斗争的口号，或对个别富农处置不当，根据历来农村斗争

---

[1] 《邓小平年谱（1904—1974）》（中），中央文献出版社2009年版，第1150—1151页。

的经验,是很容易伤害到中农的。此点请各地务必加以注意。"①

经过邓小平和陈云深入的宣传教育、充分的政治动员和过细的部署落实,粮食统购统销工作得以在各地比较顺利地展开,在全国范围内没有发生大的动荡。到 1954 年 2、3 月间,各地相继结束了粮食统购工作,1953 年至 1954 年粮食年度国家粮食征购量比上个粮食年度增加 29.3%,胜利完成了当年的统购任务,一举稳定了粮食局势,扭转了粮食市场上国家购少销多的局面。邓小平在 1954 年 1 月 7 日的政务会议上高兴地说:"粮食实行了统购统销,情况是好的,计划收购 700 亿斤,估计要超过,今后只要年成好,可以解决问题。粮食收购的情况好,主要表现在总路线在农村中的胜利,做到了家喻户晓,对农民是一个很大的教育。"②

统购统销政策的实行使全国渡过了粮食难关,供求关系十分紧张的形势开始缓和下来。但随之也出现了两个问题:一是对农民粮食余缺和征购数量缺乏合理核定,造成一些地方政府与农民关系紧张;二是商业工作上急躁冒进造成市场呆滞和国家与私商的关系紧张。面对出现的新情况和新问题,邓小平和陈云共同应对,通过采取有力措施,完善统购统销政策,使粮食统购统销工作得到明显改善。

粮食统购统销后,国营商业和合作社商业发展加快,农村市场得到控制。但同时又出现了私商停业歇业户增多、城乡联系隔断、内外物资交流阻塞、农村市场呆滞的情况。陈云敏锐地察觉到这个问题,给予很大的重视。1953 年年底,他在上海、杭州等地考察后感到国营和合作社商业前进得过快,提出"要少进一点"。1954 年 3 月,他在同商业部负责人谈话、在中共中央政治局会议上、在中共商业部党组会议上,多次讲到国营商业和合作社商业占批发和零售贸易的比重过大,前进得快了,要踏一踏步,以便解决私商停业歇业与市场呆滞的问题。在审定 1954 年国民经济计划与国家预算会议上,陈云又指出,商业零售中公私所占的比重要根据去年 12 月的水

---

① 《邓小平年谱(1904—1974)》(中),中央文献出版社 2009 年版,第 1151 页。

② 《邓小平文集(1949—1974)》中卷,人民出版社 2014 年版,第 160 页。

平，"踏步看半年再说"。对于陈云的主张，邓小平予以明确支持。1954年3月，他在中共中央政治局会议上说："陈云同志从外面回来，就说要控制一下，但没有引起注意。"①

由于陈云为中共中央起草的《关于加强市场管理和改造私营商业的指示》于1954年7月下发后未能引起各级党委的充分注意，致使同年秋冬许多地区牛羊上市量骤增，国营商业和合作社商业收购大大超额，造成母牛、乳牛、小羊、仔猪价格下跌，生产萎缩。中共河南省委向中央反映造成这种情况的原因是：盲目排挤私商，"造成了不少行业已全被挤垮，小商小贩大部失去营业机会，农民之间的副业生产性交易停滞。"河南省人民政府提出："大力组织农村经济生活，活跃农村经济"，并在具体政策上纠正对私营零售商盲目排挤的倾向，"在公私比重上，要立即放缓步子，坚决贯彻'踏步'精神，并根据社会商品流转计划，规定出各行业适当的零售营业额和公私比重。"②

邓小平赞成河南省委、省政府的做法。1955年1月5日，他为中共中央起草了批转中共河南省委《讨论中央12月3日指示③的报告》和河南省人民政府《关于目前活跃农村经济生活的紧急方案》的电报，推广河南的经验。电报中说："目前全国各地农村经济生活的紧张情况，是多方面的，如果不作系统的研究和统一的安排，是解决不了问题的。河南省委就是这样作了全面的安排，其经验值得各地效法。"④河南经验的推广，对缓解农村市场的呆滞现象，活跃农村经济，减少粮食统购统销的阻力，产生了积极的作用。

实行粮食统购统销后，除出现国家跟私商的关系紧张和市场呆滞的问题外，更加严重的是在一些地方出现国家跟农民的关系紧张的问题。这主要是因为核定农民的粮食余缺尚缺乏具体办法，致使有的该购没有购足，有的

---

① 《邓小平传（1904—1974）》（下），中央文献出版社2014年版，第959页。

② 转引自《邓小平传（1904—1974）》（下），中央文献出版社2014年版，第959页。

③ 指1954年12月3日中共中央对商业部关于目前牛羊市场和毛猪生产问题的通报的批示。

④ 《邓小平年谱（1904—1974）》（中），中央文献出版社2009年版，第1211页。

又购了过头粮。另外，由于征购任务紧迫，工作繁重，要求限期完成，一些地方发生过强迫命令等偏差，个别地方还发生抗征闹事的事件。在粮食统销方面，由于工作中的缺点，一些地方有的该销没有销够，不该销的反而销了，引起社会各阶层人们的关注，出现"人人谈粮食，家家谈统销"的局面。有些地方农民大量杀猪宰牛，不热心积肥，不积极准备春耕，生产情绪不高。

为解决上述问题，1955 年新年伊始，陈云下江南实地调查研究粮食统购统销与市场情况。回到北京后，陈云向中共中央提出了农村粮食统购统销中实行定产、定购、定销的"三定"政策和办法，即在每年的春耕以前，以乡为单位，将全乡粮食的计划产量大体上确定下来，并将国家对于本乡的购销数字向农民宣布，使农民结合确定的指标，知道自己生产多少，国家收购多少，个人留用多少，缺粮户供应多少，使农民心中有数。

对陈云提出的"三定"政策，邓小平予以积极支持。华南分局向中共中央报告广东省中山县敌对势力利用政府在统购粮食时给农民所留口粮打得过紧的缺点制造暴乱的情况。1955 年 2 月 1 日，邓小平审改中共中央复华南分局电报稿时，在"中央正考虑在春耕前公布一九五五——五六年度购粮数字"这句话后加写"并开始逐步试行定产、定购、定销的粮食统购统销制度，使农民心中有数"。这是"定产、定购、定销"首次出现在中共中央文件中。[①]3 月 3 日，中共中央、国务院正式决定，在全国范围内采取粮食定产、定购、定销的措施。陈云下江南调查研究后提出的农村粮食定产、定购、定销的意见，最后形成为中共中央和国务院的决策。粮食"三定"政策出台后，得到广大农民的热烈拥护，有力地调动了农民的生产积极性。

"三定"政策的落实，使粮食统购工作得到明显改善，但在很多地方的粮食统销工作中仍存在一些问题。在农村主要是粮食供应户面过广，在城市主要是粮食供应较松，导致粮食销量大大超过国家规定的指标，形成粮食供应紧张的局面。为此，邓小平和陈云又用了很大精力整顿城乡粮食统销

---

① 《邓小平传（1904—1974）》（下），中央文献出版社 2014 年版，第 960 页。

工作。

　　为了解实行粮食"三定"政策和粮食统销工作的情况，陈云再次到江南实地调查，掌握了大量真实情况，对粮食统销工作存在的问题做到了心中有数。回京后，他于1955年7月21日在一届全国人大二次会议上的发言中提出了坚持和改进粮食统购统销的具体办法。针对农民普遍叫喊"缺粮"导致农村粮食供应户面过广的情况，陈云提出要"把农村的余粮户、自给户、缺粮户划分清楚。允许自给户、缺粮户将卖出的周转粮，照数买回去。这些周转粮，以后将从统购统销的总数内扣除，不列入统购统销的数字以内"。"所有这些，都是为了划清余粮户、自给户和真正缺粮户的界限，减少一些人为的缺粮户，使每个乡村能够弄清楚真正缺粮户的确实数字。"他还提醒道："由于生产的发展，缺粮户是要逐渐减少的，自给户也可能变成为余粮户。每个乡村都应在一定时间内注意这种变化。"针对城市粮食供应较松的情况，陈云提出："在城市中采取必要的严格措施，切实整顿粮食的统销工作，反对浪费，压缩一切不应销的粮食。同时，必须保证城市居民必需的粮食消费。"①这些办法的实行对于减少粮食销量，保障合理供应，起到了很重要的作用。

　　与此同时，邓小平利用典型案例推动农村粮食统销工作的整顿。5月间，安徽省报来潜山县委《关于模范乡整顿统销工作的报告》反映：模范乡统销补课开始时，要求粮食供应户占全乡总户数51.4%，全乡几乎大部分干部和所有群众都要求供应。在整顿粮食统销工作中，模范乡逐户排队摸清群众实际底子和思想问题，分别对象运用不同形式开展教育，在提高干部、群众觉悟的基础上进行调整，使全乡要求粮食供应户比以前减少了40%。邓小平认为潜山县委采取充分的群众教育的方法来领导定销工作的经验值得推广，提出予以转发，并于1955年5月28日为中共中央起草了批转该报告的电报。电报中说："模范乡的事实证明，全国各地这一时期的粮食紧张情况，有很大部分是由于我们没有认真领导定销工作的结果。只要我们切实注意了这个

---

① 《陈云文选》第2卷，人民出版社1995年版，第278页。

工作，如同潜山县模范乡所做的那样，就不但能够使粮食销量大大减少，使紧张情况和缓下来，而且能够确实地充分地保障对于真正缺粮户的供应，并大大鼓励农民的生产积极性。中央要求全党重视这个问题，务必动员全党力量，在一切乡中普遍做好定销工作，采取群众路线的方法，进行充分的群众教育工作，坚决削减那些不该供应或多供应了的部分，压低总供应量，并充分地供应真缺粮户。"①潜山经验的推广，对整顿农村粮食统销工作发挥了重要作用。

全国粮食销售量增大，与城市粮食供应太松有关。为此，邓小平在抓整顿农村粮食统销工作的同时，还抓了整顿城市粮食计划供应工作。1955年5月16日，他在审改中共中央、国务院《关于整顿城市粮食计划供应工作的指示》稿时，针对"城市粮食向农村倒流的现象，以及由于城市粮食供应太松而刺激农村人口大量流入城市的现象，仍在发展"的现状，指出："通过家喻户晓的深入动员和根据各个城市的情况规定一些切实可行的供应办法，大大减少城市粮食的供应指标，是完全可能的。"并举例说："北京市经过详细研究之后，认为该市一九五五——五六年的供应指标，可以由原计划十五亿五千万斤减至十二亿五千万斤，即减少三亿斤之多。这就是一个最好的证明。"②《指示》下发后，在城市开始全面实行"以人定量"和各行各业定量供应的计划供应制度，大大改善了粮食统销工作。

邓小平和陈云在新中国成立初期粮食统购统销中的成功合作，具有重要意义。一方面，由于他们的密切合作，粮食统购统销这项重要政策得以顺利出台和实施并不断完善，对供给和支持经济建设，保证人民基本生活安定，维持物价和社会秩序稳定，发挥了重要作用。另一方面，这也是邓小平和陈云同在中央工作后合作共事的良好开端和典型例证。

---

① 《邓小平文集（1949—1974）》中卷，人民出版社2014年版，第227页。
② 《邓小平年谱（1904—1974）》（中），中央文献出版社2009年版，第1233页。

第十二章

揭批高饶

高饶事件是新中国成立后党内出现的第一次重大斗争。在这次反对高岗、饶漱石阴谋分裂党、篡夺党和国家最高权力的重大斗争中，邓小平和陈云立场坚定，旗帜鲜明，为维护党的团结和统一发挥了重要作用，作出了重要贡献。

就在邓小平由西南局来京担任政务院副总理之后不久，高岗、饶漱石也相继从东北局、华东局调京任职。高岗以中央人民政府副主席身份兼任国家计划委员会主席，饶漱石担任中共中央组织部部长。应该说中共中央对他们二人是器重的，特别是高岗，他担任主席的国家计委有"经济内阁"之称。因此，当时有"五马进京，一马当先"之说。但高岗、饶漱石权欲熏心，对这样的安排仍不满足。尤其是高岗，对其职位处于刘少奇之下，一直耿耿于怀。进京不久，他就把刘少奇在工作中的一些缺点错误搜集起来，并整理成系统材料进行传播。当他发觉毛泽东和刘少奇在发展农业生产互助合作组织和向社会主义过渡等具体问题上有不同看法，并对刘少奇有所批评后，便以为刘少奇今后将不再受中共中央信任，其威信和地位将发生动摇，于是就借机向刘少奇发动攻击。

1953 年年底，毛泽东为减轻自己担负的繁重日常工作，加强集体领导，曾考虑将中共中央的领导班子分为一线、二线，他自己退居二线，相应地对党和国家领导机构及人事安排进行调整。高岗和饶漱石认为实现他们权力野心的机会到了，于是积极进行活动。邓小平后来回忆说："毛主席在相当长的一个时期里就在考虑一线二线问题。高岗就是在这件事上出了问题，他要抢这个一线。"①

---

① 《邓小平年谱（1975—1997）》（上），中央文献出版社 2004 年版，第 603—604 页。

高岗的阴谋活动从 1953 年全国财经会议开始。这年 6 月 13 日至 8 月 13 日，中共中央召开全国财经工作会议。会议由周恩来主持。原定议程主要有 3 项：五年计划问题、财政问题和民族资产阶级问题。但由于高岗、饶漱石在会上的串联和干扰，会议后期走偏了方向，讨论和批评新税制实际上成为会议的中心问题，而且批评集中在当时主持中财委工作的薄一波身上。会议期间，高岗、饶漱石利用党中央纠正财经工作中缺点错误的机会，施展阴谋活动，散布这次会议的方针"就是要重重地整一下薄一波"，并把薄一波在工作中的缺点错误上纲为两条路线斗争。他这样做是"项庄舞剑，意在沛公"，"批薄"是为了"射刘"。① 高岗还在会内会外散布流言蜚语破坏中共中央威信，攻击刘少奇、周恩来等党和国家领导人，同时鼓吹他自己。在这种情况下，主持会议的周恩来作结论时很为难。"最后还是毛主席出了个主意，他对周总理说：结论作不下来，可以'搬兵'嘛！把陈云、邓小平同志请回来，让他们参加会议嘛！"②

邓小平是全国财经会议领导小组成员之一，但在会议中期 7 月中旬去北戴河休假了。陈云因病先在南方疗养，6 月底移住北戴河，在前期和中期都没有参加会议。一些同志去北戴河看望陈云，谈到财经会议的一些情况时，陈云明确表示："不能把薄一波同志几年来在中财委工作中的成绩抹煞了，我反对两条路线斗争的提法。"③

陈云和邓小平提前结束在北戴河的休养，于 7 月 23 日、8 月 3 日先后回京，并分别在会议上发了言。

8 月 6 日，陈云在全国财经会议领导小组会上发言。针对这次财经会议上有人说中财委存在着两条路线，陈云明确指出："一波同志在中财委做了很多事，即令是事务，也是工作，如果没有人挡住事务，中财委工作是不行的。""同志们提出中财委内部是否有两条路线的问题。我以为在工作上个别不同意见不能说没有；这些意见也不能说我件件对，一波件件不对。我不

---

① 薄一波著：《若干重大决策与事件的回顾》（上），中共党史出版社 2008 年版，第 170 页。
② 薄一波著：《若干重大决策与事件的回顾》（上），中共党史出版社 2008 年版，第 171 页。
③ 薄一波著：《若干重大决策与事件的回顾》（上），中共党史出版社 2008 年版，第 171 页。

能说有两条路线，也不能冒充我是正确的。"① 薄一波回顾当时的情景时说："在高、饶问题尚未揭露，会议批评的调子降不下来的形势下，陈云同志的这些话，无疑起到了降温和替我解围的作用。"②

邓小平也在 8 月 6 日的会上发言说："大家批评薄一波同志的错误，我赞成。每个人都会犯错误，我自己就有不少错误，在座的其他同志也不能说没有错误。薄一波同志的错误是很多的，可能不是一斤两斤，而是一吨两吨。但是，他犯的错误再多，也不能说成是路线错误。把他这几年在工作中的这样那样过错说成是路线错误是不对的，我不赞成。"③

邓小平和陈云的发言改变了会议气氛，周恩来对会议的结论也比较好做了。邓小平、陈云同毛泽东和周恩来一起扭转了会议方向。会后，邓小平1954 年 1 月 13 日在全国财政厅局长会议上的报告中说："总理的总结是完全正确的。"④

饶漱石在全国组织工作会议上积极配合高岗的阴谋活动。1953 年 9 月16 日至 10 月 27 日，中共中央召开第二次全国组织工作会议。期间，饶漱石积极支持和参加高岗分裂党、篡夺党和国家最高权力的阴谋活动，夸大中共中央组织部工作中的某些缺点错误，借批判负责常务工作的安子文，把攻击矛头指向刘少奇。中共中央察觉到他们的阴谋，暂停会议，先举行全国组织工作会议领导小组会议，解决中共中央组织部内部团结问题。饶漱石被迫在领导小组会议上作了检讨，从而打破了他企图利用这次会议分裂党的阴谋。邓小平参加了这次会议，并在 10 月 27 日会议结束时讲话，十分突出地强调了党的团结的重要性。他指出："一个是总路线问题，一个是团结问题。这是摆在我们全党和全国人民面前最基本的问题。要使所有的党员，所有的青年团员，所有革命的人民，在脑子里头都能装满这些问题，才能办好我们

① 《陈云传》（二），中央文献出版社 2015 年版，第 890 页。
② 薄一波著：《若干重大决策与事件的回顾》（上），中共党史出版社 2008 年版，第 172 页。
③ 薄一波著：《若干重大决策与事件的回顾》（上），中共党史出版社 2008 年版，第 172 页。
④ 转引自曹应旺：《政务院工作中的周恩来与邓小平》，《当代中国史研究》2014 年第 2 期，第 7 页。

的事情。""为实现总路线，为达到团结而多做工作，这是一切组织工作者、一切共产党员的任务。"① 又指出："我们党在 32 年中能够克服困难，走向胜利，就是因为路线正确和团结一致。今天在实现过渡时期总路线的过程中，虽然会碰到各种问题，但只要全党团结，并经过党的团结去团结全国人民，就一定能够实现党的总路线。"②

全国财经会议和全国组织工作会议后，高岗更变本加厉地在党内秘密从事分裂活动。1953 年 10 月初至 11 月初，他以休假为名，南下华东、中南进行游说，并得到了林彪的支持。高岗从外地回到北京后，企图拉拢陈云、邓小平一起拱倒刘少奇。对这件事，邓小平 1980 年 3 月 19 日在同中共中央负责同志谈话时，作了如下回忆："毛泽东同志在一九五三年底提出中央分一线、二线之后，高岗活动得非常积极。他首先得到林彪的支持，才敢于放手这么搞。那时东北是他自己，中南是林彪，华东是饶漱石。对西南，他用拉拢的办法，正式和我谈判，说刘少奇同志不成熟，要争取我和他一起拱倒刘少奇同志。我明确表示态度，说刘少奇同志在党内的地位是历史形成的，从总的方面讲，刘少奇同志是好的，改变这样一种历史形成的地位不适当。高岗也找陈云同志谈判，他说：搞几个副主席，你一个，我一个。这样一来，陈云同志和我才觉得问题严重，立即向毛泽东同志反映，引起他的注意。"③

对这件事，陈云作了这样的叙述："毛泽东同志提出他退居第二线的时候，这个时候，高岗匆匆忙忙来找我，他估计党的书记处对党的总书记或副主席的人选就会讨论，他估计少奇同志可能被任总书记或者副主席，因此高岗提出他要任副主席。为了找个陪客，他对我说：'多搞几个副主席，你也搞一个，我也搞一个。'这件事情是最本质地暴露了高岗反对少奇同志的目的。我向中央揭发了高岗的阴谋。"④

---

① 《邓小平文集（1949—1974）》中卷，人民出版社 2014 年版，第 137、142 页。

② 《邓小平年谱（1904—1974）》（中），中央文献出版社 2009 年版，第 1133—1134 页。

③ 《邓小平文选》第 1 卷，人民出版社 1994 年版，第 293 页。

④ 《陈云传》（二），中央文献出版社 2015 年版，第 891 页。

1953 年 12 月 15 日，毛泽东主持召开中共中央书记处扩大会议。会议决定毛泽东外出期间中共中央书记处会议由刘少奇、周恩来、朱德、陈云、邓小平、高岗、彭德怀参加，集体讨论解决问题。在这次会议上，毛泽东提议在他外出休假期间，由刘少奇临时主持中共中央工作。刘少奇表示由书记处同志轮流主持为好。书记处其他同志都同意由刘少奇主持，不赞成轮流主持，唯独高岗一再坚持说：轮流吧，搞轮流好。会后，高岗又分别找陈云、邓小平，动员他们也赞成轮流主持。[①] 高岗的用意就是要使刘少奇降格，其反对刘少奇的面目进一步暴露。

事情发展到这个地步，高饶问题已非解决不可了。1953 年 12 月中旬以后，毛泽东多次与邓小平等人谈话。12 月 16 日，与邓小平谈话。12 月 17 日，与邓小平和陈云谈话(后加周恩来)。12 月 18 日，与周恩来、陈云、邓小平、彭德怀谈话。12 月 19 日，与邓小平和陈云谈话。12 月 23 日，召集刘少奇、周恩来、邓小平、彭德怀开会。[②] 这一系列谈话，都是专门谈高、饶问题。[③]

12 月中旬，毛泽东还派陈云沿着高岗南下的路线，代表中共中央向高岗游说过的干部打招呼，要求他们不要上高岗的当。毛泽东特地嘱咐陈云转告在杭州休养的林彪："林彪如果不改变意见，我与他分离，等他改了再与他联合。"12 月 19 日，陈云离开北京。他先后在上海、杭州、广州、武汉等地向有关负责人通报高岗用阴谋手段反对刘少奇、分裂党的问题。在杭州，陈云向林彪转达了毛泽东嘱咐的话，并把高岗如何利用四野旗帜、如何在全国财经会议上煽动各大区负责人、如何到处活动等问题告诉了林彪。林彪答复说："对这件事主席和你（指陈云）比我了解，我同意。"林彪又问陈云："想不想当党的副主席？"陈云说："我不配，不要当。"林彪说："那末除刘少奇外不要再提别人了。"林彪还说："高岗可能自杀。"陈云立刻回上海把他同林彪谈话的情况报告毛泽东。毛泽东问陈云："难道副主席只要刘少奇一个？不要恩来？"陈云说："我当时理解林彪说除刘少奇以外不要再提别

---

① 参见《邓小平年谱（1904—1974）》（中），中央文献出版社 2009 年版，第 1150 页。

② 参见《邓小平年谱（1904—1974）》（中），中央文献出版社 2009 年版，第 1150—1151 页。

③ 参见《毛泽东传（1949—1976）》（上），中央文献出版社 2003 年版，第 280 页。

人的意思，是林彪自己不想当副主席。"①

经过充分准备后，1953 年 12 月 24 日，毛泽东主持召开中共中央政治局扩大会议，并在讲话中指出了高饶反党阴谋活动的性质及其严重性，对高岗提出了严厉警告和批评。会议一致同意毛泽东的建议，决定起草关于增强党的团结的决议。12 月 29 日，刘少奇主持召开中共中央书记处扩大会议，讨论并通过中共中央《关于增强党的团结的决定（草案）》。《决定（草案）》是针对高岗、饶漱石在全国财经工作会议和全国组织工作会议及前后暴露出来的反党分裂活动起草的。

毛泽东在杭州审改《决定（草案）》后，于 1954 年 1 月 7 日致信刘少奇并中共中央书记处全体成员，提议《决定（草案）》"似宜召开一次中央全会通过，以示慎重"，并对全会的召开时间、主要议程、报告内容等作出具体部署。② 毛泽东关于召开全会的提议得到中共中央领导人的一致同意。

毛泽东的警告和中共七届四中全会的即将召开，使高岗、饶漱石慌了手脚。高岗给毛泽东写了一封信，表示他犯了错误，拟在中共七届四中全会上作自我批评，并提出想到杭州去和毛泽东面谈。1954 年 1 月 19 日，邓小平、陈云和周恩来、彭真、李富春出席刘少奇召集的会议，讨论高岗给毛泽东的信。会议提议：由毛泽东指定刘少奇、周恩来同高岗谈话，邓小平可参加。并请毛泽东回复高岗，不必去杭州，可委托他人找其谈话。③ 1 月 22 日，毛泽东就高岗来信事致信刘少奇：高岗不宜来此，他所要商量的问题，请和刘少奇、周恩来或再加上邓小平商量即可；全会上对任何同志的自我批评均表欢迎，但应尽可能避免对任何同志展开批评，以便等候犯错误同志的觉悟。④ 根据毛泽东的指示，1 月 25 日、2 月 5 日，刘少奇和周恩来两次同高岗谈话，邓小平均参加。2 月 3 日，邓小平、陈云又同刘少奇、周恩来、朱

---

① 《陈云传》（二），中央文献出版社 2015 年版，第 892—893 页。

② 《建国以来毛泽东文稿》第 4 册，中央文献出版社 1990 年版，第 432 页。

③ 参见《邓小平年谱（1904—1974）》（中），中央文献出版社 2009 年版，第 1156 页。

④ 参见《邓小平年谱（1904—1974）》（中），中央文献出版社 2009 年版，第 1156—1157 页。

德找饶漱石谈话。①

1954年2月6日至10日，中共七届四中全会在北京召开。会议通过《关于增强党的团结的决议》，揭露和批判高岗、饶漱石阴谋活动。邓小平、陈云等44人在会上发言，不点名地对高、饶进行批评。

2月6日，邓小平在会上作了题为《骄傲自满是团结的大敌》的讲话，严肃批评高、饶破坏党的团结和统一，篡党夺权，阴谋分裂党的活动，批评党内滋长的骄傲自满情绪。他指出："在新民主主义革命胜利以后，由于我们各方面的工作都获得了巨大的胜利，于是在我们党内，尤其是在我们党的高级干部中，滋长了骄傲自满的情绪，这种骄傲自满情绪如果不及时提醒，必然要使我们丧失敌情观念，必然要破坏我们党的团结，那我们就要丧失斗志，经不住敌人的任何袭击，从而使我们的伟大事业遭到失败。"②他强调："骄傲会对自己在革命中的作用和贡献做出不正确的估价，例如有的人把某些人或者把他自己夸大到与实际情况极不相称的地步，不愿意受检查，不愿意受批评，自以为是，听不进别人的意见，批评与自我批评的空气稀薄，不注意集体领导，不注意团结，对犯错误的同志不是采取治病救人的态度，不大照顾别的部门、别的地区等等。尤其严重的是，有些同志不注意维护中央的威信，对中央领导同志的批评有些已经发展到党组织所不能允许的程度。四中全会和全会的决议，对某些犯有严重错误的同志是很重要的，是给了这些同志一个改正错误的机会，是对这些同志最直接的帮助，也是对我们全党同志，主要是对我们高级干部的最大的帮助。它是一副消毒剂，它启发了我们的阶级觉悟，提高了我们的警惕性，使我们党更加巩固，战斗力更加强大。"③

2月10日，陈云在会上发言。他说："保障党的团结，防止党的分裂，其责任主要是在高级领导人员。""出大乱子出在什么地方呢？就在这几百个人里面，首先是在座诸公，穿黄衣服的，穿黑衣服的，党头、政头、军头

① 参见《邓小平年谱（1904—1974）》（中），中央文献出版社2009年版，第1156—1157页。
② 《邓小平文选》第1卷，人民出版社1994年版，第202页。
③ 《邓小平年谱（1904—1974）》（中），中央文献出版社2009年版，第1158页。

这几百个人。如果出了野心人物，能否迅速地把他揭露，不闹成大乱子呢？那也决定于这几百个人。只要这几百个人头脑十分清醒，革命胜利就会有保证。"①

中共七届四中全会结束后，根据中共中央书记处的决定，分别举行关于高岗和饶漱石问题的两个座谈会，对证和揭发他们搞阴谋活动的事实。

高岗问题座谈会由周恩来主持。2 月 16 日，陈云发言，揭发批判高岗反对刘少奇，企图当党中央副主席的言行，指出：我把高岗和我讲的话向党说出来，高岗可能觉得我不够朋友。但我讲出来，是党的原则，不讲出来，是哥老会的原则。高岗的个人主义野心是一步步发展起来的，由小到大。如果完全没有个人主义的根子，不会一下子就爆发出这样的问题。高岗现在应当脱掉自己华丽的外衣，重新做人。②

饶漱石问题座谈会由邓小平、中共中央华东局第二书记陈毅和第三书记谭震林主持。会议于 2 月 17 日至 23 日进行，共开了七次，前四次着重对证饶漱石所犯错误的事实，第五、六次是到会同志对饶漱石的错误进行揭发，第七次是饶漱石进行自我批评，最后由邓小平和陈毅发言。③邓小平在 23 日的总结发言中对饶漱石玩弄权术争权夺位的严重错误及其资产阶级个人主义的思想根源，作了深刻的剖析，并表示，希望饶漱石本着四中全会的方针，抱着抛弃错误的态度，在座谈会后向中央作彻底的交代，以便改正错误。④

3 月 1 日，邓小平、陈毅和谭震林就座谈会情况报告中共中央，对饶漱石的问题归纳出四项结论：（一）饶漱石是一个资产阶级极端个人主义的野心家。他个人野心的欲望是日益上升的，而最尖锐的罪恶，是 1953 年他和高岗共同进行分裂党的活动。（二）饶漱石的资产阶级极端个人主义不是一般性的，有其特殊之点。他善于伪装，多年来以守法克己的伪装，在党内

---

① 《陈云文选》第 2 卷，人民出版社 1995 年版，第 230、233 页。

② 参见《陈云年谱（修订本）》中卷，中央文献出版社 2015 年版，第 299—300 页。

③ 参见《建国以来刘少奇文稿》第 6 册，中央文献出版社 2008 年版，第 149 页注释［2］。

④ 参见《邓小平年谱（1904—1974）》（中），中央文献出版社 2009 年版，第 1159 页。

施展阴谋，争夺权位，不到重要关节不伸手，在伸手时亦常以伪善面目出现，以各种方法利用别人为其火中取栗。饶漱石的基本思想是不承认共产党是马列主义的统一的革命政党，而是把党看成派系林立的集团，认为投机取巧，运用手段，就可以凌驾一切。（三）饶漱石在党内进行争夺权位的斗争中采用了与党的作风完全相反的一套办法，把这些丑恶的所谓权术搬到党内来施展。（四）饶漱石对自己所犯的错误，直到现在，还不是采取彻底承认的态度。报告还总结了党在揭露饶漱石的错误时应当吸取的教训，这就是：党的统一领导和集体领导的原则必须坚持；党内民主必须提倡和发扬；党内的批评和自我批评，特别是高级干部间的批评和自我批评必须发展；党的无产阶级嗅觉必须提高；党的团结必须加强，不让敌人有隙可乘；每个干部的共产主义人生观必须确立；全党的马列主义的教育必须加强。只有如此，才能使党能够不断进步，保证党能够领导人民实现过渡时期的伟大历史任务。①3月16日，报告经毛泽东同意，由中共中央下发党内和军内。

1955年3月21日至31日，中国共产党召开全国代表会议。此前，3月13日，中共中央政治局召开扩大会议，讨论通过周恩来准备在党的全国代表会议上作的《关于高岗、饶漱石反党联盟的报告》，并通过邓小平提出的于次日上午召开党的全国代表会议预备会议的建议。后因周恩来做阑尾炎手术，改为邓小平作报告。②

3月21日，邓小平在会上代表中共中央作《关于高岗、饶漱石反党联盟的报告》。报告讲了5个方面的问题：（一）全党在以毛泽东为首的党中央领导下，已经彻底粉碎了高岗、饶漱石反党联盟的阴谋活动。（二）高岗、饶漱石反党联盟的阴谋活动是怎样暴露的？党中央对他们的阴谋活动采取了怎样的措施？（三）高岗、饶漱石反党联盟的最大罪恶，就是在党内施用阴谋方法来夺取权力，而这是同党的生命不能并存的。（四）高岗、饶漱石这样的阴谋家为什么会在我们党内出现？（五）中央政治局认为，为严肃党纪，

---

① 参见《建国以来刘少奇文稿》第6册，中央文献出版社2008年版，第149页注释［2］。

② 参见《邓小平年谱（1904—1974）》（中），中央文献出版社2009年版，第1219页。

应当开除高岗的党籍，撤销饶漱石的中央委员资格。①

邓小平在报告中对高岗在财经会议上的所作所为作了结论。他说：高岗利用财经会议"大大施展他的阴谋活动。他和他的追随者不但在会议上为了有意制造党内纠纷而发表种种无原则的言论，并且在会外大肆散播各种流言蜚语破坏中央的威信，特别攻击中央书记处书记刘少奇和周恩来同志，同时鼓吹他自己。他是想经过这些阴谋活动把这次会议转变为对党中央的进攻"②。

邓小平在报告中全面论述了党同他们进行这场斗争的重要意义和经验教训。他指出：对高岗、饶漱石反党联盟的斗争使我们看到骄傲自满情绪和个人崇拜思想的危害性。他们所以走上反党的道路，同他们长期间在工作中骄傲自满、不愿意看到自己的缺点错误、不愿意受人批评监督的恶劣倾向是分不开的。这场斗争，再一次向我们指明了提高马克思列宁主义、共产主义思想教育的严重意义。加强党的思想工作，不断地同腐蚀我们党的各种资产阶级思想作斗争是我们党的一项基本任务，在这方面工作的任何减弱都是对党有害的。③ 又指出：我们的党必须经过一定的组织对任何一个党员（哪怕是最负责的党员）的工作实行严格的有系统的监督。必须接受高饶事件的严重教训，切实健全各种必要的制度，首先是建立和加强中央对全国各地方和上级对下级的巡视检查制度、一定的党的工作部门监督一定的国家工作部门的制度、管理干部的部门同时负责检查干部的实际工作情形的制度，同时必须迅速建立党的中央和地方各级监察委员会，以防止像高饶事件这一类严重危害党的利益的事件重复发生。④

3 月 28 日，陈云出席会议并就高岗、饶漱石问题发言，同意邓小平

---

① 参见《建国以来刘少奇文稿》第 7 册，中央文献出版社 2008 年版，第 92 页注释 [1]。

② 转引自薄一波著：《若干重大决策与事件的回顾》（上），中共党史出版社 2008 年，第 171 页。

③ 参见《邓小平年谱（1904—1974）》（中），中央文献出版社 2009 年版，第 1222 页。

④ 参见《中国共产党历史》第 2 卷（1949—1978）上册，中共党史出版社 2011 年版，第 294 页。

代表中共中央作的《关于高岗、饶漱石反党联盟的报告》，对高岗、饶漱石的阴谋进行了揭发批判，并进行了自我批评。他指出：高级干部在维护党的团结上负有特别重要的责任。在工作上有各种程度的不同意见，其中有些甚至是错误的意见，是不可避免的，也是正常的现象。重要的是有不同意见不要避而不谈，有意见不谈，就对破坏团结负有责任。以为提了意见不好共事是错误的，经验证明，有意见就提，最后才能达到真正的团结，有意见不提反而不利于团结。这次会议又是一次很好的批评与自我批评的大会。犯了错误就进行自我批评，高级干部带头做，全党和后代就会学样。①

会议正式通过《关于高岗、饶漱石反党联盟的决议》，决定开除高岗、饶漱石的党籍，撤销他们所担任的一切职务。高饶事件以高岗、饶漱石的阴谋活动彻底失败而告终。随后在 4 月 4 日召开的中共七届五中全会批准了党的全国代表会议通过的《关于高岗、饶漱石反党联盟的决议》。

1956 年 9 月 16 日，邓小平在中共八大所作的《关于修改党的章程的报告》中再次向全党指出："高岗、饶漱石反党联盟的基本特点，就在于进行毫无原则的广泛的阴谋活动，企图夺取党和国家的最高权力。这一联盟企图把持某些地区和某些工作部门，作为反对中央和进行篡夺活动的'资本'，并且为着同一目的，在各个地区中和人民解放军中，进行反对中央的煽动。他们的阴谋活动，完全违反党和人民的利益，而仅仅有利于中国人民的敌人。正因为这样，一九五五年三月党的全国代表会议对于一九五四年二月七届四中全会和中央政治局在四中全会以后所采取的有关措施，表示了完全一致的同意。"又说："党中央决定开除高岗和饶漱石的党籍，因为他们的行为，对于党和人民的利益，有极端严重的危害，并且他们在党的七届四中全会前后的长时期中，在党再三向他们敲了警钟以后，他们仍然没有悔改的表示。党中央在一九五三年夏季召集的全国财经工作会议，和同年九十月间召集的全国组织工作会议上，都着重地要求全党加强团结，反对破坏团结的行为，

---

① 参见《陈云年谱（修订本）》中卷，中央文献出版社 2015 年版，第 367 页。

但是，这些醉心于分裂党和夺取权力的阴谋家完全置若罔闻。"①

　　对于揭批和处理高饶，邓小平始终予以肯定。时隔 25 年后，他在同起草《关于建国以来党的若干历史问题的决议》的中共中央负责同志谈话时，回忆起当年揭批高饶的情形，仍然说："揭露高饶的问题没有错。至于是不是叫路线斗争，还可以研究。""高岗想把少奇同志推倒，采取搞交易、搞阴谋诡计的办法，是很不正常的。所以反对高岗的斗争还要肯定。高饶问题的处理比较宽。当时没有伤害什么人，还有意识地保护了一批干部。总之，高饶问题不揭露、不处理是不行的。现在看，处理得也是正确的。"②

---

① 《邓小平文选》第 1 卷，人民出版社 1994 年版，第 238 页。

② 《邓小平文选》第 2 卷，人民出版社 1994 年版，第 293—294 页。

第十三章

中共八大前后

中共八大是邓小平和陈云革命历程中的一个关键节点，在他们的政治生涯中具有特别重要的意义。邓小平和陈云在会前都参加了会议筹备工作；在会中都作了报告或发言；在会后召开的中共八届一中全会上，都当选为中共中央政治局常委，成为以毛泽东同志为核心的党的第一代中央领导集体的重要成员。

在会前的筹备工作中，邓小平被指定为筹备中共八大的具体负责人，陈云主要负责研究中共八大的选举问题。

作为中共中央秘书长，邓小平为筹备八大做了大量卓有成效的工作：

一是具体负责筹备中共八大的整个组织工作，为大会的顺利召开做了充分准备。从确定八大报告起草人到处理各种文件，从起草大会的报告到安排大会的具体日程，从审改大会发言稿到提出发言要求，其间有关八大的大小事宜，邓小平几乎都参与决策和讨论。

筹备八大最重要的工作是准备大会报告。1955年4月21日，邓小平将草拟的八大政治报告起草委员会名单和修改党章、修改党章报告起草委员会名单报送毛泽东。毛泽东很快批示，要求提交政治局会议讨论。5月12日，中共中央政治局会议通过这两个名单。政治报告起草委员会由刘少奇、陈云、邓小平、王稼祥、陆定一、胡乔木、陈伯达7人组成。修改党章和修改党章报告起草委员会由邓小平、杨尚昆、安子文、刘澜涛、宋任穷、李雪峰、马明方、谭震林、胡乔木9人组成。① 邓小平和陈云同为政治报告起草

---

① 参见《毛泽东传（1949—1976）》（上），中央文献出版社2003年版，第509页。

委员会成员。

　　作为中共八大的主要筹备人，邓小平担负着对大会及会议文件的说明解释工作。根据毛泽东"由邓小平同志报告第八次党［代］大会问题决议的意义和内容"① 的提议，邓小平数次在中共中央全会上对八大相关文件作解释和说明。他的说明深入浅出，言简意赅，完整准确地表达了中共中央的意图，深受与会人员的欢迎，也得到毛泽东的赞赏。1955 年 9 月 18 日，毛泽东在邓小平起草的《关于召开第八次党的全国代表大会的决议草案的说明》上满意地批道："我认为可以照这样去讲，只改了几个字。"② 按照这一批示，10 月 4 日，邓小平在中共七届六中全会（扩大）上作了该说明，着重对八大与七大间隔时间较长的原因及八大的酝酿过程等作了解释，收到很好的效果。

　　1956 年 8 月 22 日，在中共七届七中全会第一次会议上，邓小平代表中共中央政治局对提交会议讨论的《八大日程草案》《八大会议规则草案》《七届七中全会关于第八届中央委员会选举工作的建议草案》《八大各代表团正副团长名单草案》《八大代表资格审查委员会名单草案》和《八大预备会议的工作安排草案》等 6 个文件作了说明。③ 8 月 30 日，在中共八大预备会议第一次会议上，邓小平又就中共七届七中全会第一次会议讨论通过的这 6 个文件向大会作了说明。

　　在筹备过程中，邓小平还承担了大量起草和审改各种文件的工作。1956 年 7 月 31 日，他起草了中共中央给在莫斯科的王明的电报，通知王明：党的第八次全国代表大会已经定于 9 月 15 日召开。你将由北京市党代表大会选举为出席八大的代表，如果健康条件许可，中央盼你能出席这次大会。希望得到你的答复。8 月 6 日，因没有得到王明的答复，邓小平又起草中共中央给正在苏联进行工作访问的李富春的电报，委托李富春去看望王明，面告八大的会期，询问他的身体状况及可否回国参加八大；如果他因健康关系不

---

① 《建国以来毛泽东文稿》第 5 册，中央文献出版社 1991 年版，第 356 页。
② 《建国以来毛泽东文稿》第 5 册，中央文献出版社 1991 年版，第 387 页。
③ 参见《邓小平年谱（1904—1974）》（中），中央文献出版社 2009 年版，第 1304 页。

能出席八大，则请问他是否准备对大会提出书面意见。①8 月 15 日，邓小平又起草了中共中央《关于党的第八次代表大会的通知》。

接待国外兄弟党代表团的工作，也是由邓小平负责的。考虑到会后有些代表团可能到各地参观访问，8 月 22 日，他审批发出《中共中央关于接待参加八大的各国兄弟党代表团的指示》。《指示》要求："各地党委应该本着国际主义的精神，对兄弟党代表表示真诚的、热情的关怀和虚心学习的态度。对所有兄弟党代表团，不论其为当政的党、未当政的党、大国党、小国党、大党、小党、合法党、不合法党，均应贯彻一视同仁的态度，对于未执政的党、小国党和小党绝不应有所歧视和怠慢。必须反对骄傲自满，粗枝大叶，形式主义的作风，特别是大国主义的思想和表现。"②8 月 23 日，他又在审改中共中央《关于党的第八次全国代表大会宣传报道工作的通知》时加写：各国代表团到达和离开我国时，"一律不发个别的消息，只在代表团到齐的时候和他们大都离开的时候，发两次简要的综合消息"。同时就对外国代表团的宣传报道批示："不能专对少数人扩大宣传，这样容易得罪多数人。而且这次来的头头很多，也很难突出某些个人。"这些都显示出邓小平十分注重宣传的政策和策略。

代表发言不是八大的主要议程，却是大会的重要内容。作为八大筹备工作具体负责人，邓小平精心组织代表准备大会发言，亲自审改代表发言稿，并提出具体意见。在中共七届七中全会和八大预备会议上，邓小平对大会发言提出了具体要求，指出："八大大会发言要精彩、生动、多样性，还要短。要有人讲一讲主观主义，有人讲一讲宗派主义。"③关于发言内容，邓小平提出要表现会议是在讨论建设这个重点；关于发言时间，一般不超过 20分钟；关于发言人数，他提出要争取比较多的人发言，准备 120 篇以上的发言稿，选百把篇，准备讲 80 篇以上，在报上登一二十篇。④ 在邓小平的精

---

① 参见《邓小平年谱（1904—1974）》（中），中央文献出版社 2009 年版，第 1301 页。

② 《邓小平传（1904—1974）》（下），中央文献出版社 2014 年版，第 991—992 页。

③ 《邓小平年谱（1904—1974）》（中），中央文献出版社 2009 年版，第 1310 页。

④ 参见石仲泉等主编：《中共八大史》，人民出版社 1998 年版，第 237 页。

心组织下，整个会议期间有 68 人作了大会发言，45 人作了书面发言。这些发言者既有中央领导，也有各地区、各部门的负责人，还有来自基层的党组织负责人或普通党员。发言人数之多、代表面之广，在之前党的历次代表大会上都是少见的，体现出代表们高度的政治热情和会议空前的民主气氛。

二是主持中共八大修改党章和修改党章报告的起草工作。修改党章和起草修改党章的报告是中共八大筹备的一项重要内容，这项工作是在邓小平的主持下进行的。在此期间，邓小平根据中共中央和毛泽东的指示，与党章起草委员会成员深入实际，调查研究，严谨务实，字斟句酌，为完成修改党章和修改党章报告的起草工作倾注了大量心血。

党章的修改工作，邓小平抓得很紧。据李雪峰回忆："党章初稿于 1955 年 10 月 20 日完成后，小平同志就批示分发给我们再进行修改。1956 年 2 月，他赴莫斯科参加苏共 20 大前夕，还在中南海西楼会议室主持召开会议讨论修改党章报告问题。4 月初，他又多次主持会议，讨论修改党章问题。当各种意见讨论得差不多时，毛泽东同志于 4 月下旬主持召开中央政治局会议，讨论修改党章。"①

4 月 28 日，毛泽东在中共中央政治局扩大会议的总结讲话里，专门谈到修改党章问题。他说："中央究竟是设一个副主席还是设几个副主席，也请你们讨论。少奇同志提出设几个副主席，现在的这个党章草案上是说设一个副主席。还有，是否可以仿照人民代表大会的办法，设党的常任代表。""是不是可以考虑采用这个办法，比如五年一任。这还没有写到党章草案上去，提出来请大家考虑，看是否可以。"②

毛泽东的这些意见，很快被吸收到党章修改稿里。5 月 28 日，邓小平起草中共中央《关于印发党章修改稿交各地方、各单位讨论的通知》，将党的全国代表大会的代表实行常任制和增设几个中央副主席、设立另外性质的书记处等问题，提请各地党委主要负责人讨论。《通知》指出："在党章修改

---

① 李雪峰：《我在小平同志领导下工作的二十四年》，见《回忆邓小平》（上），中央文献出版社 1998 年版，第 220 页。

② 《毛泽东文集》第 7 卷，人民出版社 1999 年版，第 54 页。

稿中，有两个问题请你们特别注意：（一）修改稿中规定全国代表大会和地方各级代表大会采用常任制度，并且规定各级代表大会每年开会一次。这是一个重大的改变，请你们考虑这种制度是否适当。（二）第三章第九条中关于中央机构问题，曾考虑到两种形式。一种是保持原来性质的书记处，增设一个副主席或者不设副主席；一种是不设原来性质的书记处，增设几个副主席，并且设立另外性质的书记处或者其他名义的组织。请你们考虑哪一种形式较好。"①

两个多月后，党章起草小组在收集各省、市、区党委和中央各部委党组、党委的意见后，形成新的党章修改稿。8 月 5 日，邓小平向毛泽东报送中央领导机构设置方案即党章第 37 条草案，该条为："党的中央委员会全体会议选举中央政治局、中央政治局的常务委员会和中央书记处，并且选举中央委员会主席一人、副主席若干人。"毛泽东审阅该条时，在"副主席若干人"后加写了"和总书记一人"6 个字。② 邓小平按照毛泽东的意见，对党章修改稿作了修改，准备提交八大讨论通过。

修改党章和起草修改党章的报告这两项工作是穿插进行的。邓小平在主持修改党章的同时，对起草修改党章的报告也十分重视。

1956 年 7 月 23 日，胡乔木完成《关于修改党章的报告（初草）》前四部分，邓小平收到后作了不少修改，改动较多的是第一部分。在这一部分，邓小平加写了"现在国家的情况和党的组织情况都同七大的时候有了显著的不同"，"从七次大会到现在的十一年中，我们国家经历了天翻地覆的伟大变革"，"七年来，我国的社会主义建设的各方面，都已经取得了巨大的成绩"，"党员的数目比第七次大会的时候差不多增加了十倍，比一九四九年全国胜利的时候也差不多增加了三倍，而且绝大多数党员都在各级国家机关、经济组织和人民团体中担负了一定的工作。这些情况，要求我们十分注意加强党的组织工作和对于党员的教育工作"等内容。此外，对第三部分，邓小平也

---

① 《邓小平年谱（1904—1974）》（中），中央文献出版社 2009 年版，第 1290—1291 页。
② 《建国以来毛泽东文稿》第 6 册，中央文献出版社 1992 年版，第 165 页。

作了不少修改。在这部分中加写了"我们党内时常出现这样的干部，他们在自己的工作岗位上，十分爱好自成系统，自成局面，政治上自由行动，不喜欢党的领导和监督，不尊重中央和上级的决定"等内容。①

8月11日，胡乔木起草出后两部分，续完全稿，共6部分。邓小平又对报告第一部分补写了重要内容，指出了党所处历史环境的变化，以及由此引发的党组织出现的新矛盾新问题、党的建设的总任务等问题。这一部分虽然只有约1700字，但可以说是整个报告的纲。② 在报告的第二部分，邓小平还列举了在党的组织和国家机关工作人员中存在的形形色色的官僚主义倾向。

修改之后，8月27日，邓小平把《关于修改党的章程的报告》（修改稿）提交起草委员会集体修改。当日，邓小平嘱杨尚昆将该稿送毛泽东审阅。毛泽东连夜进行了修改，并批示："此件看了一遍，觉得大体可用。作了一些小的修改，请你们酌定。"③

三是参加中共八大政治报告的起草和修改。作为八大政治报告起草委员会成员，邓小平自始至终参加了报告的起草、讨论和修改工作。在此过程中，他提出中共八大政治报告要突出经济建设等重要意见。1956年8月22日召开的中共七届七中全会第一次会议上，邓小平在谈到八大议题与发言安排时，建议把国家经济建设作为八大政治报告讨论的重点。他强调，八大议题和安排发言，应该突出八大讨论国家经济建设的主题。像工业方面，除了一些较有系统性的发言外，还要组织二十几篇稿子，体现会议是讨论建设这个重点。④ 对此，毛泽东深表赞同，当即指出："小平同志说得对，这一次重点是建设，有国内外形势，有社会主义改造，有建设，有人民民主专政，有党，报告里面有这么几个大题目，都可以讲。但是重点是两个，一个是社会主义改造，一个是经济建设。这两个重点中，主要还是在建设，占这个报告

---

① 《邓小平年谱（1904—1974）》（中），中央文献出版社2009年版，第1299—1300页。

② 参见石仲泉等主编：《中共八大史》，人民出版社1998年版，第196页。

③ 《建国以来毛泽东文稿》第6册，中央文献出版社1992年版，第187页。

④ 参见《邓小平画传》上卷，中央文献出版社2014年版，第214页。

的主要部分，三万字中有三分之一是在讲建设。"①邓小平强调把国家经济建设作为中共八大讨论的主题，突出经济建设这个中心，对中共八大正确路线的制定起了积极作用。这对于保证会议的正确方向以及实现党的工作重点从社会主义革命向社会主义建设的战略转移，具有重要意义。

中共八大的一项重要议程是选举新的中央委员会，因此在筹备阶段要产生中共八届中央委员、候补中央委员候选人名单。这项工作是在邓小平和陈云的组织下进行的。

1956年7月30日，中共中央在北戴河召开政治局会议，决定成立一个由20人组成的专门委员会，负责研究中共八大的选举问题和中央领导机构设置方案，并指定陈云为第一召集人，邓小平为第二召集人。为提出比较合适的中共第八届中央委员会候选人名单，邓小平和陈云在中共中央和毛泽东的领导下，做了大量研究和准备工作。

8月22日，邓小平在中共七届七中全会第一次会议上提出对中央委员和中央候补委员选举工作的建议：第一步，由各代表团提出一个名单，中央不先提名，大会主席团也不先提名单。第二步，各代表团提出名单后，由中央政治局和各代表团正副团长负责把各代表团提出的名单加以整理、研究，确定包括正式委员与候补委员在内的选举名额和预选名单，然后各代表团讨论酝酿，进行预选。第三步，各代表团预选的结果交政治局，由政治局和代表团正副团长共同研究，确定正式委员和候补委员的具体名额及其提名。②邓小平的设想经中共中央政治局讨论通过后，随即付诸实施，得到与会代表的高度认同，也使整个会议充满民主精神。受此启发，9月28日，中共八届一中全会选举中央政治局委员和政治局候补委员时，也借鉴了这一方式，表明中共中央对邓小平工作的充分肯定。

8月30日，在八大预备会议第一次会议上，邓小平在介绍八大的选举问题时指出：七届中央委员会的委员是不是全体列到候选人名单里面，并全

① 刘金田：《邓小平与毛泽东〈论十大关系〉的发表》，《党的文献》2007年第3期；《中共八大文献连载》，《党的文献》2006年第5期。

② 参见石仲泉等主编：《中共八大史》，人民出版社1998年版，第126页。

部选出。这里面比较大的问题，就是两条路线的问题：一个是李立三同志的问题；一个是王明同志的问题。中央过去曾经多次考虑过这个问题，也跟很多同志谈过，觉得七届中央委员会委员（包括李立三、王明两位同志）全部当选比较有利。因为这个问题在我们党的生活里面，在党内斗争和党的团结问题上，是一个比较有代表性的问题。这个问题不但在国内，在国际上也是有影响的。① 又说："我们党从遵义会议以后，采取了'惩前毖后，治病救人'的方针对待犯错误的同志。我们这一套，使到中国访问的外国同志听后都很感动，他们觉得我们这个法子好，觉得对他们帮助最大。真正能够代表我们党的作风的，最能说服人的，是对待两条路线斗争中犯错误的同志的态度问题。"②

9月6日至8日，陈云连续三次主持召开会议，讨论中共八届中央委员候选人名单。6日，主持中共中央政治局扩大会议，讨论八大各代表团提出的八届中央委员候选人名单。7日，主持中共中央政治局扩大会议，讨论八大各代表团提出的八届中央委员候选人名单。8日，主持召开中共中央委员、候补中央委员和八大代表团正副团长会议，讨论八届中央委员候选人名单。邓小平出席了上述会议。③

9月10日，陈云在中共八大预备会议第二次全体会议上做了关于第八届中央委员会预选名单的说明。他指出：这次中央委员会名额定为170人是比较合适的。如果名单再大，还会更膨胀。因为，名单越大，可比的人越多。由于名额限制，许多资格老和表现好的同志没有列入名单。没有列入的人的工作、本领不一定比列入的人差，有些可能比列入的人还要强。名单中南方人比北方人多一些，并且没有工人，这反映了中国革命的发展过程，这种状况将来是会变的。会议同意陈云的报告，并通过了候选人名单。④

在中共八大上，邓小平和陈云都作了报告或发言。邓小平作修改党章

---

① 参见《中共八大文献连载》，《党的文献》2006年第5期。

② 《邓小平年谱（1904—1974）》（中），中央文献出版社2009年版，第1306页。

③ 参见《邓小平年谱（1904—1974）》（中），中央文献出版社2009年版，第1308页。

④ 参见《陈云年谱（修订本）》中卷，中央文献出版社2015年版，第480—481页。

的报告，陈云作"三个主体、三个补充"的发言。

9月16日，邓小平在中共八大全体会议上作了《关于修改党的章程的报告》，全面深刻地论述执政党自身建设、党的群众路线、党的民主集中制和集体领导、党的团结和统一等问题，提出了党在执政条件下加强自身建设的任务和措施。

关于执政党自身建设，邓小平在报告中明确指出，执政党的地位，使我们党面临种种新的考验，主要是："执政党的地位，很容易使我们同志沾染上官僚主义的习气。脱离实际和脱离群众的危险，对于党的组织和党员来说，不是比过去减少而是比过去增加了。而脱离实际和脱离群众的结果，必然发展主观主义，即教条主义和经验主义的错误，这种错误在我们党内也不是比前几年减少而是比前几年增加了。""执政党的地位，还很容易在共产党员身上滋长着一种骄傲自满的情绪。"有些党员看不起别人，看不起群众，看不起党外人士，喜欢以领导者自居，喜欢站在群众之上发号施令，遇事不愿意同群众商量。"这实际上是一种狭隘的宗派主义倾向，也是一种最脱离群众的危险倾向。"① 为此，除了加强对党员的思想教育外，还要从国家制度和党的制度上作出适当的规定，以便从党的内部和来自群众与党外人士这两个方面对党的组织和党员实行严格的监督，从而巩固和加强自己的执政地位，防止脱离实际和脱离群众的危险。

关于党的群众路线，邓小平在报告中论述了在执政条件下坚持党的群众路线的重要意义。他指出，群众路线是我们党的组织工作中的根本问题，是党章中的根本问题，是需要在党内反复进行教育的。党的群众路线包含两个方面的意义：一方面，它认为人民群众必须自己解放自己，党的全部任务就是全心全意地为人民群众服务；另一方面，它认为党的领导工作能否保持正确，决定于它能否采取"从群众中来，到群众中去"的方法。

邓小平结合党的历史上脱离群众的主观主义所造成的危害，指出了坚持群众路线的正确方法与途径。他说："在我们党的历史上，这种主观主义

---

① 《邓小平文选》第1卷，人民出版社1994年版，第214页。

者给我们党的损失，给中国革命和中国人民的损失，是不可胜数的。主观主义者不懂得，只有首先善于做群众的学生的人，才有可能做群众的先生，并且只有继续做学生，才能继续做先生。一个党和它的党员，只有认真地总结群众的经验，集中群众的智慧，才能指出正确的方向，领导群众前进。我们不是尾巴主义者，当然懂得，群众的意见一定不会都是正确的和成熟的。我们所谓总结和集中，并不是群众意见的简单堆积，这里必须要有整理、分析、批判和概括；但是，离开群众经验和群众意见的调查研究，那末，任何天才的领导者也不可能进行正确的领导。整理、分析、批判和概括也是会犯错误的，但是不断地同群众商量，不断地研究群众的实践，这就使党有可能少犯错误，并且及时地发现和纠正错误，而不致使得错误发展到严重的地步。"①

邓小平在报告中提出了贯彻群众路线、克服官僚主义的 5 条具体措施：第一，必须在党的教育系统中，在党员的教育材料中，在党的报刊中，着重进行党的群众路线的教育。第二，必须有系统地改善各级领导机关的工作方法，使领导工作人员有足够的时间深入群众，善于运用典型调查的方法，研究群众的情况、经验和意见，而不是像现在这样，把绝大部分时间用在坐办公室、处理文件、在领导机关内部开会上面。应该缩小领导机关，减少领导机关的层次，尽可能地把多余的工作人员腾出来派到下层去，使留在领导机关的工作人员必须亲自处理实际工作，防止领导机关官僚化的危险。第三，必须健全党的和国家的民主生活，使党的和政府的下级组织，有充分的便利和保证，可以及时地无所顾忌地批评上级机关工作中的错误和缺点，使党和国家的各种会议，特别是各级党的代表大会和人民代表大会，成为充分反映群众意见、开展批评和争论的讲坛。第四，必须加强党的和国家的监察工作，及时发现和纠正各种官僚主义现象，对于违法乱纪和其他严重地损害群众利益的分子，及时地给以应得的处分。第五，各地区各部门党的组织，必须运用过去整党工作的经验，采取群众性的批评和自我批评的方法，每隔一

---

① 《邓小平文选》第 1 卷，人民出版社 1994 年版，第 218—219 页。

定时期，对全体党员进行一次工作作风的整顿，特别着重检查群众路线的执行情况。①

关于党的民主集中制和集体领导问题，邓小平在报告中着重指出，民主集中制是我们党的根本组织原则，也是党的群众路线在党的生活中的应用。党是一个战斗的组织，没有集中统一的指挥，是不可能取得任何战斗胜利的，一切发展党内民主的措施都不是为了削弱党的必需的集中，而是为了给它以强大的生气勃勃的基础。我们主张改进中央和地方、上级和下级之间的工作关系，是为了使中央和上级的领导更符合于实际，把注意力更集中于必须集中的工作，对于地方和下级更可以加强检查和指导。我们主张巩固集体领导，这并不是为了降低个人的作用，相反，个人的作用，只有通过集体，才能得到正确的发挥，而集体领导，也必须同个人负责相结合。没有个人分工负责，我们就不可能进行任何复杂的工作，就将陷入无人负责的灾难中。在任何一个组织中，不仅需要分工负责，而且需要有人负总责。

邓小平还联系苏联共产党和斯大林犯错误的教训，强调要坚持集体领导原则。他指出，关于坚持集体领导原则和反对个人崇拜的重要意义，苏联共产党第二十次代表大会作了有力的阐明，这些阐明不仅对于苏联共产党，而且对于全世界其他各国共产党，都产生了巨大的影响。很明显，个人决定重大问题，是同共产主义政党的建党原则相违背的，是必然要犯错误的，只有联系群众的集体领导，才符合于党的民主集中制原则，才便于尽量减少犯错误的机会。②

邓小平在报告中总结中国共产党和国际共产主义运动中党内生活的经验，提出了反对个人崇拜，正确处理领袖和集体、个人和群众的关系问题。他指出："工人阶级政党的领袖，不是在群众之上，而是在群众之中，不是在党之上，而是在党之中。正因为这样，工人阶级政党的领袖，必须是密切

① 参见《邓小平文选》第 1 卷，人民出版社 1994 年版，第 223—224 页。

② 参见《邓小平文选》第 1 卷，人民出版社 1994 年版，第 229、233—234 页。

联系群众的模范，必须是服从党的组织、遵守党的纪律的模范。对于领袖的爱护——本质上是表现对于党的利益、阶级的利益、人民的利益的爱护，而不是对于个人的神化。苏联共产党第二十次代表大会的一个重要的功绩，就是告诉我们，把个人神化会造成多么严重的恶果。"因此，"我们的任务是，继续坚决地执行中央反对把个人突出、反对对个人歌功颂德的方针，真正巩固领导者同群众的联系，使党的民主原则和群众路线，在一切方面都得到贯彻执行。"①

关于党的团结和统一问题，邓小平在报告中指出，党的团结和统一是党的建设的最重要问题之一。我们党已经在国家工作和社会活动的各个方面，起着领导作用。巩固我们党的团结，维护我们党的统一，这不但是我们党的利益，也是全国人民的利益。为了保持党在马克思列宁主义基础上的团结和统一，为了及时地帮助同志克服缺点，纠正错误，必须大大发展党内的批评和自我批评。②

最后，邓小平在报告中根据党执政后面临的新情况，提出了反对党员中特权思想的问题。他指出："中央认为，关于有任何功劳、任何职位的党员，都不允许例外地违反党章、违反法律、违反共产主义道德的规定，在今天具有特别重要的意义。有一部分有功劳有职位的党员正是认为，他们的行为是不受约束的，这是他们的'特权'。并且有一部分党的组织，也正是默认了他们的这种想法。事实上，任何抱有这种想法或者支持这种想法的人，就是帮助党的敌人腐蚀我们的党。任何以'老爷'自居的人，都以为党是少不了他们的，事实上恰恰相反，我们党不但不需要，而且不允许有任何在遵守党员义务方面与众不同的老爷。""否则，他的骄傲和放肆，必然会把自己淹死。党决不能姑息这样的人，而脱离广大的群众。"③

邓小平关于修改党章的报告指出了党执政后面临的新考验，提醒全党

① 《邓小平文选》第 1 卷，人民出版社 1994 年版，第 234—235 页。
② 参见《邓小平文选》第 1 卷，人民出版社 1994 年版，第 212—241 页。
③ 《邓小平文选》第 1 卷，人民出版社 1994 年版，第 243—244 页。

警惕脱离实际和脱离群众的危险，要求全党坚持群众路线和民主集中制，健全各级党组织的集体领导，避免个人专断和个人决定重大问题。这些重要思想提出了在全面执政情况下加强党自身建设的主要方针，奠定了社会主义建设时期执政党建设的理论基础，在中国共产党自身建设史上占有重要地位，至今仍具有重要而深远的指导意义。

9月20日，陈云在大会上发言，就非社会主义经济成分，主要是资本主义工商业，在社会主义改造高潮以后所发生的问题，包括由此而来的在工商业管理方面一些带原则意义的问题，系统地阐述了自己的意见。

他明确指出：国家经济部门在过去几年中为限制资本主义工商业而采取的一些措施，包括加工订货、统购包销，自上而下的派货，限制私商的采购和贩运等等，"不但在今天已经基本上不再需要，而且它们在当时也不是没有缺点的"。在对资本主义工商业的社会主义改造取得决定性胜利以后，"如果继续采取这些措施，就必然会妨碍国民经济的进一步发展"。他还指出："在农业、手工业、资本主义工商业的社会主义改造高潮中，由于形势发展太快，具体的组织指导工作不容易完全跟上，也产生了一些暂时的、局部的错误。"主要是：在农业合作化高潮中，对于应该由社员家庭经营的副业注意不够，加上其他方面的影响，一部分农副产品的生产有些下降；在手工业和资本主义工商业的社会主义改造高潮中，由于盲目合并和统一计算盈亏，发生了部分产品质量下降、品种减少的问题。陈云说：社会主义经济是一种有利于人民的经济。"在社会主义改造完成以后，我们应该采取正确的方针指导企业的生产和经营。就是说，我们必须使消费品质量提高，品种增加，工农业产量扩大，服务行业服务周到，而决不是相反。"为解决上述问题，他提出采取以下措施："对一部分商品采取选购和自销，让许多小工厂单独生产，把许多手工业合作社划小，分组和按户分散经营，把许多副业产品归农业合作社社员个人经营，放宽小土产的市场管理，不怕有些商品的价格在一定范围内暂时上涨，改变对某些部门计划管理的方法。"

陈云提出经过改进的我国社会主义经济的情况将是这样："在工商业经

营方面，国家经营和集体经营是工商业的主体，但是附有一定数量的个体经营。这种个体经营是国家经营和集体经营的补充。至于生产计划方面，全国工农业产品的主要部分是按照计划生产的，但是同时有一部分产品是按照市场变化而在国家计划许可范围内自由生产的。计划生产是工农业生产的主体，按照市场变化而在国家计划许可范围内的自由生产是计划生产的补充。因此，我国的市场，绝不会是资本主义的自由市场，而是社会主义的统一市场。在社会主义的统一市场里，国家市场是它的主体，但是附有一定范围内国家领导的自由市场。这种自由市场，是在国家领导之下，作为国家市场的补充，因此它是社会主义统一市场的组成部分。"①

陈云在中共八大上的发言，受到大会的重视，被写进大会决议之中。特别是他提出的三个"主体"和三个"补充"的主张，是陈云在认识上对苏联发展模式的重大突破，也是他在探索适合中国情况的社会主义建设道路问题上作出的创造性贡献。

在中共八大上，邓小平和陈云当选为中央委员会委员；在会后召开的中共八届一中全会上，他们均当选为中共中央政治局委员、中央政治局常委，其中陈云当选为中央委员会副主席，邓小平当选为中央委员会总书记。从此，邓小平和陈云开始了在党的最高领导层合作共事的经历。

邓小平担任党的总书记和陈云担任党的副主席，都是经毛泽东推荐和提名的。在为筹备八大召开的七届七中全会上，毛泽东谈了下一届中央委员会设主席、副主席和总书记的问题。他说："中央准备设四位副主席，就是少奇同志，恩来同志，朱德同志，陈云同志。""总书记准备推举邓小平同志。"毛泽东说："一个主席，又有四个副主席，还有一个总书记，我这个'防风林'就有几道。'天有不测风云，人有旦夕祸福'，这样就比较好办。""不像苏联那样斯大林一死就不得下地了。"②

邓小平在毛泽东谈到准备推举他担任中共中央总书记时表态说："对总

---

① 《陈云文选》第3卷，人民出版社1995年版，第1—13页。
② 《毛泽东文集》第7卷，人民出版社1999年版，第110—111页。

书记这个问题，中央讲了很久，我也多次提出，只有六个字：一不行，二不顺。当然，革命工作，决定了也没有办法，但我自己是诚惶诚恐的。"又说，"我还是比较安于担任秘书长这个职务"。毛泽东说：他愿意当中国的秘书长，不愿意当外国的总书记。其实，外国的总书记就相当于中国的秘书长，中国的秘书长就相当于外国的总书记。他说不顺，我可以宣传宣传，大家如果都赞成，就顺了。我看邓小平这个人比较公道，他跟我一样，不是没有缺点，但是比较公道。他比较有才干，比较能办事。他比较周到，比较公道，是个厚道人，使人不那么怕。我今天给他宣传几句。他说他不行，我看行。顺不顺要看大家的舆论如何，我观察是比较顺的。不满意他的人也会有的，像有人不满意我一样。你说邓小平没有得罪过人？我不相信，但大体说来，这个人比较顾全大局，比较厚道，处理问题比较公正，他犯了错误对自己很严格。他说他有点诚惶诚恐，他是在党内经过斗争的。①

陈云对自己被提名为副主席也深感不安。他在会上说："这四个副主席中间有我一个，我考虑过，我现在当书记处书记是补了弼时同志，我觉得我这个料子当副主席不适当，可以不必加我。"②毛泽东在称赞邓小平后，又对陈云评价道："至于陈云同志，他也无非是说不行、不顺。我看他这个人是个好人，他比较公道、能干，比较稳当，他看问题有眼光。我过去还有些不了解他，进北京以后这几年，我跟他共事，我更加了解他了。不要看他和平得很，但他看问题尖锐，能抓住要点。所以，我看陈云同志行。至于顺不顺，你们大家评论，他是工人阶级出身，不是说我们中央委员会里工人阶级成分少吗？我看不少，我们主席、副主席五个人里头就有一个。"③这是对邓小平和陈云的总体性评价，说得十分中肯。

在这次讲话中，毛泽东将邓小平和陈云称为"少壮派"。他说："我们这些人，包括我一个，总司令一个，少奇同志半个（不包括恩来同志、陈云同

---

① 参见《邓小平年谱（1904—1974）》（中），中央文献出版社 2009 年版，第 1310—1311 页。
② 《陈云传》（三），中央文献出版社 2015 年版，第 1006 页。
③ 《毛泽东文集》第 7 卷，人民出版社 1999 年版，第 112 页。

志跟邓小平同志，他们是少壮派），就是做跑龙套工作的。我们不能登台演主角，没有那个资格了，只能维持维持，帮助帮助，起这么一个作用。"[①]中共八大推举出来的邓小平、陈云这两位中共中央政治局常委中的"少壮派"，在以后党的历史的重要关键时刻发挥了更加重要的作用。

[①]　《毛泽东文集》第 7 卷，人民出版社 1999 年版，第 111 页。

第十四章

初步探索社会主义建设道路

中共八大后，以毛泽东同志为核心的党的第一代中央领导集体带领全党和全国各族人民，沿着中共八大确立的正确路线，对适合中国国情的社会主义建设道路继续进行艰辛探索。邓小平和陈云作为党的第一代中央领导集体的重要成员，积极、务实地参与了这一探索的全过程，并提出许多重要的正确认识和主张。

在经济建设领域，邓小平进行的探索及取得的成果主要体现在以下三个方面：

一是强调今后的主要任务是搞建设。1956 年社会主义改造基本完成标志着我国社会主义制度得以确立。为全面开启我国社会主义建设时期，中共八大政治报告决议在正确分析面临的新形势、准确判断当时社会主要矛盾的基础上，作出了把党的工作重心转移到社会主义经济建设上来的正确决策。决议指出："我们党现时的任务，就是要依靠已经获得解放和已经组织起来的几亿劳动人民，团结国内外一切可能团结的力量，充分利用一切对我们有利的条件，尽可能迅速地把我国建设成为一个伟大的社会主义国家。"① 这就为我国社会主义建设事业的发展指明了前进方向。

中共八大路线确立后，邓小平在多种场合反复强调今后的主要任务是搞建设。1957 年 4 月 8 日，他在西安干部会上的报告中指出："我们前一个阶段做的事情是干革命。从去年农业、手工业和资本主义工商业的社会主义改造基本完成时起，革命的任务也就基本上完成了。今后的任务是什么呢？

---

① 《中国共产党第八次全国代表大会文献》，人民出版社 1957 年版，第 12 页。

革命的任务还有一部分，但是不多了。今后的主要任务是搞建设。我们党的第八次全国代表大会提出的任务，就是要调动一切积极因素，调动一切力量，为把我国建设成为一个伟大的社会主义工业国而奋斗。这就是我们今后很长时期的任务。"[1]

二是对我们党以农业为基础、以工业为主导以及发挥中央和地方两个积极性等经济建设方针进行系统阐发和具体论述，促进了这些建设方针的贯彻和落实。大规模经济建设开始后，中共中央和毛泽东在总结我国经济建设实践，并在借鉴苏联经济建设经验教训的基础上，创造性地提出了以农业为基础、以工业为主导的经济建设总方针，强调要正确处理重工业、轻工业和农业的关系，以农、轻、重为序发展国民经济，在优先发展重工业的条件下，坚持重工业和轻工业并举、工业和农业并举、中央工业和地方工业并举等"两条腿"走路的方针；同时强调要处理好国民经济中的重大关系，包括国家、生产单位和生产者个人的关系，中央和地方的关系等，做到统筹兼顾，适当安排，最大限度地调动各方面的建设积极性。对于上述经济建设思想和方针，邓小平结合我国社会主义经济建设实际，从多个角度进行了系统阐发和具体论述。1959年12月24日，邓小平在与朝鲜驻中国大使李永镐会谈时强调了发展农业的重要性。他指出："对于农业，我们有新提法，即以农业为基础。农业落后，工业就要受到拖累。农业发展，可以促进工业发展，食品、副食品、轻工业原料，都要靠农业。所以，农业是基础，始终要抓农业。"[2]

关于中央和地方的关系问题，邓小平多次指出："中国是个大国，什么事都集中在中央是不行的，中央只要抓住关键，抓住纲，具体怎么做，下面会搞的。"[3]又说："中央和地方分权，对中央各部门来说，是一次解放运动。中央各部门可以从大量的、繁琐的事务中解放出来。只有把大量的日常事务下放到地方去，中央各部门才能够更多地接触实际、接触群众，才能够更好

---

① 《邓小平文选》第1卷，人民出版社1994年版，第261页。

② 《邓小平年谱（1904—1974）》（下），中央文献出版社2009年版，第1552页。

③ 《邓小平年谱（1904—1974）》（下），中央文献出版社2009年版，第1422页。

地从全局考虑问题，从而更多更好地指导和帮助地方。"① 这些论述对于全党深刻认识农业的基础性地位，正确处理工业和农业、中央和地方的关系，从而在经济建设实践中自觉贯彻和落实这些方针，具有重要的促进作用。

三是提出经济建设的一系列指导思想。这些指导思想主要是：第一，经济建设要坚持党的领导。针对当时国内出现的一股怀疑、否定党的领导和社会主义制度的错误倾向，1957 年 3 月 18 日，邓小平在山西省直机关干部和太原市机关干部、厂矿企业负责人大会上所作的报告中指出："搞建设，不要党的领导不行。不要党的领导就学不会建设，就要栽大跟头。"② 同年 4 月 5 日，他在甘肃省、兰州市干部会议上所作报告中进一步指出："搞建设我们还没有入门，能不能在比较短的时间学会搞建设，不犯大的错误，关键在于党的领导，关键在于党能否依靠群众，不断地克服自己队伍中的主观主义（特别是教条主义）、官僚主义和宗派主义。"③

第二，要学会勤俭建国的本领。1957 年 4 月 8 日，邓小平在西安干部会议上所作的报告中指出："要把我们这么一个贫穷、落后的国家建设成为社会主义的先进工业国家，需要长期的刻苦的努力，需要有勤俭建国的本领。从过去几年的建设来看，证明我们的知识很少，还没有学会勤俭建国的本领。但是我们有可能在比较短一点的时间内学会建设。"④

第三，经济建设要面对国家的现实和群众的需要。1957 年 4 月 8 日，邓小平在西安干部会议上所作的报告中指出："我们在建设方面的指导思想，一是应该面对国家的现实。我们的国家很穷，很困难，任何时候不要忽略这个问题。我们要提倡增产节约，反对贪大贪新。在建设当中应该考虑经济、实用、美观，但今天主要讲经济实用，等到将来富裕了再来讲美。二是应该面对群众的需要。我们的建设工作应该面对群众，发现问题，解决问题。现在有各种观点，追求这个化那个化，连共产主义化也有了，就是缺乏群众观

① 《邓小平年谱（1904—1974）》（下），中央文献出版社 2009 年版，第 1421 页。
② 《邓小平年谱（1904—1974）》（下），中央文献出版社 2009 年版，第 1351 页。
③ 《邓小平年谱（1904—1974）》（下），中央文献出版社 2009 年版，第 1353 页。
④ 《邓小平文选》第 1 卷，人民出版社 1994 年版，第 262—263 页。

点。对于花很少的钱就可以解决群众需要的问题，甚至有些不花钱也能解决的问题，却注意得不够。"①

第四，要健全和扩大企业管理民主制度。中共八大后，邓小平关于企业管理制度的主张有了新的发展。1956年10月16日，他在主持召开中共中央书记处会议讨论《关于国营工业企业的领导问题的决定（草案）》时指出："我主张企业管理搞民主化，其方向是群众监督。党委讨论问题，不能只听党员的意见，要注意党外的意见、群众的意见、专家的意见。党委讨论重大问题，可吸收党外管理专家参加，认真考虑他们的意见。"②1957年3月14日，邓小平在太原市部分厂矿企业厂长、党委书记座谈会上谈到群众监督问题时指出："党的八大确定了党委领导下的厂长负责制，现在再加上一个，党委领导下的群众监督制度，这是民主集中制在企业中的具体运用。"③他主张，企业内部要形成两种互补的管理制度，即"由上而下——党委领导下的厂长负责制；由下而上——党委领导下的群众监督制"④。同年4月8日，邓小平在西安干部会上又提出在厂矿企业里扩大群众的监督。他认为："厂矿企业的领导同志，有群众监督比之没有群众监督要好一些，会谨慎一些。实行群众监督可以把群众的积极性调动起来，会提出很多好的意见。"⑤

经过反复思考和讨论，邓小平提出在企业中实行职工代表大会制的设想。他提出，职工代表大会要成为经常的监督机构，"职工代表大会，又是权力机关，又是监督机关。"⑥在邓小平的指导下，部分企业开始进行试点工作。1957年3月10日，中共沈阳市委第二工业部向中央提交关于在五个国营工厂中召开职工代表大会的试点经验的报告。邓小平随即批示向全国批转这一报告。5月16日，邓小平又批示将这个报告登报，以便在全国示范。

---

① 《邓小平文选》第1卷，人民出版社1994年版，第267—268页。

② 《邓小平年谱（1904—1974）》（中），中央文献出版社2009年版，第1320页。

③ 《邓小平年谱（1904—1974）》（下），中央文献出版社2009年版，第1351页。

④ 《邓小平传（1904—1974）》（下），中央文献出版社2014年版，第1026页。

⑤ 《邓小平文选》第1卷，人民出版社1994年版，第271页。

⑥ 《邓小平传（1904—1974）》（下），中央文献出版社2014年版，第1026页。

29 日,《人民日报》全文发表这个报告,并发表社论《在国营企业中逐步推行召开职工代表大会的办法》。此后,企业职工代表大会制在全国普遍推广。① 邓小平关于实行职工代表大会制的观点,后来作为党在全面建设社会主义时期积累的重要经验之一写入第二个历史决议。

陈云在经济建设领域的探索,主要体现在 1956 年国家预算的调整、1957 年度国民经济计划的制定和基本建设投资的压缩、第二个五年计划的着手编制等工作。他在主持这些工作的过程中,提出了许多很好的经济建设思想。1956 年 12 月 18 日,陈云在调整 1956 年国家预算的国务院全体会议上,就正确处理经济建设和人民生活的关系问题提出重要观点和主张。他指出,把建设和民生摆平衡,从财政、金融、贸易方面看需要注意几条:一是财政预算和现金收支平衡,财政略为结余。二是建设规模应该和物资供应相适应,在照顾必需的最低限度的民生条件下来搞建设,物资首先保证必需的民生,有余再搞建设。三是人民购买力和消费品供应平衡,工资增长、农产品收购价要受物资供应的限制。四是建设规模要与所能提供的外汇相适应。我国建设需要的外汇,基本上依靠农产品。农业对工业有很大的约束力,工业不能不管农业而为所欲为。五是工业、交通等内部的基本建设,应该按照中国情况研究出正确的比例关系。②

1956 年 12 月 30 日,陈云在讨论削减 1957 年基本建设投资的国务院常务会议上,再次强调了建设和民生的平衡问题。他说:"过去照顾基本建设多,照顾生产少。应该是首先保证必需的生产,其中主要部分应该保证最低限度的民生,有余力再搞基本建设。这样,基本建设就是'冒'也冒不了多少。物资的保证,第一位是生产,有余力再搞基建,基建中也要分轻重缓急。过去的分配原则与此正相反。根据上述原则,就可以避免犯东欧国家的错误。"③

1957 年 1 月 18 日,陈云在各省、区、市党委书记会议上的讲话中,系

---

① 参见《邓小平传(1904—1974)》(下),中央文献出版社 2014 年版,第 1022—1023 页。
② 参见《陈云文集》第 3 卷,中央文献出版社 2005 年版,第 134—136 页。
③ 《陈云文集》第 3 卷,中央文献出版社 2005 年版,第 142—143 页。

统阐述了建设规模一定要和国力相适应的指导思想。他说："建设规模的大小必须和国家的财力物力相适应。适应还是不适应，这是经济稳定或不稳定的界限。像我们这样一个有六亿人口的大国，经济稳定极为重要。建设的规模超过国家财力物力的可能，就是冒了，就会出现经济混乱；两者合适，经济就稳定。当然，如果保守了，妨碍了建设应有的速度也不好。但是，纠正保守比纠正冒进要容易些。因为物资多了，增加建设是比较容易的；而财力物力不够，把建设规模搞大了，要压缩下来就不那么容易，还会造成严重浪费。"从这点出发，陈云认为应该注意：财政收支和银行信贷都必须平衡，而且应该略有结余。物资要合理分配，排队使用。应该先保证必需的生产和必需的消费，然后再进行必需的建设。人民的购买力要有所提高，但是提高的程度，必须同能够供应的消费物资相适应。基本建设规模和财力物力之间的平衡，不单要看当年，而且必须瞻前顾后。我国农业对经济建设的规模有很大的约束力。①

在这次会议上，陈云还提出要重视研究国民经济的比例关系。他说，编制第二个五年计划如果不认真研究国民经济的比例关系，必然造成严重的不平衡和混乱状态。他提出重工业、轻工业、农业的投资比例中，轻工业和农业投资的比重要增加，为轻工业和农业生产服务的那部分重工业的投资也要增加；煤、电、运输等先行工业部门落后的状况要很快加以改变；钢铁工业和机械工业的关系，要使两者彼此配合，互相促进。他还提出要处理好民用工业与军用工业、大厂和小厂、先进和落后、建设中的"骨头"和"肉"等关系。②

上述指导思想，对进一步纠正经济建设中的冒进倾向，对开展第二个五年计划的编制工作，特别是对指导1957年的经济建设工作，产生了积极影响。

陈云对社会主义建设道路的探索，还体现在由他主持和推进的改进经

---

① 《陈云文选》第3卷，人民出版社1995年版，第52—55页。

② 参见《陈云文选》第3卷，人民出版社1995年版，第56—57页。

济管理体制的工作中。新中国成立后逐步建立起来的高度集中的计划经济体制，对于集中当时有限的人力、物力和财力保证重点建设，发挥了重要作用。但其存在的弊端也日益显现出来，主要是中央集权过多和国家对地方、企业管得太死。1956年4月，毛泽东在《论十大关系》中提出应当在巩固中央统一领导的前提下，扩大一点地方的权力，给地方更多的独立性，让地方办更多的事情。毛泽东《论十大关系》发表后，5月至8月，国务院召开全国体制会议，提出了以划分中央和地方行政管理职权为主要内容的《关于改进国家行政体制的决议（草案）》。1957年1月10日，以陈云为组长的中央经济工作五人小组成立后，第一位的工作就是研究落实这个《决议（草案）》。主持改进国家行政体制的工作落在了陈云肩上。

1957年1月27日，陈云在中共中央召开的省、直辖市、自治区党委书记会议上，着重谈了中央和地方在体制问题中的权力和财力的分配问题。他指出："分不分，这样的问题，我看党内的意见并不完全相同。如果不分，那末中央可能照顾地方少一些，而都花在比较重要的工程上面。分开之后，地方便会在农田水利、地方工业、地方交通等方面多花掉一些钱。中国一个省的大小相当于外国一个国，如果像现在这样，地方机动的余地很少，这种情况不应该是经常的，中央不可能包揽全国的事情。所以，五人小组会议认为应该有适当的分权，重点不能过分集中。正如毛主席所指示的关于重工业、轻工业、农业要有适当的比例关系，这样分散之后，地方可以多搞一点轻工业、农业，其结果对于将来我国发展重工业并不是放慢了，可能还快一点。"①

1957年7月，中央经济工作五人小组形成了《关于在若干工作中划分中央和地方管理权限问题的意见（草稿）》，提出应该首先在工业管理、商业管理、财政管理三个方面划分中央和地方管理权限，并就改进这三个方面的管理权限划分问题，提出了初步设想。8月，陈云和李先念先后在沈阳和上海召开东北三省和江苏等九省市体制工作座谈会，听取这些省市有关负责人

---

① 《陈云文集》第3卷，中央文献出版社2005年版，第146页。

对《意见（草案）》的意见。从上海回北京后，陈云根据沈阳和上海座谈会上各地方有关负责人的意见，对《意见（草案）》加以修改，分别写成《国务院关于改进工业管理体制的规定》《国务院关于改进商业管理体制的规定》《国务院关于改进财政体制和划分中央和地方对财政管理权限的规定》3 个文件草稿。

9 月 20 日至 10 月 9 日，中共八届三中全会在北京举行。9 月 24 日，陈云在会上讲话，介绍了体制研究工作的经过和 3 个文件的形成过程及主要内容，提出了处理中央与地方关系的总体意见：一、中央某些职权下放以后，必须加强对各个地方的平衡工作；二、地方要切实掌握资金的投放方向；三、财政体制一经改变，必须建立相应的财务管理制度；四、中央和地方各种分成制度，基本上 3 年不变，但执行 1 年以后，如果有不适应的地方，应该有局部的调整。① 全会经过讨论，基本通过了陈云主持起草的《关于改进工业管理体制的规定（草案）》《关于改进商业管理体制的规定（草案）》《关于改进财政管理体制的规定（草案）》。后经国务院全体会议讨论通过和全国人大常委会原则批准，自 1958 年起施行。

改进经济管理体制的 3 个文件，总的精神是把一部分工业、商业和财政管理的权力，下放给地方行政机关和厂矿企业，以便进一步发挥地方和企业的主动性和积极性，因地制宜地完成国家的统一计划。它的主要内容是：一、把一部分中央各部直接管理的企业下放给省、直辖市、自治区管理，把一部分中央各商业部门所属的加工企业移交给地方商业部门直接管理。二、扩大省、直辖市、自治区在物资分配方面的权限，对当地的中央企业、地方企业和地方商业机构分配到的物资，在保证各企业完成国家计划的条件下，有权进行数量、品种和使用时间方面的调剂。三、下放地方管理的中央工业企业和中央各商业部门的企业（粮食、外贸的外销部分除外），其全部利润在地方和中央之间实行二八分成，全部利润的 20% 归地方所得。四、商业价格实行分级管理，第三类物资的价格和由地方确定为本地统一收购的物资

---

① 参见《陈云文选》第 3 卷，人民出版社 1995 年版，第 75—77 页。

的价格由地方政府管理，次要市场和次要商品由省、直辖市、自治区根据中央各商业部门规定的定价原则自行定价。五、实行外汇分成。六、适当扩大企业的管理权限，国家给工业企业下达的指令性指标由原来的 12 个减为4 个，即主要产品产量、职工总数、工资总额、利润。企业与国家实行利润分成。国家给商业企业只下达收购计划、销售计划、职工总数、利润 4 个指标，同时允许地方在执行商业收购计划和销售计划时有总额 5% 上下的机动幅度。①

在陈云主持下，经过反复讨论研究和听取各方面意见，最后形成的国务院关于改进工业管理体制的规定、关于改进商业管理体制的规定、关于改进财政管理体制的规定，是在工业、商业和财政这三个主要方面处理中央同地方和企业的关系、解决中央集权过多问题的一次有益尝试，是对中国社会主义建设道路进行探索取得的重要成果。

在政治建设领域，邓小平进行的探索及取得的成果主要体现在以下两个方面：

一是就如何对待群众闹事问题提出一系列重要观点和认识。由于复杂的国内外形势，1956 年下半年我国出现了一些不安定情况。少数学生、工人和复转军人在升学、就业和安置等方面遇到不少困难，发生少数人闹事的问题，在农村也接连发生农民闹退社的风潮。中共八大后，邓小平主持中共中央书记处工作，处在中央领导工作第一线，直接面对大量的社会矛盾和问题。他创造性地运用毛泽东关于正确处理人民内部矛盾的理论对待群众闹事问题，并提出下列观点和主张：

第一，要正确对待群众闹事问题。1957 年 2 月 18 日，他在接见中国新民主主义青年团各省、市委书记时指出，社会生活总会有矛盾，有矛盾就要调整。人有"气"总要出。出的方法有两种：一种叫集中出，一种叫分散出。小出"气"了，就不大出"气"了；有"小闹事"，就没有"大闹事"了；有"小民主"，就不"大民主"了。这个道理全党都要想通。他还在 1957 年

① 参见《陈云文选》第 3 卷，人民出版社 1995 年版，第 87—104 页。

2月26日的中共中央书记处会议上援引毛泽东的话说，少数工人请愿、罢工是正常现象，要承认是合法行为，是调节社会生活，调节人民内部矛盾的方法。①

第二，群众闹事的原因大体是由于党员干部官僚主义严重。1957年3月18日，他在一次大会上的报告中指出：群众闹事大体上是由于党的领导薄弱，我们的党员、干部官僚主义严重，对群众正当的要求不闻不问，应该解决又可能解决的问题，也不去解决。一时不能解决的问题，也不向群众解释，使群众了解真相。因此，群众一肚子气，就闹起来了。因此，党员应该站在群众方面反对官僚主义。②

第三，避免群众闹事的根本办法是加强教育，扩大民主。他说，加强教育，主要是加强思想政治工作。没有经常的思想政治工作，群众闹事就不可避免。扩大民主，主要是指经常的民主生活。要避免群众闹事这种"大民主"，就必须搞好经常的民主生活这种"小民主"。没有"小民主"，一定发生"大民主"。此起彼伏地做好工作，可以避免大规模的爆发。③他还指出，人民内部的事情要用人民内部的解决方法来对付，不要用对敌斗争的方法。在人民内部主要是用教育的方法，特别是对青年。纠正群众的错误，也只有用群众自我教育的方法，自己讨论的方法。④另外，邓小平还指出，处理人民内部矛盾比阶级斗争更复杂，如果继续用阶级斗争的方法处理人民内部矛盾，就非犯错误不可。⑤

二是就社会主义制度下民主与专政的关系问题进行了论述。针对波匈事件在青年学生及社会各界中引起的种种思想疑问，邓小平1957年1月12日在清华大学师生大会上所作的形势报告中，对民主与专政的关系以及"大

---

① 参见《邓小平年谱（1904—1974）》（下），中央文献出版社2009年版，第1346—1347页。
② 参见《邓小平年谱（1904—1974）》（下），中央文献出版社2009年版，第1351—1352、1348页。
③ 参见《邓小平年谱（1904—1974）》（下），中央文献出版社2009年版，第1352、1347—1348页。
④ 参见《邓小平年谱（1904—1974）》（下），中央文献出版社2009年版，第1346页。
⑤ 参见《邓小平年谱（1904—1974）》（下），中央文献出版社2009年版，第1354页。

民主"等问题进行了论述。他指出："对民主和专政的看法任何时候都不可以硬化，要看条件。""从我们国家来说，前几年我们搞专政多一些。正因为我们依靠了专政，所以才取得了这么大的成绩。现在我们就要充分地考虑关于发扬民主的问题。""总的趋势是，我们要逐步发展和扩大民主，否则要犯错误。"针对社会上出现的迷信"大民主"的错误思想，邓小平指出："大民主"可以用，那是用来对付敌人的，对人民内部不能用"大民主"。我们不赞成"大民主"，因为它对无产阶级和劳动人民是不利的。人民内部问题，不能采用"大民主"。党内斗争也是这样，用"大民主"似乎一时就可以见效，打倒一批人，另一批人又起来，但后患无穷，影响很深远。① 这些重要论述对于引导青年学生和社会各界正确认识民主问题发挥了重要作用。

三是提出共产党要接受监督的重要主张。任何一个政党如果不受监督，独断专行，那就非犯错误不可，中国共产党也不例外。正是从防止共产党犯错误出发，邓小平提出了共产党要接受监督，特别是要接受民主党派监督的重要主张。1957年3月18日，他在一次报告中指出："每个共产党员、高级干部都应该了解，没有监督不得了，独断专行非犯错误不可。监督有三个方面，第一是党内监督，第二是人民监督，第三是各民主党派、无党派民主人士的监督、科学家的监督，这也属于人民群众监督的一部分。我们必须邀请别人监督。从各个角度考虑问题，总比从一个角度考虑问题有好处。所以'长期共存、互相监督'好得很。"② 同年4月5日，邓小平在甘肃省兰州市干部会议上，针对党内多数同志对"长期共存、互相监督"方针不理解、想不通、不大赞成的情况，指出，"这很危险。没有民主党派的监督，没有人民的监督，共产党单独处理问题，总是要出毛病的"③。1957年4月8日，他在西安干部会议上所作报告中，又对共产党要接受监督以避免犯错误的问题进行了着重阐述。他指出：党要受监督，党员要受监督。我们党是执政的党，威信很高。我们大量的干部居于领导地位。在中国来说，谁有资格犯大

---

① 参见《邓小平传（1904—1974）》（下），中央文献出版社2014年版，第1018页。

② 《邓小平年谱（1904—1974）》（下），中央文献出版社2009年版，第1352页。

③ 《邓小平年谱（1904—1974）》（下），中央文献出版社2009年版，第1354页。

错误？就是中国共产党。犯了错误影响也最大。因此，我们应该特别警惕。他重申，所谓监督，来自三个方面。第一，是党的监督。对共产党员来说，党的监督是最直接的。第二，是群众监督。要扩大群众对党的监督，对党员的监督。第三，是民主党派和无党派民主人士的监督。有了这几个方面的监督，我们就会谨慎一些，我们的消息就会灵通一些，我们的脑子就不会僵死起来，看问题就会少一些片面性。一怕党，二怕群众，三怕民主党派，总是好一些。① 这些重要讲话从防止共产党犯错误出发，提出了共产党要接受民主党派监督的正确主张，对加强党的建设具有重要的指导意义。

在政治建设领域，陈云结合正定事件，谈了对人民闹事问题的看法。正如前文所说，由于复杂的国内外形势，1956 年下半年我国发生了少数人闹事的问题。1957 年 1 月 8 日，地质部正定干部学校学生因对地质部关于该校毕业生不分配工作的决定不满，实行罢课，第二天上街游行，并拦截火车要进京。后经有关领导说服教育，事件自动平息。2 月 7 日，陈云在主持召开的国务院第 42 次全体会议上讲到正定事件时，谈了人民闹事的原因及对人民闹事的处理方法。关于人民闹事的原因，陈云指出：在人民政府领导下，也会有人民闹事。不仅学生，工人、农民、复员军人都可能闹事。要有这种精神准备。因为：（一）解放 7 年来，人民政府在提高人民生活水平方面做了一些工作，有进步，但还有困难，有些困难还不能一下子都解决，工人、农民、公务人员生活水平之间的比例关系也存在一些问题，这是人民闹事的根本原因。（二）我们在经济工作、政治工作以及工作方法上都可能犯错误，例如，把学生和工人招收得多了，分配和安排不了，这也是人民闹事的一个原因。中国革命由 1921 年到 1945 年，用了 24 年才摸索出一套规律，经济建设要摸索出规律，也需要一定时间。可以要求这个时间短些，避免出大乱子，但乱子总会出的，是不能完全避免的。（三）中国革命胜利后，人民同蒋介石、帝国主义的矛盾变成间接的了，同我们的矛盾变成直接的了。他们有不满意的地方，就会找我们闹。（四）不能把人民闹事看成反

---

① 参见《邓小平年谱（1904—1974）》（下），中央文献出版社 2009 年版，第 1355—1356 页。

革命，但其中确有反革命分子在利用我们工作中的缺点，鼓动人民闹事。人民政府总比蒋介石的政府要好，因此，估计不会出大乱子。历史有时也会走回头路，例如，苏共批判斯大林，中国推翻满清政府后又出来袁世凯和北洋军阀。但历史总是向前进的，只要我们不犯大错误，我们的政权是站得住的。关于对人民闹事问题的处理方法，陈云指出：提出的要求凡是对的，都应满足；不对的，要批评；有困难暂时解决不了的，要讲清楚，说老实话；除现行反革命以外，一律不抓、不开除。各部门应当从这件事中接受教训，不但要搞好业务，还要注意政治动态、政治工作，加强对工作人员的思想教育。① 可以看出，陈云对人民闹事问题的看法，无论是对其原因的分析，还是对其的处理方法，和邓小平对人民闹事问题的看法基本相同，反映了包括邓小平、陈云在内的党的第一代中央领导集体在这个问题上的总体判断和一致看法，也体现了他们对正确处理人民内部矛盾问题的高度重视和普遍共识。

在文化建设领域，邓小平进行的探索及取得的成果主要体现在以下两个方面：

一是对我们党的文化建设方针进行了深刻阐释和创造性运用。对于"双百"方针，邓小平主要从防止思想僵死出发，深刻揭示了"百花齐放、百家争鸣"对发展我们国家、我们党以及马克思主义的思想政治意义。1957 年4 月 5 日，他在甘肃省、兰州市干部会议上所作的报告中谈到"双百"方针时指出："世界上的事物是变化多端的，社会是越发展越复杂，没有'百花齐放、百家争鸣'，我们的思想就会简单化，就跟不上世事、社会的发展变化，我们的党就会衰退。"② 同年 4 月 8 日，他在西安干部会上所做的报告中再次指出，各党派的"长期共存、互相监督"和思想上的"百花齐放、百家争鸣"这十六个字的方针对我们国家有深远的影响，"对我们党有极大的好处，对发展马克思列宁主义有很大的好处。如果我们不注意，不搞'百花

① 参见《陈云年谱（修订本）》中卷，中央文献出版社 2015 年版，第 528—529 页。
② 《邓小平年谱（1904—1974）》（下），中央文献出版社 2009 年版，第 1354 页。

齐放、百家争鸣',思想要僵死起来,马克思主义要衰退,只有搞'百花齐放、百家争鸣',各种意见表达出来,进行争辩,才能真正发展马克思主义,发展辩证唯物主义。"[1]1957 年 7 月 12 日,邓小平在《关于当前整风情况和今后工作的意见》的报告中,结合整风运动,就"双百"方针对于思想交锋、发展真理的政治意义作了进一步论述。他指出:"运动的性质总的来说是'灭资兴无'。'灭资兴无'有两种方法。一种方法是把思想垄断起来,不允许资产阶级思想出笼,只允许无产阶级思想一花独放。这种方法只会把思想搞僵化,并在政治上带来严重的后果。另一种方法是'百花齐放,百家争鸣'。这种方法能够经过争辩做到明辨是非,使真理在与谬论的斗争中发展起来。"[2]

二是提出科研要和生产相结合。1958 年 10 月,邓小平在天津大学谈到学习、生产和研究之间的关系时说:"三个东西互相联系、互相促进,学习生产促进研究,研究反过来促进生产。"[3]以上观点是邓小平总结科技文化工作得出的经验总结和理论认识,对于发展我国科技文化事业,具有长远的指导意义。

---

[1]　《邓小平文选》第 1 卷,人民出版社 1994 年版,第 272 页。

[2]　《邓小平年谱(1904—1974)》(下),中央文献出版社 2009 年版,第 1380 页。

[3]　《邓小平年谱(1904—1974)》(下),中央文献出版社 2009 年版,第 1460 页。

第十五章

面对"大跃进"

从 1958 年到 1960 年的三年"大跃进",是新中国历史上一场以不断地、大幅度地提高和修改计划指标,片面地追求工农业生产和建设的高速度为主要特征的群众运动。这场运动给我国社会主义建设事业造成重大损失。处在中共中央领导工作第一线的邓小平和陈云,经历了"大跃进"运动的兴起、纠正"左"的错误以及庐山会议后继续"大跃进"的各个阶段,参与了其中许多决策的制定和实施,并在"大跃进"问题上形成许多共同认识。

毛泽东发动"大跃进"是从反对反冒进开始的。他在 1957 年 9、10 月间召开的中共八届三中全会上的讲话,拉开了批评反冒进的序幕。在这次讲话中,毛泽东批评 1956 年的反冒进是"右倾","扫掉了多、快、好、省","还扫掉了农业发展纲要四十条","还扫掉了促进委员会",提出要加快发展速度。这次讲话以及一个月后"大跃进"和"超过英国"口号的出台,拉开了"大跃进"的序幕。在 1958 年 1 月召开的南宁会议上,毛泽东再次严厉地批评 1956 年的反冒进泄了六亿人民的气,是方针性错误,并用带有警告的语气说:"不要提反冒进这个名词,这是政治问题。"[①] 南宁会议加速了"大跃进"的发动,有些地区和部门由于受批评反冒进氛围的影响,开始提出一些不切实际的"大跃进"计划。在同年 3 月召开的成都会议上,毛泽东把对反冒进的批评提到一个更高的层次,说冒进是"马克思主义的",反冒进是"非马克思主义的",从而在发动"大跃进"的道路上又向前大大推进了一步。1958 年 5 月,中共中央在北京召开八大二次会议,通过了党的"鼓足干劲、

---

① 《毛泽东传(1949—1976)》(上),中央文献出版社 2003 年版,第 769 页。

力争上游、多快好省地建设社会主义"的总路线。会后,"大跃进"运动在全国范围内推向高潮。

对于毛泽东发动的"大跃进",邓小平和陈云的认识具有以下相同点:

第一,他们和毛泽东一样,都希望我国工农业生产和建设发展得更快一些,并认为"二五"计划的建设客观上有条件比"一五"计划的建设发展得更快一些。

毛泽东发动"大跃进"的初衷,是想把经济建设搞得更快。新中国成立后,中国共产党和中国人民普遍有一种尽快改变中国经济文化落后面貌的迫切心情。社会主义改造完成后,党和人民觉得在社会主义条件下,经济建设可以更快地发展。1957年"一五"计划超额完成,经济建设取得新中国成立以来最好的成绩,这更使党内外许多人认为,今后完全有可能在全国范围内以比"一五"计划更大的规模、更快的速度进行经济建设。邓小平和陈云持有同样的看法。

1957年4月5日,邓小平在甘肃省和兰州市干部会议上说:"我们应当说可以发展快一些。"现在"我们比苏联发展还快,以后更要快一些。"4月8日,他在陕西省和西安市领导干部会议上说:"在比较短的时间学会建设,在比较短的时间把我们的国家由落后的农业国建设成为一个先进的工业国,这就是我们的任务。"9月23日,他在中共八届三中全会上又说:"要实现纲要(指《农业发展纲要四十条》——引者注),没有一股劲,不经常同保守倾向作斗争,是不行的。"1958年2月13日,邓小平在中共四川省委召开的四级干部会议上说:"我们这个国家是很有希望的","现在我们中国的速度,比如工业每年发展到百分之十几到二十,这速度是资本主义不可想象的","我们完全有可能比其他社会主义国家发展的速度快一些"。这些话,同他上一年在甘肃、陕西等地的几次讲话一样,是倡导和鼓励加快经济发展速度的。在这次讲话中,邓小平还分析了加快经济发展速度的条件。他说:"我们既有苏联经验,也有其他国家的经验,也有我们自己的经验,正确总结这些经验,就有可能搞得快一些。另外,我们有党的领导,有多少年斗争出来的人民。人民政治条件好,革命意志强,团结得好,有一股劲,'这是最根本的'。"①

1958 年 5 月 16 日，陈云在中共八大二次会议上说，我国发展国民经济的第二个五年计划肯定能比第一个五年计划以更高的速度发展。他说："为什么第二个五年计划的建设速度能够大大地提高呢？""这主要是因为，经过整风运动和反右派斗争，取得了政治战线和思想战线上的社会主义革命的胜利，发挥了劳动人民从来没有过的积极性和创造性，形成了从去冬以来的生产和建设上的全面跃进的新形势。"陈云接着说："我国的第二个五年计划是不是具备了高速度发展的条件？""根据我现在的认识，我以为是具备了条件。"他说："首先，我们有了一条建设社会主义的总路线，这是我国建设事业在第二个五年计划期间能够以更高速度发展的决定条件。""用调动一切积极因素的群众路线的方法来进行经济建设，是我们党的一个伟大创造。"这些话虽然是在检讨反冒进的氛围下讲的，带有一定的政治表态色彩，但也在很大程度上反映了陈云的真实想法和愿望。7 月 4 日，陈云在西北协作区扩大会议上的讲话中同样支持加快发展速度。他提出："把主要力量集中在发展速度最快最有希望的地方"；支持"用群众运动群众路线的方法来增产"。②

第二，处在中共中央领导工作第一线的邓小平和陈云都认为，加快经济发展速度需要条件，不能违背客观经济规律。

1957 年 1 月，邓小平在省、市、自治区党委书记会议上，针对 1956 年投资规模过大导致的经济不稳定状况，提出："要使生产稳定，就要积蓄一些东西，如粮食、工业原料、包括钢材。没有后备力量，生产就不稳定。积蓄一些力量，生产才能稳定地进行。"在这次会议的闭幕会上，陈云在讲话中表示"这个意见我同意"。在这次会议上，陈云还作了关于建设规模要和国力相适应的讲话。会后，陈云领导的中央经济工作小组决定对当年基本建设规模和速度进行适当调整，继续缓解投资规模过大的紧张局面。邓小平对陈云的主张和中央经济工作小组的决定都是支持的。他还提醒："搞建设并

---

① 《邓小平传（1904—1974）》（下），中央文献出版社 2014 年版，第 1057、1060—1061 页。

② 《陈云传》（三），中央文献出版社 2015 年版，第 1141—1142、1148 页。

不比搞革命容易。在这个问题上，我们全党还是小学生，这方面我们的本领差得很。搞革命不能说我们没有本事，把革命干成功了，总算有本事。搞建设我们还说不上有多大的本事。"①

在 1958 年 3 月召开的成都会议上，对于会议作出的把大量的管理权下放给地方、以充分调动地方"大跃进"积极性的决定，邓小平在发言中一方面指出管理权下放有利于调动地方积极性；另一方面又强调说，管理权下放后，中央的作用不是没有了，中央要注意做好综合平衡，以避免出现混乱局面。他说："中央还有平衡、协调、技术革命等等作用"，"中央要从大量的繁琐的事务中彻底解放出来，抓主要问题，发挥它应起的作用。"成都会议后，在贯彻和实施会议关于中央权力下放的决定时，邓小平又在 4 月 4 日召开的中共中央书记处会议上强调，管理权下放要"具体化"，"要开单子"，意即管理权下放到地方要合理有序。陈云赞同邓小平的意见。4 月 11 日，在周恩来主持召开国务院第 75 次全体会议讨论国务院各主管工业部门所属企业的下放问题时，陈云在发言中指出"下放的时候要分别轻重缓急"，还说："邓小平同志在成都会议上讲中央和地方的关系，讲的就是中央要下放，地方要管好。"②

第三，"大跃进"运动发动后，邓小平和陈云起初都是从积极的方面去看待和支持"大跃进"的。

1958 年北戴河会议后，邓小平密集地到各地视察工作，目的是宣传中共中央的方针政策，号召各地为完成党中央提出的战略任务，特别是用剩下的 4 个月时间实现全年生产 1070 万吨钢的指标而努力奋斗，用他自己的话说："出去主要是鼓劲。"③1958 年 9 月中下旬，他到东北视察；10 月上中旬，他先后到天津市、河北省视察工作；10 月下旬到 11 月初，他又到广西、云南、四川、贵州等地视察工作。在视察过程中，邓小平发表了许多讲话，对各地"大跃进"工作进行具体指导，对毛泽东发动的"大跃进"予以积极响应。

---

① 《邓小平传（1904—1974）》（下），中央文献出版社 2014 年版，第 1058 页。
② 《邓小平传（1904—1974）》（下），中央文献出版社 2014 年版，第 1068 页。
③ 《邓小平传（1904—1974）》（下），中央文献出版社 2014 年版，第 1083 页。

关于"大跃进"的指导思想，邓小平强调要解放思想、敢想敢干。9月24日，他在视察鞍山钢铁厂时指出："社会主义大家都在搞，但是怎样搞，还有个方法问题，是多快好省呢，还是少慢差费。搞什么都要有个攻击目标，应该定出哪一项东西能赶上哪一国，哪一项东西哪国好就超过哪一国。要选择尖端作为攻击目标。别人没有的，我们可以有；别人不好的，我们可以好；别人办不到的，我们要能办到；别人的目标，我们可以超过。要把这一点作为主导思想，作为各级领导人的主导思想。在谈到挖掘潜力增加生产时指出：潜力有两种，一种是改革规章制度，改进作风，调动群众的积极性。一种是改进技术，产生新的推动力量，这就是技术革命。后一种潜力更大。鞍钢应大搞技术革命，大企业、现代化企业要自力更生，搞技术革新和技术革命。但是，技术革命不容易，不是一天两天能做到的。首先得敢想，来个思想上的革命。没有思想革命就不可能有技术革命。"①10月10日，邓小平在听取石家庄地委和专署负责人汇报工作时进一步指出："农业生产要采取不断革命的精神，要敢想敢做。要善于揭示自然秘密，揭示物质的秘密。只要人的思想解放了，就能更多地掌握科学技术，充分发挥和挖掘物质的力量。"②

关于大炼钢铁，9月22日，邓小平在听取中共吉林省委和长春市委负责人工作汇报时督促说："搞钢铁就是搞共产主义，是战略任务，搞起来再说。炼铁的技术问题可以组织大学生下去指导。"③

关于人民公社，9月25日，邓小平在辽宁盖平县视察太阳升人民公社时谈道："公社应制定长远计划，逐步把农村居民点建成一座座漂亮的城市，有电影院、剧院、运动场，房屋都要改建，城中普遍种花果，要绿化、园林化，工农商学兵全面发展。大城市所有的一切，你们都可以有。将来无所谓农村和城市。工农差别、体力劳动与脑力劳动的差别、城乡差别，都要消灭。"④邓小平关于农村人民公社的这个设想，明显受到毛泽东和当时社会氛

① 《邓小平年谱（1904—1974）》（下），中央文献出版社2009年版，第1455页。
② 《邓小平年谱（1904—1974）》（下），中央文献出版社2009年版，第1460—1461页。
③ 《邓小平年谱（1904—1974）》（下），中央文献出版社2009年版，第1454页。
④ 《邓小平年谱（1904—1974）》（下），中央文献出版社2009年版，第1455页。

围的影响。

陈云起初也是从积极的方面去看待和支持"大跃进"运动的。一开始，陈云对粮食"高产卫星"的宣传报道虽然没有持完全肯定的态度，但相信1958 年的粮食产量确实比往年增加了，也相信少数试验田是能够高产的。对于北戴河会议确定的 1958 年生产 1070 万吨钢的指标，陈云开始时虽然有怀疑，但中共中央正式作出决定后，他还是努力执行中共中央决定，多方谋划如何去实现这个目标。

8 月 19 日、20 日，根据毛泽东的意见，陈云在北戴河就 1958 年钢铁生产问题召集有关部门负责人开会，分析已完成的产量与全年指标相差悬殊的原因，研究用剩下的 4 个月时间实现全年生产任务的措施。经过会议讨论，陈云提出 8 条意见：（一）经委的主要注意力是搞生产，工厂党委书记、厂长都要以当年生产为中心。（二）原材料的调配要服从国家的计划，要以1100 万吨钢、1700 万吨铁作为调配标准。（三）要抓大中型轧钢设备，抓中厚板、薄板和无缝钢管的轧钢机的生产。（四）机械制造工厂的第一投料方向是搞冶金设备，要保证这个重点。（五）对于冶金和机械的生产，各省、市委要每个星期抓一次，冶金部和机械部要两个星期召开一次电话会议。（六）冶金部直属工厂要再多布置 50 万吨钢的生产，作为今年任务的保险系数。（七）在完成生产任务、调拨材料方面，要讲纪律。（八）在北戴河召开各省、市工业书记会议。[1] 这 8 条意见大部分也反映了毛泽东的想法。在征得毛泽东同意后，当即通过电话传达到各地。

作为对上述 8 条意见的落实，从 8 月 25 日到 31 日，中共中央在北戴河召开了由各省、直辖市、自治区党委管工业的书记参加的工业生产会议。会议在陈云等主持下进行，首要内容是讨论如何加强各级党委对工业生产的领导和检查，加强各方面协作，保证完成 1070 万吨钢的生产计划。

第四，随着"大跃进"运动的发展，邓小平和陈云看到了"大跃进"和人民公社化运动中出现的一些"左"的错误，思想认识都发生了比较大的

---

[1]　参见《陈云年谱（修订本）》中卷，中央文献出版社 2015 年版，第 597 页。

变化。

邓小平和陈云起初支持"大跃进",是因为"大跃进"的错误有个逐步发展和暴露的过程,此时人们对它因违反客观规律而将导致的严重后果还缺乏认识。随着运动的发展,邓小平和陈云都看到了"大跃进"和人民公社化运动中发生的一些问题。

在大炼钢铁方面,针对全国各地组织大量人力、物力大炼钢铁,造成许多浪费的现象,邓小平在 10 月 25 日同中共云南省委负责人谈话时指出:"有些地方可以停一些,如没有捞头的,运不出去的,本地又不能用的。"他还说:"小土群"是今年在北戴河会议后突击出来的,"明年的界限是'小土群'生产不算,钢铁一律要升级。""土炉炼的钢,质量达不到,明年不算数。"①

在农业生产方面,邓小平对粮食产量的浮夸风及只顾炼钢、不顾生产的情况提出批评。在 9 月中下旬的东北视察中,邓小平深入到吉林省永吉县了解农业生产情况。当听说一块水稻试验田亩产可以达到 4 万斤时,邓小平十分吃惊。他说,能打十分之一,就已经很了不起了,广大群众建设社会主义的积极性很高,精神很可贵,但是,指标要实际一些。② 在川北,当邓小平看到男女老少都在大炼钢铁,田野一片空寂时,很不高兴。他对陪同的省、地负责同志说,你们这里农业生产是大失败,大垮台,明年是大减产!群众干劲大,热情高,这很好,但越是这种情况,你们越要保持清醒的头脑,要实事求是,保护好群众的积极性。③

在人民公社方面,邓小平对各地人民公社刮起的"共产风"提出疑问和批评。10 月 6 日,他在中共中央书记处会议上谈到公社分配问题时指出:"实行供给制,要使群众自己略有调剂,粮食包了,但吃菜,要自己调剂,各家的灶能否取消,还是要研究。现在公社食堂有啥吃啥,社员穿衣也简单,将来生活好了怎么办?统统清一色好不好?南方人的生活是多样性的,吃菜的品种总要多样,三样四样。我们到哈尔滨看了一个公社,刚开始搞,到食堂

---

① 《邓小平传(1904—1974)》(下),中央文献出版社 2014 年版,第 1090 页。

② 参见《邓小平画传》,四川人民出版社 2004 年版,第 122 页。

③ 参见《邓小平画传》上卷,中央文献出版社 2014 年版,第 223 页。

吃饭的人只占人口的百分之十几。另一个城市公社，也很少人吃食堂，其他人是来看。为什么大家不来吃食堂？就是菜搞得太单纯，不合口味。"①在10月中旬视察保定地区时，邓小平听到宣传共产主义越多越好的说法时指出："共产主义优越性要宣传，但要说清楚哪些是现今可以办的，哪些是将来可以办的。在谈到分配、奖励等问题时指出：工资拉平，是平均，不是平等。现在讲各取所需还早着呢。"②

陈云对"大跃进"运动的认识也经历了一个渐进的变化过程。起初，他真诚地希望经济落后的中国能有一个实实在在的大跃进。但北戴河会议后，国民经济很快陷入严重的混乱和紧张之中，"钢帅升帐"，"一马奔腾，万马齐暗"，这是陈云不愿看到的。北戴河会议刚开过一个星期，陈云在商业工作座谈会上就提醒商业部门在"全民大炼钢铁"运动中，不要忘掉自己的主要职责是做好商品流通工作。他说："商业工作的主要职能是什么？我同意绝大多数同志的说法，商业工作的主要职能是做商品流通工作。""商业部门可不可以搞一些工业呢？我同意先念同志所说的意见，商业部门可以在不同地区的一定条件下办些应该办的工业。而且商业部门过去也办了一些工业，如果某一个地方正在掀起全民炼钢炼铁运动，当地的个别商业单位，像其他机关、学校、居民一样，派出一部分人，参加这个运动而搞了一个炼钢单位，这样做可不可以呢？这是可以的。但是这个商业单位的主要工作，仍然不是炼钢，而是做商业品流通工作。商业部门不应该把办工业作为主要的工作，而放松商品流通工作；也不应该把搞商品流通工作与办工业看成并重。商业部门的主要职责应该是做好商品流通工作，做好商品流通工作也就是为了发展工业。"③

北戴河会议后，根据中共中央领导集体的分工，陈云的主要工作是抓全国的基本建设。1958年的基本建设，由于单纯图快、严重违反操作规程和管理混乱，发生了许多工程质量事故，倒塌不少新建的厂房，事故的数

① 《邓小平年谱（1904—1974）》（下），中央文献出版社2009年版，第1459页。
② 《邓小平年谱（1904—1974）》（下），中央文献出版社2009年版，第1462页。
③ 《陈云传》（三），中央文献出版社2015年版，第1074—1075页。

量、伤亡的人数都比往年多得多。为了研究解决基本建设工作中出现的这个突出问题，12月22日至26日，陈云在杭州主持召开全国基本建设工程质量现场会议，纠正基本建设中片面图快图省而不顾工程质量的倾向。

12月31日，陈云回到北京，将他在杭州现场会上的发言和总结讲话的记录送给邓小平，并在信中说："目前总的趋向是在基建中不适当的片面的节约，只图数量不顾质量。"邓小平非常重视陈云反映的这些问题，立刻将陈云的信和两份材料批转刘少奇、周恩来、彭真阅知。第二天，陈云又写信给毛泽东，报告全国基本建设工程质量杭州现场会议的情况。信中直言不讳地说："总起来说，目前的基建情况是只图数量不顾质量，多快省而不讲好，片面的不适当的节约，把不应该破除的规章制度也破除了，只搞群众运动一面而放松了业务上的管理制度和技术管理制度，基建任务很大很急，但基建的工人（新的）和设备都与任务不相称。"①

1959年1月6日，邓小平主持召开中共中央书记处会议，请陈云就基建工程管理和工程质量问题作讲话。陈云详细谈了基本建设方面存在的问题，提出"基建宁可停工待料也不能马虎"。邓小平赞成说："计划不要把钢材打满了"，并强调说："数量和质量是大问题"。② 会议同意陈云关于全国基本建设中存在问题和解决办法的意见，并决定将陈云在杭州现场会议上两个讲话的纪要，批转各地各有关部门及单位依照执行。

邓小平和陈云对于"大跃进"的认识具有以上相同点的同时，也有一些不同点，主要有：

第一，"大跃进"运动之初，邓小平和中共中央核心领导层其他成员一样，表现也是比较积极的，而陈云则相对冷静一点。

当"大跃进"以轰轰烈烈的群众运动形式兴起后，一时就难以辨别和把握了。邓小平和其他中共中央领导同志一样，也开始对"大跃进"持积极乐观的态度。1958年7月2日，邓小平在会见美共中央委员蔡尔斯时说：中国

① 《陈云传》（三），中央文献出版社2015年版，第1164页。
② 《邓小平传（1904—1974）》（下），中央文献出版社2014年版，第1104页。

是一个落后国家，想在 15 年或更短一些时间内赶上和超过英国。现在看来，这时间可以大大缩短。7 月 11 日，他在全国统战工作会议上又说："现在已经发生这个问题了，粮食多起来了，比如麦子，河南增产最多，河南就发生麦子农民不要，要卖给国家的问题了，国家买不得那么多"。"农业首先发生这个问题。工业是不是会发生这个问题？工业也会发生这个问题。"他还说："六亿人口的这个国家，应该有自己的创造，应该找出更好的办法。"① 邓小平 9 月中下旬在东北考察时，讲话的调子也主要是鼓劲。

后来，邓小平在总结新中国成立以来经济建设的经验教训时，曾多次说："讲错误，不应该只讲毛泽东同志，中央许多负责同志都有错误。'大跃进'，毛泽东同志头脑发热，我们不发热？""在这些问题上要公正，不要造成一种印象，别的人都正确，只有一个人犯错误。这不符合事实。中央犯错误，不是一个人负责，是集体负责。""一九五八年'大跃进'，我们头脑也热，在座的老同志恐怕头脑热的也不少。这些问题不是一个人的问题。"②"社会主义究竟怎么搞？过去几十年我们有成功的经验，也有不理想、不大好的经验。""我们都想把事情搞好，想搞快一点，心情太急了，一九五八年的'大跃进'就是心情过急。心情是好的，愿望是好的，但心一急，出的主意就容易违反客观规律。"③

陈云在"大跃进"运动发动后，一方面支持加快发展速度，另一方面也保持了较为清醒的头脑，对各地区各部门提出的粮食过高指标和"高产卫星"的宣传报道没有持完全肯定的态度。1958 年 7 月 4 日，陈云在西北协作区扩大会议上的讲话中，针对当时的过高指标提醒道："协作区各省提出的指标数字，我以为需要再充分研究一下它的可靠性"；"计划应该照顾到各产业部门的协调前进，但是可以在先后次序上有所偏重"。④8 月 15 日，陈云在北京会见捷克斯洛伐克驻华大使布希尼亚克。当布希尼亚克谈到董必

① 《邓小平传（1904—1974）》（下），中央文献出版社 2014 年版，第 1074—1075 页。
② 《邓小平文选》第 2 卷，人民出版社 1994 年版，第 296、277 页。
③ 《邓小平年谱（1975—1997）》（下），中央文献出版社 2004 年版，第 1070 页。
④ 《陈云文集》第 3 卷，中央文献出版社 2005 年版，第 225—226 页。

武参加捷共第 11 次代表大会时介绍过的《人民日报》对粮食亩产量的报道时，陈云回答说：那样的亩产"是一些试验田，大多数合作社还没有达到这个数字"①。

"大跃进"运动开始后，工业战线提出"以钢为纲"的口号，1958 年钢产量指标定为 1070 万吨。这一指标的由来是 6 月 19 日毛泽东和冶金工业部部长王鹤寿的一次对话。毛泽东问王鹤寿：钢产量"去年是五百三，今年可不可以翻一番？为什么不能翻一番"？王鹤寿回答说："好吧，布置一下看。"第二天就布置了。陈云对这样的高指标是有怀疑的。据王鹤寿回忆，对他关于 1958 年钢产量可以在 1957 年基础上翻一番的回答，"陈云不以为然，说：你怎么这么轻率！这是一件比较重要的事。"②此时的陈云不可能脱离"大跃进"浪潮的影响，也没有从根本上认识"大跃进"的严重失误，但在当时人们头脑普遍发热的情况下，他所持的冷静态度是难能可贵的。

第二，对于毛泽东发动的"大跃进"，邓小平是和刘少奇、周恩来一样没有反对，而陈云是没有说话。

1980 年 4 月 1 日，邓小平在一次谈话中讲到当时中央负责同志对毛泽东发动"大跃进"的看法时说："刘少奇同志、周恩来同志和我都没有反对，陈云同志没有说话。"③从邓小平的不同措辞中，可以体会出他和陈云在对"大跃进"认识上的细微差别。

随着"大跃进"运动在全国范围的普遍开展，人们的头脑越来越热，并且互相攀比，所提的生产指标越来越高，报刊上也不断宣传粮食"高产卫星"。全国上下这种热气腾腾的局面，使中共中央核心领导层越来越不摸底，头脑也更热了。1958 年 7 月 5 日，刘少奇在北京石景山发电厂同工人座谈时表示：赶上英国不是十几年，两三年就行了；赶上美国也用不了十五年，七八年就行了。7 月 7 日，周恩来在广东省新会县干部会议上的发言中也感慨地说：这个"大跃进"，把我们的思想解放了，这是我们过去所没料

---

① 《陈云传》（三），中央文献出版社 2015 年版，第 1150 页。

② 转引自《陈云传》（三），中央文献出版社 2015 年版，第 1151 页。

③ 《邓小平文选》第 2 卷，人民出版社 1994 年版，第 296 页。

到的。① 邓小平也是如此。前述他在会见美共中央委员蔡尔斯时的谈话以及他在全国统战工作会议上的讲话，都反映了他当时对"大跃进"的认识。

1986年9月2日，邓小平在答美国记者迈克·华莱士问时又说："我这个人，多年来做了不少好事，但也做了一些错事。'文化大革命'前，我们也有一些过失，比如'大跃进'这个事情，当然我不是主要的提倡者，但我没有反对过，说明我在这个错误中有份。"② 在这次对话中，邓小平再次承认自己当年对"大跃进"没有反对，体现了对历史负责的担当精神。事实上，邓小平后来曾对他女儿邓榕说，他很后悔自己没有做出更多的努力，阻止毛泽东犯下这些严重错误。③

陈云对毛泽东发动的"大跃进"没有说话，虽然在客观上也是没有反对，但有主观上想反对，而真实情况是难以反对，所以不说话的因素在里边。

陈云一贯坚持实事求是的原则，反对不顾现实条件的急躁冒进、急于求成的错误倾向，主张计划指标必须切合实际，建设规模必须同国力相适应，人民生活和国家建设必须兼顾，制订经济计划必须做好财政收支、银行信贷、物资供需和外汇收支的综合平衡，以保证国民经济按比例地健康发展。他认为，只有按比例发展，才能取得最快的速度和最好的效益。

对于毛泽东发动的"大跃进"，陈云从本意上是有看法的，因为"大跃进"的一些做法和他的一贯主张是相矛盾的。但当"大跃进"开始后，陈云还是从积极的方面去理解和支持。这既是基于顾全大局，维护中共中央、毛泽东决策的一致性，也是基于保护人民群众的热情。另一方面，陈云是以一个反冒进的检讨者参加到"大跃进"运动中去的，处境本身就比较困难，即使对"大跃进"有不同意见，在当时的情况下也难以表达。

毛泽东批评反冒进，主要是批评周恩来和陈云等。毛泽东在南宁会议上批评综合平衡的思想，批评财经部门不向中共中央政治局通报情况，批

---

① 转引自《邓小平传（1904—1974）》（下），中央文献出版社2014年版，第1074页。

② 《邓小平文选》第3卷，人民出版社1993年版，第173页。

③ 参见 [美] 傅高义著：《邓小平时代》，冯克利译，生活·读书·新知三联书店2013年版，第57页。

评"天天谈市场，天天谈库存"，显然是批评陈云的。薄一波回忆说，南宁会议"毛主席实际上是批评陈云同志的。由于陈云同志没有到会，总理作了检讨，承担了全部责任。""随后，毛主席找我、富春和先念三个人谈话，也明确地讲批评主要是对陈云同志的。"①历时半年多之久的批评反冒进，不仅带来了"大跃进"，也使党内民主生活开始由正常或比较正常向不正常转变。在这种强大的政治压力下，陈云对"大跃进"的发动自然无法表示反对意见，所以没有说话。在1959年的庐山会议上，毛泽东又把右倾思想同反冒进联系起来，多次点到反冒进的错误。因此，陈云对会议作出的"反右倾"、鼓干劲、继续"大跃进"的各项决议，不便也不能公开表示不同意见，所以仍然没有说话。

"大跃进"期间，也有人建议陈云出来说话。薛暮桥和宋绍文就希望陈云找毛泽东谈谈他对"大跃进"的一些问题的想法，陈云无可奈何地表示："不吃一点苦头，这些话是听不进去的。"②从这里，也可以体会出陈云对"大跃进"没有说话的原因。

第三，邓小平后来多次谈到"大跃进"，对"大跃进"进行反思，而陈云则很少谈及"大跃进"。

鉴于"大跃进"运动给我国经济建设造成的重大损失和严重破坏，邓小平后来多次谈到"大跃进"，指出要汲取历史教训，避免重犯类似的错误。在1980年前后主持制定第二个《历史决议》期间，邓小平更是密集地谈到"大跃进"，分析"大跃进"发生失误的原因是经济建设经验不足，头脑发热，违背客观规律，并多次做自我批评，主动承担责任。

与此不同，翻遍《陈云文选》和《陈云文集》，很少能看到陈云谈及"大跃进"；《陈云年谱》也鲜有陈云论及"大跃进"的记载。即使是在1962年年初召开的专门总结"大跃进"以来经验教训的"七千人大会"上，毛泽东三次请陈云在大会上讲话，陈云也没有讲，是唯一没有在大会上讲话的中共

---

① 转引自《陈云传》（三），中央文献出版社2015年版，第1130—1131页。

② 转引自孙业礼、熊亮华著：《共和国经济风云中的陈云》，中央文献出版社1996年版，第150页。

中央政治局常委。陈云后来回忆说:"1962年七千人大会,毛主席要我讲话,我不讲话,主要是和稀泥这不是我陈云的性格,同时不能给毛主席难堪。"①从这里可以理解陈云很少谈到"大跃进"的原因。

邓小平和陈云对"大跃进"的认识之所以存在不同点,其原因主要有以下几个方面:

第一,他们在"大跃进"运动中承担的领导责任不同。

邓小平和陈云虽然都是中共中央政治局常委,同为以毛泽东同志为核心的党的第一代中央领导集体的重要成员,但在"大跃进"运动中他们承担的领导责任不同。邓小平主持的中共中央书记处处在领导经济工作的第一线,而以陈云为组长的中央财经小组实际上终止了工作。

毛泽东在批评反冒进时,说国务院财经部门只拿成品,不让中央政治局参加设计,实际上是封锁,是搞分散主义。南宁会议上,毛泽东决定把经济工作决策权从国务院财经部门集中到中共中央政治局和书记处,并在会后进行了领导体制的变动。1958年6月10日,中共中央发出《关于成立财经、政法、外事、科学、文教各小组的通知》。中央财经小组由12人组成,陈云为组长,李富春、薄一波、谭震林为副组长。《通知》规定:"这些小组是党中央的,直隶中央政治局和书记处,向它们直接作报告。大政方针在政治局,具体部署在书记处。只有一个'政治设计院',没有两个'政治设计院'。大政方针和具体部署,都是一元化,党政不分。具体执行和细节决策属政府机构及其党组。对大政方针和具体部署,政府机构及其党组有建议之权,但决定权在党中央。政府机构及其党组和党中央一同有检查之权。"②根据上述精神成立的中央财经小组,与此前的中央经济工作五人小组、中央财政经济委员会不同,不再是根据中央决策统一领导国家经济工作的机关。这样一个小组,后来活动日益减少,乃至无形中不再发挥作用。而邓小平主持的中共中央书记处则被推到了领导经济工作的第一线。

① 《陈云传》(三),中央文献出版社2015年版,第1302—1303页。
② 转引自《陈云传》(三),中央文献出版社2015年版,第1144页。

在 1959 年 4 月召开的中共八届七中全会上，毛泽东更是增强了中共中央书记处特别是邓小平在领导经济工作方面的权威。毛泽东说，除了讲经济工作领导权集中在中央委员会、政治局之外，还要提出集中在常委和书记处。他说："中央主席是我，常委的主席是我，所以我毛遂自荐为元帅。书记处就是邓小平同志。""毛泽东为元帅，邓小平为副元帅。""我挂正帅，就是大元帅，邓小平为副司令、副元帅，我们两人一正一副。"① 可以看出邓小平在"大跃进"运动中的领导责任之重。正是因为邓小平在"大跃进"运动中承担了重要的领导任务，所以他对"大跃进"给我国经济建设造成的重大损失和严重破坏有更多的认识。这就是后来邓小平比陈云更多地谈到"大跃进"的一个重要原因。

第二，他们领导经济工作的思路不同。

邓小平领导经济工作的思路是重视从政治上看问题，强调要抓住机遇，调动和保护人民群众的生产积极性。这一点和毛泽东的思路是有相似之处的。所以毛泽东在"大跃进"中对邓小平委以重任；对毛泽东发动的"大跃进"，邓小平一开始也没有反对。

坚持从实际出发，实事求是，是陈云领导经济工作的一贯思路。即使是在"大跃进"高潮中搞经济建设，他同样力求把工作做得符合实际，反对单纯图快而主观蛮干。对工业布局，他提出不要勉强去办那些难以办到的事情。对建设项目排队，他要求保证重点，照顾一般，要对任何事物进行具体分析。对企业设计，他要求把创造精神和实事求是结合起来。② "大跃进"运动开始后，速度被看成是总路线的灵魂，"快"被看成是"多快好省"的中心环节，人们的头脑普遍发热，贪多图快而不顾质量和效果。在这样的背景下，陈云能向毛泽东和中共中央直率地报告 1958 年基本建设中存在的只图数量不顾质量、只搞群众运动而放松了业务上的管理制度和技术管理制度、把不应该破除的规章制度也破除了等问题，并把它作为主要的错误倾向

---

① 转引自《邓小平传（1904—1974）》（下），中央文献出版社 2014 年版，第 1117 页。

② 参见陈云：《当前基本建设工作中的几个重大问题》，《人民日报》1959 年 3 月 1 日。

来反对，这样冷静的态度在当时"大跃进"的氛围下是难能可贵的。

第三，他们的工作经历和在党中央的领导分工不同。

邓小平是军事出身。新中国成立前，他主要的工作就是带兵打仗。新中国成立后，邓小平虽然在主政大西南时领导过财经工作，到中央工作后也担任过一段时间的财政部部长，但他更长的时间是分管党中央的日常工作，先是任中共中央秘书长，中共八大后任中共中央总书记。而陈云在新中国成立前即主持过边区财经工作和东北财经工作。新中国成立后直到"大跃进"，他一直是中央财经工作领导人，具有丰富的财经工作领导经历和实践经验。这样的工作经历和领导分工，使得邓小平和陈云对毛泽东发动的"大跃进"自然会有不同的认识。

从1958年11月第一次郑州会议起，毛泽东开始纠正"大跃进"和人民公社化运动中出现的高指标、瞎指挥、浮夸风、"共产风"等"左"的错误。邓小平和陈云配合中共中央和毛泽东的部署，积极投入到纠"左"工作当中。

纠"左"的首要内容是降低1959年计划指标，特别是钢铁指标。1958年8月召开的北戴河会议，将1959年的钢指标定为2700万吨至3000万吨。11月21日至27日在武昌召开的中共中央政治局扩大会议上，钢指标问题成为讨论的重点。21日、23日，毛泽东两次在会上讲话，强调在粮食和钢铁生产等指标问题上要"压缩空气"，下决心把过高的指标降下来。毛泽东在21日的讲话中间："明年钢3000万吨，要不要搞那么多？能不能搞那么多？"邓小平在东北、华北和西南9个省、区、市的考察中，也感到为完成这么高的钢指标而造成的紧张状态难以持续，立即接话说："是不是搞3000万吨，是值得考虑的。"[1]22日，邓小平和陈云等参加毛泽东召集的会议，专门研究将1959年钢产量指标由北戴河会议建议的3000万吨降低到1800万吨的问题。会议认为1800万吨的指标根据仍然不足。

在"压缩空气"的氛围下，11月28日至12月10日在武昌召开的中共八届六中全会，将1959年钢产量指标由2700万吨至3000万吨降为1800万

---

① 《邓小平传（1904—1974）》（下），中央文献出版社2014年版，第1100页。

吨至 2000 万吨，但确定的 1959 年煤炭、粮食、棉花产量指标没降反升，比
北戴河会议提出的还要高。陈云在会上不仅不赞成煤炭、粮食、棉花三大指
标居高不下，而且认为钢产量指标由 2700 万至 3000 万吨降为 1800 万吨仍
然降得不够。在胡乔木起草中共八届六中全会公报时，陈云曾经建议，是不
是粮、棉、钢、煤四大指标都暂时不说，再看一看。据胡乔木回忆："1959
年的几大生产指标都定得很高。陈云同志主张不要在公报上公布。他要我向
毛主席报告，我不敢去向毛主席报告陈云同志的意见。我认为，全会已经开
过，全都定好了，大家一致同意，讲了很多话，人都散了，不在报上公布同
当时的势头很难适应。"①

中共八届六中全会后，严重的经济形势并没有缓解。邓小平、陈云同
毛泽东等中央领导人都在思考中共八届六中全会公布的钢、粮、棉、煤四
大计划指标究竟能不能完成。在 1959 年 1 月 6 日的中共中央书记处会议上，
邓小平请陈云参与一下国家计划委员会 1959 年计划的讨论。陈云在参加国
家计委讨论后，认为 1959 年的生产计划难以完成，钢要完成 1800 万吨也是
有问题的。1 月 18 日，陈云同彭德怀、李富春等在毛泽东处谈工业和经济
问题时，向毛泽东直抒己见："1800 万吨好钢是不是能够完成？恐怕有点问
题。"②陈云在当时的情况下提出这样的意见是需要勇气的。

在 1959 年 4 月 2 日至 5 日召开的中共八届七中全会上，正式公布了
1959 年的各项计划指标。在邓小平的提议和毛泽东的支持下，钢指标降为
内部掌握"洋钢"1650 万吨，其他主要工业产品的指标也作了不同程度的
下调。但随后日趋严重的经济形势表明，1959 年要完成钢产量 1650 万吨，
仍然是一个无法完成的高指标。毛泽东很不放心，委托陈云进一步落实钢铁
生产指标。4 月 29 日和 30 日，邓小平连续主持召开中共中央书记处会议，
研究工业生产形势特别是钢铁生产安排问题。会议决定对钢铁生产指标进行
调整，并委托陈云领导的中央财经小组研究，将钢铁指标分为可靠的指标和

① 转引自《陈云传》（三），中央文献出版社 2015 年版，第 1155 页。
② 《陈云传》（三），中央文献出版社 2015 年版，第 1171 页。

212

争取的指标，并按可靠的钢材指标进行分配，以便安排基本建设项目和工业生产。

　　陈云于 5 月 3 日至 9 日连续几天主持召开中央财经小组会议，听取冶金部关于钢铁生产及矿石、焦炭、耐火材料、钢铁冶炼、钢材品种等情况的汇报。经过上下左右各方面的比较研究，陈云最后提出了落实钢铁指标的意见。5 月 11 日，陈云就 1959 年钢铁指标向中共中央政治局作了一次口头报告。他指出：现在原则上确定，削减基本建设，保证生产的需要，保证市场和维修的需要。总的精神是稳住阵地再前进，免得继续被动。钢材的可靠指标可初步定为 900 万吨，钢的生产指标就是 1300 万吨。至于争取的数字，需待听取煤炭、机械、铁道等部汇报后，弄清楚这些部门的生产能力和运输能力，再来研究。① 在听了陈云的发言后，邓小平在会上指出："现在急需下决心退，退到可靠的阵地再前进。"②6 月 13 日，毛泽东主持召开中共中央政治局会议，讨论工业、农业、市场问题。会议同意陈云的意见，正式将 1959 年钢材生产指标调为 900 万吨，相应地将钢的生产指标调为 1300 万吨。1959 年钢铁生产指标，在毛泽东的支持下，经过邓小平和陈云等人的共同努力，最终确定下来。这是很不容易的，是下了很大决心作出的幅度很大的调整，使影响国民经济比例关系的主要矛盾得到了一定程度的缓解。

　　纠"左"的第二项内容是制止"共产风"。1958 年人民公社成立后，刮起了一阵"共产风"，一些领导干部以为人民公社一成立，各生产队的生产资料、人力、产品就可以由公社领导机关直接支配，混淆了社会主义与共产主义、按劳分配与按需分配、集体所有制与全民所有制的界限，否定价值法则和等价交换。"经过几个月的时间，毛主席首先很快地发觉了这些错误，提出改正这些错误。"③ 毛泽东在 1958 年 11 月主持召开的第一次郑州会议，主要内容就是纠正"共产风"。邓小平和陈云参加了这次会议。

　　邓小平在会上就人民公社的性质和体制等问题谈了他的观点。针对当

① 参见《陈云文选》第 3 卷，人民出版社 1995 年版，第 129—131 页。
② 《邓小平年谱（1904—1974）》（下），中央文献出版社 2009 年版，第 1510 页。
③ 《邓小平文选》第 2 卷，人民出版社 1994 年版，第 346 页。

时流行的片面强调全民所有制标准、忽视生产力发展水平的观点，邓小平指出："实现全民所有制要有雄厚的物质基础，总要在生产力发展的基础上，不断提高生产水平。"他还说，一些农村人民公社急于宣布实现全民所有制，言过其实了，因为那里的生产力水平还很低。关于人民公社的性质，针对有些地方刚搭起人民公社架子，就搞"向共产主义过渡"试点的情况，邓小平明确地说："人民公社还不是共产主义的，连社会主义还没有建成，怎么就是共产主义呢？"关于人民公社的体制，邓小平不赞成采取"一县一社"的体制，反对用"一县一社、一县数社衡量全民所有制多少"，主张采用"联社"的形式。关于人民公社的分配形式，邓小平说："现在需要有点差别"，"不能抛弃经济鼓励的作用"，"保留一个差别还有利"。另外，邓小平还提出人民公社"必须增加用以交换的产品"的主张。①

1958 年 12 月 9 日，邓小平在中共八届六中全会上作《关于人民公社若干问题的决议（草案）》说明时，又就人民公社所有制性质等问题进一步作了阐述。在谈到向全民所有制和共产主义过渡问题时指出：社会主义是高标准的，共产主义的标准更高。我们必须划清集体所有制和全民所有制的界限，必须划清社会主义和共产主义的界限。目前的人民公社基本上是集体所有制的性质，不能说就是全民所有制，只是含有全民所有制的若干成分。我们的任务是建成社会主义，逐步增加共产主义的因素，为过渡到共产主义准备条件。我们必须根据这个质的规定性来制定方针和政策。在谈到商品生产和商品交换问题时指出：发展商品生产和商品交换，是发展社会主义经济所必需的。目前我国商品生产和商品交换不是多了，而是少了，应当利用商品生产和商品交换的形式来促进生产的发展。在谈到分配问题时指出：按劳分配原则在社会主义建设时期，具有积极的作用，不能加以否定。在谈到集体生活中的个人自由问题时指出：凡涉及人民群众生活的事情，应当和群众商量，不能凭主观愿望办事。公共福利事业，如公共食堂、幼儿园、托儿所等，应当用把它办好的方法，吸引群众参加，绝不能用强迫命令的办法。在

---

① 参见《邓小平传（1904—1974）》（下），中央文献出版社 2014 年版，第 1096—1098 页。

兴办公共福利时，个人生活资料永远归个人所有，这一点要公开向群众宣布。总之，在集体生活中的个人选择自由，从社会主义到共产主义，不是越来越小，而是越来越大。在谈到城市中组织人民公社问题时指出：总的精神是从稳从缓，以后再作专门研究。① 这些讲话，反映了包括陈云在内的中共中央领导层对人民公社化运动"左"的错误的认识，对于澄清思想，统一认识，端正做法，使人民公社化运动得以健康发展，发挥了一定作用。

在 1959 年 2 月 27 日至 3 月 5 日召开的第二次郑州会议上，邓小平受毛泽东委托，主持讨论人民公社所有制等问题。经过讨论，形成了关于人民公社问题的十二句话方针，即"统一领导，队为基础；分级管理，权力下放；三级核算，各计盈亏；分配计划，由社决定；适当积累，合理调剂；多劳多得，承认差别"。为了慎重，毛泽东请前一段未参加会议的陈云等由北京前来参加会议，共同审定十二句话方针。② 经过进一步讨论，会议将十二句话扩充为十四句话，即"统一领导，队为基础；分级管理，权力下放；三级核算，各计盈亏；分配计划，由社决定；适当积累，合理调剂；物资劳动，等价交换；按劳分配，承认差别"。这成为解决人民公社所有制问题和纠正"共产风"的基本方针。根据毛泽东的意见，会议还制定了《关于人民公社管理体制的若干规定（草案）》，规定人民公社采取三级所有、队（相当于后来的生产大队）为基础的体制；要求在公社内部，承认队与队、人与人之间的差别，实行按劳分配、等价交换的原则。这些方针、政策和措施的形成，标志着纠正农村人民公社化运动中出现的"共产风"等"左"的错误，又向前迈进了一步。

纠"左"的第三项内容是缓和市场紧张状态。钢铁工业的高指标和国民经济的片面发展，必然要影响农业、市场和人民生活。1959 年年初，相当一部分农村地区缺粮，城市粮、油、副食品及其他生活用品的供应普遍紧张。邓小平和陈云在毛泽东的支持下，为缓解市场紧张状态做出了积极努力。

1959 年上半年，邓小平主持召开一系列会议，研究部署缓和市场紧张

---

① 参见《邓小平年谱（1904—1974）》（下），中央文献出版社 2009 年版，第 1472—1473 页。

② 参见《陈云年谱（修订本）》下卷，中央文献出版社 2015 年版，第 10 页。

状态问题。1月9日，他主持召开中共中央书记处会议，讨论1959年农业计划工作。邓小平在讲话中提出要通过调整重工业、基本建设与轻工业的比例关系，采取发展轻工业和农村多种经营等措施，解决生活日用品的供应问题。他指出："今年实际上城乡供应问题很大，以后农民要大抓日用品。轻工业和农业多种经营要加强，农村公社多种经营要保证本身，也要保证城市。现在宁可削减重工业与基建，也要搞轻工业建设。"①1月31日，邓小平主持召开省、市、自治区党委第一书记会议，讨论市场问题。在谈到保障市场供应的方针时，他指出："今年力争存三个月的粮食。各省要保证城市至少有半个月的存粮。食油今年力求达到一个人一个月一斤。城市蔬菜供应无论如何要在城市附近解决。"2月1日，邓小平又在这次会上指出："中央和地方领导同志都要注意市场供应，包括轻工产品和副食品。这是关系到人民生活的问题。"②

1959年5月23日，邓小平主持召开中共中央书记处会议。他在讨论如何解决市场供应问题时指出，吃穿问题，基本上是农业问题，要注意安排。劳力、运输安排，要照顾农业。这一脚踩不稳，天下大乱。农业上不来，出口、大城市供应不能保证，人心不安。5月28日，邓小平再次主持召开中共中央书记处会议，明确提出要把工作重点从抓钢铁转到抓农业和市场上来。他指出，日用生活必需品是关系6亿人民的生活问题，比1800万吨钢还重要。思想上应从1800万吨钢中解放出来，注意力放在全局上，要注意整个国民经济。现在的问题是，究竟1800万吨钢完不成事情大，还是国计民生和市场问题大？眼睛只看到1800万吨钢，就会把全局丢掉，包括丢掉人心。要迅速从压迫我们的几个指标下解放出来，抓市场、抓农业。工农业发生矛盾时，工业要"让路"。人民生活问题必须解决。我看解决了人民生活问题，饭吃饱，有油、菜、肉，生产起来劲头就大了。③邓小平在上述一

---

① 《邓小平传（1904—1974）》（下），中央文献出版社2014年版，第1106页。
② 《邓小平年谱（1904—1974）》（下），中央文献出版社2009年版，第1486—1487页。
③ 参见《邓小平年谱（1904—1974）》（下），中央文献出版社2009年版，第1513、1515—1516页。

系列会议上作出的明确指示，对缓和市场紧张状态提供了重要的指导思想。

陈云较早看出农业、市场和人民生活方面出现的这些问题，并提出缓和市场紧张状态的 5 条切实办法：（一）粮食要省吃俭用。1958 年夏收和秋收后，估产高了，吃用多了。1959 年城乡粮食销量不断增加，库存下降，到处供应紧张。陈云说："我认为不管今年粮食增产多少，都必须省吃俭用，控制销量。抓住这一头，十分重要。我国粮食问题还没有过关。粮食定，天下定；粮食紧，市场紧。粮食现在仍然是稳定市场最重要的物资，一定要做好这一方面的工作。"（二）组织猪、鸡、鸭、蛋、鱼的供应。陈云认为："组织猪、鸡、鸭、蛋、鱼的供应，必须从生产入手，定出有效办法。发展养猪、养鸡、养鸭，国营、集体、个人三种形式可以同时并行，三条腿走路。而在目前，国营饲养场和人民公社集体饲养的经验还不很多，农户分散喂养可能是最可靠而收效最快的办法。在公社内要很好地安排自留地，保证饲养户得到饲料，还要专门拨出一定数量的饲料粮，同时加强管理工作，认真改善家畜家禽的饲养状况。"（三）要专门安排一下日用必需品的生产。陈云指出："在安排工业生产的时候，应该专门拨出一部分原料和材料，安排日用必需品的生产。原有生产小商品的工厂，如果已经改行，应该让它们'归队'，恢复生产。"（四）压缩购买力，认真精减 1958 年多招收的工人。陈云说："1956 年我们招工过多，造成当时市场紧张的局面，在这方面是有过经验教训的。对去年过多地招收了的一千多万工人，必须认真地加以精减，安置到农村去，以便压缩现有的购买力。"（五）要优先安排供应市场物资所需要的运输力量，特别是要安排好短途运输所需要的劳动力。陈云提出："当工业和商业都需要运输的时候，各地马车、手推车、木帆船等运输工具，应该尽先安排商业的需要，加强城乡物资交流。工业不要去和农业、商业争短途运输力量。"[①]陈云提出的这些具体主张，毛泽东和中共中央十分重视。相继组织实施后，市场紧张状态有所缓解。

1959 年 7、8 月间召开的庐山会议，使全党纠"左"的努力逆转为一场"反

---

① 《陈云文选》第 3 卷，人民出版社 1995 年版，第 125—127 页。

右倾"运动。庐山会议后，全国再次掀起"大跃进"运动新高潮。在这种情况下，邓小平和陈云仍努力坚持纠"左"的思路，并为克服严重经济困难提出具体办法。

在1960年3月24日召开的中共中央政治局常委扩大会议上，毛泽东提出城市人民公社普遍化问题。邓小平认为要慎重。他说："城市公社可以再考虑一下，还有那么一些问题。城市的情况复杂多样，怎样搞城市建设，怎样组织城市公社，将来总应当找到一些统一的办法。"第二天，邓小平在主持会议时又对城市人民公社普遍化问题提出了许多疑问。第一，公社是政社合一的。因此，就普遍发生一个城市规划的问题。许多城市是东一块，西一块，范围有大有小，政社合一究竟如何搞法？第二，城市同农村最大的不同之处是普遍实行工资制，城市的食堂、托儿所要交钱，城市居民要买粮、买菜。第三，在城市，家庭成员大都在不同企业工作，而企业分布在城市各处，所以，城市人民公社有一个以家为基础，还是以所在企业为基础的问题。第四，城市办了公社以后，城市居民在文化、卫生、福利方面的支出，是不是也由公社统一管起来？管什么？管多少？还有企业的管理权问题、税收问题、商业问题等等。邓小平认为，上述这些问题现在都不能一下子解决，还要积累经验。①

在继续"大跃进"思想的支配下，国家计委提出的《关于国民经济第二个五年计划后三年补充计划建议的报告》，仍然把盘子定得很大。邓小平几次主持召开中共中央书记处会议，提出要修改这一计划方案。1960年5月25日，邓小平在中共中央书记处会议上讲话指出，这一计划方案的问题是"打满了，没有机动"。并提醒说：计划要恰当，不要打得过满，不要丢掉布局。"三年补充计划，宁肯稍微慢些，也要把布局布好。"他还说："领导人要清醒，庐山会议'反右倾'以后，把应该接受的教训忘了。各省也有这个问题，不踏实，搞大计划。"他强调"雄心壮志是好的，还要有细致的工作"②。

① 参见《邓小平传（1904—1974）》（下），中央文献出版社2014年版，第1131—1132页。
② 《邓小平传（1904—1974）》（下），中央文献出版社2014年版，第1135页。

在 1960 年 6 月 8 日至 18 日召开的中共中央政治局扩大会议上，邓小平同毛泽东、刘少奇、周恩来都提出要缩小后三年补充计划的盘子。邓小平在 6 月 10 日的发言中提醒大家头脑要"冷"，批评"盘子定大了"。他指出："作为领导者，我们应该不要忘记除了九个指头以外一个指头甚至于少于一个指头的问题。领导者头脑要热，但是更要冷。我们热这方面是够的，但是冷这一点是不是还有一部分同志不够？最近一个时期出现的现象，如果我们不注意，哪怕不到一个指头，它可以发展到一个指头，甚至多于一个指头。到那个时候再来提醒，再来检讨，我们就要受损失。我们一定要估计到，有这样一部分同志，相当程度地丧失了我们党的实事求是的优良传统。考虑后三年计划，我建议还是'右倾机会主义'好一点，留有余地才能多快好省。"① 这些话，表明邓小平对"大跃进"以来党和国家工作中存在的"左"的错误有了新的正确的认识。

面对庐山会议后继续"大跃进"造成的混乱经济局面，陈云更多的是通过调研提出解决农业困难的办法。连续两年大面积的自然灾害，加上 1959 年庐山会议后的继续"大跃进"，使国民经济比例严重失调的局面进一步加剧，特别是农业生产遭受重大损失，全国许多地区出现严重缺粮问题，一些地方甚至发生了饿死人现象。

在农业和粮食形势日益严峻、经济困难日趋严重的情况下，陈云为了考察灾情、寻求对策，从 1960 年 9 月起，先后到河北、山东、河南、苏北、皖北等地，进行了 3 个月的调查研究。通过对这些地方的实地考察，陈云对灾情和粮食困难的严重性，有了更强烈的感受和深刻的了解。

10 月 19 日，陈云在河南考察时，综合河北、山东、河南的情况，提出了两三年内解决农业困难的四条办法：（一）贯彻好中央制定的有关农村三级所有制的政策。（二）农业劳动力要固定下来，长期不变，能够从城镇回来的人要回来。（三）工业要支援农业。凡是对增产 5000 万斤至 1 亿斤粮食有用的措施都要采取。（四）大种瓜菜，今后几年要坚持粮菜混吃、"瓜代菜"

---

① 《邓小平年谱（1904—1974）》（下），中央文献出版社 2009 年版，第 1558 页。

的办法。无论灾区还是丰产区，灾年还是丰收年，都要这样。①

正确处理城市与乡村的关系，按照它们在一定生产水平下的恰当比例来安排农业生产和城市发展，是陈云在考察中提出的解决农业困难的另一条办法。他说："每一个省，在现在的生产水平下，一年能够生产多少粮食，农村必须留多少（保证三留②留够），能够调到城市的有多少？全国要算这个账，每一个省也要算这个账。城市人口的发展要有一定的限度，应该根据粮食的增长情况来定。如果城市人口发展得多了，势必要多供应城市粮食，而且向农民要的都是好粮食，差的粮食（大量的红薯、蔬菜）留在农村了。如果从农村拿得多了，农民就要闹事。"③

为了解决农业困难，增产粮食，从农业自身来看，陈云认为除调整农业政策外，主要措施是解决水、化肥和机械等方面的问题。陈云一直把水利问题作为农业恢复和发展的决定性因素。在这次考察中，陈云说："要根本解决农业问题，第一，要有水。有了水，粮食就能增产。要使粮食情况根本好转，首先要解决水的问题。"④化肥是庐山会议后陈云一直潜心思考和下大力去解决的问题。在这次三月考察中，他在各地看了很多化肥厂，探讨发展化肥工业的具体途径，并一路宣传要农业翻身，"化学肥料是个重要问题。"机械化是解决农业困难、增产粮食的又一个办法。陈云在考察中，对各种农用机械，尤其是拖拉机，一一予以关注，并根据各地不同的实际需要设法予以解决。陈云提出的上述措施，最大限度地减轻了继续"大跃进"带来的损失，也为中共中央下一步实行国民经济调整方针开辟了道路。

① 参见《陈云年谱（修订本）》下卷，中央文献出版社 2015 年版，第 48 页。
② 三留，指留基本口粮、种子和大家畜饲料用粮。
③ 《陈云文集》第 3 卷，中央文献出版社 2005 年版，第 274—275 页。
④ 《陈云文集》第 3 卷，中央文献出版社 2005 年版，第 277 页。

第十六章

国民经济调整时期

1961 年至 1965 年是新中国历史上的国民经济调整时期。其中 1961 年至 1962 年对国民经济进行了全面调整，1963 年至 1965 年作为第二个五年计划到第三个五年计划的过渡阶段，继续对国民经济实行调整、巩固、充实、提高的方针。调整工作在毛泽东的支持下，由刘少奇、周恩来、陈云、邓小平等主持。其中刘少奇主持中共中央政治局，陈云主持中共中央财经小组，邓小平主持中共中央书记处。后来由于陈云生病，中共中央财经小组实际上由周恩来主持工作。他们互相配合，具体领导了这一时期的国民经济调整工作。

在全面调整国民经济的两年间，邓小平和陈云参与部署和领导了对国民经济的调整工作，提出了许多正确主张，制定了一系列政策措施，为国民经济和人民生活走出困境发挥了重要作用。尤其陈云在这个历史阶段的突出贡献，是全党和全国人民公认的。

在贯彻调整方针的思路和举措方面，邓小平和陈云的主张有许多共同点。

一是他们都提出国民经济调整要经历较长时间。1961 年初召开的中共八届九中全会正式提出要用三年时间对国民经济实行"调整、巩固、充实、提高"的八字方针。在同年 8 月召开的中共中央书记处会议上，鉴于经济困难的严重局面，邓小平提出"'八字'方针的贯彻，至少需要五年时间"。①后来，随着对国民经济的实际情况和调整工作的难度有了更深切的了解，在

---

① 转引自《邓小平传（1904—1974）》（下），中央文献出版社 2014 年版，第 1204 页。

9 月召开的中共中央工作会议上，邓小平又提出对国民经济实行"八字"方针要用 7 年时间，前 3 年主要是调整，后 4 年再有所发展。他说："现在我们的国民经济实际上是一个半瘫痪状态，我们要有一个时间来结束这个状态，基本上把生产恢复起来，把现有的设备能力恢复起来。"他提出，从今年起到第三个五年计划末的 1967 年，都要贯彻执行"调整、巩固、充实、提高"的方针。这 7 年时间又可分为两段：第一段是今年、明年和后年，基本上把"调整"两字搞好；第二段是后 4 年，是跃进。这个跃进可能不是后 4 年的第一二年，也许在第三四年出现。[①] 可以看出，邓小平是把调整与调整中、调整后的发展结合起来进行考虑的。中共中央同意邓小平的意见，后来正式下发的《关于当前工业问题的指示》把国民经济调整的时间改为 7 年。

陈云也提出国民经济调整要经历较长时间。他在 1962 年 2 月召开的西楼会议和国务院各部委党组成员会议上，提出的克服财政经济困难的第一条办法，就是把 1963 年至 1972 年的 10 年经济规划分为两个阶段。前一阶段是恢复阶段，后一阶段是发展阶段。中共中央同意陈云的意见。3 月 18 日，中共中央发出的《关于批发陈云等同志讲话的指示》指出："陈云同志在他的讲话中说：'把 10 年规划分为两个阶段。前一阶段是恢复经济的阶段，后一阶段是发展阶段。'为了语言上的一致，中央认为，今后 10 年，应当分为两个阶段：前一个阶段，是调整阶段，主要是恢复，部分有发展；后一个阶段，是发展阶段，主要是发展，也还有部分的恢复。有了前一阶段的调整，才能有后一阶段的发展。只有这样划分两个阶段，才能使任务明确，步调一致。否则，大家就还只想着发展，而且只想着重工业的发展，硬撑着架子，不愿意缩小基本建设的规模，不愿意降低某些重工业的生产指标。""这对于克服目前的严重困难，争取财政经济状况的基本好转，是极为不利的。"[②]

二是邓小平和陈云都强调调整时期要摆正农轻重的关系，加强农业和轻工业。1961 年 5 月 31 日，邓小平在中共中央工作会议上的讲话中指出："从

① 参见《邓小平传（1904—1974）》（下），中央文献出版社 2014 年版，第 1200 页。
② 《中共中央文件选集》第 39 册，人民出版社 2013 年版，第 173—174 页。

粮食上暴露出来的问题，实际上是农轻重问题，是重工业速度问题。要加以调整，填平补齐，把力量用到轻工业和农业方面来。"①7月14日，他在沈阳听取中共中央东北局书记处汇报时，进一步指出："现在讲农轻重，'农、轻'是上，'重'是下。要保证逐步地上，逐步地下。过去'重'一马当先，现在不要又在另一方面过分突出，要正确处理农轻重的关系。"②

陈云在调整1962年年度计划时，也着重强调了农业和市场这两个问题。他指出：调整计划的实质是把工业生产和基本建设的发展放慢一点，以便把重点真正放在农业和市场上。"今年的计划，特别是材料的分配，要先把农业、市场这一头定下来，然后再看有多少材料搞工业。工业也要首先照顾维修、配套，维持简单再生产。满足了当年生产方面的需要，再搞基本建设。有多大余力，就搞多少基本建设。今年如此，今后也要如此，使人民的生活一年一年好起来。"③陈云的主张为中共中央所采纳："中央认为，在这样的时期，我们的主要任务就是：大力恢复农业，稳定市场，争取财政经济状况的基本好转。也就是说，目前全党必须集中力量，增加农业生产和日用品生产，解决吃、穿、用问题，保证市场供应，制止通货膨胀。至于基本建设，在最近两三年内，除了维持简单再生产的工程和十分必要的扩大再生产的某些工程以外，其他都要一律停止。"④

三是邓小平和陈云都主张进口粮食。为解决粮食严重短缺问题，陈云在1960年底提出了进口粮食的应急措施。中共中央采纳了陈云的建议。从1961年至1965年，每年进口粮食500万吨左右，缓解了农业困难和粮食紧张问题。邓小平支持进口粮食。1961年1月16日，他在中共中央书记处会议上指出："进口粮食，我赞成至少进3年。进100亿斤，放在交通要道。"⑤

四是邓小平和陈云都主张下放城市人口。动员城市人口下乡，减少

① 《邓小平年谱（1904—1974）》（下），中央文献出版社2009年版，第1642页。
② 《邓小平年谱（1904—1974）》（下），中央文献出版社2009年版，第1648—1649页。
③ 《陈云年谱（修订本）》下卷，中央文献出版社2015年版，第128、129页。
④ 《中共中央文件选集》第39册，人民出版社2013年版，第173页。
⑤ 《邓小平年谱（1904—1974）》（下），中央文献出版社2009年版，第1613页。

城市人口，是调整国民经济、克服严重经济困难的一条关键性措施。早在 1959 年 4 月，为解决市场紧张、经济失衡问题，陈云就曾提出对 1958 年多招收的一千多万工人，必须认真地加以精减，安置到农村去，以便压缩购买力。面对日益严重的经济困难特别是粮食紧张问题，陈云再次提出精简职工和动员城市人口下乡的主张。他在 1962 年 2 月西楼会议及此后的国务院各部委党组成员会议上的讲话中，都把减少城市人口看成"是克服困难的一项根本性的措施"①。陈云的主张得到了邓小平等中共中央领导人的赞成和支持。邓小平在 1961 年 5 月 31 日的中共中央工作会议上指出："现在不拿出二千万人不行，不关一部分工厂不行，不关一部分学校不行，不关一部分机关也不行。""从城市压人下去，这不仅是解决粮食问题，对工业本身也有好处。不减人，工业生产秩序搞不好。减人的关键是以中央各部门为主，冶金、煤炭、机械及其其他各行各业，凡是多的人都要减。"②

另外，邓小平还提出调整国民经济不能用"打补丁"的办法，要有"通盘考虑"，要打歼灭战。他在 1961 年 5 月 31 日的中共中央工作会议上指出："从去年北戴河会议起到今天将近一年，我们用打补丁的办法解决了一些问题。但是，涉及规模、速度这样一系列带有重大性质的原则问题，看来打补丁是不行的。""如果再照那个办法，三年调整肯定是不行，对这些问题没有通盘考虑是不行的。"③邓小平在 1961 年 9 月 5 日的中共中央工作会议上又指出："还是抓重点、打歼灭战的方法能够解决问题。在抓重点的方法下面，一步一步稳步地走，一步一步地建立新的比例关系。我们的重点还是要更多一点放在煤炭上，使它第一不退，第二能够上去，由它来带动整个国民经济活起来。"④

在农业调整方面，邓小平和陈云通过深入农村进行实地调研，为中共

---

① 《陈云文选》第 3 卷，人民出版社 1995 年版，第 201 页。

② 《邓小平传（1904—1974）》（下），中央文献出版社 2014 年版，第 1182 页；《邓小平年谱（1904—1974）》（下），中央文献出版社 2009 年版，第 1642 页。

③ 《邓小平传（1904—1974）》（下），中央文献出版社 2014 年版，第 1181—1182 页。

④ 《邓小平年谱（1904—1974）》（下），中央文献出版社 2009 年版，第 1658 页。

中央进一步调整农村政策提供了有价值的情况和意见，推动了农业生产的恢复和发展。鉴于"大跃进"期间从中央到地方各级领导干部因情况不明搞瞎指挥所出现的错误和导致的严重后果，毛泽东在中共八届九中全会及会前的中央工作会议上提出全党要大兴调查研究之风，使 1961 年成为一个调查研究年，一个实事求是年。邓小平和陈云响应毛泽东的号召，先后深入农村，亲身进行了有系统的调查研究。

1961 年 4 月 7 日，邓小平到达顺义，开始为期半月的调查工作。他按照毛泽东的指示，主要采取分别召开县级、公社级和生产队级干部座谈会的方法进行调查。4 月 8 日，也就是到达顺义的第二天，邓小平即召集县委负责人座谈会，全面了解农村生产和生活情况。4 月 12 日，召开公社、管理区干部座谈会，调查了解粮食和公社体制情况。4 月 15 日，召开生产队干部座谈会，调查了解养猪和公共食堂情况。在召开了县级、公社级和生产队级干部座谈会后，4 月 17 日，邓小平又听取了中共顺义县委的工作汇报，从总体上进一步了解顺义工农业生产的基本情况。通过召开各级座谈会，邓小平比较全面地掌握了顺义农村面上的情况和突出问题后，他开始深入生产队、公共食堂等实地察看。4 月 19 日，邓小平到生产落后的芦正卷村调研。4 月 21 日，又到上辇村就粮食三定和超产分配、公共食堂、核算单位等问题进行调研。4 月 22 日，邓小平结束在顺义的调查，回到北京。

5 月 10 日，邓小平和彭真联名给毛泽东写了一个调查报告，汇报在北京顺义、怀柔县调查的情况①。报告指出：在农村贯彻执行十二条、六十条指示的结果，农民群众的生产积极性已有很大提高。但是，要进一步全面地调动农民的积极性，对供给制、粮食征购和余粮分配、"三包一奖"、评工记分、食堂、所有制等问题的措施，还需要加以改进，有些政策要加以端正。报告中汇报了以下几个问题，概括了他们了解的情况，并提出了看法和意见：

（一）关于调整社队规模问题。报告指出，北京近郊和各县调整社队规

---

① 彭真率领的调查组主要在怀柔县搞调查研究。

模后，多数是万把人一个社，大队一般以村为单位，生产队一般 50 户左右，生产队下面一般建立作业组，实行责任制。这使农民心里有了底，对社、队比过去"看得见、抓得住、管得了、信得过"了。

（二）关于粮食征购和余粮分配问题。报告指出，这是目前干部和群众最关心的问题，大体有两种意见：多数生产队赞成对包产部分的余粮购九留一，对超产部分购四留六；少数生产队愿意包死。目前社员爱粮如珠，对国家征购后的余粮，大队、生产队不宜留得多了，应该把绝大部分按劳动工分、按出售肥料分给社员，鼓励他们像经营自留地一样，在集体经营的土地上精耕细作，积极施肥。

（三）关于供给制问题。报告指出，现在实行的三七开供给制办法，带有平均主义性质，害处很多。它不仅使劳动力多、劳动好的人吃亏，也不能适当解决五保户和困难户的问题。干部和群众普遍主张取消，而主张只对五保户生活和困难户补助部分实行供给。这样做，不仅可以更好地解决五保户和困难户的问题，而且可以大大提高劳动分值，更好地贯彻按劳分配原则，更好地调动社员的生产积极性。

（四）关于"三包一奖"①和评工记分制度问题。报告指出，凡是几年来年年增产的单位多是坚持"三包一奖"、评工记分制度的。一些实行死分死记或死级活评的单位，一般都减了产。"三包一奖"和评工记分制度体现按劳分配原则，这一制度及其他措施实行的结果是，社员劳动积极性和劳动效率显著提高。

（五）关于食堂问题。报告指出，食堂问题比较复杂，除居住分散的队不办、长年食堂一般主张不办外，对农忙食堂（半年多），群众意见很不一致。看来，吃不吃食堂的问题，不能像供给制一样，一刀两断地下决心。尤其要走群众路线，让社员慢慢考虑、好好讨论，完全根据群众自愿，他自己感到怎样合算就怎样办。今后要办食堂的，一般应把食堂的经济核算同生产队分开，即把生产队的分配和社员的生活消费分开。食堂不要大了，应办小

---

① 指包产、包工、包成本，超产奖励。

型的或自愿结合的。

（六）关于耕畜和农具的所有制问题。报告指出，在很多地方，普遍主张农具归生产队所有，多数主张耕畜折价归生产队所有。但对耕畜所有问题，意见分歧还较多。看来，耕畜归生产队所有比较有利，这样可以加强社员对牲畜的爱护，减少牲畜死亡，同时繁殖也会较快。

（七）关于供销社和手工业、家庭副业问题。报告指出，对手工业和家庭副业，必须大力恢复和发展。为之，必须迅速恢复和健全供销社的工作，为手工业、家庭副业供应原料、工具，推销产品，组织生产。①

邓小平的调研报告内容丰富，涵盖当时农村工作中的主要问题，且提供了有价值的情况、意见和建议。1961年5、6月间召开的中共中央工作会议重新修订了《农村人民公社工作条例》（即"农业六十条"），取消了公共食堂和供给制，调动了农民的生产积极性，促进了农业的恢复和发展。在这方面，邓小平的农村调查无疑发挥了重要作用。

陈云是在1961年6、7月间到他家乡上海青浦县小蒸公社进行的农村调查。在小蒸调查中，陈云重点关注了母猪私养、农作物种植安排和自留地等3个问题。母猪私养，实质上是放宽农村政策的问题。它直接关系到能不能恢复和发展养猪业。陈云带领调查组通过对母猪公养与私养进行全面比较，得出结论："要迅速恢复和发展养猪事业，必须多产苗猪；而要多产苗猪，就必须把母猪下放给社员私养。这是今后养猪事业能否迅速恢复和发展的一个关键。"②农作物种植安排反映的是干部作风问题。小蒸公社过去不种双季稻，小麦也种得少。"大跃进"和人民公社化后，改成种双季稻和多种小麦。农民对此很不满意。陈云通过实际比较和算账，确认青浦小蒸种双季稻不如种单季稻好。自留地是调整农村政策中需要解决的又一个突出问题。当时，小蒸公社分给农民的自留地只占耕地面积的3%，农民觉得太少。陈云赞成大家的意见，主张增加自留地，认为这可以帮助农民吃饱肚子，渡过困难。

---

① 参见《邓小平年谱（1975—1997）》（下），中央文献出版社2004年版，第1636—1637页。
② 《陈云文选》第3卷，人民出版社1995年版，第172页。

回到北京后，陈云写出《母猪也应该下放给农民私养》《种双季稻不如种蚕豆和单季稻》《按中央规定留足自留地》3 个调查报告。8 月 8 日，他致信邓小平，谈了青浦农村调查的基本情况，并附上这 3 个调查报告。

陈云在信中说："6 月下旬到 7 月上旬，我在上海市青浦县小蒸人民公社住了 15 天，进行了农村调查。这里是我 1927 年做过农民运动的地方，解放后也常有联系，情况比较熟悉。在我去之前，由薛暮桥同志带了一个工作组先去调查了一个星期。工作组中有两位同志，是 1927 年和我同在此地做过农民运动的。农民知道我们，所以敢于讲话。我听了公社党委两次汇报，召开了 10 次专题座谈会，内容是：（一）公养猪，（二）私养猪，（三）农作物种植安排，（四）自留地，（五）平调退赔，（六）农村商业，（七）公社工业和手工业，（八）粮食包产指标、征购任务、农民积极性，（九）干部问题和群众监督，（十）防止小偷小摸，保护生产。这些座谈会，有几次主要是向农民做调查，有几次是和公社党委交换意见。我自己还去农民家中跑了若干次，观察他们养猪、种自留地、住房和吃饭等情况。农民对我们党有赞扬，也有批评。他们的意见和情绪，概括起来有四：一是粮食吃不饱；二是基层干部不顾实际、瞎吹高指标，参加劳动少，生活特殊化；三是干部在生产中瞎指挥，不向群众进行自我批评；四是没有把集体生产组织好，农民的积极性差，相反，对自留地、副业生产积极性高。但是，他们认为在解放后，得到的好处不少，主要有五：一是分到土地后'好过年了'；二是荡田淤高了（全公社共有耕地 24000 亩，其中荡田占 7000 亩）；三是电力灌溉多了（约占耕地面积 80%）；四是化肥多了（近两年每亩平均有 30 斤）；五是虽然还受干部一点气，可是比国民党时好得多了。"

信中还说："此后，我又到杭州、苏州，找了与青浦情况相仿的嘉兴专区几个县（如嘉兴、嘉善）、苏州专区几个县（如吴县、吴江、昆江）的县委书记和若干个大队支部书记，研究了种双季稻和种小麦的问题，也顺便问了养猪和自留地的情况。另外，又找了与青浦土地、人口、气候条件不同的萧山和无锡两县县委的同志，调查了种植情况，做了比较，研究了农作物种植安排上的有关问题。最后，就养猪、农作物种植安排、自留地等三个问题，同上海市委、浙江省委、江苏省委交换了意见。现在把这三个问题的调查材料送阅，供参考。"①

8月12日，邓小平批示将陈云的信和这3个调查报告印发当月下旬在庐山召开的中共中央工作会议，对落实调整农村政策，调动农民积极性，解决农业困难，产生了积极影响。

在农业调整的过程中，为调动农民生产积极性，解决农业困难，陈云经过调查提出了分田到户的主张，邓小平给予了支持。对安徽等省为恢复农业、增产粮食而采取的包产到户的做法，陈云明确表示肯定，认为"这是非常时期的非常办法"②。但他又认为："包产到户还不彻底，与其包产到户不如提分田到户"。他还要姚依林帮助他算一笔账，分田到户以后，农业生产每年能增产多少，国家能掌握多少粮食。③但此事关系重大，这一建议毛泽东可能不会接受，很多人劝他不要急于提出。陈云义正词严地说："不能患得患失。我担负全国经济工作的领导任务，要对党和人民负责。遇到大事，既然看准了，找到了办法，就要尽快提。这关系到党的事业的成败，关系到人心向背，怎能延误时机。"④本着对党和人民负责的态度，陈云同几位中共中央常委商量后，毅然向毛泽东提出了分田到户的建议。他提出后，据陈云秘书周太和回忆："当时，毛泽东同志未表示意见。第二天早晨，毛泽东同志很生气，严厉批评说：'分田单干'是瓦解农村集体经济，解散人民公社，是中国式的修正主义，是走哪一条道路的问题。"⑤后来在1962年北戴河会议上，陈云又因此受到毛泽东不点名批判。

在陈云就分田到户问题先后同刘少奇、林彪、邓小平、周恩来等中共中央常委交换看法时，邓小平当时答复：分田到户是一种方式，可以用各种

---

① 《陈云文选》第3卷，人民出版社1995年版，第170—171页。

② 《陈云与新中国经济建设》，中央文献出版社1991年版，第168页。

③ 《陈云传》（三），中央文献出版社2015年版，第1332页。

④ 《陈云和他的事业》（上），中央文献出版社1996年版，第42—43页。

⑤ 周太和：《陈云同志四下农村调查的前后》，见《陈云与新中国经济建设》，中央文献出版社1991年版，第168—169页。

各样的方式。① 这个答复可以理解为对陈云的支持，同时也体现了邓小平的一个重要思想，就是哪一种方法有利于恢复农业生产，就用哪一种方法。7月2日，邓小平在主持中共中央书记处会议讨论农业问题时说："恢复农业，相当多的群众提出分田。陈云同志作了调查，讲了些道理，提出的意见是好的。现在所有的形式中，农业是单干搞得好。不管是黄猫、黑猫，在过渡时期，哪一种方法有利于恢复生产，就用哪一种方法。我赞成认真研究一下分田或者包产到户，究竟存在什么问题，因为相当普遍。你说不好，总要有答复。对于分田到户，要认真调查研究一下。群众要求，总有道理，不要一口否定，不要在否定的前提下去搞。要肯定，形式要多样。公社、大队为基础都可以，不要轻易否定一种。但现在大队是少数，小队也发生了问题，不如包产到户。分田到户也有好的。过渡时期要多种多样，退的时期退够才能进。总之，要实事求是，不要千篇一律。这几年就是千篇一律。陈云同志也赞成多种多样，他提出分田单干允不允许？是否就是不好的？"② 这段话对陈云提出分田到户的意见再次作了回应，同时更加明确地提出了过渡时期恢复农业生产的方式要多种多样的思想和主张。

7月7日，邓小平在接见出席中国共产主义青年团三届七中全会全体人员的讲话中重申了这一观点。他指出："农业要恢复，主要是两个方面的政策，一是把农民的积极性调动起来，一是工业支援农业。调动农民的积极性，主要还得从生产关系上解决。生产关系究竟以什么形式为最好，恐怕要采取这样一种态度，就是哪种形式在哪个地方能够比较容易比较快地恢复和发展农业生产，就采取哪种形式；群众愿意采取哪种形式，就应该采取哪种形式，不合法的使它合法起来，就像四川话'黄猫、黑猫，只要捉住老鼠就是好猫。'"③

在工业调整方面，邓小平主持制定了《国营工业企业工作条例》（简称"工业七十条"）和《中共中央关于当前工业问题的指示》（简称"工业八条"），

---

① 参见《陈云年谱（修订本）》下卷，中央文献出版社 2015 年版，第 135 页。
② 《邓小平文集（1949—1974）》下卷，人民出版社 2014 年版，第 146 页。
③ 《邓小平年谱（1975—1997）》（下），中央文献出版社 2004 年版，第 1714 页。

为工业调整提供了管理制度和宏观指导。陈云在讨论"工业八条"和主持召开煤炭冶金工业座谈会的过程中，提出了许多重要思想。这些制度和思想对工业调整乃至整个国民经济的调整都发挥了重要作用，产生了重要影响。

起草"工业七十条"，是在1961年6月17日邓小平主持召开的中共中央书记处会议上正式提出的，①但此前已有一段时间的酝酿。1958年"大跃进"以来，由于许多企业没有实行严格的责任制，不讲究经济核算，工资、奖励制度上存在平均主义，以及党委包揽企业的日常行政事务等，相当普遍地出现了生产秩序混乱，瞎指挥、乱操作，设备损坏严重，产品质量和劳动生产率大幅度降低，经济效果很差等问题。严峻的形势迫切要求中共中央采取重大步骤，迅速扭转这种困境。在此背景下，起草工业企业工作条例的任务提上了议事日程。

1961年3月27日，邓小平在中共中央书记处会议上提出："'农业六十条'是中央搞的，工业方面也要拿出若干条。"②他对起草工业企业工作条例提出明确要求和具体意见，指出条例要以企业为主，目前主要搞大中企业，小企业和一部分中型企业问题很复杂，原则可以包括在内。6月17日，邓小平再次主持召开中共中央书记处会议，正式确定起草工业企业工作条例。邓小平在讲话中对具体负责此事的薄一波明确指示："工业比农业复杂得多，究竟如何搞？现在心里无底。只有结合调查研究，条例才能搞得出来，可从各部抽人，必要时找少数大厂的人一块来参加；头10天左右，先把情况好好摸一下。"③

这次书记处会议后，薄一波组织了一个班子，一边调查研究，一边起草条例。7月初，草拟出一个比较简单的稿子。薄一波将草稿修改补充后形成初稿，于7月16日报送中共中央书记处。④7月28日，邓小平在北戴河

① 参见《邓小平年谱（1904—1974）》（下），中央文献出版社2009年版，第1645页。
② 《邓小平年谱（1904—1974）》（下），中央文献出版社2009年版，第1625页。
③ 薄一波：《若干重大决策与事件的回顾》（下），中共党史出版社2008年版，第669—670页。
④ 参见邓力群：《〈工业七十条〉起草始末》，《百年潮》2011年第12期。

主持召开中共中央书记处会议，听取薄一波关于条例草案起草情况的汇报和说明，① 并对条例草案进行讨论。书记处会议后，起草小组在北戴河根据讨论意见进行修改，于 8 月 10 日报送中共中央书记处。② 从 8 月 11 日起，邓小平在北戴河连续 4 天主持召开中共中央书记处会议，对条例稿逐条进行讨论，边议边改，最后定为 10 章、70 条。

8 月 15 日，邓小平和彭真、李富春、薄一波致信毛泽东并中共中央政治局常委，就条例草案的起草经过及主要问题作了说明。8 月 23 日，中共中央工作会议在庐山开幕。会议讨论通过了《国营工业企业工作条例》（简称"工业七十条"）。9 月 16 日，"工业七十条"由中共中央公布试行。

"工业七十条"针对当时国营工业企业管理工作中存在的问题，明确规定了国营工业企业的性质和基本任务，重新肯定了党委领导下的厂长负责制，要求建立和健全必要的责任制和各项规章制度，强调计划管理、按劳分配、企业经济效果和职工物质利益等项原则，并作出许多具体规定。"工业七十条"不仅在当时指导着工业企业的整顿工作，而且在此后很长一个时期内成为我国工业企业管理的纲领性文件，被人们称之为"工业宪法"。

邓小平在主持起草"工业七十条"的过程中，提出了许多正确主张。党委领导下的厂长负责制是工业企业管理的根本制度，是"工业七十条"的核心内容。这个关键部分由邓小平口授写成，是邓小平对整顿工业企业，加强和改进企业管理作出的重要贡献。邓小平还对企业中党委的工作提出了很好的意见。他指出：党委要把反映群众意见、了解实际情况作为经常工作。党委的经常工作，就是加强调查研究工作，要向上下左右做调查，要进行深入的、系统的、周密的调查研究。通过这些调查研究来考虑党委应该做些什么工作，怎样做工作。对厂里的日常工作，不应过多干预。③

邓小平还不同意提车间、工段实行党总支、支部领导下的车间主任、

---

① 参见《邓小平年谱（1904—1974）》（下），中央文献出版社 2009 年版，第 1654 页。

② 参见邓力群：《〈工业七十条〉起草始末》，《百年潮》2011 年第 12 期。

③ 参见邓力群：《〈工业七十条〉起草始末》，《百年潮》2011 年第 12 期。

工段长负责制。① 当时，许多企业的车间、工段和科室，仿效党委领导下的厂长负责制，实行所谓党总支或党支部领导下的车间主任或工段长负责制、党总支或党支部领导下的科长或室主任负责制，有的班组甚至也实行所谓党小组领导下的班组长负责制。对此，邓小平明确表示反对。邓小平关于企业中党政关系的主张，既保证了党的领导，又限制了党委特别是党总支或党支部对生产行政工作的过多干预，强化了厂长及车间主任、工段长对生产行政工作的指挥权。这对于纠正当时企业领导制度执行中发生的偏差，贯彻实行厂长负责制，推动工业企业整顿起了很大作用。

规定企业实行职工代表大会制度，是邓小平为健全和规范企业规章制度，改进和加强企业管理工作而提出的又一项正确主张。根据邓小平的意见，"工业七十条"将职工代表大会制度载入条例，并作出具体规定。邓小平提出的关于整顿工业企业，改善和加强企业管理，实行职工代表大会制度等观点，已作为党在开始全面建设社会主义时期所积累的重要领导经验，载入中共十一届六中全会通过的《关于建国以来党的若干历史问题的决议》。②

"工业七十条"政策明确，办法具体，下发后受到企业干部和职工的广泛拥护。各地区各部门选择不同行业和大、中、小不同类型的企业进行试行，与此同时，根据条例的规定对国营工业企业进行整顿。经过一系列试行和整顿工作，由于"大跃进"运动造成的企业管理混乱局面发生了很大改变，经济效果有了明显提高，我国工业得到了迅速恢复和发展，重新出现了欣欣向荣的局面，有力地促进了国民经济的调整。如果说我国农村比较快地从"大跃进"的灾难中走向恢复，主要是得益于毛泽东亲自主持制定的"农业六十条"，那么，工业战线的调整和整顿，则得益于邓小平亲自主持制定的"工业七十条"。薄一波后来评价说："它的颁发试行，对于贯彻执行调整、巩固、充实、提高的方针，恢复和建立正常的生产秩序，促进生产力的发展，发挥了重要的作用；对于企业管理的法制建设，也进行了有益的

---

① 参见薄一波：《若干重大决策与事件的回顾》(下)，中共党史出版社2008年版，第677页。
② 参见《三中全会以来重要文献选编》（下），人民出版社1982年版，第753页。

探索。"①

在制定"工业七十条"的过程中，邓小平和中共中央书记处成员感到，解决这几年工业方面存在的问题，只发一个关于企业管理的文件还不够，还要发一个宏观的指导性文件。为此，邓小平又主持起草了《中共中央关于当前工业问题的指示》（简称"工业八条"），于1961年9月15日正式下发。

"工业八条"指出："为了有系统地解决当前工业发展中存在的严重问题，逐步协调工业内部各行业之间、工业和农业之间、城市和农村之间的关系，所有工业部门，在今后七年内，都必须毫不动摇地切实贯彻执行调整、巩固、充实、提高的方针。在今后三年内，执行这个方针，必须以调整为中心。只有经过一系列的调整，才能建立新的平衡，才能逐步地巩固、充实和提高，为工业和整个国民经济的进一步发展做好准备。""工业八条"对工业调整提出一系列原则性意见，包括：在工业管理中实行高度集中统一的领导；在全面安排的基础上，抓住中心环节，集中力量，解决问题；努力增产日用品和农业生产资料，稳定市场；加强经济协作；坚持群众路线，改进工作作风和加强纪律性等。②

在讨论"工业八条"时，陈云对工业调整问题发表了意见，突出强调了综合平衡原则，并对"工业八条"提出两点具体修改建议．他指出：（一）"工业八条"提出的抓煤炭和钢材、以煤炭和钢材领先的问题，"这是对的，生产资料总是要走在前面。但是，领先不是孤立地保钢、保煤，而是要在平衡的基础上使经济抓活起来。"在文件第三条，建议加上"保重点是为了搞活"的内容。基建规模和生产指标要退够。何谓退够？就是退到可靠的基础上，要以经济能活动周转起来为标准。只要经济活起来了，基建规模和生产指标就可以逐渐增加。现在粮食和物价已达到非常紧张的程度，如果工业投资再搞得很紧张，又会重复以前保钢、保煤的错误。（二）抓工业调整要做好调查研究。调查研究工作要从两方面进行，一是派工作组下去调查研究，

① 薄一波：《若干重大决策与事件的回顾》（下），中共党史出版社2008年版，第668页。
② 参见《建国以来重要文献选编》第14册，中央文献出版社2011年版，第529—548页。

234

一是由综合机关主持召开五六个单位参加的小型座谈会。参加会的人，老工人、技术干部、行政干部和看法左、中、右的都要有。要宣布不戴帽子，不抓辫子，不打棍子，让大家畅所欲言地从各个方面把问题兜出来，然后一个一个地研究。当前要着重抓住煤炭、冶金、机械、三类物资、物资分配、中央与地方关系这六个方面的问题进行研究。中央与地方的问题主要是集中与分权问题，过去集中过多，统得过死，对发挥地方积极性有影响，现在又分散过多。总的原则应是既要集中统一，又要分级管理。集中统一主要靠国家计委，也要靠各省、市，只靠中央与中央局不行。（三）建议在《关于当前工业问题的指示》中把综合平衡问题单写一条。因为，指示的八条中有五条与综合平衡有关。有综合平衡才有计划。不搞综合平衡，搞"一马当先""四保"（即保钢、保煤、保粮、保棉），只能在特定条件下搞一下。综合平衡与单打一不一样，单打一会打断经济上相互间的联系。有计划按比例地发展国民经济很重要，有计划主要是按比例。综合平衡与抓重点没有矛盾，有计划按比例本身也是有重点的，苏联和我国的第一个五年计划都以重工业为重点。改善农业现状需要许多年，工业支援农业不能着急。国家计委的工作过去主要是搞基本建设，现在工业基础大了，今后要转到搞生产中的综合平衡为主。在陈云发言时，毛泽东插话说："讲得好，请陈云为'工业指示'写一条综合平衡。"[1]

工业调整，首先必须解决煤炭和钢铁问题。把这两大问题的情况弄明白，对于扭转经济困难局面至关重要。1961 年 10 月至 12 月，陈云主持召开煤炭工业座谈会和冶金工业座谈会，分析煤炭、钢铁行业存在的问题，提出调整煤炭、钢铁行业的见解。在煤炭工业座谈会上，陈云强调：对煤炭工业要立足于农业基础来思考；要解决比例失衡、摊子过大、指标过高的问题；煤炭工业的发展要合理布局；在企业管理方面，要把不应该废弛的规章制度统统恢复起来；采掘工人可以实行计件工资；要建立技术责任制；对党

---

[1] 《陈云年谱（修订本）》下卷，中央文献出版社 2015 年版，第 104—106 页；《陈云传》（三），中央文献出版社 2015 年版，第 1282 页。

委领导下的厂长负责制，重点在加强行政负责；党委要改进领导方法，总结经验，克服缺点，集中精力管大事。在冶金工业座谈会上，提出强调：钢铁工业的发展受农业发展水平的制约，冶金工业内部比例要协调，要加强矿山、轧钢厂、无缝钢管厂特别是矿山、铁路的建设。这些重要见解，使煤炭、钢铁行业的调整有了明确方向和良好开端。

在其他方面的调整中，邓小平主持制定了《教育部直属高等学校暂行工作条例》（简称"高教六十条"），侧重抓了党内民主监督和干部甄别平反等工作。在制定"高教六十条"的过程中，邓小平提出了许多重要思想。一是要理顺高校领导体制。针对当时高校领导体制上存在的混乱现象，邓小平明确指出：高校党的领导"不能按级领导。学校就是一个学校党委领导"，"总支以下党组织要明确规定是起监督保证作用"。"党员通过自己的模范作用，积极工作，提出正确主张，同党外师生合作，这样来体现党的领导"。二是要发挥教师在教学中的主导作用。三是要做好后勤工作。他指出，加强总务工作才能保证教学工作顺利进行，校长中要有人分工专管总务工作。高校要有会搞经理工作的人去搞，系的副主任中要有人管事务，统统写文章就没有饭吃，编制中对这方面要有定员。另外，他还强调思想政治工作不仅要管"红"，还要管"专"，"红"要通过"专"体现出来；"白"与"专"没有必然联系，要废除"白专道路"的提法等。[1]"高教六十条"在1961年8至9月召开的中共中央工作会议上讨论通过。条例对于结束"大跃进"运动以来高等教育方面出现的混乱状况，使高等教育恢复正常秩序、提高质量起了重要作用。

在加强党内监督工作中，邓小平强调要加强党的各级监察委员会，并提出了加强的办法。他说："在党内搞些同中央委员平起平坐的监委，就做调查研究和提意见，这对工作有好处。中央可以把监委扩大，搞一二百人的监委会，有些中央委员也放在监委，中央委员会开会，监委列席。""各级也都搞比较大的监委。"[2]1962年2月28日，邓小平在中共中央书记处会议上

---

① 《邓小平传（1904—1974）》（下），中央文献出版社2014年版，第1196—1197页。

② 《邓小平传（1904—1974）》（下），中央文献出版社2014年版，第1233页。

就各级监委的组织机构、工作职能和制度等提出方案。他指出："监察工作要加强。各级监委基本上是专职，少量的是兼职。这批人不做别的，就是到处跑，保护好人，同坏人作斗争。中央也可以搞三五十人到处跑，对压制民主、分散主义专门去查。什么都可以管。将来可以考虑由党代会产生中央监委委员，政治待遇、看文件、开会，同中央委员一样。省、市、县都应如此。监委委员现在仍由党委会产生，受同级党委领导，服从上级监委指导。要多强调同上级监委关系的一面。撤销监委委员，要经上级党委批准。要搞一个监委委员的守则。权这么大，随便讲话，随便斗争也不行。"① 在邓小平的推动下，中共中央于 1962 年 9 月通过了《关于加强党的中央和地方监察委员会的决定》，对规范监察工作，加强对党员和领导干部的监督，克服"大跃进"运动以来农村干部队伍中出现的违法乱纪现象，发挥了重要作用。

在干部甄别平反工作中，邓小平重点纠正了农村基层干部在"大跃进"以来几次政治运动中受到错误批判和处分的问题。他强调，"为了把基层干部和群众的积极性调动起来，甄别平反是一个很重要的工作，不要轻视这个工作。""全国县以下，首先是农村，来个一揽子解决。就是说，过去搞错了的，或者基本搞错了的，统统摘掉帽子，不留尾巴，一次解决。"② 在邓小平的领导和督促下，这项工作迅速推开。1962 年 4 月 27 日，按照邓小平的指示起草的《关于加速进行党员、干部甄别工作的通知》经中共中央批准后发出。通知对干部甄别平反工作作了非常彻底的规定。到 8 月，全国共有 600 多万名受过错误批判和处分的干部、党员得到甄别平反，各级干部特别是农村基层干部的积极性充分调动了起来，这就为国民经济调整工作的深入进行创造了有利条件。

在继续调整国民经济的三年间，陈云因支持包产到户、主张分田到户在 1962 年北戴河会议和中共八届十中全会上受到不点名批判后，加上身体时好时差，实际上离开了中共中央最高决策层和实际工作岗位。从那时到

---

① 《邓小平年谱（1904—1974）》（下），中央文献出版社 2009 年版，第 1693 页。
② 《邓小平文选》第 1 卷，人民出版社 1994 年版，第 319 页。

1966 年 6 月，他绝大部分日子都在外地疗养。在此期间，邓小平在国民经济调整过程中继续探索社会主义建设道路。

邓小平这一时期的探索主要集中在制定国民经济发展的第三个五年计划、试办工业托拉斯以及开展社会主义教育运动等方面。

在制定"三五"计划的过程中，邓小平坚持以农业为基础、工业服务于农业的经济建设方针，提出了重点解决人民群众吃穿用基本需要的发展思路。1962 年 9 月，邓小平在中共八届十中全会上讲到经济建设问题时指出："社会主义建设的方针问题，就是以农业为基础"。"工业主导，还是要拿农业作基础，工业要服务于农业，整个国内的市场在农村，在农民方面。否则，工业没有出路。"他还说："我们要根据这样的方针来重新考虑一系列的问题，首先是综合计划问题。"①

1964 年 1 月 11 日，邓小平在全军政治工作会议上，对以解决人民群众吃穿用问题为重点制定长远规划的思路，作了更加明确的阐述。他指出："多年来我们制订的计划没有反映以农业为基础，以工业为主导的方针。在今年、明年两年的调整时期，在第三个五年计划时期，要落实以农业为基础、工业为主导的方针，同时着眼于搞吃穿用。吃穿用搞好了，我们国家的脚跟就站稳了，基础就稳固了，发展速度也会更快一些。总之，第一是搞吃穿用，第二是搞基础工业，第三是搞国防，要以这三点为纲，来制订我们的计划。"②

在试办工业托拉斯方面，邓小平结合工业管理体制改革，提出了许多重要的指导性意见。关于托拉斯的性质及试办托拉斯的目的，他强调，我们要办的是社会主义的托拉斯，要同资本主义托拉斯有区别。资本主义搞托拉斯是为了垄断、竞争、利润，我们办托拉斯也要创造利润、创造财富，但这不是主要的，主要是为了更加巩固全民所有制，发挥社会主义优越性，是为了提高质量，增加品种，降低成本，提高劳动生产率，适合人民需要等。

---

① 《邓小平传（1904—1974）》（下），中央文献出版社 2014 年版，第 1281 页。
② 《邓小平年谱（1904—1974）》（下），中央文献出版社 2009 年版，第 1789 页。

关于托拉斯的布局问题，他说，托拉斯要发挥优越性，非考虑合理布局不可。比如盐，一定要考虑矿盐、湖盐及其综合利用。所谓和备战结合，也是布局问题。只要我们有计划、有组织地搞，有的三四年，有的七八年，有的一二十年，可以做到合理布局。

关于托拉斯的管理制度，他提出，托拉斯的管理是统一加分级。厂本身是一级，厂一级要给它一些权利。厂一级要搞核算，要计算成本。总公司管计划、生产、技术、财务、产品销售、原料供应和价格。分公司的计划、价格、原材料分配、产品收购等，由总公司统一。给分公司一定的权利，把分公司的职权搞清楚。

关于托拉斯与地方的关系，他指出，协作、财政分成，有些仍然可以归地方，免得打乱地方财政计划。有的分公司可以单一领导，有的可以双重领导。分公司与地方的权利要规定适当，有的按市组织公司的，不要一个地方搞两套，不要自找矛盾。有些地方，不能成立分公司的可以成立总厂，由总厂管起来。

他强调托拉斯要实行专业化、标准化、系列化，进行合理调整。但开始不要打乱协作关系，先扎住阵脚，找好代替的再逐步改进。托拉斯不要搞成全能的，与地方要有协作。①

在开展社会主义教育运动过程中，邓小平一方面肯定城乡社会主义教育运动的必要性，认为运动有利于"反修防修"，有利于克服极少数干部中出现的搞特殊化、贪污盗窃和腐化堕落等现象；另一方面他又一再提醒运动要谨慎，该宽的宽，该严的严，要减少打击面。

为遏制农村社会主义教育运动试点中出现的过火斗争的现象，1963年9月，邓小平主持起草的《关于农村社会主义教育运动中的一些具体政策问题（草案）》，对开展农村社会主义教育运动规定了一些具体政策。包括：要团结95%以上的干部群众，要依靠基层组织和基层干部，对一些极端过火行为要加以约束等。在主持起草该文件的过程中，邓小平指出："贪污的一

---

① 参见《邓小平文集（1949—1974）》下卷，人民出版社 2014 年版，第 236—238 页。

定要退赔，但运动要谨慎。从"三反"运动起，十年没搞了，问题很多，如不警惕，打击面可能大了。这几年党内斗争也很复杂，还有三年灾荒，所以要趋向谨慎。不管多少钱，都要退赔，但要区别浪费与贪污。只要政治上宽点，退赔方面、揭露方面搞严一点，当然也要实事求是，毛病就不会大。"①

1964年5、6月间召开的中共中央工作会议，对国内政治状况和基层干部队伍状况作出了过于严重的估计，认为全国有1/3的基层单位，领导权不在我们手里。邓小平认同会议提出的社会主义教育运动要搞彻底的安排，但仍然强调在具体工作中要持谨慎态度，防止出现偏差。他指出："关于社会主义教育运动问题，就是主席谈话当中说的，农村也好，城市也好，搞四、五年，不要马马虎虎，搞彻底，不要走过场"。他同时强调搞法上要坐稳，避免扩大打击面。②

这次中央工作会议后，社会主义教育运动不断升温。刘少奇在1964年8、9月间召开的中央局第一书记会议上，提出了组织工作队、对社会主义教育运动采取集中力量打歼灭战的方法。邓小平在原则上肯定这一办法的同时，也提出了一些不同意见。他认为，不要把工作完全寄托在上边派下去的工作队身上，而把县委撇开，甚至把大多数基层干部放在运动的对立面上。他说："至于方法，怎样具体部署，可以允许有所不同"。"方法可以灵活一些，各省可以自己部署"。"少奇同志的办法，集中力量打歼灭战，敌情容易了解，经验容易取得，这就抓住了要害，但需要补充一下，不要以为我们这些人带队就不犯错误。有集中，也有分散，还有的地方已经搞了一半，工作队撤不下来，县委力量强的，也可以搞一点"。"对敌情怎样估计？三分之一是大体估计，严重的总是少数。""人总是有好有坏的，总是好的多。"③

在1964年12月20日中共中央政治局常委扩大会议上，邓小平明确提出要缩小社会主义教育运动的打击面。他说："这个运动打击面究竟多大？恐怕还是百分之几比较有利。从运动开始的时候，就要分化那些'四不清'

① 《邓小平年谱（1904—1974）》（下），中央文献出版社2009年版，第1776页。
② 《邓小平传（1904—1974）》（下），中央文献出版社2014年版，第1307页。
③ 《邓小平传（1904—1974）》（下），中央文献出版社2014年版，第1308页。

的人，在斗争当中分化他们，争取他们，教育他们，改造他们，最后只打击那个百分之几，这样恐怕比较有利。"他提出，那些"'四不清'干部退赔后，可以不戴帽子，但不能当干部。"他说："针对这种人，一方面要打击他的'四不清'，另一方面也算是争取对象，争取他改正错误。"他还反复说："在运动里面，斗争要坚决，斗争能教育人，但最后打击面是百分之几。"①

邓小平不仅强调运动要缩小打击面，还提出要早点结束运动。1964 年12 月 26 日，他在参加中共中央工作会议东北组讨论时指出："工厂要研究一个搞的快的办法。农村是一个县搞一年。一个大队搞半年。工厂半年不行，但要有个比较快的经验。例如一年，或者比一年少一些。"他还直接向毛泽东进言，要求运动搞快一点。1965 年 1 月 3 日，邓小平在毛泽东主持的中共中央政治局扩大会议上说："运动要达到什么目的？问题是'彻底'二字。能不能要求那么'彻底'？恐怕不能那么'彻底'"。"'彻底'不能要求过分，过分强调'彻底'反而不彻底"。"过去，从来没有搞五六年、六七年的运动。"邓小平还对毛泽东提出的要斗争的"当权派"作了区分。他说："主要是把当权派里混进来的四类分子，干部中少数严重的、个别的，有的关，有的戴帽，有的退赔。但大多数应该争取过来，他们搞了一些坏事，但同群众还是有一定联系的，多数还是有用处的，长期来看还是给群众办了好事的。"②

邓小平从经济和政治等方面对社会主义建设提出的上述意见，既总结了中共八大以来全面建设社会主义的成功经验，又吸取了"左"的错误的教训，是对中共八大开始的探索社会主义建设道路的继续和深化，是这一时期中共领导人对社会主义建设道路艰辛探索取得成果的重要组成部分，对顺利完成国民经济的调整工作，并使其在调整的基础上继续健康发展，发挥了重要而长远的指导意义。

---

① 《邓小平传（1904—1974）》（下），中央文献出版社 2014 年版，第 1309 页。
② 《邓小平传（1904—1974）》（下），中央文献出版社 2014 年版，第 1310—1311 页。

第十七章

受"文化大革命"冲击

"文化大革命"十年是邓小平和陈云革命生涯中最艰难曲折的时期。在这场长达十年的动乱中,邓小平两次受到错误的批判和斗争,被撤销党内外一切职务,只保留了党籍。陈云也受到错误的批判,在党内只保留了中共中央委员的名义。1969年10月,他们被下放到江西。1971年9月林彪事件发生后,邓小平和陈云先后离开江西回到北京。

1966年5月"文化大革命"发动时,邓小平作为中共中央总书记正在一线和刘少奇、周恩来等主持中央日常工作。陈云虽然仍是中共中央副主席,但从1962年因支持包产到户、主张分田到户受到批判后,4年来一直养病闲居。"文化大革命"发动后,他们很快受到冲击。邓小平因和刘少奇、周恩来等决定向大中学校派出工作组领导"文化大革命"运动,而在8月1日至12日召开的中共八届十一中全会上受到毛泽东的严厉批评,被指责是犯了严重的方向性、路线性错误。全会印发的毛泽东写的《炮打司令部——我的一张大字报》,不点名地指责刘少奇和邓小平等人,其中"联系到1962年的右倾"的话,实际上也点到了陈云。8月6日,陈云不得不写信给毛泽东并中共中央,说看了全会《关于无产阶级文化大革命的决定》(8月3日修正稿),完全同意中央关于放手发动群众的决定和文件所定的政策,完全拥护毛主席和中央所采取的方针。① 这次全会重新选举了中共中央政治局常委,由原来的7人扩大到11人。在常委排名中,邓小平虽然从原来的第七位上升为第六位,但由于被指责犯了"路线错误",实际上已不能参与中共

---

① 参见《陈云年谱(修订本)》下卷,中央文献出版社2015年版,第155页。

中央的领导工作。陈云的排名由原来的第五位降为第十一位，即最后一位。会议没有重新选举主席和副主席，但会后，除林彪之外，陈云等几位副主席的职务不再被提起。会议还改组了中共中央书记处，邓小平的中共中央总书记职务也不再被提起。①

10月9日至28日，在毛泽东主持下中共中央召开工作会议，批判"资产阶级反动路线"。16日，陈伯达在会上发言，公开点名攻击刘少奇、邓小平，宣称：提出错误路线的，是错误路线的代表人，即刘少奇和邓小平同志，他们要负主要责任。②他的讲话经毛泽东批准后印发。23日，刘少奇、邓小平在会上作检讨。邓小平在检讨中说："在这场'文化大革命'中，代表资产阶级反动错误路线的，在中央领导同志中，在全党范围内，就是少奇同志和我两人。""我们两人不仅对十一中全会以前一段负有完全的责任，而且对十一中全会以后各地各部门由于我们所代表的错误路线的影响，而犯的程度不同的错误，也负有责任。""我们把派工作组当作万应灵药，对大中学校普遍派，有的学校的工作队人数很多，而工作组一去就取得了党和行政的领导地位，加之又普遍地用农村或工厂四清运动中曾经主席批判过的方法去工作，有的甚至用错误的旧思想旧方法去工作。""由于我们犯了路线错误，使许多工作组同志遭到了很大的困难，跟着犯了一些缺点和错误。因此，必须讲清楚，工作组的绝大多数是好同志，在这段工作中所犯的错误，除了个别人外，主要责任不应由他们来负担，而应由我和少奇同志来负担。"③刘少奇在检讨中不得不联系1962年所谓的"右倾错误"，包括支持陈云的报告和推荐陈云担任中央财经小组组长的事情。10月30日，陈云就包括1962年"右倾错误"在内的"严重错误"写出书面检讨。

这次中共中央工作会议期间，在江青、张春桥等中央文革小组成员的煽动下，一些学校和街头开始出现公开点名批判刘少奇、邓小平的大字报。会后，刘少奇、邓小平的检讨被发至县团级，很快在社会上扩散开来，全国

① 参见《邓小平传（1904—1974）》（下），中央文献出版社2014年版，第1344页。
② 转引自《邓小平年谱（1904—1974）》（下），中央文献出版社2009年版，第1932页。
③ 《邓小平传（1904—1974）》（下），中央文献出版社2014年版，第1347页。

掀起了批判所谓"资产阶级反动路线"的高潮。12 月 18 日，张春桥在中南海西门单独召见清华大学造反派负责人蒯大富，鼓动批判所谓中央"那一两个提出资产阶级反动路线的人"。25 日，蒯大富率领五千余人上街集会演讲，散发传单，张贴大字报、大标语，把"打倒刘少奇""打倒邓小平"的口号推向社会。①27 日，北京高校造反派又在工人体育场联合召开"彻底批判刘、邓资产阶级反动路线大会"，喊出"刘少奇、邓小平是党内最大的资产阶级当权派，中国现代修正主义的祖师爷，资产阶级司令部的黑司令"的口号。

1967 年 1 月，上海造反派掀起"全面夺权"的风暴，在毛泽东和中央文革小组的肯定和支持下，很快席卷全国。各地造反派组织纷纷仿效上海造反派组织的做法，开展夺权。全国迅速陷入"打倒一切、全面内战"的严重混乱和破坏之中。各地区、各部门的大批党政领导干部被造反派任意批斗或任意抄家，有的甚至被迫害致死。邓小平和陈云也受到造反派不同程度、不同方式的批斗和攻击。

在 1967 年的一年里，邓小平多次遭到中南海造反派的批斗，报刊上对他的批判也不断升级。1 月 12 日，造反派冲入邓小平家中，对邓小平夫妇进行围攻和批判。4 月 1 日，《人民日报》《红旗》杂志公开点名批判邓小平，称他为"党内另一个最大的走资本主义道路的当权派"。7 月 19 日，"造反派"冲入邓小平家抄家，但没有搜到邓小平的任何"罪证"。7 月 29 日，在戚本禹的具体指挥下，"造反派"以开支部会名义，批斗邓小平和卓琳。邓小平夫妇受到体罚，被勒令三天内交出"请罪书"，并从即日起被限制行动自由。8 月 5 日，"造反派"到邓小平家中，把邓小平和卓琳押出来，围在院子中间批斗。此后，邓小平夫妇实际已处于被软禁状态。9 月的一天，"造反派"和中共中央办公厅派人到邓小平家中宣布：邓小平的子女立即回学校，邓的继母夏伯根立即回老家，只留下厨师和公务员。经过子女抗争，不久，邓小平的子女和继母被安排在北京市宣武门外方壶斋胡同的两间房子里居住。邓小平夫妇开始与外界完全隔离。9 月 17 日，"首都无产阶级揪斗邓小平联络

---

① 参见《邓小平年谱（1904—1974）》（下），中央文献出版社 2009 年版，第 1935 页。

站"勒令邓小平限期交代所谓的"罪行"。11 月 23 日,《人民日报》、《红旗》杂志和《解放军报》编辑部联合发表《中国农村两条道路的斗争》,用"党内另一个最大的走资派"的称谓,不点名地指责邓小平。从次日起,《人民日报》等报刊连续发表署名文章,不点名地批判邓小平的言论。① 邓小平虽然多次遭到造反派批斗,但由于毛泽东对他有保护之意,所幸他的人身没有受到伤害。

陈云所受的冲击虽然不像邓小平那样严重,但同样遭到了造反派的抄家和批判。1967 年 1 月中旬,陈伯达在北京大专院校造反派召开的一次大会上宣称:在中央的走资本主义道路的当权派中,"起码还有个把人物未被揪出来"。这很明显是指陈云。这个讲话一传开,北京街头和造反派组织编印的小报上很快出现了攻击陈云的大标语、大字报和所谓"大批判"文章。陈云得知消息后,为防不测,立即派秘书回北长街住宅清理文件,运至新六所,并将其中一些有关党和国家重要机密的材料焚毁。

1 月 19 日,在中央文革小组的煽动下,北京大专院校和外地来京的一些造反派半夜闯进陈云在北长街的住宅抄家,要将陈云办公室的保险柜强行搬走,还要查抄他保存的评弹录音和唱片。中共中央警卫团团长张耀祠闻讯赶去劝阻无效,中央办公厅副主任童小鹏受周恩来指示又前往阻止,说:周总理有指示,陈云同志是中央政治局常委,他的档案是党和国家的机要档案,任何人不准动。评弹是苏州一带的文化艺术,不能作"四旧"破。你们破门进来是错误的,希望立即撤出去。造反派不听,童小鹏打电话给戚本禹,向他传达了周恩来的指示,请他通知造反派头头。不久造反派撤离。为防造反派去新六所抓人,周恩来安排有关部门连夜将陈云转移到中央联络部接待国际友人的十八所暂住。当时陈云已睡下,得知消息后镇定地说:"没有关系,让他们抄吧,反正没有多少东西了。"当转移到新的住地后很快便入睡了。21 日,陈云派秘书去北长街住宅将仅存的一些不重要的文件也运至新六所。当晚,造反派再次翻墙进入陈云住宅抄家,依然一无所获。

---

① 参见《邓小平年谱(1904—1974)》(下),中央文献出版社 2009 年版,第 1938—1942 页。

1月25日，由北京大专院校和财贸系统的一些造反派纠合而成的"彻底批判陈云联络站"成立。3月10日，"彻底批判陈云联络站"在北京师范大学校园内召开批判陈云所谓"反革命修正主义罪行"誓师大会。大会"执行主席"在"开幕词"中声称："对陈云的大批判、大斗争，是彻底砸烂刘、邓黑司令部这一伟大斗争的重要组成部分"，"对击退当前资产阶级反动逆流的新反扑具有重大意义。"① 此前，这个"联络站"曾企图在北京工人体育馆召开批判陈云大会，被国务院值班室打电话制止。

进入1968年，"文化大革命"的动乱仍在继续，对邓小平和陈云的批判也在不断升级。5月16日，邓小平专案组成立，由康生和黄永胜、吴法宪等主管。成立当天，专案组在人民大会堂开会。康生在讲话中说：邓小平的问题不能直接提审，但要注意内查外调找证据。邓小平的历史问题一直没搞清。鉴于已有的材料不足以定"罪"，中共中央又不准直接提审邓小平，专案组写报告提出：可由邓小平本人先写出一份历史自传，以便提供"线索"。"自传"应从8岁写起，随写随送，限定最迟至7月初全部写完。此报告经黄永胜批准后，由汪东兴转交邓小平本人。从6月20日起，邓小平在家中开始写《我的自述》。至7月5日写出26500多字的《自述》初稿。《自述》分"我的家庭和我的幼年""我在法国期间和苏联一年""在西安半年""在党中央工作两年""红七军工作期间""一九三一年一月到七月""中央苏区的三年半""从遵义会议到抗战爆发的一段""在太行山八年""三年解放战争""在西南局工作两年半"和"到北京以后"12个小标题，叙述了自己的出身和经历。邓小平在《自述》最后一段表示：我的最大的希望是能够留在党内，做一个普通党员。我请求在可能的时候分配我一个小小的工作，参加一些力所能及的劳动，给我以补过自新的机会。9月11日，邓小平专案组给黄永胜、吴法宪、叶群、李作鹏写报告，提出：为查清历史问题，要求邓小平"补充交代"1930年和1931年两次从红七军回上海的活动情况。后邓小平再

---

① 《陈云年谱（修订本）》下卷，中央文献出版社2015年版，第159—161页。

次就上述问题写出说明。①

为搜寻邓小平所谓"叛变自首"等"罪证"和"现行问题"材料，以把他彻底打倒，从1968年6月起的一年半时间里，邓小平专案组先后派出几十批外调小组，调查地域涉及十多个省、市、自治区的一百多个市、县。专案组还走访了与邓小平共过事的聂荣臻、滕代远、张云逸等一批老同志，并在监狱中提审了彭真、杨尚昆、刘澜涛等人。但经过一年多的调查走访，他们一无所获。专案组在给康生、黄永胜、吴法宪、叶群、李作鹏的报告中称："经反复查核调查，到目前为止，除了入团、转党问题尚未找到直接人证，以及一些执行机会主义路线的问题外，还没有查到有被捕、叛变、通敌等重大问题的线索。"周恩来阅专案组的报告时，就邓小平的入党问题，在报告的下脚处批："邓小平是在留法勤工俭学时入团、转党的，我和李富春、蔡畅同志均知道此事。"②

1968年7月下旬，邓小平专案组写出题为《党内另一个最大的走资本主义道路的当权派邓小平的主要罪行》的综合报告。报告分7个部分，约15000余字，充斥着对邓小平攻击和诬蔑的内容。10月13日至31日召开的中共八届十二中全会印发了邓小平专案组提交的这份报告。在全会分组会上，林彪、江青、康生、谢富治等人对邓小平大加指责，并要求开除邓小平的党籍，但遭到毛泽东的反对。毛泽东在全会上两次为邓小平说话。在10月13日全会开幕会上，毛泽东说：邓小平这个人，我总是替他说一点话，就是鉴于他在抗日战争跟解放战争中间都是打了敌人的，又没有查出他的别的历史问题来。在10月31日全会闭幕会上，毛泽东又说：邓小平，大家要开除他，我对这一点还有一点保留。我觉得这个人嘛，总要使他跟刘少奇有点区别，事实上是有些区别。我这个人的思想恐怕有点保守，不合你们的口味，替邓小平讲几句好话。③毛泽东的明确表态保住了邓小平的政治生命。

---

① 参见《邓小平年谱（1904—1974）》（下），中央文献出版社2009年版，第1943—1945页。

② 《邓小平年谱（1904—1974）》（下），中央文献出版社2009年版，第1944—1945页；《邓小平传（1904—1974）》（下），中央文献出版社2014年版，第1360页。

③ 参见《邓小平年谱（1904—1974）》（下），中央文献出版社2009年版，第1946页。

这次全会还对陈云进行了批判。10月17日，康生、江青、姚文元、谢富治等在分组会上组织攻击所谓"一贯右倾"的朱德、陈云等。谢富治说："陈云同志在七千人大会上，主席三次叫他讲话，他说没调查没有发言权。后来不到一个月作了个黑报告反毛主席，反'大跃进'，反总路线。按陈云同志的报告搞下去不知成什么样子。刘邓、朱德、陈云都是搞修正主义的。""刘少奇抬出陈云搞经济小组，收拾'残局'，就是搞修正主义。主席没赞成陈云同志出来。陈云同志搞些什么，多赚钱卖花布、炒肉片、高价商品。陈云同志一贯反毛主席，休息也不干好事。这些东西都要清算。"会上，陈云被迫多次就自己新中国成立前和后的所谓"路线错误"进行口头及书面检讨。当讲到1962年七千人大会毛主席要他发言而没有发言的"错误"时说："主席要我在大会上发言，因为我不愿在这样大的会议上散布我的右倾观点，因此，没有讲。如果要讲，也只能讲那时的右倾观点。"又说："这种不表态，实际上是右倾机会主义的另一种表态。"①

1969年4月中共九大召开后，邓小平仍处于监管之中。九大在分组讨论政治报告和党章修改草案的过程中，对陈云再次进行了错误的批判。陈云在中央直属机关小组会上发言，就自己历史上的所谓"路线错误"又一次进行了检讨。② 在中共九大上，陈云仍被选为中央委员，但自1934年以来第一次被排除在中央政治局之外。

1969年10月14日，中共中央根据毛泽东关于苏联有可能利用中苏边界谈判之机对中国实行突然袭击特别是核打击的估计，于当晚发出通知，要求在京的老同志于10月20日以前或稍后，全部战备疏散到外地。邓小平和陈云都在被疏散之列，而且都被毛泽东指定去江西。20日，陈云带着身边工作人员乘火车离京去江西南昌。22日，邓小平夫妇和继母乘专机飞往江西。当年，邓小平和陈云曾一起在中央苏区工作过，35年后，他们一起再次踏上江西这片红色的土地。

---

① 《陈云年谱（修订本）》下卷，中央文献出版社2015年版，第165页。

② 参见《陈云年谱（修订本）》下卷，中央文献出版社2015年版，第168页。

邓小平在江西 3 年多的时间里，住在南昌市郊新建县望城岗原福州军区南昌步兵学校的"将军楼"，每天到离步校不远处的新建县拖拉机修造厂劳动半天，做钳工活。陈云在江西近 3 年的时间里，住在南昌市郊青云谱的福州军区干部休养所，并就近到相隔约一公里的江西化工石油机械厂蹲点。邓小平和陈云虽然都在南昌市郊，但按规定，他们之间是不能接触的。

在江西的日子里，邓小平和陈云的经历大体相似。第一，他们都在工厂参加劳动锻炼。所不同的是，邓小平是在监管下劳动。江西省革委会派了一名叫黄文华的干事专门负责邓小平的监管和保卫工作。陈云由于是蹲点，所以自由得多，而且工人们看他体弱多病，也没让他干多少体力活。邓小平和陈云与厂里的工人、干部们相处得都很好。

第二，他们在劳动之余都阅读了大量书籍。在江西的艰难岁月里，邓小平阅读了大量马列主义经典著作和中外历史、文学等方面的书籍，以及一些回忆录和传记等。如，二十四史、《资治通鉴》、《红楼梦》、《三国演义》、《水浒》、《西游记》、"三言"、"二拍"、《儒林外史》、《镜花缘》、《西厢记》、《牡丹亭》、《桃花扇》、唐诗集、宋词集、元曲集，以及近现代中外作家鲁迅、巴金、老舍和托尔斯泰、果戈理、契诃夫、陀思妥耶夫斯基、巴尔扎克、雨果、罗曼·罗兰、大仲马、莫里哀、萧伯纳、泰戈尔、海明威的作品等。

陈云利用下放江西的 3 年时间，阅读了大量马克思主义理论著作。"这段时间，他给自己制订了一个读书计划，重新阅读了《马恩选集》《资本论》《列宁全集》《斯大林文选》《毛泽东选集》等马列主义的经典著作，特别是列宁在 1917 年二月革命后一直到逝世前写的《列宁全集》各卷。"[①] 在读书过程中，陈云联系中国实际，研究了中国建设社会主义的若干问题，为后来深刻认识和准确把握中国经济问题的实质，进而提出有针对性的真知灼见奠定了深厚的理论基础。

第三，他们都在下放劳动的过程中进一步了解了国情。"文化大革命"之前，邓小平和陈云经常深入基层、深入群众进行调查研究，对中国的国情

---

① 《永远像您那样学习和生活——怀念我们的父亲陈云》，《人民日报》1997 年 4 月 22 日。

和实际是比较了解的。但这次下放江西，使他们有机会从普通工人和在外地插队或工作的孩子们那里得到很多信息，有机会通过参观访问、实地察看，对国家的工业、农业和人民群众生产生活的实际情况有了更多更深的了解。为了让躺在病床上的邓朴方有点事情做，邓小平问修理车间主任陶端缙，他家里有没有坏了的收音机，可以让邓朴方帮助修理。陶端缙说："我家每月收入只有四五十元，家里有老人和四个孩子，生活困难，根本买不起收音机。"这让邓小平很受触动。革命胜利这么多年了，为中国革命作出巨大牺牲的江西老区还依然这样贫穷，一个工厂的车间主任竟然连一台本应很常见的收音机都买不起。邓小平听了心里十分沉重。他在劳动和读书之余，每天在黄昏落日前，围着"将军楼"散步，一边快走，一边思索。经过这段反思的岁月，邓小平回京后，对中国应当向何处去有了更清晰的认识。

陈云一贯重视调查研究。这次下放江西，他利用在化工石油机械厂蹲点的机会，对这家工厂进行了彻底的调查，走遍了厂里的每一个角落。陈云除到各车间考察外，还召开各种座谈会，参加生产调度会和车间班组工人政治学习会、评比会等，总计近 200 次。他分别找厂级、中层、一般干部、新老工人、退伍兵、现役军人、技术员、教师、医务人员、炊事员等个别交谈，约 100 余人次。① 陈云在江西期间，不仅关心他蹲点的化工石油机械厂的生产和工人生活情况，而且关心江西省的经济和文化发展及全省人民的民生情况，先后考察了南昌及附近的工矿企业、农村人民公社、学校及百货公司，了解江西的工农业生产及市场供应情况。通过上述调查研究，陈云深入到社会基层，体察了社情民意，了解了人民群众的生产和生活实际，摸清了当时中国经济的基本现状及存在的矛盾和问题，掌握了大量第一手材料，对基本国情做到了心中有数，并在此基础上进行了深入思考。这为他后来再次主持中央财经工作打下了坚实的实践基础。

第四，他们在林彪事件后都迎来政治转机，并先后回到北京。1971 年9 月 13 日，林彪在妄图谋害毛泽东、另立中央的阴谋败露后，仓皇乘飞机

---

① 参见《陈云传》（三），中央文献出版社 2015 年版，第 1390—1391 页。

出逃，摔死在蒙古的温都尔汗。林彪事件的发生客观上宣告了"文化大革命"理论和实践的失败。此后，全国的政治形势开始好转，老干部的处境进一步得到改善，邓小平和陈云迎来政治上的重大转机。

10月8日，陈云撰写《我对林彪的揭发》，请江西省委转送中共中央。在揭发材料中，陈云分四个时期，就他所知道的林彪的过去进行了揭发和批判。

（一）遵义会议后不久，当毛主席指挥部队在赤水河两岸寻求战机时，林彪打电报给中央，说：现在朱、毛、周、张四人都不能领导中国革命和红军，把矛头针对重新担负指挥红军责任的毛泽东。当时，毛主席召集随行的几个中央领导同志开会，狠批了林彪的电报，说现在不肯多吃苦，将来会吃更大的苦；并准备派陈赓代替林彪。后来，红军胜利渡过金沙江，召开了会理会议，原定派陈赓去一军团的计划未执行。

（二）在延安整风初期，林彪在一次小型整风会后的个别谈话中讲过天才的观点。

（三）在解放战争时期，东北局派萧劲光和我去南满，方针是坚持南满。当时，南满有个别同志主张主力北移，多数不同意，在最后的决策会上，取得一致，决定派四纵深入敌后，解临江之危。我为慎重，在给林彪的电报中说："有同志主张主力北移，你意如何？"林彪回电竟说："同意主力北移。"后来，由于四纵调动了敌人，林彪才改变看法。在辽沈战役中，林彪在前方，我在哈尔滨，从毛主席给林彪并告东北局的一封电报中看出，林彪对攻占锦州的决策犹豫动摇。以后，毛主席对营口海路未堵死，使国民党军几万人从海路逃跑一事也有批评。过去，对林彪在东北解放战争中的作用估价过高。应当看到：第一，毛泽东的政治、军事指导作用是第一位的，如作出关于建立巩固的东北根据地的指示，实现东北停战，使我们取得几个月休整军队和发动群众的时间等等；第二，关内各解放区的苦斗，吸引了蒋介石原拟调赴东北的几支有力部队，使东北我军得到休整时间；第三，应当承认林彪对解放东北尽了一份较大的力量，但要看到东北全党全军和人民群众都尽了力，只靠一个人或少数人是不行的；第四，东北背靠苏联，东连朝鲜，有着关内任何解放区所没有的"意外便利"条件。我不知道苏联是否给过武器，但确实知道我们用大豆换回了炸药、汽车、汽油、布匹、食盐，等等。这样看，才能使过高估计自己的作用者，受蒙蔽者，不明真相者，有所觉悟。

（四）新中国成立以后，林彪在抗美援朝出兵前的两次会议上，都反对出兵。我问毛主席，出兵后美国是否会轰炸我国？毛主席说不一定。结果证明，毛主席是英明的。在高饶反党阴谋中，林彪实际上是大后台。毛主席要我去杭州说服林彪不要上高岗的当，林彪表示同意，但又说党的副主席除刘少奇外不要再提别人了。我回北京向毛主席汇报，毛主席问："难道不要恩来？"今天看，毛主席当时这样问是有远见的。

材料最后说，林彪这些错误，党内不少同志都知道，但总认为这是一个共产党员一生中难免的，所以过去对他都是尊重的。这次他竟叛党叛国，矛盾得到充分暴露，再检查他的过去，一贯正确的外衣剥去了，可以看出他是典型的两面派。[①] 陈云对林彪的揭发很客观，也很有分量。1972年4月22日，陈云结束在江西蹲点的生活回到北京。

"文化大革命"开始后，邓小平是作为党内第二号走资本主义道路的当权派被打倒的，所以他回北京没有陈云那样容易。林彪反革命政变阴谋被粉碎后，邓小平频繁地给毛泽东写信，揭发林彪、陈伯达的罪行，诚恳地表达出来工作的愿望，积极争取回到北京。

1971年11月8日，邓小平在工厂听取传达中共中央关于林彪叛国出逃的通知及其反党集团的罪行材料后，就林彪事件、陈伯达问题等给毛泽东写信。信中说："林陈反革命集团这样快地被揭发被解决，真是值得庆幸的大事。如果不是由于主席和中央的英明的领导和及早地察觉，并且及时地加以解决，如果他们的阴谋得逞，正如中央通知所说，即使他们最终也得被革命人民所埋葬，但不知会有多少人头落地，我们社会主义祖国会遭到多少曲折和灾难。现在终于解除了这个危险，我和全国人民一道，是多么的高兴呵！

---

① 参见《陈云年谱（修订本）》下卷，中央文献出版社2015年版，第184—185页。

我在主席的关怀下，到江西来整整两年了。这两年，我每天上午到工厂劳动，下午和晚上，看书、看报、听广播和做些家务劳动。除到工厂外，足不出户，与外界是隔绝的。我们的生活，由于组织上的照顾，没有什么困难。我个人没有什么要求，只希望有一天还能为党做点工作，当然是做一点技术性质的工作。我的身体还好，还可以做几年工作再退休。"[1]毛泽东阅信后在信封上批示："印发政治局。"

林彪事件后，周恩来在毛泽东的支持下，着手解决"文化大革命"中一批遭受错误打击的老干部的平反问题。他利用毛泽东在陈毅追悼会上说邓小平的问题是人民内部矛盾的话，为邓小平出来工作而积极努力。1972年7月31日，和邓小平一道下放江西的陈云、王震等出席了国防部为庆祝建军45周年举行的招待会，这对邓小平是一个很大的触动。8月3日，他再次给毛泽东写信，表达对粉碎林彪集团的拥护及出来工作的愿望。邓小平在信中说："对于林彪和陈伯达，没有什么重要材料可以揭发，只能回忆一些平时对他们的感觉。对林彪，觉得他是一个怀有嫉妒心和不太容人的人。对于林彪高举毛泽东思想伟大红旗，现在看来，他的确是为的打着红旗反红旗，是准备夺权。过去在两点上我一直是不同意的。一是林彪只强调"老三篇"，多次说只要'老三篇'就够用了。我认为毛泽东思想是一切领域中全面地发展了马克思列宁主义，只讲'老三篇'，不从一切领域中阐述和运用毛泽东思想，就等于贬低毛泽东思想，把毛泽东思想庸俗化。一是总觉得林彪的提法是把毛泽东思想同马列主义割裂开来，这也是同样贬低了毛泽东思想的意义，特别是损害了毛泽东思想在国际共产主义运动和反对国际修正主义运动中的作用。对陈伯达，印象是，这个人很自负，很虚伪，从来没有自我批评。他会写东西，对于能写的别人，他是嫉妒的。我同全党全国人民一道，热烈地庆祝摧毁了林彪反党反革命集团的伟大胜利。在去年（1971年）11月我在呈给主席的信中，曾经提出要求工作的请求。我是这样认识的：我在犯错误之后，完全脱离工作，脱离社会接触已经五年多快六年了，我总想有

---

[1] 《邓小平年谱（1904—1974）》（下），中央文献出版社2009年版，第1956页。

一个机会，从工作中改正自己的错误，回到主席的无产阶级革命路线上来。我觉得自己身体还好，虽然已经 68 岁了，还可以做些技术性的工作（例如调查研究工作），还可以为党、为人民工作七八年，以补过于万一。"①

8 月 14 日，毛泽东在邓小平来信上作出批示："请总理阅后，交汪主任印发中央各同志。邓小平同志所犯错误是严重的。但应与刘少奇加以区别。（一）他在中央苏区是挨整的，即邓、毛、谢、古四个罪人之一，是所谓毛派的头子。整他的材料见《两条路线》《六大以来》两书。出面整他的人是张闻天。（二）他没历史问题，即没有投降过敌人。（三）他协助刘伯承同志打仗是得力的，有战功。除此之外，进城以后，也不是一件好事都没有做的，例如率领代表团到莫斯科谈判，他没有屈服于苏修。这些事我过去讲过多次，现在再说一遍。"同日，周恩来批示汪东兴"立即照办"。当晚，周恩来主持中共中央政治局会议，传达毛泽东的批示内容。② 此后不久，邓小平正式复出。1973 年 2 月回到北京。

---

① 《邓小平年谱（1904—1974）》（下），中央文献出版社 2009 年版，第 1959—1960 页。
② 《邓小平年谱（1904—1974）》（下），中央文献出版社 2009 年版，第 1960—1961 页。

第十八章

重新出来工作

从江西回到北京后，邓小平和陈云重新出来工作。邓小平从"文化大革命"初期被打倒后，完全脱离工作、脱离社会接触已达6年之久，而陈云从1962年离开实际工作岗位后，已经有10年没做工作了。重新出来工作后，邓小平1974年代表中国政府在联合国第六届特别会议上作了发言，1975年领导了全面整顿工作，陈云主要是协助周恩来抓外贸。邓小平的全面整顿和陈云在抓外贸过程中提出的引进西方国家的技术、设备和资金等措施，为后来的改革开放进行了初步实验。

1972年7月21日，陈云致信毛泽东和中共中央，汇报自己的身体状况和在江西"蹲点"调查的情况。信中再次对1962年在七千人大会上毛泽东要他讲话他不讲，而隔几个星期却在西楼会议作所谓错误报告的问题进行检讨，并请求中央根据他身体情况分配力所能及的工作。次日，毛泽东批示同意。此后不久，陈云即参加国务院业务组，协助周恩来考虑经济特别是外贸方面的一些重大方针、政策问题。此时邓小平还在江西。

邓小平从1973年2月回到北京后，虽然恢复了国务院副总理的职务，正式参加国务院业务组工作，并在当年8月24日至28日召开的中共十大上和陈云一起当选为中共中央委员，但在大半年的时间里，他的主要工作是参加外事接待活动，并利用陪同外宾到各地参观的机会，调查了解地方工作和人民群众生产生活情况。毛泽东在委托邓小平重要任务前还要观察他，特别是观察他的政治态度。当得知邓小平在11月21日至12月初的批评周恩来所谓"错误"的政治局会议上作了发言后，毛泽东表示很满意，于1973年年底提议邓小平担任中共中央政治局委员，参加中共中央领导工作，待中共十届二中全会时追认；担任中共中央军委委员，参加军委领导工作。邓小平越来越得到毛泽东重用。

在1973年，陈云受周恩来的委托，就外贸工作中的一些问题进行调查研究。经过调研，陈云指出："过去我们的对外贸易是75%面向苏联和东欧国家，25%对资本主义国家。现在改变为75%对资本主义国家，25%对苏联、东欧。"据此，他作出一个重要判断："我们对资本主义要很好地研究。"他说："不研究资本主义，我们就要吃亏。不研究资本主义，就不要想在世界市场中占有我们应占的地位。"[①]

陈云所说"对资本主义要很好地研究"，从具体内容上就是对世界市场价格、国际金融和货币、资本主义经济规律等要很好地研究。在资本主义制度下，周期性爆发的经济危机直接影响市场商品价格的涨跌。陈云敏锐地意识到这个问题，提出："很值得研究资本主义经济的几次回升和停滞。"他要求外贸工作者："我们对资本主义经济危机的规律中的各个因素，比如次数、周期变化，要好好研究。这对我们外贸特别是对我们进口贸易很有关系。"[②]

国际金融和货币是影响世界市场商品价格的又一个重要因素。陈云很重视对这个因素的研究。1973年6月7日，他向中国人民银行提出，要他们搜集资料，认真研究有关国际金融和货币的10个问题，即：（一）美、日、英、西德、法各国从1969年至1973年的货币发行量，外汇储备及其黄金储备；（二）现在世界黄金年产量，其中主要产金国的年产量；（三）800亿欧洲美元分布情况；（四）经济繁荣、衰退、危机的行业标志，美、日、英、西德、法各国从1969年至1973年的钢铁、机械或其他基本建设投资；（五）美、日、英、西德、法各国度过危机的办法及每次危机的间隔时间；（六）美国同英、日、西德、法各国的主要矛盾及经济上矛盾的表现；（七）美国和日、英、法、西德各国在贸易和货币方面存在的问题及可能采用的解决办法，世界上货币总流通量和世界上黄金总持有量之间的大致比例；（八）美国1973年对

---

① 《陈云文选》第3卷，人民出版社1995年版，第217—218页。
② 《陈云文集》第3卷，中央文献出版社2005年版，第415—416页。

外，包括转移、驻军、投资、旅游、贸易等方面的赤字；（九）对世界经济和货币、金融情况的近期和远期估计。（十）外国银行给我们透支便利的利弊。①这些都是国际金融和货币领域很重要的问题，反映了陈云广阔的研究视野和细致的工作作风。

陈云还提出要研究平均利润率规律，以利于更好地利用外资。他说：外资"和过去上海、天津那些银行、钱庄一样，看到哪家生意做好了，就找上门来了，无非是要些利润。这就是马克思讲的平均利润率。你信誉好的时候人家找上门来，不好的时候就要逼债"②。

陈云协助周恩来指导对外贸易工作，特别是根据世界市场的实际需要和商品贸易的客观规律来指导工作，是卓有成效的。1973 年中国进出口贸易总额首次突破百亿美元大关，达到 109 亿 8 千万美元，是 1970 年 45 亿9 千万美元的 2.4 倍，比 1972 年增加 46 亿 8 千万美元。其中，进口额达到51 亿 6 千万美元，出口额达到 58 亿 2 千万美元。③ 出口创汇额的迅速增长，有力地支持了对国外先进技术和设备的引进。

进入 1974 年，邓小平越来越得到毛泽东的重用。这年 4 月，邓小平代表中国政府在联合国第六届特别会议上发言，系统地阐述了毛泽东关于三个世界划分的理论，在国际上产生巨大影响。6 月起，邓小平在周恩来住院治疗后主管外交工作，为推动中日关系的实质性发展和中美关系正常化，做了许多卓有成效的工作。10 月起，邓小平在毛泽东的支持下，参与四届人大的筹备工作，主持起草了周恩来在四届人大一次会议上的《政府工作报告》。

随着 20 世纪 70 年代初国际形势的变化和中国对外关系的发展，毛泽东对国际格局有了新的认识。经过一段时间的观察和思考，他于 1974 年 2 月在同赞比亚总统卡达翁谈话时，初次提出关于三个世界划分的战略思想。④

---

① 参见《陈云年谱（修订本）》下卷，中央文献出版社 2015 年版，第 195 页。

② 《陈云文选》第 3 卷，人民出版社 1995 年版，第 219—220 页。

③ 参见《陈云传》（三），中央文献出版社 2015 年版，第 1438 页。

④ 这一思想的基本点详见《毛泽东外交文选》，中央文献出版社、世界知识出版社 1994 年版，第 600 页。

3月20日，毛泽东通过王海容转告周恩来：由邓小平担任将在4月召开的联合国大会第六届特别会议的中国代表团团长，但暂不要讲是我的意见，先由外交部写请示报告。22日，外交部向周恩来送呈《关于参加特别联大的请示报告》，建议由邓小平任团长。①3月24日至27日，周恩来连续几天主持中共中央政治局会议，讨论外交部根据毛泽东提议提出的由邓小平担任出席联大特别会议代表团团长的报告。会上，江青以"安全问题"和"国内工作忙"为由，反对邓小平担任代表团团长。24日，周恩来批示同意外交部的报告，并送毛泽东和在京中共中央政治局成员传阅。江青阅后表示反对，并要求外交部撤回报告。25日，毛泽东了解此情况后，派人转告周恩来：邓小平出席联大，是我的意见，如政治局同志都不同意，那就算了。周恩来当即表示：完全同意毛主席的意见。并将此意见转告中共中央政治局其他成员，特别要在场的王洪文负责向江青、张春桥、姚文元转达毛泽东的意见。在26日的中共中央政治局会议上，除江青外，与会成员均表示同意由邓小平率团出席联大会议。周恩来要王海容、唐闻生将会议情况报告毛泽东。27日，毛泽东写信批评江青："邓小平同志出国是我的意见，你不要反对为好。小心谨慎，不要反对我的提议。"当晚，在中共中央政治局主管批林批孔运动的7人小组会议上，江青勉强同意由邓小平率团参加联大特别会议。会后，周恩来致信毛泽东："大家一致拥护主席关于小平同志出国参加特别联大的决定。小平同志已于27日起减少国内工作，开始准备出国工作。""小平等同志出国安全，已从各方面加强布置。4月6日代表团离京时，准备举行盛大欢送，以壮行色。"②

从3月底到4月初，邓小平开始着手赴联大的各项准备工作，其中最重要的一项工作是起草联大特别会议发言稿。在讨论发言稿初稿时，邓小平指示讲话稿的结束语要写上"中国现在不称霸，将来也不做超级大国"，"如果中国有朝一日，变了颜色，变成一个超级大国，也在世界上称王称霸，到

---

① 参见《邓小平年谱（1904—1974）》（下），中央文献出版社2009年版，第2004页。

② 《邓小平年谱（1904—1974）》（下），中央文献出版社2009年版，第2005—2006页。

处欺负人家，侵略人家，剥削人家，那么，世界人民就应当给中国戴上一顶社会帝国主义的帽子，就应当揭露它，反对它，并同中国人民一道，打倒它。"①

4月3日，邓小平和周恩来将联大特别会议发言稿第一部分第五稿报送毛泽东，毛泽东当日圈阅。4月4日，邓小平又和周恩来将在联大特别会议上的发言稿（六稿）报送毛泽东。毛泽东当日阅批："好，赞同。"②

4月6日，邓小平率中国政府代表团乘专机离开北京前往美国纽约出席联合国大会第六届特别会议。周恩来、叶剑英等，以及首都群众四千余人到机场送行。4月7日，率中国政府代表团抵达纽约。

4月10日，邓小平在联合国大会第六届特别会议上发言，全面阐述毛泽东关于三个世界划分的理论及我国对外政策。他说，现在的世界实际上存在着互相联系又互相矛盾着的三个方面、三个世界。美国、苏联是第一世界。亚非拉发展中国家和其他地区的发展中国家，是第三世界。处于这两者之间的发达国家是第二世界。两个超级大国是当代最大的国际剥削者和压迫者，是新的世界战争的策源地。邓小平表示，中国政府和人民赞同和支持第三世界国家要求改变目前不平等的国际经济关系的主张和合理的改革建议。他最后强调："中国是一个社会主义国家，也是一个发展中国家，中国属于第三世界。中国政府和人民，一贯支持一切被压迫人民和被压迫民族争取和维护民族独立，发展民族经济，反对殖民主义、帝国主义、霸权主义的斗争，这是我们应尽的国际主义义务。中国现在不是，将来也不做超级大国。"③邓小平的讲演引起世界各国的高度关注，特别引起第三世界国家的强烈反响和热烈欢迎。各国媒体对此做了大量报道和评论。

邓小平分管外交工作后，多次会见日本客人，推动中日海运协定和中日和平友好条约的谈判。1974年8月15日，他在会见日本公明党委员长竹入义胜时指出："我们希望两国的业务协定能比较早地签订，我们希望在中

---

① 《邓小平年谱（1904—1974）》（下），中央文献出版社2009年版，第2008页。
② 《邓小平年谱（1904—1974）》（下），中央文献出版社2009年版，第2009页。
③ 《邓小平年谱（1904—1974）》（下），中央文献出版社2009年版，第2012页。

日飞机通航以后，能很快恢复海运协定的谈判。在恢复谈判后，希望双方都提出一些彼此比较容易接近的方案。我们相信，经过双方的努力，是能够找到解决办法的。关于中日和平友好条约问题，我们希望能比较快地谈判。至于这个条约体现什么内容，从原则上说，我们认为可以主要体现中日两国友好的愿望。当然，也不可避免要体现两国联合声明签订以后两国关系的发展和形势的新变化。那些难于解决的问题，可以搁一搁，不妨碍签订这样一个条约。具体步骤总是要通过预备性会谈，先接触，问题在谈的过程中来解决。"又指出："现在中日两国间的问题，焦点还是在台湾问题上。就我们来说，这个问题不只涉及日本，也涉及到国际关系中一个比较重要的问题。我们希望能用和平谈判的方式解决台湾问题，如果不行只能采取其他方式。原则是台湾必须回到祖国怀抱。"①9 月 30 日，邓小平在会见日本访华代表团时进一步指出："现在我们之间还有海运协定、渔业协定没有签订，特别是还有和平友好条约没有签订。只要我们根据两国人民的真实愿望，只要我们两国政府从政治角度考虑问题，我们相信这些在不久的将来是可以实现的。"②在邓小平的推动下，11 月，中日海运协定正式签订。随后，双方又开始进行渔业谈判和签订中日和平友好条约的谈判。

邓小平在为推动中日关系取得实质性进展的同时，又为推动中美关系正常化做了很多工作。1974 年 11 月 26 日至 28 日，邓小平同来访的美国国务卿基辛格进行了 5 次会谈。针对美方提出的两国关系正常化方案仍在搞"一中一台"的事实，邓小平明确表示中国不能接受这个方案。他指出：从本质上讲，美方这些方案不是"日本方式"，所谓"日本方式"，就是美国对台湾废约、撤军、断交。目前这些方案实际上还是"一中一台"的方式，无非是一个倒联络处的方案。目前中美在北京和华盛顿互设联络处，台湾同你们设有大使馆，这本身说明，中美两国关系正常化的条件尚不具备。反过来，倒联络处同样不是解决正常化的途径。不论怎么样解释，人们一看就认

---

① 《邓小平年谱（1904—1974）》（下），中央文献出版社 2009 年版，第 2039 页。
② 《邓小平年谱（1904—1974）》（下），中央文献出版社 2009 年版，第 2050 页。

为仍然是"一中一台"的变种。所以，这个方案，我们难以接受。另一个问题是解决台湾问题的方式问题。在美与台湾断绝外交关系并废除防御条约后，台湾问题应由中国人去解决。

邓小平进一步指出："关于台湾问题和中美关系正常化，我们有三个原则，不能有别的考虑：（一）坚持上海公报的原则，不能考虑"两个中国"或"一中一台"或变相的"一中一台"。如我们所理解的倒联络处，实际上也是"一中一台"，中方不能考虑。（二）台湾问题只能在中国人之间作为内政自己来解决。至于用什么方式，和平的，还是非和平的，如何解决，那是中国人自己的事，是中国的内政问题。（三）作为一个原则问题，我们不能承认在解决这个问题的过程中，其他国家参与什么保证，包括美国的保证。"①邓小平表达了中国政府的鲜明态度和原则立场，挫败了美国在台湾问题上搞"模糊"战略的企图，从而加快了中美关系正常化的进程。

在筹备四届人大和酝酿国务院领导人选时，毛泽东评价邓小平"人才难得，政治思想强"，提议他担任第一副总理兼总参谋长。毛泽东还提出在四届人大前召开的中共十届二中全会上，补选邓小平为中共中央政治局常委、副主席，同时担任中共中央军委副主席。毛泽东对邓小平委以越来越多的重任。

从 1974 年 11 月下旬起，邓小平根据毛泽东和周恩来的意见，主持起草了周恩来在四届人大一次会议上的《政府工作报告》。邓小平和起草班子确定把关于四个现代化建设的战略设想作为重点来写，重申 1964 年周恩来在三届人大一次会议《政府工作报告》中提出的关于实现四个现代化的"两步设想"，即："第一步，用 15 年时间，即在 1980 年以前，建成一个独立的比较完整的工业体系和国民经济体系；第二步，在本世纪内，全面实现农业、工业、国防和科学技术的现代化，使我国国民经济走在世界的前列。"

邓小平在参与筹备四届人大和主持起草周恩来《政府工作报告》的过程中，向毛泽东提出了应当把经济建设强调一下的重要意见。他说："国际

---

① 《邓小平年谱（1904—1974）》（下），中央文献出版社 2009 年版，第 2069—2070 页。

环境可能还能争取到五年，主要是美国不敢打，铺得很开，苏联很集中。我们要利用这五年时间，不能耽误。归根到底就是主席讲的要安定团结。搞建设不安定不行。我觉得主要的关键是要有稳定的、有威信的省委，要能够发号施令，大家都听，当然要发得对。这么大的国家，都靠中央不行。现在下边议论，大家不安，大家感到乱哄哄的。比如，搞科研的绝大多数没有做什么事，不是说群众不要求工作，是没有办法。旷工不是个别的，少数的，而是相当大量的，但这并不等于工人群众对现状满意。总的意见是，这几年认真抓一下生产。"①邓小平的意见得到毛泽东的赞同，为他后来主持全面整顿工作创造了重要条件。

1974 年，与邓小平的忙碌不同，陈云的工作仍然是协助周恩来抓外贸。这一年，他重点研究了副食品的生产和出口问题。7 月 1 日，陈云在同外贸部负责人谈话时，提出要打开西欧国家副食品出口市场。他说：欧洲是一个生活水平很高的市场，向他们出口吃的东西靠得住，我们应把出口重点放在这方面，如兔肉、牛肉、蔬菜都可以搞，搞这些成本总比他们便宜。关于如何打开对西欧国家副食品出口市场，陈云提出要搞蔬菜出口基地，一年四季都生产。他说："出口蔬菜在生产上要讲卫生，不要用毒性大的农药。搞蔬菜罐头还是搞脱水蔬菜，根据条件决定。产品要充分利用香港班轮，不间断地向客户供应。陈云还提出要拓宽贸易渠道。他说：对传统的出口商品要靠'老怡和'，罐头这类商品要同超级市场建立联系，利用它们的销售系统。牌子最好用我们自己的，也可以是我们的牌子加经销商的标记。要充分利用香港，把华润公司扩大，使它变成'第二外贸部'，让它到外国去设公司、仓库。"②

陈云还同外贸部负责人研究了对港澳的贸易问题。当时，港澳是我们现汇收入占第一位的地区，也就是进口成套设备和器材所需外汇的重要来源。陈云分析："对港澳的出口贸易，有有利条件，也有不利条件。有利条

---

① 《邓小平年谱（1904—1974）》（下），中央文献出版社 2009 年版，第 2074 页。

② 《陈云年谱（修订本）》下卷，中央文献出版社 2015 年版，第 209—210 页。

件是，食品和其他传统出口品，我们可以占领主要市场，但也有可能被挤掉。不利条件是自由港，竞争激烈。竞争对手会用低于成本的价格竞销，尤其在资本主义经济危机时期。对此种不利条件，许多同志还未认识。"为保证港澳食品出口市场的已有地位，陈云提出：第一，"各省应把出口的任务放在重要的位置上。为此，建设和扩大生产基地是必要的。"第二，"商品价格必须有竞争性。要大力推销换汇率高的商品，但决不放弃可以推销的换汇率较低的商品，目的是为了多得外汇。"第三，"对同我合营的商店及代销店必须照顾。同我合营的商店及代销店的店主是谋利的商人，但他们不同于一般资本家。要使他们有利可图，但不能得暴利。"第四，"对港澳贸易是政策性很强的工作。要时刻警惕港英方面的刁难。要加强对港澳贸易工作干部的政治教育，使他们有两点自觉性：一是责任重大，二是能经受特殊环境的考验。"①

尽管受到"批林批孔"运动的严重干扰，1974年，我国对外贸易仍然获得重大发展，进出口总额达到145亿7千万美元，比1973年增长36亿美元。② 这和陈云的努力是分不开的。

1975年1月5日，根据毛泽东的提议，中共中央发出1号文件，任命邓小平为中共中央军委副主席兼中国人民解放军总参谋长。1月8日至10日召开的中共十届二中全会，追认邓小平为中共中央政治局委员，选举邓小平为中共中央副主席、中央政治局常委。在1月13日至17日召开的四届全国人大一次会议上，邓小平被任命为国务院第一副总理。周恩来病重后，在毛泽东支持下，邓小平主持党、国家和军队的日常工作。

重新走到中国政治舞台中心的邓小平，本着对党和国家前途命运高度负责的历史使命感，对"文化大革命"以来造成的严重混乱局面进行了大刀阔斧的整顿。

1月25日，邓小平在中国人民解放军总参谋部机关团以上干部会上作

---

① 《陈云文选》第3卷，人民出版社1995年版，第228—229页。
② 参见《陈云传》（三），中央文献出版社2015年版，第1444页。

了军队要整顿的讲话，提出军队的总人数要减少，编外干部太多要处理，优良传统要恢复，要提高党性，消除派性，要加强纪律性。① 由此拉开了全面整顿的序幕。

邓小平以铁路交通作为经济整顿的突破口。3月5日，他在全国工业书记会议上发表讲话，指出全党要讲大局，要为到20世纪末把我国建设成为具有现代农业、现代工业、现代国防和现代科学技术的社会主义强国这个伟大目标而奋斗。在谈到怎样把国民经济搞上去时，邓小平指出："当前的薄弱环节是铁路。铁路运输的问题不解决，生产部署统统打乱，整个计划都会落空。解决铁路问题的办法，是要加强集中统一，建立必要的规章制度，增强组织性纪律性，还必须反对派性。"② 同日，中共中央发出本年9号文件《关于加强铁路工作的决定》。邓小平的讲话和中央9号文件，成为指导铁路整顿的纲领。

经过4个月的整顿，全国铁路形势有了显著变化。一些派性严重的班子逐步形成安定团结的局面，主要干线恢复畅通，铁路运输生产大幅度提高，铁路基本建设步伐加快，铁路治安秩序有所好转。铁路整顿的成功，为其他行业的整顿树立了榜样，创造了经验。

5月29日，邓小平在钢铁工业座谈会上讲话。指出：把钢铁工业搞上去，重点要解决四个问题。第一，必须建立一个坚强的领导班子。钢铁生产搞不好，关键是领导班子问题，是领导班子软、懒、散。领导班子就是作战指挥部。搞生产也好，搞科研也好，反派性也好，都是作战。指挥部不强，作战就没有力量。领导班子问题，是关系到党的路线能不能贯彻执行的问题，因此我们首先强调要把领导班子解决好。第二，必须坚决同派性作斗争。对于派性，领导上要有个明确的态度，就是要坚决反对，要敢字当头。对坚持闹派性的人，该调的就调，该批的就批，该斗的就斗，不能慢吞吞的，总是等待。对于派性，还要发动群众起来共同反对。第三，必须认真落

---

① 参见《邓小平年谱（1975—1997）》（上），中央文献出版社2004年版，第10—11页。

② 《邓小平年谱（1975—1997）》（上），中央文献出版社2004年版，第25页。

实政策。不仅要解决戴上帽子的那些人的问题，而且要解决他们周围受到牵连的人的问题。要特别注意那些老工人、技术骨干、老劳模，要把这一部分人的积极性调动起来。第四，必须建立必要的规章制度。执行规章制度宁可要求严一些，不严就建立不起来。①

会后，中共中央调整了冶金部领导班子，印发了题为《中共中央关于努力完成今年钢铁生产计划的批示》的 13 号文件，国务院也专门成立了钢铁工业领导小组。经过近一月的整顿，钢铁生产形势开始好转。

7 月 4 日，邓小平对中共中央读书班第 4 期学员作了题为《加强党的领导，整顿党的作风》的讲话，指出："搞好安定团结，发展社会主义经济，需要加强党的领导，把我们党的优良作风发扬起来，坚持下去。这是一个非常重要的问题。毛泽东同志讲军队要整顿，整个党也有这个问题，特别是在党的领导和党的作风方面。"②7 月 14 日，邓小平在中共中央军委扩大会议上作《军队整顿的任务》的讲话，提出军队整顿的任务就是整肿、散、骄、奢、惰五个字，要联系起来解决。在整顿中，还要加强干部学习，增强党性，反对派性，加强纪律性，发扬艰苦奋斗的传统作风。③8 月 3 日，邓小平又在国防工业重点企业会议上发表讲话。指出：第一，一定要建立敢字当头的领导班子。领导班子问题一定要抓紧解决，要找一些能够办事、敢于办事的同志来负责。主要是配备好一、二把手，一、二把手敢字当头，就可以把队伍带起来。第二，一定要坚持质量第一，特别是军工产品。没有必要的规章制度，质量难于保证，这方面要很好地整顿。第三，一定要关心群众生活。在这方面要做许多踏踏实实的工作。④ 这些讲话对加强党的领导，促进军队整顿，发挥了重要作用。

在科技领域，7 月中旬，邓小平派胡耀邦到中国科学院，对科技领域展开整顿。9 月 26 日，他在听取胡耀邦作科学院工作汇报时，对《科学院工

---

① 参见《邓小平文选》第 2 卷，人民出版社 1994 年版，第 8—11 页。

② 《邓小平文选》第 2 卷，人民出版社 1994 年版，第 12 页。

③ 参见《邓小平文选》第 2 卷，人民出版社 1994 年版，第 20 页。

④ 参见《邓小平文选》第 2 卷，人民出版社 1994 年版，第 25—27 页。

作汇报提纲》给予充分肯定。指出，如果我们的科学研究工作不走在前面，就要拖整个国家建设的后腿。现在科研队伍大大削弱了，接不上了。一些科研人员打派仗，不务正业，少务正业，搞科研的很少。少数人秘密搞，像犯罪一样。陈景润就是秘密搞的。像这样一些世界上公认有水平的人，中国有一千个就了不得。说什么"白专"，只要对中华人民共和国有好处，比闹派性、拉后腿的人好得多。现在连红专也不敢讲，实际上是不敢讲"专"字。科研工作能不能搞起来，归根到底是领导班子问题，不把领导班子弄好，谁来执行政策？领导班子，特别要注意提拔有发展前途的人。对于那些一不懂行、二不热心、三有派性的人，为什么还让他们留在领导班子里？科研人员中有水平有知识的为什么不可以当所长？要让党性好的组织能力强的人搞后勤。要给有培养前途的科技人员创造条件，关心他们、支持他们。要后继有人，这是对教育部门提出的问题。我们有个危机，可能发生在教育部门，把整个现代化水平拖住了。提高自动化水平，减少体力劳动，世界上发达国家不管是什么社会制度都是走这个道路。科技人员是不是劳动者？科学技术叫生产力，科技人员就是劳动者！要解决教师地位问题。几百万教员，只是挨骂，怎么调动他们的积极性？毛主席讲消极因素还要转化为积极因素嘛！教育战线也要调动人的积极性。①

在教育领域，9月下旬至11月上旬，教育部根据邓小平"文化教育也要整顿"的指示，起草了《教育工作汇报提纲》。在《提纲》起草过程中，邓小平多次强调，教育工作关系到整个现代化的水平，今后25年发展远景，关键是我们教育部门要培养人。科学研究工作后继有人问题，中心是教育部门的问题。由于"四人帮"的干扰，《提纲》最终未能定稿，但《提纲》过程稿提出了教育整顿的具体措施。②

在文艺领域，邓小平强调文艺政策要调整，并批准解放了一批被江青一伙作为"毒草"而禁锢的电影、音乐。《创业》《海霞》和《长征组歌》等

① 参见《邓小平文选》第2卷，人民出版社1994年版，第32—34页。
② 参见《邓小平年谱（1975—1997）》（上），中央文献出版社2004年版，第109页。

相继放映和演出。

在短时间内，邓小平主持的包括军队、工业、交通、科教、文艺在内的全面整顿，收到显著成效。由于这种整顿反映了广大干部群众的愿望，代表了党的正确领导，因而得到了全国人民的衷心拥护。这次整顿实质上是后来改革的实验。

对邓小平主持的 1975 年全面整顿，毛泽东一开始是支持的。在邓小平与"四人帮"围绕"反经验主义"和"评《水浒》"的斗争中，毛泽东批评了"四人帮"，支持了邓小平。但随着整顿的深入势必会系统地纠正"文化大革命"的错误，这是毛泽东所不能容忍的。

11 月 20 日，中共中央政治局召开会议，专门讨论对"文化大革命"的评价问题。会议根据毛泽东的意见，提出由邓小平主持作一个关于"文化大革命"的决议，总的看法是"文化大革命"基本正确，有所不足。这是毛泽东有意给邓小平一次机会，希望他就此妥协。但邓小平婉拒了这个建议，表示："由我主持写这个决议不适宜，我是桃花源中人，'不知有汉，无论魏晋'。"[1] 这令毛泽东很是失望。

11 月 24 日，中共中央政治局召开打招呼会议，会上宣读了经毛泽东审定的《打招呼的讲话要点》。《要点》提出：清华大学出现的问题绝不是孤立的，是当前两个阶级、两条道路、两条路线斗争的反映。这是一股右倾翻案风。有些人总是对这次"文化大革命"不满意，总是要算"文化大革命"的账，总是要翻案。[2]26 日，中共中央发出通知，将《打招呼的讲话要点》传达到党政军各大单位负责人，要求他们进行讨论并将讨论情况上报中共中央。12 月 10 日，中共中央又发出通知，要求各地将这个文件传达范围逐步扩大到基层。一场全国范围的"批邓、反击右倾翻案风"运动开始了。

1975 年年初，陈云出席了中共十届二中全会和四届全国人大一次会议，并在四届全国人大一次会议上当选为全国人大常委会副委员长。他的工作

---

① 《邓小平年谱（1975—1997）》（上），中央文献出版社 2004 年版，第 131—132 页。

② 参见《邓小平年谱（1975—1997）》（上），中央文献出版社 2004 年版，第 133 页。

范围，不再限于协助指导对外贸易工作，但仍未回到中共中央的领导岗位。从这年初以后一年多时间内，陈云的主要活动有两方面：一是读书；二是调查。调查的重点是考察工农业生产情况，思考怎样把国民经济搞上去。

在读书方面，从江西回到北京后，陈云给自己订了一个读书计划："我想用两年时间，再精读一遍毛主席若干著作、马恩选集、列宁选集、斯大林若干著作。"①这两年，陈云按照这个计划，系统地阅读了马列主义理论书籍。

在考察工农业生产方面，陈云这个时期最重要的活动是，1975年6月至8月先后到江苏、黑龙江等地视察。6月，陈云在江苏考察南京化学工业公司，参观该公司所属的氮肥厂，探索化肥工业发展的路子。7月，他赴扬州，考察江都抽水站，详细了解它的抽水量、抽水速度、农作物灌溉效果、设备维修等情况，探讨南水北调问题，指出这是一个造福子孙的大工程，要有长期规划。8月，陈云考察哈尔滨工业企业。在第一重型机器厂，他询问水压机的生产、操作等情况，对这个厂十多年来为国家工业和经济发展作出的巨大贡献给予充分肯定。在齐齐哈尔钢厂，陈云亲临轧钢车间慰问工人。他还提出一个重要问题："我们国家要想工业大发展，赶上世界先进水平，不仅要搞好钢铁工业，还必须抓好电子工业。"②当时，陈云所想的，同邓小平一心要把国民经济搞上去是完全一致的。遗憾的是，由于"批邓、反击右倾翻案风"的运动，这些工作又中断了。

1976年1月8日，周恩来逝世。"四人帮"发出种种禁令，竭力阻挠群众性的悼念活动。在中共中央讨论由谁来为周恩来致悼词时，"四人帮"更是有意将邓小平排除在外。1月12日，在中共中央政治局会议上，当张春桥提出由叶剑英在周恩来追悼会上致悼词时，遭到叶剑英反对。叶剑英提议由邓小平给周恩来致悼词，得到与会绝大多数政治局委员同意。③1月15日，已处于受批判地位的邓小平出席周恩来追悼大会，并代表中共中央致悼词。

---

① 《陈云文集》第3卷，中央文献出版社2005年版，第409页。

② 《陈云传》（三），中央文献出版社2015年版，第1449页。

③ 参见《邓小平年谱（1975—1997）》（上），中央文献出版社2004年版，第143页。

2月2日，中共中央发出通知，宣布由华国锋任国务院代总理。自中共中央通知发出后，邓小平实际上被停止中共中央的领导工作。2月25日至3月初，中共中央召集各省、市、自治区和各大军区负责人打招呼会议，传达经毛泽东批准、由毛远新整理的毛泽东自1975年10月至1976年1月关于"批邓、反击右倾翻案风"的多次谈话。其中，毛泽东点名批评邓小平说：小平提出"三项指示为纲"，不和政治局研究，在国务院也不商量，也不报告我，就那么讲。他这个人是不抓阶级斗争的，历来不提这个纲。还是"白猫、黑猫"啊，不管是帝国主义还是马克思主义。他不懂马列，代表资产阶级。又说：他还是人民内部问题，引导得好，可以不走到对抗方面去。要帮助他，批他的错误就是帮助，顺着不好。批是要批的，但不应一棍子打死。会上，华国锋代表中共中央讲话提出：当前，就是要搞好批邓，批邓小平同志的修正主义错误路线；对邓小平同志的问题，可以点名批判，但点名的大字报不要上街，不要广播、登报；注意不要层层揪邓小平在各地的代理人。[1]3月3日，中共中央发出《关于学习〈毛主席重要指示〉的通知》和华国锋在打招呼会议上的讲话，"批邓"问题在党内公开。

4月4日清明节，天安门广场发生悼念周总理，反对"四人帮"，拥护邓小平的群众运动。"四人帮"乘机诬陷邓小平，毫无根据地认定邓小平是天安门事件的"总后台"。[2]4月4日召开的中共中央政治局会议，在江青等人的左右下，将天安门广场发生的群众运动定性为"反革命搞的事件"，"是邓小平搞了很长时间的准备形成的"。[3]4月7日，根据毛泽东的提议，中共中央政治局召开会议，一致通过《中共中央关于撤销邓小平党内外一切职务的决议》。《决议》还提出"保留党籍，以观后效"。这是邓小平政治生涯中的第三次严重挫折。但是，整顿的业绩和他在整顿中表现出来的风骨，赢得了党心、军心、民心，为粉碎"四人帮"和他的第三次复出准备了广泛的群众基础。

---

① 参见《邓小平年谱（1975—1997）》（上），中央文献出版社2004年版，第147—148页。
② 参见《邓小平年谱（1975—1997）》（上），中央文献出版社2004年版，第150页。
③ 参见《邓小平年谱（1975—1997）》（上），中央文献出版社2004年版，第149页。

　　毛泽东逝世后，以江青为首的"四人帮"加紧夺取党和国家最高领导权的步伐。中共中央政治局同"四人帮"的斗争趋于白热化。1976年9月下旬，华国锋、叶剑英、李先念等酝酿粉碎"四人帮"问题，陈云参与了决策过程。其间，王震受叶剑英委托，多次找陈云商量。陈云起初考虑用召开中央全会的办法解决，但经过反复研究十届中央委员会名单后，感到没有把握，认为应该采取更加坚决果断的措施。10月初，陈云应叶剑英之请，前往其在西山的住所面谈。叶剑英将毛泽东生前在中共中央政治局会议批评"四人帮"的讲话记录拿给陈云看，说："把他们几个人抓起来，你看怎么样?"陈云回答："赞成。这场斗争是不可避免的。"①10月6日晚，华国锋、叶剑英代表中共中央政治局采取断然措施，对王洪文、张春桥、江青、姚文元实行隔离审查。"四人帮"被粉碎。"文化大革命"结束。邓小平和陈云迎来新的政治转机。

---

① 《陈云年谱（修订本）》下卷，中央文献出版社2015年版，第224—225页。

第十九章

"文化大革命"结束后的两年

"文化大革命"结束后的两年，是党和国家工作在徘徊中前进的两年。这两年间，在陈云等人的积极推动下，邓小平第三次复出，重新参加中共中央领导工作。他一出来工作就首先推动思想路线的拨乱反正，反对"两个凡是"的错误方针，领导和支持开展真理标准问题的讨论。陈云撰写文章对邓小平的正确主张进行呼应，予以积极支持。在邓小平和陈云的有力推动和正确领导下，真理标准问题讨论发展成为一场全国性的思想解放运动。这就为中共十一届三中全会实现伟大历史转折奠定了重要的思想基础。

粉碎"四人帮"以后，当时面临的形势十分严峻，整个国家问题成堆，急待解决。广大干部群众强烈要求纠正"文化大革命"的错误理论和实践，尽快对关系党和国家前途命运的大政方针作出战略抉择和政治决断。在这重大的历史关头，邓小平和陈云为彻底扭转十年内乱造成的严重局面，使中国社会主义建设事业重新奋起发挥了中流砥柱作用。

1976 年 10 月 18 日，也就是在粉碎"四人帮"后的第十二天，陈云在给李先念的信中，提出了他对当前工作的 6 点意见：（一）要把反对"四人帮"的文件写好，着重说明为什么必须在 10 月 6 日采取行动，为什么必须在主席逝世 4 个星期就采取措施。（二）抓革命，促生产，促工作，促战备。（三）支持各省市委工作，包括上海在内，让他们自己与"四人帮"划清界限，好好工作。（四）在外地的政治局委员要经常到北京参加政治局会议和工作，要成为制度。（五）准备在时机成熟时召开三中全会。（六）恢复党的好作风，因为毛主席倡导的许多党的好作风被"四人帮"破坏干扰了。这份意见还谈了应该注意的一些事项：对还在闹派性的人，号召他们化悲痛为力量，上班工作，团结起来，共同革命；对他们的办法，只能是教育，一切也都为了教育；要防止又翻烧饼，防止这次运动中扩大化。各级领导机关必须是老中青相结合，只是不要聂元梓、蒯大富式人物。中央和省市领导同志不要提"四人帮"中个人私生活的丑事，而要批判他们的反动路线和政治上的大事，这样做对党有利。信中还特别指出："要再查一查今年4月天安门事件的真相；当时绝大多数人是为悼念总理，尤其担心接班人是谁？混在人群中的坏人是极少数；'四人帮'对这件事有没有诡计？"① 这6条意见的确是当时最迫切需要解决的一些重大问题，对于巩固和发展粉碎"四人帮"后的大好形势，具有重要意义。这些意见反映了陈云丰富的政治经验和深邃的历史眼光，是他在关键时刻发挥的又一次关键作用。特别是他在粉碎"四人帮"后不久即提出要重新调查天安门事件真相问题，显示了他的政治勇气和无畏情怀，促进了邓小平的复出和天安门事件的平反。

此时，要求恢复邓小平工作的呼声已日益高涨。但当时担任中共中央主席的华国锋却继续坚持"左"的错误，提出了"两个凡是"（即"凡是毛主席作出的决策，我们都坚决维护，凡是毛主席的指示，我们都始终不渝地遵循"）的错误方针。按照"两个凡是"，邓小平就不能复出，天安门事件就不能平反。因为这两件事都是毛泽东定的。面对"两个凡是"的束缚，陈云在1977年3月召开的中共中央工作会议上，率先冲破禁区，郑重提出让邓小平重新参加党中央领导工作，主张正确认识和重新评价1976年4月5日的天安门事件。

会议开始前，华国锋向各组召集人打招呼，希望大家在发言中不要触及邓小平出来工作和天安门事件这样敏感的问题。② 但陈云3月13日在西南组的书面发言中，还是正式提出了粉碎"四人帮"后面临的这两件大事。他说："我对天安门事件的看法：（一）当时绝大多数群众是为了悼念周总理。（二）尤其关心周恩来同志逝世后党的接班人是谁。（三）至于混在群众中

---

① 《陈云年谱（修订本）》下卷，中央文献出版社2015年版，第225—226页。

② 参见《中国共产党历史》第二卷（1949—1978），中共党史出版社2011年版，第992页。

的坏人是极少数。(四)需要查一查'四人帮'是否插手,是否有诡计。"这是陈云继 1976 年 10 月 18 日给李先念的信之后,第二次发表对天安门事件的看法,反映了他对这个问题的高度重视和一贯态度。他进一步明确提出:"邓小平同志与天安门事件是无关的。为了中国革命和中国共产党的需要,听说中央有些同志提出让邓小平同志重新参加党中央的领导工作,是完全正确、完全必要的,我完全拥护。"①

陈云一向谨慎。这篇书面发言是他经过反复考虑后,先同胡乔木商量,然后在耿飚家里,征求耿飚、王震、萧劲光、王净的意见,才提出来的。由于同"两个凡是"方针相抵触,会议工作人员奉命要求陈云修改这篇书面发言,遭到陈云拒绝。当晚,华国锋到陈云家中,他们进行了较长时间的谈话。结果,陈云的这篇书面发言没能在会议简报上刊登。尽管如此,陈云的发言还是在会内外传开,产生了重要反响。陈云以他在党内长期的历史地位和崇高声望,为了党和国家工作的需要,亲自为邓小平出来工作而呼吁,这对邓小平的第三次复出起到了别人无法替代的作用。

在党内外日益强大的呼声和要求下,1977 年 7 月 17 日,中共十届三中全会一致通过《关于恢复邓小平同志职务的决议》,决定恢复邓小平中共中央委员,中央政治局委员、常委,中央副主席,中央军委副主席,国务院副总理,中国人民解放军总参谋长的职务。21 日,邓小平在全会上讲话。他深情地说:"作为一名老的共产党员,还能在不多的余年里为党为国家为人民做一点力所能及的事情,在我个人来说是高兴的。出来工作,可以有两种态度,一个是做官,一个是做点工作。我想,谁叫你当共产党人呢,既然当了,就不能够做官,不能够有私心杂念,不能够有别的选择,应该老老实实地履行党员的责任,听从党的安排。"②后来改革开放的实践表明,邓小平忠实履行了自己的承诺,出色完成了历史的答卷。

邓小平由于在长期革命斗争中建立的历史功勋,由于他对"四人帮"的

---

① 《陈云文选》第 3 卷,人民出版社 1995 年版,第 230 页。
② 《邓小平年谱(1975—1997)》(上),中央文献出版社 2004 年版,第 162 页。

坚决斗争和在动乱中主持全面整顿取得的显著成效，在党和人民中享有很高的威望。这次复出，是大势所趋，人心所向，也是邓小平革命生涯新的历史起点。邓小平的第三次复出，为中共十一届三中全会实现伟大历史转折，为形成以他为核心的党的第二代中央领导集体，从而开创改革开放和社会主义现代化建设新的历史时期，准备了重要的组织条件。在他复出的过程中，陈云给予了有力而坚定的支持。

邓小平一出来工作，立即表现出作为战略家的远见卓识、丰富政治经验和高超领导艺术。他在千头万绪中抓住具有决定意义的环节，首先推动思想路线的拨乱反正，反对"两个凡是"的错误方针，提出必须完整地、准确地理解毛泽东思想。长期以来禁锢人们思想的僵化局面开始被冲破。

早在邓小平复出之前，他即开始对"两个凡是"进行批评。1977年2月，邓小平同前来看望的王震谈话，对"两个凡是"的提法提出异议，认为"这不是马克思主义，不是毛泽东思想"①。4月10日，邓小平给华国锋、叶剑英和中共中央写信。针对"两个凡是"的错误观点，他明确指出："我们必须世世代代地用准确的完整的毛泽东思想来指导我们全党、全军和全国人民，把党和社会主义的事业，把国际共产主义运动的事业，胜利地推向前进。"②这个提法击中了"两个凡是"的要害，点出了它的错误实质。

5月24日，邓小平在同中共中央两位同志谈话时，明确指出"两个凡是"不符合马克思主义。他说："把毛泽东同志在这个问题上讲的移到另外的问题上，在这个地点讲的移到另外的地点，在这个时间讲的移到另外的时间，在这个条件下讲的移到另外的条件下，这样做，不行嘛！毛泽东同志自己多次说过，他有些话讲错了。他说，一个人只要做工作，没有不犯错误的。又说，马恩列斯都犯过错误。如果不犯错误，为什么他们的手稿常常改了又改呢？改了又改就是因为原来有些观点不完全正确，不那么完备、准确嘛。毛泽东同志说，他自己也犯过错误。一个人讲的每句话都对，一个人绝对正

① 《邓小平年谱（1975—1997）》（上），中央文献出版社2004年版，第155页。
② 《邓小平年谱（1975—1997）》（上），中央文献出版社2004年版，第157页。

确，没有这回事情。他说：一个人能够'三七开'就很好了，很不错了，我死了，如果后人能够给我以'三七开'的估计，我就很高兴、很满意了。这是个重要的理论问题，是个是否坚持历史唯物主义的问题。彻底的唯物主义者，应该像毛泽东同志说的那样对待这个问题。"邓小平进一步指出：马克思、恩格斯没有说过"凡是"，列宁、斯大林没有说过"凡是"，毛泽东同志自己也没有说过"凡是"。"我给中央写信，提出'我们必须世世代代地用准确的完整的毛泽东思想来指导我们全党、全军和全国人民，把党和社会主义的事业，把国际共产主义运动的事业，胜利地推向前进'，这是经过反复考虑的。毛泽东思想是个思想体系。我们要高举旗帜，就是要学习和运用这个思想体系。"①

7 月 21 日，复出后的邓小平在中共十届三中全会上讲话，继续倡导要用准确的完整的毛泽东思想作为指导思想。他指出："我说要用准确的完整的毛泽东思想作指导的意思是，要对毛泽东思想有一个完整的准确的认识，要善于学习、掌握和运用毛泽东思想的体系来指导我们各项工作。只有这样，才不至于割裂、歪曲毛泽东思想，损害毛泽东思想。"他还强调：实事求是是毛泽东思想中"最根本的东西"，恢复和发扬实事求是的优良传统和作风，对端正党风、军风、民风"特别重要"。② 随后，在中共十一大上，在中共中央军委座谈会上，在同一些部门负责人谈话时，邓小平反复强调，要恢复和发扬毛泽东为我们党树立的实事求是的优良传统和作风，不能以毛泽东是否画圈作为判断是非的标准，要实事求是。

邓小平批评和抵制"两个凡是"、倡导实事求是思想路线的举动，得到了陈云等党内老同志的响应和支持。1977 年 9 月 28 日，陈云在《人民日报》头版发表了《坚持实事求是的革命作风》的文章。针对"两个凡是"的错误方针，文章明确地把"实事求是"提到根本思想路线的高度。陈云指出："实事求是，这不是一个普通的作风问题，这是马克思主义唯物主义的根本思想

---

① 《邓小平文选》第 2 卷，人民出版社 1994 年版，第 38—39 页。
② 《邓小平文选》第 2 卷，人民出版社 1994 年版，第 42—45 页。

路线问题。我们要坚持马克思列宁主义，坚持毛泽东思想，就必须坚持实事求是。如果我们离开了实事求是的革命作风，那么，我们就离开了马列主义、毛泽东思想，而成为脱离实际的唯心主义者，那么，我们的革命工作就要陷于失败。所以，是否坚持实事求是的革命作风，实际上是区别真假马列主义、真假毛泽东思想的根本标志之一。"在这篇文章中，陈云尖锐地指出："由于'四人帮'的影响，今天还有这样一些领导机关，这样一些党员干部，在他们中间，主观主义、形式主义的作风，不是少了而是多了，毛主席长期倡导的那种深入群众进行调查研究、根据实际情况解决具体问题的实事求是精神，却不是多了而是少了。报刊上有些文章还是不懂得区别马列主义、毛泽东思想的字句和实质，还不是满腔热情去完整地准确地宣传毛泽东思想的实质，用它作为具体分析具体问题的指南。"①

陈云在文章中所表达的基本思想，同邓小平提出的必须用准确的完整的毛泽东思想作为指导思想、恢复和发扬毛泽东倡导的实事求是的优良传统和作风，在精神实质上是完全一致的，是对邓小平批评"两个凡是"错误方针的积极呼应和有力支持。

陈云这篇文章是应当时的宣传口和新华社约请而写的。文章写出后，有人专门同中共十一大报告一句一句地对照，说要改成一致。陈云说："既然每一句都要讲得一样，你们还约我写文章干什么？这实际上也是对'两个凡是'错误方针的批评。"②

在邓小平和陈云等老一辈无产阶级革命家的推动下，要求恢复实事求是优良传统的政治氛围开始形成，长期以来禁锢人们思想的僵化局面被逐渐冲破。在这样的背景下，一场由关于真理标准问题的大讨论所引发的思想解放运动在全国范围内以不可阻挡之势迅猛展开了。

1978年5月10日，中共中央党校内部刊物《理论动态》刊登了《实践是检验真理的唯一标准》一文。次日，《光明日报》以"本报特约评论员"

---

① 陈云：《坚持实事求是的革命作风》，《人民日报》1977年9月28日。

② 《陈云传》（四），中央文献出版社2015年版，第1476页。

名义公开发表了这篇文章,新华社向全国转发。12日,《人民日报》《解放军报》等报纸纷纷转载。由此拉开了关于真理标准问题大讨论的序幕。这篇文章重申了马克思主义认识论的一个基本原理:社会实践不仅是检验真理的标准,而且是唯一的标准。文章指出,任何理论都要不断接受实践的检验,凡是科学的理论,都不会害怕实践的检验。马克思主义的理论宝库不是一堆僵死不变的教条,不能拿现成的公式去限制、宰割、剪裁无限丰富的飞速发展的革命实践,应该勇于研究新的实践中提出的新问题。这篇文章虽然是从正面阐述马克思主义认识论的一个基本常识,但它从基本理论上对"两个凡是"的错误方针进行了批判和否定,并且触及了盛行多年的思想僵化和个人崇拜现象。所以文章一发表,立刻在党内外引起强烈反响。

正是由于这篇文章尖锐的观点和鲜明的针对性,所以它一发表即受到一些负责人的非议和压制,说"文章的矛头是指向毛主席思想的"①,真理标准问题讨论面临巨大压力。在这关键时刻,邓小平和陈云等旗帜鲜明地支持了这场大讨论。

6月2日,邓小平在全军政治工作会议上讲话,着重阐述了毛泽东关于实事求是的观点。他指出,我们一些同志天天讲毛泽东思想,却往往忘记、抛弃甚至反对毛泽东同志的实事求是、一切从实际出发、理论与实践相结合的这样一个马克思主义的根本观点,根本方法。不但如此,有的人还认为谁要是坚持实事求是,从实际出发,理论和实践相结合,谁就是犯了弥天大罪。他们提出的这个问题不是小问题,而是涉及到怎么看待马列主义、毛泽东思想的问题。马列主义、毛泽东思想的基本原则,我们任何时候都不能违背,这是毫无疑义的。但是,一定要和实际相结合,要分析研究实际情况,解决实际问题。按照实际情况决定工作方针,这是一切共产党员所必须牢牢记住的最基本的思想方法、工作方法。实事求是,是毛泽东思想的出发点、根本点。毛泽东同志历来坚持要用马列主义的立场、观点、方法来提出

---

① 《关于建国以来党的若干历史问题的决议注释本(修订)》,人民出版社1985年版,第478页。

问题，分析问题，解决问题。马克思主义的活的灵魂，就是具体地分析具体情况。马列主义、毛泽东思想如果不同实际情况相结合，就没有生命力了。我们领导干部的责任，就是要把中央的指示、上级的指示同本单位的实际情况结合起来，分析问题，解决问题，不能当"收发室"，简单地照抄照转。①邓小平的讲话批评了把坚持实事求是等说成是"犯了弥天大罪"的奇谈怪论，批评了"两个凡是"的错误观点，明确提出了实事求是是毛泽东思想的出发点和根本点，使要求解放思想、坚持实践标准的同志受到鼓舞，有力地支持了真理标准的讨论。

随着真理标准问题讨论的不断展开和深入，邓小平对一些给这场讨论制造障碍的人进行了批评。7月21日，邓小平对中共中央宣传部部长张平化说："不要再下禁令、设禁区了，不要再把刚刚开始的生动活泼的政治局面向后拉。"8月13日，邓小平同吴冷西谈话，指出：实践是检验真理的唯一标准，是马克思主义的。实践标准那篇文章是对的，现在的主要问题是要解放思想。还指出：文化、学术和思想理论战线正在开始执行"双百"方针，但空气还不够浓，不要从"两个凡是"出发，不要设禁区，要鼓励破除框框。8月19日，邓小平在同文化部负责人谈到理论问题时说："我说过《实践是检验真理的唯一标准》这篇文章是马克思主义的，是驳不倒的，我是同意这篇文章的观点的。但有人反对，说是反毛主席的，帽子可大啦。"11月，邓小平通过对谭震林应《红旗》杂志约稿撰写又遭拒登的《井冈山斗争的实践与毛泽东思想的发展》一文的批示，严肃地批评了《红旗》对真理标准讨论的消极态度："我看这篇文章好，至少没有错误。我改了一下，如《红旗》不愿登，可以送《人民日报》登。为什么《红旗》不卷入？应该卷入。可以发表不同观点的文章。看来不卷入本身可能就是卷入。"②

陈云也积极支持关于真理标准问题的讨论，十分赞赏"实践是检验真理的唯一标准"这一反映辩证唯物主义认识论的精辟概括，常常把它写成条

① 参见《邓小平文选》第2卷，人民出版社1994年版，第113—125页。
② 《邓小平年谱（1975—1997）》（上），中央文献出版社2004年版，第345、357、359、444页。

幅广为传播。

邓小平和陈云等老一辈革命家的支持,有力地推动了真理标准问题讨论在全国的展开和深入。真理标准问题的讨论,实际上是在邓小平、陈云等中央负责同志领导和支持下的一场全国范围的马克思主义思想解放运动。它冲破了长期以来"左"的错误思想的束缚,打碎了"两个凡是"和个人崇拜的精神枷锁,为中共十一届三中全会重新确立马克思主义的思想路线、政治路线和组织路线做了充分的思想准备,奠定了重要的理论基础。

邓小平恢复工作后,自告奋勇抓科学教育,很快就使科教事业走上了正轨。他推动恢复高考制度,推倒关于教育战线的"两个估计",调动了亿万学生和广大教师的积极性,实现了教育领域的拨乱反正。

邓小平在恢复工作之前,就已经开始关注科学和教育问题了。1977年5月12日,他约中国科学院副院长方毅、李昌谈科学和教育工作问题。邓小平指出:"整个国家赶超世界先进水平,科学研究是先行官。抓科研就要抓教育。抓教育,关键在中学,中学又以小学教育为基础。中小学现在接不上茬,十年没有好好上课,数理化不行,外文也不懂。多数中学教师水平不高。因此,要抓好重点小学、重点中学。要加强教师的配备。要重新审定大中小学的教材。过去没有吸收外国先进的东西。"邓小平又指出:"抓科研要注意选接班人。关键是人。方针正确,组织路线要跟上。加强党的领导,选好科研人员,选好后勤人员,很重要。"

邓小平着重讲了搞好科研规划、明确指导思想的问题。他说:还要搞规划。要有一个明确的指导思想。现在各部门掌握的资料都不交流,保什么密?自己封锁自己。我们同国外的科技水平比,在很多方面差距拉大了,要赶上很费劲。我们要努力赶,你不赶,距离就更大了,人家是一日千里。世界发达国家都注意最新的科学成果。据说他们政府头头每天办公桌上都放一张每日科技新闻。中国在清朝时搞闭关自守,"四人帮"也是搞闭关自守。科学研究方面的先进东西是人类劳动的成果,为什么不接受?接受这些东西有什么可耻的?要花高价把世界上最新的资料买到手。要着手搞科学技术的长远规划。要抓重点学校、重点科研院所、重点人才、重点项目。要从问题堆里找长远的、根本解决问题的东西。为什么要抓理论研究？就是为了这个。讲空话不行，要有具体措施，统一认识。实事求是是毛主席讲的，是马克思主义的态度。懂得这一条就有希望。

邓小平特别强调科研人员是劳动者。他说："一个时期，说科技人员是'臭老九'，连发明权都没有。科学研究是不是劳动？科研人员是不是劳动者？三大革命运动有科学实验嘛。科研人员搞点体力劳动是需要的，但他本身是脑力劳动者。自动化技术是以脑力劳动为主的。"①

5 月 24 日，邓小平在同王震、邓力群谈话时，又谈了他对科学和教育工作的一些思考。邓小平强调："我们要实现现代化，关键是科学技术要能上去。发展科学技术，不抓教育不行。靠空讲不能实现现代化，必须有知识，有人才。同发达国家相比，我们的科学技术和教育整整落后了二十年。抓科技必须同时抓教育。办教育要两条腿走路，既注意普及，又注意提高。要经过严格考试，把最优秀的人集中在重点中学和大学。一定要在党内造成一种空气：尊重知识、尊重人才。要反对不尊重知识分子的错误思想。不论脑力劳动、体力劳动，都是劳动。从事脑力劳动的人也是劳动者。"②这次谈话是 5 月 12 日同方毅、李昌谈话的继续，视野更加开阔，重点更加突出，说理更加透彻，对科学教育的指导思想、方针政策也更加明确了。

"文化大革命"开始后，高等学校停止招生。1970 年毛泽东发布"大学还是要办的"指示后，高等学校开始招收工农兵学员，采取推荐与选拔的方法，导致招生工作中"走后门"的风气越来越严重。1972 年，周恩来提出要从应届高中毕业生中直接招收大学生，但由于"四人帮"的拖延和破坏，这一建议未能执行。1975 年，邓小平再提此议，又因在"批邓、反击右倾翻案风"运动中遭到批判而搁浅。此次复出并主管科学和教育工作后，邓小平再次将恢复高考这一战略问题提上日程。

1977 年 7 月 29 日，邓小平在听取教育部负责人汇报工作时提出："是

---

① 《邓小平年谱（1975—1997）》（上），中央文献出版社 2004 年版，第 157—159 页。

② 《邓小平年谱（1975—1997）》（上），中央文献出版社 2004 年版，第 160 页。

否废除高中毕业生一定要劳动两年才能上大学的做法？"①8月8日，他在科学和教育工作座谈会上明确指出："今年就要下决心恢复从高中毕业生中直接招考学生，不要再搞群众推荐。从高中直接招生，我看可能是早出人才、早出成果的一个好办法。"②

教育部根据邓小平的指示，于8月13日起在北京召开第二次全国高等学校招生工作会议。会上发生了激烈争论。由于教育部门个别领导受"两个凡是"的束缚，不敢改革高校招生制度，怕否定"两个估计"，触犯"两个凡是"，对邓小平的正确主张抱犹豫、观望态度。恢复高校招生考试制度又一次陷入困境。

9月19日，邓小平同教育部主要负责同志谈话。针对会上激烈争论的问题，他再次重申从高中毕业生中直接招生的主张。他说："为什么要直接招生呢？道理很简单，就是不能中断学习的连续性。十八岁到二十岁正是学习的最好时期。过去我和外宾也讲过，中学毕业后劳动两年如何如何好。实践证明，劳动两年以后，原来学的东西丢掉了一半，浪费了时间。"关于招生条件，邓小平说："招生主要抓两条：第一是本人表现好，第二是择优录取"，"政审，主要看本人的政治表现。政治历史清楚，热爱社会主义，热爱劳动，遵守纪律，决心为革命学习，有这几条，就可以了"。③

根据邓小平的指示，会议决定恢复高等学校招生统一考试制度。教育部发出了在邓小平指导下拟订并经邓小平亲自修改的招生工作意见。10月5日，中共中央政治局讨论了招生工作文件。10月12日，国务院批转《关于1977年高等学校招生工作意见》，中断10年的高校招生考试制度恢复了。

10月21日，《人民日报》发表社论《搞好大学招生是全国人民的希望》。社论说：高等学校的招生工作，直接关系大学培养人才的质量，影响中小学教育，涉及各行各业和千家万户，是一件大事。今年，高等学校的招生工作，采取自愿报名，统一考试，地市初选，学校录取，省、市、自治区批准

---

① 《邓小平年谱（1975—1997）》（上），中央文献出版社2004年版，第167页。
② 《邓小平文选》第2卷，人民出版社1994年版，第55页。
③ 《邓小平文选》第2卷，人民出版社1994年版，第67—69页。

的办法。凡是符合招生条件的工人、农民、上山下乡和回乡知识青年、复员军人、干部和应届高中毕业生，均可自愿报名，并可根据自己的爱好和特长，选报几个学校和学科类别，让祖国进行挑选。这样做，为的是广开才路，提高质量，早出人才，早做贡献，以适应国家建设的迫切需要。为了保证招生质量，必须坚持德、智、体全面衡量，择优录取的原则。文化考试，是考查学生政治理论、文化水平的重要方法之一，是择优录取的主要依据之一，一定要抓好。

恢复高考制度是教育战线拨乱反正取得胜利的一个重要标志，也是一项深得人心的重大决策，此举涉及各行各业和千家万户，是一件功在千秋的大事。这项政策的切身受益者，无不从内心深处真切感念邓小平为他的命运带来的转机。

教育战线的"两个估计"，是 1971 年 7 月姚文元修改、张春桥定稿的《全国教育工作会议纪要》里提出来的，即"文化大革命"前十七年教育战线是资产阶级专了无产阶级的政，是黑线专政；知识分子的大多数世界观基本上是资产阶级的，是资产阶级知识分子。这"两个估计"沉重地打击了教育战线的干部师生，严重地搞乱和禁锢了人们的思想。推倒"两个估计"是教育战线拨乱反正、解放思想的关键。邓小平亲自抓这件事，作为全国各条战线拨乱反正的突破口。

1977 年 8 月 8 日，邓小平在科学和教育工作座谈会上谈了对十七年的估计问题。他说："主导方面是红线。十七年中，绝大多数知识分子，不管是科学工作者还是教育工作者，在党的正确领导下，努力工作，取得了很大成绩。现在各条战线的骨干力量，大都是建国以后我们自己培养的，特别是前十几年培养出来的。知识分子绝大多数是自觉自愿地为社会主义服务的。"①

9 月 19 日，邓小平再次同教育部主要负责人谈教育战线的拨乱反正问题，指出"两个估计"是不符合实际的。他说："怎么能把几百万、上千万知识分子一棍子打死呢？我们现在的人才，大部分还不是十七年培养出来

① 《邓小平年谱（1975—1997）》（上），中央文献出版社 2004 年版，第 178 页。

的？对这个《纪要》要进行批判，划清是非界限。《纪要》是毛泽东同志画了圈的。毛泽东同志画了圈，不等于说里面就没有是非问题了。我们要准确地完整地理解毛泽东思想的体系。毛泽东同志在延安为中央党校题词，就是'实事求是'四个大字，这是毛泽东哲学思想的精髓。"①

邓小平这次谈话后，教育部即组织写作班子起草批判文章。11月1日，邓小平审阅《教育战线的一场大论战——批判"四人帮"炮制的"两个估计"》一文的修改稿，作出批示："我看虽写得不算很好，但可用，先念、东兴、方毅同志审改后送请华主席审定。"②11月18日，文章以教育部大批判组名义在《人民日报》发表。

《教育战线的一场大论战》揭露了"四人帮"对毛泽东指示的封锁和篡改，批判了"四人帮"破坏教育事业的罪行，驳倒了"四人帮"炮制的"两个估计"，恢复了毛泽东关于教育工作估计的本来面目，砸掉了束缚知识分子的枷锁。文章发表后，不单教育战线掀起了批判"两个估计"的热潮，意识形态领域各部门及其他各条战线等也都结合自身情况，掀起了深入揭批"四人帮"、肃清其流毒的热潮，有力地推动了拨乱反正的进程和知识分子政策的落实。

在科教秩序迅速恢复的基础上，1978年3月18日至31日，中共中央在北京召开了全国科学大会。4月22日至5月16日，教育部在北京召开了全国教育工作大会。邓小平出席了这两次盛会的开幕式并讲话，提出和阐明了科学技术是第一生产力、教育事业必须同国民经济发展的要求相适应等一系列重要思想和论断，推动我国科学技术和教育事业迎来了繁荣发展的春天。

在这两年间，陈云仍然仅是一名中央委员，还未恢复在中共中央的领导职务。1977年3月上旬，叶剑英曾向华国锋、汪东兴建议，安排陈云进入中共中央政治局，但华国锋、汪东兴不同意。③当年3月的中共中央工作

---

① 《邓小平年谱（1975—1997）》（上），中央文献出版社2004年版，第203—204页。

② 《邓小平年谱（1975—1997）》（上），中央文献出版社2004年版，第234页。

③ 参见《陈云年谱（修订本）》下卷，中央文献出版社2015年版，第228页。

会议上，几个小组要求中共十届三中全会把陈云选进中央领导核心，但没有被采纳。此后，邓小平、李先念等在中共中央的会议上提出要求陈云出来工作，有人却说："毛主席讲过，陈云一贯右倾，不能重用。"在中共十一大上，陈云继续当选为中共中央委员，但仍然没能进入中共中央政治局。"在十一届一中全会上，所有小组都提了，要选陈云同志为政治局委员，邓小平、李先念同志也多次提过。"结果未被接受。[①]1978年3月，在五届全国人大一次会议上，陈云继续当选为全国人大常委会副委员长，但仍然未能进入中共中央核心领导层。这种状况一直持续到中共十一届三中全会前。

尽管如此，陈云仍以一个老革命家的高度责任感和历史使命感，密切关注着经济和政治形势的发展，为党和国家的工作思考着良策。在经济领域，陈云以他长期领导财经工作的丰富经验，对粉碎"四人帮"后两年间的经济工作提出了许多重要意见。1978年2月19日，当中共十一届二中全会讨论即将提交五届全国人大一次会议的政府工作报告时，陈云在东北组会上发言，强调经济工作要做到五点：（一）要把农业放在必要的位置上，在实际工作中执行农、轻、重的次序，不单要建设工业省，而且要建设工业农业省（他还提出要把农业搞好，应采取如南水北调、建设商品粮基地、增加农业投资等必要措施）；（二）工业生产的重点在提高质量，质量不好是最大的浪费；（三）既要发挥中央和地方两个积极性，也要有必要的集中，基本建设要打歼灭战；（四）技术力量的来源既要靠改进各级学校教育，又要靠发挥现有技术人员的作用；（五）要设法改善副食品、肉类的供应，不要等农业增产以后再解决。[②] 这些都是切合当时中国经济实际的、非常务实的重要意见。

1978年7月至9月，国务院召开务虚会议，提出要组织国民经济新的大跃进，要以比原来设想更快的速度实现四个现代化。陈云看了务虚会上的重要发言和简报，察觉一股急躁冒进之风正在形成。为此，他对主持会议的

---

① 《陈云传》（四），中央文献出版社2015年版，第1474—1475页。

② 参见《陈云年谱（修订本）》下卷，中央文献出版社2015年版，第243—244页。

李先念和谷牧提出：国务院务虚会多开几天时间，专门听听反面意见。① 陈云这些从实际出发的意见，对以华国锋为代表的"新跃进"的主张不无制动作用。

在平反冤假错案和解放老干部方面，由于陈云曾长期做组织工作，许多老干部同陈云比较熟悉，他们通过陈云向中共中央反映，争取解决他们的问题。陈云出面把许多案子转给华国锋、邓小平、胡耀邦等人，请中共中央及时考虑予以解决。1976 年 11 月 25 日，陈云致信叶剑英并华国锋，转交黄克诚夫人关于请求允许黄克诚回京治眼疾给华国锋、叶剑英的信。信中指出：黄克诚是红三军团的老干部，军队干部对他比较熟悉。解放战争时期他带新四军三师到东北。新中国成立后，他在担任总参谋长时参加中央财经小组，与我接触较多，曾有几次应我要求调动军队汽车支援河北农田基本建设，感到他是照顾全局的，为人是克己朴素的。他的眼一只已瞎，另一只也很危险，为了治愈他唯一的一只眼睛，请考虑调他回京治疗。此事很快被提交中共中央政治局会议研究并得到同意，中央办公厅遂将黄克诚由山西接回北京治疗。

1978 年 1 月 2 日，陈云又致信党中央主席、副主席，转交胡耀邦关于王鹤寿"历史问题"的来信，并指出：王鹤寿是 1937 年国共合作时我党从国民党监狱中要出来的。在审查党的七大代表资格时，从当时的所有材料看，他的历史是清楚的。建议由中央组织部把他的材料再审查一次，并把他调到北京治病。事后，王鹤寿被从外地接回北京，并恢复了党的组织生活。

4 月 24 日，陈云又致信党中央主席、副主席，转交曾志关于陶铸历史问题的来信。同王鹤寿一样，陈云指出，陶铸是国共合作后由我党从监牢中向国民党要出来的，此案牵涉到一大批省部级干部，弄清陶铸问题非常必要。建议由中央组织部主持，会同专案组，将全部卷宗和有关人员都调到北京，再审查一次。当月下旬，邓小平批示同意陈云关于复查陶铸问题的建议。11 月下旬，邓小平在审改中央专案审查小组第一办公室《关于陶铸问

---

① 　参见《陈云传》（下），中央文献出版社 2005 年版，第 1472—1473 页。

题的审查结论》时，将标题改为《关于陶铸同志问题的报告》，并在最后一段中增写："陶铸同志在监狱斗争是坚决的，几十年的工作，对党对人民是有贡献的，过去定为叛徒是不对的，应予平反。对他的结论，应请中央组织部拟出，报中央审定。"12月，中共中央为陶铸平反。①

　　1978年9月11日，陈云还就关于徐懋庸等问题致信胡耀邦，证明毛泽东确曾讲过"徐懋庸给鲁迅的那封信是错误的，但他还可教书"；徐懋庸在延安参加了毛泽东组织的哲学研究会；从来没有听毛泽东说过30年代上海文艺界两个口号的论争是革命与反革命的论争，也没有听毛泽东说过"国防文学"是反革命口号。陈云建议中组部、中宣部对上海文艺界30年代问题，对创造社，对当时其他革命文艺团体，作出实事求是的经得起历史检验的评价。②

　　陈云在粉碎"四人帮"后的两年间所起的上述关键作用，在全党和全国人民心目中树立起了崇高威望，留下了深刻印象，这为他后来在中共十一届三中全会上再次成为中共中央领导集体的重要成员赢得了党心民意，打下了深厚基础。

---

① 《陈云年谱（修订本）》下卷，中央文献出版社2015年版，第226、242、245—246页。
② 参见《陈云文集》第3卷，中央文献出版社2005年版，第450—451页。

第二十章

在十一届三中全会上

在邓小平和陈云的政治生涯中，中共十一届三中全会对于他们具有特别重要的意义。在邓小平和陈云的共同努力下，这次全会重新确立了解放思想、实事求是的思想路线，确定把党和国家的工作重点转移到社会主义现代化建设上来，作出实行改革开放的重大决策，实现了党和国家历史上具有深远意义的伟大转折，开辟了改革开放和社会主义现代化建设的历史新时期。在这次全会上，邓小平成为党的第二代中央领导集体的核心，陈云重新当选为中共中央政治局常委、中共中央副主席，成为党的第二代中央领导集体的重要成员。以这次全会为起点，邓小平和陈云开始了合作开创改革开放伟大事业的历史新时期，迎来了他们革命生涯中继中共八大之后的又一次政治高峰。

1978 年 11 月 10 日至 12 月 15 日，中共中央在北京京西宾馆举行了为期 36 天的工作会议。这次会议为随即召开的中共十一届三中全会做了充分准备。

邓小平因 11 月 5 日出访东南亚泰国、马来西亚、新加坡，11 月 14 日才回国，所以没有参加中央工作会议开幕会。但会议的中心议题，即从 1979 年 1 月起把全党工作的着重点转移到社会主义现代化建设上来，是中共中央政治局根据邓小平的提议决定的。

邓小平 1978 年 9 月在东北视察工作时，即提出要及时结束揭批"四人帮"的群众运动，把工作着重点转移到四个现代化建设上来。针对华国锋"抓纲治国"要搞好几年的方针，邓小平在沈阳军区的讲话中指出，批林彪也好，批"四人帮"也好，怎样才叫搞好了，要有几条标准。对搞运动，你们可以研究，什么叫底？永远没有彻底的事。运动不能搞得时间过长，过长就厌倦了。究竟搞多久，你们研究。有的单位，搞得差不多了，就可以结束。① 又说，"揭批'四人帮'运动总有个底，总不能还搞三年五年吧！要区别一下哪些单位可以结束，有10%就算10%，这个10%结束了，就转入正常工作，否则你搞到什么时候"。②

10月11日，邓小平在工会九大致辞中重申了这个意见。他说："很明显，林彪、'四人帮'在工人队伍中所散布的流毒和造成的恶果，还要下很大的功夫去肃清，整顿队伍的工作还要在每个企业中完全落实。我们一定要把揭批'四人帮'的斗争进行到底。但是同样很明显，这个斗争在全国广大范围内已经取得决定性的胜利，我们已经能够在这一胜利的基础上开始新的战斗任务。"③

中共中央政治局一致同意邓小平关于及时实现工作重点转移的提议。华国锋对为他起草中共十一届三中全会讲话稿的李鑫说，不要再强调揭批"四人帮"第三战役了，现在要强调经济建设。李鑫问："第三战役不是政治局决定的吗？"华国锋回答说："邓小平同志在沈阳讲了这个问题，政治局都同意。"④邓小平的提议得到华国锋和中共中央政治局的一致同意，并被确定为此次会议的中心议题，体现了邓小平在党的大政方针问题上的主导作用。

在开幕会上，华国锋宣布了会议的三项议题：一、讨论如何进一步贯彻执行以农业为基础的方针，尽快把农业生产搞上去的问题；二、商定1979、1980两年的国民经济计划安排；三、讨论李先念在国务院经济工作务虚会上的讲话。可以看出，会议原定的议题都是关于经济方面的。

华国锋在宣布上述议题时同时宣布："中央政治局决定，在讨论上面这些议题之前，先讨论一个问题，这就是：要在新时期总路线和总任务的指引下，从明年一月起，把全党工作的着重点转移到社会主义现代化建设上来，

---

① 参见《邓小平年谱（1975—1997）》（上），中央文献出版社2004年版，第382—383页。

② 《邓小平年谱（1975—1997）》（上），中央文献出版社2004年版，第394页。

③ 《邓小平文选》第2卷，人民出版社1994年版，第135页。

④ 转引自程中原：《与哈佛学者对话当代中国史》，人民出版社2009年版，第97页。

动员全党、全军和全国各族人民，同心同德，鼓足干劲，全力以赴，为加快我国社会主义现代化建设而奋斗。"他指出："中央政治局常委和中央政治局一致认为，适应国内外形势的发展，及时地、果断地结束揭批'四人帮'的群众运动，把全党工作的着重点转移到社会主义现代化建设上来，是完全必要的。""这是一个关系全局的问题，是我们这次会议的中心思想。"会议要求，头两三天讨论全党工作着重点转移问题。请大家出主意，想办法，畅所欲言，集思广益。这以后，再讨论前面所讲的三项议题，这些讨论也都要围绕着全党工作着重点转移到社会主义现代化建设上来这个中心问题来进行。①

陈云在会议期间参加东北组讨论时，先后就政治问题和经济问题作了两次重要发言，在会上引起强烈反响，受到与会同志积极响应。特别是他关于政治问题的发言，冲破了原定议题，扭转了会议方向，推动会议讨论和解决了许多有关党和国家命运的重大问题。

11 月 12 日，陈云在东北组的第一次发言中，首先表示完全同意中共中央关于从明年起把全党工作着重点转移到社会主义现代化建设上来的意见。接着，他以马克思主义的勇气和胆识提出，要把党和国家工作重点转移到社会主义现代化建设上来，必须解决好历史遗留的若干重大问题。他列举了 6 个应该由中共中央考虑并作出决定的问题，即：薄一波等 61 人所谓叛徒集团案，在"文化大革命"中一些人被错误定为叛徒，陶铸、王鹤寿等人的问题，彭德怀的问题，天安门事件，以及康生在"文化大革命"中犯有的严重错误等。

关于薄一波等 61 人所谓叛徒集团案问题，陈云指出，他们出反省院是党组织和中央决定的，不是叛徒。

关于在"文化大革命"中一些人被错误定为叛徒问题，陈云指出，1937年 7 月 7 日中央组织部关于所谓自首分子的决定这个文件，是我在延安任中央组织部部长（1937 年 11 月）以前作出的，与处理薄一波同志等问题的精神是一致的。我当时还不知道有这个文件，后来根据审查干部中遇到的问

① 转引自《陈云传》（四），中央文献出版社 2015 年版，第 1487 页。

题，在 1941 年也写过一个关于从反省院出来履行过出狱手续，但继续干革命的那些同志，经过审查可给以恢复党籍的决定。这个决定与"七七决定"精神是一致的。这个决定也是中央批准的。我认为，中央应该承认"七七决定"和 1941 年的决定是党的决定。对于那些在"文化大革命"中被错误定为叛徒的同志应给以复查，如果并未发现有新的真凭实据的叛党行为，应该恢复他们的党籍。此外，据我所知，在抗日战争时期和解放战争时期，在敌我边际地带有一个所谓"两面政权"问题。当时党组织决定一些党员在敌伪政权中任职，掩护我党我军的工作。这些党员，在"文化大革命"中也大多被定为叛徒。这是一个涉及数量更大的党员的政治生命问题，也应该由党组织复查，对并无背叛行为的同志应该恢复党籍。

关于陶铸、王鹤寿等人的问题，陈云指出，陶铸同志、王鹤寿同志等是在南京陆军监狱坚持不进反省院，直到七七抗战后由我们党向国民党要出来的一批党员，他们在出狱前还坚持在狱中进行绝食斗争。这些同志，现在或者被定为叛徒，或者虽然恢复了组织生活，但仍留着一个"尾巴"，例如说有严重的政治错误。这些同志有许多是省级、部级的干部。陶铸一案的材料都在中央专案组一办。中央专案组是"文化大革命"时期成立的，他们做了许多调查工作，但处理中也有缺点错误。我认为，专案组所管的属于党内部分的问题应移交给中央组织部，由中央组织部复查，把问题放到当时的历史情况中去考察，做出实事求是的结论。像现在这样，既有中央组织部又有专案组，这种不正常的状态，应该结束。

关于彭德怀的问题，陈云指出，彭德怀同志是担负过党和军队重要工作的共产党员，对党贡献很大，现在已经死了。过去说他犯过错误，但我没有听说过把他开除出党。既然没有开除出党，他的骨灰应该放到八宝山革命公墓。

关于天安门事件，陈云指出，现在北京市又有人提出来了，而且还出了话剧《于无声处》，广播电台也广播了天安门的革命诗词。这是北京几百万人悼念周总理，反对"四人帮"，不同意批邓小平同志的一次伟大的群众运动，而且在全国许多大城市也有同样的运动。中央应该肯定这次运动。

　　关于康生在"文化大革命"中犯有的严重错误，陈云指出："'文化大革命'初期，康生同志是中央文革的顾问。康生同志那时随便点名，对在中央各部和全国各地造成党政机关瘫痪状态是负有重大责任的。康生同志的错误是很严重的，中央应该在适当的会议上对康生同志的错误给以应有的批评。"①

　　陈云冲破原定议题，提出以上重大历史问题，表现了敢于斗争的政治勇气和善于斗争的政治智慧。

　　陈云在1985年6月29日同离任的秘书话别时曾说过："我是一方面小心谨慎，一方面又很硬。""1978年底的中央工作会议上，我也是顶的，讲了彭德怀的问题，超出了当时华国锋关于平反冤假错案不得超出'文化大革命'时期的界限。"②此前，他也曾对粉碎"四人帮"后却一直未能复出的邓小平讲过："你碰到问题该斗必斗，有斗不赢的时候，挂个号，记录在案。"③这些话语可以说是陈云敢于在关键时刻挺身而出但又讲究斗争策略的内心表白和真实写照。

　　主持中共中央工作会议的华国锋此时在党内的地位是很特殊的。在1976年4月的天安门事件中，毛泽东提议华国锋担任中共中央第一副主席兼国务院总理。10月6日粉碎"四人帮"当天夜里紧急召开的玉泉山政治局会议，一致通过华国锋任中共中央主席、中央军委主席的决议，将来提请中央全会追认。④从此，华国锋作为党政军"一把手"主持这一时期的工作。正是由于华国锋此时在党内地位的特殊性，所以直到后来在中共十一届三中全会小组会上的发言中，代表们只是批评了汪东兴、纪登奎、陈锡联、吴德这四位政治局委员所犯的错误，基本上没有人提华国锋的错误或对他的错误提出批评，更多的是对华国锋所作的自我批评⑤的高度赞扬，有的甚至还替

---

①　《陈云文选》第3卷，人民出版社1995年版，第234页。

②　《陈云年谱（修订本）》下卷，中央文献出版社2015年版，第432页。

③　《陈云传》（四），中央文献出版社2015年版，第1461页。

④　1977年7月16日至21日召开的中共十届三中全会讨论并通过了关于追认华国锋任中国共产党中央委员会主席、中央军事委员会主席的决议。

⑤　指华国锋12月13日在中央工作会议闭幕会上的讲话中就"两个凡是"的错误方针所作的自我批评。

华国锋的错误辩护。在这样的情况下，陈云能够冲破华国锋的原定议题，无疑是需要敢于斗争的勇气和胆识的。

但陈云又不愧是一位具有丰富斗争经验的老革命家。他在敢于斗争的同时，也十分注重斗争的艺术。他在提出上述重大历史问题之前，首先表示："华主席说，对于那些在揭批'四人帮'运动中遗留的问题，应由有关机关进行细致的工作，妥善解决。我认为这是很对的。但是，对有些遗留的问题，影响大或者涉及面很广的问题，是需要由中央考虑和作出决定的。"① 在发言最后，陈云又说："华国锋同志在讲话中要我们畅所欲言，我提出以上六点，请同志们批评指正。"② 不仅如此，陈云还十分注意用词的分寸，对担负过党和军队重要工作、对党作出很大贡献，但此时仍未平反的彭德怀直称其名，而对于民愤极大、犯有严重错误的康生仍称"同志"。陈云后来解释说，因为当时只能讲到那个程度。华国锋说的遗留问题是限于"文化大革命"中的，我讲彭德怀问题，超出了这个界限，能提出来已经不容易了。对康生，中央作过悼词，当时并没有任何新的说法，怎么可能不说同志呢？③

陈云提出的这6个问题，都是当时大家最关心的问题，也是最敏感的问题。他的发言在会上产生了强烈反响。代表们纷纷发言，表示赞成并加以发挥，会议气氛一下子活跃起来。从陈云发言这天开始，会议的方向开始脱离华国锋预设的轨道，大多数人没有按照他的布置转入讨论农业问题及其他原定议题，而是始终围绕陈云提出的坚持有错必纠方针、解决历史遗留问题进行热烈讨论，涉及的范围也越来越广，并相应地提出了增选中共中央政治局委员和党的副主席，恢复陈云在中共中央领导职务的建议。陈云的重要发言以及代表们的强烈反映，推动了党的历史上一批重大冤假错案和一些重要领导人功过是非问题的解决，并最终促使中央人事调整成为中央工作会议的一项重要议题。

11月25日，在中共中央工作会议第三次全体会议上，华国锋代表中共

① 《陈云文选》第3卷，人民出版社1995年版，第232页。
② 《陈云传》（四），中央文献出版社2015年版，第1494页。
③ 参见朱佳木著：《我所知道的十一届三中全会》，中央文献出版社2008年版，第76页。

中央政治局讲话。关于天安门事件，华国锋说："粉碎'四人帮'以后不久，中央就着手解决在天安门事件和这一类事件中革命群众被迫害的问题。""但是，问题解决得还不彻底，还没有为天安门事件的性质平反。中央认为，天安门事件完全是革命的群众运动，应该为天安门事件公开彻底平反。"华国锋还代表中共中央政治局宣布了对所谓"二月逆流"，对薄一波等61人案件，对彭德怀、陶铸、杨尚昆问题等应予平反的决定。对康生和谢富治，华国锋说：这两个人"有很大的民愤，党内干部和群众对他们进行揭发和批判是合情合理的。""有的同志提议设立专案组审查他们的问题。中央意见，不设立专案组，有关揭发他们的材料，可以送交中央组织部审理"。①

中共中央政治局宣布的这几项重大决定及对问题的处理意见，有许多是陈云在11月12日的发言中提出来的。其中关于天安门事件，是陈云继1977年3月中共中央工作会议后第二次提出这个问题，对中共中央在这次工作会议期间为天安门事件平反起到了重要的促进作用，也是陈云以其在党内长期的地位和声望，给予邓小平又一次十分重要的支持。

邓小平11月14日出访回国后，很快就把注意力放到中共中央工作会议上。他敏锐地意识到会议气氛发生的变化，并因势利导，在许多场合就天安门事件等历史问题的平反和如何对待毛泽东及毛泽东思想等问题发表了一系列重要谈话，主导着会议的发展进程。

11月25日，邓小平和其他中共中央政治局常委一起，听取中共北京市委和团中央几位负责人汇报天安门事件平反后群众的反映和北京市街头大字报的情况。当时西单墙的大字报中，有的要求公布"四五"惨案的内幕，有的要求起诉阴谋的策划者，成立天安门事件调查委员会。大字报上有不少小字批语，写着"坚决支持""好得很"等等。针对这些情况，邓小平等中共中央政治局常委讲了一些重要意见，事后形成一个常委指示记录要点。这些指示主要是邓小平的话。记录要点上有这样一些内容：

"天安门事件平反后，群众反映强烈，大家很高兴，热烈拥护，情况是

---

① 转引自《陈云传》（四），中央文献出版社2015年版，第1498—1499页。

很好的。当然也出现一些问题。我们的工作要跟上去，要积极引导群众，不能和群众对立。我们一定要高举毛主席的伟大旗帜。毛主席的旗帜是全党全军全国各族人民团结的旗帜，也是国际共产主义运动的旗帜。现在，有的人提出一些历史问题，有些历史问题要解决，不解决就会使很多人背包袱，不能轻装前进。有些历史问题，在一定的历史时期内不能勉强去解决。有些事件我们这一代人解决不了的，让下一代人去解决，时间越远越看得清楚。有些问题可以讲清楚，有些问题一下子不容易讲清楚，硬要去扯，分散党和人民的注意力，不符合党和人民的根本利益。现在报上讨论真理标准问题，讨论得很好，思想很活泼，不能说那些文章是对着毛主席的，那样人家就不好讲话了。但讲问题，要注意恰如其分，要注意后果。迈过一步，真理就变成谬误了。毛主席的伟大功勋是不可磨灭的。我们不能要求伟大领袖、伟大人物、思想家没有缺点错误，那样要求不是马克思主义者的态度。外国人问我，对毛主席的评价，可不可以像对斯大林评价那样三七开？我肯定地回答，不能这样讲。党中央、中国人民永远不会干赫鲁晓夫那样的事。现在中央的路线，就是安定团结，稳定局势，搞社会主义现代化。国际上也十分注意我们国内局势是不是能够保持稳定。引进新技术，利用外资，你稳定了，人家才敢和你打交道。安定团结是实现四个现代化的必要政治条件，不能破坏安定团结的局面。这是中央的战略部署，这是大局。我们处理任何问题，都要从大局着眼，小局服从大局，小道理服从大道理。不搞什么新运动，不要提中央没有提的什么运动。要引导群众向前看。平反工作，中央和各地都在抓紧处理，都是有领导、有步骤地进行的。林彪、'四人帮'破坏造成的一些遗留问题，都可以逐步解决。解决这些问题是为了创造一个安定团结的稳定局势，把各种积极因素调动起来。"①

11 月 27 日，邓小平和其他中共中央政治局常委听取各组召集人汇报。大家又反映了代表们在发言中提到的一些问题，如"二月兵变""一月风暴"、纪登奎的错误、对毛泽东的评价等。针对这些问题，邓小平又谈了许多重要

---

① 《邓小平年谱（1975—1997）》（上），中央文献出版社 2004 年版，第 435—436 页。

意见。

在华东组提出"二月兵变"需要澄清时指出：我那时就说，这个事不可能。当时我是总书记，但调两个团到北京也不行。那时规定，调一个连，归大军区管，调一个营，归军委、总参谋部管。在华东组提出对"一月风暴"的评价问题迟讲不如早讲时指出："一月风暴"问题，势必要解决，还是早一点讲好。就西南组提出为天安门事件、"六十一人叛徒集团""二月逆流"和彭德怀、陶铸冤案等问题平反，势必涉及对毛主席的评价问题，建议中央应有一个统一的说法时，指出：毛主席那时身体不好，连华国锋同志也不能见到他。在大家提出邓小平11月26日同日本民社党佐佐木良作谈话的十九条可否向干部传达，并根据谈话精神向群众做工作时，强调：那个谈话的概括基本正确。毛主席的伟大功勋是不可磨灭的。没有毛主席，就没有新中国。毛主席的伟大，怎么说也不过分，不是拿语言可以形容得出来的。毛主席不是没有缺点错误的，我们不能要求伟大领袖、伟大人物、思想家没有缺点错误，那样要求就不是马克思主义者。毛主席讲马克思、列宁写文章就经常自己修改嘛。对毛主席的缺点错误，这个问题是不能回避的，在党内还是讲一讲好。外国人问我，对毛主席的评价，可不可以像对斯大林评价那样三七开？我肯定地回答，不能这样讲。党中央、中国人民永远不会干赫鲁晓夫那样的事。在中南组提出康生的问题时，针对《五一六通知》附件二讲《二月提纲》是背着康生搞的这一说法，指出："他是《二月提纲》的组织人之一。在谈到对中央几个有错误的领导人如何处理的问题时指出：现在国际上就看我们有什么人事变动，加人可以，减人不行，管你多大问题都不动，硬着头皮也不动。这是大局。好多外国人要和我们做生意，也看这个大局。"[1]

此时会议的小组讨论中提出了中央人事调整问题。有人建议："是否可以考虑增选政治局委员或一位副主席管党的宣传、组织和监察工作。"还有人提出："希望赶快成立中央纪律检查委员会，建议委托德高望重的老同志负责。"

---

[1]　《邓小平年谱（1975—1997）》（上），中央文献出版社2004年版，第439—441页。

第一个在中共中央工作会议小组会上提出陈云应担任副主席的是王震。11 月 28 日，他在西北组的发言中表示："陈云同志过去是我们党中央的一位副主席。不少同志要我向中央反映，建议选陈云同志担任副主席。"

王震的建议，得到西北组和其他各组的热烈响应。李强在中南组书面发言中说："我赞成王震同志 11 月 28 日下午在西北组会议上所作的发言。""陈云同志是我党一位有着丰富领导经验的老同志。他有白区工作的经验和苏区工作的经验。他既有党的工作的经验，也有经济工作的经验。陈云同志过去曾是我们党中央的一位副主席。""我建议请党中央考虑，选陈云同志担任党中央政治局委员并担任副主席。"①

12 月 1 日，鉴于代表们的注意力仍未转到讨论经济工作问题上来，中共中央政治局常委又召集与会的部分省委第一书记和大军区司令员开会，通过他们向会议打招呼。邓小平着重谈了中共中央对人事问题的意见。他针对会上一些人的情绪首先强调指出："国内需要有个安定团结的局面。"他说："当前安定团结确实重要，要给人民、给国际一个安定团结的形象。凡是有损于这个，给人以错觉，极为不利。这是个大局。""算我一个请求，要以大局为重。道理在你们，在群众，你们是对的。"对于中央人事问题，邓小平说："常委意见，任何人都不能下，只能上。对那几个同志要批评，但不能动，实际上不止他们几个。""现有的中央委员，一个不去，有的可以不履行职权，不参加会议活动，但不除名。"关于谁上的问题，邓小平说："至少加三个政治局委员。太多，也不恰当，不容易摆平。少了也不好。"加什么人呢？他说："陈云，兼纪委书记，邓大姐，胡耀邦。够格的人有的是，如王胡子，也够格。有两个方案，一是三个人，一是四个人。"他接着说："党章规定，中央委员会不能选中央委员，想开个例，补选一点中央委员，数目也不能太多。有几个第一书记还不是中央委员，如习仲勋、王任重、周惠，还有宋任穷、韩光、胡乔木、陈再道。这样，就舒畅了，将来追认就是了。"②

---

① 转引自《陈云传》（四），中央文献出版社 2015 年版，第 1499—1500 页。

② 转引自《陈云传》（四），中央文献出版社 2015 年版，第 1500—1501 页。

从邓小平回国后在会上发表的一系列重要讲话，特别是关于中央人事问题的讲话中可以看出，此时他已成为中共中央政治局常委的代言人，实际上居于核心领导地位。各组传达邓小平的讲话后，与会者一致拥护中共中央关于人事安排问题的建议。大家在酝酿中共中央人事安排时，纷纷提议陈云担任中共中央政治局常委、中央委员会副主席。

12 月 3 日，韩先楚在西北组会议上发言。他说："小平同志讲的，加可以，不要减，是对的。我赞成中央委员会和政治局增加一批老同志，这也是大家的要求。在党的十一大会上，我们军队代表团曾经提议陈云、邓大姐、王震等几位同志进政治局，据说其他代表团没有不同意的，但大会没有采纳大家的意见。我同意王震同志的意见，选陈云同志任党中央副主席、常委，并建议排在东兴同志前面。陈云同志正派，民主作风、联系群众好，善于思考问题，想得深，看得远，处事稳重，他有丰富的领导经验和领导能力。中央委员里，他是最老的一个。过去是我们党的副主席。他对我们党的历史也比较熟悉，在党内外、国内外是有影响。对这个问题，群众也有议论，看来是人心所向。"

在同一天的西北组会上，姚依林发言说："邓、李副主席提出要大家酝酿陈云、邓颖超、胡耀邦、王震四位同志参加政治局，我完全拥护。还有七位同志参加中央委员会，我也完全同意。我完全赞同王震同志提出的陈云同志担任党的副主席、参加政治局常委的建议。陈云同志担任副主席、参加常委，有利于党的事业，有利于加强党的安定团结。十一届一中全会陈云同志未能进政治局，干部、党员和群众是有广泛议论的。陈云同志是我国工人运动的老一辈的领导人，是目前仅存的党的六大中央委员，是八大副主席，现在八大第一次会议（应是八届一中全会——引者注）的副主席，也只剩下陈云同志一个人了。"

姚依林接着说："我是 1949 年才认识陈云同志的，我觉得他为人很正派，作风很深入，对同志很热忱，很平易近人，很遵守组织纪律。他讨论问题，总是把观点最'左'的、中间的和最右的同志找到一起，要大家充分发表意见。他要求大家畅所欲言，可以讲到'左倾机会主义'的程度，也可以讲到'右倾机会主义'的程度。他细心倾听各种各样的意见，取长补短，加以比较分析，趋利避害，从中得出正确的结论。一个重大问题，往往是十来个人讨论若干天才定下来。在大家意见一致没有对立面的情况下，他自己往往设想若干不同的意见，让大家一条一条来驳。他这种民主作风，我体会很深刻。"

姚依林在发言中还说："我不赞成那种'陈云同志一贯右倾'的说法。新中国成立后，他在毛主席的领导下，在任弼时同志逝世后参加书记处，主持财经工作。在全国财经统一、稳定物价、抗美援朝、粮食统购统销、资本主义工商业公私合营、制定第一个五年计划等方面，他的主张是正确的，是经得起历史检验的。关于反冒进问题，陈云同志究竟有多少错误？究竟有没有错误？当时批评他的那些论点，究竟是否站得住脚？这是值得认真研究的。实践是检验真理的唯一标准。我们现在计划中讲的许多问题，还是采用了多年以前陈云同志讲过的观点。例如，陈云同志说过，搞建设要在有吃有穿的基础上。他曾对我解释这个观点，说明只能提有吃有穿，不能提吃饱穿暖，这两者是有区别的，但是没吃没穿是搞不了建设的。他还讲过，我们的平衡只能是紧张的平衡，但是不能不平衡。我认为这些道理至今仍然是适用的，现在我们的计划，还是紧张的平衡。我认为，陈云同志当时不同意那种不顾人民生活、只热衷于搞工业化的观点，是正确的。三年困难时期，陈云同志执行调整、巩固、充实、提高的八字方针，提出的解决问题的措施，对扭转当时困难局面，起了积极作用。当然也有错误的地方。陈云同志对伟大领袖毛主席直言不讳，从来不隐瞒自己的观点。"

12月7日，谷牧在中南组讨论时发言说："陈云同志长期戴一顶右倾的帽子。多年的实践证明，不能给陈云同志戴这样一顶帽子。陈云同志的特点是慎重，在任何情况下，对各类事情都能冷静周密地思考，采取审慎负责的态度，从不随声附和。他工作抓得很细，许多事都是亲自调查研究，然后作出妥善处理。例如三年生活困难时期，他亲自找专家调查，每天一个人至少需要多少大卡热量和多少蛋白质，才可以避免浮肿。经过计算，就毅然下决心给十七级以上的干部每人每月补助两斤黄豆、一斤糖，还有一些别的措施。这种关心干部、深入细致的作风，给人们留下了难忘的印象。他的所谓错误，就是七千人大会上让他讲话他没讲，后来在国务院小礼堂一次会上讲了当时的国民经济形势和建议采取的措施。这究竟算不算错误？我的看法，那时说大话、唱高调的人太多了，能像他那样讲话的人太少了。把国民经济形势告诉大家，提出解决办法，即使有些情况讲得有些重了，敲敲警钟引起大家注意，有什么不好？这件事不能算个问题，应当恢复陈云同志的名誉。"①

由于邓小平、叶剑英、李先念等中共中央领导人的竭力主张以及与会代表的强烈要求，经过充分酝酿讨论，12 月 10 日，在中央工作会议期间召开的中共中央政治局会议，决定拟增补陈云为中共中央政治局委员、政治局常委、中央委员会副主席，增补邓颖超、胡耀邦、王震为政治局委员，准备提请中共十一届三中全会审议通过。

就在这天，陈云在东北组就经济问题讲了五点意见，作了他在本次中共中央工作会议期间的第二次重要发言。上午，他先就政治问题讲了两点意见。

"一、汪东兴同志在抓'四人帮'这件事上是出了力的。对这一点我当时就请叶副主席转达我对汪东兴同志的敬意。但是我当时声明，我不说什么汪东兴同志立了一大功，我说这是一个共产党员在必要的时刻，做了必须做的工作。对汪东兴同志在这件事情上出了力，党是应该记录在案的，但是汪东兴同志在'文化大革命'中直到八届十二中全会前后，是有错误的，也是欠了账的。""现在党内议论纷纷，就怕政治局常委出问题。许多同志因叶帅年老了，怕将来党内要出事，就怕邓小平同志再被打下去。""这是党内许多干部都担心的问题。我认为汪东兴同志对'文化大革命'中的错误，对现在出现的一些不正常事情应该有所检讨和说明，对汪东兴同志这些问题也应该记录在案。"

---

① 韩先楚、姚依林、谷牧的发言，转引自《陈云传》（四），中央文献出版社 2015 年版，第 1500—1505 页。

"二、有人提出成立中央书记处，我赞成。这可以使中央常委摆脱日常小事，更集中精力于国家大事。这也可以使年老同志减轻工作，也可以使汪东兴同志所管的工作大大减少。"①

陈云的意见得到与会者热烈赞同。下午，他继续参加东北组讨论，重点就经济问题发表了意见。

粉碎"四人帮"后，随着政治局面的初步安定和经济形势的逐渐好转，人们普遍存在加快经济建设速度的愿望，经济工作指导思想上急于求成的情绪再度滋长起来。在这种思想指导下，提交会议讨论的 1979、1980 两年国民经济计划安排明显存在过高过急倾向。计划要求：1979、1980 两年，农业总产值平均每年增长 5% 到 6%，工业总产值平均每年增长 10% 到 12%；粮食产量平均每年增加 300 亿斤，钢产量平均每年增加 300 万吨，并为 1985 年生产 8000 亿斤粮食、6000 万吨钢创造必要的条件。1979 年国家财政收入，计划为 1260 亿元，比 1978 年计划增加 300 亿元。1979 年国家预算直接安排的基本建设投资计划为 457 亿元，比投资规模急剧膨胀的 1978 年又计划增加 125 亿元。另一方面，经济工作的急躁冒进使原已严重失调的国民经济比例关系不但没有缓解，有的还有所加剧。突出表现在：第一，农业和工业的比例严重失调。1978 年人均粮食占有量只略高于 1957 年，有的地方口粮严重不足。1976 年到 1978 年在净进口粮食 265 亿斤的情况下，还挖了几十亿斤库存。第二，轻工业和重工业的比例严重失调。1978 年重工业的投资比重是 55.7%，而轻工业只有 5.7%，还低于"一五"计划时占 5.9% 的水平。第三，积累和消费的比例严重失调。1978 的积累率为 36.5%，不但大大高于"一五"计划时 24% 的水平，而且成为 1958 年"大跃进"后 20 年中积累率最高的一年。②

针对上述经济工作存在的急于求成倾向和国民经济比例严重失调问题，12 月 10 日，陈云在参加东北组讨论时就经济问题发表了五点意见：（一）在

---

① 《陈云传》（四），中央文献出版社 2015 年版，第 1506 页。
② 参见《陈云传》（四），中央文献出版社 2015 年版，第 1507、1567 页。

三五年内，每年进口粮食两千万吨，先把农民这头安稳下来。农民有了粮食，棉花等经济作物就好解决了。摆稳这一头，就是摆稳了大多数，天下就大定了。建国快三十年了，现在还有讨饭的。老是不解决这个问题，农民就会造反，支部书记会带队进城要饭。吃进口粮不能说是修正主义。这是大计，是经济措施中最大的一条。（二）工业引进项目，要循序而进，不要一拥而上。一拥而上看起来好像快，实际上欲速则不达。不要光看已有三千万吨钢这个指标，我们的工业基础和技术力量同日、德、英、法比，还是落后的。我们也不能同南朝鲜、台湾比，它们有美国的扶植，而且主要搞加工工业，我们是要建设现代化的工业体系。（三）要给各省市一定数量的真正的机动财力。要信任各省市的领导同志，他们不致把钱乱花掉。（四）对于生产和基本建设都不能有材料的缺口。各方面都要上，样样有缺口，实际上挤了农业、轻工业和城市建设。材料如有缺口，不论是中央项目或地方项目，都不能安排。（五）要重视旅游事业的发展，要同引进重要项目一样对待。旅游收入实际是"风景出口"，比外贸出口收入来得快，来得多。现在的旅游事业是行政管理，还不是业务管理。发展旅游也会有害处，如外国派特务来，意志薄弱者被收买等。这些问题只要注意，就没什么了不起。至于外国人看到我们落后情况，这也不要紧。我们本来不先进，而且外国人早就知道。[①]

陈云就经济问题所作的系统发言，实际上提出了克服急于求成的"左"的思想和进行调整的主张，对此后中国经济工作从急躁冒进势头向调整改革方向转变产生了重要影响，成为随后中共中央出台的进行国民经济调整的一系列政策和措施的基础。

陈云就经济问题提出的五点意见，是他经过长期观察和思考形成的真知灼见，是他自"文化大革命"以来对中国经济问题潜心研究的成果。

陈云在发言中把进口粮食摆在首位，并认为"这是大计，这是经济措施中最大的一条"，与陈云对粮食问题的高度重视及当时粮食生产的严峻状

---

① 参见《陈云文选》第3卷，人民出版社1995年版，第236—238页。

况有直接关系。陈云向来把农业问题特别是粮食问题看得很重。他认为，经济工作的基础是粮食。如果经济工作不摆在有吃有穿的基础上，建设是不稳固的。他反复强调，搞经济建设的最终目的是为了改善人民生活，提醒大家要牢记"无农不稳""无粮则乱"的历史经验。陈云对人民生活深切关注。"大跃进"后，为缓解粮食紧张局面，陈云曾提出并亲自抓进口粮食的工作。即使是在"文化大革命"爆发后，自身处境已十分困难时，他惦记的仍然是全国人民的吃饭穿衣问题。

本次中共中央工作会议前，我国农业生产特别是粮食生产状况不容乐观。据会议所发材料统计："从 1957 年到 1977 年，人口增长了 3 亿，其中非农业人口 4000 万，耕地面积却减少了 1.6 亿亩。因此，尽管单位面积产量和粮食总产量有了增长，1977 年全国平均每人占有的粮食还略少于 1957 年，全国农村还有 1 亿几千万人口粮不足。1977 年，全国农业人口平均每人全年的收入只有 60 多元，有 1/3 的生产队社员收入在 40 元以下，平均每个生产大队的集体积累不到 1 万元，许多地方只能维持简单再生产，有的甚至连简单再生产也难以维持。"[①]

在粮食严重短缺、又要稳定农村这一矛盾的情况下，为给农民以休养生息的机会，以调动他们的积极性，陈云根据自己多年的观察和思考及领导经济工作的经验，提出了进口粮食的主张。对进口粮食的数量和时间，陈云指出："粮食进口多一些不要紧。农民稳住了，事情就好办了。如果感到粮食进口多了，下一年少进一点就是了。进口粮食的时间，不只是三五年，时间还可能长些，数量则可能少些。"[②]通过进口粮食，减小了粮食缺口，缓解了农民的征购压力，为此后国民经济调整的顺利进行提供了重要的物质条件。

陈云在发言中提出的"工业引进项目，要循序而进，不能窝工"的意见，同样是他对引进问题长期关注和思考的结果。陈云对充分利用有利时机，尽

---

① 《陈云传》（四），中央文献出版社 2015 年版，第 1509 页。

② 《陈云文选》第 3 卷，人民出版社 1995 年版，第 236 页。

可能多地吸收外国资金，大量引进先进技术和设备，以加快我国社会主义现代化建设速度的态度一直是很积极的。20世纪50年代，他主持制订并组织实施的"一五"计划，利用当时的有利条件，以苏联援助为基础，搞156项重点建设，大大加快了我国工业化步伐。"文化大革命"后期，陈云协助周恩来抓外贸时，在极"左"路线严重干扰的情况下，仍然积极支持从西方国家引进大化肥、大化纤和一米七轧机等成套技术设备的"四三方案"。但在长期的经济领导工作中，陈云又一贯坚持立足实际、实事求是的原则，反对不顾现实条件的急躁冒进、急于求成的错误倾向。

1978年7月至9月，国务院召开务虚会议，研究如何加快我国实现四个现代化的速度。会议从近两年国民经济显著好转、"四人帮"长期破坏造成的严重恶果很快就可以消除这种过于乐观的估计出发，提出要组织国民经济"新的大跃进"，要以比原有设想更快的速度实现四个现代化。为此，会议强调必须积极从国外引进先进技术设备，大量利用外资来加快我国经济建设。会议结束时宣布今后10年的引进规模可以考虑增加到800亿美元，这显然超出了当时中国经济的承受能力和国内配套能力。

陈云很重视国务院召开的这次务虚会。会上的重要发言和简报他都看了，察觉一股急躁冒进之风正在形成。为此，他在7月31日向李先念提出："国务院召开的务虚会议最好用几天时间，专门听听反面意见。"陈云还说："可以向外国借款，中央下这个决心很对，但是一下子借那么多，办不到。有些同志只看到外国的情况，没有看到本国的实际。我们的工业基础不如它们，技术力量不如它们。""只看到可以借款，只看到别的国家发展快，没有看到本国的情况，这是缺点。不按比例，靠多借外债，靠不住。"①陈云在发言中从提醒大家清醒看待内外条件出发，提出了工业引进项目"要循序而进，不能窝工"的正确主张。陈云从实际出发的意见，对当时国民经济"新的大跃进"不无制动作用。

陈云一贯主张建设规模必须同国力相适应，制订经济计划必须做好财

---

① 《陈云文选》第3卷，人民出版社1995年版，第235、252页。

政收支、银行信贷、物资供需和外汇收支的综合平衡，以保证国民经济按比例地健康发展。由于生产建设任务安排过大，提交本次会议讨论的1979年国民经济计划中，物资、财政和外汇都留下相当大的缺口。其中燃料短缺1500万吨，钢材、水泥、木材的供应满足不了457亿元基建投资的需要，财政收入有50多亿元落实不下去，打算借用的外债高达100亿美元。① 针对这一情况，陈云在发言中指出，对于生产和基本建设都不能有材料的缺口，材料如有缺口，不论是中央项目或地方项目，都不能安排。这是他深刻总结新中国成立30年来经济工作中"左"的错误和教训后作出的正确决断。

陈云经济问题发言与此前的政治问题发言虽然在内容上分属两个不同领域，且各有其现实针对性，但都直接触及当时影响中国经济社会发展的要害问题，具有很多相似之处，主要有如下几点：

一是两次发言都经过深思熟虑和认真准备。陈云在经济问题发言中提出的5点建议，是他早已考虑成熟的意见，是他对中国经济长期观察和思考的成果。同样，陈云在政治问题发言中提出的6个问题，也经过了认真思考，并事先准备了发言提纲。据知情人士透露，"陈云同志在这次发言前，专门去叶帅（指叶剑英——引者注）家里面谈过一次"②，反映了陈云对这次发言的重视和一贯的谨慎作风。

二是两次发言都审时度势，准确把握时机。中共中央工作会议原定议题没提真理标准问题讨论、思想路线转变问题，也没提当时党内外普遍关心的一系列冤假错案的平反问题。而这些大是大非问题不解决，是不可能真正实现工作重点转移的。为此，陈云审时度势，于11月12日在东北组发言，冲破原定议题，率先提出"坚持有错必纠的方针"，一次性列举了6个应该由中共中央考虑并作出决定的重大历史问题，促使会议转向首先解决思想路线是非和重大历史是非问题。

华国锋11月25日代表中共中央政治局宣布几项重大平反决定后，陈云

---

① 参见《陈云传》（四），中央文献出版社2015年版，第1507页。

② 参见朱佳木著：《我所知道的十一届三中全会》，当代中国出版社2008年版，第75页。

感到历史遗留问题已得到初步解决，下一步应重点转入经济问题的讨论，而当时经济过热、比例失调的情况已十分严重。鉴于与会者的注意力仍集中在政治问题上，陈云准确把握时机，于12月10日在东北组发言，回到原定议题，就当时经济问题提出5点重要意见，推动会议转向既定日程，并取得实质成果，为会议的成功召开再次作出重要贡献。

三是两次发言都引起强烈反响，受到高度重视，并对此后形势的发展产生了深远影响。陈云11月12日的政治问题发言及代表们的强烈反响，推动了冤假错案的平反，并最终促使人事调整成为中共中央工作会议的一项重要议题。而思想路线是非和重大历史是非问题上取得的实质性突破，则为此后政治领域的拨乱反正与复查和平反冤假错案开辟了道路。

陈云12月10日的经济问题发言同样博得与会者的热烈掌声，并引起强烈反响。有人在书面发言中表示拥护陈云这5点意见，并说："我认为这些意见能在多大程度上得到实现，将对我国经济战线的形势产生直接的重大的影响。现在有1亿多农民口粮在300斤以下，吃不饱，如果不下最大的决心迅速缓和农民的紧张状态，我国整个政治、经济的形势就不能摆脱被动的局面。"

陈云的发言全文登上简报后，立即引起中共中央工作会议其他各组的高度重视。许多人表示完全赞同。有人说："陈云同志在东北组的发言讲得很好，我完全同意。""当前突出的矛盾，是工农业比例严重失调。""我赞成在今后几年内，每年进口粮食1800万吨到2000万吨，缓和与农民的关系，使农民喘一口气。逐步改善全国粮食紧张的状况，才能逐步改善棉、油、猪、糖的紧张状况。以后随着农业的恢复和发展，逐步减少粮、棉、油、糖的进口数量。这是大局，这是当前全国人民最关心的问题。这个大局不稳住，会拖建设的后腿，也可能出点乱子。"[①]

四是两次发言都以实事求是思想路线为指导。实事求是是我们党的思想路线，陈云是这条思想路线自觉、模范的实践者。11月12日政治问题发

---

① 转引自《陈云传》(四)，中央文献出版社2015年版，第1513页。

言，坚持了中国共产党历来主张的"有错必纠"的方针，贯穿其中的基本精神就是实事求是。12月10日经济问题发言，更是针对当时经济工作中存在的急于求成的倾向和国民经济比例严重失调的问题，立足中国经济实际，提出的切实可行的意见和办法。事实上，陈云经济问题发言首先是从谈实事求是及观察、研究和解决问题的基本方法开始的。他讲述了1942年在延安养病时仔细研究毛泽东著作和文电的情况，认为"贯穿在里面的一个基本思想，就是实事求是"。他指出："我们要坚持实事求是，就是要根据现状，找出解决问题的办法。首先弄清事实，这是关键问题。"他还说："弄清'实事'并不容易。为了弄清'实事'，我把它概括为6个字，就是：交换，比较，反复。"接着，他具体解释说："所谓交换，就是通过交换意见，使认识比较全面。交换意见，不仅要听正面意见，更要听反面意见。所谓比较，一是左右的比较，例如毛主席论持久战，比较了中国和日本的情况，既反对速胜论，又反对亡国论，正确的结论是持久战；二是前后的比较，例如毛主席讲统一战线，就比较了陈独秀和王明，或者是只团结不斗争，或者是只斗争不团结，正确的结论是既团结又斗争。所谓反复，就是事情初步定了以后还要摆一摆，想一想，听一听不同意见。即使没有不同意见，还要自己设想出可能有的反对意见。我们反复进行研究，目的是弄清情况，把事情办好。"①都以实事求是思想路线为指导，这是陈云在会议上两次重要发言最根本的相同点。

12月13日，中共中央工作会议举行闭幕会。邓小平在会上发表了《解放思想，实事求是，团结一致向前看》的著名讲话。这篇讲话是邓小平亲自主持起草的。原来的讲话稿主要阐述了工作重点转移的意义和怎样实现转移问题，其中提出要解放思想，调动一切积极因素，改革不适应生产力需要的生产关系和上层建筑等。随着会议形势的不断变化，原来准备的讲话稿已不适用。在这样的情况下，邓小平决定他的讲话稿要重起炉灶。

12月2日，邓小平约见胡耀邦、胡乔木、于光远，谈在中共中央工作

---

① 《陈云文选》第3卷，人民出版社1995年版，第235—236页。

会议闭幕会上的讲话稿问题。根据中共中央工作会议上出现的新问题，邓小平提出讲话稿的主要内容要转到反映真理标准问题、发扬民主问题、团结一致向前看的问题和经济管理体制问题上。此前，邓小平亲笔拟出讲话提纲："一、解放思想，开动机器。理论的重要。实践是检验真理的标准——争论的必要。实事求是，理论和实际相结合，一切从实际出发。全党全民动脑筋。二、发扬民主，加强法制。民主集中制的中心是民主，特别是近一时期。民主选举，民主管理（监督）。政治与经济的统一，目前一时期主要反对空头政治。权力下放。千方百计。自主权与国家计划的矛盾，主要从价值法则、供求关系（产品质量）来调节。三、向后看为的是向前看。不要一刀切。解决遗留问题要快，要干净利落，时间不宜长。一部分照正常生活处理。不可能都满意。要告诉党内外，迟了不利。安定团结十分重要，要大局为重。犯错误的，给机会。总结经验，改了就好。四、克服官僚主义、人浮于事。一批企业做出示范。多了人怎么办，用经济方法管理经济，扩大管理人员的权力。党委要善于领导，机构要很小。干什么？学会管理，选用人才，简化手续，改革制度（规章）。五、允许一部分先好起来。这是一个大政策。干得好的要有物质鼓励。国内市场很重要。六、加强责任制，搞几定。从引进项目开始，请点专家。七、新的问题。人员考核的标准。多出人员的安置（开辟新的行业）。"[1]

　　12 月 5 日，邓小平约见胡乔木、于光远、林涧青，谈在中共中央工作会议闭幕会上的讲话稿问题，再次就讲话稿的主题、内容、文字和结构发表意见。邓小平在谈话中说："要解放思想，开动机器，一切向前看，否则四个现代化没有希望。应该允许出气，出气是对没有民主的惩罚。有了正常的民主，大字报也就少了。建立健全民主与法制，实行经济民主，用经济的办法管经济，责任到人，做到有职有责有权。没有民主培养不出人才。"[2]12 月 9 日，邓小平再次约见胡乔木、于光远、林涧青，谈在中共中央工作会议闭

---

① 《邓小平年谱（1975—1997）》（上），中央文献出版社 2004 年版，第 445—446 页。

② 《邓小平年谱（1975—1997）》（上），中央文献出版社 2004 年版，第 448 页。

幕会上的讲话稿的修改问题。认为稿子基本上可以了，但还需要加加工，并讲了具体修改意见。11日，邓小平约见胡耀邦、于光远、林涧青，继续谈他在中共中央工作会议闭幕会上讲话稿的修改问题。之后，将修改稿送华国锋阅。①

12月13日，在中共中央工作会议闭幕会上，邓小平发表了这一具有重要历史意义的讲话。讲话共分四个部分：

第一，解放思想是当前的一个重大政治问题。

邓小平指出：解放思想，开动脑筋，实事求是，团结一致向前看，首先是解放思想。只有思想解放了，我们才能正确地以马列主义、毛泽东思想为指导，解决过去遗留的问题，解决新出现的一系列问题，正确地改革同生产力迅速发展不相适应的生产关系和上层建筑，根据我国的实际情况，确定实现四个现代化的具体道路、方针、方法和措施。

他分析了思想不解放的主要原因：一是因为十多年来，林彪、"四人帮"大搞禁区、禁令，制造迷信，把人们的思想封闭在他们假马克思主义的禁锢圈内，不准越雷池一步。二是因为民主集中制受到破坏，党内确实存在权力过分集中的官僚主义。三是因为是非功过不清，赏罚不明，干和不干一个样，甚至干得好的反而受打击，什么事不干的，四平八稳的，却成了"不倒翁"。四是因为小生产的习惯势力还在影响着人们。

他还有针对性地指出了思想僵化的严重危害：思想不解放，思想僵化，很多的怪现象就产生了。思想一僵化，条条框框就多起来了；思想一僵化，随风倒的现象就多起来了；思想一僵化，不从实际出发的本本主义也就严重起来了。不打破思想僵化，不大大解放干部和群众的思想，四个现代化就没有希望。

他分析了真理标准问题讨论的实质和意义，把全党的认识提到一个新高度：

目前进行的关于实践是检验真理的唯一标准问题的讨论，实际上也就

---

① 参见《邓小平年谱（1975—1997）》（上），中央文献出版社2004年版，第449页。

是要不要解放思想的争论。大家认为进行这个争论很有必要，意义很大。从争论的情况来看，越看越重要。一个党，一个国家，一个民族，如果一切从本本出发，思想僵化，迷信盛行，那它就不能前进，它的生机就停止了，就要亡党亡国。从这个意义上说，关于真理标准问题的争论，的确是个思想路线问题，是个政治问题，是个关系到党和国家前途和命运的问题。

第二，民主是解放思想的重要条件。

邓小平指出：解放思想，开动脑筋，一个十分重要的条件就是要真正实行无产阶级的民主集中制。我们需要集中统一的领导，但是必须有充分的民主，才能做到正确的集中。

他强调民主的极端重要性：当前这个时期，特别需要强调民主。因为在过去一个相当长的时间内，民主集中制没有真正实行，离开民主讲集中，民主太少。

我们要创造民主的条件，要重申"三不主义"：不抓辫子，不扣帽子，不打棍子。在党内和人民内部的政治生活中，只能采取民主手段，不能采取压制、打击的手段。一个革命政党，就怕听不到人民的声音，最可怕的是鸦雀无声。现在党内外小道消息很多，真真假假，这是对长期缺乏政治民主的一种惩罚。

他着重讲了发扬经济民主的问题：现在我国的经济管理体制权力过于集中，应该有计划地大胆下放，否则就不利于充分发挥国家、地方、企业和劳动者个人四个方面的积极性，也不利于实行现代化的经济管理和提高劳动生产率。当前最迫切的是扩大厂矿企业和生产队的自主权。同样，要切实保障工人、农民个人的民主权利，包括民主选举、民主管理和民主监督。

邓小平还联系民主，强调了加强法制的重要性：为了保障人民民主，必须加强法制。必须使民主制度化、法律化，使这种制度和法律不因领导人的改变而改变，不因领导人的看法和注意力的改变而改变。国要有国法，党要有党规党法。没有党规党法，国法就很难保障。

第三，处理遗留问题为的是向前看。

邓小平指出：这次会议，解决了一些过去遗留下来的问题，分清了一些人的功过，纠正了一批重大的冤案、假案、错案。这是解放思想的需要，也是安定团结的需要。目的正是为了向前看，正是为了顺利实现全党工作重心的转变。我们的原则是"有错必纠"。凡是过去搞错了的东西，统统应该改正。有的问题不能够一下子解决，要放到会后去继续解决。但是要尽快实事求是地解决，干净利落地解决，不要拖泥带水。对过去遗留的问题，应当解决好。但是，不可能也不应该要求解决得十分完满。要大处着眼，可以粗一点，每个细节都弄清不可能，也不必要。

针对解决历史问题中涉及的毛泽东评价问题，邓小平强调指出：毛泽东思想永远是我们全党、全军、全国各族人民的最宝贵的精神财富。我们要完整地准确地理解和掌握毛泽东思想的科学原理，并在新的历史条件下加以发展。当然，毛泽东同志不是没有缺点、错误的，要求一个革命领袖没有缺点、错误，那不是马克思主义。

对大家关心的"文化大革命"的评价问题，邓小平也提出了原则意见：关于"文化大革命"，也应该科学地历史地来看。"文化大革命"已经成为我国社会主义历史发展中的一个阶段，总要总结，但是不必匆忙去做。要对这样一个历史阶段做出科学的评价，需要做认真的研究工作，有些事要经过更长一点的时间才能充分理解和作出评价，那时再来说明这一段历史，可能会比我们今天说得更好。

第四，研究新情况，解决新问题。

邓小平指出：要向前看，就要及时地研究新情况和解决新问题，否则我们就不可能顺利前进。各方面的新情况都要研究，各方面的新问题都要解决，尤其要注意研究和解决管理方法、管理制度、经济政策这三方面的问题。

针对管理体制上存在的问题，邓小平强调克服官僚主义、加强责任制：在管理方法上，当前要特别注意克服官僚主义。现在，我们的经济管理工作，机构臃肿，层次重叠，手续繁杂，效率极低。如果现在再不实行改革，我们的现代化事业和社会主义事业就会被葬送。在管理制度上，当前要特别注意加强责任制。要使责任制真正发挥作用：一要扩大管理人员的权限。二要善于选用人员，量才授予职责。三要严格考核，赏罚分明。

他特别强调，在经济政策上，要允许一部分人收入先多起来，生活先好起来：在经济政策上，我认为要允许一部分地区、一部分企业、一部分工人农民，由于辛勤努力成绩大而收入先多一些，生活先好起来。一部分人生活先好起来，就必然产生极大的示范力量，影响左邻右舍，带动其他地区、其他单位的人们向他们学习。这样，就会使整个国民经济不断地波浪式地向前发展，使全国各族人民都能比较快地富裕起来。这是一个大政策，一个能够影响和带动整个国民经济的政策，建议同志们认真加以考虑和研究。①

邓小平的这个讲话虽然是在中共中央工作会议上讲的，但实际上成为随后召开的中共十一届三中全会的主题报告。江泽民在中共十五大报告中对邓小平的这个讲话予以高度评价，认为这篇讲话"是在'文化大革命'结束以后，中国面临向何处去的重大历史关头，冲破'两个凡是'的禁锢，开辟新时期新道路、开创建设有中国特色社会主义新理论的宣言书"②。

这次中共中央工作会议，在邓小平的指导和陈云的影响与推动下，突破原定框框，开成了一次解放思想，拨乱反正，集中批判"左"倾错误的会议。会议讨论了关于真理标准问题的争论，适应工作重点转移的需要、实行改革开放的方针，加强党的民主集中制、健全党内民主生活等重大问题，批评了中共中央在领导工作中的一些失误，开得非常成功。这次会议和邓小平在闭幕会上的讲话，为随即召开的中共十一届三中全会做了充分准备，提供了基本指导思想。

12月18日至22日，邓小平和陈云出席中共十一届三中全会。这次会议是新中国成立后中国共产党历史上具有深远意义的伟大转折。全会结束了1976年10月后党和国家的工作在徘徊中前进的局面，开始全面地、认真地纠正"文化大革命"中及其以前的"左"倾错误。这次全会坚决批判了"两个凡是"的错误方针，充分肯定了必须完整地、准确地掌握毛泽东思想的

---

① 参见《邓小平文选》第 2 卷，人民出版社 1994 年版，第 140—153 页。

② 《十五大以来重要文献选编》（上），中央文献出版社 2011 年版，第 9 页。

科学体系；高度评价了关于真理标准问题的讨论，确定了解放思想、开动脑筋、实事求是、团结一致向前看的指导方针；果断地停止使用"以阶级斗争为纲"这个不适用于社会主义社会的口号，作出了把工作重点转移到社会主义现代化建设上来的战略决策；提出了要注意解决好国民经济重大比例严重失调的要求，制定了关于加快农业发展的决定；着重提出了健全社会主义民主和加强社会主义法制的任务；讨论了"文化大革命"中发生的一些重大政治事件，以及"文化大革命"前遗留下来的某些历史问题。会议指出：1975年，邓小平受毛泽东委托主持中共中央工作期间，各方面工作取得很大成绩，全党、全军和全国人民是满意的。"四人帮"硬把1975年的政治路线和工作成就说成是所谓"右倾翻案风"，这个颠倒了的历史必须重新颠倒过来。1976年4月5日的天安门事件完全是革命行动。全会决定撤销中共中央发出的有关"反击右倾翻案风"运动和天安门事件的错误文件。

全会增选了中共中央领导机构的成员。陈云被增选为中共中央政治局委员、政治局常委、中央委员会副主席。全会还选举陈云为中共中央纪律检查委员会第一书记。选举结果宣布后，陈云作了讲话，对中共十一届三中全会及此前的中共中央工作会议予以很高评价。他说："三中全会和在此以前的中央工作会议，开得很成功。大家在马列主义、毛泽东思想的基础上，解放思想，畅所欲言，充分恢复和发扬了党内民主和党的实事求是、群众路线、批评和自我批评的优良作风，认真讨论党内存在的一些问题，增强了团结。会议真正实现了毛泽东同志所提倡的'又有集中又有民主，又有纪律又有自由，又有统一意志、又有个人心情舒畅、生动活泼，那样一种政治局面'。而且全会决定，一定要把这种风气扩大到全党全军和全国各族人民中去。"陈云最后说："我的身体情况是很差的。我将尽我的力量来工作。但是，我只能做最必要的工作，就是说量力而行。"[①] 这篇讲话同华国锋、叶剑英、邓小平在全会及此前中共中央工作会议上的讲话一起，于会后由中共中央印发全党学习。

---

① 《陈云文集》第3卷，中央文献出版社2005年版，第453—454页。

全会在领导工作中具有重大意义的转变，标志着党重新确立了马克思主义的思想路线、政治路线和组织路线，开创了中国社会主义现代化建设和改革开放的新的历史时期，并开始形成以邓小平同志为核心的党的第二代中央领导集体。

经过这次全会，邓小平和陈云继中共八大之后，再次在中共中央核心领导层上走到了一起，开始了携手开创改革开放伟大事业的合作历程。所不同的是，中共八大时，他们都是以毛泽东同志为核心的党的第一代中央领导集体的重要成员，是参与决策者，不是最终决策人，他们的合作也是在毛泽东领导下的分工合作。中共十一届三中全会后，邓小平成为党的第二代中央领导集体的核心，陈云成为党的第二代中央领导集体的重要成员，他们已是核心决策人，是最终决策者，他们的合作也成为在邓小平主导下的决策合作。毛泽东时代培养的这两位中共中央领导层中的少壮派，开始在新时期承担起领导改革开放的历史重任，走到了中国政治舞台的中心。

第二十一章
平反冤假错案

复查和平反"文化大革命"中及"文化大革命"前的冤假错案，是中共十一届三中全会后拨乱反正工作的一项重要内容，也是实现和巩固安定团结政治局面的迫切需要。在这项工作中，邓小平和陈云发挥了重要的领导和推动作用，并进行了很好的合作。经过三年多的努力，一大批在"文化大革命"中及"文化大革命"前遗留下来的冤假错案得到平反，有力地调动了广大干部群众的积极性，促进了全党工作重点的转移。

平反冤假错案工作，在粉碎"四人帮"后不久即在局部开始了。中共十一届三中全会后，邓小平作为党的第二代中央领导集体的核心，对这项工作高度重视，积极支持。陈云领导的中纪委把平反冤假错案作为一项重要任务。在邓小平和陈云等的领导和推动下，这项工作进入了新的更大规模的阶段。

1978 年 12 月 24 日，也就是中共十一届三中全会闭幕后的第二天，党和国家领导人以及首都各界群众代表二千多人，在北京人民大会堂举行彭德怀、陶铸追悼大会。邓小平、陈云分别代表中共中央为彭德怀、陶铸致悼词，对他们的一生给予高度评价，为他们彻底平反，恢复名誉。

邓小平在为彭德怀所致悼词中指出："彭德怀是我党的优秀党员、老一辈无产阶级革命家，是平江起义的主要领导者、红三军团的创立者，是党、国家和军队的杰出领导人，曾担任过党政军的许多重要职务，是国内和国际著名的军事家和政治家。他在林彪、"四人帮"的迫害下，于 1974 年 11 月 29 日在北京逝世。今天，党中央本着实事求是的精神，认真落实党的政策，给彭德怀同志做出了全面公正的评价，为他恢复了名誉。他热爱党，热爱人民，忠诚于伟大的无产阶级革命事业。他作战勇敢，耿直刚正，廉洁奉公，严于律己，关心群众，从不考虑个人得失。他不怕困难，勇挑重担，对革命工作勤勤恳恳，极端负责。他在近半个世纪的革命斗争中，南征北战，历尽艰险，为中国革命战争的胜利，为人民军队的成长壮大，为保卫和建设社会主义祖国，做出了卓越的贡献。"①

陈云在为陶铸所致悼词中指出，陶铸是我们党和国家的一位卓越领导人，久经考验的无产阶级忠诚的革命战士。在他历任的工作中，善于联系群众，团结干部，认真执行党的路线、方针和政策，对社会主义事业，作出了重大的贡献，深受广大群众的怀念和爱戴。陶铸同志为共产主义事业艰苦奋斗数十年，深得党和人民的信任。陶铸同志的一生，是鞠躬尽瘁、全心全意为人民服务的一生。我们要学习他对党忠诚，无私无畏，威武不屈，为共产主义奋斗终生的高贵品质；学习他襟怀坦白，光明磊落，坚持真理，英勇斗争的革命情操；学习他密切联系群众，善于发扬民主，敢于独立思考，多谋善断，勇于负责的优良作风；学习他艰苦朴素，忘我工作，严格要求自己，对党和人民高度负责的革命精神。②

1979年是大规模平反冤假错案全面展开的一年。这一年，在邓小平和陈云的直接过问或批示下得到平反的有张闻天、萧劲光等。

张闻天在1959年的庐山会议上同彭德怀、黄克诚、周小舟一道被错误地打成"反党集团"。"文化大革命"中又遭到错误的批判。1976年7月1日，他在江苏无锡含冤逝世。

中共十一届三中全会期间，张闻天夫人刘英致信陈云、胡耀邦、王震，要求中共中央给张闻天作政治结论。陈云批示："完全应该。"③三中全会后，中共中央决定为张闻天开追悼会。这时，陈云正在杭州休养，胡耀邦打电话问陈云，参加不参加张闻天追悼会；如果参加，是主持追悼会，还是致悼词。陈云答复说："我主持也行，致悼词也行，但你要推迟一点，等我回北

---

① 《邓小平年谱（1975—1997）》（上），中央文献出版社2004年版，第458页。
② 《中共中央副主席陈云在陶铸同志追悼会上的悼词》，《人民日报》1978年12月25日。
③ 《陈云年谱（修订本）》下卷，中央文献出版社2015年版，第259页。

京。张闻天的追悼会，我一定要参加！"①

1979年8月25日，张闻天追悼会在北京人民大会堂隆重举行。陈云主持追悼会。邓小平代表中共中央致悼词，介绍张闻天的革命经历和历史功绩，充分肯定他的一生"是革命的一生，是忠于党、忠于人民的一生"。邓小平在悼词中指出，张闻天"是我党的优秀党员，是我党在一个相当长时期的重要领导人。在我党具有重大历史意义的遵义会议上，他根据中国革命实践的检验和自己的亲身体会，决然摒弃了王明的'左'倾路线，站到了毛泽东同志正确路线的一边，拥戴毛泽东同志对全党和全军的领导。现在，党中央为张闻天同志一生的革命活动，作出了全面、公正的评价，决定为他平反和恢复名誉。林彪、'四人帮'一伙强加在张闻天同志身上的一切诬陷不实之词都应统统推倒"②。

萧劲光在新中国成立后长期担任海军司令员。"文化大革命"初期，迫于当时的形势，给林彪写过一封信，"内容都是检讨自己的错误"。这封信，在批林整风运动中成为萧劲光上了林彪"贼船"的所谓"罪证"。1978年8月，萧劲光给主持中共中央军委工作的叶剑英写信，要求把"四人帮"强加给他的所谓上林彪"贼船"的罪名推倒。叶剑英在信上批示："萧劲光同志是一位很老的同志，信上所提问题应予重新考虑，作出正确结论。"并将信批送邓小平。邓小平阅信后批示："同意叶帅意见，请国清（指韦国清——引者注）同志办理。"③但在办理萧劲光问题平反的过程中，遇到了当时主持海军工作的领导人的阻挠。

1979年1月，萧劲光再次提出平反的问题。1月8日，中共海军党委就为萧劲光平反、建议撤销所谓萧"上了林彪贼船"错误结论一事给中共中央写报告。报告说：最近，萧劲光同志向叶剑英、邓小平副主席写信，要求撤销给他的"上了林彪贼船"的错误结论。叶、邓副主席同意予以解决。根据叶、邓副主席的批示，海军党委常委讨论了这个问题。我们认为，1972年7

---

① 转引自刘英：《我所知道的陈云》，《党的文献》1996年第2期。
② 《邓小平年谱（1975—1997）》（上），中央文献出版社2004年版，第546—547页。
③ 《叶剑英年谱（1897—1986）》（下），中央文献出版社2007年版，第1150页。

月到 1973 年 2 月召开的海军党委四届五次全会扩大会议，强加给萧劲光同志"上了林彪贼船"的结论，是"四人帮"倒行逆施的做法。我们建议党中央撤销对萧劲光同志的错误结论。但这个报告在平反决定中仍给萧劲光留了"先受林彪打击，后在林彪淫威下犯了一些错误"的尾巴。1 月 11 日，陈云在审阅中共海军党委的报告后，致信邓小平，提出："萧劲光平反不要留尾巴"，"萧劲光是受'四人帮'迫害的"。信中还提到：1973 年召开党的十大时，周总理对萧劲光说，"你度过了一场很大的风险"，这证明当时萧劲光是受害挨整的。① 次日，陈云收到邓小平批送的中共海军党委关于为萧劲光平反的报告。邓小平在报告中加写"在那次会议上（指海军党委四届五次全会扩大会议——引者注）萧劲光同志是受'四人帮'迫害的"。此前，邓小平曾到医院看望萧劲光。②

经过叶剑英、邓小平、陈云等多次过问，1979 年 5 月，中共中央批发了 1979 年第 19 号文件，明确指出："萧劲光同志是受林彪、'四人帮'打击迫害的，所谓上'贼船'问题完全是张春桥蓄意制造的一桩冤案，应当予以彻底平反。"③ 萧劲光平反后，于 5 月 26 日致信邓小平。信中说："我这次犯病承蒙您亲自来医院看望并多次关心我的平反问题，甚是感激。"邓小平将信批送陈云等。④

进入 1980 年，平反冤假错案工作迈出新的步伐。这一年，最引人注目的是在邓小平、陈云等的领导和推动下，中共十一届五中全会通过了为刘少奇平反的决议。

刘少奇是伟大的马克思主义者和无产阶级革命家，是受到全党和全国各族人民爱戴的、久经考验的、卓越的党和国家领导人。"文化大革命"初期，刘少奇被当作"党内最大的走资本主义道路的当权派"，受到错误批判和斗争。1968 年 10 月中共八届十二中全会错误地通过所谓《关于叛徒、内奸、

① 《陈云年谱（修订本）》下卷，中央文献出版社 2015 年版，第 263—264 页。
② 《邓小平年谱（1975—1997）》（上），中央文献出版社 2004 年版，第 469 页。
③ 《叶剑英年谱（1897—1986）》（下），中央文献出版社 2007 年版，第 1150 页。
④ 《邓小平年谱（1975—1997）》（上），中央文献出版社 2004 年版，第 517 页。

工贼刘少奇罪行的审查报告》，决定把刘少奇永远开除出党，撤销其党内外一切职务，成为中国共产党历史上最大的冤案。1969 年 11 月，刘少奇在河南开封含冤病故。

中共十一届三中全会后，随着大规模平反冤假错案工作的全面展开，党内外越来越多的人向中共中央提出，要对刘少奇案件重新进行审查。邓小平和陈云等一道，积极推动刘少奇案件的复查和平反工作。

1978 年 12 月中共中央工作会议即将结束时，陈云在家中接见了刚刚从狱中获释的刘少奇夫人王光美。陈云说："刘少奇冤案不是他一个人的，是党和国家的事情。这个案子是要平反的，但不能像'四人帮'那个时候那样随便定性。要逐条甄别，重新调查，经得住历史的检验。"①12 月 24 日，邓小平在一封要求为刘少奇平反的人民来信上批示："政治局各同志阅，中组部研究。"②

1979 年 2 月 5 日，国家地质总局局长孙大光致信胡耀邦并中共中央，建议重新审议刘少奇一案。胡耀邦将信转报华国锋、叶剑英、邓小平、李先念、陈云、汪东兴批阅。2 月 23 日，陈云在孙大光来信上批示："中央常委各同志已传阅完毕，中央办公厅应正式通知中组部、中纪委合作查清刘少奇一案。"③

此后，中央纪委和中央组织部根据陈云的批示，共同成立刘少奇案件复查组，开始对中共八届十二中全会提出的刘少奇的各项"罪状"进行复查。能不能公开为刘少奇这样重大的冤案平反，对中国共产党来说是一个严峻的考验。不少人对为刘少奇平反心存这样那样的疑虑，政治局内部也有人对平反持消极和反对态度。关键时刻，邓小平和陈云对于复查刘少奇案件给予了有力而坚定的支持。

在邓小平和陈云等的领导和推动下，复查组对中共八届十二中全会通过的所谓《关于叛徒、内奸、工贼刘少奇罪行的审查报告》中提出的问题，

---

① 《陈云年谱（修订本）》下卷，中央文献出版社 2015 年版，第 257 页。

② 《邓小平年谱（1975—1997）》（上），中央文献出版社 2004 年版，第 458 页。

③ 《陈云年谱（修订本）》下卷，中央文献出版社 2015 年版，第 265 页。

进行了逐项调查核实，向中共中央作出详尽确切的复查情况报告，用可靠的事实全部推翻了强加给刘少奇的罪名。中共中央政治局一致同意这个复查报告，据此作出关于为刘少奇平反的决议草案。

1980 年 2 月 23 日至 29 日，中共十一届五中全会在北京召开。全会的一项主要议程就是讨论通过关于为刘少奇平反的决议。在讨论中，有人提出为刘少奇平反的决议要不要写他也犯过错误的问题。对此，邓小平明确表示要实事求是。他说："今天倒是议了一个重要原则问题。实事求是可不容易。写上这样的语句不会给人们说这是贬低少奇同志，不可能这样理解。少奇同志与一般人不同，在给他作的平反决议中如果没有这样的内容，会给人一个印象，就是所有错误都是毛主席一个人的。这不是事实。我们犯的错误比少奇同志犯的错误多。总要承认他也有错误就是了。这也是个党风问题。"①2 月 29 日，邓小平在全会第三次全体会议上的讲话中再次指出："为少奇同志平反的决议讲，'文化大革命'前，党犯过一些错误，少奇同志和其他同志一样，也犯过一些错误。我看这样讲好，符合实际。不要造成一个印象，好像别人都完全正确，唯独一个人不正确。""我们既然说毛泽东同志都会犯错误，少奇同志就没有错误呀？其他同志就不犯错误呀？平反的决议这样评价少奇同志，可以使党内党外、国内国外进一步认识到，中国共产党是实事求是的，是敢于面对现实讲真话的。否则不合乎事实。"②正如陈云所说，刘少奇冤案不是他一个人的，是党和国家的事情。因此，为刘少奇平反，不仅仅是为他个人恢复名誉，同时也是恢复我们党实事求是的优良作风。邓小平支持在刘少奇平反的决议中写他也犯过错误，有利于在全党树立敢于面对现实的良好风气，恢复我们党实事求是的优良传统。

2 月 29 日，中共十一届五中全会经过认真讨论，一致通过关于为刘少奇平反的决议，决定撤销中共八届十二中全会通过的审查报告和错误决议，恢复刘少奇作为伟大的马克思主义者和无产阶级革命家、党和国家的重要领

---

① 《邓小平年谱（1975—1997）》（上），中央文献出版社 2004 年版，第 604 页。

② 《邓小平文选》第 2 卷，人民出版社 1994 年版，第 277 页。

导人的名誉；因刘少奇问题受株连造成的冤假错案，由有关部门予以平反。全会公报指出："五中全会为刘少奇同志平反，不仅是为了刘少奇同志个人，而且是为了使党和人民永远记取这个沉痛的教训，用一切努力来维护、巩固、完善社会主义民主和社会主义法制，使类似刘少奇同志和其他许多党内外同志的冤案永远不致重演，使我们的党和国家永不变色。"①

5 月 17 日，党和国家领导人以及首都各界人士 1 万多人，在北京人民大会堂举行刘少奇追悼大会。邓小平代表中共中央致悼词。陈云参加了追悼会。悼词对刘少奇的一生给予高度评价。指出，刘少奇为共产主义事业战斗了一生。他是受到全党和全国各族人民爱戴的、久经考验的、卓越的党和国家领导人。刘少奇几十年如一日，为党的巩固和发展，为新民主主义革命的胜利，为社会主义革命和社会主义建设事业的胜利，为反帝反殖和国际共产主义运动的开展，进行了不懈的斗争，建立了不朽的功绩，赢得了全党全军全国各族人民的爱戴和尊敬。邓小平在悼词中号召向刘少奇学习，学习他理论和实践统一的科学态度，学习他对党对人民无限信任的革命品质，学习他坚持原则、严守纪律的革命风格，学习他英勇顽强的革命精神。悼词最后说，我们悼念刘少奇，最重要的就是要把我们的党建设好，全面恢复和发扬党的优良传统和优良作风，使我们党真正成为中国社会主义事业的核心力量，领导全国各族人民，同心同德，为实现社会主义现代化的伟大目标而奋斗。②致悼词后，邓小平走到王光美面前，紧紧握着她的手说："是好事，是胜利。"话语虽短，意味深长。

除为刘少奇平反昭雪外，邓小平和陈云还领导和推动了潘汉年案件的平反。这同样是一桩在全党和全国有重大影响而又比较复杂的案件。

潘汉年，1936 年至 1937 年间曾任中国共产党同国民党的谈判代表。抗日战争和解放战争时期，在上海等地领导对敌隐蔽斗争和开展统一战线工作。曾任中共中央华东局社会部部长、统战部部长、中共上海市委第

① 《三中全会以来重要文献选编》（上），中央文献出版社 2011 年版，第 382—383 页。

② 参见《邓小平年谱（1975—1997）》（上），中央文献出版社 2004 年版，第 634—635 页。

三书记、上海市副市长。1955年错误地因所谓"内奸"问题被关押审查，1963年被错定为"内奸分子"，并被判处有期徒刑。"文化大革命"中，又被永远开除党籍，改判无期徒刑。后被下放到湖南劳动改造。1977年4月逝世。这是新中国历史上的一大错案，也是祸及整个隐蔽战线的重大冤案。

对把潘汉年定为"内奸"，有些人多年来一直表示怀疑，尤其是过去曾同潘汉年一起工作过的同志。陈云就是其中之一。中共十一届三中全会后，陈云立即向中共中央建议复查潘汉年的案件，并委托与潘汉年同时在上海从事过地下工作的刘晓和廖承志一起，收集有关潘案的材料。

1979年10月24日，陈云做结肠腺癌切除手术。手术前，当姚依林问他有何交代时，陈云给胡耀邦写了一封短信，提出潘汉年一案需要重新审查。

1980年12月23日，陈云嘱秘书给公安部打电话，请他们将有关潘汉年的定案材料送给他看一下。看过材料后，于次年1月3日又要求公安部迅速整理出一份有关潘案处理过程的梗概材料，送往中央纪委。①

在调查研究了潘汉年案件的大量材料后，1981年3月1日，陈云致信邓小平、李先念、胡耀邦等：

"1979年10月确诊我患有结肠腺癌而决定动手术时，我曾写一条子给耀邦同志，我认为潘汉年的案件需要复查一下。我认为他当时并未真心投敌，否则不能解释刘晓同志领导下的上海党能完整地保持下来。潘汉年已于1977年死于劳改农场。所有与潘案有关的人都已作出结论加以平反。连潘汉年老婆董慧同志也已平反（也是77年死的）。

"我收集了一些公安部的材料，和与汉年同案人的材料。这些材料并无潘投敌的材料确证。而且对于刘晓、刘长胜同志等能在上海保存下来反面提供了潘并未投敌出卖组织或某一个同志。

"我提议中央对潘汉年一案正式予以复查。这件事如中央同意，可交中

---

①　参见《陈云年谱（修订本）》下卷，中央文献出版社2015年版，第287、303页。

央纪律检查委员会办理。"①

3月3日，邓小平阅陈云来信，赞成他的提议。② 当日，胡耀邦批示中央纪委对潘案进行复查。中央纪委用一年多的时间调阅了关于潘案的全部材料，又向几十位过去同潘汉年一起工作过的人进行了调查。复查结果表明，原来认定潘汉年是"内奸"的结论不能成立，应予否定。1982年8月，中共中央根据中央纪委的复查结果，发出《关于为潘汉年同志平反昭雪、恢复名誉的通知》。

潘汉年冤案平反后，为使更多人了解潘汉年，陈云委托与潘汉年交往颇多颇深的夏衍写了一篇悼念文章。11月9日，陈云致信夏衍："潘汉年同志的案件已经平反，党内已经通报。""但在党外，要使人知道汉年同志是一个好同志。所以我想请你写一篇文章，纪念他，并在《人民日报》上登载。你是否可能写一篇，请你斟酌。"③ 按照陈云的意见，夏衍于11月23日在《人民日报》上发表了《纪念潘汉年同志》的文章。

这一时期，在邓小平等的支持下，中共中央分别于1979年2月、1980年5月、1979年6月、1980年10月专门发出文件，给彭真、罗瑞卿、陆定一、杨尚昆彻底平反。这一时期，经陈云直接提议复查和平反的，还有党的其他重要领导人和文化界著名人士瞿秋白、马寅初、徐懋庸等。

邓小平和陈云在亲自指导和直接过问一些案件平反工作的同时，也十分重视全局性的平反冤假错案工作。在他们的领导和推动下，中共中央大规模平反冤假错案，全面解决历史遗留问题。1980年1月16日，邓小平在中共中央召集的干部会议上的讲话中，对平反冤假错案工作进行了回顾。他说，这3年内，特别是最近一年，中央和全国各地都平反了一大批冤假错案。已经得到平反的，据不完全的统计，总数已经有290万人。没有立案审查而得到平反的，比这个数字还要大得多。我们平反了天安门事件，平反了包括彭德怀、张闻天、陶铸、薄一波、彭真、习仲勋、王任重、黄克诚、杨

① 《陈云文集》第3卷，中央文献出版社2005年版，第483页。

② 参见《邓小平年谱（1975—1997）》（下），中央文献出版社2004年版，第717页。

③ 《陈云文集》第3卷，中央文献出版社2005年版，第484页。

尚昆、陆定一、周扬等在内的一大批同志的冤假错案。我们改正了 1957 年一大批被错划为右派分子的案件，摘掉了知识分子"臭老九"的帽子，摘掉了全国绝大多数地主、富农、资本家的帽子。①

　　"文化大革命"中和"文化大革命"前遗留下来的冤假错案，严重影响广大干部群众的积极性。不实事求是地解决这个重大问题，就无从分清是非和恢复党的优良传统，就难以实现和巩固安定团结的政治局面。中共十一届三中全会后，在邓小平和陈云等的领导和推动下，按照中共中央关于坚持实事求是、有错必纠的方针，在短短三年多时间里，平反了各种冤假错案，解决了各种历史遗留问题，拨乱反正工作在组织领域取得突出成果，有力地调动了广大干部群众的积极性，加快了社会主义现代化建设的步伐。

---

① 参见《邓小平文选》第 2 卷，人民出版社 1994 年版，第 243—244 页。

第二十二章

制定第二个历史决议

制定和通过《关于建国以来党的若干历史问题的决议》(通称第二个历史决议或历史决议),是中共十一届三中全会后,我们党为统一全党思想,凝聚全党力量,完成党在指导思想上的拨乱反正而采取的一项重大战略举措。在制定历史决议的过程中,邓小平直接领导和主持了整个起草工作,陈云提出了重要意见,发挥了重要作用。他们的合作与配合,为历史决议的成功制定和顺利通过提供了有力保障。

在中共十一届三中全会前的中央工作会议上,不少干部就要求认真总结"文化大革命"的沉痛教训。中共十一届三中全会后,这种呼声更加强烈,还要求总结新中国成立以来党的工作中的经验教训,要求对毛泽东的功过是非作出恰当的评价。在 1979 年春的理论工作务虚会上,已有人明确提出,要像 1945 年中共六届七中全会作出的《关于若干历史问题的决议》那样,作一个关于建国以来若干历史问题的决议。但此时,邓小平和陈云都认为,历史问题是需要总结,但不必匆忙去做。

1978 年 12 月 13 日,邓小平在中共中央工作会议闭幕会上的讲话中指出:"'文化大革命'已经成为我国社会主义历史发展中的一个阶段,总要总结,但是不必匆忙去做。要对这样一个历史阶段做出科学的评价,需要做认真的研究工作,有些事要经过更长一点的时间才能充分理解和作出评价,那时再来说明这一段历史,可能会比我们今天说得更好。"[1] 当时邓小平考虑,历史问题的总结比较复杂。有些历史问题,时机不成熟时不宜勉强去解决,

---

[1] 《邓小平文选》第 2 卷,人民出版社 1994 年版,第 149 页。

时间越远越看得清楚。对有些一时不容易讲清楚的历史问题，硬要去扯，分散党和人民的注意力，不符合党和人民的根本利益。所以，邓小平认为，对历史问题在适当的时候作出总结是需要的，但不必匆忙去做，眼前的问题是引导大家团结一致向前看。在当时党和国家任务十分繁重的情况下，这种认识是完全正确的。

陈云对解决历史问题的看法和邓小平是一致的，他也认为历史问题是要总结，但不必匆忙进行。1979 年 3 月 6 日，陈云在会见来访的马来亚共产党总书记陈平时指出："毛泽东发动'文化大革命'，主要是为了防止中国变修、出现像赫鲁晓夫那样的事件，最初也不是要搞那么大。这个问题需要作一个总结，总结时要很慎重，要把林彪、'四人帮'等人的破坏作用估计进去。总结不必匆忙做，越往后，问题会看得越清楚，结论可能更客观、更合乎实际、更科学。"①

但随着平反冤假错案、解决历史遗留问题等一系列拨乱反正工作的深入开展，对毛泽东和对"文化大革命"的评价问题，又在全国上下、党内党外迫切地提了出来。国际上也在看中国关于这个问题的态度，对中国共产党能否解决好这个问题十分关注。在这样的情况下，中共中央决定在叶剑英国庆 30 周年讲话的基础上，起草关于建国以来党的历史问题的决议。

1979 年 10 月下旬，邓小平就 1980 年部分重要工作的安排问题，同胡耀邦、姚依林、邓力群谈话。邓小平说，"经中央常委研究，准备为明年五中全会、六中全会和后年十二大做点准备工作。第一，修改党章。第二，修改宪法。明年 2 月五中全会讨论，年底六中全会讨论，然后提交十二大。第三，抓经济工作。准备 11 月开计划会议，讨论两年调整计划、十年长远规划。第四，起草建国以来党的历史问题决议，现在着手，明年六中全会讨论通过"。邓小平还说，"有了国庆讲话，历史决议就好写了。以讲话为纲要，考虑具体化、深化"。② 这次谈话之后，起草历史决议的工作正式提上了议

① 《陈云年谱（修订本）》下卷，中央文献出版社 2015 年版，第 266 页。
② 《邓小平年谱（1975—1997）》（上），中央文献出版社 2004 年版，第 574 页。

事日程。

历史决议的起草工作，是在中共中央政治局、中央书记处的领导下，由邓小平、胡耀邦主持进行的。起草小组主要由胡乔木负责。

经过近两个月的工作，起草小组拿出了一份决议提纲。邓小平看了这份提纲后，在 1980 年 3 月 19 日找胡耀邦、胡乔木、邓力群谈话，提出了起草历史决议的三条基本要求。他指出，起草历史决议的中心意思应该是三条：第一，确立毛泽东同志的历史地位，坚持和发展毛泽东思想。这是最核心的一条。不仅今天，而且今后，我们都要高举毛泽东思想的旗帜。要写毛泽东思想的历史，毛泽东思想形成的过程。要正确评价毛泽东思想，科学地确立毛泽东思想的指导地位。第二，对建国 30 年来历史上的大事，哪些是正确的，哪些是错误的，要进行实事求是的分析，包括一些负责同志的功过是非，要做出公正的评价。第三，通过这个决议对过去的事情做个基本的总结。这个总结宜粗不宜细。总结过去是为了引导大家团结一致向前看。总的指导思想，就是这三条。其中最重要、最根本、最关键的还是第一条。①

4 月 1 日，邓小平再次找胡耀邦、胡乔木、邓力群谈话。一是讲对毛泽东和对新中国成立后 17 年的评价；二是讲历史决议的框架设计。

关于对毛泽东的评价，邓小平指出："总起来说，一九五七年以前，毛泽东同志的领导是正确的，一九五七年反右派斗争以后，错误就越来越多了。"他提出一个重要原则："讲错误，不应该只讲毛泽东同志，中央许多负责同志都有错误。'大跃进'，毛泽东同志头脑发热，我们不发热？刘少奇同志、周恩来同志和我都没有反对，陈云同志没有说话。在这些问题上要公正，不要造成一种印象，别的人都正确，只有一个人犯错误。这不符合事实。中央犯错误，不是一个人负责，是集体负责。在这些方面，要运用马列主义结合我们的实际进行分析，有所贡献，有所发展。"关于对新中国成立后 17 年的评价，邓小平指出："建国后十七年这一段，有曲折，有错误，基本方面还是对的。社会主义革命搞得好，转入社会主义建设以后，毛泽东同

---

① 参见《邓小平文选》第 2 卷，人民出版社 1994 年版，第 291—293 页。

志也有好文章、好思想。"

关于历史决议的框架，邓小平说："整个设计，可不可以考虑，先有个前言，回顾一下建国以前新民主主义革命这一段，话不要太多。然后，建国以来十七年一段，'文化大革命'一段，毛泽东思想一段，最后有个结语。结语讲我们党还是伟大的，勇于面对自己的错误，勇于纠正自己的错误。"

在谈话中，邓小平再次强调："决议中最核心、最根本的问题，还是坚持和发展毛泽东思想。党内党外，国内国外都需要我们对这一问题加以论证，加以阐述，加以概括。"①

邓小平在历史决议起草之初就明确提出三条基本要求，并强调最重要、最根本、最关键的一条是确立毛泽东的历史地位，坚持和发展毛泽东思想。在历史决议起草过程中，邓小平又发表了十多次谈话，对决议稿的起草和修改提出指导意见。其中核心的内容仍然是对这三条基本要求，特别是确立毛泽东的历史地位、坚持和发展毛泽东思想这一条进行阐述和发挥。邓小平三条基本要求的提出以及对其毫不动摇的坚持，是历史决议能够成功制定的关键。

陈云对邓小平提出的三条基本要求完全赞成、坚决支持。在决议起草过程中，他先后7次找胡乔木、邓力群等谈话，围绕如何贯彻邓小平提出的这三条基本要求，特别是如何科学地评价毛泽东和毛泽东思想这个最核心的问题，提出了许多重要的意见和建议。

1980年7月3日，中共中央书记处会议讨论历史决议起草工作时，胡乔木转达了陈云的有关意见："一定要在我们这一代人还在的时候，把毛主席的功过敲定，一锤子敲定，一点一点讲清楚。这样，党的思想才会统一，人民的思想才会统一。如果我们不这样做，将来就可能出赫鲁晓夫，把毛主席真正打倒，不但会把毛主席否定，而且会把我们这些作含糊笼统决议的人加以否定。因此，必须对这个问题讲得很透彻。"②陈云这段话，明确指出了

① 《邓小平年谱（1975—1997）》（上），中央文献出版社2004年版，第614页。
② 《陈云年谱（修订本）》下卷，中央文献出版社2015年版，第294—295页。

科学评价毛泽东、确立毛泽东历史地位的极端重要性。

在邓小平和陈云等有关论述的指导下，经过两个多月的讨论和研究，起草小组写出了一份决议草稿。邓小平看了这份草稿后，于6月27日同胡耀邦、胡乔木、邓力群等谈他对决议草稿的意见。邓小平对这份草稿不满意，认为整个文件写得太沉闷，不像一个决议，没有很好体现确立毛泽东的历史地位、坚持和发展毛泽东思想的要求，要重新写。在这次谈话中，邓小平结合稿子内容，又一次对决议起草发表了系统性的意见："要说清楚关于社会主义革命和社会主义建设，毛泽东同志有哪些贡献。他的思想还在发展中。我们要恢复毛泽东思想，坚持毛泽东思想，以至还要发展毛泽东思想，在这些方面，他都提供了一个基础。要把这些思想充分地表达出来。重点要放在毛泽东思想是什么、毛泽东同志正确的东西是什么这方面。错误的东西要批评，但是要很恰当。单单讲毛泽东同志本人的错误不能解决问题，最重要的是一个制度问题。毛泽东同志说了许多好话，但因为过去一些制度不好，把他推向了反面。毛泽东同志的错误在于违反了他自己正确的东西。封建主义残余影响的问题要讲一讲，也要讲得恰当。结语写一段我们还要继续发展毛泽东思想。"[①]

这些意见的核心内容是，决议的重点要放在毛泽东思想是什么、毛泽东正确的东西是什么这方面。错误的东西要批评，但是要很恰当，要概括一点。主要的内容，还是集中讲正确的东西。这些意见指出了决议的重点内容，提出了写错误的方法和原则，明确了正确的东西和错误的东西的主次，是对三条基本要求的坚持和发展，对决议接下来的起草和修改发挥了重要指导作用。

起草小组根据邓小平的意见对决议草稿作了较大修改后，1980年10月至11月，中共中央组织了全党4000多名高级干部对决议草稿进行讨论，进一步征求意见。在讨论中，关于毛泽东和毛泽东思想的评价问题，仍然是讨论的热点、争论的焦点。这其中既有许多好的意见，也有不少比较片面的甚

[①] 《邓小平年谱（1975—1997）》（上），中央文献出版社2004年版，第649—650页。

至否定毛泽东和毛泽东思想的言论。

邓小平看了四千人大讨论的部分简报后，于 10 月 25 日找胡乔木、邓力群谈话。针对讨论中提出的一些不同意见以及表现出来的思想混乱，邓小平着重就毛泽东功过的评价和毛泽东思想的阐述这个最核心、最关键的问题讲了重要意见。

邓小平旗帜鲜明地指出，毛泽东思想这个旗帜丢不得。丢掉了这个旗帜，实际上就否定了我们党的光辉历史。对毛泽东的评价，对毛泽东思想的阐述，不是仅仅涉及毛泽东个人的问题，这同我们党、我们国家的整个历史是分不开的。要看到这个全局。决议稿中阐述毛泽东思想这一部分不能不要，这不只是个理论问题，尤其是个政治问题，是国际国内的很大的政治问题。如果不写或写不好这个部分，整个决议都不如不做。不写或不坚持毛泽东思想，我们要犯历史性的大错误。

如何批评毛泽东晚年的错误，是一个敏感问题，也是起草历史决议的一个难点。在谈话中，邓小平明确指出："对于错误，包括毛泽东同志的错误，一定要毫不含糊地进行批评，但是一定要实事求是，分析各种不同的情况，不能把所有的问题都归结到个人品质上。对于毛泽东同志的错误，不能写过头。写过头，给毛泽东同志抹黑，也就是给我们党、我们国家抹黑。这是违背历史事实的。"①

邓小平的这次谈话，顶住了四千人大讨论中在有些问题上的错误意见，在决议起草的关键时刻，就如何评价毛泽东和毛泽东思想这个事关历史决议成败的核心问题表明了党中央坚定明确、毫不妥协的态度，对决议讨论稿的修改提供了重要的指导思想，对历史决议的成功制定发挥了决定性作用。

在决议讨论过程中，陈云于 11 月上旬先后两次约见胡乔木，就决议中如何写毛泽东的错误谈了三点意见：（一）毛主席的错误问题，主要讲他的破坏民主集中制，凌驾于党之上，一意孤行，打击同他意见不同的人。着重写这个，其他的可以少说。（二）整个党中央是否可以说，毛主席的责任是

---

① 《邓小平文选》第 2 卷，人民出版社 1994 年版，第 301—302 页。

主要的。党中央作为一个教训来说，有责任，没有坚决斗争。假如中央常委的人，除毛主席外都是彭德怀，那么局面会不会有所不同？应该作为一个党中央的集体，把自己的责任承担起来。在斗争时是非常困难的，也许不可能。（三）毛主席的错误，地方有些人，有相当大的责任。毛主席老讲北京空气不好，不愿呆在北京，这些话的意思，就是不愿同中央常委谈话、见面。他愿意见的首先是华东的柯庆施，其次是西南，再其次是中南。①

陈云对毛泽东晚年错误的这种分析是实事求是的。他关于历史决议如何写毛泽东错误的看法，与邓小平的意见精神在总体上也是一致的。他们都主张对毛泽东的错误不能写过头，要概括一点，中央犯错误是集体负责。邓小平和陈云在如何把握毛泽东的错误这个复杂和敏感的问题上能够意见一致，对于起草好历史决议至关重要。

四千人大讨论后，决议稿吸收各方面意见又作了很大调整和修改。邓小平看了决议修改稿的历史部分后，于1981年3月9日找邓力群等谈他对决议稿的意见。邓小平对稿子仍不满意，认为决议稿对缺点错误讲得多，成绩讲得少，鼓舞人们提高信心、提高勇气的力量不够。邓小平具体指出："问题最大的是'文化大革命'前十年部分。现在稿子的调门不符合原先设想的方针。看完后，给人的印象是错误都是老人家一个人的，别人都对。我说过多次了，不能说成别人都对，只有一个人是错误的，这个人就是毛主席。历史不是这样的。这不符合实际。那时的错误，大家都有责任，主要是因为当时我们没有经验。'文化大革命'十年，错误写得差不多了。应该承认，老人家还是看到了党的缺点错误，还是想改正，但是他对情况估计错了，采取的方法错了，因而给党和国家造成了严重的危害。"邓小平强调："中心是对老人家的评价问题，是毛泽东思想的历史地位问题。错误讲过分了，对毛主席和毛泽东思想的评价不恰当，国内人民不能接受，国际上也有相当一部分人不能接受。"②

---

① 《陈云年谱（修订本）》下卷，中央文献出版社2015年版，第296—297页。

② 《邓小平年谱（1975—1997）》（下），中央文献出版社2004年版，第718—719页。

3 月 18 日，邓小平再次同邓力群等谈决议修改问题。邓小平说："我最早提出写建国以来若干历史问题的决议，第一位的任务，是树立毛泽东同志和毛泽东思想的历史地位。这个问题写不好，决议宁可不写。在这一点上站住了，决议才能拿出去。这是中心，是关键。写好这个问题，才叫实事求是地分清建国以来党的历史上的是和非、对和错，包括个人的功过。"① 显然，邓小平认为现在的稿子没有达到他当初提出的确立毛泽东的历史地位、坚持和发展毛泽东思想的要求。

关键时刻，陈云提出的一条重要建议为破解这一难题打开了思路。他的建议是增加回顾建国以前 28 年历史的段落。3 月 24 日，邓小平去看望陈云，并征求他对决议稿的意见。陈云提出，决议要"专门加一篇话，讲讲解放前党的历史，写党的六十年。六十年一写，毛泽东同志的功绩、贡献就会概括得更全面，确立毛泽东同志的历史地位，坚持和发展毛泽东思想，也就有了全面的根据"②。邓小平认为这个意见很好，在 3 月 26 日同邓力群谈话时，向他转述了陈云的意见，请他转告起草小组，并报告胡耀邦。

陈云也在 1981 年 3 月当面对邓力群谈过这条意见。他说："《决议》要按照小平同志的意见，确立毛泽东同志的历史地位，坚持和发展毛泽东思想。要达到这个目的，使大家通过阅读《决议》很清楚地认识这个问题，就需要写上党成立以来六十年中间毛泽东同志的贡献，毛泽东思想的贡献。因此，建议增加回顾建国以前二十八年历史的段落。有了党的整个历史，解放前解放后的历史，把毛泽东同志在六十年中间重要关头的作用写清楚，那末，毛泽东同志的功绩、贡献就会概括得更全面，确立毛泽东同志的历史地位，坚持和发展毛泽东思想，也就有了全面的根据；说毛泽东同志功绩是第一位的，错误是第二位的，说毛泽东思想指引我们取得了胜利，就更能说服人了。"③

陈云的这条重要建议，解决了决议起草中的一个关键问题。在陈云提

---

① 《邓小平年谱（1975—1997）》（下），中央文献出版社 2004 年版，第 721 页。
② 转引自《邓小平文选》第 2 卷，人民出版社 1994 年版，第 303 页。
③ 《陈云文选》第 3 卷，人民出版社 1995 年版，第 283—284 页。

出这条建议之前，起草决议的思路都受"建国以来"的限制，只写 32 年，邓小平反复强调的"确立毛泽东同志的历史地位，坚持和发展毛泽东思想"的要求总觉得难以完全达到。陈云的建议使这个问题迎刃而解，因而多次受到邓小平的赞扬。在 5 月 19 日举行的中共中央政治局扩大会议上，邓小平在讲话中再次提到，决议形成过程中，"陈云同志提出，前面要加建国以前的 28 年。这是一个很重要的意见。"①

其实陈云的这条建议，邓小平早在决议起草之初就提出过。1980 年 4 月 1 日，邓小平在同胡耀邦、胡乔木、邓力群谈到决议的框架时说："整个设计，可不可以考虑，先有个前言，回顾一下建国以前新民主主义革命这一段，话不要太多。然后，建国以来 17 年一段，'文化大革命'一段，毛泽东思想一段，最后有个结语。结语讲我们党还是伟大的，勇于面对自己的错误，勇于纠正自己的错误。"②

指出邓小平首先提出历史决议要回顾建国以前 28 年的历史这个事实，不是也不会否定陈云所提建议的意义和价值。因为他们是在不同的情形下、针对不同的问题提出这一相同设想的。邓小平是在决议起草之初，针对其框架设计提出这个设想的。陈云是在决议起草后期，针对如何确立毛泽东的历史地位、坚持和发展毛泽东思想这个关键问题提出这一建议的。而这个关键问题在邓小平提出这个设想时还没有完全显现出来。所以，邓小平和陈云在不同情形下、针对不同问题提出的这一相同设想各有其特定意义和价值。这既反映了他们的合作，也体现了他们的默契。

陈云对起草决议还提出另外几条意见。一是决议要经得起历史检验，论断要合乎实际。1981 年 3 月，陈云在同邓力群的一次谈话中指出："关于建国以来三十二年中党的工作的错误，一定要写得很准确，论断要合乎实际，要把它'敲定'下来。'敲定'是上海话，敲是推敲的意思，定是确定的意思，就是说，反复推敲，反复斟酌，使它能够站得住，经得起历史的检

---

① 《邓小平文选》第 2 卷，人民出版社 1994 年版，第 306 页。

② 《邓小平文选》第 2 卷，人民出版社 1994 年版，第 296 页。

验。"陈云在谈话中表示同意邓小平提出的《决议》宜粗不宜细的原则，并指出："要在这个原则下面，是成绩就写成绩，是错误就写错误；是大错误就写大错误，是小错误就写小错误。要分别不同情况，把它'敲定'下来。"①

二是建议中央提倡学习，主要是学习马克思主义哲学，重点是学习毛泽东的哲学著作。陈云在3月24日邓小平去看望他时提出了这条意见。邓小平对这条建议十分重视。在3月26日将这条意见转告了邓力群。邓小平说："陈云同志说，他学习毛泽东同志的哲学著作，受益很大。毛泽东同志亲自给他讲过三次要学哲学。""现在我们的干部中很多人不懂哲学，很需要从思想方法、工作方法上提高一步。""历史决议中关于毛泽东同志对马克思主义哲学的贡献，要写得更丰富，更充实。结束语中也要加上提倡学习的意思。"第二天，在同解放军总政治部负责人谈话时，邓小平再次肯定陈云的这条建议，说："陈云同志建议，要提倡学习，主要是学哲学，学习毛泽东同志的哲学著作"，"这个意见很好"。②

三是决议要写国际上对我们的帮助。他说："我们党是在共产国际的帮助下成立的，建党初期共产国际也起了好作用。抗日战争期间，苏联还是援助了中国，最后出兵打垮关东军。如果不把关东军打垮，抗日战争的胜利起码要推迟好几年，我们也要晚一些进到东北，东北很难首先全部解放。还有第一个五年计划中的一百五十六项，那确实是援助，表现了苏联工人阶级和苏联人民对我们的情谊。这样一些问题，《决议》应该如实地按照事情本来面貌写上去。要通过对这些历史问题的论断，再一次说明中国共产党人是公正的。"③决议稿吸收了陈云的这三条重要意见。

继四千人大讨论后，从1981年3月31日起，决议稿又在政治局、书记处和老干部40多人中进行了讨论。4月7日，邓小平同胡乔木、邓力群谈话，主要就讨论中提出的一些不正确意见表明态度。讨论中，有人说八届十二中全会、九大是非法的，还有人说"文化大革命"中党不存在了。对这

① 《陈云文选》第3卷，人民出版社1995年版，第283页。
② 《邓小平文选》第2卷，人民出版社1994年版，第303、304、381页。
③ 《陈云文选》第3卷，人民出版社1995年版，第285—286页。

些意见，邓小平明确说不能接受。他指出："如果否定八届十二中全会、九大的合法性，那我们说'文化大革命'期间党还存在，国务院和人民解放军还能进行许多必要的工作，就站不住了。""'文化大革命'中间，我们还是有个党存在。如果现在否定了八届十二中全会和九大的合法性，就等于说我们有一段时间党都没有了。这不符合实际。"针对讨论中一些人否定"文化大革命"期间外事工作的意见，邓小平明确指出："'文化大革命'期间，外事工作取得很大成绩。尽管国内动乱，但是中国作为大国的地位，是受到国际上的承认的。中国的国际地位有提高。"他列举了中华人民共和国恢复在联合国的合法席位、尼克松访华并发表上海公报、恢复中日外交关系以及他自己出席联大第六届特别会议等事实加以证明。[1] 这些重要意见，对于起草组准确把握"文化大革命"期间的有关问题提供了指导。

5 月 15 日，邓小平同胡耀邦、胡乔木、邓力群、吴冷西、胡绳再谈决议稿的修改问题。邓小平指出："起草时间很长了，稿子不要再变了，快搞出来。稿子可以压缩短一些、精练一些，解释不要。争论问题可不谈，但原则问题一定谈，如四项基本原则，可以反驳一些错误观点。十条基本经验很重要，可以给人以信心。当然，文字上可以写得扼要一些。"[2] 讨论中，胡耀邦传达了陈云在杭州同他的谈话。关于决议稿，陈云讲了三条：一是大的问题不出偏差就可以了；二是加强思想性，如果思想性不够，若干年后成不了经典，后代也会议论较多；三是看了些反映，不像叶帅 30 年报告和小平讲话反映热烈。[3] 可以看出，此时的决议稿与邓小平、陈云的要求还是有一定距离的。

5 月 19 日至 29 日，中共中央政治局召开扩大会议，讨论起草组根据邓小平、陈云的谈话精神，吸收政治局、书记处和老干部 40 多人讨论中提出的意见后形成的决议修改稿。在 19 日的开幕会上，邓小平作了重要讲话。

---

① 《邓小平文选》第 2 卷，人民出版社 1994 年版，第 304—305 页。

② 《邓小平年谱（1975—1997）》（下），中央文献出版社 2004 年版，第 740 页。

③ 参见《胡乔木传》，当代中国出版社、人民出版社 2015 年版，第 648 页。

　　邓小平首先向会议说明了决议稿的起草修改过程。他说："这个文件差不多起草了一年多了，经过不晓得多少稿。一九八○年十月四千人讨论，提了很多好的重要的意见；在四千人讨论和最近四十多位同志讨论的基础上，又进行修改，反复多次。起草的有二十几位同志，下了苦功夫，现在拿出这么一个稿子来。"

　　接下来，邓小平强调了尽早拿出决议的必要性。他说："这个决议，过去也有同志提出，是不是不急于搞？不行，都在等。从国内来说，党内党外都在等，你不拿出一个东西来，重大的问题就没有一个统一的看法。国际上也在等。人们看中国，怀疑我们安定团结的局面，其中也包括这个文件拿得出来拿不出来，早拿出来晚拿出来。所以，不能再晚了，晚了不利。"

　　邓小平紧接着说明了这次会议的目的和任务。他说："为了要早一点拿出去，再搞四千人讨论不行了，也不需要，因为四千人的意见已经充分发表出来了，而且现在的修改稿子也充分吸收了他们的意见。现在的方法，就是开政治局扩大会议，七十几个人，花点时间，花点精力，把稿子推敲得更细致一些，改得更好一些，把它定下来；定了以后，提到六中全会。设想就在党的六十周年发表。纪念党的六十周年，不需要另外做什么更多的文章了。也还需要有些纪念性质的东西，但主要是公布这个文件。"

　　邓小平在讲话最后再次强调："中心是两个问题，一个是毛泽东同志的功绩是第一位，还是错误是第一位？第二，我们三十二年，特别是'文化大革命'前十年，成绩是主要的，还是错误是主要的？是漆黑一团，还是光明是主要的？还有第三个问题，就是这些错误是毛泽东同志一个人的，还是别人也有点份？这个决议稿中多处提到我们党中央要承担责任，别的同志要承担点责任，恐怕这比较合乎实际。第四，毛泽东同志犯了错误，这是一个伟大的革命家犯错误，是一个伟大的马克思主义者犯错误。"① 邓小平的讲话，为中共中央政治局扩大会议讨论决议稿定下了基调。

① 《邓小平文选》第 2 卷，人民出版社 1994 年版，第 305—307 页。

　　从 5 月 21 日至 29 日，中共中央政治局扩大会议对决议稿进行了 8 天的讨论，提出了许多好的意见。起草组吸收大家的意见，对决议稿再次做出修改，准备提交中共十一届六中全会讨论通过。

　　1981 年 6 月 15 日至 25 日，中共中央举行十一届六中全会的预备会议，主要内容是分组讨论历史决议稿。与会人员在 8 天的讨论中又提出不少修改意见。6 月 22 日，中共中央政治局常委召集预备会各小组召集人碰头会，讨论怎样根据预备会讨论中提出的意见，对决议稿进行修改。邓小平作了讲话。他首先对决议稿予以充分肯定。他说："总的来说，这个决议是个好决议，现在这个稿子是个好稿子。我们原来设想，这个决议要举毛泽东思想的伟大旗帜，实事求是地、恰如其分地评价'文化大革命'，评价毛泽东同志的功过是非，使这个决议起到像一九四五年那次历史决议所起的作用，就是总结经验，统一思想，团结一致向前看。我想，现在这个稿子能够实现这样的要求。"① 邓小平从决议起草一开始就提出三条基本要求，而且始终坚持，毫不妥协。经过起草组一年多的努力，经过四千人的讨论，几十人的讨论，政治局扩大会议的讨论，这次六中全会预备会的讨论，终于达到了邓小平提出的要求，这是十分不容易的。这得益于邓小平正确的指导，得益于邓小平和陈云在科学评价毛泽东问题上的一致，得益于全党上下的反复讨论，更得益于起草组的集体智慧和下的苦功夫。

　　邓小平在讲话中还就决议稿讨论中提出的有关问题，包括为什么不提路线错误，为什么强调对毛泽东的评价要恰如其分，为什么要提华国锋的名字，为什么讲"文化大革命"的原因不提小资产阶级思想的影响等作了说明。当邓小平说"我们不提路线错误，是考虑到路线斗争、路线错误这个提法过去我们用得并不准确，用得很多很乱"时，陈云插话说："讲路线，历史上用惯了，用到谁的头上谁就不得翻身，还要上挂下联。'文化大革命'中用得更滥了。如果讲十一大是路线错误，那问题就大了，包括叶帅，包括先念同志，包括好多人。所以，这个问题我赞成现在稿子的提法。"邓小平说：

---

① 《邓小平文选》第 2 卷，人民出版社 1994 年版，第 307 页。

"对十一大，不要说什么路线错误。对'文化大革命'，我们也不说是路线错误，按它的实质分析就是了，是什么就是什么。"①这段话也在一个侧面反映了邓小平和陈云在根本问题上的一致性。

会后，起草组按照大家的意见，对决议稿又进行了精心修改。经中共中央政治局常委同意后形成决议草案。陈云看了决议草案后，请人转告胡乔木：改得很好，气势很壮。这是一句言简意赅、发自肺腑的评价。②

1981年6月27日至29日，中共十一届六中全会在北京举行。在6月27日的全体会议上，决议草案稿经讨论获得一致通过。邓小平在6月29日闭幕会上的讲话中，对历史决议予以高度评价。他说："关于建国以来党的若干历史问题的决议，真正是达到了我们原来的要求。这对我们统一党内的思想，有很重要的作用。""相信这个决议能够经得住历史考验。"③

全会一致通过的《关于建国以来党的若干历史问题的决议》分为八个部分：建国以前二十八年历史的回顾；建国三十二年历史的基本估计；基本完成社会主义改造的七年；开始全面建设社会主义的十年；"文化大革命"的十年；历史的伟大转折；毛泽东同志的历史地位和毛泽东思想；团结起来，为建设社会主义现代化强国而奋斗。这个决议，运用马克思主义的辩证唯物论和历史唯物论，对建国三十二年来党的重大历史事件特别是"文化大革命"作出了正确的总结，科学地分析了在这些事件中党的指导思想的正确和错误，分析了产生错误的主观因素和社会原因，实事求是地评价了毛泽东的历史地位，系统论述了毛泽东思想的基本内容和指导意义。决议的通过标志着中国共产党在指导思想上拨乱反正任务的完成。

由邓小平主持起草的历史决议，总结了新中国成立以来的历史经验，彻底否定了"文化大革命"的错误实践和理论，坚决顶住了否定毛泽东和

---

① 《邓小平文选》第2卷，人民出版社1994年版，第307、308页；《陈云年谱（修订本）》下卷，中央文献出版社2015年版，第317页。
② 《陈云传》（四），中央文献出版社2015年版，第1559页。
③ 《邓小平文选》第2卷，人民出版社1994年版，第383页。

毛泽东思想的错误思潮，维护了毛泽东的历史地位，科学地评价了毛泽东思想。随着国内建设的发展和国际局势的变化，越来越显示出邓小平作出这个重大决策的勇气和远见，越来越显示出他对党和人民所作的这一历史性贡献的深远意义。陈云大力支持邓小平关于科学确立毛泽东的历史地位、坚持和发展毛泽东思想的主张，为历史决议的成功制定发挥了十分重要的作用。

第二十三章

调整国民经济

　　针对当时我国国民经济比例严重失调的情况，根据陈云等的提议，中共中央决定从 1979 年起，集中三年时间对我国国民经济实行"调整、改革、整顿、提高"的新"八字"方针①。对于陈云首倡的国民经济调整，邓小平给予了有力支持。在邓小平和陈云的相互配合与密切合作下，经济调整工作达到了预期目的，国民经济的困难状况得到明显改善，主要比例关系趋于协调。这就为随后的全面改革和经济快速发展奠定了重要基础。

　　粉碎"四人帮"后，我国国民经济取得了恢复性发展，但也存在严重问题。主要是由于"文化大革命"的长期破坏，我国国民经济比例已经严重失调。粉碎"四人帮"后的两年间，经济工作中出现的急躁冒进倾向，又使这种状况有所加剧。突出表现在以下几个方面：一是农业和工业的比例严重失调。1978 年粮食总产量虽然超过历史最高水平，但由于人口增加，人均粮食占有量只略高于 1957 年。有的地方口粮严重不足。1976 年到 1978 年这 3 年，在净进口粮食 265 亿斤的情况下，还挖了粮食库存几十亿斤。二是轻、重工业的比例严重失调。1978 年重工业的投资比重是 55.7%，而轻工业只有 5.7%，还低于"一五"计划时期占 5.9% 的水平。三是积累和消费的比例严重失调。在过去十多年中，由于消费基金增长缓慢，改善人民生活方面积累下来的问题本已很多。而这两年积累占国民收入的比例反而提高了，1976 年为 31%，1978 年为 36.5%，不但大大高于"一五"计划时期 24% 的

---

① 相对于 20 世纪 60 年代初我国国民经济调整时期提出的"调整、整顿、充实、提高"的"八字"方针而言。

水平，而且高于 1958 年的水平，使人民生活难以有大的改善。①

面对这种状况，陈云和李先念在 1979 年 3 月 14 日联名致信中共中央，提出了调整国民经济的建议。信中首先建议在国务院下设财政经济委员会，作为研究制订财经工作的方针政策和决定财经工作中的大事的决策机关。信中对当前和今后的财经工作提出 6 点意见：（一）前进的步子要稳。不要再折腾，必须避免反复和出现大的"马鞍形"（二）从长期来看，国民经济能做到按比例发展就是最快的速度。（三）现在的国民经济是没有综合平衡的。比例失调的情况是相当严重的。（四）要有两三年的调整时期，才能把各方面的比例失调情况大体上调整过来。（五）钢的指标必须可靠。钢的发展方向，不仅要重数量，而且更要重质量。要着重调整我国所需要的各种钢材之间的比例关系。钢的发展速度，要照顾到各行各业（包括农业、轻工业、其他重工业、交通运输业、文教、卫生、城市住宅建设、环境保护等）发展的比例关系。由于钢的基建周期长，不仅要制订五至七年的计划，而且要制订直到 2000 年的计划。（六）借外债必须充分考虑还本付息的支付能力，考虑国内投资能力，做到基本上循序进行。②

这封信指出了当时国民经济比例严重失调的事实，提出了用两三年时间对国民经济进行调整的任务，引起了邓小平等中共中央领导人的高度重视。3 月 21 日至 23 日，中共中央政治局召开会议，讨论经过修改的 1979 年国民经济计划和对国民经济实行调整的问题。在这次会议上，陈云作了系统发言，强调坚持按比例原则对国民经济进行调整。邓小平在会议的最后一天讲话，对陈云的意见予以支持。

陈云在发言中讲了四个问题。

第一，我们搞四个现代化，建设社会主义强国，是在什么情况下进行的。讲实事求是，先要把"实事"搞清楚。这个问题不搞清楚，什么事情也搞不好。陈云指出，九亿多人口，百分之八十在农村，革命胜利三十年了还

---

① 参见《三中全会以来重要文献选编》，中央文献出版社 2011 年版，第 99—101 页。

② 参见《陈云年谱（修订本）》下卷，中央文献出版社 2015 年版，第 269 页；《陈云文选》第 3 卷，人民出版社 1995 年版，第 248—249 页。

有要饭的，需要改善生活。我们是在这种情况下搞四个现代化的。陈云强调，搞建设，必须把农业考虑进去。所谓按比例，最主要的就是按这个比例。这是一个根本问题。

第二，按比例发展是最快的速度。陈云指出，单纯突出钢，这一点，我们犯过错误，证明不能持久。钢太突出，就挤了别的工业，挤了别的事业。陈云还说，可以向外国借款，中央下这个决心很对，但是一下子借那么多，办不到。只看到可以借款，只看到别的国家发展快，没有看到本国的情况，这是缺点。不按比例，靠多借外债，靠不住。

第三，要有两三年调整时间，最好三年。陈云指出，现在比例失调的情况相当严重。基本建设项目大的一千七百多个，小的几万个。赶快下决心，搞不了的，丢掉一批就是了。搞起来，没有燃料、动力，没有原料、材料，还不是白搞。陈云强调，地方工业、社办工业，如果同大工业争原料、争电力，也要下来。搞"三个人饭五个人吃"，不能持久。

第四，2000 年钢的产量定多少合适？陈云主张定为 8000 万吨。他说，如果将来超过 8000 万吨，或者超过很多，阿弥陀佛！如果达不到，稍微少一点我也满意。我不光看你那个数目字，钢要好钢，品种要全。①

陈云在讲话中重申了他在 3 月 14 日致中共中央信中提出的按比例发展是最快的速度、钢的指标必须可靠、借外债要考虑支付能力等观点，并再次指出现在比例失调的情况是相当严重的，要有两三年调整时间，最好三年，才能把各方面的比例失调情况大体上调整过来。陈云的讲话提出了当前和今后一个时期内我国经济工作的总体方针和运作原则，进一步引起了邓小平等中共中央领导人对调整国民经济工作的重视。

3 月 23 日，邓小平发表讲话。针对近两年国民经济比例失调更加严重的情况，邓小平指出：中心任务是三年调整，这是个大方针、大政策。经过调整，会更快地形成新的生产能力。这次调整，首先要有决心，东照顾西照顾不行，决心很大才干得成。要看到困难，把道理讲清楚，把工作做充分。

---

① 参见《陈云文选》第 3 卷，人民出版社 1995 年版，第 250—255 页。

可以肯定，经过三年调整，各行各业都会前进，产品质量会更好，品种会更多，消耗会减少，积累会增加。过去提以粮为纲、以钢为纲，现在到该总结的时候了。一个国家的工业水平，不光决定于钢。钢的水平，也不光是由数量决定的，还要看质量、品种、规格。谈农业，只抓粮食不行，还是要因地制宜，农林牧副渔并举。在谈到国防问题时，邓小平说："原来批准的计划规模太大，国民经济负担不了，谈不上进行调整，这个问题要重新商议。引进计划也要大大缩小，哪些引进哪些不引进，引进多大规模，必须由财经委员会决定。"①

邓小平在讲话中完全赞同陈云的意见。他说："这次提三年调整，非常好。不是说，这两年工作做坏了。没有这两年，问题不暴露，你怎么调整？工厂不生产，好坏没有比较，你怎么调整？现在摸清楚了，才能下决心，调整才有标准。"邓小平同意陈云关于把钢的指标减下来的想法。他说："陈云同志提出，二〇〇〇年搞八千万吨钢，有道理。""钢铁要抓质量，抓尖端的。""搞得好，八千万吨钢，不一定比两亿吨作用小。"② 邓小平的讲话，强调了调整的必要性，指出这是个大方针、大政策，是对陈云倡导的国民经济调整的有力支持。

这次政治局会议确定了调整国民经济的方针，决定在前两年经济恢复的基础上，集中三年时间搞好国民经济的调整，为实现四个现代化奠定更加稳固的基础。会议同时决定成立财政经济委员会，"由陈云、李先念两同志挂帅，统一管理全国的财政经济工作和目前的调整工作"③。而建议陈云担任国务院财政经济委员会主任的，是"先念、小平"。④

3月25日，陈云主持召开国务院财政经济委员会第一次会议，为即将召开的中共中央工作会议做准备。在这次会上谈到国民经济调整问题时，陈

① 《邓小平年谱（1975—1997）》（上），中央文献出版社2004年版，第497页。
② 转引自《陈云传》（四），中央文献出版社2015年版，第1574页；《李先念传（1949—1992）》（下），中央文献出版社2009年版，第1090页。
③ 《邓小平文选》第2卷，人民出版社1994年版，第162页。
④ 参见《陈云传》（四），中央文献出版社2015年版，第1568页。

云指出："调整，就是步伐调整调整，该踏步的踏步，该下的下，该快马加鞭的快马加鞭。目的是为了前进，为了搞四个现代化。"①

4月5日至28日，中共中央召开工作会议，集中讨论国民经济调整问题。会议经过讨论，确定对国民经济实行"调整、改革、整顿、提高"的八字方针，决定从1979年起用3年时间完成国民经济调整任务。会议通过了调整后的1979年国民经济计划。6月18日至7月1日，五届全国人大二次会议在北京举行。会议同意用3年时间搞好国民经济的调整、改革、整顿、提高。至此，中共中央提出的对国民经济实行调整的方针完成了法定程序，成为全民意志，以调整为中心的新"八字"方针正式确立。

4月13日，即中共中央工作会议召开期间，中共中央、国务院发出批转国家建委党组《关于改进当前基本建设工作的若干意见》的通知。通知强调，当前一项迫切的任务，就是要对那些不急需和不具备条件的项目，实行停、缓、并、转、缩。凡是该停缓的项目，不管原来是谁定的，哪一级机关批准的，都必须坚决停缓下来。中央重申：今后任何单位和个人，都不准擅自搞计划外工程，新上项目必须按基本建设程序办事，注意经济效果。对于乱上项目，任意扩大建设规模，拉长基本建设战线的，要追究责任，严肃处理，情节严重的，要绳之以党纪国法。《意见》提出，要认真贯彻执行中央关于用三年时间对国民经济进行调整的方针，切实把基本建设战线缩短。

5月14日，国务院下达经过较大调整的1979年国民经济计划。计划规定：农业生产增长速度由百分之五至六调整为百分之四以上；工业增长速度由百分之十至十二调整为百分之八；钢产量由3400万吨调整为3200万吨；国家预算内直接安排的基本建设投资由457亿元调整为360亿元，加上利用外汇贷款安排的基本建设，总数为400亿元，保持1978年的实际水平；外汇收入由128亿元调整为145亿元。国民经济调整工作进入实质性实施阶段。

中共中央虽然确定了三年调整的方针和部署，但党内的认识并不一致。一部分省市和部门领导人思想通了，认为不调整不行；一部分思想并没通，

---

① 《陈云文选》第3卷，人民出版社1995年版，第256—257页。

说刚刚提出要高度发展经济，怎么又来了个调整，表示难以接受，对一些大项目舍不得下马。国际上也议论纷纷，认为中国的经济调整是改变了四个现代化的方针，改变了对外开放的政策。国民经济调整工作，比原来预想的要困难、复杂得多。为此，邓小平和陈云利用一切机会，做党内同志的工作，说明调整的必要性。对于国际上的疑虑和误解，邓小平在会见外宾特别是美国和日本客人时做了大量解释和说明工作。

1979年3月30日，邓小平在党的理论工作务虚会上谈到粉碎"四人帮"后的形势和任务时，结合我国国民经济存在的比例严重失调的状况，从为工作重点转移创造良好开端、为实现四个现代化打好稳固基础的角度，用大量篇幅阐述了对国民经济进行调整的必要性。他指出："过去十多年来，我们一直没有摆脱经济比例的严重失调，而没有按比例发展就不可能有稳定的、确实可靠的高速度。看来，我们的经济，我们的农业、工业、基建、交通、内外贸易、财政金融，在总的前进的过程中都还需要有一段调整的时间，才能由不同程度的不平衡走向比较平衡。这次调整同六十年代初期的调整不同。这次调整是前进中的调整，是为了给实现四个现代化打好稳固的基础。但是局部的后退是必要的，有些不切实际的和对整个经济害多利少的高指标要坚决降下来，有些管理不善、严重亏损的企业要限期整顿，甚至于停下来整顿。退一步才能进两步。同时，为了有效地实现四个现代化，必须认真解决各种经济体制问题，这也是一种很大规模的很复杂的调整。我们今年能把第一年的调整工作做好，就是一个巨大的前进，就是为工作着重点转移创造良好的开端。"他进一步指出："在经济比例失调的条件下，下决心进行必要的正确的调整，是我们的经济走向正常的、稳定的发展的前提。这在全国解放初期和六十年代初期两次调整的历史经验已经充分证明了。因此，我们要告诉全国人民，必须这样做才能更好地前进。"① 这些论述，对于坚定全党进行国民经济调整的信心和决心，打通党内一些领导同志在国民经济调整问题上的思想疙瘩，起到了重要作用。

---

① 《邓小平文选》第2卷，人民出版社1994年版，第161—162页。

在做党内工作的同时，邓小平也用大量时间和精力来做国际上的工作。4 月 18 日，他在会见美国众议院议员团时指出："目前我国正在进行的国民经济计划调整，是经济比例关系的调整，丝毫不影响我们引进外国先进技术和资金，发展同友好国家的经济贸易关系。"5 月 10 日，他在会见美国商务部部长朱厄妮塔·克雷普斯时指出："我们经济调整本身，是为了使经济发展得更快，更好地利用外国先进技术和资金。经济调整，并不影响我们大量而不是少量地吸收国际资金和引进先进技术及设备。"5 月 16 日，他在会见日本时事通讯社代表团时指出：国际上很关心中国提出的经济调整问题。人们提出疑问：这个调整是不是改变了我们四个现代化的方针？是不是改变了我们的经济开放政策？可以明确地说，这个调整方针是为了更加稳妥和更快地实现四个现代化，更好地执行我们四个现代化的方针和政策。6 月 28 日，他在会见日本公明党第八次访华团时指出："经过这两年的经济建设，前些年国民经济比例失调的问题暴露得更清楚了，因此，我们提出了'调整、改革、整顿、提高'八字方针。这是实现四个现代化的第一个部署，并不是离开四个现代化来搞八字方针。八字方针是为加快我们实现四个现代化打下一个更好的基础，并不影响我们吸收外国资金和技术的既定方针和政策。国际上议论说我们要收缩，这是误解，他们不了解情况。"①邓小平的这些解释和说明，消除了国际上对中国调整国民经济的疑虑和误解，为我国在调整国民经济的同时扩大对外开放，营造了良好的国际环境。在此后的国民经济调整过程中，邓小平又多次就此对外宾进行解释和说明。

在确定对国民经济进行调整后，不少原拟兴建的大项目下马了。作为特大型重点建设项目的上海宝山钢铁厂怎么办，还要不要搞下去，一时间大家众说纷纭，莫衷一是。在决定宝钢命运的关键时刻，邓小平和陈云互相支持，采取一致意见，决定宝钢要干到底。这一正确决策保证了宝钢的建设在调整中继续前进，并于 1985 年 9 月胜利建成投产。

建设宝钢是由邓小平提出并经中共中央批准的。1978 年 10 月，邓小平

①　《邓小平年谱（1975—1997）》（上），中央文献出版社 2004 年版，第 507、513—514、529 页。

访问日本，参观新日铁君津制铁所，他对陪同参观的新日铁会长稻山嘉宽和社长斋藤英四郎说，"你们就照这个工厂的样子帮我们建设一个"。① 这就是后来的宝钢。宝钢是改革开放后我国引进的第一个特大型项目，建设总投资达 214 亿元（其中外汇 48 亿美元）。自 1978 年 12 月 23 日，即中共十一届三中全会闭幕后的第二天破土动工后，宝钢建设工程已全面铺开，而且与日本方面签约的设备也陆续到达上海。宝钢这时如果下马，损失将十分巨大。

1979 年 5 月 9 日，即中共中央工作会议确定对国民经济进行调整后，国家计划委员会、国家基本建设委员会、国家经济委员会、冶金工业部、对外贸易部、第一机械工业部、中国人民银行七个部门联名向财政经济委员会并国务院提交了《关于宝钢建设工作安排的报告》。《报告》认为宝钢应该继续搞下去，同时提出了宝钢建设的投资总额及进度安排等几个迫切需要解决的重大问题，请财经委员会从速决断。5 月 18 日，陈云收到谷牧批转的七部门《报告》及有关资料。陈云看了报告后明确表示："宝钢已不是搞不搞的问题，已经定了。"② 为慎重起见，陈云对这份报告没有马上作出批示，而是一方面委托薄一波在北京召开宝钢问题座谈会，听取过去在冶金部门工作的一些领导干部的意见；另一方面于 5 月 31 日到上海，亲自对宝钢建设进行实地考察。

6 月 1 日，陈云同上海市革命委员会负责人谈话，了解宝钢建设情况。谈话中，陈云讲了三点意见：一、建设宝钢中央已经定下来了，要搞到底。这件事，对外中华人民共和国已经签字，党内党外，国际国内，大家都很注意。所以，只能搞好，不能搞坏。二、既然中央已经定了，要上马，时间可否拉长些？何必自己套紧箍咒。要脚踏实地、扎扎实实地搞。三、宝钢这一套，还是要立足国外。宝钢的全套技术资料要买下来。③ 在这次谈话中，陈云再次明确宝钢建设要搞到底，并提出了只能搞好不能搞坏的严格要求。会后，中共上海市委决定贯彻陈云的意见，继续配合冶金部把宝钢建设抓紧

---

① 参见陈锦华著：《国事忆述》，中共党史出版社 2005 年版，第 105 页。

② 《陈云传》（四），中央文献出版社 2015 年版，第 1582 页。

③ 参见《陈云文集》第 3 卷，中央文献出版社 2005 年版，第 455—457 页。

抓好。

经过多方调研和反复考虑，陈云主意已定，决心已下。6月16日，他主持召开国务院财政经济委员会全体会议，专门讨论批准宝钢建设问题。陈云在会上对宝钢建设讲了8点意见：（一）干到底。建设规模按照5月11日三委、三部和银行报告的那个方案办。先这样定下来，举棋不定不好。（二）应该列的项目不要漏列。（三）买设备，同时也要买技术，买专利。（四）要提前练兵。宝钢这样的厂子，技术先进，各方面要求都很高，一定要抓好提前练兵。（五）宝钢由建委抓总。（六）对宝钢要有严格的要求，甚至要有点苛求。只能搞好，不能搞坏。宝钢是实现四个现代化中的第一个大项目，应该做出榜样来。（七）冶金部有带动其他有关部门的责任，特别是壮大一机部的机械制造能力。（八）冶金部要组织全体干部对宝钢问题展开一次讨论，采纳有益的意见。

陈云最后说："对宝钢问题，就谈这8点意见。讨论定案以后，要拟一个财委的报告给中央政治局，请求专案批准。但从现在开始，对外的合同可以签了，工作可以做了，不要等待。总之，大家要同心协力，把宝钢建设好。"①

按照陈云的意见，国务院财政经济委员会于9月3日给中共中央写出《关于宝钢建设问题的报告》。《报告》中说：宝钢既已决定建设，就应当统一全党认识，协力同心，勇往直前，一干到底。至于建设规模，可以按5月9日国家计委等七部门的报告来办。建设期限，必要时可以延长一两年，不要操之过急。陈云在报告上批示："先念同志：可以送了。我意中央可不拟批复了，即可按此报告办理。"9月7日，李先念将报告连同陈云的批示送给邓小平等中共中央领导人，他们都圈阅同意。② 随后，这份报告正式印发中共中央政治局、国务院财经委员会成员以及国家计委、建委、经委、冶金部、外贸部、一机部、人民银行、财政部、进出口委员会等部门。从此，宝

---

① 《陈云文选》第3卷，人民出版社1995年版，第259—262页。

② 《陈云年谱（修订本）》下卷，中央文献出版社2015年版，第282页。

钢建设在调整中继续前进。

对于宝钢建设，邓小平一直十分关注。7 月 21 日，他在同彭冲等中共上海市委常委谈话时说："对于宝钢建设，市委第一要干，第二要保证干好。国内对宝钢议论多，我们不后悔，问题是要搞好。"9 月，邓小平在一次会议上再次指出："历史将证明，建设宝钢是正确的。"① 在全国上下认识不一致，对宝钢建设议论纷纷的情况下，邓小平对宝钢建设的明确支持显得尤为关键、尤为重要、尤为及时。历史已经证明，建设宝钢是正确的，在经济调整中将宝钢继续搞下去的决策也是正确的。宝钢的建成，使我国钢铁工业与世界先进国家的差距缩短了 20 年。

中共中央和国务院确定对国民经济实行调整的当年，一些重大的比例关系开始向协调的方向发展，经济状况也有所好转。在这样的背景下，1979年 9 月 2 日至 24 日，国务院财政经济委员会召开会议，讨论 1980 年、1981两年国民经济的计划安排，确定明后两年的调整工作。9 月 18 日，陈云到会讲话，对讨论明后两年的计划安排和调整工作发表意见。针对有人对调整方针抱有怀疑态度，他一开始就强调："经济的调整，即实行调整、改革、整顿、提高的方针是必要的，并不是多此一举。"陈云指出，基建投资必须是没有赤字的。不要用自由外汇兑换成人民币或靠发票子来弥补基建投资的赤字。对外债要分析，利用外资进行建设，我们的经验还很少，需要认真加以研究。基建项目应由国家计委这样的权威机关来确定。该上必须上，该下必须下。推平头，大家打七折，将一事无成，害国害民。实现四个现代化，除了要上若干个大项目以外，着重点应该放在国内现有企业的挖潜、革新、改造上。农业投资的重点，也要用得适当。② 会议经过讨论同意陈云的讲话，1980 年基建投资定为 200 亿元，工业增长速度定为 6%。

利用外资是一件新事，过去没有经验，陈云采取十分慎重的态度。这次讲话后的第二天，陈云就与日本松下公司合资办厂事致信邓小平，说此事

---

① 《邓小平年谱（1975—1997）》（上），中央文献出版社 2004 年版，第 537—538 页。
② 参见《陈云文选》第 3 卷，人民出版社 1995 年版，第 264—268 页。

他同姚依林分别找四机部部长钱敏谈过，只要争取产品能出口 20%，就没有危险。陈云提出，以后对利用外资应逐项研究，以积累经验。邓小平圈阅后，将此信批给李先念和谷牧。①

经过这次国务院财经委员会讨论后，中共中央又于 10 月 3 日至 10 日召开省市自治区党委第一书记座谈会，讨论 1980 年国民经济计划的安排和调整问题。邓小平和陈云先后在会上讲话。陈云在 3 日的讲话中重申靠借外债搞建设是个新问题，应该承认我们没有经验，要逐项研究，积累经验。他还说要承认经济工作中存在着很大的意见分歧。②陈云所说的分歧，包括在经济调整问题上的不同意见。在这次讲话中，陈云提出要增加中央的财力，以保证国民经济调整中一些必不可少的重点需要。会前，9 月 27 日，陈云就此致信邓小平。信中说：昨天我与李先念、姚依林谈话才知道，"文化大革命"中间已经把所有大企业下放给地方，鞍山、大庆等都属于地方所有，中央只有对这些企业分成的利润。中央直接掌握的只有外贸、财政、银行、铁路、交通、电信和商业的一、二级批发站等不能分的，每年掌握财力 130 亿元，地方分成给中央的大概每年有 370 亿元，总共中央财力有 500 亿元。像粮食部那种有计划亏损的部，还属中央管。这种情况如果持续下去，中央哪有什么资金搞四个现代化？如果大企业不收回（当然要给地方一些好处），四个现代化的资金就不能集中使用于最必要的引进先进技术或办几个大企业。上述情况不知你是否知道？这件事很值得研究。③

4 日，邓小平在会上讲话。关于经济调整，邓小平指出，当前的经济调整是为了创造条件，使得在调整过程中，特别是调整以后，能够有一个比较好的又比较快的发展速度。现在的调整还要包括一些准备工作。现在不着手，到时候就形不成新的生产能力。我们的经济工作从 1983 年开始要有比较相应的速度，从现在起就要考虑，包括具体的项目。这就要求我们搞计划、考虑问题，面要宽一点，要照顾到 3 年以后。这些讲话，体现了邓小平

① 参见《陈云年谱（修订本）》下卷，中央文献出版社 2015 年版，第 284 页。
② 参见《陈云文集》第 3 卷，中央文献出版社 2005 年版，第 462—464 页。
③ 参见《陈云年谱（修订本）》下卷，中央文献出版社 2015 年版，第 284—285 页。

的一个重要思想，就是当前的经济调整本身不是目的，而是为以后又好又快的发展创造条件。因此，需要把当前的调整工作和调整后的发展结合起来，并为以后的发展预做一些准备工作。这就从着眼未来发展的角度，把国民经济调整的意义和必要性大大提升了。

邓小平十分赞成陈云关于利用外资的意见。他在讲话中提议大家充分研究一下怎样利用外资的问题。邓小平说，我赞成陈云同志那个分析，外资是两种，一种叫自由外汇，一种叫设备贷款。不管哪一种，我们都要利用，因为这个机会太难得了，这个条件不用太可惜了。问题是怎样善于利用，怎样使每个项目都能够比较快地见效，包括解决好偿付能力问题。陈云同志的意见是一个项目一个项目地研究，我赞成这个意见，应该这样来研究。

在讲到经济体制问题时，邓小平对陈云关于增加中央财力的意见作了回应。他说，究竟我们现在是集中多了，还是分散多了？我看，集中也不够，分散也不够。中央现在手上直接掌握的收入只有那么一点，这算集中？什么东西该更加集中，什么东西必须下放，请大家敞开议一下。但是有一条，中央如果不掌握一定数额的资金，好多应该办的地方无力办的大事情，就办不了，一些关键性的只能由中央投资的项目会受到影响。现在全国的企业，包括一些主要企业，很多都下放了，中央掌握的企业收入很有限。这个问题值得研究。现在一提就是中央集中过多下放太少，没有考虑该集中的必须集中的问题。中央必须保证某些集中。

鉴于党的高级领导层，包括省市和中央，在经济问题上意见很不一致，想法还没有靠拢，邓小平最后提议，这次会议要充分地把矛盾摆出来，采取辩论的方法，面对面，不要背靠背，好好辩论辩论。最后辩的结果，还是请陈云、先念下决心。①

邓小平的这次讲话，是他关于经济工作的一次比较系统的讲话。他在讲话中对陈云关于利用外资和增加中央财力的意见给予了支持，并强调调整

---

① 参见《邓小平文选》第2卷，人民出版社1994年版，第194—202页；《李先念传（1949—1992）》（下），中央文献出版社2009年版，第1110页。

是为了以后能够有一个比较好的又比较快的发展速度创造条件。这些意见和陈云的讲话一起，对于统一思想，统一行动，进行调整，起了重要作用。会议决定明后两年的经济工作，调整仍是关键。

在中共中央和国务院的积极推动下，经过各方努力，1979 年和 1980 年的调整工作取得一定成效。失调的比例关系逐步得到好转，经济生活开始活跃起来，人民生活有所改善。但党内对经济调整的认识仍不够统一，调整的阻力依然较大，国民经济中存在的问题并未完全解决，同时又出现了一些新情况和新问题。由于调整价格、增加工资、扩大就业等方面的开支大幅度增加，特别是基本建设投资尽管有所压缩，但减得还很不够，使财政支出大大超过财政收入，1979 年的财政赤字达到 170 亿元，是新中国成立以来所未有过的。由于有巨额财政赤字，积累和消费的总需求又超过总供给，导致货币量发行过大，物价上涨过多。从全局看，国民经济潜伏着不容忽视的危险。

针对国民经济中存在的重大问题，中共中央和国务院在 1980 年年末连续召开会议，分析经济形势，统一各级领导干部对调整方针的认识，决定采取坚决措施，进一步调整国民经济，以保证经济和社会稳步发展。

11 月 15 日至 12 月 21 日，国务院召开省长会议和全国计划会议，讨论 1981 年国民经济计划的调整意见。会议根据邓小平、陈云等的讲话精神，对 1981 年的国民经济计划又作了调整，其中：工农业总产值指标由原来预定的 6955 亿元，减为 6800 亿元，比上年预计增长 3.7%。财政收入预算由原来的 1154 亿 5000 万元，减为 1056 亿 6000 万元，比上年减少 0.6%；财政支出预算由原来的 1204 亿 6000 万元，减为 1056 亿 6000 万元，收支平衡。基本建设投资由原来的 550 亿元减为 300 亿元，比上年预计减少 40%。

会议期间，11 月 28 日，国务院向中共中央政治局常委和中央书记处汇报有关 1981 年国民经济计划调整的设想。国务院副总理兼国家计委主任姚依林汇报了《关于 1981 年财政、信贷平衡和基本建设安排的初步设想》，提出了"一步退够"的方案。

听完汇报后，邓小平说："请陈云同志讲几句收场。问题摆得清清楚楚了，反而就不复杂了。"①陈云接着谈了自己的意见。他针对经济调整中基本建设规模没有真正压下来、基建规模仍然过大的情况，极而言之地说："我脑子里有一条，基本建设要搞'铁公鸡'，一毛不拔。有人说，这会耽误了时间。从鸦片战争以来耽误了多少时间，现在耽误三年时间有什么了不得？就是要一毛不拔，就是要置之死地而后生。历史上有人讲我是右倾机会主义，我就再机会主义一次。我的方案比这还坏，坏到什么都不搞。要上，讲理由，也有的是。三年不搞，一毛不拔，还是中华人民共和国，了不起推迟三年。"陈云在讲话中指出了这些年经济工作犯错误的原因。他说："经济工作中'左'的东西没有肃清。基本错误还是'左'的东西。"②

邓小平在发言中赞成陈云对基本建设投资等问题的意见，并指出：要考虑国务院的调整方案退得够不够，不退够要延长时间。这次三年能缓过气来就算不错。想问题的方法要着眼于退得够不够，退得不够再退。真正大的调整是从明年开始，国务院要同各省市商量，要着眼于调整。通过这次调整把生产搞得扎扎实实的，质量搞得好一些。在谈到发展速度时，邓小平说，速度5%保持不住，4%也行。陈云插话说，4%并不丢脸，并不简单。邓小平强调，调整期间权力要集中，历来克服困难都是讲集中。中央要加强对调整的集中统一领导，这样矛盾会多起来，要做好思想工作。为此，邓小平建议再开一次中央工作会议，时间可以短一点，参加的人可以多一点，把调整的道理讲清楚。他说，"既然讲集中统一，就要一切听指挥，做到思想统一、行动统一"。③

为进一步统一党的领导干部对调整国民经济的认识，改变调整工作进展迟缓的局面，根据邓小平的建议，中共中央于12月16日至25日在北京召开工作会议，着重讨论经济形势和调整工作。在16日的开幕会上，按照邓小平的要求，陈云就经济形势和调整问题发表了讲话。他首先指出，利用外资和引进新技术，这是我们当前的一项重要政策措施，不过要头脑清醒，

①《陈云传》（四），中央文献出版社2015年版，第1613页。
②《陈云文集》第3卷，中央文献出版社2005年版，第471页。
③《邓小平年谱（1975—1997）》（上），中央文献出版社2004年版，第695—696页。

外国资本家也是资本家。关于经济形势，陈云认为是开国以来少有的很好的形势，但他提醒人们也要看到不利的一面，即许多商品都在涨价，而且面相当大，如不制止，人民是很不满意的。陈云指出，经济形势的不稳定，可以引起政治形势的不稳定。

陈云在讲话中谈了很多意见，其基本要点如下：经济体制改革产生了前所未有的好作用，大大有利于经济形势的改善，但也出现了各地盲目重复建设、以小挤大、以落后挤先进、以新厂挤老厂等缺点。按经济规律办事是好现象，但我国以计划经济为主体，在一定时期内，国家干预是必要的。目前对国营企业产品、集体企业产品的价格至少要冻结半年，这也是国家干预。今后若干年，中央和地方财政在开支方面都要大大紧缩。我们要改革，但是步子要稳，要从试点着手，随时总结经验，"摸着石头过河"，要使改革有利于调整，也有利于改革本身。好事要做，又要量力而行。搞经济建设，最终是为了改善人民生活。一切引进项目都必须有专家参加，必须作出几个比较方案择优选用，定案时宁慢勿急，任何项目不能由一个人说了算。要节省外汇，现在出国考察团太多，必须少而精。国际市场上某些中国货降价，这是各省市、各部门为取得外汇自己降价，是不正常的，必须研究出既能出口又不贱卖的方案，做到"肥水不落外人田"。要发展经济作物，同时必须保证粮食的逐步增产，粮食还是第一位的。我们是在十亿人口、八亿农民这样的国家中进行建设，现在真正清醒认识到这种困难的人还不很多。今后决不要再作不切实际的预言，如超英赶美等等。现有工业和现有技术人员是实现现代化的基础。

在谈到经验教训时，陈云强调说："必须指出，开国以来经济建设方面的主要错误是'左'的错误。1957年以前一般情况比较好些，1958年以后'左'的错误就严重起来了。这是主体方面的错误。代价是重大的。错误的主要来源是'左'的指导思想。在'左'的错误领导下，也不可能总结经验。"

陈云最后说："调整意味着某些方面的后退，而且要退够。不要害怕这个清醒的健康的调整。可能有些议论：'这会耽误三几年。'不怕。从鸦片战争以来，中国的经济建设已经耽误了一百多年。而且这次调整不是耽误，如不调整才会造成大的耽误。因为我们这次调整是清醒的健康的调整，我们会站稳脚跟，继续稳步前进。"①

陈云在讲话中提出的这些重要意见，是他长期领导经济工作实践经验的总结，尤其是他对开国以来我国经济建设主要错误的分析，反映了他对我国经济建设经验教训的深刻认识和准确把握。这次讲话对此后的国民经济调整产生了重要影响。

12月25日，在中共中央工作会议闭幕会上，邓小平发表了题为《贯彻调整方针，保证安定团结》的长篇讲话。他首先表示完全同意陈云的讲话，并对它给予很高的评价，说："这个讲话在一系列问题上正确地总结了我国三十一年来经济工作的经验教训，是我们今后长期的指导方针。"

邓小平说："一九七八年十二月党的十一届三中全会以后，陈云同志负责财经工作，提出了调整方针，去年四月中央工作会议对此作出了决定。但因全党认识很不一致，也很不深刻，所以执行得很不得力。直到现在，这种情况才有了变化。这次调整，就是进一步贯彻这一方针。""我们这次调整，正如陈云同志说的，是健康的、清醒的调整。这次调整，在某些方面要后退，而且要退够。"

为进一步统一全党的思想，提高各级领导干部的认识，增强他们对经济调整工作的积极性和主动性，邓小平在讲话中再次论述了调整的必要性。他指出："为什么在实现四个现代化的过程中，会出现调整或部分后退的问题呢？这是因为，如果不调整，该退的不退或不退够，我们的经济就不能稳步前进。""由于过去两年执行调整方针不得力，这就造成财政大量赤字，货币发行过多，物价继续上涨。如果再不认真调整，我们就不可能顺利地进行现代化建设。只有某些方面退够，才能取得全局的稳定和主动，才能使整个经济转上健全发展的轨道。""这次对经济作进一步调整，是为了站稳脚跟，稳步前进，更有把握地实现四个现代化，更有利于达到四个现代化的目标。"

---

① 《陈云文选》第3卷，人民出版社1995年版，第276—282页。

邓小平对"退够"专门作了说明。他说："所谓某些方面要退够，主要是说，基本建设要退够，一些生产条件不足的企业要关、停、并、转或减少生产，行政费用（包括国防开支和一切企业事业单位的行政管理费用）要紧缩，使财政收支、信贷收支达到平衡。生产建设、行政设施、人民生活的改善，都要量力而行，量入为出。这就是实事求是。下决心这样做，表明我们真正解放了思想，摆脱了多年来'左'的错误指导方针的束缚。"

针对广大干部群众因实行经济调整而担心改革开放政策会变的疑虑，邓小平明确指出，这次调整不是要改变中共十一届三中全会以来的方针、政策，而是三中全会以来的各项正确方针、政策的继续和发展，是三中全会实事求是、纠正"左"倾错误的指导思想的进一步贯彻。为了保证这次调整的顺利进行，我们必须坚定不移地继续执行三中全会以来的一切行之有效的方针、政策、措施。他明确表示："我完全同意陈云同志的意见，今后一段时间内，重点是要抓调整，改革要服从于调整，有利于调整，不能妨碍调整。改革的步骤需要放慢一点，但不是在方向上有任何改变。"邓小平说，在调整中实行高度的集中统一，是完全必要的。但是，已经从各方面证明行之有效的改革措施要继续实行，不能走回头路。要继续广开门路，主要通过集体经济和个体劳动的多种形式，尽可能多地安排待业人员。在广东、福建两省设置几个特区的决定，要继续实行下去。但步骤和办法要服从调整，步子可以走慢一点。要继续在独立自主、自力更生的前提下，执行一系列已定的对外开放的经济政策，并总结经验，加以改进。

邓小平在讲话中指出了这次调整与中共十一届三中全会以来各项正确方针政策的一致性，重申要坚定不移地继续执行改革开放的政策，这对于各级领导干部正确地认识和把握改革与调整的关系，在贯彻调整方针的过程中把改革和调整结合起来、统一起来，具有重要的指导意义。

邓小平在讲话中多次提到陈云的意见。他指出："陈云同志说，经济工作搞得好不好，宣传工作搞得好不好，对经济形势和政治形势能否稳定发展，关系很大。他所以同时提出宣传工作的问题，一方面是要我们对宣传工作的成绩和缺点做出清醒的估计，另一方面是要我们今后的宣传工作能够适

应经济形势和政治形势的要求，能够有助于而不是有碍于调整工作的顺利
进行。"①

1981 年 1 月 5 日，中共中央发出关于贯彻这次会议精神的通知，同时
印发了邓小平、陈云等在会上的讲话。这次会议基本上统一了全党的认识，
下定了一次退够的决心，改变了调整工作进展迟缓的局面，对切实贯彻调整
方针、规划未来中国的发展道路起了重要作用。邓小平后来这样评价这次
会议："经济工作，应该说，我们真正的转折是 1980 年那次调整会议，在那
次前，客观地说，我们还是那种'左'的东西，那次会议真正是一个拨乱反
正。""现在看起来，没有那次会议进一步明确八字方针，而且以调整为核心，
就没有今天的形势。"②

由于中共中央态度坚决，部署明确，更主要的是由于邓小平和陈云在
经济调整问题上意见一致，互相配合，1981 年的调整工作做得十分得力，
取得显著成效。1981 年工农业总产值不仅没有下降，而且比上年增长 3%以
上。财政赤字从 1979 年的 170 亿元、1980 年的 127 亿元，降低到 1981 年
的 27 亿元。③ 到 1982 年，国民经济调整任务基本完成，国家物资、财政、
信贷和外汇收支逐步趋于平衡，我国国民经济开始走上健康发展的轨道。这
就为后来的全面改革和经济快速发展奠定了重要基础。

---

① 《邓小平文选》第 2 卷，人民出版社 1994 年版，第 363 页。
② 《邓小平年谱（1975—1997）》（下），中央文献出版社 2004 年版，第 895 页。
③ 参见《中华人民共和国第五届全国人民代表大会第四次会议文件》，人民出版社 1981 年
版，第 3 页。

第二十四章

推动干部年轻化

中共十一届三中全会后，随着拨乱反正和平反冤假错案的全面展开，一大批在"文化大革命"中遭到迫害的老干部重新走上工作岗位，恢复了原来或相当于原来的领导职务，这一举措无疑是必要的，也是正确的。但经过十年内乱，这些老干部大都年事已高，致使干部老龄化和青黄不接的现象十分严重。能否顺利实现干部的新老交替，推进干部队伍的年轻化，成为关系中共十一届三中全会路线能否长期坚持、党和国家能否长治久安的重大战略问题。面对这样的严峻形势，邓小平和陈云密切配合，通力协作，采取一系列有力措施，建立老干部离退休制度，成千上万地选拔中青年干部，顺利完成了干部队伍的新老交替，实现了干部队伍的年轻化，为中共十一届三中全会路线的贯彻执行提供了重要的组织保证。

新时期之初，邓小平和陈云就敏锐地察觉到干部队伍的老化情况，并在多个场合一再呼吁解决领导干部的老龄化问题。

陈云长期从事组织工作，对这个问题见事较早。1979年3月25日，他在国务院财经委员会第一次会议上就提出，我们这些人都快要"告老还乡"了，要找几个四五十岁的干部到财经委员会当"后排议员"，参与讨论决定大政方针的事，培养这样的年轻人很有必要。① 邓小平对这个问题也是高度重视。1979年6月26日，他在五届全国人大二次会议四川代表团的讨论会上指出："现在要培养接班人，要在我们这些人还在的时候，就是这些受过苦难、经过革命战争、有经验的人还在的时候，找年轻的、合格的、不搞派

---

① 参见《陈云文选》第3卷，人民出版社1995年版，第257—258页。

性的人，尽早培养。这个问题不是这次代表大会能解决的，也不是一年两年就能解决的，可能要花三五年的时间。现在就要研究，要从调查研究着手，必须坚决解决。这是个根本问题，是关系到我们党和国家命运的大事。在接班人问题上，很多同志担心是有理由的，我就担心。解决这个问题很不容易，只要是老同志，不关心这个问题，本身就要犯错误。"①邓小平把干部年轻化提到关系党和国家命运的高度，足见他对这个问题的重视程度。同时，他在讲话中还强调了解决这个问题的紧迫性、复杂性和长期性。

1979年7月10日至8月10日，邓小平先后视察了安徽、上海、山东、天津等地。一路上，邓小平反复强调接班人问题的重要性和紧迫性。

7月21日，他在同中共上海市委常委谈话时指出：大问题是接班问题，任何地方、任何部门都有这个问题。现在就要有意识地选一些比较年轻的人，这是党的战略任务、根本任务。从现在着手，三年内的任务是选好一、二、三把手。选四五十岁的、身体好的、能坚持8小时工作的。现在老同志要注意，要任人唯贤，选真正好的，不能论资排辈。这个基本建设非常重要，不要拖延。讲解放思想，这是最大的解放思想。如果说，三中全会解决了思想路线问题，这次就是解决组织路线问题。组织路线，有党规党法问题，有组织纪律问题，但现在最迫切的是班子问题，是找接班人的问题。

7月28日，邓小平在接见中共山东省委常委时指出：从全党来说，政治路线和思想路线是确立了，当然还没有完全解决，还要做大量工作。但是，现在要明确提出解决组织路线问题，而组织路线最根本的是选择培养接班人。这是根本的问题、百年大计的问题、对党负责的最大的问题、组织路线第一位的问题。要从上到下有意识地选一些比较年轻的人、真正坚持我们现在政治路线的人、正派的人、党性强的人。现在有人才，被盖住了，没有发现。人才要放到领导位置上，不然锻炼不出来。现在思想要解放，把庙腾出来，选年轻的。这是党和国家的最大利益，是保证我们路线贯彻执行的中心问题。

---

① 《邓小平年谱（1975—1997）》（上），中央文献出版社2004年版，第528页。

7月29日，邓小平在青岛接见中共海军常委扩大会议的全体同志时指出：党的思想路线和政治路线确立以后，迫切需要解决的是组织路线问题，其中最大的也是最难、最迫切的问题是选好接班人。现在摆在老同志面前的任务，就是要有意识地选拔年轻人，选一些年轻的身体好的同志来接班。要趁着我们在的时候解决这个问题，我们不在了，将来很难解决。选干部，标准有好多条，主要是两条，一条是拥护三中全会的政治路线和思想路线，一条是讲党性，不搞派性。邓小平形象地说：庙只有那么大，菩萨只能要那么多，老的不退出来，新的进不去，这是很简单的道理。因此，老同志要有意识地退让。要从大处着眼，小道理要服从大道理。我们将来要建立退休制度。但是，最重要的还是选拔培养接班人。他最后说：组织路线是保证政治路线贯彻落实的。解决组织路线问题已经提到我们议事日程上来了。这个问题解决不了，我们见不了马克思。

8月9日，邓小平在听取中共天津市委常委工作汇报时指出：摆在我们面前更大的问题是谁接班的问题。现在选接班人，要从四十岁左右、五十岁左右的人中选。标准好多条，主要是两条，一是拥护三中全会的政治路线、思想路线，一是搞党性不搞派性。要真正把那些表现好的同志用起来，培养几年，亲自看他们成长。这是百年大计，是基本建设。我一路上讲这个问题，这确实是带根本性的问题。①

邓小平之所以一路上反复强调接班人问题，首先是因为当时干部老龄化和青黄不接的现象的确十分严重，推进干部年轻化、解决接班人的问题非常紧迫和重大；还因为当时林彪、"四人帮"的帮派残余势力仍然存在，这些人派性思想严重，反对党的政治路线和思想路线，而且比较年轻。如果不趁老同志在的时候解决接班人问题，把那些拥护党的政治路线和思想路线、搞党性不搞派性的年轻同志用起来，而在将来让林彪、"四人帮"帮派体系的人掌了权，那就要天下大乱。所以邓小平在7月29日的海军常委

---

① 参见《邓小平年谱（1975—1997）》（上），中央文献出版社2004年版，第537、539、541、544页。

扩大会议上说："中国的稳定，四个现代化的实现，要有正确的组织路线来保证，要有真正坚持马克思列宁主义、毛泽东思想和党性强的人来接班才能保证。"①

邓小平的上述一系列讲话，从党和国家的最高利益出发，深刻阐述了解决接班人问题、推进干部年轻化的重大意义，强调这是党的战略任务、根本任务，是百年大计，是基本建设，是保证我们路线贯彻执行的中心问题。讲话明确了选拔年轻干部的政治标准，并向全党特别是老同志发出了选拔和培养年轻干部、解决接班人问题的号召，得到了陈云等中共中央领导同志的支持和响应，引起了全体党员特别是领导干部的高度重视。

1979 年 9 月 5 日至 10 月 7 日，全国组织工作座谈会在北京召开。胡耀邦在会上说，组织工作上一个首要的任务，是要精心选拔和培养一大批年富力强的各级领导班子的接班人。这是党中央的一个重大决策，具有深远的意义。他在会上传达了邓小平关于组织工作的意见：党的组织工作上一些与四个现代化密切相关的问题，要准备用 3 年左右的时间加以解决。会议提出把加强领导班子建设、培养选拔中青年领导干部、改革干部制度作为当前最迫切的任务。

提拔和培养中青年干部到各级领导岗位上来，使党的事业后继有人，实现干部的新老交替，首先要解决老干部退出的问题。正如邓小平所说，庙只有那么大，菩萨只能要那么多，老的不退出来，新的进不去，这是很简单的道理。广大老干部在长期的革命和建设过程中，为党和人民作出了很大贡献，具有丰富的领导经验，是党和国家的宝贵财富。但他们毕竟大都年事已高，精力不济，难以适应日益繁重的领导任务。为了党和国家的长远利益，为了使党的路线、方针、政策能得到持续的贯彻和执行，干部年轻化这项工作又不得不做，而且刻不容缓。所以，邓小平和陈云首先用了很大的时间和精力，推动建立领导干部退休制度，为实现干部年轻化、解决接班人问题创造条件和前提。

---

① 《邓小平文选》第 2 卷，人民出版社 1994 年版，第 193 页。

　　1979 年 10 月 3 日至 10 日召开的省市自治区党委第一书记座谈会重点是讨论经济工作，特别是国民经济调整问题。但鉴于干部年轻化问题的重要性，邓小平和陈云还是在会上谈到了这个问题。邓小平在 10 月 4 日的讲话中谈了建立退休制度的问题。他指出："组织路线是个很大的问题。我们不是没有人才，而是被按住了。与此相关联的，在人事制度方面，可以考虑把退休制度建立起来。全国各个部门和单位设立专门机构，管理退休的、当顾问的人，负责他们的政治待遇、生活福利方面的事情。把退休人员的问题处理好，便于我们选拔人才。这需要做很多的工作，但是不做不行。"[1]陈云在 10 月 3 日的讲话中继 1978 年 12 月中共中央工作会议之后，再次提议成立中央书记处，以便让比较年轻的干部走上领导工作第一线。他说："现在，如果成立新的书记处，比从前的书记处工作多就是了。如果组织上不采取这样的步骤，我们的工作就搞不动。""我这是为了党的利益。"[2]

　　11 月 2 日，邓小平在中央党政军机关副部长以上干部会上，专门对高级干部讲了选拔接班人问题，并提出建立退休制度。他指出："现在我们面临的问题，是缺少一批年富力强的、有专业知识的干部。而没有这样一批干部，四个现代化就搞不起来。我们老同志要清醒地看到，选拔接班人这件事情不能拖。否则，搞四个现代化就会变成一句空话。"邓小平强调，老干部第一位的责任就是要认真选拔好接班人，并提出了解决这个问题的时间表和路线图。他指出："这件事要由老同志和高级干部亲自来做，搞调查研究，找人谈话，听群众意见，准备交班。现在任何一个老同志和高级干部，合乎不合乎党员标准和干部标准，就看他能不能认真选好合格的接班人。我们要求三几年内调整、安排好各级领导班子（包括党支部）的一、二、三把手。高级一点的机关，可以考虑先解决选拔较年轻的同志当二、三把手的问题，老同志继续坐镇一段时间，还当第一把手；下面的机关能够选到好的青年人当第一把手，就直接选。如果我们不能在三几年内从上到下解决这个问题，

---

[1]　《邓小平文选》第 2 卷，人民出版社 1994 年版，第 197 页。
[2]　《陈云文集》第 3 卷，中央文献出版社 2005 年版，第 464 页。

将来就更难办了。""我们一定要认识到，认真选好接班人，这是一个战略问题，是关系到党和国家长远利益的大问题。如果我们在三几年内不解决好这个问题，十年后不晓得会出什么事。要忧国、忧民、忧党啊！要看到这个带有根本性质的问题。"邓小平在讲话中再次将选好接班人问题提到了战略的高度，并以强烈的忧患意识指出了尽快解决这个问题对保证党和国家长治久安的重大意义，其急迫心情溢于言表。

邓小平在这次讲话中提出了建立退休制度的问题。他说："前几年，我提出搞顾问制度，但并没有完全行通，许多人不愿意当顾问。现在看来，要真正解决问题不能只靠顾问制度，重要的是要建立退休制度。这个问题，同我们每个人都有密切关系，请同志们好好地考虑一下。不建立这个制度，我们的机构臃肿、人浮于事的状况，以及青年人上不来的问题，都无法解决。有了退休制度，对各个部门、各级职务的干部的退休年龄有了明白规定，就可以使人人都知道自己到哪一年该退休。"

邓小平最后说："老同志现在的责任很多，第一位的责任是什么？就是认真选拔好接班人。选得合格，选得好，我们就交了帐了，这一辈子的事情就差不多了。其他的日常工作，是第二位、第三位、第四位、第五位、第六位的事情。第一位的事情是要认真选拔好接班人。"①

在邓小平和陈云等的一再倡导和呼吁下，1980 年 2 月 23 日至 29 日召开的中共十一届五中全会决定重新设立中央书记处，作为中央政治局及其常委会领导下的经常工作班子。这是全会在组织路线上作出的一项重要决策，是在实现干部年轻化方面迈出的重要步伐。会议期间，邓小平和陈云先后讲话，再次强调干部年轻化问题。

2 月 24 日，陈云在会上讲话，强调成立中央书记处是党的一项重要措施。他指出："现在从中央到县委，大部分人头发都已经白了。所以，有它的紧迫性，有它的必要性。现在我们主动地来选择人才，还有时间，再等下去，将来就没有时间了。党的交班和接班的问题，在国际共产主义运动中

---

① 《邓小平文选》第 2 卷，人民出版社 1994 年版，第 220—227 页。

间，在我们中国党内，有过痛苦的教训，这一点，我不说大家也知道。"他同时指出：这次提出的中央书记处成员的名单，"在现在的情况之下，是比较合适的。平均年龄是六十五岁，也不算年轻，再过五年就七十岁了。但是，要求更年轻一些，我看现在办不到。所以，书记处和全党的一个重要任务，是要在各级选择合格的年轻干部。"①

2月26日，邓小平在中共十一届五中全会各组召集人汇报会上谈到中共中央的人事安排和设立中央书记处问题时，对中央政治局常委的年轻化问题提出了明确要求。他说："对于中央政治局常委中岁数大的同志，我总的倾向是，包括我在内，慢慢脱钩，以后逐步增加比较年轻的、身体好的、年轻力壮的人。这是一个总的决策。6月全国人大以后，陈云同志、先念同志和我都不兼副总理了，逐步地、慢慢地推一些年轻的、身体好的同志在第一线。建立书记处的目的也是这个意思，书记处作为第一线。以后的人事安排要慢慢年轻化。我们这些人是安排后事的问题，不再放到第一线了。"②

2月29日，邓小平在中共十一届五中全会第三次会议上的讲话中，再次强调了接班人问题的重要性和紧迫性。他说："当前最重要的还是选好接班人。从中央起，我们各级党委，特别是老同志，一定要时刻不忘严肃地对待这个问题，承担起这个庄严的责任。时间紧迫，再不及早妥善解决这个问题不行。""这个问题很实际又很紧迫。五年以后再开中央全会，在座的相当一部分人不能工作了，那时再考虑接班人问题就晚了。"邓小平在讲话中提出，下届的中央委员会要选50个50岁以下的人，代表大会的代表应该有相当数量的50岁以下的人。他甚至说："如果做不到这两点，我们那个代表大会就不是成功的代表大会。"③

陈云积极支持邓小平的提议。3月28日，他在杭州接见中共浙江省委领导时说："中央决定，党的十二大要选出50名40岁左右、建国以后中专以上毕业的科技干部和管理干部进入中央委员会。这是个大事，各级组织也

---

① 《陈云文选》第3卷，人民出版社1995年版，第269—270页。
② 《邓小平年谱（1975—1997）》（上），中央文献出版社2004年版，第603页。
③ 《邓小平文选》第2卷，人民出版社1994年版，第280—281页。

应考虑领导班子的年龄构成和专业构成问题。"①

为落实邓小平和陈云的指示精神，4月23日，中共中央政治局通过《关于丧失工作能力的老同志不当十二大代表和中央委员会候选人的决定》。这是废除实际上存在的干部领导职务终身制和逐步更新领导班子的一个重要步骤。

尽管邓小平和陈云一再强调干部年轻化问题，但在一段时间内，这项工作收效并不大。其主要原因，一是有些老干部对刚出来工作不久就要让他们退下来在思想上一时难以接受，致使老干部退出问题遇到了不小的阻力；二是各级组织部门在选拔中青年干部问题上思想不够解放，受老框框限制，选人渠道过于狭窄。为此，邓小平和陈云一方面采取措施妥善处理老干部问题，加快建立老干部退休制度；另一方面继续在全党特别是老干部中反复强调接班人问题的重要性和深远战略意义，进一步提高他们对干部年轻化问题紧迫性的认识，努力统一全党的思想，同时呼吁各级领导干部和组织部门一起动手，打破论资排辈、求全责备等旧观念的影响和束缚，多渠道、多方式地发现、提拔、使用坚持四项基本原则的、比较年轻的、有专业知识的社会主义现代化建设人才。

针对选拔中青年干部中存在一些突出问题，邓小平作了一系列讲话，指导和推动着这项工作的不断进行。1980年3月19日，他在同中共中央负责同志谈话时指出：我们确有一批很有用的人才，问题是没有被发现。我们在选拔、培养人才的问题上，还受老框框的限制。中组部经过一番努力，去发现40岁至50岁的干部，搞了几个月，开了一个名单，165人。我详细看了，其中大学毕业生只有31个，而且这个名单还是省委、组织部门、干部部门、这个书记那个书记推荐的。我们发现干部、了解干部的渠道太窄，不是开阔眼界，多方面地去了解，还是走老路。另外还有观点、看法上的老框框，把那些有知识、有见解、能独立思考、有时候有点不大听话的人视为骄傲，结果就把大批有能力的人放在视野之外，放在选拔、培养的范围之外。

---

① 《陈云年谱（修订本）》下卷，中央文献出版社2015年版，第291—292页。

现在的问题不是没有人，而是有人上不来。5 月 19 日，他在听取军队精简整编情况汇报时又指出：我叫中组部派人下去选拔年轻干部。但是光中组部不行，大家要一起来做。要选有文化、身体健康、作风正派、40 岁左右的干部，不要选"头上长角、身上长刺"的。现在选干部总是在 60 岁左右的人中间打圈圈，提起来也干不了多少年了。要把年轻优秀的干部提起来，这样的人可以再干二三十年。7 月 23 日，他在接见中共河南省委负责人时进一步指出：不要在老框子里选人，要吸收新的进来。这次出来看，有的是人才。政治上，经过"文化大革命"分清楚了，标准就是不是"四人帮"体系的人。提拔青年干部，光靠推荐不行，要下去发现人才。①

8 月 18 日，邓小平在中共中央政治局扩大会议上发表了题为《党和国家领导制度的改革》的重要讲话。在这篇著名的讲话中，邓小平再次对废除干部领导职务终身制和逐步实现干部年轻化、专业化问题进行了专门论述，有针对性地回答了一些同志特别是老干部在提拔中青年干部问题上存在的种种疑虑。

针对有些同志提出的干部还是要顺着台阶上的说法，邓小平指出，一般意义上说，干部是要有深入群众、熟悉专业、积累经验和经受考验锻炼的过程，但是我们不能老守着关于台阶的旧观念。干部的提升，不能只限于现行党政干部中区、县、地、省一类台阶，各行各业应当有不同的台阶，不同的职务和职称。随着建设事业的发展，还要制定各个行业提升干部和使用人才的新要求、新方法。打破那些关于台阶的过时的观念，创造一些适合新形势新任务的台阶，这才能大胆破格提拔。而且不管新式老式的台阶，总不能老是停留在嘴巴上说。一定要真正把优秀的中青年干部提拔上来，快点提拔上来。提拔干部不能太急，但是太慢了也要误现代化建设的大事。现在就已经误了不少啊！特别优秀的，要给他们搭个比较轻便的梯子，使他们越级上来。

----

① 参见《邓小平年谱（1975—1997）》（上），中央文献出版社 2004 年版，第 610、636、659 页。

针对有些同志担心年轻人经验不够，不能胜任，邓小平说，这种担心是不必要的。经验够不够，只是比较而言。一般说来，年轻人经验少一些，这是事实。但这是客观条件造成的。不在其位，不谋其政嘛。放在那个位置上，他们就会逐步得到提高，我们绝不要低估这一大批中青年干部。

邓小平最后说："现行的组织制度和为数不少的干部的思想方法，不利于选拔和使用四个现代化所急需的人才。希望各级党委和组织部门在这个问题上来个大转变，坚决解放思想，克服重重障碍，打破老框框，勇于改革不合时宜的组织制度、人事制度，大力培养、发现和破格使用优秀人才，坚决同一切压制和摧残人才的现象作斗争。经过十多年的考验，中青年同志的政治面貌，领导和群众基本上都是清楚的。老同志还在，采取从上看和从下看互相结合的办法，是应当可以选好选准的。这项工作，当然要有步骤地进行，但是太慢了不行。错过时机，老同志都不在了，再来解决这个问题，就晚了，要比现在难得多，对于我们这些老同志来说，就是犯了历史性的大错误。"①

陈云对干部年轻化问题进展不顺也感到十分焦急。1981年3月29日，他在给陆定一的一封信中说："老干部是重要的，但如果现在不提拔四十几岁的青年干部在各种级别岗位上参加工作，让他们在工作中取得经验，则接班问题就要成大问题。现在部长一级、省委第一书记一级都是六十开外了，如不在这一两年中提拔一批青年干部，则将是极大危险。这批青年干部，第一批应该有一二千人，以后陆续再提。但现在阻力很大，即使先进后出，也进不去。我正为此而呼吁。"②可见，陈云这时对提拔年轻干部到各级领导岗位上来的心情是何等急迫。

4月20日，陈云在同前来杭州看望他的胡耀邦谈话时，向他提出了成千上万地提拔中青年干部的要求。5月8日，陈云在杭州撰写了《提拔培养中青年干部是当务之急》的文章。

---

① 《邓小平文选》第2卷，人民出版社1994年版，第322—327页。
② 《陈云文集》第3卷，中央文献出版社2005年版，第486页。

陈云在文章中首先指出了干部老化的严重程度以及提拔中青年干部收效不大的实际，以提请大家注意。他说，现在省委、地委的主要负责同志多数是六十岁以上，其中不少还是七十岁以上，政府各部委的领导大体也一样。这种状况已不能适应繁重的领导工作。中央书记处成立后减轻了政治局和常委的工作，但书记处的同志们也都是六十岁以上的人了。他们的日常工作非常繁忙，这样下去断难为继。陈云指出，自从中央提出提拔中青年干部问题后，虽然做了若干工作，但总的说来，因为认识不一致，收效不大。对这种情况，陈云显然是不满意的。

面对这种实际情况，陈云提出了两种选择：

"一种选择，继续不警惕党内干部青黄不接的情况，不采取果断措施，任其继续拖下去。那末，事情发展下去，在没有准备好中青年干部的情况下，必然是让六十岁以上的老干部因工作劳累很快地在短时期内陆续病倒、病死，而被迫地不得不仓促提拔一些不很适当的中青年干部来担任领导工作。这是我们不应选择的办法，这样对党的事业很不利。

"另一种选择，从现在起，就成千上万地提拔培养中青年干部，让德才兼备的中青年干部在各级领导岗位上锻炼。老干部对他们实行传帮带，使大量的中青年干部成为我们各级党政工作强大的后备力量，随时可以从中挑选领导干部。这是对我们最有利的办法，应该努力去做。"

党内是不是有大量我们可提拔的中青年干部？陈云明确回答，我们党内有大量德才兼备的中青年干部，问题是我们没有去提拔、去培养。和邓小平8月18日在中共中央政治局扩大会议上的讲话一样，陈云在文章中也回应了一些老干部在提拔中青年干部问题上存在的种种疑问，以提高他们的认识，增强他们的紧迫感，争取他们对解决接班人问题的支持和拥护。

针对有些老干部对中青年干部感到不放心的问题，陈云指出，这种不放心的部分原因，是由于"文化大革命"中提拔过一些"头上长角、身上长刺"的青年人。当时提拔这样的青年人到高级领导岗位的实践已经证明，这是党的一个痛苦的教训。必须说清楚，现在我们所要提拔的中青年干部，绝对不是要提拔那种"头上长角、身上长刺"的青年干部，我们要提拔的是德才兼备的中青年干部。

针对有些老干部总觉得中青年干部有这样那样的缺点，没有经验的问题，陈云指出，中青年干部没有老干部那样丰富的工作经验，这正是一般中青年干部的必然现象。但经验是从实际工作中锻炼出来的，不是天生的。把优秀的中青年干部放到实际工作的负责岗位上去，让他们挑担子，只要有三年五载，至多十年的锻炼，他们是一定能够锻炼成才的。陈云还说，应该看到中青年干部的另一方面，他们有朝气，多数有专业知识，不少人有第一流的专门知识。当然，中青年干部有某些缺点，并且不成熟，这些缺点和不成熟正是中青年人常有的现象。

关于提拔培养的对象，陈云指出："我们所要提拔培养的干部，不仅是年龄在五十岁左右的人，而且在数量上占多数的应该是四十岁左右的人、四十岁以内的人。让他们在各级领导岗位上经过几年以至十来年的锻炼，就可以成为大量提拔高级领导干部的后备力量。"关于提拔培养中青年干部的具体办法，陈云强调："这样大量地提拔培养中青年干部，固然要靠党的组织部门去做，但主要的要靠各级领导干部大家动手去做。从基层单位直到中央，都要一齐动手。"这和邓小平的主张是完全一致的。为了考察和培养中青年干部，陈云还提出要自上而下地对口设立各级辅助机构，并使之成为一种训练和选择干部的制度。

陈云在文章最后就如何处理好老干部问题提出意见，并要求老干部以党和国家的事业为重，主动退出岗位，尽到对革命事业应尽的责任。他说：老干部是我们党的宝贵财富，应该很珍惜地使用他们，使他们尽到传帮带的职责。这是党的需要，也是老干部的心愿。老干部退居工作第二、第三线后，在政治待遇上，如看文件、听报告、参加某些重要问题的讨论，必须予以保证；在物质待遇上，如住房、医疗、交通工具等必须予以照顾和优待。这应该是党的一项政策。陈云对老干部语重心长地说：我们所有退居二线、三线的老干部应该继续胸怀大志，以党和国家的事业为重，热心地主动地让出工作岗位，让大批中青年干部在实际工作岗位上挑起重担，并且随时向这些中青年干部提出建议，给以帮助。这是老干部对革命事业应尽的责任。我们的老干部一定能够完成这个任务。这是几十年来终身为革命事业而奋斗的老干部的心愿，也是革命事业的需要。①

5月20日回京后，陈云将文章分送邓小平、胡耀邦等。邓小平阅后指出："老干部方面的问题还没有处理得好。"② 为落实邓小平的这一指示，6月8日，陈云召集中共中央组织部、中国人民解放军总政治部有关负责人，就老干部离退休问题进行座谈，并主持起草了会议纪要。

纪要针对干部老龄化问题的严重性，明确提出要建立老干部离退休制度。纪要指出：中国革命经过长期斗争，党内保存了大批老干部，他们都是六十以上、七十以上高龄。目前，党政军民领导机关的主要负责人，绝大多数都是六十以上。有相当一批六七十岁以上的老干部都是带病工作，不能经受劳累。纪要指出：要妥善解决这个问题，干部必须实行离休、退休制度，这是根本办法。当顾问或成立顾问委员会，只能解决少数人的问题，多数人只能离休、退休。

由于实行干部离退休制度关系到几十万应该离休、退休的老干部，而且关系到每个干部将来必须面对的现实，是一件十分重要的大事，因此，纪要提出必须有计划地把离休、退休这项工作做好，决不能使老干部人心不安。

关于离退休干部的待遇问题，纪要指出，对于离休、退休老干部必须在政治上给以应有的待遇，如看文件、听报告、参加重要问题的讨论等。物质待遇上，抗战时期、土地革命战争时期、大革命时期的离休、退休老干部，退下以后，必须给以优待，住房、医疗、交通工具必须给以照顾。中央和各省、市、自治区可以酌情成立干部休养所，或干部娱乐场所。离休、退休老干部都发荣誉证书，并可据以享受一定的社会优待。纪要还明确了离退休干部的管理机构，并提议制定干部离休退休条例等。③

鉴于选拔和培养中青年干部问题的紧迫性和重要性，而有些老干部对

① 参见《陈云文选》第3卷，人民出版社1995年版，第292—297页。

② 《邓小平年谱（1975—1997）》（下），中央文献出版社2004年版，第746页。

③ 参见《陈云文集》第3卷，中央文献出版社2005年版，第468—470页。

这个问题还没有清醒的认识，5月25日，陈云致信邓小平，提出："可否在六中全会时，讨论一下青年干部问题？"邓小平同意陈云的意见。① 为此，在6月27日至29日召开的中共十一届六中全会上，印发了陈云撰写的《提拔培养中青年干部是当务之急》一文和他主持起草的《关于老干部离休退休问题座谈会纪要》。会后，又专门把参加全会的省、市、自治区党委书记留下来，讨论陈云关于提拔培养中青年干部和老干部离休退休这两条建议。在这次座谈会上，邓小平和陈云都作了讲话，共同推动这项工作向前迈进。

7月2日，陈云在座谈会上讲话，主要讲提拔中青年干部问题。他首先强调，我们现在的干部青黄不接的情况很严重，这种状况是客观存在，而且有些老干部对于提拔中青年干部还不是很清醒，不是感到很紧迫。为此，陈云指出，如果继续不清醒，拖下去，到倒下来的时候，被迫地提拔一些不理想的人到领导工作岗位上来，这对我们党是很不利的。我们必须立即主动地提拔培养大批中青年干部。

关于选拔中青年干部的年龄标准，陈云提出40岁以下的要占大多数。他讲了4条理由：第一条，是年富力强。第二条，是有意识地培养。他们现在没有经验，我们可以慢慢地培养，经过三年、五年、十年，有意识地培养，选出好的人。第三条，40岁以下的人中间有人才。第四条，只有40岁以下的人，才了解"文化大革命"初期青年人当时的表现。

关于选拔中青年干部的政治标准，陈云再次强调闹派性的骨干分子，打砸抢的分子，一个也不能提到领导岗位上来。他说：对于这些人，不要只看他们现在一时表现好。现在这些人大概表现是"蛮好"，他要爬上来，现在只能表现好，因为老家伙还在。但是，到了气候适宜的时候，党内有什么风浪的时候，这些人就会成为能量很大的兴风作浪的分子。有一个，有两个，就可以串联，兴风作浪。

关于选拔中青年干部的规模，陈云明确提出必须成千上万地提拔中青年干部。他讲了3条理由：一条理由，二十几个省区市，加上中央各部委，

---

① 《陈云传》（四），中央文献出版社2015年版，第1718页。

提一两百个人够用吗？不够用。成千上万，这是工作的需要。再一条理由，只有成千上万地提拔经过选择的好的中青年干部，才能使我们的干部交接班稳定地进行。还有一条理由，只有成千上万，才能使兴风作浪的分子搞不起大乱子。成千上万的好干部坐镇在那里，只有几个人在那里捣乱，搞不了大乱子。

关于提拔中青年干部的方法，陈云赞成邓小平的台阶论。他说：台阶论还是对的。这是小平同志讲的，干部一级一级上来，这是必要的。一定要按级提拔。也可以越级提拔，但只能是少数。按台阶的办法上台的人，他的基础巩固扎实，本领全面。

为加强对中青年干部的管理，陈云在讲话中提出各级组织部门要专设一个管理中青年干部的机构，并说这个机构要60岁上下的人带头，工作人员必须是党性好的中青年干部，他们要熟悉40岁以下的青年干部的经历和底细。陈云还提出组织部门里头应该有专门管理科技干部的机构，要有科技干部的档案。

关于老干部离休、退休问题，陈云再次强调这项工作必须做好，要使人心安定。他说：准备在这方面花一点钱。有的地方可以搞干部休养所；有的地方，干部离休、退休以后，要有个文化娱乐的地方；有些老干部离休以后医药费困难，国家可以花一点钱。不管怎么样，这些钱我们花得起，一年几个亿就够了。再多花一点也可以，就是要把这件事情办好。当然，不只是钱的问题，还要有思想工作。有许多是可以不花钱的，看戏坐头排，开会上主席台，并不要花钱。①

陈云讲话后，邓小平即席发表了讲话。他说：本来今天是来听会的，但是选拔培养中青年干部这个问题太大了，还是讲几句。邓小平讲了三个问题：

一是再次强调选拔培养中青年干部问题的重要性和紧迫性。他说，我们历来讲，这是个战略问题，是决定我们命运的问题。现在，解决这个问题

---

① 参见《陈云文选》第3卷，人民出版社1995年版，第298—303页。

已经是十分迫切了，再过三五年，如果我们不解决这个问题，要来一次灾难。为什么全会之后又专门把在座的诸位留下来开两天会，讨论陈云同志关于提拔培养中青年干部和老干部离休退休这两条建议？就是因为这个问题十分迫切，十分重要。邓小平说，去年12月中央工作会议以后，陈云同志更尖锐地提出这个问题。他提得非常好，我赞成。原来我们还是手脚小了一点，陈云同志提出，选拔中青年干部不是几十、几百，是成千上万。

二是有人可选。邓小平说：有没有人？我看找十万、二十万都有。问题是我们下不下这个决心，大家是不是好好地去做工作，去了解，去发现。有什么标准呢？就是60年代的大学毕业生。"文化大革命"以前，从1961年到1966年，1年10万，就是60万人。如果加上中专，近200万。这些人是比较有专业知识的。邓小平说，有专业知识的，还有自学的，也是大量的。对象是有，问题是我们去不去选。陈云同志讲的有一条，组织部要专门设一个管理中青年干部的机构。这是很重要的。

三是要定计划。邓小平说，提出选拔中青年干部的任务以后，要着手去做。做，要有个目标。我建议订两个计划：一个五年计划，一个十年计划。头五年要选到比如五万人，把他们放到适当的工作岗位上锻炼。这五年，我们部的领导成员，司局一级的成员，省、市、自治区一级的成员，五十岁左右的，四十岁左右的，逐步做到各占多大的比重，提出一个要求。到第二个五年，我们又要做到哪一级领导成员（比如省、市、自治区级，部长级），除特殊情况以外，不超过多少年龄。邓小平说，中心是头五年真正能够选到五万左右五十岁以下的、四十岁左右的、四十岁以下的干部。这几种年龄的干部也应该有个比例。然后设想干部制度、机构怎样才比较合理，在后五年通盘解决这个问题。最重要的是这个前五年。

邓小平最后说，陈云同志这个建议我是双手拥护。现在就是要大家来讨论怎样具体化。不开明可不行呀！我和陈云同志交过心的，老实说，就我们自己来说，现在叫我们退，我们实在是心里非常愉快的。当然，现在还不行。我们最大的事情是什么？国家的政策，党的方针，我们当然要过问一下，但是最大的事情是选拔中青年干部。我们两个人的主要任务是要解决这个问题。我希望在座的同志，凡是超过 60 岁的同志，都把这个问题当作第一位的任务来解决。①

邓小平和陈云的讲话，站在党和国家事业健康发展和长治久安的战略高度，重申了选拔中青年干部问题的重要性和紧迫性，明确了选拔中青年干部的标准、对象、规模、方法和实施计划，是对选拔中青年干部问题的战略谋划和具体部署，具有很强的历史使命感和现实可操作性。讲话传达后，引起党内外很大反响，大家表示热烈拥护。在讲话中，邓小平和陈云互相支持，密切配合，坦诚交心，将选拔中青年干部问题看作他们两人最大的事情，当作他们两人的主要任务，表现了两位政治家在事关党和国家前途命运问题上的共同担当和深谋远虑。

这次会后不久，7 月 9 日，邓小平同军队负责同志谈话，对军队干部年轻化问题作出指示。他说："5 年内，老同志要逐步退到第二线，找一些年富力强的同志接替。这个问题很迫切，因为事情总要有人来做。这次省、市、自治区党委书记座谈会上，陈云同志提出要着重选拔四十岁以下的领导干部，这就更难了。但难也要做。军队第一个问题就是这个问题，其他问题好办些。对老干部的安置，最根本的办法还是搞离休、退休制度，着重搞退休制度。顾问要少，堆的人多了，庙腾不出来。要先解决一进二出。所谓进，就是为年轻人上来创造条件，不要搞论资排辈。对离休、退休干部的安置，下决心把条件搞优越些，多花几个钱。"②

8 月 7 日，中共中央组织部发出《关于贯彻执行中央对调整领导班子和选拔优秀中青年干部指示的几项工作的通知》。《通知》要求：当年年底和下年的上半年，中央、国家机关各部委及省、市、自治区党委领导班子中要选进三至五名符合条件的优秀中青年干部；尽快颁发《国务院关于老干部离职休养的暂行规定》及实施细则；制定选拔优秀中青年干部进入县以上各级各方面领导班子的五年规划；抓紧筹建青年干部局。这些都是对邓小平和陈云

---

① 参见《邓小平文选》第 2 卷，人民出版社 1994 年版，第 384—388 页。

② 《邓小平年谱（1975—1997）》（下），中央文献出版社 2004 年版，第 755—756 页。

在本次省、市、自治区党委书记座谈会上讲话精神的贯彻和落实。

在选拔和培养中青年干部中，坚持正确的政治标准至关重要。在这个问题上，邓小平和陈云的意见是完全一致的，都主张德才兼备，以德为先。1980 年 8 月 18 日，邓小平在中共中央政治局扩大会议上说："陈云同志提出，我们选干部，要注意德才兼备。所谓德，最主要的，就是坚持社会主义道路和党的领导。在这个前提下，干部队伍要年轻化、知识化、专业化，并且要把对于这种干部的提拔使用制度化。这些意见讲得好。"①

对于"文化大革命"中闹派性的骨干分子和打砸抢分子，有人主张采取"俱往矣"的态度，选拔中青年干部时不必再查清或考虑他们在"文化大革命"中的表现。对此，陈云的态度十分坚决，始终坚持标准不放松，多次强调这样的人一个也不能提拔到领导岗位上来，已经提拔的，必须坚决从领导班子中清除出去。

1981 年 9 月 26 日，陈云致信邓小平等中共中央政治局常委，指出：在提拔中青年干部时应该注意到，对于很少的一部分派性骨干分子和打砸抢分子不能提到领导上来，这些人遇到适宜时机可以兴风作浪。对沾边的多数人必须理解和争取，但陷得很深的人，我们必须记住，不能"俱往矣"。

9 月 28 日，陈云看到北京大学党委一份反映青年人思想动态的材料后，又专门致信邓小平，谈了他的意见。陈云在信中说："这些有错误思想的学生，因为我们采取引导教育政策，绝大部分学生是会与党一起走的。这一点可以肯定。但也要看到，有些人是会与我们对着干的。""七月二日我对中青年问题的发言稿，没有事前经中央讨论，这不对。但我对派性骨干分子和打砸抢分子，确实认为不能提到领导岗位上来，当然指重要岗位。这个意见我到现在还是这样看法。""我们党在二三十年后那个时候也会正派人当权，但不能不想到二十年三十年以后的情况。因此现在提拔培养中青年干部时就应该注意这一点。""我们对老年同志比较熟悉，对林彪、'四人帮'分子也比较知道他们的底细。但对这些人也不能采取'俱往矣'。"陈云还说："十年

---

① 《邓小平文选》第 2 卷，人民出版社 1994 年版，第 326 页。

内乱沾边的人很多。当时大家不能不表态。""对沾边的人，党必须根据那时环境，理解他们，采取争取政策。但对陷得很深的人，我们必须记录在案。不能'俱往矣'。我们不是换了几个省市委第一把手和若干在职干部吗？这就不是'俱往矣'。""我同意事情有个发展过程的意见。要重在表现。"在这封信的最后，陈云提出："为了统一认识，我提议中央常委或政治局对这个问题讨论一次。""对这个问题，我想找你谈一次话，时间由你定后通知我。"① 由此可见，陈云对这个问题是何等重视。

10月28日、11月16日，陈云两次跟中共中央组织部有关领导打招呼：选拔青年干部，一要成千上万，二要严格掌握政治标准。做组织工作的同志尤其应更多注意第二点。11月23日，陈云再次向中共中央组织部领导打招呼，指出：不能提拔使用林彪、"四人帮"时期的骨干分子和那些写文章的人。过去我们考察干部，主要是看重家庭出身、本人成分及政治历史情况。建国三十二年了，五十岁左右特别是四十岁左右的人，不发生战争年代的历史问题，现在考察干部要着重"文化大革命"以来的表现。要从"二月逆流"开始，到"批林批孔""批邓反右"、提出"两个凡是"方针、讨论"真理标准问题"、十一届三中全会以来，考察他们在各个阶段的言论行动，看他们是拥护是抵制还是反对。我们一些老干部，"文化大革命"前表现是好的，但"文化大革命"以来在对待某些问题上"德"的方面表现不好。考察干部要重视这些方面的问题，总的说，对"德"的方面要注意多些。② 1982年1月13日，陈云看到中共中央组织部报送的关于各地选拔中青年干部工作情况的材料后，再次批示："提拔中青年干部必须注意德。有才缺德的人，一个也不能提拔。"③

推动干部年轻化，不但要按照严格的政治标准，选拔和培养中青年干部，解决进的问题，还要通过精简机构，实行老干部离退休制度，解决出的问题。为此，从1982年年初，中共中央和国务院开始进行机构改革，让一

① 《陈云年谱（修订本）》下卷，中央文献出版社2015年版，第322—323页。
② 《陈云年谱（修订本）》下卷，中央文献出版社2015年版，第325—326页。
③ 《陈云文集》第3卷，中央文献出版社2005年版，第498页。

大批老干部离开领导岗位，离休、退休，或者到荣誉岗位上去，为提拔中青年干部创造条件。与此同时，中共中央于 2 月 20 日发出《关于建立老干部退休制度的决定》，国务院于 4 月 10 日发出《关于老干部离职休养制度的几项规定》。老干部退出问题取得一定进展。

在进与出之间，邓小平和陈云仍强调出的必要性，但此时已更加重视进的问题，并反复强调不能让"三种人"①进。1982 年 1 月 13 日，邓小平在中共中央政治局讨论中央机构精简问题会议上的讲话中，就精简机构这场革命对干部年轻化的意义及在此过程中如何解决进的问题进行了论述。他指出：所有老干部都要认识，实现干部队伍革命化、年轻化、知识化、专业化，是革命和建设的战略需要，也是我们老干部的最光荣最神圣的职责；是我们对党的最后一次历史性贡献，也是对我们每个人党性的一次严重考验。这场革命不搞，让老人、病人挡住比较年轻、有干劲、有能力的人的路，不只是四个现代化没有希望，甚至于要涉及亡党亡国的问题，可能要亡党亡国。

邓小平进一步指出：这一次革命，不但要注意出的问题，还特别要注意进的问题。第一位应该着眼于进。包括军队也是这个问题最重要。进和出，进摆在第一位。选人要选好，要选贤任能。选贤任能这个话就有德才资的问题。贤就是德，能无非是专业化、知识化，有实际经验，身体能够顶得住。这次我们让多余的或者身体不好的老同志退休、离休，或者换到适当的位置（我说的适当位置就是荣誉职务了），什么人来接替？人一定要选好。还是老话，要坚决贯彻陈云同志讲的几条，几种人不能放进去啊！人有的是。进，最关键的问题是选比较年轻的。精简是革命，选贤任能也是革命。出要解决好，更重要的是解决进。②

5 天之后，1 月 18 日，陈云在中共中央组织部报送的一份材料上批示："一、出重要，进更重要。二、进的人，必须不让'三种人'进。"③ 这一批

---

① 指在"文化大革命"期间跟随林彪、江青一伙造反起家的人、派性帮派思想严重的人和打砸抢分子。

② 参见《邓小平文选》第 2 卷，人民出版社 1994 年版，第 396—401 页。

③ 《陈云传》（四），中央文献出版社 2015 年版，第 1725 页。

示和邓小平 13 日讲话精神是完全一致的，反映了他们两人在这一问题上的高度共识与默契合作。2 月 12 日，陈云又在中共中央书记处研究室报送的《关于一些领导班子中仍有"三种人"的三个调查材料》的简报上批示："我赞成发出。"① 此前，有关部门对于要不要印发这三个调查材料存在不同意见，并将这个情况反映给了陈云。可以看出，陈云在这个问题上的态度是坚决的，立场是坚定的。

7 月 4 日，邓小平在中共中央军委座谈会上谈到军队体制改革问题时，再次强调了体制改革对干部年轻化的意义。他指出：体制改革有一个重要的内容，就是有利于选拔人才。过去那样臃肿，根本无法培养人才、选拔人才。干部年轻化，要当作体制改革的一个中心目标。不解决选拔人才的问题，我们交不了班，历史会给我们写下一笔。在谈到选拔人才的政治标准时，邓小平明确指出：必须不是跟随林彪、江青一伙造反起家的人、帮派思想严重的人和打砸抢分子那"三种人"。②

这段时间，陈云也集中谈了干部交接班问题，其基本精神与邓小平的讲话完全一致。在 7 月 30 日的中共中央政治局扩大会议上，陈云就干部交接班问题发表了讲话。他说：十二次党代表大会的主要议题之一，是进一步实现干部队伍的交接班问题。一大批年老的干部将退出中央委员会或者离开现在的工作岗位，同时将提拔一批德才兼备的中青年干部进入中央委员会或者参加到各种领导岗位上去。这是党的一件大事。党的干部交接班问题在国际共产主义运动中有过严重的教训，在中国党内也有过严重的教训。我们现在主动地有意识来进行这项工作，证明中国共产党已经进一步成长为一个成熟的伟大的党。

为什么一部分老同志必须退出中央委员会或者现在的领导岗位？陈云解释说：这是因为：一、这些老同志现在比过去战争时期和建国初期年龄增大了，身体变弱了，对许多繁重工作已经力不从心。二、党必须让精力旺

---

① 《陈云年谱（修订本）》下卷，中央文献出版社 2015 年版，第 334—335 页。

② 参见《邓小平文选》第 2 卷，人民出版社 1994 年版，第 408—412 页。

盛、德才兼备的干部站在第一线工作，使他们在党的事业中起到承前启后的作用。提拔德才兼备的中青年干部进中央委员会和各方面的领导岗位上来，现在已经到了非解决不可的时候了。

陈云对老同志推心置腹地说：老同志虽然退出了中央委员会或现在的领导岗位，但是大家的革命精神决不能衰退，而且还要担负起对中青年的传帮带工作。只有把传帮带工作做好了，才算我们老同志对党和革命事业尽了最后一把力。另外，我还要说一下，我们老干部在执行党的传帮带的工作时，应该清醒地认识到，自己已经年老体弱。因此，必须服老，不服老是不行的。为了给党多做一些贡献，就得让自己多活几年，而要多活几年，有些工作必须少做。不自量力地多做，实行的结果，必定是很快去见马克思。就这一点来说，少做就是多做，多做就是少做。这是陈云对老同志提出的政治要求，也是他的经验之谈。

在讲话最后，陈云再次强调了他对提拔中青年干部的两点意见：一、必须成千上万地提拔。这就是说，绝不是提拔几个或几十个，而必须几十万、上百万地提拔。这就需要组织部门以及各级党和国家机关都来担负挑选中青年干部的责任。当然，对这件大事应该有计划地进行。二、在提拔中青年干部时，必须对"三种人"保持警惕。这就是说，决不能提拔造反起家的人、帮派思想严重的人、打砸抢分子。对这些人一个也不能提拔，已经提拔的，必须坚决把他们撤下来。①

9月6日，陈云在中共十二大上发言，再次讲干部队伍交接班问题。他除了重申在中共中央政治局会议上讲过的，要充分认识干部队伍青黄不接问题的严重性和紧迫性、老干部退出第一线后要担负起对中青年干部传帮带的任务、必须成千上万地提拔中青年干部、对"三种人"一个也不能提拔外，还补充说："除了这'三种人'以外，还有两种人也不能提拔，这就是反对三中全会以后党中央路线的人，以及在经济领域内和其他方面严重违法乱纪的人。"最后，他强调："总之，一方面要大胆提拔，加快提拔中青年干部，

① 参见《陈云文集》第3卷，中央文献出版社2005年版，第508—510页。

一方面又要严格把好政治标准这一关。德才相比，我们要更注重于德，就是说，要确实提拔那些党性强，作风正派，敢于坚持原则的人。"①

在邓小平和陈云等的大力推动下，干部年轻化问题取得明显进展。1982年9月召开的中共十二大，从组织上实现了党的最高领导机构新老干部的合作和交替。一大批德才兼备、比较年轻的干部进入中央委员会。在中央委员会的348名成员中，有211人，即60%多，是第一次被选进中央委员会。在这211人中，有140多人，即2/3以上，年龄在60岁以下，最小的38岁。②

9月13日，邓小平和陈云等中共中央领导人在人民大会堂接见新当选的39名年轻的中央委员和候补中央委员。新华社的报道说："这不是一次普通的会面，也不是一般的接见。大家都沉浸在无比温暖的气氛中。老一辈的无产阶级革命家，这些多少年来指引着中国这艘巨大航船破浪前进的中国革命的舵手们，今天一个个满面春风，拉着走到自己面前的每一位同志的手。这是我们党新老合作和交替的握手，是老一辈无产阶级革命家传革命火炬的握手，是党对中青年干部寄予无限希望的握手。"③

中共十二大在新老干部交替方面迈出了重要一步，但这仅仅是开始。邓小平在10月19日会见外宾时指出："为了保持政策的连续性和国家的活力，我们要使各级领导逐步实现年轻化，这是个方向。我们党的十二大在这方面迈出了很大的一步，但是问题并没有完全解决。今后要继续努力。"④

中共十二大后，根据邓小平和陈云的讲话精神，中共中央于12月30日发出《关于清理领导班子中"三种人"问题的通知》，《通知》指出：在成千上万选拔优秀中青年干部的同时，必须坚决把"三种人"从领导班子中清理出去，必须防止把"三种人"作为接班人选进领导班子。这是关系我们在新的历史时期能不能把党建设成为领导社会主义现代化事业的坚强核心、能不能保持党的马克思主义领导的连续性的一个极其重大的问题。《通知》发

① 《陈云文选》第3卷，人民出版社1995年版，第314—317页。
② 《新的中央委员会体现了新老干部的合作和交替》，《人民日报》1982年9月12日。
③ 《新老交替，继往开来》，《人民日报》1982年10月20日。
④ 《邓小平年谱（1975—1997）》（下），中央文献出版社2004年版，第861页。

出后，各地对领导班子中的"三种人"进行了清理。通过清理"三种人"，纯洁了党的组织，消除了政治隐患和不安定因素，为大规模提拔德才兼备的中青年干部提供了良好条件。

1983 年 6 月 30 日，陈云在中共中央工作会议的讲话中，提出建立第三梯队的设想。他说："现在主持中央日常工作的同志也是六十岁以上的人了，他们和我们这些七十岁以上的人相比，年龄间隔不大。就是说，第一梯队和第二梯队的年龄距离太近了。因此，要抓紧选拔五十岁上下、特别是四十岁上下的优秀干部，趁我们还在的时候，把第三梯队也建立起来。一些同志和好心的国际人士不是担心我们这些人不在以后，跟随'四人帮'的那些'三种人'会翻天吗？只要有了第二梯队，并且有了第三梯队，他们就翻不了天。这是党和国家的大计。"①

对陈云的这个建议，邓小平积极支持并高度肯定。他说，陈云同志的讲话，"谈了一个重要的政治问题，即干部队伍三个梯队的配备问题。这个问题关系到我们党和国家的命运，讲得非常好。"②

这次会议正式作出建立第三梯队的决策。7 月中旬，中共中央组织部召开全国组织工作座谈会，强调以改革的精神加速领导班子和干部队伍的革命化、年轻化、知识化、专业化建设，努力把"第三梯队"建设好，并建立正规的后备干部制度。会议要求到 1984 年上半年，挑选出一大批后备干部，作为正副部长、正副省长和省区市党委正副书记、常委的选拔对象。各级党委都应根据自己的需要，选定必要数量的后备干部，并尽快制定到 1990 年的 8 年改革领导班子结构规划。

1985 年 9 月召开的中国共产党全国代表会议，在实现中共中央领导机构成员新老交替方面迈出重要步伐。中共十二大虽然在实现干部年轻化方面取得明显进展，但当时党的领导机构的成员年龄仍然偏高，所以决定在两次代表大会之间开一次党代会议，目的是使中共中央领导机构的成员更年轻

① 《陈云文选》第 3 卷，人民出版社 1995 年版，第 325 页。
② 《陈云年谱（修订本）》下卷，中央文献出版社 2015 年版，第 378 页。

化一些。这次会议讨论了局部调整中央领导机构成员的问题，一致同意131
位老同志不再担任中央委员会委员、中央顾问委员会委员、中央纪律检查
委员会委员的请求，增选中央委员56人，候补中央委员35人，中顾委委员
56人，中纪委委员31人。① 可见调整力度之大。

在23日的闭幕会上，邓小平发表了讲话，对会议在干部年轻化方面取
得的成绩予以充分肯定，并对新提拔的中青年干部提出殷切期望。他指出：
"几年来新老干部的合作和交替，进行得比较顺利。从中央到地方的党政军
各级领导岗位，都补充了一批德才兼备年富力强的优秀干部。这次三个委员
会成员的进退，工作做得很好，特别是中央委员会的年轻化，前进了一大
步。一批老同志以实际行动，带头废除领导职务终身制，推进干部制度的改
革，这件事在党的历史上值得大书特书。"邓小平指出："这次增选的中央委
员，新近上任的部长、省委书记，都比较年轻。一般是五十多岁，有的才
四十出头。我们开国时的好多部长、省委书记，也就是这个年龄。中青年干
部接班，最重要的是接老同志坚持革命斗争方向的英勇精神的班。希望通过
你们的努力，把党的好传统、好作风发扬起来。我曾经说过，干部不是只要
年轻，有业务知识，就能解决问题，还要有好的作风。要全心全意为人民服
务，深入群众倾听他们的呼声；要敢说真话，反对说假话，不务虚名，多做
实事；要公私分明，不拿原则换人情；要任人唯贤，反对任人唯亲。"②

陈云也在闭幕会上讲话，强调干部队伍要保持梯队结构。他指出："成
千上万地提拔中青年干部，充实各级领导班子，这是近几年来，我们党反复
强调的一项重要工作。经过反复考察，一批优秀的中青年同志，被选进了中
央和地方的各级领导班子。干部队伍保持梯队的结构，可以使党的事业后继
有人，代代相传。这件事，我们做得是有成绩的。今后要继续做好。"③

中共十一届三中全会后，特别是中共十二大后，全党全国范围进行了
规模空前的干部新老交替工作。一大批老干部退出领导班子，有的离休退

① 参见《邓小平年谱（1975—1997）》（下），中央文献出版社2004年版，第1080页。
② 《邓小平文选》第3卷，人民出版社1993年版，第145—147页。
③ 《陈云文选》第3卷，人民出版社1995年版，第349页。

休，有的退居二线；一大批德才兼备的中青年干部走上领导岗位，新老干部合作和交替的进程，大步有序地进行。到 1985 年 12 月，有 126.8 万名新中国成立前参加革命工作的老干部办理了离休手续。同时，全国有 46.9 万名德才兼备、年富力强的中青年干部走上县级以上领导岗位，成为推进改革开放和社会主义现代化建设的中坚力量。[①] 在这过程中，邓小平和陈云的大力推动与通力合作发挥了至关重要的作用。

---

① 参见《陈云传》（四），中央文献出版社 2015 年版，第 1733 页。

第二十五章

加强党风建设

中共十一届三中全会后，随着改革开放的逐步展开和干部年轻化的不断推进，党的生机与活力得到了很大增强。与此同时，发展商品经济和实行对外开放等因素也使党的作风建设面临新的形势和考验，出现了新的情况和问题。为保证改革开放的顺利进行，邓小平和陈云采取一系列措施，大力加强党的作风建设，使党风和社会风气取得明显好转，有力地促进了改革开放和社会主义现代化建设。在此过程中，邓小平和陈云进行了密切的协作与配合，共同推动了党的作风建设。

针对党的优良传统和作风在"文化大革命"中受到的严重破坏，邓小平在 1978 年 12 月 13 日中共中央工作会议闭幕会上的讲话中，明确提出纪检部门要抓党风。他指出："各级纪律检查委员会和组织部门的任务不只是处理案件，更重要的是维护党规党法，切实把我们的党风搞好。"①陈云完全同意邓小平的意见。1979 年 1 月 4 日，他在中纪委第一次全体会议开幕会上的讲话中指出："党的中央纪律检查委员会的基本任务，就是要维护党规党法，整顿党风。我们这次会议就是要为实现这个基本任务做必要的准备工作。"② 在邓小平和陈云讲话精神的指导下，会议通过的中央纪委《关于工作任务、职权范围、机构设置的规定》，明确中央纪律检查委员会的根本任务是，维护党规党法，切实搞好党风。会议还讨论通过《关于党内政治生活的若干准则（草稿）》，作为端正党风的党内法规依据。《准则》于 1980 年 2 月

---

① 《邓小平文选》第 2 卷，人民出版社 1994 年版，第 147 页。

② 《陈云文选》第 3 卷，人民出版社 1995 年版，第 240 页。

由中共十一届五中全会正式通过。

随着改革开放的全面展开，纪检工作的重点开始由处理历史遗留问题和重建党规党法，转移到保证中共十一届三中全会的路线、方针、政策的贯彻执行上来。党风建设的内容也由恢复和健全民主集中制，转变为严肃党纪，同当时实际工作和现实生活中的不正之风进行斗争。由于"文化大革命"的影响和商品经济的冲击，当时在不少地区和部门中，一些党员干部的不正之风相当严重，突出表现在某些高级干部的特殊化现象和经济领域的走私贩私活动。

1979年11月2日，邓小平在中央党政军机关副部长以上干部会上作报告，明确提出高级干部要带头发扬党的优良传统。针对某些高级干部中存在的特殊化现象，邓小平指出：最近一个时期，人民群众当中主要议论之一，就是反对干部特殊化。这不单是一个党风问题，而且形成了一种社会风气，成了一个社会问题。我们脱离群众，干部特殊化是一个重要的原因。干部搞特殊化必然脱离群众。我们的同志如果对个人的、家庭的利益关心得太多了，就没有多大的心思和精力去关心群众了，顶多只能在形式上搞一些不能不办一办的事情。现在有少数人就是做官当老爷，有些事情实在不像话！脱离群众，脱离干部，上行下效，把社会风气也带坏了。现在有极少数人拿着权力侵占群众利益，搞生活特殊化，甚至横行霸道，为非作歹，还好像是理所当然。他还指出：近来上访人员很多，其中确实有少数坏人；也有一部分人反映的问题有道理或有一定道理，但由于当前条件的限制，一时难以解决；还有相当一部分人反映的许多问题，按照党和政府的现行政策，是应该和能够解决的。但是，我们有少数同志对于这些应该而又能够解决的问题，却采取官僚主义态度，漠不关心，久拖不决，个别人甚至违法乱纪，搞打击报复。这就是非常错误和不能允许的了。邓小平强调：我们必须恢复和发扬党的艰苦朴素、密切联系群众的优良传统。高级干部应自觉遵守《关于高级干部生活待遇的若干规定》，在整顿党风、搞好社会风气方面发挥模范带头作用。[①]13日，中

[①] 参见《邓小平文选》第2卷，人民出版社1994年版，第215—230页。

共中央、国务院发出《关于高级干部生活待遇的若干规定》，要求各有关部门必须严格执行。

《关于党内政治生活的若干准则》通过后，许多地方和部门为纠正不正之风做了大量工作，但总的说来党风还没有根本好转，还有部分同志对搞好党风重视不够，对不正之风放任不管甚至纵容包庇。针对这种状况，陈云在1980年11月中纪委召开的第三次贯彻《关于党内政治生活的若干准则》座谈会期间，提出了三条意见："第一，执政党的党风问题是有关党的生死存亡的问题。因此，党风问题必须抓紧搞，永远搞。第二，纪律检查委员会的工作会有困难，但是经过统一认识，是可以解决的。第三，必须实事求是，查清事实，核实材料，再处理问题，并和本人见面。"①

陈云提出的意见，特别是"执政党的党风问题是有关党的生死存亡的问题"这个论断在全党引起强烈反响，并被写入这次座谈会纪要，产生了影响深远的警示作用。1981年1月8日，中共中央批转中纪委这次座谈会纪要，并指出："纠正不正之风是当前全党一项重要的任务。邓小平同志去年八月在中央政治局扩大会议上的讲话、十二月在中央工作会议上的讲话和陈云同志在这次纪委会议期间提出的重要意见，是我们搞好党风的基本指导思想。各级党委一定要联系实际，认真学习和贯彻。"3月4日，中纪委第三次全会通过的决议又指出："去年十一月，陈云同志根据历史经验和党的现状，严肃地提出'执政党的党风问题是有关党的生死存亡的问题'，向全党敲了警钟。这样提出问题，对党的建设具有重大的理论意义和现实意义，进一步明确了做好纪律检查工作的指导思想，加重了各级纪委维护党纪、搞好党风的责任。应当通过广泛、深入的宣传教育，造成社会舆论，把陈云同志的意见化为搞好党风的强大物质力量。"②

陈云提出的"执政党的党风问题是有关党的生死存亡的问题"这个著名论断也得到邓小平等中共中央领导人的赞同。1980年12月25日，邓小

① 《陈云文选》第3卷，人民出版社1995年版，第273页。
② 《中国共产党党风廉政建设文献选编》第4卷，中国方正出版社2001年版，第176、193页。

平在中共中央工作会议上指出："我赞成陈云同志讲的，执政党的党风问题是有关党的生死存亡的问题。要严格执行《关于党内政治生活的若干准则》，坚持不懈地纠正各种不正之风，特别要坚决反对对党中央的路线、方针、政策采取阳奉阴违、两面三刀的错误态度。"①

实行对外开放政策后，特别是广东、福建等东南沿海城市实行特殊政策后，经济领域中走私贩私、贪污受贿、投机诈骗、盗窃国家和集体财产等严重违法犯罪活动明显增多。大规模的走私活动严重扰乱我国的社会治安和市场管理，腐蚀我们的干部和群众，败坏了党风和社会风气。1981年1月，国务院发出《关于加强市场管理，打击投机倒把和走私活动的指示》。3月27日，国务院、中央军委又发出《关于坚决打击走私活动的指示》。指示发出后，广东、福建等省采取了一些反走私措施，取得一定成绩，但总的来看，由于部分领导干部对反走私斗争的严重性认识不足或自身不干净等原因，东南沿海的走私活动仍然十分严重，并呈继续蔓延势头。这些情况引起了邓小平、陈云等党和国家领导人的高度重视。

1982年1月5日，陈云将中纪委报送的题为《广东一些地区走私活动猖獗》的《信访简报》批转胡耀邦、邓小平等中共中央领导人，并在批语中指出："对严重的经济犯罪分子，我主张要严办几个，判刑几个，以至杀几个罪大恶极的，并且登报，否则党风无法整顿。"几位领导人阅后均批示同意。邓小平还在陈云批语中加了"雷厉风行，抓住不放"8个字。②

11月11日，中共中央书记处召开会议，讨论邓小平、陈云等中央政治局常委关于打击严重走私贩私、贪污受贿等违法犯罪的批示。当天下午，中共中央发出紧急通知，通知说："中央常委看到了中纪委的一份简报，反映广东省的一些干部甚至担负一定领导职务的干部的极端严重的走私贩私的犯罪行为。中央常委同时考虑到，其他省、市、自治区和中央一些部门的干部甚至一些负责干部，同样不同程度地存在着走私贩私，贪污受贿，把大量国

---

① 《邓小平文选》第2卷，人民出版社1994年版，第358—359页。

② 《陈云年谱（修订本）》下卷，中央文献出版社2015年版，第330页。

家财产窃为已有等严重的违法犯罪行为。有鉴于此，中央常委提出：对于这个严重毁坏党的威信，关系我党生死存亡的重大问题，全党一定要抓住不放，雷厉风行地加以解决。对那些情节严重的犯罪干部，首先是占据重要职位的犯罪干部，必须依法逮捕，加以最严厉的法律制裁，有的特大案件的处理结果还要登报。"

通知要求：立即分别召开中央和国家机关各部委以及军队系统负责人会议，坚决贯彻执行中央常委的批示；派习仲勋、余秋里、彭冲、王鹤寿立即去广东、福建、浙江、云南等走私贩私最为严重的省，传达中央常委的批示，并采取紧急措施；其他省、市、自治区党委，也要重视这方面的问题，并采取相应措施。通知特别指出：要首先把那些负责干部中的现行的经济上的重大犯罪案件，认真查处；同时对近两年来某些因为处理不下去而没有严肃处理的经济上的重大犯罪案件，加以处理。在全国范围内，只要认真处理十几件、几十件这样的案件，并且大张旗鼓地在干部和人民中间加以公布，人民就会兴高采烈，党风和整个社会风气就会得到很大扭转，坏人就会大大收敛。如果哪一个省、市、自治区和部门的党委优柔寡断，对干部中首先是负责干部中在经济上存在的严重问题熟视无睹，姑息养奸，中央就将考虑追究责任。对需要逮捕和严厉处置的职务较高的负责干部，一定要把他们的犯罪事实核对清楚并上报中纪委等部门，以便统一量刑，并考虑公布其中一些特大案件。①

中央紧急通知下达后，各地区、各部门进行了学习和讨论。1月16日，中共第七机械工业部党组将讨论情况报告中央。报告中说：大家一致认为，《中央紧急通知》所要解决的问题是关系党生死存亡和国家前途命运的大问题。现在问题主要是对犯罪分子处理失之过宽，有些同志还有忧虑，怕涉及有权有势的大干部又处理不下去了。1月19日，国防科委主任张爱萍将这份报告报送陈云。1月30日，陈云在报告上批示："张爱萍同志：该办的不要讲情面。"2月11日，陈云又在中纪委《关于传达学习〈中央紧急通知〉

---

① 参见《三中全会以来重要文献选编》（下），中央文献出版社 2011 年版，第 390—391 页。

中的若干思想反映》的简报上批示："现在抓，时间虽晚了些，但必须抓到底。中纪委必须全力以赴。"这份简报反映，有的同志认为，中央抓打击严重经济犯罪很必要，但抓晚了，问题已相当严重，积重难返了。①这些批示，反映了陈云对打击严重经济犯罪活动的坚定决心。

邓小平对打击经济领域犯罪问题同样高度重视，他在几次讲话中都将其作为坚持社会主义道路、实现社会主义现代化的重要政治保证。1982 年 4 月 3 日，他在同胡乔木、邓力群谈话时，集中阐述了打击经济领域的犯罪活动对保证现代化建设沿着社会主义方向顺利进行的重要意义。他指出，打击经济领域的犯罪活动是一个长期的经常的斗争，不是一次两次，也不是一年两年可以完成的，要长期反复地进行下去。在整个实现社会主义现代化的过程中，都必须有两手，不能只有一手。一手是坚持对外开放、对内搞活经济的政策，另外一手要头脑清醒，提高警惕，长期地、坚持不懈地抓好打击经济领域犯罪活动的斗争。如果没有这一手，就会偏离社会主义方向，现代化建设也不能搞好。他强调，对待资产阶级思想腐蚀、对待经济领域的严重犯罪活动，认识一定要清醒，态度一定要严肃，决不能麻木不仁，敷衍搪塞，消极怠工。同时，方法、步骤、措施要非常慎重。主要是依法惩治，以事实为根据，以法律为准绳，严格遵循司法程序，不搞过去隔离、围攻那一套，不能人人过关，无限上纲。针对有人说反对资产阶级思想腐蚀、惩治严重经济犯罪分子会妨碍社会主义现代化建设，邓小平明确指出这种议论是没有道理的。他说，听任资产阶级思想腐蚀我们的党员、干部，把我们的党员、干部改造成资产阶级思想的俘虏，还怎么进行社会主义建设？同资产阶级思想腐蚀、严重经济犯罪分子进行斗争，正是保卫社会主义现代化建设。只有坚决制止他们在各种领域采取各种手段进行的破坏，只有毫不留情地把犯罪活动打下去，我们的建设事业才能沿着社会主义方向顺利进行。4 月 7 日，邓小平在会见缅甸共产党中央代表团时再次指出：要搞四个现代化，不实行开放政策不行。为了坚持开放政策，必须打击经济犯罪分子。因此，我们坚持

---

① 《陈云年谱（修订本）》下卷，中央文献出版社 2015 年版，第 333—334 页。

两手，一手坚持开放政策，一手坚决打击经济犯罪分子。这两手都不是搞一天两天、一年两年就行的，要坚持到底。①

4 月 10 日，中共中央政治局召开会议，讨论即将发出的《中共中央、国务院关于打击经济领域中严重犯罪活动的决定》。邓小平出席会议并讲话。他指出：《决定》是一个重要的文件，这是讲打击经济犯罪活动，实际上我们要看得更深一点。对实行对外开放和对内搞活经济政策以来出现的经济犯罪活动，要有足够的估计。这股风来得很猛。如果我们党不严重注意，不坚决刹住这股风，那末我们的党和国家确实要发生会不会"改变面貌"的问题。这不是危言耸听。应该提得更高一点，看得更深一点。他指出，现在对这个问题，我们的思想并没有完全统一，有一部分同志遇事手软，下不了手。思想上没有认识这个问题的严重性，只当作一般性质的问题来对待。现在刹这股风，一定要从快从严从重，没有一点气势不行啊。邓小平再次强调打击经济犯罪活动的长期性。他说，打击经济犯罪活动，我们说不搞运动，但是我们一定要说这是一个长期的经常的斗争，至少是伴随到实现四个现代化那一天。我们要有两手，一手就是坚持对外开放和对内搞活经济的政策，一手就是坚决打击经济犯罪活动。没有打击经济犯罪活动这一手，不但对外开放政策肯定要失败，对内搞活的政策也肯定要失败。有了打击经济犯罪活动这一手，对外开放、对内搞活经济就可以沿着正确的方向走。②

4 月 13 日，中共中央、国务院发出《关于打击经济领域中严重犯罪活动的决定》，《决定》指出，打击经济领域中的严重犯罪活动，是我国社会主义社会在新的历史条件下阶级斗争在经济领域内的重要表现。在共产党员和国家工作人员中进行这场坚持共产主义纯洁性、反对腐化变质的斗争，关系到我国社会主义现代化建设的成败，关系到我们党和国家的盛衰兴亡。③《决定》规定了各项有关政策，指导打击经济领域中犯罪活动的开展。

尽管邓小平和陈云反复强调打击经济犯罪活动要从严从重，要进行到

---

① 参见《邓小平年谱（1975—1997）》（下），中央文献出版社 2004 年版，第 810、813 页。
② 参见《邓小平文选》第 2 卷，人民出版社 1994 年版，第 402—404 页。
③ 参见《三中全会以来重要文献选编》（下），中央文献出版社 2011 年版，第 525 页。

底，但由于内部反抗力量的阻挠以及一些领导干部在是非面前不敢坚持原则等原因，打击经济犯罪活动遇到不小的阻力，个别案件处理过轻甚至处理不下去。针对这种情况，邓小平和陈云抓住典型案例并作出重要批示，推动打击经济犯罪活动向纵深发展。

化工部原副部长、北京燕山石油化学总公司原党委书记兼总经理杨义邦在对外经济活动中，一再违反纪律，并有变相索贿受贿行为，给国家信誉和经济利益造成了重大损失。1982年2月1日，中纪委曾决定给予杨义邦党内严重警告处分。2月22日，中共中央统战部顾问刘澜涛给邓小平、陈云等写信，反映党内不少同志对这个处分不满意，认为太轻了，会对全国整顿党风党纪起消极作用。2月24日，陈云在刘澜涛信上批示："这件案子书记处讨论了两次，不作决定。我是退无可退，才由纪委作出决定的。一部分参加书记处的同志顾虑重重，我看没有必要怕那些负责同志躺倒不干。要讲党性。不怕他躺倒。谁要躺倒，就让他躺吧。"根据陈云的批示，7月22日，中纪委作出《关于进一步核实和处理杨义邦同志所犯错误的决定》，决定给予杨义邦留党察看二年和撤销党内一切职务的处分，并建议撤销他在党外的各种职务，另行分配工作。8月11日，国务院决定撤销杨义邦担任的化工部副部长职务。①

1982年3月24日，邓小平在阅《解放日报情况简报》登载的《受厦门市委、福建省委某些负责人的阻挠，套购走私珍珠大案无法清查》一文后指出：与此有牵连的各级领导都要停职反省，接受审查，审查清楚后没有问题的恢复工作。随后，又作出批示："请中纪委抓紧处理，以此为例，作一大案处理。处理要坚决，所有牵涉的人，包括省委书记在内，应即停职，听候审查（审查结果，如无责任，当然复职）。"②

1982年7月5日，陈云将新华社反映香港报纸上《反贪污斗争停滞不前》一文的内部材料批转黄克诚、王鹤寿，指出：对于经济犯罪案件必须严办。

---

① 《陈云年谱（修订本）》下卷，中央文献出版社2015年版，第335—336页。

② 《邓小平年谱（1975—1997）》（下），中央文献出版社2004年版，第805—806页。

阻力再大也必须办。3 天后，7 月 8 日，中共中央书记处召开全国电话会议，部署进一步开展打击经济犯罪活动的斗争。7 月中旬，中纪委派出一百多名司局级以上干部分赴各地，充实、加强办案力量，直接参与大案要案的处理工作。①

在邓小平和陈云等的直接参与和指导下，改革开放初这场打击经济领域犯罪活动的斗争，取得了重要成果。截至 1983 年 4 月底，全国已揭露并立案审查的各类经济犯罪案件共计 19.2 万多件，其中非法牟利 10 万元以上的 170 人，个人非法所得万元以上的 7000 多人，案件中涉及党员 7.1 万多人。在已结案的 13.1 万多件中，依法判刑的近 3 万人，所涉及的党员中被开除党籍的 8500 多人，追缴赃款赃物合计 4.1 亿多元人民币，这在当时是一个不小的数目，有力地打击了走私贩私、贪污盗窃、行贿受贿、投机诈骗等严重经济犯罪分子②，促进了党风和社会风气的好转。

1982 年 9 月，中共十二大选举产生新的中央纪律检查委员会，陈云继续当选为第一书记。鉴于党风建设的重要性，他提出这届中纪委的主要工作仍然是抓党风。9 月 13 日，陈云在中纪委第一次全体会议上的讲话中指出："过去三年多来，党的纪律检查部门在中央和各级党委的领导下，做了若干工作。但是，应当看到，要在十年内乱后实现党风的根本好转，特别是要在我们党执政的情况下长久保持好的党风，任务还非常重。因此，中纪委和各级纪委今后的主要工作，仍然是协助中央和各级党委切实抓紧抓好党风的整顿。"③

中共十二大后，邓小平和陈云在继续关注打击经济领域犯罪活动的同时，对党风建设问题又进行了新的思考和探索。

1983 年 10 月，中共中央召开十二届二中全会。全会一致通过《中共中央关于整党的决定》，确定从 1983 年冬季开始全面整党，用 3 年时间分期分

---

① 参见《陈云年谱（修订本）》下卷，中央文献出版社 2015 年版，第 346 页。

② 参见中共中央纪律检查委员会：《关于打击经济领域中严重犯罪活动工作的报告》，《人民日报》1983 年 7 月 27 日。

③ 《陈云文集》第 3 卷，中央文献出版社 2005 年版，第 511 页。

批地对党的作风和党的组织进行一次全面整顿。10月12日,邓小平、陈云在大会上讲话。邓小平集中讲了要防止整党走过场的问题。针对党内存在思想不纯、作风不纯、组织不纯的严重问题,邓小平指出:"要通过整党,加强党的建设,实现党风的根本好转。"①

陈云在讲话中对党执政前后的情况进行了对比。他说:"党在全国执政以前,在敌人统治下的地下党,那时作一个党员就有杀头的危险,根本谈不上什么物质享受;在苏区的党和解放区的党,大家忙于打仗和支援战争,另外,也没有什么物质可以享受。党在全国执政以后,从中央到基层政权,从企业事业单位到生产队的领导权,都掌握在党员手里了,党员可以利用手中掌握的各种权力为自己谋取私利。""许多贪污犯本人就是党员,即使贪污犯不是党员,他们能够贪污,也是靠某些共产党员的保护。"针对党在执政后面对的这种危险,陈云提醒全党:"对于利用职权谋私利的人,如果不给以严厉的打击,对这股歪风如果不加制止,或制止不力,就会败坏党的风气,使党丧失民心。所以,我说过:'执政党的党风问题是有关党的生死存亡的问题'。"②10月24日,中共中央转发了邓小平、陈云的讲话,要求各级组织传达学习。

进入20世纪80年代中期,随着改革开放的不断深入,党风建设面临的问题也更加复杂。一些人错误地认为经济要搞活,纪律要松绑,有的甚至认为纪检部门是改革的顶门杠。在这样的背景下,中纪委于1984年10月下旬召开第四次全体会议,集中解决端正党风与搞好改革的关系。10月17日,陈云在中纪委常委会提请中纪委第四次全体会议审议的《加强纪律检查工作,保证经济体制改革顺利进行》的报告稿上,针对"经济要搞活,纪律要松绑"之类的说法,批示:"纪检工作应该研究新情况,适应新情况。党性原则和党的纪律不存在'松绑'的问题,没有好的党风,改革是搞不好的。共产党不论在地下党时期或执政时期,任何时候都必须坚持党的纪律。"③这个批示

---

① 《邓小平文选》第3卷,人民出版社1993年版,第38页。
② 《陈云文选》第3卷,人民出版社1995年版,第331—332页。
③ 《陈云文选》第3卷,人民出版社1995年版,第275页。

为在经济体制改革中做好纪律检查工作提供了指导思想。

在商品经济大潮的冲击下，部分党员干部、党政机关参与经商活动，搞权钱交易，严重败坏了党风和社会风气，引起群众强烈不满，干扰了经济体制改革健康有序地进行。为纠正这股不正之风，1984 年 12 月 3 日，中共中央、国务院发出《关于严禁党政机关和党政干部经商、办企业的决定》。在清理党政机关和党政干部经商、办企业问题的过程中，发现领导干部子女经商、办企业的数量也很大。他们利用自己的特殊身份，利用权力和关系，参与套购国家紧缺物资，进行倒买倒卖等活动，败坏领导干部的声誉，损害党在人民中的形象。为此，1985 年 3 月，中纪委提出《关于不许领导干部的子女及其配偶经商办企业的建议》，明确规定凡地师、司局级以上干部的子女及其配偶，一律不准经商、办企业，已经参加的必须全部退出。4 月 3 日，陈云在《建议》稿上批示："这件事，应由中央像严禁党政机关和党政干部经商、办企业的问题那样，作出明确的决定方能制止。不然的话，发展下去，党的肌体、党群关系必将受到损害，有所好转的党风也会受到影响。改革也难以顺利进行。应退出的干部子女的范围，是否可以再大一点，请再考虑一下。"① 当日，邓小平批阅此件，对陈云的意见表示："赞成，要早出决定。"②5 月 23 日，中共中央、国务院发出《关于禁止领导干部的子女、配偶经商的决定》，对于刹住这股歪风发挥了重要作用。

1985 年 9 月 18 日至 23 日，中国共产党召开全国代表会议。这次会议以进一步实现中央领导机构成员新老交替为主要内容。但鉴于党风问题的重要性，邓小平和陈云在会上均强调了党风问题。邓小平在讲话中指出，端正党风是端正社会风气的关键。结合当时正在开展的整党活动，他提出，每个党组织应该要求每个党员逐条对照党章，开展自我批评和相互批评，必要的时候要采取纪律措施。他还严厉地提出，对一些严重危害社会风气的腐败现象，要坚决制止和取缔；对坚持错误拒绝改正的党员要执行党纪。③

---

① 《陈云文集》第 3 卷，中央文献出版社 2005 年版，第 543 页。
② 《邓小平年谱（1975—1997）》（下），中央文献出版社 2004 年版，第 1037 页。
③ 参见《邓小平文选》第 3 卷，人民出版社 1993 年版，第 144—145 页。

陈云在这次会议上强调：抓党风的好转，仍是全党的一件大事。整顿党风这件事，不可掉以轻心。他说："这些年来，中央抓了党风问题。但是，要实现党风的根本好转，任务还非常重。现在确有少数党员、党员干部，特别是个别老党员、老干部，不能坚持党性原则，遇到歪风，跟着干。有些严重违反党纪、国法的事，如造假药、假酒等，发生在整党中。党内外的广大干部、群众，对这些事是极端不满意的，应引起全党认真注意。"为此，他提出："一是各级党组织要重视。二是各级领导干部，特别是高级领导干部要重视。要真正身体力行，作出榜样。三是老党员、老干部要重视，包括退居二线或者离休、退休的在内。在以身作则、关心党风党纪、发挥监督作用上，没有退居二线和离休、退休的问题。只要是党员，活着就永远处在第一线。"陈云还希望所有党的高级领导人员"在教育好子女的问题上，给全党带好头。决不允许他们依仗亲属关系，谋权谋利，成为特殊人物"。①

经过"文化大革命"后，在党风中以至在整个社会风气中，有一个很大的问题，就是是非不分。有些同志包括一些党员领导干部在是非面前不敢坚持原则，和稀泥，做老好人，而坚持原则的人却受到孤立。1982年6月24日，陈云在审阅中共十二大报告讨论稿时尖锐地指出了这个问题。他说："这种情况，在'文化大革命'以前也有，但现在比那时要严重得多。过去受'左'的指导思想影响，过分强调斗争哲学，不该斗的也斗，动不动就上纲到路线是非。现在又出现了另一种倾向，即怕矛盾，怕斗争，怕得罪人。对于这个问题，如果只从维护党纪提出来，我认为还不够，应该把它提到全党思想建设和组织建设的高度。要提倡坚持原则，提倡是就是是、非就是非的精神。只有我们党内首先形成是非分明的风气，党的团结才有基础，党才有战斗力，整个社会风气才会跟着好转，才会使正气上升，邪气下降。"②

受这种是非不分不良党风的影响，一些党员领导干部在打击经济领域犯罪活动和纠正党内存在的不正之风时下不了手，不敢真抓实干。对这种手

---

① 《陈云文选》第3卷，人民出版社1995年版，第351—352页。
② 《陈云文选》第3卷，人民出版社1995年版，第274页。

软现象，邓小平和陈云曾多次予以批评。1986年1月17日，邓小平和陈云出席中共中央政治局常委会议，讨论关于精神文明建设布局问题的汇报提纲。邓小平在讲话中，对抓党风和社会风气好转方面存在的手软表现进行了尖锐的批评。他指出：抓精神文明建设，抓党风、社会风气好转，必须狠狠地抓，一天不放松地抓，从具体事件抓起。越是高级干部子弟，越是高级干部，越是名人，他们的违法事件越要抓紧查处，因为这些人影响大，犯罪危害大。抓住典型，处理了，效果也大，表明我们下决心克服一切阻力抓法制建设和精神文明建设。我看，真正抓紧大有希望，不抓紧就没有希望。高级干部在对待家属、子女违法犯罪的问题上必须有坚决、明确、毫不含糊的态度，坚决支持查办部门。不管牵涉到谁，都要按照党纪、国法查处。要真正抓紧实干，不能手软。现在总的表现是手软。对严重的经济罪犯、刑事罪犯要依法杀一些。说到这，陈云插话说："杀一儆百。杀一些可以挽救一大批干部。"邓小平接着说："书记处抓整顿风气抓得好，建议狠抓两年，抓出成效。这件事抓好了，就可以真正促进改革和建设。就是这样下决心抓，也要奋斗至少十年，才能恢复到五十年代最好时期的党风和社会风气。有些党员干部的作风和社会风气实在太坏了，在整顿风气中确实有些人要开除党籍，要清理一下。抓党风和社会风气，没有十年的努力不行。十年育人嘛！"①

　　同年2月26日，邓小平在中共中央政治局常委会议上听取端正党风领导小组工作汇报时，对这种手软现象再次提出批评。他指出："不管什么人，只要犯了法，都要按法律办事，党员还要按党纪办事。现在我们的缺点是不够严格。对党员要更严格一些，不管多老的党员，都应该严格。因为我们法律还不完善，法律处理要慎重一点。但是党员的标准总是明确的吧！在这项工作中，把一些确实该开除出去的人清除出党很有必要，也是一个好机会，这方面不要软弱。在打击经济犯罪、刑事犯罪中，清除一批人不会犯错误，这样办可以纯洁我们党的队伍。总的来说，我们现在还是处理上比较软。要

---

① 《邓小平文选》第3卷，人民出版社1993年版，第152—153页。

继续狠抓下去。"①

此前，陈云在 1985 年 9 月 24 日的中纪委第六次全体会议上也曾指出："中央纪委和地方各级纪委的工作是：无论是谁违反党纪、政纪，都要坚决按党纪、政纪处理；违反法律的，要建议依法处理。各级纪委必须按此原则办事，否则就是失职。""对于危害社会主义建设，败坏党风、社会风气的歪风邪气，熟视无睹，听之任之，除了追究那些为非作歹的个人外，还要追究那个单位、那个地区的党委的责任，包括纪委的责任。"②

整顿党风，除了要狠抓敢管、严厉处置之外，还要对党员特别是领导干部进行党性和纪律教育。这是搞好党风的基础和关键。对此，陈云曾多次进行论述。1985 年 3 月 13 日，他在听取中纪委第二书记王鹤寿、常务书记韩光工作汇报时，着重谈了加强对党员的党性教育和纪律教育的极端重要性。他说："要研究一下，为什么那么多的党员，甚至多年的老党员，在'有令不行，有禁不止'的歪风刮来时，自己顶不住，一下子就卷进去了，跟着跑，跟着干，这是什么原因？这些共产党员的党性到哪里去了？从党的建设的角度看，这是个值得严重注意的问题，发展下去，不就关系到党的生死存亡吗！这个情况，反映了我们一部分党员的党性有问题。""由此想到，各级党组织和党的纪律检查部门只是查处违法乱纪的案子不行，更重要的是要加强共产党员的党性教育和自觉遵守党的纪律的教育。提高共产党员的素质，是非常重要的事情，是党的建设上的一个根本问题。对这一点要有清楚的认识，要认真地抓紧抓好。"③

在邓小平和陈云的高度重视及大力推动下，经过 3 年整党，党的作风建设取得一定成效，党风开始出现明显好转。但由于党是处于全国执政的地位，再加上对外开放、对内搞活经济的客观环境，决定了抓党风是一项长期的工程。正如邓小平 1986 年 6 月 28 日在听取关于端正党风工作情况汇报时所说："开放、搞活必然带来一些不好的东西，不对付它，就会

---

① 《邓小平年谱（1975—1997）》（下），中央文献出版社 2004 年版，第 1106 页。

② 《陈云文选》第 3 卷，人民出版社 1995 年版，第 356 页。

③ 《陈云文集》第 3 卷，中央文献出版社 2005 年版，第 541 页。

走到邪路上去。所以，开放、搞活政策延续多久，端正党风的工作就得干多久，纠正不正之风、打击犯罪活动就得干多久，这是一项长期的工作，要贯穿在整个改革过程之中，这样才能保证我们开放、搞活政策的正确执行。"①

---

① 《邓小平文选》第 3 卷，人民出版社 1993 年版，第 164 页。

第二十六章

倡导和支持经济体制改革

中共十一届三中全会后，在邓小平和陈云等的积极倡导和大力支持下，我国开始对积弊日深的原有经济体制进行改革。改革首先是从农村起步的，主要内容是实行家庭联产承包责任制，调动广大农民的积极性，把农业生产搞上去。1984 年中共十二届三中全会后，以经济体制改革为中心的改革全面展开，改革的重心也由农村转向城市。在此过程中，邓小平和陈云的倡导与支持起了关键作用。他们互相配合，密切合作，共同推动了经济体制改革的深入发展。

在中共十一届三中全会前的中央工作会议上，陈云对经济问题提出的五点意见中，就曾谈到经济体制改革问题。他指出：要放松农民这一头，不能让农民喘不过气来，要给各省市一定数量的真正的机动财力。陈云还提出旅游业要实行业务管理而不是行政管理。① 这些意见实际上已触及改革农村经济体制、扩大企业自主权、改革经济管理体制等问题。

几天后，邓小平在中共中央工作会议闭幕会上强调：要注意研究和解决管理方法、管理制度、经济政策这三方面的问题。在管理方法上，要特别注意克服官僚主义。如果现在再不实行改革，我们的现代化事业和社会主义事业就会被葬送。要学会用经济方法管理经济。在管理制度上，要特别注意加强责任制。在经济政策上，要允许一部分地区、一部分企业、一部分工人农民，由于辛勤努力成绩大而收入先多一些，生活先好起来，影响左邻右舍，带动其他地区、其他单位的人们向他们学习，使整个国民经济不断地波浪式

---

① 参见《陈云文选》第 3 卷，人民出版社 1995 年版，第 236—237 页。

地向前发展，使全国各族人民都能比较快地富裕起来。①

在邓小平和陈云等的倡导下，中共十一届三中全会作出了实行改革开放的重大决策。全会公报明确提出要"根据新的历史条件和实践经验，采取一系列新的重大的经济措施，对经济管理体制和经营管理方式着手认真的改革"。全会提出了一系列有力的改革措施，如：有领导地大胆下放权力，让地方和工农业企业在国家统一计划的指导下有更多的经营管理自主权；坚决实行按经济规律办事，重视价值规律的作用等。② 由此，中国大地上揭开了经济体制改革的序幕。

这场改革是从农村开始的。早在中共十一届三中全会前，安徽省就进行了农业经济体制改革的最初尝试。该省尊重生产队的自主权，允许生产队根据不同农活建立不同的生产责任制，可以组织作业组，只需个别人完成的农活，也可以责任到人。凤阳县小岗村 18 户农民甚至偷偷搞起了明令禁止的分田到户，并签订了一份"生死契约"。中共十一届三中全会后，在解放思想、实事求是思想路线和《中共中央关于加快农业发展若干问题的决定》等文件精神的推动下，除安徽省外，其他一些省份也开始试行各种形式的农业生产责任制。四川、云南搞了包产到组，广东实行了"五定一奖"，安徽不仅搞了包产到组，还出现了包产到户。从 1979 年 1 月起，《人民日报》陆续报道了这四个省实行生产责任制的情况，由此引发了一场激烈的争论。3月 15 日，《人民日报》发表了一封题为《"三级所有，队为基础"应当稳定》的读者来信，并加了编者按。编者按指出："已经出现'分田到组'、'包产到组'的地方，应当认真学习三中全会原则通过的《中共中央关于加快农业发展若干问题的决定（草案）》，正确贯彻执行党的政策，坚决纠正错误做法。"一时间，大家彷徨观望，忐忑不安，以为党的农村政策又要发生改变了。

关键时刻，邓小平和陈云对安徽等地一些农村抛弃大锅饭、率先实行

---

① 参见《邓小平文选》第 2 卷，人民出版社 1994 年版，第 149—152 页。

② 参见《三中全会以来重要文献选编》（上），中央文献出版社 2011 年版，第 5—6 页。

包产到户的联产承包责任制的做法予以了明确的肯定和支持。1979 年 6 月 18 日，在五届全国人大二次会议期间，中共安徽省委第一书记万里到大会主席团，对陈云说，安徽一些农村已经搞起了包产到户，怎么办？陈云答复：“我双手赞成。”以后，万里又就这个问题同邓小平谈。邓小平答复：“不要争论，你就这么干下去就完了，就实事求是干下去。”① 事实上，早在 20 世纪 60 年代初，邓小平和陈云就曾一致支持安徽等地为克服当时严重的经济困难而实行的包产到户，陈云甚至提出过分田到户的主张，并因此受到毛泽东的批判。时隔 20 年后，他们对从农村发端的经济体制改革再次给予了坚定的支持。

　　1980 年 4 月 2 日，邓小平在同胡耀邦、万里等人谈到农业问题时说：“政策要放宽，要使每家每户都自己想办法，多找门路，增加生产，增加收入。有的可包给组，有的可包给个人。这个不用怕，这不会影响我们制度的社会主义性质。在这个问题上要解放思想，不要怕。”② 5 月 31 日，他在同胡乔木、邓力群谈到农村政策问题时，再次肯定和支持了安徽等省的农村经济体制改革。他说：“农村政策放宽以后，一些适宜搞包产到户的地方搞了包产到户，效果很好，变化很快。安徽肥西县绝大多数生产队搞了包产到户，增产幅度很大。‘凤阳花鼓’中唱的那个凤阳县，绝大多数生产队搞了大包干，也是一年翻身，改变面貌。有的同志担心，这样搞会不会影响集体经济。我看这种担心是不必要的。”邓小平对农村工作中思想不够解放、不能因地制宜发展生产的问题进行了批评。他指出：“总的说来，现在农村工作中的主要问题还是思想不够解放。除表现在集体化的组织形式这方面外，还有因地制宜发展生产的问题。所谓因地制宜，就是说那里适宜发展什么就发展什么，不适宜发展的就不要去硬搞。像西北的不少地方，应该下决心以种牧草为主，发展畜牧业。现在有些干部，对于怎样适合本地情况，多搞一些经济收益大、群众得实惠的东西，还是考虑不多，仍然是按老框框办事，思想很不解

① 《陈云年谱（修订本）》下卷，中央文献出版社 2015 年版，第 280 页；《邓小平年谱（1975—1997）》（上），中央文献出版社 2004 年版，第 531 页。

② 《邓小平年谱（1975—1997）》（上），中央文献出版社 2004 年版，第 616 页。

放。所以，政策放宽以后，还有很多工作要做。"①

安徽等地一些农村实行包产到户的联产承包责任制，克服了生产上的"大呼隆"和分配上吃"大锅饭"的弊端，将每个农民的切身利益与其生产的实际成果紧密地结合在一起，最大限度地调动了农民的生产积极性，取得了显著成效，使不少贫困地方的生产队和农民实现了"一年翻身"。对此，陈云十分高兴。他说："经济体制改革产生了前所未有的好作用，大大有利于经济形势的改善。农村人民生活改善了，市场搞活了，这是二十多年来少有的好现象。"②邓小平和陈云等的倡导和支持，对推动农村经济体制改革的深入发展，起了关键作用。

1980年9月14日至22日，中共中央召开省、市、自治区党委第一书记会议，着重讨论加强和完善农业生产责任制问题。会议系统总结了党在农业经济上的经验教训，清理"左"的错误。27日，中共中央印发这次会议的纪要，正式肯定大包干和包产到户的改革行为。纪要提出，自中共十一届三中全会以来，各地建立了各种形式的农业生产责任制，有效调动了农民的积极性，农村形势越来越好；加强和完善农业生产责任制，在不同地方、不同社队，要根据实际情况采取不同形式，不可拘泥于一种模式；在边远山区和贫困落后地区，实行包产到户是解决温饱问题的一种必要措施，没有复辟资本主义的危险。③

这份中央文件明确肯定了中共十一届三中全会后各地建立的多种形式的农业生产责任制，认为在生产队领导下实行的包产到户是依存于社会主义经济的，不会脱离社会主义轨道。这就否定了过去对包产到户的错误批判，为农业生产责任制正了名、定了性。这对于打破各级领导干部在农业政策问题上的僵化思想，克服人们对包产到户的畏惧心理，解决在这个问题上的争论和疑虑，推动农业体制和农村经济的发展，都具有十分重要的意义。

为进一步统一全党在农村路线、方针、政策问题上的思想，完善农村

① 《邓小平文选》第2卷，人民出版社1994年版，第315—316页。

② 《陈云文选》第3卷，人民出版社1995年版，第278页。

③ 参见《三中全会以来重要文献选编》（上），中央文献出版社2011年版，第472—474页。

联产承包责任制，中共中央于 1982 年 1 月 1 日以中央"1 号文件"的形式转发了此前召开的《全国农村工作会议纪要》，明确提出包产（包干）到户是社会主义农业经济的组成部分。《纪要》写道：目前实行的各种责任制，都是社会主义集体经济的生产责任制。包干到户这种形式，是建立在土地公有制基础上的，农户和集体保持承包关系，由集体统一管理和使用土地、大型农具和水利设施，接受国家的计划指导，有一定的公共提留，统一安排烈军属、五保户、困难户的生活，有的还在统一规划下进行农业基本建设。所以它不同于合作化以前的小私有的个体经济，而是社会主义农业经济的组成部分。① 这份文件进一步明确了农业生产责任制的社会主义性质，推动了全国农村改革的迅猛发展。随后，以家庭联产承包责任制为特征的农村改革在全国各地铺开。

农村经济体制改革在如火如荼地进行的同时，城市经济体制改革也从扩大企业经营管理自主权入手开始试点，并随后在试行经济责任制、改革财政管理体制、发展多种经济形式等方面逐步展开。在城市经济体制改革中，邓小平和陈云同样起了倡导、支持和推动作用，并进行了密切的合作与配合。

早在 1978 年 10 月，四川省就选择有代表性的 6 家企业 ② 进行扩大自主权的试点，对这些企业核定利润指标，规定当年增产增收指标，允许在完成计划后提留少量利润作为企业基金，允许给职工发放少量奖金，从而揭开了城市经济体制改革的序幕。中共十一届三中全会后，城市经济体制改革试点工作进一步拓展。1979 年 4 月中共中央工作会议明确提出，要扩大企业自主权，把企业经营得好坏同职工的物质利益挂起钩来，同时要适当划分中央和地方的管理权限。同年 5 月 25 日，国家经济委员会、财政部等 6 个部门在北京、天津、上海选择首都钢铁公司、北京内燃机总厂、北京清河毛纺厂、天津自行车厂、天津动力机厂、上海汽轮机厂、上海柴油机厂、上海彭

---

① 参见《三中全会以来重要文献选编》（下），中央文献出版社 2011 年版，第 364—365 页。

② 这 6 家企业是重庆钢铁公司、成都无缝钢管厂、宁江机床厂、四川化工厂、新都县氮肥厂、南充织绸厂。

浦机器厂8个企业进行扩大自主权的试点。改革的内容主要是：改企业基金
制为利润留成制；企业在产品生产、销售、试制和资金使用、人事安排、职
工奖惩等方面拥有部分权力；企业实行党委领导下的厂长负责制，建立职工
代表大会制度，扩大职工的民主管理权力。这项改革得到许多企业和广大职
工的拥护，许多地方、部门仿照8个试点企业自定办法进行试点。6月，国
务院财经委员会成立经济体制改革研究小组。城市经济体制改革试点在国务
院统一领导下从扩大企业自主权开始，在全国范围内逐步开展起来。

对于城市经济体制改革，邓小平和陈云一开始就是积极支持和充分肯
定的。1979年5月18日，陈云在一次谈话中指出："体制改革势在必行，扩
大企业自主权是必要的。"① 为调动职工的积极性，邓小平主张打破"铁饭
碗"，实行按劳分配原则。1980年7月中旬，他在同中共中央负责人谈到体
制改革问题时说："体制改革，核心是搞好专业化，搞公司。公司完全按照
经济办法搞，要有独立经营权、用人权。要用经济的办法管理经济，不然就
是吃大锅饭。在用人问题上，要让能干的上来，不能干的淘汰。对干部要考
核，经理不行就换人。公司经理当得好的，待遇可以高于部长，不管资历深
浅。工程师也要有工程师的职权，应当由他决定的就由他点头。当上什么职
务，就应该给什么待遇，对年轻的也应该如此。运动健将应当有运动健将的
工资标准，差别可以大一些，但要规定最低不得低于多少，不如此不能鼓励
上进。"② 同年9月14日，邓小平在向日本客人介绍我国经济体制改革情况
时指出："我国的改革工作刚刚开始，试验证明，各个企业、各个生产单位
必须有比较多的自主权，并且要有相互竞争，才能促进生产力的发展，促进
改革，促进技术和管理水平的提高。凡是试验了的都见效，而且效果比原来
预想的好得多。改革就是要充分调动职工包括管理人员的积极性，通过改
革，克服吃大锅饭的弊端。"③ 这些谈话，其核心内容就是支持扩大企业自主
权，主张实行按劳分配，以调动职工的积极性，促进生产力的发展。

① 《陈云年谱（修订本）》下卷，中央文献出版社2015年版，第275页。
② 《邓小平年谱（1975—1997）》（上），中央文献出版社2004年版，第656页。
③ 《邓小平年谱（1975—1997）》（上），中央文献出版社2004年版，第673页。

在倡导和支持经济体制改革的过程中，邓小平和陈云对计划与市场的关系问题进行了思考和研究，并提出了重要的思想和主张，为确定经济体制改革的原则和方向发挥了重要的指导作用。

1979年3月8日，陈云撰写了关于计划与市场问题的提纲，指出：整个社会主义时期必须有两种经济：一是计划经济部分，二是市场调节部分，即只根据市场供求的变化进行生产，带有盲目性调节的部分。前者是基本的主要的，后者是从属的次要的，但又是必需的。提纲还指出：在今后经济的调整和体制的改革中，计划与市场这两种经济的比例的调整将占很大比重。不一定计划经济部分愈增加，市场经济部分所占绝对数额就愈缩小，可能是都相应地增加。① 这份提纲突破了人们将社会主义经济等同于计划经济的传统观念，将市场调节引入社会主义经济，明确肯定了市场的重要作用，这是对马克思主义政治经济学的继承和发展，是对社会主义经济理论的重大突破，对于推动全党同志解放思想，实事求是，突破我国过度集中的计划经济体制，产生了广泛而深刻的影响。

同年11月26日，邓小平在会见美国不列颠百科全书出版公司副总裁吉布尼和加拿大麦吉尔大学东亚研究所主任林达光等时，也提出了社会主义可以搞市场经济的思想。他指出："说市场经济只存在于资本主义社会，只有资本主义的市场经济，这肯定是不正确的。社会主义为什么不可以搞市场经济，这个不能说是资本主义。我们是计划经济为主，也结合市场经济，但这是社会主义的市场经济。市场经济不能说只是资本主义的。市场经济，在封建社会时期就有了萌芽。社会主义也可以搞市场经济。"② 邓小平是党内最早提出社会主义可以搞市场经济的中共中央领导人。虽然此时他提出的社会主义的市场经济是相对于资本主义的市场经济来说的，从内涵上还不完全等同于后来中共十四大提出的社会主义市场经济，但他提出的社会主义也可以搞市场经济，社会主义是计划经济为主，也结合市场经济等思想，与陈云提出

① 参见《陈云文选》第3卷，人民出版社1995年版，第245、247页。
② 《邓小平文选》第2卷，人民出版社1994年版，第236页。

的社会主义时期必须有计划经济和市场调节两部分的思想是完全一致的。他们在社会主义经济理论上的重大突破，成为中共十四大确立经济体制改革目标模式的思想先导。

经济体制改革在城乡大规模展开后，出现了只强调市场调节而忽视国家计划、只强调扩大地方和企业的自主权而忽视必要的国家集中和国家干预的倾向，发生了商品涨价、重复建设、财力分散等问题。针对这种状况，陈云在 1980 年 12 月的中共中央工作会议上，要求改革的步子要稳，以保证改革的顺利进行。他说："我们要改革，但是步子要稳。因为我们的改革，问题复杂，不能要求过急。改革固然要靠一定的理论研究、经济统计和经济预测，更重要的还是要从试点着手，随时总结经验，也就是要'摸着石头过河'。开始时步子要小，缓缓而行。"① 对于陈云的意见，邓小平明确表示支持。他在这次会上说："经济结构和经济体制的改革取得了很好的成绩。要巩固已有的成绩，总结已有的经验，分析和解决在改革中出现的新问题。""三中全会关于农业的决定和今年中央印发的关于进一步加强和完善农业生产责任制的几个问题的文件，已经充分证明行之有效，要继续贯彻执行，大力落实，并注意随时解决执行过程中出现的问题。""今年扩大企业自主权的试点单位，已经达到六千多个"，"试点的面明年不再扩大，重点放在总结经验、巩固提高方面。"②

在邓小平和陈云等的引导和支持下，农村经济体制改革继续发展，城市经济体制改革也在扩大企业自主权的基础上向纵深推进。受农村家庭联产承包责任制的启发，"包字进城"，城市企业开始探索实施经济责任制，贯彻联产承包、按劳分配的原则，确定利润包干、明确岗位责任。这种办法，任务明确，考核简单，企业在完成包干任务后可以获得剩余利润的大部分，因而迅速推行到 3.6 万个工业企业。③1981 年 10 月 29 日，国务院批转国家经委、

---

① 《陈云文选》第 3 卷，人民出版社 1995 年版，第 279 页。

② 《邓小平文选》第 2 卷，人民出版社 1994 年版，第 362—363 页。

③ 参见《当代中国的经济体制改革》，当代中国出版社、香港祖国出版社 2009 年版，第 146 页。

国务院体改办《关于实行工业生产经济责任制若干问题的意见》，要求通过实行这种责权利紧密结合的生产经营管理制度，把企业和职工的经济利益同他们承担的责任和实现的经济效果联系起来，使广大职工以主人翁的态度，用最小的人力、物力消耗取得最大的经济效益。1982 年 11 月 8 日，国务院又批转国家体改委、国家经委、财政部《关于当前完善工业经济责任制的几个问题的报告》。此后，各地普遍推行经济责任制，并取得较好效果，在相当程度上解决了企业吃国家"大锅饭"和职工吃企业"大锅饭"的问题。

邓小平和陈云对工业系统推行经济责任制予以肯定性评价。1981 年 9 月 2 日，陈云在中共中央政治局会议上说："现在搞的经济体制改革，打破了'大锅饭'、'铁饭碗'，它的意义不下于私营工商业的改造。""完全是多劳多得，少劳少得，不劳不得。这是一件大事。""有些企业，个别工人调皮捣蛋，就停止他的工作，我看这样会有好处。这种做法，是我们开国以来历史上没有过的。"工业系统的经济体制改革，无论是内部的相互关系还是外部关系，都比农业体制改革复杂得多。因此，陈云提出工业体制改革的步子要稳，要有意识地分一分，哪些先搞，哪些后搞。他同时强调，在推行经济责任制时要抓住四个要点：一是搞平均先进定额；二是质量不能下降；三是单位成本只能降，不能提高；四是统筹全局。① 陈云的这些意见，对工业系统推行经济责任制改革产生了重要影响。

邓小平也多次肯定工业系统推行经济责任制的成效。在 1981 年 9 月 2 日的中共中央政治局会议上陈云作关于经济问题讲话时，邓小平插话说："责任制，肯定会见效。"同年 9 月 9 日，他在向日本客人介绍中国经济体制改革情况时说："现在的中心问题就是解放思想、实事求是、因地制宜，调动人民的积极性，概括起来就是建立责任制，在建立责任制的基础上真正体现按劳分配。农村的经验今年要推广到工厂。现在凡是那样搞的，都见效。"1982 年 11 月 15 日，邓小平在同美国客人谈到中国经济改革情况时说："工业方面的改革比农业方面晚了差不多两年的时间，可以说现在才开始，

---

① 《陈云文集》第 3 卷，中央文献出版社 2005 年版，第 488—489 页。

人们头脑里的旧框框太多。但是农业改革会给工业一种启发。拿农业来说，强调了责任制，工业方面凡是向这方面努力也强调责任制的，就都见效。"①

随着农村经济体制改革的持续推进和城市经济体制改革试点的不断扩大，以经济体制改革为中心的全面改革逐步展开，改革的重心也由农村开始转向城市。1984 年 10 月中共十二届三中全会讨论通过的《中共中央关于经济体制改革的决定》，标志着中国进入以城市为重点的全面经济体制改革时期。

对中共十二届三中全会的召开，邓小平和陈云高度重视，并对《决定》的起草提出了重要的指导意见。

全会前夕，邓小平在会见外宾时多次介绍即将召开的中共十二届三中全会，并强调这次全会对推进经济体制改革的重要意义。10 月 6 日，他在会见参加中外经济合作问题讨论会全体中外代表时，指出中共十二届三中全会将在中国的历史发展中写上很重要的一笔。他说："即将召开的党的十二届三中全会的主题，就是城市和整个经济体制的改革。这意味着中国将出现全面改革的局面。由于城市改革的复杂性，可能会出些差错。我们是走一步看一步，有不妥当的地方，改过来就是了。总之，遵循一个原则，就是实事求是。我们相信，城市改革也会成功。"10 月 10 日，邓小平在会见德意志联邦共和国总理科尔时，又指出中共十二届三中将是一次很有特色的全会。他说："前一次三中全会重点在农村改革，这一次三中全会则要转到城市改革。无论是农村改革还是城市改革，其内容和基本经验都是开放，对内把经济搞活，对外更加开放。我们把改革当作一种革命，当然不是'文化大革命'那样的革命。"②

10 月 8 日，中共中央政治局召开扩大会议，讨论《决定》（第七稿）。邓小平对《决定》（第七稿）表示满意，认为写得很好。③陈云在发言中指出：这个文件非常重要，是一个很好的文件。农村的改革已经取得了极大的

① 《邓小平年谱（1975—1997）》（下），中央文献出版社 2004 年版，第 673、770、868 页。

② 《邓小平文选》第 3 卷，人民出版社 1993 年版，第 78、81—82 页。

③ 参见《邓小平年谱（1975—1997）》（下），中央文献出版社 2004 年版，第 1003 页。

成功，工商业方面的改革也已经有了几年时间的酝酿、试点和实践。只要坚持解放思想、实事求是的方针，按照这个文件的精神去办，再用几年时间，工商业方面的改革也一定会取得巨大的成功，我国生产力一定会得到一次大解放。陈云同时提醒说：这次改革涉及范围很广，在进行过程中，一定还会出现一些难以预见的问题。应该像对待农村改革那样，边实践，边总结经验，以便使改革不断完善。他列举了改革中出现的大吃大喝、请客送礼等一些消极现象，并指出：对此不必大惊小怪，但要头脑清醒。只要注意到这些现象，物质文明同精神文明建设一起抓，消极方面是可以克服的。① 这些意见对《决定》的修改具有重要的指导意义。

10 月 20 日，中共十二届三中全会讨论通过《中共中央关于经济体制改革的决定》。《决定》阐明了加快以城市为重点的整个经济体制改革的必要性、紧迫性，规定了经济体制改革的任务、性质和各项基本方针政策，指出：改革是社会主义制度的自我完善，改革的基本任务是建立起具有中国特色的充满生机和活力的社会主义经济体制。围绕这一基本任务，《决定》要求：把增强企业活力作为经济体制改革的中心环节；自觉运用价值规律，发展社会主义商品经济；建立合理的价格体系，充分重视经济杠杆的作用；实行政企职责分开，正确发挥政府机构管理经济的职能；建立多种形式的经济责任制，认真贯彻按劳分配原则；积极发展多种经济形式，进一步扩大对外的和国内的经济技术交流；起用一代新人，造就一支社会主义经济管理干部的宏大队伍；加强党的领导，保证改革的顺利进行。《决定》突破了把计划经济同商品经济对立起来的传统观点，确认我国社会主义经济是公有制基础上的有计划的商品经济；商品经济的充分发展，是社会经济发展的不可逾越的阶段，是实现我国经济现代化的必要条件。

陈云在全会上作了书面发言，指出"系统进行经济体制的改革，是当前我国经济工作面临的首要问题"。他重申这个改革的意义不下于 20 世纪 50 年代对资本主义工商业的改造。为什么这样说？"因为，对工商业的改造

---

① 参见《陈云年谱（修订本）》下卷，中央文献出版社 2015 年版，第 414—415 页。

是要消灭剥削，正在进行的体制改革则是要打破'大锅饭'。平均主义'大锅饭'实质上也是不干活的人占有干活的人的劳动成果，打破这个'大锅饭'，将会大大调动广大工人、农民、知识分子和干部进行四化建设的积极性，使我国的生产力获得一次新的大解放。"

对价格体系的改革，陈云既认为现在"确实是有利时机"，又要求"改革的步骤一定要稳妥，务必不要让人民群众的实际收入因价格调整而降低"。他肯定政企职责分开的必要性，认为"这样做，一方面可以给企业比过去大得多的自主权，另一方面可以使各级政府部门从许多日常工作中摆脱出来，议大事，看全局，把宏观方面管住管好"。

陈云再次强调："这次体制改革涉及范围相当广，广大干部还不很熟悉，在进行中还会出现一些现在难以预见的问题。因此，必须边实践，边探索，边总结经验。如果用五年时间能够做好改革这件事，那就很好了。总之，我们要按照这个决定的精神去做，解放思想，实事求是，既要积极，又要稳妥。只要这样做了，这次改革就一定能够成功。"

对《决定》说"竞争中可能出现某些消极现象和违法行为"，陈云认为这句话在文件里提一下很必要，并再次列举了他在10月8日中共中央政治局召开扩大会议上提到的一些消极现象，重申物质文明和精神文明要一起抓。①

邓小平对这个《决定》给予高度评价。他在全会通过《决定》后的发言中指出："这个决定，是马克思主义的基本原理和中国社会主义实践相结合的政治经济学。我有这么一个评价。但是要到五年之后才能够讲这个话，证明它正确。"②10月22日，他在中顾委第三次全体会议上谈到该《决定》时又指出："这次经济体制改革的文件好，就是解释了什么是社会主义，有些是我们老祖宗没有说过的话，有些新话。我看讲清楚了。过去我们不可能写出这样的文件，没有前几年的实践不可能写出这样的文件，写出来，也很

① 《陈云文选》第3卷，人民出版社1995年版，第336—339页。
② 《邓小平年谱（1975—1997）》（下），中央文献出版社2004年版，第1006页。

不容易通过，会被看作'异端'。我们用自己的实践回答了新情况下出现的一些新问题。"①

中共十二届三中全会后，在邓小平和陈云等的积极倡导和大力支持下，在《中共中央关于经济体制改革的决定》的指导和推动下，以城市为重点的经济体制改革全面展开。企业经营管理自主权不断扩大，企业内部建立多种形式的经济责任制，国营企业实行利改税，各级政府机构逐渐放权让利，多种经济形式和经营方式进一步发展。城市经济生活呈现出前所未有的活跃局面。

---

① 《邓小平文选》第3卷，人民出版社1993年版，第91页。

第二十七章

重视对外开放和经济特区建设

改革和开放是相互联系、相互促进的。中共十一届三中全会后，邓小平和陈云在倡导和支持经济体制改革的同时，高度重视对外开放，积极支持经济特区建设，并在如何进行对外开放和建设经济特区上发挥着重要的影响和指导作用。在邓小平和陈云的密切协作与共同推动下，中国的对外开放和经济特区建设取得长足发展，有力地加快了我国经济体制改革的进程。

历史和实践证明，关起门来搞建设是不能成功的，中国的发展离不开世界。要实现四个现代化，就要善于学习世界上先进的东西，大量取得国际上的帮助。有鉴于此，中共十一届三中全会后，邓小平和陈云十分重视对外开放，多次强调要引进和利用外资，要学习外国先进技术和管理经验，并提出了许多重要的思想和主张。

1979 年 1 月 17 日，邓小平在同荣毅仁等工商界领导人谈话时指出："现在搞建设，门路要多一点，可以利用外国的资金和技术，华侨、华裔也可以回来办工厂。吸收外资可以采取补偿贸易的办法，也可以搞合营，先选择资金周转快的行业做起。当然，利用外资一定要考虑偿还能力。"[①] 同年 1 月，他又在一封关于香港厂商要求回广州开设工厂的来信摘报上批示："这种事，我看广东可以放手干。"[②]

这一年，邓小平在会见外宾时，也多次介绍中国的对外开放政策。比如：5 月 31 日，他在会见日本自民党众议员铃木善幸一行时指出："现在

---

① 《邓小平文选》第 2 卷，人民出版社 1994 年版，第 156 页。
② 转引自李岚清：《突围——国门初开的岁月》，中央文献出版社 2008 年版，第 71 页。

我们要发展经济，关起门来是不行的。我们不但要引进发达国家的资金和技术，也要充分利用各国的好经验，并且要把这种经验同中国的实际结合起来。"11 月 20 日，他在会见德意志联邦共和国研究和技术部部长福尔克尔·豪夫时又说："我们要采取正确的政策，其中重要的一条是搞国际合作。要充分利用国际上的先进技术，包括吸收发达国家的资金，学习国际上先进的管理经验。"①这些谈话，既体现了邓小平对对外开放的重视，同时也为中国的对外开放营造了良好的国际环境。

陈云也很重视和支持对外开放，并提出了许多重要思想。他认为，无论是借外债还是引进技术，一定要从国情出发，切忌盲目。在引进设备方面，陈云认为最重要的是要引进先进技术，买设备的同时也要买技术、买专利，这比引进设备重要得多。在引进外资方面，陈云主张要量力而行，而且要用得好，要十分谨慎地用在最关键性的项目上，要充分考虑还本付息能力，考虑国内配套投资能力，要研究增加外汇收入的办法，同时要注意节约外汇。在对外贸易工作方面，陈云提出了既要调动各方面的积极性，又要坚持统一对外的原则，做到肥水不流外人田。另外，陈云还提出了对外开放要走出去的重要思想，认为对外开放不一定都是人家到我们这里来，我们也可以到人家那里去。

邓小平和陈云不仅都很支持和重视对外开放，而且经常就此交换看法，共同推动这项工作向前发展。1979 年 6 月 15 日，邓小平阅荣毅仁来信。信中提出：《中外合资经营企业法（草案）》中规定的"中外合资经营企业外资投资比例不超过百分之四十九"和"决定重大问题要三分之二多数通过"两条原则，并非国际惯例，同时这是当前国家经济情况所不易办到的，势必降低外资对我国投资的兴趣，我们亦同样达不到大量吸收外资从事建设的目的。建议在不丧失主权的前提下，以平等互利为原则，争取更多的外资，引进更多的技术，为四个现代化建设服务。邓小平批示："我看很有道理，四十九和三分之二都可不写。"并将此信批送陈云阅。陈云当日批示：

---

① 《邓小平年谱（1975—1997）》（上），中央文献出版社 2004 年版，第 519、580 页。

"我同意荣毅仁的意见，只要外资愿意来中国，我们总有办法对付。"①1980
年12月1日，陈云将新华社内部简报刊登的《国产药材在香港售价普遍下
降》一文批给邓小平看，并指出："各省市自己出口商品竞相削价谋求外汇，
这必然使国家外汇损失不少。必须引起注意，而且要有具体办法，避免外汇
损失。"②

　　创办经济特区，是实行对外开放的重大步骤。邓小平和陈云都十分重
视并支持这项措施。

　　1979年4月，在中共中央工作会议期间，中共广东省委负责人习仲勋、
杨尚昆提出在邻近香港、澳门的深圳、珠海以及汕头兴办出口加工区的意
见。福建省也提出了类似的设想。邓小平对此表示赞同。他说："广东、福
建实行特殊政策，利用华侨资金、技术，包括设厂，这样搞不会变成资本主
义。因为我们赚的钱不会装到华国锋同志和我们这些人的口袋里，我们是全
民所有制。如果广东、福建两省八千万人先富起来，没有什么坏处。"关于
出口加工区的名称问题，邓小平说："还是叫特区好，陕甘宁开始就叫特区
嘛！中央没有钱，可以给些政策，你们自己去搞，杀出一条血路来。"③会议
期间，邓小平正式向中共中央提议批准广东、福建两省的要求。④

　　根据邓小平的提议，1979年5月11日至6月5日，中共中央和国务院
派谷牧带领工作组赴广东、福建考察，研究兴办出口特区的问题。在充分讨
论和研究的基础上，广东、福建两省起草了向中共中央的请示报告。6月下
旬，中共中央、国务院就谷牧的汇报和广东、福建两省的报告进行了讨论。
7月15日，中共中央、国务院批转广东省委、福建省委关于对外经济活动
实行特殊政策和灵活措施的报告，决定先在深圳、珠海两市划出部分地区试
办出口特区，待取得经验后，再考虑在汕头、厦门设置出口特区。

　　1980年3月，受中共中央和国务院委托，国务院副总理谷牧在广州召

①　《邓小平年谱（1975—1997）》（上），中央文献出版社2004年版，第525页。

②　《陈云年谱（修订本）》下卷，中央文献出版社2015年版，第301页。

③　《邓小平年谱（1975—1997）》（上），中央文献出版社2004年版，第506、510页。

④　参见李岚清：《突围——国门初开的岁月》，中央文献出版社2008年版，第88页。

开广东、福建两省会议，提出将"出口特区"定名为"经济特区"。5月16日，中共中央、国务院批准《广东、福建两省会议纪要》，决定在广东省的深圳市、珠海市、汕头市和福建省的厦门市，各划出一定范围的区域，试办经济特区。8月26日，五届全国人大常委会第15次会议批准国务院提出的在深圳、珠海、汕头、厦门设置经济特区的建议。经济特区由此诞生。

陈云一直密切关注着经济特区的建设和发展，并发挥着重要的影响和指导作用。广东、福建两省设立经济特区后，许多地区也纷纷要求设立经济特区或采取一些经济特区的政策。陈云及时予以阻止，明确指出"像江苏这样的省不能搞特区"，特区"现在第一位的任务是认真总结经验"。1981年12月22日，陈云在省市自治区党委第一书记座谈会上说："广东、福建两省的深圳、珠海、汕头、厦门四个市在部分地区试办经济特区（广东不是全省特区，福建也不是全省特区），现在只能有这几个，不能增多。当然，来料加工，合资经营，现在许多地方也在做，但不能再增加特区。搞来料加工不能把我们自己的产品挤掉了。广东、福建两省的特区及各省的对外业务，要总结经验。现在还没有好好总结。"他还提醒人们："既要看到特区的有利方面，也要充分估计到特区带来的副作用。例如：人民币与外币同时流通，对人民币不利，会打击人民币，因人民币'腿短'，外币'腿长'。"①1982年春节，陈云在同国家计委负责人座谈时，又针对当时情况指出："现在搞特区，各省都想搞，都想开口子。如果那样，外国资本家和国内投机家统统出笼，大搞投机倒把就是了，所以不能那么搞。特区第一位的问题是总结经验。"②陈云这个讲话非常及时，非常重要。总结经验是为了发扬成绩，克服缺点，纠正错误。只有不断总结经验，才能更好地执行特殊政策和灵活措施，进一步试办好经济特区。

根据陈云的指示，广东和福建两省对试办经济特区以来的经验作了认真总结。1982年10月22日，中共广东省委和省政府向中共中央和国务院

---

① 《陈云文选》第3卷，人民出版社1995年版，第306—307页。

② 《陈云文选》第3卷，人民出版社1995年版，第311页。

上交了《关于试办经济特区的初步总结》。这份报告提道:"自从陈云同志作了关于'特区第一位的问题是总结经验'的重要指示以后,省委和特区党委进行了认真的学习、讨论和贯彻落实。为了总结试办特区的经验,省委常委多次进行了讨论。现在这份总结报告,仍然是初步的,对许多问题的认识还不深,今后需要进一步实践和总结。"报告在总结 1979 年 7 月试办深圳、珠海、汕头三个经济特区以来的经验后说:"我国试办经济特区,在国外的反应是好的,广大港澳同胞、台湾同胞和华侨也寄予很大期望。人们把兴办特区看成是我国实行对外开放政策的标志之一。"10 月 30 日,陈云在报告上批示:"特区要办,必须不断总结经验,力求使特区办好。"[1]

经过初步总结经验并得到中共中央基本肯定以后,经济特区建设作为中国经济体制改革试验的重要组成部分,在探索中继续向前发展,并日益显现出它的积极作用和影响。

但另一方面,由于经济特区还在初创时期,在实际工作中还存在一些不完善的地方,特别是在一段时间内出现了比较严重的走私贩私活动,引起了一些人对创办经济特区这项政策的怀疑和议论。正是在这样的背景下,1984 年 1 月 24 日至 2 月 10 日,邓小平视察了深圳、珠海、厦门三个经济特区。

1 月 24 日抵达广州火车站后,邓小平对中共广东省委负责人说:"办经济特区是我倡议的,中央定的,是不是能够成功,我要来看一看。"[2]

1 月 24 日至 26 日,邓小平视察了深圳经济特区。他首先听取了中共深圳市委负责人的工作汇报。听完汇报后,邓小平说:"这个地方正在发展中,你们讲的问题我都装在脑袋里,我暂不发表意见,因为问题太复杂了,对有些问题要研究研究。"视察深圳期间,邓小平先后参观了罗湖商业区国际商业大厦、中国航空技术进出口公司深圳工贸中心、渔民村、招商局蛇口工业区、华益铝材厂、蛇口微波通讯站、明华轮游乐中心等。[3]

---

① 《陈云传》(四),中央文献出版社 2015 年版,第 1685—1686 页。

② 《邓小平年谱 (1975—1997)》(下),中央文献出版社 2004 年版,第 954 页。

③ 《邓小平年谱 (1975—1997)》(下),中央文献出版社 2004 年版,第 954—955 页。

1月26日下午，邓小平乘海军舰艇离开深圳前往珠海。当日晚，住中山县温泉宾馆，并在此休息了两天。亲眼看到了深圳特区一片兴旺发达的景象后，邓小平心里有了底。28日晚，他在温泉宾馆会见港澳知名人士霍英东、马万祺等人时说："办特区是我倡议的，看来路子走对了。"①

1月29日上午，邓小平前往珠海经济特区视察。途中，听取了中共珠海市委负责人关于特区工作的汇报。当日上午，参观了正在兴建中的九洲港、直升机机场、石景山旅游中心、拱北海关和香洲毛纺织厂、狮山电子厂以及珠海市市容。中午，在珠海宾馆休息时，邓小平说：这里发展旅游的条件比深圳好，并为珠海经济特区题词："珠海经济特区好。"②

1月29日下午，邓小平离开珠海前往广州。当晚到达广州，住珠岛宾馆。

2月1日，邓小平在广州为深圳特区题词："深圳的发展和经验证明，我们建立经济特区的政策是正确的。"并将落款日期写为离开深圳的1月26日。③ 这个题词肯定了深圳特区建设取得的成绩，回应了一些人对特区政策的不同看法，坚定了人们继续把特区办得更好的信心和决心，对经济特区的建设和发展产生了重要而深远的影响。

2月5日晚，邓小平乘专列离开广州前往福建。2月7日上午，抵达厦门。从7日到10日，邓小平视察了厦门市和正在建设中的厦门特区。他听取了中共福建省委和厦门市负责人的工作汇报，视察了东渡港五万吨位码头、集装箱码头、渔业码头、厦门大学、正在建设中的厦门机场和湖里工业区，接见了中国人民解放军鼓浪屿"好八连"和厦门水警官兵代表，参观了陈嘉庚创办的集美学村和陈嘉庚故居，接见了居住在厦门的台湾同胞和归国华侨代表。

当中共福建省委和厦门市负责人建议厦门特区应由现在的2.5平方公里扩大到全岛131平方公里时，邓小平回答说："你们的要求，我转告第一线

---

① 《邓小平年谱（1975—1997）》（下），中央文献出版社2004年版，第956页。

② 《邓小平年谱（1975—1997）》（下），中央文献出版社2004年版，第956—957页。

③ 《邓小平年谱（1975—1997）》（下），中央文献出版社2004年版，第957页。

的领导同志，让他们去作决定。"他还提出厦门特区可以实行自由港的某些政策。2月9日，邓小平为厦门经济特区题词："把经济特区办得更快些更好些。"2月10日上午，邓小平在厦门万石岩植物公园植树后，乘专列离开厦门前往上海。①

2月11日至16日，邓小平视察了上海。在视察当中，邓小平表示："我这次看了几个经济特区，看了几个饭店。现在看，开放政策不是收的问题，而是开放得还不够。"②

回京后，2月24日，他约几位中共中央负责同志谈话，强调要办好经济特区，增加对外开放城市。他指出："最近，我专门到广东、福建，跑了三个经济特区，还到上海，看了看宝钢，有了点感性认识。我们建立经济特区，实行开放政策，有个指导思想要明确，就是不是收，而是放。特区是个窗口，是技术的窗口，管理的窗口，知识的窗口，也是对外政策的窗口。从特区可以引进技术，获得知识，学到管理，管理也是知识。特区成为开放的基地，不仅在经济方面、培养人才方面使我们得到好处，而且会扩大我国的对外影响。厦门特区地方划得太小，要把整个厦门岛搞成特区。这样就能吸收大批华侨资金、港台资金，许多外国人也会来投资，而且可以把周围地区带动起来，使整个福建省的经济活跃起来。厦门特区不叫自由港，但可以实行自由港的某些政策。除现在的特区之外，可以考虑再开放几个港口城市，如大连、青岛。这些地方不叫特区，但可以实行特区的某些政策。我们还要开发海南岛。"谈话结束时，邓小平指定姚依林、宋平将谈话的内容向陈云汇报。③

陈云先看了邓小平在视察中和回京后的谈话记录，又在3月14日专门听取姚依林、宋平等的汇报，明确表示赞成邓小平有关扩大对外开放的意见。④

---

① 《邓小平年谱（1975—1997）》（下），中央文献出版社2004年版，第957—959页。

② 《邓小平年谱（1975—1997）》（下），中央文献出版社2004年版，第960页。

③ 《邓小平年谱（1975—1997）》（下），中央文献出版社2004年版，第962—964页。

④ 参见《陈云传》（四），中央文献出版社2015年版，第1688页。

3月26日至4月6日，中共中央书记处和国务院在北京召开部分沿海城市座谈会。会议根据邓小平2月24日谈话的精神，讨论了进一步开放沿海港口城市和办好经济特区的问题。会议认为："要在总结经验的基础上，从四化建设全局出发，进一步解放思想，克服'左'的思想影响和闭关自守、自给自足的经济观点，加快利用外资、引进先进技术的步伐。"① 会议建议：进一步开放天津、上海、大连、秦皇岛、烟台、青岛、连云港、南通、宁波、温州、福州、广州、湛江和北海14个沿海港口城市。并提出在扩大地方权限和给予外商投资者优惠待遇方面，实行一系列特殊政策和措施。

4月18日，中共中央书记处召开会议讨论《沿海部分城市座谈会纪要》稿。会议委托国务院分管特区工作的谷牧，专程到杭州向陈云汇报，听取陈云对《纪要》的意见。根据陈云的要求，谷牧还带来一些有关经济特区货币问题的材料。

4月24日，陈云拿到《纪要》稿和特区货币材料后，全神贯注地阅读，"连散步都取消了，把《纪要》看了两遍，把有关特区货币的材料看了三遍"。他说"是很用心看的"。看完材料后，陈云于4月25日听取谷牧汇报。谷牧简要介绍了这次座谈会的情况和《纪要》的主要内容，重点讲了进一步开放沿海14个港口城市的两个主要问题：一是对外商投资给以优惠；二是扩大这些地方的自主权。陈云明确表示："我同意这个《纪要》。"②

陈云特别注意《纪要》中的两点。一点是特区要有自己的"拳头"产品。陈云指出："现在，特区还没有'拳头'产品，深圳也没有。但是，深圳有新的管理办法，这也是'拳头'。这样管理，发展得很快呀！"

另一点是，经济特区产品要有一定比例的内销。陈云指出："国内市场不能不让出一些，否则对外资没有吸引力。问题是让多少，'一定比例'可大可小。《纪要》里提到，由计委掌握，研究个办法，我已经看到了。对国内工业，保护落后我不赞成，但是，要使自己的东西一步一步地进步，达到

---

① 《十二大以来重要文献选编》（上），中央文献出版社2011年版，第387页。
② 《陈云传》（四），中央文献出版社2015年版，第1688页。

先进的水平，这还是应该提倡的。沈鸿同志讲，国内试制新轧钢机，往往第一次不行，第二次好一些，第三次更好，第四次就差不多了。发电机组，解放初期我们连一万千瓦的也不会造，只能搞几千千瓦的，以后搞成了一万二的、二万五的、五万的，现在是二十万的，听说三十万的也有了。这就是一步一步地进步。从几千的到二十万、三十万的，这就很好嘛。总之，保护落后是不应该的，但自己必须发展而且正在发展的东西，不要被外面进口的挤掉了。发电机组，开始是几千千瓦，现在搞到三十万千瓦，像这样的东西就要保护。"①中国是一个大国，必须要保持和发展自己独立的工业体系和国民经济体系，要有自己的民族品牌。陈云关于要保护自己必须发展的东西的观点是很有见地、很有长远眼光的。

总之，陈云对开放14个沿海城市是赞成的，他考虑较多的是特区货币问题。对这个问题的态度，陈云一开始就很明确。早在1983年10月，全国政协常委千家驹就写信给胡耀邦、陈云、薄一波，建议发行特区货币。10月15日，胡耀邦批示："陈云同志是行家，建议请陈云同志考虑决定。"10月23日，陈云批示："我不同意发行特区货币。"②但此后发行特区货币问题仍在拟议之中，只不过有些问题没有研究清楚，是否发行特区货币问题还没有最后决定。

陈云主动对前来汇报的谷牧谈了这个问题，说他不赞成有些人所讲，解放初期就是两种货币并存。陈云说："那时的情况和现在不一样嘛。"谷牧说："关于经济特区货币问题，我们商量过，还要拿出两个月时间，听取各方面的意见，然后再向中央提出方案。"陈云提醒说："货币问题不简单。姚依林同志说还有个印刷问题，他说得对，印刷问题确实很重要，印得不好，人家就很容易伪造，假票子就进来了。"接着，陈云问："特区货币究竟怎么办？是一个特区发，还是每个特区都发？你们没有讲。"在谷牧汇报了主张发行特区货币的理由和正在研究中的一些想法后，陈云说："如果特区货币

---

① 《陈云文集》第3卷，中央文献出版社2005年版，第535—536页。
② 《陈云年谱（修订本）》下卷，中央文献出版社2015年版，第390—391页。

只在特区内发行，也没有什么了不得的问题。如果各个特区都发货币，那末实际上就是两种货币并存。而两种货币并存，人民币的'腿'会越来越短，特区货币的'腿'会越来越长。因为'优币驱赶劣币'，这是货币的客观规律。"由于这个问题比较复杂，陈云同意："你们要再研究两个月，那好嘛。有时间可以再仔细考虑考虑。"同时仍强调如果大家坚持要搞，经济特区货币的发行权一定要集中到中央。他对谷牧说："我看了人民银行的方案，规定了发行权在中央。准许发行特区货币，这是灵活性；发行权在中央，不在地方，又有统一的控制。"①

对发行特区货币问题，一直就有不同声音。中国银行总行两位工作人员为反对发行特区货币给邓小平并胡耀邦、陈云等写信。5月26日，陈云在信上批示："特区货币发行权必须在中央。决不能让特区货币与人民币在全国范围内同时流通。如果不是这样做，就会出现国民党时期法币发行之前的状况。"②

发行经济特区货币这一拟议最后没有实行。陈云后来在回忆这件事情时说："我虽然没到过特区，但我很注意特区问题。一九八四年，我专门把谷牧和刘鸿儒找来谈特区货币问题。我讲，如果大家坚持要搞，我提出两条：一是发行权属于中央，二是封关后只能在特区流通。那时，特区货币已印好。后来，特区同志自己感到这件事不那么简单，就搁置起来了。"③

谷牧回京后，召集有关人员根据陈云等的意见，将《沿海部分城市座谈会纪要》修改定稿。5月4日，中共中央、国务院批转了《纪要》。批转通知中指出："进一步开放沿海港口城市和办好经济特区，不能指望中央拿很多钱，主要是给政策，一是给前来投资和提供先进技术的外商以优惠待遇，税收低一些，内销市场让一些，使其有利可图；二是扩大沿海港口城市的自主权，让他们有充分的活力去开展对外经济活动。这样做，实际上是对

① 《陈云传》（四），中央文献出版社2015年版，第1691—1692页。
② 《陈云年谱（修订本）》下卷，中央文献出版社2015年版，第405页。
③ 《陈云年谱（修订本）》下卷，中央文献出版社2015年版，第461页。

我们现行经济管理体制，进行若干重要的改革。"①

　　进一步开放 14 个沿海港口城市，使开放的浪潮涌向中国整个沿海地区，推动着中国经济体制改革和经济发展向新台阶迈进。1984 年 12 月 29 日，国务院提出将珠江三角洲和长江三角洲开辟为经济开发区，利用开放和改革的有利条件，充分发挥优势，加快社会主义现代化建设步伐。1985 年 1 月 4 日，陈云在国务院给中共中央政治局常委的这份请示报告上批示："同意。"②

　　1985 年初，邓小平又在着手策划对外开放的新举措。1 月 4 日，他约中共中央负责对外开放工作的谷牧谈话。在听取谷牧汇报 14 个沿海城市开放以来 8 个多月的主要情况后，邓小平指出："看起来大有希望。"在谈到开放珠江三角洲和长江三角洲时，邓小平指出："沿海连成一片了，这很好。要再加上闽南三角洲。"③

　　1 月 25 日至 31 日，谷牧受中共中央和国务院委托，在北京召开了长江三角洲、珠江三角洲和闽南厦（门）漳（州）泉（州）三角地区座谈会。会议认为，先将长江三角洲、珠江三角洲和闽南厦漳泉三角地区，继而将辽东半岛、胶东半岛开辟为沿海经济开发区，是我国在进一步实行改革与开放的新形势下，加速沿海经济发展、带动内地经济开发的重要战略部署。2 月 18 日，中共中央、国务院发出《批转长江、珠江三角洲和闽南厦漳泉三角地区座谈会纪要的通知》。中国的对外开放在邓小平的推动下又打开新的局面。

　　与此同时，中国的经济特区经过几年的建设也取得很大成绩，特别是深圳特区在发展外向型经济方面取得明显进展。邓小平在会见外宾时，多次向他们介绍中国对外开放的成就，明确宣布建立经济特区的决定不仅是正确的，而且是成功的。1987 年 5 月 24 日，邓小平在会见金日成时说："最近深圳技术比较高的产品可以打入国际市场。开放政策的成功就要看这一条，这

---

① 《十二大以来重要文献选编》（上），中央文献出版社 2011 年版，第 385 页。
② 《陈云年谱（修订本）》下卷，中央文献出版社 2015 年版，第 423 页。
③ 《邓小平年谱（1975—1997）》（下），中央文献出版社 2004 年版，第 1023—1024 页。

是真正的成功。深圳只用六七年时间，从一个小城镇变为一个现代化城市，经验是很宝贵的。还有烟台、青岛，一搞对外开放，也是五六年时间就变样了。"① 同年 6 月 12 日，邓小平在会见南斯拉夫共产主义者联盟中央主席团委员科罗舍茨时更加明确地指出："现在我可以放胆地说，我们建立经济特区的决定不仅是正确的，而且是成功的。所有的怀疑都可以消除了。"他还向客人透露："我们正在搞一个更大的特区，这就是海南岛经济特区。海南岛好好发展起来，是很了不起的。"②

1987 年 9 月，中共中央、国务院决定在海南设省。1988 年 4 月，七届全国人大一次会议通过了关于设立海南省的决定和关于建立海南经济特区的决议。我国最大的经济特区宣告成立。邓小平向客人介绍的设想变成了现实。

进入 20 世纪 90 年代初，邓小平又把对外开放的战略眼光投向了上海。1990 年 2 月 13 日，邓小平在同中共上海市委书记朱镕基谈到建议开发浦东时说："你们搞晚了。但现在搞也快，上海条件比广东好，你们的起点可以高一点。从 80 年代到 90 年代，我就在鼓动改革开放这件事。胆子要大一点，怕什么。"在谈到浦东开发需要优惠政策时，邓小平说："我赞成。"2 月 17 日，邓小平又同江泽民、李鹏等谈浦东开发问题，并对李鹏说："你是总理，浦东开发这件事，你要管。"③

由于健康原因，陈云没有南下到过经济特区，但他一直密切关注着经济特区的建设，并为特区建设取得的成绩而高兴。1992 年 7 月 21 日，他在悼念李先念的文章中说："先念同志和我虽然都没有到过特区，但我们一直很注意特区建设，认为特区要办，必须不断总结经验，力求使特区办好。这几年，深圳特区经济已经初步从进口型转变成出口型，高层建筑拔地而起，发展确实很快。"④

① 《邓小平年谱（1975—1997）》（下），中央文献出版社 2004 年版，第 1191 页。
② 《邓小平文选》第 3 卷，人民出版社 1993 年版，第 239 页。
③ 《邓小平年谱（1975—1997）》（下），中央文献出版社 2004 年版，第 1308 页。
④ 《陈云文选》第 3 卷，人民出版社 1995 年版，第 379 页。

陈云也一直关注着上海的发展。1992 年 4 月 26 日，他在听取中共上海市委书记吴邦国、市长黄菊关于上海工作情况的汇报后，明确表示："我非常赞成开发、开放浦东。"①

在邓小平和陈云的关心、支持与共同推动下，中国的对外开放和经济特区建设由此进入新的发展阶段。

---

① 《陈云年谱（修订本）》下卷，中央文献出版社 2015 年版，第 501 页。

第二十八章

推进祖国统一

　　邓小平和陈云都极其重视香港、澳门、台湾的工作。中共十一届三中全会后，在邓小平提出的"一国两制"伟大构想的指导下，中国成功解决了香港问题和澳门问题，两岸关系也取得积极进展，祖国统一大业迈出重要步伐。在推进祖国统一的过程中，邓小平发挥了领导核心作用，陈云予以积极的支持与配合。他们在港澳台问题上的密切协作，为祖国统一大业的顺利推进提供了重要保证。

　　香港问题的解决，主要归因于邓小平提出的"一国两制"伟大构想。

　　香港（包括香港岛、九龙和新界）自古以来就是中国领土。1840 年英国发动鸦片战争，强迫清政府于 1842 年签订《南京条约》，永久割让香港岛。1856 年英法联军发动第二次鸦片战争，1860 年英国迫使清政府缔结《北京条约》，永久割让九龙半岛尖端。1898 年英国又乘列强在中国划分势力范围之机，逼迫清政府签订《展拓香港界址专条》，强行租借九龙半岛大片土地以及附近 200 多个岛屿(后统称"新界")，租期 99 年,1997 年 6 月 30 日期满。中国人民一直反对上述三个不平等条约。

　　中华人民共和国成立后，中国政府的一贯立场是：香港是中国的领土，中国不承认帝国主义强加的三个不平等条约，主张在适当时机通过谈判解决这一问题，未解决前暂时维持现状。

　　中共十一届三中全会后，邓小平提出按照"一个国家，两种制度"解决台湾和香港问题的构想。同时，随着 1997 年的日益临近，英国方面不断试探中国关于解决香港问题的立场和态度。在这种情况下，解决香港问题的时机已经成熟。

1979 年 3 月 29 日，邓小平会见香港总督麦理浩，明确提出 1997 年中国收回香港后，香港还可以搞资本主义。他指出："现在有人开始担心香港将来的前途和地位问题。对这个问题，我们有一贯的立场。我们历来认为，香港主权属于中华人民共和国，但香港又有它的特殊地位。香港是中国的一部分，这个问题本身不能讨论。但可以肯定的一点，就是即使到了 1997 年解决这个问题时，我们也会尊重香港的特殊地位。现在人们担心的，是在香港继续投资靠不靠得住。这一点，中国政府可以明确地告诉你，告诉英国政府，即使那时作出某种政治解决，也不会伤害继续投资人的利益。请投资的人放心，这是一个长期的政策。"邓小平在会见中，明确表示不同意麦理浩提出的在 1997 年 6 月后新界仍由英国管理的意见。他指出："中国政府的立场不影响投资者的投资利益，这就是：在本世纪和下世纪初相当长的时期内，香港还可以搞它的资本主义，我们搞我们的社会主义。就是到 1997 年香港政治地位改变了，也不影响他们的投资利益。"[1]

麦理浩的这次来访，传达了英国政府希望与中国政府接触、了解中国政府对 1997 年后香港地位的态度的信息。邓小平代表中国政府第一次阐述了对香港问题的立场。这次谈话后，中国政府把解决香港问题提上了议事日程。1981 年 2 月 17 日，邓小平委托邓力群打电话告诉廖承志："香港问题已摆上日程，我们应该有一个明确的方针。请各有关部门研究，提出材料和方案，供中央参考。"[2]

香港投资者十分关心中国政府对 1997 年后香港地位的态度。为此，邓小平在会见英方客人和香港实业界人士时，明确表示中国政府解决香港问题的政策不会影响投资者的利益。1981 年 4 月 3 日，邓小平在会见英国外交和联邦事务大臣卡林顿勋爵时指出："他们的生活方式、政治制度不变，这是我们的一项长期政策，而非权宜之计。对这个问题我们可以郑重地说，我在 1979 年同麦理浩爵士谈话时所作的保证，是中国政府正式的立场，是可

---

[1]　《邓小平年谱（1975—1997）》（上），中央文献出版社 2004 年版，第 500—501 页。

[2]　《邓小平年谱（1975—1997）》（下），中央文献出版社 2004 年版，第 715 页。

以信赖的。可以告诉香港的投资者，放心好了。"同年 12 月 8 日，邓小平在会见香港环球航运集团主席包玉刚、副主席李伯忠时又指出："我们正在考虑处理香港问题的政策，这些政策不会影响香港投资者的利益。"①

尽管邓小平反复表示请香港投资者放心，但香港实业界人士仍有人给他写信，了解 1997 年英国对香港租借期满后中国政府对香港问题的态度。鉴于此，邓小平决定加快解决香港问题的步伐。1981 年 12 月 15 日，他将香港合和实业有限公司总经理胡应湘、副总经理何炳章的来信，批送胡耀邦、李先念、陈云："香港问题如何解决，必须在两三个月内制定两个以上的方案，以供选择。"1982 年 3 月 21 日，邓小平审阅廖承志《关于解决香港地位问题的初步方案和近期工作的报告》，作出批示："拟原则同意，具体方案，待与各方人士交换意见之后，再作修改。"②

尽管解决香港问题的具体方案仍在酝酿过程中，但中国政府在 1997 年收回香港的立场是坚定的，同时对香港收回后的政策也是明确的。邓小平在会见外宾和香港各界人士时，多次介绍中国政府解决香港问题的方针政策。

1982 年 3 月 20 日，邓小平在会见香港工商界知名人士查济民时说："在 1997 年收回香港，这件事已经定了。一切文章都在这个前提下做。现在，主要是研究这个文章怎么做的问题。"

4 月 6 日，邓小平会见英国前首相希思。在谈到 1997 年收回香港问题时，邓小平指出：如果中国那时不把香港收回来，我们这些人谁也交不了账。新界的租借，香港岛、九龙半岛的割让，是过去不平等条约定的，现在实际上是废除条约的问题。在回答希思关于中国如何处理香港问题及如何使投资者放心等问题时，邓小平指出：香港的主权是中国的。中国要维护香港作为自由港和国际金融中心的地位，也不影响外国人在那里的投资，在这个前提下，由香港人，包括在香港的外国人管理香港。我们新宪法有规定，允许建立特别行政区，由香港人自己组成政府，不管是华人、英国人或其他人

---

① 《邓小平年谱（1975—1997）》（下），中央文献出版社 2004 年版，第 729、789 页。
② 《邓小平年谱（1975—1997）》（下），中央文献出版社 2004 年版，第 791、805 页。

都可以参加，可以做政府雇员嘛，甚至成为香港政府的成员都可以考虑。香港的各种制度也不变，对外可用"中国香港"的名字发展民间关系，如贸易、商业关系。到那时可能还保留护照。对英国来说，商业方面不会受到任何影响，还可以发展。

4月27日，邓小平在平壤同朝鲜劳动党中央委员会总书记、国家主席金日成谈到香港问题时说："我们尊重国际条约，还是到1997年，不准备提前解决这个问题。方案无非两个，一个是新界延长租期，一个是收回。现在我们定的方针是，到1997年包括香港岛、九龙半岛、新界整个收回。英国的'盘子'是放在能够继续维持英国的统治这点上。这不行。在中国，不管哪个人当政都不会同意新界延长租期。而且一建国我们就否定了关于香港的不平等条约，不承认这个条约。卖国的事谁也担当不起。所以，我们同英国人说，到1997年，香港岛、九龙半岛、新界，中国全收回。在这个前提下，维持香港自由港、国际金融中心的地位。我们设想，那时香港收回后，维持自由港和国际金融中心的地位。香港的社会制度不变，生活方式也不变。香港由香港人自己管理，组织地方政府，作为中国的特别行政区，挂中国国旗，也可能有个地方的旗帜，这可以商量，因为它也有些外事活动和国际交往。保留这样一个香港对我们益处比较大。不管怎样，香港必须收回。不搞这一条全国人民要反对。"

8月10日，邓小平在同美籍华人科学家邓昌黎、陈树柏等谈到香港问题时说：就是一个原则，1997年香港一定要收回，同时宣布以后的政策。香港不收回，我们这些管事的人，历史上将怎样写我们？说得露骨点是卖国贼，含蓄点是清朝皇帝。香港收回后作为特别行政区，制度、生活方式等都不变，力求保持现在的国际贸易中心、金融中心的地位。打中华人民共和国的旗，称为"中国香港"。香港的管理，北京不派人，香港自己找人管，香港必须以爱国者为主体的香港人管理。①

---

① 参见《邓小平年谱（1975—1997）》（下），中央文献出版社2004年版，第805、812—813、818、838页。

邓小平密集会见各方人士，反复阐明中国政府解决香港问题的方针政策，为会见即将来访的英国首相撒切尔夫人预做了铺垫。

1982年9月24日，邓小平会见了来访的英国首相撒切尔夫人。此前，9月16日，他曾就撒切尔夫人访华事同李先念、胡耀邦等交换过意见，为会谈定下了基调。邓小平再次肯定1997年收回香港的决策是正确的，并指出："15年中香港可能会发生波动，出乱子。我们要根据会出乱子这种可能性来安排一切。不仅对撒切尔夫人，而且对香港各界人士要说清楚，香港一定要收回，同时保护各方面的利益，使他们不要抱其他幻想。一切文章都要在收回香港，设立特别行政区这个大框子里来做。这次同撒切尔夫人会谈，就是将原则定下来。希望英国同我们合作。要说明，如果这中间发生大的风波，我们对收回香港的时间和方式，不得不作新的考虑。"①

9月24日，邓小平会见撒切尔夫人，就香港前途问题交换意见，全面阐述中国政府对香港问题的基本立场，强调中国在1997年将收回香港。

邓小平指出：我们对香港问题的基本立场是明确的。这里主要有三个问题，一个是主权问题；再一个是1997年后中国采取什么方式来管理香港，继续保持香港繁荣；第三个是中英两国政府要妥善商谈如何使香港从现在到1997年的15年中不出现大的波动。

邓小平强调：主权问题不是一个可以讨论的问题。中国在这个问题上没有回旋的余地。1997年中国将收回香港，不仅是新界，而且包括香港岛、九龙。否则，任何一个中国领导人和政府都不能向中国人民交代，甚至也不能向世界人民交代。如果不收回就意味着中国政府是晚清政府，中国领导人是李鸿章！不迟于一、二年时间，中国就要正式宣布收回香港这个决策。中国的这个决策，从大的方面讲，对英国也是有利的，因为这意味着届时英国将彻底结束殖民统治时代。中英两国应该合作，共同来处理好香港问题。保持香港的繁荣，我们希望取得英国的合作，但这不是说，香港继续保持繁荣必须在英国的管辖之下才能实现。香港继续保持繁荣，根本上取决于中国收

---

① 《邓小平年谱（1975—1997）》（下），中央文献出版社2004年版，第849页。

回香港后，在中国管辖之下，实行适合于香港的政策。香港现行的政治、经济制度，甚至大部分法律都可以保留，当然，有些要加以改革。香港仍将实行资本主义，现行的许多适合的制度要保持。

邓小平指出：现在人们议论最多的是，如果香港不能继续保持繁荣，就会影响中国的四化建设。我认为，影响不能说没有，但说会在很大程度上影响中国的建设，这个估计不正确。如果中国把四化建设能否实现放在香港是否繁荣上，那末这个决策本身就是不正确的。人们还议论香港外资撤走的问题。只要我们的政策适当，走了还会回来的。所以，我们在宣布1997年收回香港的同时，还要宣布1997年后香港所实行的制度和政策。

在撒切尔夫人提出有人说一旦中国宣布1997年要收回香港，香港就有可能发生波动时，邓小平指出：我的看法是小波动不可避免，如果中英两国抱着合作的态度来解决这个问题，就能避免大的波动。中国政府在做出这个决策的时候，各种可能都估计到了。如果在15年的过渡时期内香港发生严重的波动，中国政府将被迫不得不对收回香港的时间和方式另作考虑。如果说宣布要收回香港就会像夫人说的"带来灾难性的影响"，那我们要勇敢地面对这个灾难，做出决策。我相信我们会制定出收回香港后应该实行的、能为各方面所接受的政策。我不担心这一点。我担心的是今后15年过渡时期如何过渡好，担心在这个时期中会出现很大的混乱，而且这些混乱是人为的。这当中不光有外国人，也有中国人，而主要的是英国人。制造混乱是很容易的，我们进行磋商就是要解决这个问题。①

邓小平建议双方达成这样一个协议，即双方同意通过外交途径开始进行香港问题的磋商，前提是1997年中国收回香港，在这个基础上磋商解决今后15年怎样过渡得好以及15年以后香港怎么办的问题。撒切尔夫人同意邓小平的建议。

这次会谈为中英解决香港问题定下了基调。此后，中英两国政府开始通过外交途径就解决香港问题进行商谈。

---

① 参见《邓小平文选》第3卷，人民出版社1993年版，第12—15页。

　　为确定同英国商谈的基本方针，国务院港澳办公室等有关部门在廖承志主持下，根据邓小平会见撒切尔夫人时的谈话精神，对原来拟定的解决香港问题的初步方案进行了仔细的推敲和修改，于 1983 年 3 月 27 日上报中共中央。经过修改的方案共 12 条，其主要内容是：一、中国政府决定于 1997 年 7 月 1 日对香港地区恢复行使主权。二、恢复行使主权后，在香港设立特别行政区，直辖于中央人民政府，享有高度自治权。三、特别行政区享有立法权，有独立的司法权和终审权。四、特别行政区政府由当地人组成。主要官员在当地通过选举或协商产生，由中央人民政府委任。五、现行的社会、经济制度不变，生活方式不变。六、香港特别行政区仍为自由港和独立关税地区。七、保持金融中心地位，继续开放外汇、黄金、证券、期货等市场，资金进出自由，港币照常流通，自由兑换。八、特别行政区财政保持独立。九、特别行政区可同英国建立互惠经济关系。英国在香港的经济利益将得到照顾。十、特别行政区可以"中国香港"的名义，单独地同世界各国、各地区以及有关国际组织，保持和发展经济、文化关系，签订协议。十一、特别行政区的社会治安由特别行政区政府负责。十二、上述方针政策，由全国人民代表大会以香港特别行政区基本法规定之，50 年不变。①

　　4 月 4 日，邓小平审阅港澳办公室《关于解决香港问题的修改方案的请示报告》，作出批示："我看可以。兹事体大，建议政治局讨论。"4 月 22 日，中共中央政治局召开扩大会议，审议港澳办公室关于解决香港问题的修改方案。邓小平在会上讲话指出：这个"十二条"，是我们下个月开始同英国谈判的基本方针。谈判首先要确定前提，就是 1997 年中国收回香港，这个问题是不容讨论的。第二是 1997 年中国收回香港之后，香港怎么办？怎么样保持香港的繁荣？保持繁荣的办法就是若干不变。第三是从现在起到 1997 年这 14 年过渡时期中，怎么保证香港不出乱子，双方都不做损害香港繁荣的事情，怎么做到顺利交接，确定香港人怎么样在各行各业，特别是政治、经济、法律、对外事务等方面逐步参与的方式。他还指出：谈判可能谈好，

_____

① 参见《陈云传》（四），中央文献出版社 2015 年版，第 1694 页。

也可能谈不好，如果谈不好，明年 9 月，我们也要单方面宣布 1997 年收回香港，并同时宣布中国收回香港以后的一系列政策，就是这"十二条"。"十二条"里面有个"五十年不变"，这样规定可以使香港人放心，减少他们的疑虑；可以使人们更感到我们政策的连续性、可靠性，有利于我们和英国谈判，有利于顺利收回香港和保持香港的繁荣。所以，"五十年不变"是个大问题。在谈到培养治港人才的问题时，邓小平说：将来特别行政区政府由香港爱国者为主体组成。爱国者的标准就一条，赞成中国收回香港，拥护国家统一。现在就要考虑培养人才，并逐步参与管理。为此，有必要在香港成立若干政治性社团，以便从中锻炼一批政治人物。①

之前，1982 年 3 月 20 日，香港工商界知名人士查济民曾向邓小平建议：香港百多年来都是在英国人统治下，香港人没有机会参政，香港回归后培养管理香港的人才是个很大的问题，建议成立几个政治性团体，以便培养这方面的人才。邓小平说："这个建议很重要。为了培养治港人才，需要建立一些政治性团体。"②

这次政治局扩大会议原则批准关于解决香港问题的修改方案，作为同英国谈判的基本方针。会议决定，由廖承志去广州和杭州，向正在那里休养的叶剑英和陈云汇报。

廖承志先到广州向叶剑英汇报，然后于 5 月 14 日到杭州向陈云汇报。陈云同意中共中央确定的解决香港问题的基本方针。并说："我看 50 年政策不变，这条很好，人心就定了。""从 1842 年到 1997 年，共 155 年，收回香港，对中华人民共和国子孙后代有交代了。国民党什么也没有收回。"还说：邓小平提出的凡是赞成收回香港的都是爱国分子，这一条"很重要"，"宽之又宽就是了"。还有"尽量用本地人，包括英国人和其他国的人"。在交谈中，廖承志说："在广州，有人提议，应允许一部分香港工业品销往内地，不会构成什么危害。"陈云同意，说："可以起竞争作用，使国内产品有改进，不

---

① 参见《邓小平年谱（1975—1997）》（下），中央文献出版社 2004 年版，第 899—900、901—902 页。

② 《邓小平年谱（1975—1997）》（下），中央文献出版社 2004 年版，第 805 页。

能老一套。"同时提出:"不要各省市都去香港发洋财,会搞乱的。"廖承志说:现在已经去得不少了,相当乱,姚依林想抓一下,但感到有点烫手。陈云说:"要管一下。""香港还是中国人的地方,不管是要搞乱的,影响我各方面的政策,这不好。"①

中英两国政府关于解决香港问题的谈判分两个阶段,第一阶段从1982年9月英国首相撒切尔夫人访华至1983年6月,双方主要就原则和程序问题进行会谈。第二阶段从1983年7月至1984年9月,两国政府代表团就具体实质性问题进行了22轮会谈。

在撒切尔夫人访华后的半年里,由于英方在香港主权问题上立场不变,双方的磋商没有进展。1983年3月撒切尔夫人写信给中国总理,作出了她准备在某个阶段向英国议会建议使整个香港主权回归中国的保证。4月中国总理复信表示,中国政府同意尽快举行正式谈判。

1983年7月12日至13日中英两国政府代表团举行第一轮会谈。由于英方仍然坚持1997年后英国继续管治香港,直至第四轮会谈毫无进展。9月10日,邓小平会见访华的英国前首相希思时明确指出:"英国想用主权来换治权是行不通的。希望不要再在治权问题上纠缠,不要搞成中国单方面发表声明收回香港,而是要中英联合发表声明。在香港问题上,希望撒切尔夫人和她的政府采取明智的态度,不要把路走绝了。中国1997年收回香港的政策不会受任何干扰,不会有任何改变,否则我们就交不了账。"邓小平还指出:"从现在到1997年还有14年,这14年要过渡好,核心是1997年能顺利收回香港,不会引起动荡。比较顺当地交接对各方面都有好处。过渡期有个香港人参与管理的问题。参与管理,不当主角可以,但要开始知道哪些方面的管理。无论政治、经济、商业和金融方面等等,不知道怎么行,一下子拿过来怎么行!所以要逐步熟悉、参与,整个过程就完满了。"邓小平最后说:"希望本月22日开始的中英第四次会谈,英方不要再纠缠主权换治权问题,要扎扎实实地商量香港以后怎么办,过渡时期怎么办。这对彼此最有

---

① 《陈云传》(四),中央文献出版社2015年版,第1694—1695页。

益处。"①

10 月英国首相来信提出，双方可在中国建议的基础上探讨香港的持久性安排。第五、六轮会谈中，英方确认不再坚持英国管治，也不谋求任何形式的共管，并理解中国的计划是建立在 1997 年后整个香港的主权和管治权应该归还中国这一前提的基础上。至此，中英会谈的主要障碍开始排除。

从 1983 年 12 月第 7 轮会谈起，谈判纳入了以中国政府关于解决香港问题的基本方针政策为基础进行讨论的轨道。根据中国政府的基本方针政策，未来的香港特别行政区直辖于中华人民共和国中央人民政府。除外交和国防事务属中央人民政府管理外，香港特别行政区享有高度的自治权。中央人民政府将在香港特别行政区派驻部队，负责其防务。特别行政区政府将由当地人组成，英籍和其他外籍人士可担任顾问或政府一些部门中最高至副司级的职务。虽然英方明确承诺过不再提出任何与中国主权原则相冲突的建议，但在讨论中仍不时提出许多与其承诺相违背的主张，目的是要把未来香港变成英国能够影响的某种独立或半独立的政治实体，直接抵触中国主权原则。中方理所当然地坚决反对，未予采纳。

从 1984 年 4 月第 12 轮会谈后，双方转入讨论过渡时期香港的安排和有关政权移交的事项。

在香港设立联合机构问题是谈判中遇到的最困难问题之一。中方提出了关于过渡时期的安排和有关政权交接的基本设想，建议在香港设立常设性中英联合小组，其任务是协调中英协议的执行、商谈有关实现政权顺利移交的具体措施。对此英方坚决反对，强调不要正式确定 1997 年前为"过渡时期"，不应建立任何常设机构，以免造成中英"共管"的印象。1984 年 4 月英国外交大臣杰弗里·豪访华，邓小平在 4 月 18 日会见他时说，"必须看到在过渡时期内有很多事情要做，需要双方合作。没有一个机构怎么行？可以考虑这个机构设在香港，轮流在香港、北京、伦敦开会"②。豪表示同意双方

---

① 《邓小平年谱（1975—1997）》（下），中央文献出版社 2004 年版，第 932 页。

② 《邓小平年谱（1975—1997）》（下），中央文献出版社 2004 年版，第 970 页。

在此基础上讨论。但在此后三个多月的会谈中，英方仍反对在香港设立联合小组，使谈判陷入僵局。7 月英外交大臣再次访华，中方表示如英方同意设立联合小组并以香港为常驻地，该小组进驻香港的时间以及 1997 年后是否继续存在一段时间都可以商量。最后双方商定，设立联合联络小组，小组于 1988 年 7 月 1 日进驻香港，2000 年 1 月 1 日撤销。

在香港驻军问题是中英谈判中争论最大的问题。邓小平特别强调，中国有权在香港驻军。1984 年 4 月 18 日，他在会见英国外交大臣杰弗里·豪时说："1997 年后，我们派一支小部队去香港。这不仅象征中国恢复对香港行使主权，对香港来说，更大的好处是一个稳定的因素。"5 月 25 日，邓小平在会见港澳记者时又说："既然香港是中国的领土，为什么不能驻军！英国外相也说，希望不要驻军，但承认我们恢复行使主权后有权驻军。没有驻军这个权力，还叫什么中国领土！我国政府在恢复对香港行使主权之后，有权在香港驻军，这是维护中华人民共和国领土的象征，是国家主权的象征，也是香港稳定和繁荣的保证。"①

中英通过谈判确定，中国收回香港、恢复行使主权，这一点在协议中必须有明确的表述。英方不接受中方对香港恢复行使主权的提法，先后提出的草案都具有三个不平等条约有效的含意，中方坚决不能接受。最后双方同意用《联合声明》的形式，采用以下表述方式，即中国政府声明："中华人民共和国政府决定于 1997 年 7 月 1 日对香港恢复行使主权。"英国政府声明："联合王国政府于 1997 年 7 月 1 日将香港交还给中华人民共和国。"这样就解决了主权归属问题的表述。

此后，双方代表团举行了三轮会谈，讨论了国籍、民航、土地等几个政策性和技术性都比较复杂的具体问题，并对协议的文字措辞进行了反复磋商。1984 年 9 月 18 日双方就全部问题达成协议，并于 9 月 26 日草签了中英《联合声明》和三个附件。至此，为时两年的中英两国政府关于香港问题的谈判圆满结束。

---

① 《邓小平年谱（1975—1997）》（下），中央文献出版社 2004 年版，第 970、978 页。

　　陈云对中共中央解决香港问题的方针及香港问题的谈判予以高度评价。10 月 20 日，他在中共十二届三中全会上的书面发言中指出："香港是在鸦片战争后，被英帝国用不平等条约强迫清政府从中国领土上割让出去的。现在，中英两国政府通过外交谈判，确认我国将在 1997 年收回香港。这是具有历史意义的一件大事。当然，13 年后，我们还只是恢复行使对香港的主权，至于香港的社会制度，我们说了，至少 50 年不变。这样做，有利于继续发挥香港对我们四化建设的作用。事实说明，中央关于解决香港问题的方针、步骤是完全正确的。中华人民共和国完成了历史赋予的这个任务。我们对得起我们的子孙后代。"①

　　1984 年 12 月 19 日，中英两国政府首脑在北京正式签署了关于香港问题的联合声明。邓小平出席签字仪式并会见了英国首相撒切尔夫人。他在同撒切尔夫人谈话时指出：我们两国的领导人就香港问题达成协议，为各自的国家和人民做了一件非常有意义的事情。邓小平认为"一国两制"的构想在解决香港问题上起了最重要的作用。他说：如果"一国两制"的构想是一个对国际上有意义的想法的话，那要归功于马克思主义的辩证唯物主义和历史唯物主义，用毛泽东主席的话来讲就是实事求是。这个构想是在中国的实际情况下提出来的。中国面临的实际问题就是用什么方式才能解决香港问题，用什么方式才能解决台湾问题。采用和平方式解决香港问题，就必须既考虑到香港的实际情况，也考虑到中国的实际情况和英国的实际情况，就是说，我们解决问题的办法要使三方面都能接受。

　　针对人们担心中国在签署这个协议后，是否能始终如一地执行的疑虑，邓小平明确指出：我们不仅要告诉阁下和在座的英国朋友，也要告诉全世界的人：中国是信守自己的诺言的。他说：我们讲"五十年"，不是随随便便、感情冲动而讲的，是考虑到中国的现实和发展的需要。如果说本世纪内我们需要实行开放政策，那末在下世纪的前五十年内中国要接近发达国家的水平，也不能离开这个政策。保持香港的繁荣稳定是符合中国的切身利益的。

---

① 《陈云文选》第 3 卷，人民出版社 1995 年版，第 336 页。

邓小平最后说：我还想请首相告诉国际上和香港的人士，"一国两制"除了资本主义，还有社会主义，就是中国的主体、十亿人口的地区坚定不移地实行社会主义。在这个前提下，可以容许在自己身边，在小地区和小范围内实行资本主义。我们相信，在小范围内容许资本主义存在，更有利于发展社会主义。我们对外开放二十来个城市，这也是在社会主义经济是主体这个前提下进行的，不会改变它们的社会主义性质。相反地，对外开放有利于壮大和发展社会主义经济。①

1985 年 5 月 27 日，中英两国政府在北京互换批准书，中英联合声明正式生效。1990 年 4 月，七届全国人大三次会议通过了《中华人民共和国香港特别行政区基本法》。1997 年 7 月 1 日，中国政府对香港恢复行使主权，香港特别行政区正式成立。

澳门问题也是通过邓小平提出的"一国两制"解决的，同样是实行澳人治澳。

澳门自古以来就是中国的领土。16 世纪中叶以后，被葡萄牙人逐步占领。中华人民共和国成立后明确宣布，对于澳门等历史遗留问题，中国政府主张在条件成熟时经过谈判和平解决，在未解决之前维持现状。

1979 年 2 月 8 日，中葡两国正式建立外交关系。关于澳门问题，双方在建交谈判中商定，澳门是中国领土，目前由葡萄牙政府管理，澳门问题是历史遗留问题，在适当的时候，中葡两国应通过协商友好解决。1980 年 3 月 13 日，邓小平在会见澳门总督伊芝迪时指出："关于澳门的地位，中国政府和葡萄牙政府建交谈判时已经商定了，这不是一项短期的政策，而是长期的政策。"②

1984 年 9 月，中英达成关于解决香港问题的协议后，澳门问题的解决随之提上了日程。同年 10 月 3 日，邓小平在会见港澳同胞国庆观礼团时指出："澳门问题的解决，想用香港的方式，我们以前不讲，是不要因为澳门

---

① 参见《邓小平文选》第 3 卷，人民出版社 1993 年版，第 101—103 页。

② 《邓小平年谱（1975—1997）》（上），中央文献出版社 2004 年版，第 609 页。

问题影响了其他。澳门问题的解决当然也是澳人治澳，'一国两制'。"①10 月
6 日，邓小平在会见澳门中华总商会会长马万祺时，进一步阐述了解决澳
门问题的原则。他说："澳门问题也将按照解决香港问题那样的原则来进行，
'一国两制'、澳人治澳、五十年不变等等。"②

　　1985 年 5 月，葡萄牙总统埃亚内斯访问中国。5 月 24 日，邓小平在会
见他时说："中葡之间没有吵架的问题，只存在一个澳门问题。这个问题在
两国建交时已经达成谅解，只要双方友好协商，是不难解决的。"③1986 年 6
月 30 日，中葡双方在北京开始了解决澳门问题的谈判。双方在澳门主权问
题上的分歧不大，分歧较大的是中国收回澳门的时间问题。葡方难以接受中
方提出的在 2000 年前恢复对澳门行使主权。邓小平明确表示，澳门问题必
须在本世纪内解决，不能把殖民主义的尾巴拖到下一世纪。④1986 年 12 月
31 日，中国方面声明：在 2000 年以前收回澳门是包括澳门同胞在内的十亿
中国人民不可动摇的立场和愿望，任何关于 2000 年以后交还澳门的主张都
是不能接受的。1987 年 3 月，中葡双方在第四轮谈判中对各项协议文本内
容最后取得一致意见。3 月 26 日，中葡两国政府代表团团长草签了两国政
府关于澳门问题的联合声明及其附件。

　　1987 年 4 月 13 日，中葡两国关于澳门问题的《联合声明》在北京正式
签署。声明宣布，中华人民共和国政府将于 1999 年 12 月 20 日对澳门恢复
行使主权。邓小平出席了签字仪式，并在签字仪式前会见了葡萄牙总理席
尔瓦。邓小平指出："中国在不长的时间内解决了香港问题、澳门问题，为
处理国际上有争议的问题树立了一个范例。"⑤澳门问题的解决，再次证明用
"一国两制"方式解决这类问题是成功的。1993 年 3 月，八届全国人大一次
会议通过《中华人民共和国澳门特别行政区基本法》。1999 年 12 月 20 日，

---

① 《邓小平年谱（1975—1997）》（下），中央文献出版社 2004 年版，第 999 页。
② 《邓小平年谱（1975—1997）》（下），中央文献出版社 2004 年版，第 1001 页。
③ 《邓小平年谱（1975—1997）》（下），中央文献出版社 2004 年版，第 1049 页。
④ 参见《邓小平画传》下卷，中央文献出版社 2014 年版，第 631 页。
⑤ 《邓小平年谱（1975—1997）》（下），中央文献出版社 2004 年版，第 1176 页。

中国政府对澳门恢复行使主权，澳门特别行政区正式成立。

实现大陆和台湾的和平统一，在邓小平和陈云心中同样占有特别重要的分量。

1979年1月1日，中美两国正式建立外交关系。解决台湾问题，完成祖国统一大业随之提上了具体日程。同日，全国人民代表大会常务委员会发表《告台湾同胞书》，郑重宣布了中国共产党和中国政府关于台湾回归祖国、实现国家统一的大政方针。当天，全国政协举行座谈会，讨论《告台湾同胞书》。邓小平出席会议并讲话。他指出："台湾归回祖国、完成祖国统一大业的事情能提到具体日程上来，也是由于在国内和国际的工作中取得重大成就的结果。"①

关于解决台湾问题的途径和方法，邓小平正视历史和现实，创造性地提出了"一国两制"伟大构想。1978年11月14日，他在会见缅甸总统吴奈温时说："在解决台湾问题时，我们会尊重台湾的现实。比如，台湾的某些制度可以不动，美、日在台湾的投资可以不动，那边的生活方式可以不动，但是要统一。"②1981年8月26日，邓小平在会见台湾、香港知名人士傅朝枢时，进一步阐述了中央政府对台湾的政策。他指出："台湾不搞社会主义，社会制度不变，外国资本不动，甚至可以拥有自己的武装力量。台湾人民的生活水平不降低。"③

1981年9月30日，全国人大常委会委员长叶剑英向新华社记者发表谈话，阐明了台湾回归祖国实现和平统一的九条方针。1982年1月11日，邓小平在会见美国华人协会主席李耀滋时说："九条方针是以叶副主席的名义提出来的，实际上就是一个国家两种制度。"④ 这是邓小平首次提出"一国两制"的概念。

1983年6月26日，邓小平会见美国新泽西州西东大学教授杨力宇，进

① 《邓小平文选》第2卷，人民出版社1994年版，第155页。
② 《邓小平年谱（1975—1997）》（上），中央文献出版社2004年版，第430页。
③ 《邓小平年谱（1975—1997）》（下），中央文献出版社2004年版，第764页。
④ 《邓小平年谱（1975—1997）》（下），中央文献出版社2004年版，第797页。

一步阐明实现大陆和台湾和平统一的方针政策。他指出："问题的核心是祖国统一。我们不赞成台湾'完全自治'的提法。'完全自治'就是'两个中国'，而不是一个中国。制度可以不同，但在国际上代表中国的，只能是中华人民共和国。"邓小平在谈话中提出："祖国统一后，台湾特别行政区可以有自己的独立性，可以实行同大陆不同的制度。司法独立，终审权不须到北京。台湾还可以有自己的军队，只是不能构成对大陆的威胁。大陆不派人驻台，不仅军队不去，行政人员也不去。台湾的党、政、军等系统，都由台湾自己来管。中央政府还要给台湾留出名额。"邓小平强调："和平统一不是大陆把台湾吃掉，当然也不能是台湾把大陆吃掉。所谓'三民主义统一中国'，这不现实。我们建议举行两党平等会谈，实行第三次合作，而不提中央与地方谈判。双方达成协议后，可以正式宣布。但万万不可让外国插手，那样只能意味着中国还未独立，后患无穷。"① 这些内容，后来被概括为"邓六条"。这六条方针，进一步充实了"一国两制"的内容，使其更加具体化、系统化。

1983 年 12 月 25 日，由中共中央台湾工作办公室安排，陈云在住所会见一位受台湾国民党高层人士陈立夫、陶希圣之托前来看望的香港商人。陈云请他捎话给台湾的几位老朋友。说："人老了容易怀旧。"他们都是从大陆出去的，出去三十多年，总会想念大陆，想念家乡，想念亲人，这也是人之常情。"我们诚心诚意地欢迎他们回来看看，来时愿意和我们谈谈就谈谈，不愿意谈也可以；来一次可以，常来常往也可以。总之，随他们方便，我们这方面没有问题。"②

关于祖国统一、两党谈判，陈云说："我们方面的意见，过去叶剑英同志提出的九条，最近邓小平同志同杨力宇教授的谈话，都已经说清楚了。这些意见，既是从国家、民族的大局出发的，也是为蒋经国先生所代表的国民党利益着想的。现在我们两边虽然吵架，但都坚持只有一个中国、反对台湾独立的立场。在这一点上，我们两边是一致的。将来我们这边的老一辈人不

---

① 《邓小平文选》第 3 卷，人民出版社 1993 年版，第 30—31 页。

② 《陈云传》(四)，中央文献出版社 2015 年版，第 1696 页。

在了，接我们班的人仍然会坚持这个立场，而且能够坚持下去。但他们那边的老人不在时，接他们班的人是否会坚持这个立场；如果坚持，客观上是否能坚持得住，这些就很难说。因此，要趁我们这些老人还在的时候，早做打算，早下决心，先把国家统一起来。这样即使他们身后有人要搞台湾独立，也就不那么容易了。"这些话是语重心长的。

关于统一的方式，陈云说："说到统一，有一个用什么'统'的问题。照我们的意见，就是用一个国名、一个首都来'统'，其余都可以维持现状不变。就是说，既不要用大陆的社会主义制度去'统'，也不要用台湾的现行制度来'统'。我们认为这是最现实的，是从实际出发的办法。用三民主义统一中国，我看不现实。"陈云进一步解释说："国民党在大陆推行三民主义几十年，结果并不理想，我们搞社会主义，只搞了三十多年，不仅解决了十亿人口的吃饭、穿衣问题，而且使人民的生活水平有了明显的提高。当然，这些年台湾的人均国民收入比大陆高，但那里没有十亿人口，也没有八亿农民，所以，国家统一以后，大陆还是要搞社会主义，台湾的现行制度也可以继续搞下去，我们不反对。"

在谈话最后，陈云还特别提醒国民党高层领导："同时，也要注意，世界上并不是所有国家的人都愿意看到中国的统一，有人死抓住台湾不放，把台湾看成是自己'不沉的航空母舰'，他们是一定要千方百计从中阻挠和破坏的，到时候是什么手段都使得出来的。因此，要提高警惕，尽可能采取一些防范措施。"[1]

谈话结束时，陈云委托这位商人给台湾的几位老朋友带去西湖龙井茶、杭州都锦生的云栖织锦等几样土特产品，还特意请人录了《秋思》《宫怨》两段评弹开篇，请他们听听"乡音"。[2]诚恳的话语，细心的安排，体现了陈云对完成祖国统一的殷切期盼。

在邓小平和陈云等的共同推动下，祖国统一问题取得明显进展。1987

---

① 《陈云文选》第3卷，人民出版社1995年版，第334—335页。

② 参见《陈云传》（四），中央文献出版社2015年版，第1698页。

年 10 月，台湾当局有限制地开放探亲，两岸人员往来和经济文化交流迅速展开。1992 年 11 月，海峡两岸关系协会和台湾海峡交流基金会达成各自以口头方式表述"海峡两岸均坚持一个中国原则"的"九二共识"。在此基础上，海协会会长汪道涵、台湾海基会董事长辜振甫于 1993 年 4 月在新加坡成功举行"汪辜会谈"。海峡两岸关系打开新局面。

第二十九章

关注科技和教育事业

　　科技和教育工作是改革开放伟大事业的重要组成部分，在改革开放和社会主义现代化建设的健康发展中起着至关重要的作用。邓小平和陈云一向十分关注科技和教育事业。中共十一届三中全会后，他们对这些领域的问题做出过一系列重要论述，提出了许多思想和主张，推动着中国科技和教育事业的不断发展，有力地加快了中国改革开放的历史进程。

　　在科技工作方面，邓小平和陈云都很重视科学技术的自主发展，强调要把发展科学技术作为优先方向摆在重要战略位置。同时，他们也十分关心知识分子的生活，注重发挥知识分子在推动科技进步、服务经济社会发展中的主力军作用。

　　邓小平对中国发展自己的科技一贯高度重视，主张在世界高科技领域中国要占有一席之地。中共十一届三中全会后，随着改革开放的不断推进，邓小平更加关注科学技术的自主发展。北京正负电子对撞机这项世界高科技工程，就是在他的关心下建成的。

　　北京正负电子对撞机是我国第一台高能加速器，也是高能物理研究的重大科技基础设施。早在 1975 年主持中共中央日常工作时，邓小平即积极支持建造高能加速器，后因种种原因这项工程没能正常进行。1980 年 5 月 25 日，邓小平在审阅中国科学院副院长周培源等关于建造高能加速器的重要性的报告时作出批示："此事影响太大，不能下马，应坚决按原计划进行。"①

---

① 《邓小平年谱（1975—1997）》（上），中央文献出版社 2004 年版，第 638 页。

邓小平一方面积极支持高能加速器的建造，另一方面又注意听取各方特别是外国专家的意见，以确保决策的科学性。1980年12月25日，聂华桐等14位美籍华人科学家就中国决定建造高能加速器问题致信邓小平。信中对中国决定建造高能加速器持保留意见，希望中国领导人在科技政策的轻重取舍上有所调整，并建议国内科技界对建造高能加速器问题进行深入的论证。1981年1月10日，邓小平阅信后作出批示："这个问题值得重视，我过去是积极分子，看来需要重新考虑，请方毅同志召集一个专家会议进行论证。"①但美籍华人科学家的意见也不一致。吴健雄、袁家骝教授在致邓小平的信中，则建议中国在国民经济调整期间不应停止发展高能物理研究和电子加速器建造。2月5日，邓小平阅信后作出批示："此事请财经小组审定，宜早作抉择。"②

鉴于此事重大，且各方意见不一，邓小平指示国务院副总理兼国家科委主任方毅召集一个专家会进行论证。4月15日，邓小平将美籍华人李政道教授同其他一些外国专家就中国建造高能物理加速器的非正式讨论的意见，批转方毅考虑。4月23日，方毅回信给李政道，表示国内准备在5月上旬召开一个讨论会，请有关方面的专家参加，进一步论证北京高能物理研究基地的建设方案。遵邓小平嘱，回信转达了邓小平对李政道的谢意。③

1981年12月22日，中国科学院负责人给邓小平等中共中央领导同志写报告，请求批准在北京建设正负电子对撞机的方案。邓小平当日作出批示："这项工程已进行到这个程度，不宜中断，他们所提方针，比较切实可行。我赞成加以批准，不再犹豫。"12月25日，邓小平在会见李政道前，就建设正负电子对撞机问题，对将陪同会见的万里、姚依林说：要坚持，下决心，不要再犹豫了。工程进度按五年为期限，经费要放宽一些。这个益处是很大的。④

———————————

①　《邓小平年谱（1975—1997）》（下），中央文献出版社2004年版，第704—705页。

②　《邓小平年谱（1975—1997）》（下），中央文献出版社2004年版，第711页。

③　参见《邓小平年谱（1975—1997）》（下），中央文献出版社2004年版，第733页。

④　《邓小平年谱（1975—1997）》（下），中央文献出版社2004年版，第792—793页。

经过反复论证，1983 年 4 月，国务院批准了对撞机工程计划任务书。同年 12 月，中共中央决定将对撞机工程列入国家重点建设项目。1984 年 10 月 7 日，邓小平出席北京正负电子对撞机国家实验室奠基典礼，在电子对撞机工地为基石培上第一锹土。基石上镌刻着邓小平书写的铭文："中国科学院高能物理研究所北京正负电子对撞机国家实验室奠基。"在参加奠基典礼前，邓小平会见了李政道教授，对他在工程论证过程中付出的艰巨劳动表示感谢。邓小平还参观了工程模型，听取了关于对撞机性能和用途的汇报，参观了中国科学院高能物理研究所的质子加速器，接见了中美双方参加中美高能物理第五次联合委员会会议的全体成员、中国科学院的一些专家和参加这项工程的各有关单位代表。①

经过广大科技工作者 4 年的努力，1988 年 10 月 16 日凌晨，中国第一台自行设计、研制和建造的高能粒子加速器——北京正负电子对撞机首次对撞成功。这是中国在高科技领域取得的一项重大突破性成就。这项世界高科技工程的建成，与邓小平的大力支持和长远眼光是分不开的。1986 年 10 月 18 日，邓小平在会见李政道教授时，谈了对这个问题的思考。他指出："发展高科技，我们还是要花点钱，该花的就要花。前几年有的外国科学家问我，你们在不富裕的情况下为什么要搞加速器？我说，我们是从长远考虑。现在看来搞对了，决心下对了，起码争取了几年时间。在高科技方面，我们要开步走，不然就赶不上，越到后来越赶不上，而且要花更多的钱，所以从现在起就要开始搞。"②

1988 年 10 月 24 日，邓小平视察了北京正负电子对撞机国家实验室。他在听取中国科学院院长周光召关于对撞机工程建设情况的汇报时指出："世界上一些国家都在制定高科技发展计划，中国也制定了高科技发展计划。下一个世纪是高科技发展的世纪。过去也好，今天也好，将来也好，中国必须发展自己的高科技，在世界高科技领域占有一席之地。这些东西反映

---

① 《邓小平年谱（1975—1997）》（下），中央文献出版社 2004 年版，第 1002—1003 页。

② 《邓小平文选》第 3 卷，人民出版社 1993 年版，第 183—184 页。

一个民族的能力，也是一个民族、一个国家兴旺发达的标志。"他强调："现在世界的发展，特别是高科技领域的发展一日千里，中国不能安于落后，必须一开始就参与这个领域的发展。不仅这个工程，还有其他高科技领域，都不要失掉时机，都要开始接触，这个线不能断了，要不然我们很难赶上世界的发展水平。"① 随后，邓小平会见了参加对撞机建设的科技人员、干部、工人代表和来北京参加中美高能物理联合委员会第九次会议的美国科学家，参观了电子对撞机国家实验室的各项设施。

跟踪世界高技术发展的"863"计划也是在邓小平的支持下开始实施的。1986 年 3 月 3 日，王大珩、王淦昌、杨嘉墀、陈芳允等 4 位著名科学家给邓小平、胡耀邦等写信，提出关于跟踪研究外国战略性高技术发展的建议。3月 5 日，邓小平作出批示："这个建议十分重要"，"找些专家和有关负责同志讨论，提出意见，以凭决策。此事宜速作决断，不可拖延。"根据邓小平的意见，国家科委邀请部分科学家进行座谈。座谈中，对选择高技术项目是以发展国民经济为主，还是以增强军事实力为主，产生了不同意见。4 月 6 日，邓小平阅国家科委副主任吴明瑜 5 日关于座谈情况的来信，作出批示："我赞成'军民结合，以民为主'的方针。"此后，国家科委成立"863"计划② 编制小组。经过组织论证，并广泛征求专家意见，比较全面地提出了关于高技术研究发展的计划报告。10 月 6 日，邓小平对该报告作出批示："我建议，可以这样定下来，并立即组织实施（如有缺点或不足，在实施中可以修改和补充）。"在邓小平的支持和推动下，11 月，中共中央、国务院批准《高技术研究发展计划纲要》。计划纲要确定从世界高技术的发展趋势和我国的需要与实际可能出发，选择 15 个主题项目，分别属于 7 个领域，包括生物技术、航天技术、信息技术、先进防御技术、自动化技术、能源技术和新材料技术的一些领域，以此作为突破重点，在几个重要的高技术领域跟踪世界水平。③1987 年 3 月，

①　《邓小平年谱（1975—1997）》（下），中央文献出版社 2004 年版，第 1256 页。

②　因为提出跟踪世界高技术发展的建议和邓小平作出批示的时间是 1986 年 3 月，所以中国高技术研究发展计划就简称"863"计划。

③　参见《邓小平年谱（1975—1997）》（下），中央文献出版社 2004 年版，第 1107—1108 页。

这个计划开始组织实施。

对中国科学技术的自主发展，陈云同样十分重视。他反复强调，引进国外先进技术要避免盲目性和依赖性，对那些工艺复杂、国内没有掌握而国外有成熟经验的技术可以引进，但对国内有自主研究条件或国际上对我封锁的敏感技术，以及关系国家安全的关键技术，要组织国内力量自主研制，并强调要加大技术资金投入。中国的核电工业和电子工业在自主研发的过程中，就得到了陈云的关心和支持。

为解决我国电力工业不能满足社会各方面需要的问题，1982 年 12 月 13 日，国务院常务会议决定，在广东大亚湾建设核电站，并同法国、英国谈判，争取优惠条件。陈云很关心我国的核电工业，认为发展核电应该走自力更生为主、同时引进外国先进技术和设备的道路。12 月 17 日，他在国家计委关于国内搞核电站的情况报告上批示："不管广东核电站谈成谈不成，自己必须搞自己的核电站。再不要三心二意了。"[①]陈云的批示促进了我国核电事业的发展。1983 年 6 月，中国自主设计和建造的秦山核电站破土动工，1991 年 12 月并网发电。1984 年 4 月，大亚湾核电站破土动工，1993 年 1 号机组投产发电。这两座核电站的建成，对我国核电技术的自主发展，起了重要的推动作用。

陈云对电子工业的发展也很关注。1984 年 3 月 3 日，他约时任电子工业部长的江泽民和几位专业技术人员前来住所汇报关于集成电路和电子计算机生产的情况，详细了解集成电路的种类、用途、加工技术特点及国内生产现状与国外的差距，饶有兴趣地观看了集成电路的样品及技术人员操作微处理机的表演。陈云看后说：真是大开眼界。这些在 20 年前还是不可想象的事情，现在都成了现实。在工业比较发达的国家，计算机的应用非常普遍，使生产、工作和生活方式都发生了变化。这对我们的国民经济以及电子工业，都是一场新的挑战。

陈云在谈话中提出，搞四个现代化，没有集成电路和电子计算机不行，

---

① 《陈云年谱（修订本）》下卷，中央文献出版社 2015 年版，第 362 页。

要组织国内力量集中攻关，把电子工业搞上去。他说："我国的集成电路和电子计算机的生产虽然起步较晚，进步还是快的，已能制造一些水平较高的集成电路和电子计算机。但是，与国际先进水平比，差距还很大。我们一定要赶上去，电子工业部要努力，其他有关部门要支持。"他强调："要把集成电路和计算机抓上去，把电子工业搞上去，就要像当年搞原子弹、氢弹那样，力量要集中，分散了不行。要把有这方面知识的人集中起来，要什么人就调什么人，没有二话好讲。电子工业不仅要搞好科研和生产，也要抓好推广应用，搞出一项成果，就推广一项成果，使电子技术在促进国民经济发展方面，见到大的成效。"[1]

陈云的意见受到各方面的高度重视并得到贯彻落实，有力地推动了我国集成电路和电子计算机的自主研发与推广应用，加快了我国信息化建设的前进步伐。

邓小平和陈云在重视科学技术自主发展的同时，也都强调要把发展科技教育事业作为国民经济和社会发展的战略重点与优先方向，予以重点支持。1983 年 6 月 18 日，邓小平在会见参加北京科学技术政策讨论会的外籍专家时说："搞四个现代化的关键问题是知识问题。就整个国家建设来说，能源、交通运输是重点，但更重要的恐怕是智力投资。"[2]同年 6 月 30 日，陈云在中共中央工作会议的讲话中，从国家全局和长远利益出发，把科技教育事业的发展以及知识分子生活待遇的提高，同农业、能源、交通等一道，列为当时党和国家的重点工作。他指出："什么是重点？现在看，农业、能源、交通是重点，一批骨干企业的建设和改造是重点，科技教育事业的发展、环境污染的防治以及知识分子生活待遇的提高等等也是重点。这些是从整个国家的全局利益和长远利益出发考虑的。重点只能由中央根据全局的长远的利益，经过综合平衡来确定。"[3]

发展科学技术，离不开专业人才，而广大知识分子是推动科技进步的

---

① 《陈云文集》第 3 卷，中央文献出版社 2005 年版，第 533—534 页。

② 《邓小平年谱（1975—1997）》（下），中央文献出版社 2004 年版，第 913 页。

③ 《陈云文选》第 3 卷，人民出版社 1995 年版，第 323 页。

主力军。因此，邓小平和陈云十分关心知识分子，强调要不断改善他们的工作和生活条件，提高他们的待遇，加大这方面的投入，为他们更好地发挥作用创造良好条件。

1980年3月、4月间，邓小平在同胡耀邦等谈话时，称赞当时正在放映的电影《人到中年》是部很好的片子，并说："这是教育我们这些人的。我们为什么对这些中年知识分子这样挖苦，对他们的困难怎么能坐视不顾呢？"1983年3月9日，邓小平在同李政道谈到科教育问题时又说："知识分子的待遇问题要解决，要搞职务工资。讲师月工资不低于100元，副教授不低于150元，考核要严格。学位也要有工资标准。住房方面也要创造条件。几百万知识分子月收入超过100元影响不会大的，现在财政情况还好，要着手解决这个问题。我们的奖金要控制，但知识分子的待遇要提高，首先是中年，是骨干，大多是40岁以上。"① 这些谈话，都体现了邓小平对改善知识分子待遇问题的重视和关心。

陈云长期领导组织工作，对知识分子的作用有着特别的认识，所以他也十分关心知识分子的生活待遇。1982年7月1日，陈云将两份反映中年知识分子生活工作负担重、工资收入低、很多人健康水平下降情况的材料批送给邓小平等中共中央政治局各常委，并专门写了一封信。他在信中说："这是国家的一个大问题，确实要下大的决心，在今明两年内着手解决，不能再按部就班地搞。"

他还指出："据中组部了解，三十五岁至五十岁的中专以上毕业生有四百八十万人，如果分两年提高他们的工资，今年大约需要拿出七八亿元，今后一段时间每年也就是十二三亿元。我们基本建设每年要用五百多亿元，为什么不可以用十几亿元来解决他们的问题？他们是解放后我们自己培养起来的，是今天以及今后一个时期各条战线的中坚力量，工作主要要靠他们做。改善他们的工作条件和生活条件，应该看成是基本建设的一个'项目'，而且是基本的基本建设。生产、科研、教育、管理部门的知识分子，是任何

① 《邓小平年谱（1975—1997）》（下），中央文献出版社2004年版，第614、984页。

一个工业化国家最宝贵的财富。日本、西德在战后所以恢复得那么快，重要原因之一，就是保存了一批骨干，并充分发挥了他们的作用。因此，我们把钱用在中年知识分子身上，是划得来的，是好钢用在刀刃上。应该向人民讲清楚，脑力劳动和体力劳动不一样，脑力劳动者比体力劳动者、受教育程度高的人比受教育程度低的人在工资收入上高一些，这是合乎社会主义经济规律的，也是合乎人民长远利益的。不这样做，我们的科学技术不可能上去，生产力也不可能上去。""此事建议责成书记处来抓。"①

陈云的这封信，后来被印成中共中央政治局会议参阅文件，在全党产生极大反响，有力地促进了知识分子生活待遇的提高，对于调动他们的积极性和创造性，投身社会主义现代化建设事业，发挥了重要作用。

陈云不仅提请全党要关心知识分子的待遇问题，而且对如何改善知识分子的待遇问题予以具体指导。7月22日，他通过秘书向有关部门转达对劳动人事部关于1982年国家机关、事业单位调整工资的报告和中共中央组织部相应方案的意见：（一）赞成今年给非企业单位的工作人员普遍升一级工资，并使工资偏低的中年知识分子在升一级的基础上再升一级。（二）方案中把1965年参加工作作为中年知识分子的一条杠杠，这样就排除了从1961年到1965年进入大学的人。而这部分人现在大致在36岁到40岁之间，正是上有老、下有小的时期，应该算在中年里。另外，是不是知识分子，不能只看有没有学术职称。现在有职称的人在搞业务的人中只占一小部分，要使多数人评上职称，短时间来不及。还有很多大学毕业生从事行政和政治工作，把这些人划在知识分子之外也是不合理的。（三）在解决中年知识分子待遇问题时，要有轻重缓急之分，每一年解决的重点应有所不同。今年解决的重点应当是1966年以前进入大专院校，现在年龄在36岁至55岁之间，工作在非企业部门，工资在五六十元左右的人。

他还说："所谓工作任务多、家庭负担重，工资收入低，需要'抢救'的，指的主要就是这批人。"如果给他们升两级，使收入达到七八十元上下，估

---

① 《陈云文选》第3卷，人民出版社1995年版，第312—313页。

计可以起到抢救作用。至于工资现在虽在一百元左右，但仍不到职称最低等级线的人，也应该继续升级，不过比较起来，他们的问题没那么急，如果国家今年拿不出那么多钱，可以放在明后两年解决。"对于他们来说，长工资是锦上添花的问题，而现在的问题是要雪中送炭。"[1]在陈云的推动下，国务院决定，从 1982 年 10 月起，在全国范围内给中年知识分子增加两级工资。

邓小平和陈云关怀知识分子，强调改善知识分子的工作和生活条件，是从国家的大计和长远利益出发的。他们在这方面的主张和要求，对于在党内形成一种尊重知识、尊重人才的空气起了重要的推动作用，在我国社会主义现代化建设事业中产生了重大而深远的影响力。

在教育工作方面，邓小平和陈云对此都高度重视，主张要把教育摆在优先发展的战略位置，不断加大这方面的资金投入。同时他们也都强调要不断提高教师的社会地位和生活待遇。

百年大计，教育为本。在领导改革开放和现代化建设的过程中，邓小平和陈云始终高度重视教育事业，反复强调要把教育工作放在优先发展的战略地位抓紧抓好。

1985 年 5 月 19 日，邓小平在全国教育工作会议上指出：我们国家国力的强弱，经济发展后劲的大小，越来越取决于劳动者的素质，取决于知识分子的数量和质量。中央提出要以极大的努力抓教育，并且从中小学抓起，这是有战略眼光的一着。针对当时有的地区和部门轻视教育的错误做法，邓小平强调：一个地区，一个部门，如果只抓经济，不抓教育，那里的工作重点就是没有转移好，或者说转移得不完全。忽视教育的领导者，是缺乏远见的、不成熟的领导者，就领导不了现代化建设。他要求各级领导要像抓好经济工作那样抓好教育工作，对教育工作不仅要抓，而且要抓紧、抓好，并再次重申愿意给教育、科技部门的同志当后勤部长。[2]1986 年 4 月 19 日，邓小平会见在大陆捐资兴学的香港知名人士包玉刚、霍英东等人时，再次强调

---

[1] 《陈云年谱（修订本）》下卷，中央文献出版社 2015 年版，第 347—348 页；《陈云传》（四），中央文献出版社 2015 年版，第 1792 页。

[2] 参见《邓小平文选》第 3 卷，人民出版社 1993 年版，第 120—121 页。

了发展教育的重要意义。他指出："教育是一个民族最根本的事业。四化建设的实现要靠知识、靠人才。政策上的失误容易纠正过来，而知识不是立即就能得到的，人才也不是一天两天就能培养出来的，这就要抓教育，要从娃娃抓起。尊重知识、尊重人才是长远的根本大计。日本的明治维新就是从教育着手，特别是从小学教育着手的。"①

改革开放之初，国家的财力虽有很大增长但还是比较紧张。在这样的情况下，邓小平仍力主要增加教育投资。1983 年 3 月 9 日，他在同李政道谈到科技教育问题时说："搞四个现代化，知识应放在第一位。我们现在正在搞改革，想步子快些，但太急了不行。现在我们要避免头脑发热，但不管怎样，科学和教育要多投资。"1985 年 10 月前后，国家教委所属 36 所大学校长给邓小平写信，反映国家对教育基建投资远远不能满足教育事业的发展需要。11 月初，邓小平阅信后作出批示："再穷，也要照顾科教经费。"②1988 年 9 月 12 日，他在一次谈话中进一步指出："我们要千方百计，在别的方面忍耐一些，甚至于牺牲一点速度，把教育问题解决好。"③这些都体现了邓小平对教育工作的高度重视。

陈云同样很重视教育。1981 年 11 月 25 日，他在讨论五届全国人大四次会议《政府工作报告》稿时，提出在科学和教育部分，要增加加强常规教育、提高国民教育水平的内容。他解释说："日本和德国在二次世界大战后恢复、发展很快，重要条件是知识分子多，技术水平高。"④

1983 年 1 月，陈云收到经济学家、全国政协委员千家驹的一封来信和他发表在《教育研究》上的《把智力投资放在第一位》的文章。来信建议：将全部民办小学改为公办小学，民办教师改为公办教师，以便保证 1990 年前基本实现普及初等教育的目标。来信提出："将全国民办小学教师因改为公办需要增加的工资和实施义务教育后因修建校舍、添置设备需增加的经

① 《邓小平年谱（1975—1997）》（下），中央文献出版社 2004 年版，第 1112 页。

② 《邓小平年谱（1975—1997）》（下），中央文献出版社 2004 年版，第 894、1093 页。

③ 《邓小平文选》第 3 卷，人民出版社 1993 年版，第 275 页。

④ 《陈云年谱（修订本）》下卷，中央文献出版社 2015 年版，第 326 页。

费，加上原有教育经费，仍不到国家财政支出的百分之十五，与世界各国相比并不算高。许多国家的实践证明，教育是一种智力投资，收效虽缓慢，但一旦发生作用，其经济效益比任何其他投资都高。如不迅速采取措施实现义务教育，将来会像五十年代处理人口问题一样，追悔莫及。"①陈云看信后，十分同意这个意见，当即把信批给中共中央和国务院负责人，并指出："千家驹同志的来信和他写的《把智力投资放在第一位》的文章，我都看过。我认为，他提出这一个问题是十分重要的问题，很有远见的。希望指令计委、教育部等有关单位加以研究，提出方案，以后书记处会议上专门讨论一次。"②在他的重视下，民办小学改公办小学、民办教师改公办教师的问题后来得到了解决。

对教育重要性的强调，贯穿陈云的一生。1993 年 5 月 25 日，88 岁高龄的陈云在上海会见家乡青浦县及练塘镇党政负责人时，在要求他们重视农业的同时，还特别叮嘱："一定要把教育抓好，今后社会发展要靠教育。"③

由于种种原因，到 20 世纪 80 年代中期，轻视教育的错误思想仍然存在，教师的社会地位和生活待遇依然没有明显的改善。邓小平和陈云为改变这种状况做了许多工作。

1988 年 9 月 12 日，邓小平在一次谈话中指出："我们不论怎么困难，也要提高教师的待遇。这个事情，在国际上都有影响。"针对教师社会地位偏低的现状，他提出要把"文化大革命"时的"老九"提到第一，并说科学技术是第一生产力嘛，知识分子是工人阶级一部分嘛。④这次谈话对提高教师的社会地位和改善教师的生活待遇产生了重要影响。

教师的社会地位和生活待遇较低，导致师范院校招生困难，高中毕业生填报高考志愿时很少有人把师范类院校当作第一志愿。1984 年 9 月 2 日，《人民日报》发表山东益都二中刘沂生写的《值得忧虑的一个现象》，突出

---

① 《陈云传》（四），中央文献出版社 2015 年版，第 1779—1780 页。

② 《陈云文集》第 3 卷，中央文献出版社 2005 年版，第 527 页。

③ 《陈云年谱（修订本）》下卷，中央文献出版社 2015 年版，第 507 页。

④ 参见《邓小平文选》第 3 卷，人民出版社 1993 年版，第 275 页。

地反映了这个问题。陈云看后，要求转告当时主管全国宣传工作的邓力群：
"这个问题要引起重视。师范院校学生的质量保证不了，对今后的教育，对
四化建设各方面的影响都很大。要继续想一些办法，帮助教师主要是中小学
教师解决一些实际问题，比如住房问题；不断提高他们的社会地位，逐步使
教师工作真正成为社会上最受人尊敬、最值得羡慕的职业之一。"①12 月 25
日，教育部负责人通过新华社记者披露了陈云的意见。有关部门召开会议，
研究如何落实陈云的指示。陈云的意见推动了教师待遇的提高。中共中央和
国务院决定拿出十几亿元，从 1985 年 1 月 1 日起为全国数百万中小学教师
增加工资。

　　为进一步提高教师的生活待遇，调动广大教师的工作积极性，1984 年
10 月 9 日，陈云在国务院有关部门制定的《关于国家机关和事业单位工作
人员工资制度改革的意见》送审稿上批示："对中小学教师，不仅要有工龄
工资，而且要使他们的工资标准，比同等学历从事其他行业的人略高一点
才好。"②

　　为强调中小学教育的重要性，倡导尊师重教的社会风尚，1986 年 2 月
9 日，即农历大年初一，陈云邀请北京市第十二中学校长等 9 位中小学和幼
儿园教师代表来到他的住所，举行座谈会。陈云指出："我们的学校是传授
文化、科学、技术知识，培养社会主义建设人才的重要场所，也是社会主义
精神文明建设的重要阵地。而中小学教育，包括幼儿教育，则是基础教育，
一定要办好。""现在的中小学生是我们实现社会主义现代化这个宏伟事业的
接班人。他们具有什么样的世界观，将来能否担负起历史的重任，同中小学
教育有着密切的关系。就是说，全国中小学校和幼教老师们今后的工作如
何，在一定程度上，将决定 21 世纪中国的面貌。"

　　陈云对中小学教师和幼教老师寄予厚望，说："在新的一年里，希望中
小学和幼教老师们，进一步发扬不为名、不为利的艰苦奋斗精神，热爱本职

---

① 《陈云文集》第 3 卷，中央文献出版社 2005 年版，第 527 页。
② 《陈云年谱（修订本）》下卷，中央文献出版社 2015 年版，第 415 页。

工作，热爱学生，努力提高自己的思想、文化、业务水平，为人师表，一身正气，脚踏实地，献身于伟大的社会主义教育事业。"他要求："党和政府的各级组织，都要关心教师，帮助他们解决一些实际问题，为他们的工作和生活创造更为有利的条件。"①

陈云历来认为，教师是一种崇高的职业，理应受到全社会的尊重。为提高教师的社会地位，使教师成为最受人尊重、最令人羡慕的职业之一，陈云还带头让在中央国家机关工作的二女儿陈伟华到中学当了一名教员，在广大教师中产生了很大反响。

在邓小平和陈云等的关怀下，教师这一职业逐渐获得它应有的地位，很多师范院校被列为重点院校，优先招生；中小学教师的生活待遇也得到不断改善和提高。

---

① 《陈云文集》第 3 卷，中央文献出版社 2005 年版，第 545—546 页。

第三十章

平息 1989 年"政治风波"

　　1989 年春夏之交，北京等地发生了一场引起社会极大震动的政治风波。6 月 4 日，以邓小平同志为核心的党中央采取果断措施，迅速平息了这场政治风波，捍卫了我国社会主义性质的国家政权，维护了人民的根本利益。在这关系党和国家生死存亡的关键时刻，时任中顾委主任的陈云，坚决拥护和坚定支持以邓小平同志为核心的党中央作出的正确决策及采取的果断措施，在平息这场政治风波中发挥了重要作用。这是邓小平和陈云在重大历史关头进行的一次十分重要的合作，对我们党和国家的历史产生了深远影响。

　　1989 年 4 月 15 日，胡耀邦逝世。在中共中央举行悼念活动期间，广大人民群众以各种形式表达哀思，但也出现了一些不正常情况。极少数人借群众对胡耀邦的哀悼制造谣言，利用大小字报、标语、口号、传单等，指名攻击党和国家领导人，攻击党的领导和社会主义制度。北京发生围聚新华门、冲击中南海的严重事件；西安、长沙、成都等地发生打、砸、抢、烧事件。4 月 20 日，新华社发表题为《维护社会稳定是大局》的评论，指出：有那么一些人，借口悼念胡耀邦，蓄意把矛头指向党和政府，他们在干扰正常的悼念活动，他们的行动已经越出了法律允许的范围。22 日，当人民大会堂内隆重举行胡耀邦追悼大会时，极少数人煽动万余名学生聚集天安门广场，几乎造成冲击人民大会堂的严重事件；接着，又煽动北京六万高校学生罢课。学潮升级，动乱扩大。

　　4 月 24 日，中共中央政治局常委召开碰头会，听取中共北京市委和国家教委关于首都高校情况和社会动向的汇报。会议认为，一场有计划、有组织的反党、反社会主义的政治斗争已摆在面前，决定成立中央制止动乱小组，由《人民日报》发表社论向全党全国人民指出这场斗争的性质，由中共北京市委在全市范围发动群众，向敌对势力进行斗争，尽快平息动乱。赵紫阳当时正在朝鲜访问，没有参加这次会议。

4月25日，邓小平在住地同李鹏、杨尚昆谈话，对中共中央政治局常委碰头会的决定表示完全赞成和支持。关于事件的性质，邓小平鲜明地指出：这不是一般的学潮，是一场动乱。就是要旗帜鲜明，措施得力，反对和制止这一场动乱。行动要快，要争取时间。前一段，上海态度明确，赢得了时间。这些人的目的是推翻共产党的领导，使国家和民族丧失前途。不能让他们的目的得逞。我们不要怕人骂娘，不要怕人家说名誉不好，不要怕国际上有反应，只有中国真正发展起来了，四个现代化实现了，才有真正的名誉。

在谈到动乱发生的原因时，邓小平指出："四个坚持"十分必要。反对资产阶级自由化，没有做到认真贯彻。反对精神污染，二十几天就丢掉了。如果贯彻得力，在思想界、教育界就不会像现在这么混乱。当然，小的动乱是不可避免的，但是可以个别处理，分散解决，不会发展到现在这个样子，迫使我们要集中去解决，迫使中央要直接干预。

在谈到如何处理这场动乱时，邓小平指出："四个坚持"中有一个人民民主专政，这个手段要用起来。当然，要运用得当，注意缩小打击面。这一场动乱完全是有计划的阴谋活动，他们想把一个很有前途的中国变成没有希望的中国，使我们永远没有希望。要害是否定共产党的领导，否定社会主义制度。要发一篇有分量的社论。这还不够，还要抓紧立法。准备迎接一场全国性的斗争，坚决把动乱压下去。不然天无宁日，国无宁日，天天不得安宁，甚至永远不得安宁。邓小平还指出：现在他们搞的那一套，都是"文化大革命"造反派搞的那一套，唯恐天下不乱。把一个很有希望的中国变成泡影，使我们的经济发展战略、改革开放都搞不下去，而毁于一旦。这场动乱，有后台，有黑手，方励之夫妇是个典型。表现坏的要解除职务，坚决调离。工人、农民是拥护我们的，干部是拥护我们的，民主党派也是好的。我们还有几百万人民解放军，我们怕什么？党的组织要发挥作用，党团员要发挥作用。要重申党的、团的纪律。大学、中学、工厂、机关都要开支部大会，还要开大会。要加强公安部门的工作，维护社会正常秩序。我们必须快刀斩乱麻，为的是避免更大的动乱。

邓小平最后指出：你们常委的决定是对的，常委的意见是一致的，这很好。只有态度鲜明，措施坚决，支持地方放手处理，才能把这场动乱制止下去。我们不是讲治理经济环境吗？现在也要治理政治环境。这样的斗争今后还会有。如果没有"四个坚持"，他们就会横行无阻，肆无忌惮。中央和国务院都要分两套班子，一套处理动乱，一套抓正常工作。还是要把主要力量放到建设上来，不能把人都陷到这里面去。短期是可以的，长期不行。行动不能慢，越慢被卷进去的人越多。① 这次重要谈话为处理动乱确定了正确方针。

4月26日，《人民日报》根据中共中央政治局常委碰头会的决定和邓小平的谈话精神，发表题为《必须旗帜鲜明地反对动乱》的社论。社论指出，在悼念胡耀邦同志的活动中，极少数别有用心的人打着民主的旗号破坏民主法制，其目的是要搞散人心，搞乱全国，破坏安定团结的政治局面。这是一场有计划的阴谋，是一次动乱，其实质是要从根本上否定中国共产党的领导，否定社会主义制度。这是摆在全党和全国各族人民面前的一场严重的政治斗争。全国各大报纸都转载了这篇社论。社论的发表，使绝大多数干部群众明确了这一事件的性质，也使不少学生开始认识到问题的严重性。此后，绝大部分罢课学生开始复课，北京以及其他城市高校的局势开始趋于缓和。

正在这时，刚刚出访朝鲜回国的赵紫阳于5月4日会见参加亚洲开发银行理事会会议的各国和地区代表时，在没有征求其他政治局常委意见的情况下，发表了一篇同中共中央反对动乱的立场和方针完全不同的谈话，把中共中央的内部分歧公开暴露于世。次日，《人民日报》头版刊登了这篇谈话。本来已经趋向平稳的局势骤然逆转，动乱由缓和转向激化。从5月13日起，一些别有用心的人煽动一些学生进行绝食，占据天安门广场。

---

① 参见《邓小平年谱（1975—1997）》（下），中央文献出版社2004年版，第1272—1274页。

5月17日，中共中央政治局常委召开扩大会议，研究制止动乱问题。会上多数人认为，当前形势十分严峻，决不能退让，反对赵紫阳主张退让的意见。邓小平出席会议，支持多数常委的意见。会议决定对北京部分地区实行戒严。①

5月19日，李先念、杨尚昆受邓小平委托来到陈云住地，向他通报中共中央政治局常委扩大会议关于在北京部分地区实行戒严的决定，以及戒严后迫切需要解决的问题。陈云当即表示拥护中共中央的决定，并说："北京定，天下定。"②第二天，李鹏签署国务院命令，决定自5月20日10时起在北京部分地区实行戒严。

鉴于事态的发展以及赵紫阳对动乱主张退让的态度，在北京部分地区实行戒严期间，邓小平已开始考虑平息动乱以及动乱平息后迫切需要解决的问题，其中最重要的是改换中共中央领导层。5月20日，陈云前往邓小平住地，参加中共中央政治局常委扩大会议。邓小平在讲话中指出：问题的根子出在党中央，是在中央内部。党内有两个司令部。中央处理这个问题，发表四月二十六日社论，事实证明是正确的。让不让步？不能再让步了。如果再让步，中华人民共和国就没有了。在这次会议上，邓小平提议江泽民任中共中央总书记。陈云在会上表示，完全拥护邓小平的讲话和中央必须采取的措施。③

会后，5月31日，邓小平同李鹏、姚依林进行了一次十分重要的谈话，就组成一个实行改革的有希望的新领导集体作政治交代。

邓小平首先明确，改革开放政策要坚定不移，绝不因动乱的发生而改变。他指出：改革开放政策不变，几十年不变，一直要讲到底。国际国内都很关心这个问题。要继续贯彻执行十一届三中全会以来的路线、方针、政策，连语言都不变。十三大政治报告是经过党的代表大会通过的，一个字都

---

① 参见《邓小平年谱（1975—1997）》（下），中央文献出版社2004年版，第1276—1277页。

② 《陈云年谱（修订本）》下卷，中央文献出版社2015年版，第480页。

③ 参见《陈云传》（四），中央文献出版社2015年版，第1820页；《邓小平年谱（1975—1997）》（下），中央文献出版社2004年版，第1277页。

不能动。这个我征求了李先念、陈云同志的意见，他们赞成。

关于动乱平息后迫切需要解决的问题，邓小平主要强调了两点：

一是要改换领导层，组成一个具有改革开放形象的中央领导班子，使人民放心。邓小平说：新的中央领导机构要使人民感到面貌一新，感到是一个实行改革的有希望的领导班子。这是最重要的一条。如果我们摆一个阵容，使人民感到是一个僵化的班子，保守的班子，或者人民认为是个平平庸庸体现不出中国前途的班子，将来闹事的情形就还会很多很多，那就真正要永无宁日。总之，有一个新的改革的面貌，是确定新班子成员的一个十分重要的问题。我们要看到这个大局。

二是要真正干出几个实绩以取信于民。邓小平说：腐败的事情，一抓就能抓到重要的案件，就是我们往往下不了手。这就会丧失人心，使人们以为我们在包庇腐败。这个关我们必须过，要兑现。是一就是一，是二就是二，该怎么处理就怎么处理，一定要取信于民。腐败、贪污、受贿，抓个一二十件，有的是省里的，有的是全国范围的。要雷厉风行地抓，要公布于众，要按照法律办事。该受惩罚的，不管是谁，一律受惩罚。他还说：一个好班子，搞改革开放的班子，就要明白地做几件开放的事情。凡是遇到机会就不要丢，就是要坚持，要干起来，要体现改革开放，大开放。总之，改革开放要更大胆一些。

这次谈话的中心内容是为组成以江泽民同志为核心的党的第三代中央领导集体做准备，并对将要组成的新的中央领导班子提出明确要求。

邓小平指出：我们政治局、政治局常委会、书记处的同志，都是管大事的人，考虑任何问题都要着眼于长远，着眼于大局。许多小局必须服从大局，关键是这个问题。我们党的历史上，真正形成稳定成熟的领导，是从毛刘周朱这一代开始。第二代是我们这一代。我们这个第二代，我算是个领班人，但我们还是一个集体。对我们这个集体，人民基本上是满意的，主要是因为我们搞了改革开放，提出了四个现代化的路线，而且真正干出了实绩。现在换第三代。要真正建立一个新的第三代领导。

对将要组成的以江泽民同志为核心的党的第三代中央领导集体，

邓小平提出了以下几点要求：

一是要取信于民，要得到人民对这个集体的信任，使人民团结在一个他们所相信的党中央领导集体周围。邓小平说：进入新的政治局、书记处特别是常委会的人，要从改革开放这个角度来选。新的领导机构要坚持做几件改革开放的事情，证明你们起码是坚持改革开放，是真正执行十一届三中全会以来的改革开放政策的。这样人民就可以放心了。现在我们起用人，要抛弃一切成见，寻找人民相信是坚持改革路线的人。要抛弃个人恩怨来选择人，反对过自己的人也要用。我诚恳地希望，在选人的问题上，要注意社会公论，不能感情用事。要用政治家的风度来处理这个问题。我们现在就是要选人民公认是坚持改革开放路线并有政绩的人，大胆地将他们放进新的领导机构里，要使人民感到我们真心诚意要搞改革开放。邓小平还特别指出，关门可不行啊，中国不可能再回到过去那种封闭时代。现在世界的发展一日千里，每天都在变化，特别是科学技术，追都难追上。又强调，反对资产阶级自由化，坚持四项基本原则，这不能动摇。这一点我任何时候都没有让过步。

二是组成的这个新的领导机构，眼界要非常宽阔，胸襟要非常宽阔，这是对第三代领导人最根本的要求。邓小平说：我们的第一代领导人前期是胸襟宽阔的，我们第二代基本上也是胸襟宽阔的，对第三代领导以及以后的领导都应该有这样的要求。邓小平指出：进入中央最高层的每个成员，都要不再是过去的自己，不再停留在过去的水平上，因为责任不同了。每个人从自身的角度，包括自己的作风等方面，都要有变化，要自觉地变化。领导这么一个国家不容易呀！责任不同啊！最重要的问题是要胸襟开阔。要从大局看问题，放眼世界，放眼未来，也放眼当前，放眼一切方面。

三是党内无论如何不能形成小派、小圈子。邓小平指出：我们这个党，严格地说来没有形成过这一派或那一派。三十年代在江西的时候，人家说我是毛派，本来没有那回事，没有什么毛派。能容忍各方面、团结各方面是一个关键性的问题。自我评论，我不是完人，也犯过很多错误，不是不犯错误的人，但是我问心无愧，其中一点就是从来不搞小圈子。过去我调任这样那样的工作，就是一个人，连勤务员都不带。小圈子那个东西害死人呐！很多失误就从这里出来，错误就从这里犯起。你们是要在第一线顶着干工作的，所以我今天要讲这一点。

邓小平最后说：新的领导班子一经建立了威信，我坚决退出，不干扰你们的事。希望大家能够很好地以江泽民同志为核心，很好地团结。只要这个领导集体是团结的，坚持改革开放的，即使是平平稳稳地发展几十年，中国也会发生根本的变化。关键在领导核心。我请你们把我的话带给将要在新的领导机构里面工作的每一个同志。这就算是我的政治交代。

邓小平在这次谈话中突出强调了改革开放，明确指出要坚持改革开放不动摇，要从改革开放的角度选组新的中央领导层，并对新的中央领导班子提出了明确的政治要求，特别是要在改革开放方面做出实绩。这次谈话内容深广，语重心长，包含了邓小平的政治智慧和领导经验，体现了他对新的中央领导班子的谆谆嘱托和殷切期望，为平息动乱后中央领导集体的平稳过渡和顺利交接，以及新班子沿着中共十一届三中全会确定的路线、方针、政策继续前进，做了充分的组织准备，提供了重要的指导思想。[①]

与此同时，陈云也在中顾委和老同志中做了许多及时而有效的工作，为以邓小平同志为核心的党中央处理这场政治风波争取了坚定有力的支持力量。5月20日中共中央政治局常委扩大会议会后，陈云在5月23日上午和24日上午，连续找一些老干部和老将军谈话。在23日上午谈完话后，陈云又在当天下午同薄一波谈话，提议召开中顾委常委会议。陈云说："这个局面不能再退，没有余地了。要拥护邓小平，拥护中央常委。四月二十六日社论要肯定。如果说这个社论少了一点，就是少讲了一句反对资产阶级自由化的话。这个时候，我们老同志不出来讲话不行了。事情就是这样简单。"[②]薄一波表示，完全同意陈云的意见。

5月26日，陈云主持召开中顾委常委会议，传达中共中央、国务院关

---

① 参见《邓小平文选》第3卷，人民出版社1993年版，第296—301页。

② 《陈云年谱（修订本）》下卷，中央文献出版社2015年版，第480页。

于反对动乱、维护社会安定的指示精神，并在会上发表讲话。他说了两点意见："第一，现在是关键时刻，不能后退。如果后退，两千万革命先烈用人头换来的社会主义的中华人民共和国，就会变成资本主义的共和国。第二，我们作为老同志，现在就是要坚决拥护以邓小平同志为核心的中国共产党，坚决拥护李鹏同志代表中共中央政治局常委会在首都党政军干部大会上的讲话。同时，要主动地多做干部和群众的工作。"①听了陈云的讲话，中顾委常委刘澜涛感叹地说："在这样一个关键时刻，陈云同志讲话本身，就具有极重大的意义。我想，我们党的历史上会写这一笔。"②

出席会议的中顾委常委一致表示，坚决拥护陈云同志的重要讲话，坚决拥护以邓小平同志为核心的党中央作出的正确决策和采取的果断措施。他们在发言中说，我们都是为社会主义共和国的创建和建设奋斗了几十年的老同志，深知胜利来之不易，深知如果不把极少数人制造的这场动乱坚决平息下去，就会党无宁日，国无宁日。在此紧急关头，我们老同志一定要挺身而出，和全党同志一道，坚决揭露极少数制造动乱的人的阴谋诡计，坚决同他们斗争。同时，我们要把极少数人同广大青年学生严格区分开来，坚决保护广大青年的爱国热情。这是我们每一个老同志的责任。③第二天，各大媒体都报道了这次会议的消息。

但动乱的组织者和策划者却利用政府和戒严部队采取的克制态度，继续占据天安门广场，组织各种非法活动，冲击党政首脑要害部门，甚至发生焚烧军车、杀害解放军战士的严重事件，最终发展成为一场反革命暴乱。在关系党和国家生死存亡的关键时刻，中共中央政治局在邓小平和其他老一辈革命家坚决有力的支持下，采取果断措施，在6月4日一举平息了北京地区的反革命暴乱，捍卫了社会主义国家的稳定和秩序，保证了改革开放和现代化建设的继续前进。

在此后不久的几次谈话中，邓小平讲到了他和陈云等老同志在处理这

---

① 《陈云文选》第3卷，人民出版社1995年版，第368页。

② 转引自《陈云传》（四），中央文献出版社2015年版，第1822页。

③ 参见黎虹：《邓小平、陈云与中央顾问委员会》，《中共党史研究》2017年第3期。

场政治风波中的作用。他说："在这次动乱中赵紫阳暴露了出来，明显地站在动乱一边。""好在有我和一些老同志在，处理不难。"邓小平还说："迅速解决动乱，取得安定的环境，这个决心我们下对了。不然，总在示威，每个角落天天在闹，死的人不知会有多少，十年发展的成果就不见了，局面没有人能收拾。我们能收拾这个局面的，我是其中一个，还有一批老的革命家。"中顾委副主任宋任穷说："在这场斗争中，小平、陈云、先念等老一辈无产阶级革命家，坚决支持中央常委多数同志的工作，起到了重要的作用。"①

这场政治风波在1989年发生不是偶然的，是国际国内多种因素交互作用的结果。正如邓小平所说："这场风波迟早要来。这是国际的大气候和中国自己的小气候所决定了的，是一定要来的，是不以人们的意志为转移的，只不过是迟早的问题，大小的问题。"②从国际环境来看，苏东剧变后，一些西方国家的政治势力趁机对社会主义国家进行有计划的思想、政治渗透，支持和扶植各种反共反社会主义活动，加紧推行和平演变战略，这使我国一些主张搞资产阶级自由化的人受到鼓舞。从国内环境来看，一段时间内，主持中共中央工作的领导人在推进改革开放、发展商品经济的同时，对坚持四项基本原则缺乏一贯性，未能使反对资产阶级自由化方针得到认真的贯彻执行，忽视了党的自身建设和精神文明建设，削弱了思想政治工作，再加上少数干部中滋生了严重的腐败现象，损害了党在群众中的威信，致使资产阶级自由化思潮不但没有得到遏制，反而愈演愈烈。

这种情况引起了邓小平的高度警觉。1989年3月4日，他在同赵紫阳谈话中特别提醒说："中国的问题，压倒一切的是需要稳定。凡是妨碍稳定的就要对付，不能让步，不能迁就。不要怕外国人议论，管他们说什么，无非是骂我们不开明。多少年来我们挨骂挨得多了，骂倒了吗？总之，中国人的事中国人自己办。中国不能乱，这个道理要反复讲，放开讲。不讲，反而好像输了理。要放出一个信号：中国不允许乱。"③但言者谆谆，听者藐藐，

① 参见《陈云传》（四），中央文献出版社2015年版，第1822页。
② 《邓小平文选》第3卷，人民出版社1993年版，第302页。
③ 《邓小平文选》第3卷，人民出版社1993年版，第286页。

邓小平的谈话没能引起赵紫阳的重视。在国内外各种因素的作用下，一场政治风波最终未能避免。

平息反革命暴乱后，全党进行了认真反思。6月9日，邓小平接见首都戒严部队军以上干部并发表重要讲话。他首先对解放军、武警和公安干警在平息暴乱中付出的牺牲和作出的贡献予以高度评价。邓小平再次指出了这次事件的性质，认为是资产阶级自由化和坚持四项基本原则的对立。

在这次讲话中，邓小平提出两个需要认真思考的问题：一个是党的十一届三中全会制定的路线、方针、政策，包括我们发展战略的"三部曲"，正确不正确？是不是因为发生了这次动乱，我们制定的路线、方针、政策的正确性就发生问题？我们的目标是不是一个"左"的目标？是否还要继续用它作为我们今后奋斗的目标？一个是党的十三大概括的"一个中心、两个基本点"对不对？两个基本点，即四个坚持和改革开放，是不是错了？对这两个各方关注的重大问题，邓小平明确回答：我们的一些基本提法，从发展战略到方针政策，包括改革开放，都是对的，不能因为这次事件的发生，就说我们的战略目标错了。党的十三大概括的"一个中心、两个基本点"没有错。四个坚持本身没有错，如果说有错误的话，就是坚持四项基本原则还不够一贯，没有把它作为基本思想来教育人民，教育学生，教育全体干部和共产党员。改革开放这个基本点也没有错。没有改革开放，就没有今天。如果说不够，就是改革开放得还不够。邓小平最后强调："我们原来制定的基本路线、方针、政策，照样干下去，坚定不移地干下去。"[①] 这次讲话充分肯定了"一个中心、两个基本点"的基本路线，在关键时刻坚定了全国人民进一步推进改革开放的信心和决心，为政治风波后中国的改革发展指明了方向。

陈云没有出席这次会议，他向戒严部队表示崇高敬意，向在平息暴乱中死难的烈士表示哀悼。[②]

这场政治风波平息后，中共中央政治局常委会起草出《关于赵紫阳同

---

① 参见《邓小平文选》第3卷，人民出版社1993年版，第302—308页。

② 参见《陈云年谱（修订本）》下卷，中央文献出版社2015年版，第482页。

志在这场否定党的领导否定社会主义制度的动乱中所犯错误情况的报告（草稿）》，分送中共中央领导人审阅和修改。6月8日，陈云审阅了这份报告，并批示："同意。对于经济工作中的失误，赵紫阳同志从来没有作过自我批评。赵紫阳同志长期重用一批有严重资产阶级自由化思想的人。倡导改革开放的，是以邓小平同志为核心的党中央，并不是赵紫阳同志。以上意见，请考虑。"①

6月19日至21日，中共中央政治局召开扩大会议。会议批评了赵紫阳的错误，一致同意《关于赵紫阳同志在反党反社会主义的动乱中所犯错误的报告》，决定召开中共十三届四中全会。20日，陈云向会议提交书面发言，指出："一、赵紫阳同志辜负了党对他的期望。二、我同意中央对赵紫阳同志的处理。"②21日，邓小平出席会议并讲话。

6月23日至24日，中共十三届四中全会在北京举行。全会分析了近两个月来全国的政治形势，认为在这场同极少数人利用学潮策动的动乱和反革命暴乱的斗争中，党中央的决策和采取的一系列重大措施都是必要的和正确的。全会高度评价以邓小平为代表的老一代无产阶级革命家在这场斗争中发挥的重大作用，高度评价在平息暴乱中解放军、武警和公安干警的巨大贡献。全会审议通过《关于赵紫阳同志在反党反社会主义的动乱中所犯错误的报告》，指出他在关系党和国家生死存亡的关键时刻犯了支持动乱和分裂党的错误；他在担任党和国家重要领导职务期间，虽然在改革开放和经济工作方面做了一些有益的工作，但在指导思想和实际工作中也有明显失误；特别是他主持中央工作以来，消极对待坚持四项基本原则、反对资产阶级自由化的方针，严重忽视党的建设、精神文明建设和思想政治工作，给党的事业造成了严重损失。全会决定撤销他的中央委员会总书记、政治局常委、政治局委员、中央委员、中央军委副主席的职务。

这次全会对中央领导机构的部分成员进行了调整，选举江泽民为中央

---

① 《陈云年谱（修订本）》下卷，中央文献出版社2015年版，第482页。
② 《陈云年谱（修订本）》下卷，中央文献出版社2015年版，第483页。

委员会总书记，增选江泽民、宋平、李瑞环为政治局常委；新的中央政治局常委会由江泽民、李鹏、乔石、姚依林、宋平、李瑞环组成。江泽民在会上表示："我们党已经制定和形成了一条建设有中国特色社会主义的路线和一系列基本政策。概括地说，就是小平同志多次指出、最近再次强调的，以经济建设为中心，坚持四项基本原则，坚持改革开放。这是我们有信心做好工作的根本的、坚实的基础。这次中央领导机构作了一些人事调整，但是，党的十一届三中全会以来的路线和基本政策没有变，必须继续贯彻执行。在这个最基本的问题上，我要十分明确地讲两句话：一句是坚定不移，毫不动摇；一句是全面执行，一以贯之。"①

6月16日，即四中全会召开前夕，邓小平同江泽民、李鹏等几位中共中央负责同志进行了谈话。这是他继5月31日与李鹏、姚依林谈话之后就改换中央领导层问题进行的又一次重要谈话，为即将召开的四中全会和调整中央领导机构部分成员做了进一步的准备。

邓小平在谈话中郑重指出：我们中国共产党现在要建立起第三代的领导集体。任何一个领导集体都要有一个核心，没有核心的领导是靠不住的。第一代领导集体的核心是毛主席。第二代实际上我是核心。第三代的领导集体也必须有一个核心，就是现在大家同意的江泽民同志。新的常委会从开始工作的第一天起，就要注意树立和维护这个集体和这个集体中的核心。只要有一个好的政治局，特别是有一个好的常委会，只要它是团结的，努力工作的，能够成为榜样的，就是在艰苦创业反对腐败方面成为榜样的，什么乱子出来都挡得住。这是最关键的问题。国家的命运、党的命运、人民的命运需要有这样一个领导集体。

邓小平再次表示：新的领导一经建立有秩序的工作以后，我就不再过问。不希望在新的政治局、新的常委会产生以后再宣布我起一个什么样的作用。一个国家的命运建立在一两个人的声望上面，是很不健康的，是很危险的。不出事没问题，一出事就不可收拾。新的领导要一切负起责任，放手

---

① 《江泽民文选》第1卷，人民出版社2006年版，第57页。

工作。

关于第三代领导集体的当务之急，邓小平强调了三点：一是经济不能滑坡，凡是能够积极争取的发展速度还是要积极争取；二是做几件使人民满意的事情，主要是更大胆地改革开放和抓紧惩治腐败；三是平息暴乱抓到底。邓小平最后叮嘱：常委会的同志要聚精会神地抓党的建设，这个党该抓了，不抓不行了。①

6 月 24 日，陈云主持的中顾委在北京召开第四次全体会议。会议赞同和支持中共十三届四中全会的各项决定，表示要全力支持中央新的领导集体的工作。

中共十三届四中全会后，以江泽民同志为核心的党的第三代中央领导集体立即采取一系列重大措施，贯彻全会确定的治理整顿方针，维护社会稳定，加强党的建设和思想政治工作，使全国政治局面迅速稳定，经济形势趋于好转，思想战线出现新的转机。人民群众普遍感到，以江泽民同志为核心的党中央，是一个充满希望的能够推进改革开放的领导集体。

鉴于新的中央领导集体已卓有成效地开展工作，邓小平决定利用这个时机辞去中央军委主席职务，实现他多年来一再提出的从领导岗位上完全退下来的夙愿。9 月 4 日，邓小平在住地同江泽民、李鹏等中共中央负责同志谈话，主要商量自己退休的时间和方式。他说：现在看来，我们四中全会选出的新的领导班子是能够取得人民的信任和国际上的信任的。我退休的时间是不是就确定在五中全会。我辞职后，要有新的军委主席，首先要确定党的军委主席，同时也是确定国家军委主席。我提议江泽民同志当军委主席。②

同日，邓小平致信中共中央政治局，正式请求辞去担任的中央军委主席职务。他在信中说：1980 年我就提出要改革党和国家的领导制度，废除干部领导职务终身制。党的十三届四中全会选出的以江泽民同志为首的领导核心，现已卓有成效地开展工作。经过慎重考虑，我想趁自己身体还健康的时

---

① 参见《邓小平文选》第 3 卷，人民出版社 1993 年版，第 309—314 页。

② 参见《邓小平文选》第 3 卷，人民出版社 1993 年版，第 315—317 页。

候辞去现任职务，实现夙愿。这对党、国家和军队的事业是有益的。作为一个为共产主义事业和国家的独立、统一、建设、改革事业奋斗了几十年的老党员和老公民，我的生命是属于党、属于国家的。退下来以后，我将继续忠于党和国家的事业。我们党、我们国家和我们军队所取得的成就是几代人努力的结果。我们的改革开放事业刚刚起步，任重而道远，前进中还会遇到一些曲折。但我坚信，我们一定能够战胜各种困难，把先辈开创的事业一代代发扬光大。中国人民既然有能力站起来，就一定有能力永远岿然屹立于世界民族之林。①

11 月 6 日至 9 日召开的中共十三届五中全会接受了邓小平的这一请求，决定江泽民为中央军委主席。全会认为，邓小平从党和国家的根本利益出发，在自己身体还健康的时候辞去现任职务，实现他多年来一再提出的从领导岗位上完全退下来的夙愿，表现了一个无产阶级革命家的广阔胸怀。对他身体力行地为废除干部领导职务终身制作出的表率，全会表示崇高的敬意。

从中共十三届四中全会到五中全会，以邓小平同志为核心的党的第二代中央领导集体和以江泽民同志为核心的党的第三代中央领导集体实现了顺利交接，保证了党的政策的稳定性和连续性，表明了党在政治上的成熟和组织上的坚强有力。这就为继续推进改革开放和社会主义现代化建设事业提供了重要的政治和组织保证。

在这场政治风波中，中顾委有四位同志发表了一些错误言论。从 1989 年 7 月中旬到 10 月初，中顾委召开了近十次会议，对他们进行批评帮助。这四位同志在会上做了检查。10 月 6 日，中顾委常委会决定，批评帮助告一段落，处理意见待中央统一平衡后再议。1990 年 4 月中旬，中顾委常委会给陈云写报告，提出拟对这四位同志暂缓进行党员登记。②

陈云经过反复考虑，主张对这四位同志从宽处理。5 月 25 日，他写信给薄一波、宋任穷并中顾委各常委，对为什么应允许他们进行党员登记讲了

---

① 参见《邓小平文选》第 3 卷，人民出版社 1993 年版，第 322—323 页。

② 参见黎虹：《邓小平、陈云与中央顾问委员会》，《中共党史研究》2017 年第 3 期。

三条理由。

一是"在党员登记工作中，暂缓登记可以有，但是要把政治问题同经济问题、作风问题分开。在政治问题上，处理要格外慎重，只要检讨了（无论是口头的还是书面的，都表示本人现在对错误的认识程度），这就是记录在案了，不要扭住不放。扭住不放，不是我们党的好作风。在这方面，我们党是有很深刻的历史教训的"。

二是"一九八九年的这场风波，是建国以来没有发生过的非常复杂的政治事件，也是我们党内在特定历史条件下的一场特殊的政治斗争。当时中央常委有两种不同的声音，加上中央有些报纸进行了错误的宣传，使得中央和地方的不少领导同志都不了解真实情况。所以我主张，对于这场政治斗争，应该采取正确的党内斗争方针来处理。就是说，应该从全局的观点，即从党的最高利益、长远利益为出发点来处理。对犯有错误的同志的审查，应该是实事求是的。当然，对于那些触犯法律的，应当依法惩办"。

三是"在我们党的历史上，开七大的时候，一些犯过错误的同志还是被选进中央委员会，李立三同志就是其中的一个。去年我们撤销了赵紫阳同志的党内一切职务，但并没有开除他的党籍。对于胡启立同志，仍然保留中央委员。我认为这样做是很好的，是有利于安定团结的，有利于教育团结绝大多数人的。中国现在是十一亿人口的社会主义大国，动乱不得"①。

陈云在信中说："如果大家同意上述意见，请以中顾委名义，报请中央常委审定。"陈云的意见，得到中顾委常委"一致同意"和中央常委"完全同意"。中顾委常委认为：陈云"站得高、看得远"，"所谈意见深刻体现了党的'团结——批评——团结'的正确方针，体现了实事求是地慎重处理党内政治问题的优良传统"。"对团结一切可以团结的力量，化消极因素为积极因素，维护大局的稳定，也具有重要的指导意义。"②

---

① 《陈云文选》第 3 卷，人民出版社 1995 年版，第 368—369 页。
② 《陈云传》（四），中央文献出版社 2015 年版，第 1825 页。

第三十一章

中顾委主任

中共中央顾问委员会（以下简称"中顾委"）是我们党在改革开放初期为废除干部领导职务终身制、建立退休制度而采取的一种过渡形式。它是在邓小平的积极倡导和陈云等的大力支持下成立的，是中国共产党历史上史无前例的创举，也是对党和国家领导制度的重大改革。中顾委于 1982 年中共十二大设立，1992 年中共十四大撤销，历时两届、十年。邓小平和陈云先后担任中顾委第一、二届主任。在主持中顾委工作期间，他们密切配合，通力协作，为解决中央领导机构的新老交替、建立领导干部退休制度、完成中顾委的历史使命作出了历史贡献。

中共十一届三中全会后，随着拨乱反正和大规模平反冤假错案工作的展开，一大批在"文化大革命"期间遭受迫害的老干部重新走上领导岗位，造成了干部队伍和领导班子严重老化和青黄不接的现象。为了使中共十一届三中全会确定的路线、方针、政策能够得到长期坚持，为了保证党和国家的长治久安，必须废除实际存在的干部领导职务终身制，建立退休制度，实现干部队伍的新老交替和年轻化。但老同志刚出来工作不久，就要让他们离开领导岗位，从思想和感情上一时难以接受，实行退休制度遇到一些阻力和障碍，而大批优秀中青年干部又一时难以提拔和培养起来。在这种情况下，为保护老干部的工作热情，发挥老干部领导经验丰富的优势，减小建立退休制度的阻力和障碍，同时为大批提拔和培养优秀中青年干部创造条件，邓小平和陈云等中共中央领导同志，从我们党面临的实际情况出发，创造性地提出了设立中共中央顾问委员会这种构想，为从干部领导职务终身制走向退休制创设了一种有效的过渡形式。

1980 年 1 月 28 日，邓小平在同胡耀邦、胡乔木、邓力群谈对《中国共产党章程（修改草案)》的修改意见时，首次谈到建立党的顾问委员会问题。他指出："党章作这一规定的目的，是使党的各级委员会逐步年轻化。要讲清各级顾问委员会的性质、职权。它应是同级党委的咨询机构，党委决定重大问题时要向它提供情况、材料，听取它的意见。中央顾问委员会成员可以列席中央政治局会议，各级顾问委员会的成员也可列席同级党委会或常委会。这个规定，不只是解决丧失工作能力的老同志退出中央委员会当参谋的问题，就是那些有过重大贡献、在全国德高望重的人，也可以转入第二线。与此相联系的问题，还是要按国家规定实行干部离职退休制度，都安排当顾问不可能。"① 在这次谈话中，邓小平指出了设立顾问委员会的目的，并对党章如何从制度源头上设定顾问委员会的性质和职权提出了明确意见。同年 6 月 27 日，邓小平在听取胡耀邦、胡乔木、邓力群等人关于准备成立中顾委的汇报时又说："赞成成立中央顾问委员会。恐怕得立一些庙，菩萨才好安置。老同志安排好以后，就可以把中年同志提拔起来。老同志的安排，一方面组织上要想办法，另一方面他们也不要提过高的要求。不在其位了，相应的有些待遇也可以改变一下。"②

在邓小平和陈云的建议下，1980 年 8 月 13 日，中共中央、国务院作出《关于设置顾问的决定》。《决定》指出：老干部是我们党和国家的宝贵财富。为了爱护这些老同志，使他们能够健康长寿，并利用自己的经验在晚年尽可能地为党做一些工作，以保证党的优良传统和优良作风代代相传，更好地完成党的各项任务，中央决定，在县级以上单位设置顾问。这是力图使年轻干部尽快走上工作第一线的一项过渡措施。7 月 30 日，陈云在审阅这份文件时作了批示："退当顾问和离休制度，势在必行。"③

1981 年 8 月 18 日，邓小平在中共中央政治局扩大会议的讲话中指出："中央已经设立了纪律检查委员会，正在考虑再设立一个顾问委员会（名称

① 《邓小平年谱（1975—1997)》（上），中央文献出版社 2004 年版，第 598—599 页。

② 《邓小平年谱（1975—1997)》（上），中央文献出版社 2004 年版，第 650 页。

③ 《陈云文集》第 3 卷，中央文献出版社 2005 年版，第 468 页。

还可以再考虑），连同中央委员会，都由党的全国代表大会选举产生，并明确规定各自的任务和权限。这样，就可以让一大批原来在中央和国务院工作的老同志，充分利用他们的经验，发挥他们的指导、监督和顾问的作用。同时，也便于使中央和国务院的日常工作班子更加精干，逐步实现年轻化。"①这是邓小平首次在中央会议上提出设立中央顾问委员会。

1982 年 7 月，中共中央政治局召开扩大会议，讨论党的十二大报告和党章修改草案。邓小平在 30 日的讲话中，再次就设立中顾委的原因作了详细说明。他指出："这次的党章有些问题没有完全解决，比如领导职务终身制的问题，已经接触到了，但没有完全解决，退休制度的问题也没有完全解决，设顾问委员会，是一种过渡性质的。鉴于我们党的状况，我们干部老化，但老同志是骨干，处理不能太急，太急了也行不通。还有，我们多年来对中青年干部的提拔就是少，就是没有注意这方面的工作嘛。而且还得承认，确实是障碍重重，这个障碍有些是有意识的，有些是无意识的，两种情况都有，所以，我们需要有一个顾问委员会来过渡。我们有意识地采取这个办法，使得过渡比较顺利。也许经过三届代表大会以后，顾问委员会就可以取消了。如果两届能够实现，就要十年。这个过渡是必要的，我们选择了史无前例的这种形式，切合我们党的实际。但是在这个过渡阶段，必须认真使干部队伍年轻化，为退休制度的建立和领导职务终身制的废除创造条件。"②在讲话中，邓小平再次强调了中顾委的过渡性质。陈云在这次会议上发言，支持邓小平的讲话。

1982 年 9 月召开的中共十二大，审议通过了《中国共产党章程》。党章设专条对中顾委作出规定。关于中顾委的性质，党章明确指出，党的中央顾问委员会是中央委员会的政治上的助手和参谋。关于中顾委委员的条件，党章规定，中央顾问委员会委员必须具有四十年以上的党龄，对党有过较大贡献，有较丰富的领导工作经验，在党内外有较高声望。关于中顾委的政治待

---

① 《邓小平文选》第 2 卷，人民出版社 1994 年版，第 339 页。

② 《邓小平文选》第 2 卷，人民出版社 1994 年版，第 413—414 页。

遇，党章规定，中央顾问委员会委员可以列席中央委员会全体会议；它的副主任可以列席中央政治局全体会议；在中央政治局认为必要的时候，中央顾问委员会的常务委员也可以列席中央政治局全体会议。关于中顾委的工作任务，党章规定，中央顾问委员会在中央委员会领导下进行工作，对党的方针、政策的制定和执行提出建议，接受咨询；协助中央委员会调查处理某些重要问题；在党内外宣传党的重大方针、政策；承担中央委员会委托的其他任务。① 这些规定，充分体现了邓小平和陈云对中顾委的制度设计思想。

按照党章规定，中共十二大选举产生了 172 名中顾委委员。9 月 13 日，中顾委召开第一次全体会议，选举邓小平为中顾委主任。此前，1982 年 4 月 27 日，邓小平在同金日成会谈时曾表示，"如果有人不愿意当，别人又赞成他当，他愿意当顾问委员会的主任"。② 邓小平亲自担任中顾委主任，体现了他对中顾委工作的高度重视，并在实现干部新老交替方面为全党作出了表率。9 月 30 日，邓小平在会见美国前国务卿基辛格时说："我现在是把自己放到顾问委员会里边去，就是说，让一些比较年轻的人到第一线来。我退到第二线这样的事要早安排好。"③

在中顾委 9 月 13 日的第一次全体会议上，邓小平发表了重要讲话。他首先阐明了设立中顾委的目的，并再次强调了中顾委的过渡性质。邓小平指出："中央顾问委员会是个新东西，是根据中国共产党的实际情况建立的，是解决党的中央领导机构新老交替的一种组织形式。目的是使中央委员会年轻化，同时让一些老同志在退出第一线之后继续发挥一定的作用。"他接着指出："从某种意义上说，顾问委员会是一种过渡性质的组织形式。我们的国家也好，党也好，最根本的应该是建立退休制度。十一届三中全会以后不久，我们就讲要废除党和国家领导职务实际上存在的终身制。这个问题，世界上许多国家恐怕都比我们解决得好。我们干部老化的情况不说十分严重，至少有九分半严重。这个问题不解决，我们的国家、我们的党就缺乏活力。

① 参见《十二大以来重要文献选编》（上），中央文献出版社 2011 年版，第 66 页。
② 《邓小平年谱（1975—1997）》（上），中央文献出版社 2004 年版，第 818—819 页。
③ 《邓小平年谱（1975—1997）》（上），中央文献出版社 2004 年版，第 857 页。

现在着手来解决，采取顾问委员会这种过渡的形式，比较合乎我们的实际情况，比较稳妥，比较顺当。应当说，这一次在解决新老交替问题上迈出了相当大的一步。如果花两个五年的时间，通过这种过渡的形式，稳妥地顺当地解决好这个问题，把退休制度逐步建立起来，那就是很大的胜利。这对于我们国家以后的发展，是办了一件很好的事情。所以，可以设想，再经过十年，最多不要超过十五年，取消这个顾问委员会。十年、两届还是需要的，一届恐怕不好，太急促了。顾问委员会今天刚成立，就宣布准备将来取消，这就明确了这个组织的过渡性。我们尊重生活和历史的辩证法。"

关于中顾委如何开展工作，邓小平强调要按新的党章办事，并重申了党章的有关规定。对于如何将这些原则规定具体化，邓小平说："建议这个会后，由薄一波主持，请一些常委和在京的委员参加，座谈顾问委员会怎么办，先议出若干条，然后经过中央政治局，以适当的方式通知顾问委员会的所有成员。顺便说下，以后顾问委员会的日常工作请薄一波同志主持，因为我想减轻一些负担。（薄一波插话：有小平同志压阵就行了，具体事情由我们来搞）办事机构要精干，人不要多。"

邓小平最后对顾问委员会如何发挥作用提出三条要求：第一，不要妨碍中央委员会的工作。邓小平指出："我们老同志要自觉，我们都是老上级、老领导，牌子大、牌子硬啊，比中央委员会的成员牌子硬啊。以后中央委员会的成员越来越年轻，越来越是我们的后辈。我们的态度正确，对推动他们的工作，帮助他们的工作，很有好处。如果搞得不适当，也会带来不好的影响。不仅不要妨碍中央委员会的工作，包括中央政治局、书记处的工作，也不要妨碍下面各级的工作。比如我们的同志到哪个省去了解情况，我看不要随便发表意见，首先要认真调查研究，学习下面的实际经验。发现确实有需要解决的问题，也应该采取帮助省委或者帮助某个基层组织的办法，让他们自己去解决。要注意起传帮带的作用，而不是去发号施令。我们这些老资格，讲话是有人听的，是有分量的，所以要慎重。我们从一开始就要注意这个问题。"

第二，顾问委员会的成员要联系群众。邓小平指出："可不可以这样设想，除了身体不好的同志，凡是还能做点工作的，可以联系一个基层单位，比如联系一个工厂，一个学校，一个科学研究机关，一个地委或者县委，甚至一个农村基层组织，深入地了解情况。这样就可以对党中央更好地起到参谋和助手的作用。到联系的单位，还可以做一个报告员，同群众见见面，同党员见见面，把我们国家的事情，我们党在每个时期采取的方针政策，国际的情况和我们的对外政策，及时地给他们讲讲。作报告本身就是传帮带。可以讲现在的问题，也可以讲历史。讲历史我们可是有资格，都是革命几十年的人，革命故事多得很。"

第三，在保持党的优良作风方面以身作则。邓小平指出："搞精神文明，关键是以身作则。我们这些老同志下去，人家是非常尊重的，生活上是会照顾的，我们自己要注意不要过分麻烦人家。"①

这些要求是对党章关于中顾委有关规定的具体化，体现了宜虚不宜实的原则，为中顾委开展工作、发挥作用提供了重要的指导思想。

邓小平讲话后的第二天，即 9 月 14 日，遵照邓小平的指示，中顾委常务副主任薄一波主持召开中顾委第一次常委会议，研究制定中顾委工作条例，解决中顾委如何工作的问题。经过几天的紧张工作，于 22 日拟定了《关于中央顾问委员会工作任务和工作方法的暂行规定》（草稿）。规定共 9 条，要点为：（1）中顾委如就党的方针政策向中央提出建议，在一般情况下可以用个人名义或联名方式提出，但属重大建议，需经中顾委全体会议或常委会讨论通过后，用顾问委员会或常务委员会的名义提出。（2）根据中央对有关问题的咨询要求，在缜密调查研究的基础上，提出集体的或个人的参考意见。（3）受中央的委托或经过中央的批准，协助中央调查某些重要事宜和承担其他交办的任务。（4）确定退居二线尚未离职的中顾委委员，在过渡期间，应当从实际出发，积极协助所在单位把机构改革工作和领导干部交接工作认真做好。（5）中顾委委员要深入实际，联系群众，了解情况，向党内外宣讲国内国际形势和党的重大方针政策。根据个人的情况，在力所能及的情

---

① 《邓小平文选》第 3 卷，人民出版社 1993 年版，第 6—8 页。

况下，可直接联系一个或几个基层单位。（6）中顾委委员要协助中央和有关省、市、自治区党委发现和选拔年轻有为的干部。（7）中顾委委员在发扬党的优良传统方面，在遵守党章和宪法、法律方面，都要以身作则，并且同各种违法乱纪和败坏党风的行为进行斗争。在同各级组织和干部的交往中要谦虚谨慎，密切合作，切不可以老领导自居，发号施令。（8）中顾委的工作一般说来宜少不宜多，宜虚不宜实，量力而行，尽力而为，工作方式可以松散一些。（9）中顾委的办事机构要精干，秘书、信访、行政工作由中共中央办公厅负责。上述规定，经中顾委常委会讨论通过后，即报邓小平审定。9月30日中共中央批准并转发了这一暂行规定，要求顾问委员会遵照执行。至此，中顾委的日常工作步入正轨。①

按照党章规定和邓小平的指示，中顾委主要以下列方式对党的方针政策的制定提出建议，积极发挥中央委员会政治上的助手和参谋作用。一是中顾委委员列席中央委员会全体会议，中顾委常务委员列席中央政治局全体会议，直接参与某些重大决策的讨论。二是在中央的统一布置下，就某些重要政策的制定进行专题讨论。如农村经济政策（几个一号文件）、整党决定、经济体制改革决定、"七五"计划、"八五"计划、精神文明建设决议等重要文件，在形成过程中，中顾委委员都提出过建设性意见。三是定期集中学习和讨论方针政治性问题。在北京的100多位委员按原来从事的工作性质，分为党政、经济、文化、军事4个支部，每半个月开一次会；在外地的40多位委员，按地区分组，每半年开一次会，对党的各项工作提出改进意见。不论是在北京还是外地的委员，大家所提的意见和建议，中顾委办公室（后改办公厅）都要以会议简报或专题报告的形式先送薄一波和中顾委常委，由薄一波将其中重要者报送邓小平、陈云等中共中央主要领导同志参阅。为了使建议切合实际，委员们遵照邓小平指示，每年都要深入基层，走群众路线，做了多方面的调查研究，不少调查报告对中共中央有关部门制定政策措施起了参考作用。有50多位委员到当年战斗过的地方，看望在艰苦岁月生死与

---

① 参见黎虹：《邓小平、陈云与中央顾问委员会》，《中共党史研究》2017年第3期。

共的干部和群众，带去党的关怀，宣讲党的政策，了解和反映群众的迫切要求。①

1983 年 10 月 11 日，中共十二届二中全会通过了《中共中央关于整党的决定》。全会结束后第三天（10 月 15 日），中顾委召开第二次全体会议，邓小平委托胡耀邦到会讲话，要求中顾委协助中央把整党工作搞好。中顾委于 10 月 16 日召开常委会，研究中顾委协助中央进行整党问题。会议决定，选派 28 名委员参加整党指导委员会的工作。由于人手不够，后来中顾委又选派 11 名委员（先后共派 39 名委员），参加中央指导委员会的工作。在长达三年半的时间里，委员们尽心尽力，出色地完成了任务，有的还受到邓小平的表扬。②

1984 年 10 月 20 日，中共十二届三中全会通过《中共中央关于经济体制改革的决定》。全会结束后第二天（10 月 22 日），中顾委召开第三次全体会议，邓小平出席并发表重要讲话，主要内容是向全体委员通报国内外形势和中国改革开放的最新进展情况。因中顾委工作已步入正轨，这次讲话没再涉及中顾委本身。

为加快新老交替步伐，中共中央决定，1985 年 9 月召开党的全国代表会议，对中央委员会、中央顾问委员会、中央纪律委员会的成员做一次比较大的调整，退出一批年龄大的同志，增补一些德才兼备的中青年干部。中顾委虽是二线机构，也要有进有出，让体弱多病、丧失工作能力的委员退出中顾委，腾出位置，以便让仍在一线工作的老同志进入中顾委。为此，中顾委由薄一波牵头，成立五人小组负责调整工作。经研究，薄一波请示邓小平后提出退出中顾委的四条杠杠：一是 85 岁以上的同志；二是 80 岁以上身体不好的同志；三是身体多病、丧失工作能力的同志；四是在人大、政协有职务的中顾委委员，只能在一头任职，职务不交叉。按照这个原则，五人小组经过反复商量，最后拟定了 37 位老同志退出中顾委的名单。正在这时，名单

---

① 参见黎虹：《邓小平、陈云与中央顾问委员会》，《中共党史研究》2017 年第 3 期。

② 参见黎虹：《邓小平、陈云与中央顾问委员会》，《中共党史研究》2017 年第 3 期。

中的刘俊秀同志去世，所以名单改成36名。这36位老同志以党的利益为重，联名致信党中央，表示愿意退出中顾委。这些委员退出后，另增补56人，中顾委委员总数达182人，比中共十二大时增多10人。

党的全国代表会议结束后，9月23日，邓小平、胡耀邦邀请退下来的老同志在人民大会堂合影留念，共同聚餐。席间，老同志代表讲话。他们深情地感谢党的关怀，表示要一定听中央的话，把退休制度坚持搞下去。邓小平称赞说："你们以实际行动，带头废除领导职务终身制，推进了干部制度改革。这件事在党的历史上要大书特书。"①

1986年9月28日，中共十二届六中全会决定着手筹备十三大的换届工作，进一步推进中央领导班子的年轻化。全会结束后的10月30日，邓小平、李先念来到陈云住地，三位老人进行了一次长谈，共同约定中共十三大时一起退下来，而且一退到底，不再担任任何职务。消息传到中顾委，许多老同志都表示不能接受，要求薄一波向邓小平反映他们的意见。薄一波向邓小平反映后向委员们传达说："我向小平同志反映了大家的要求，小平同志说，我这次如果不退，再搞一届，我就成了'世界第一'啦！我说丘吉尔就干到80岁呀，小平同志说，丘吉尔是79岁退下来的，后来当'后排议员'，拿着大烟斗，坐在后排打瞌睡。我又说，阿登纳不是干到85岁吗？他说，是啊，如果我再干一届，就88岁了，那就不是变成'世界第一'了吗？他还说，现在我的脑筋确实还可以，身体也不错，还能游70分钟泳，可是，人过80，谁晓得哪一天起变化啊，什么'长命百岁'、'万寿无疆'，正是因为长命百岁不容易，万寿无疆不可能，所以人们才这样说。他还说，如果现在我们这些老同志不开明一点儿，不退下去，新的人不上来，也就锻炼不了，那么，有朝一日，我们大家都到了90岁了，好啊，都退下吧，可谁来接班啊！"委员们为邓小平的肺腑之言所感动。但鉴于当时国内外的复杂局势，委员们和党内许多同志仍希望他们再留一段时间。在大家的要求下，经中共中央政治局反复酝酿，并征求多方意见，决定邓小平、陈云、李先念三人

---

① 参见黎虹：《邓小平、陈云与中央顾问委员会》，《中共党史研究》2017年第3期。

"半退"，即退出中央委员会，各担任一个职务。邓小平任中央军委主席，陈云任中顾委主任，李先念任全国政协主席。①

后来，邓小平会见外宾时谈到这个问题。他说："现在年龄这么大了，为了国家更稳定，需要交班。现在我的主要任务就是支持新的领导班子，不干扰他们的工作。不仅我自己，与我年龄差不多的老同志也这样。这是我们全党的广泛意志。"他还说："我、陈云、李先念，本来准备全退，就是什么职务也不担任。大家都不赞成，就改成半退。还有其他几位老同志，像彭真同志、邓大姐他们，都全退。我、陈云、李先念离开政治局，当然也离开政治局常委会。我现在名义上还担任军委主席，但是过一个时期连这项工作也退下来。我们十三大解决这个问题的时候，已经作了实际的安排。"②

中共十三大闭幕的第二天，大会选出的中央顾问委员会举行第一次全体会议。陈云继邓小平之后，当选为第二届中顾委主任。薄一波、宋任穷当选为副主任。第二届中顾委根据中央精神有意识地减少活动，以便为中共十四大撤销中顾委预做准备。五年间，陈云主持的这届中顾委除在1989年支持以邓小平同志为核心的党中央平息政治风波这项重大活动外，日常活动主要是组织委员学习，其中主要是学哲学。

陈云一贯强调领导干部要学哲学，以利于提高思想方法和工作方法。他担任第二届中顾委主任后，十分重视委员的政治学习，尤其强调中顾委老同志要带头学哲学。1989年9月14日，陈云同薄一波、宋任穷谈话，提出应该组织中顾委常委和在京委员学习马克思主义哲学。9月16日，他就此致信薄一波、宋任穷并中顾委常委，信中说："我最近考虑一个问题，就是应该组织中顾委常委和在京委员学习和研究马克思主义哲学。其目的有二：一是我们这些老同志有丰富经验，但需要进一步提高理论水平；二是带动新干部乃至全党同志都来学习哲学。"③

9月27日，中顾委召开常委会议，讨论如何落实陈云关于组织中顾委

---

① 参见黎虹：《邓小平、陈云与中央顾问委员会》，《中共党史研究》2017年第3期。

② 《陈云传》（四），中央文献出版社2015年版，第1799—1801页。

③ 《陈云年谱（修订本）》下卷，中央文献出版社2015年版，第487页。

成员学习马克思主义哲学的问题，并作出具体的安排。与会同志认为，"陈云同志提出要组织高级干部（包括中顾委老同志）学习马克思主义哲学，掌握科学的世界观和方法论，确实是当前摆在全党面前的一项非常紧迫的任务。这不仅对提高全党的马列主义水平十分必要，而且对我们统一思想，更好地领导全国人民进行社会主义现代化建设也有着深远的意义。因此，应把它作为加强党的思想、理论建设的一件大事来抓"。考虑到中顾委成员年事已高，不宜阅读太多的哲学书籍，决定以专家授课为主，阅读理论书籍要少而精，并委托胡乔木、邓力群做一计划。后来，请中国社会科学院哲学研究所的同志讲了两次课，各支部也进行了几次讨论。1990 年 2 月，中顾委又把春节期间陈云给中共浙江省委书记李泽民题写的 15 字条幅"不唯上、不唯书、只唯实，交换、比较、反复"的解释，印发给委员们学习。①

1989 年政治风波后，邓小平曾同陈云商量过中顾委撤销的时间问题。8 月 24 日，邓小平委托杨尚昆、王震到陈云住地，就他打算从中央军委主席岗位上退下来的问题征求陈云的意见。陈云听后表示赞成，说："退下来可以多活几年。只要人在，随时可以讲话。"陈云同时表示同意邓小平的意见，即"下次党代表大会不搞顾问委员会了，还是搞退休制度"②。

1990 年夏，邓小平从北戴河回京后，又请杨尚昆转告薄一波："要考虑十四大取消中顾委，你有什么意见？"薄一波表示："没有意见。中央和小平同志怎样考虑，我就怎样执行。"③

1992 年 2 月 23 日，陈云在上海同中顾委常委陈丕显谈话时，请他给薄一波、宋任穷带口信，说：十四大以后"我退下来"。至于薄一波、宋任穷，"他们自己考虑"。"中顾委要不要，也请他们考虑。"陈丕显回京后，向薄一波、宋任穷转达了陈云的意见。为了慎重起见，薄一波又专门打电话征询陈云的意见，得到的明确回答是："陈云同志的意见是撤销中顾委。"10 月 8 日，薄一波在中顾委全体会议上说："我们确定完全同意陈云同志的考虑。我和

---

①　黎虹：《邓小平、陈云与中央顾问委员会》，《中共党史研究》2017 年第 3 期。

②　《陈云年谱（修订本）》下卷，中央文献出版社 2015 年版，第 486 页。

③　黎虹：《邓小平、陈云与中央顾问委员会》，《中共党史研究》2017 年第 3 期。

任穷都表示退，十四大以后不再设立中顾委。"①

　　经中顾委常委会决定并报陈云同意以后，薄一波、宋任穷主持起草《中共中央顾问委员会向党的第十四次全国代表大会的工作报告》。报告稿说："十年来，在党中央的领导下，在邓小平、陈云同志的先后主持下，中顾委根据党章规定的任务，并且按照'宜少不宜多、宜虚不宜实'和'量力而行、尽力而为'的方针，做了一些力所能及的工作，发挥了一定的作用。"报告稿在概述中顾委所做的主要工作和发挥的作用后说："顾问委员会是从实际存在的干部领导职务终身制走向退休制的过渡性组织，设立顾问委员会是我们党的一项创举。实践证明，党中央的这一决策是完全正确的，是符合我们的党情和国情的。"报告提出："鉴于党的干部离休退休制度已在全国建立并正在顺利执行，实现新老干部的合作与交替已取得预期的进展；鉴于中顾委已历时两届，委员们的年事都很高了，已基本上完成了作为一种过渡性组织的任务，为此我们建议，党的第十四次全国代表大会后可以不再设立中央顾问委员会。"②

　　1992年10月7日，薄一波主持召开中顾委全体会议，讨论中顾委向中共十四大的工作报告稿。大家对中顾委十年的工作和发挥的作用没有提出异议，但对建议中共十四大不再设立中顾委则反应强烈。会上有十多位委员发言，大家各抒己见。有些委员认为中顾委已完成历史使命，可以撤销了；多数委员思想不大通，认为当前国内外局势还很复杂，社会主义建设和改革开放的任务很重，还需要老同志帮助出出主意，要求把中顾委再保留一届。第二天继续开会，薄一波、宋任穷把邓小平、陈云提出撤销中顾委的过程和必要性给大家作了说明，并且提出："小平同志讲了话，陈云同志讲了话，他们两位是十二届、十三届的中顾委主任，中央又作了决定。""维持原来的报告对党、对开好十四大、对中顾委、对个人都有利。我提议，明天开中顾委全会时，大家鼓掌通过，这样才显示出我们拥护中央，拥护小平同志。"说

① 《陈云传》（四），中央文献出版社2015年版，第1843—1844页。
② 《陈云传》（四），中央文献出版社2015年版，第1844页。

到这里，大家热烈鼓掌，显示出老同志讲党性、顾大局的崇高精神。①

10 月 9 日，中顾委第九次全体会议在北京召开，薄一波、宋任穷受陈云委托主持这次会议。全会讨论通过了中顾委的工作报告，提请中共十四大审议。10 月 18 日，中共十四大批准了中顾委的报告，决定不再设立中顾委。大会通过的《关于中央顾问委员会工作报告的决议》中说："大会认为，中央顾问委员会成立十年来，协助党中央为维护党的团结和社会稳定，推进改革开放和现代化建设，做了大量卓有成效的工作，在新的历史时期为党、国家和人民建立了历史性功绩。""大会高度赞扬老同志为废除实际存在的领导职务终身制，实行新老干部的交替与合作，保证党的事业继往开来、后继有人所作出的重大贡献。大会向中央顾问委员会和老同志们表示衷心的感谢和崇高的敬意！"②

至此，由邓小平、陈云主持的中央顾问委员会，在经历了两届之后，光荣地完成了历史使命。

---

① 黎虹：《邓小平、陈云与中央顾问委员会》，《中共党史研究》2017 年第 3 期。
② 《陈云传》（四），中央文献出版社 2015 年版，第 1844、1845—1847 页。

第三十二章

晚年岁月

20 世纪 80 年代末 90 年代初，国际国内形势发生深刻复杂的变化。国际上，东欧剧变、苏联解体，国际共产主义运动遭遇严重挫折。在国内，受国际局势的影响，一些人对社会主义前途缺乏信心，对中国的改革开放产生了疑虑，有人对中国改革开放提出姓"资"还是姓"社"的问题，担心搞市场经济、创办经济特区、发展非公有制经济等会导致资本主义。这些疑虑和担心归结起来，就是党的"一个中心、两个基本点"的基本路线还要不要坚持，中国的改革开放还要不要坚持。在事关中国改革开放前途命运的关键时刻和重要关头，邓小平于 1992 年 1 月 18 日至 2 月 21 日，以 88 岁高龄先后视察了武昌、深圳、珠海、上海等地并发表重要谈话，为中国改革开放注入了新的生机和活力。

邓小平在谈话中指出：基本路线要管一百年，动摇不得。改革开放胆子要大一些，看准了的，就大胆地试，大胆地闯。迈不开步子，不敢闯，是怕资本主义的东西多了，走了资本主义道路。判断的标准应该主要看是否有利于发展社会主义社会的生产力，是否有利于增强社会主义国家的综合国力，是否有利于提高人民的生活水平。计划多一点还是市场多一点，不是社会主义与资本主义的本质区别。计划经济不等于社会主义，资本主义也有计划；市场经济不等于资本主义，社会主义也有市场。计划和市场都是经济手段。社会主义的本质是解放生产力，发展生产力，消灭剥削，消除两极分化，最终达到共同富裕。中国要警惕右，但主要是防止"左"。抓住时机，发展自己，关键是发展经济。低速度就等于停步，甚至等于后退。要力争隔几年上一个台阶。发展才是硬道理。要坚持两手抓。要注意培养接班人。一些国家出现严重曲折，社会主义好像被削弱了，但人民经受锻炼，从中吸收教训，将促使社会主义向更加健康的方向发展。①

邓小平南方谈话从理论上深刻回答了长期困扰和束缚人们思想的许多重大认识问题，在我国改革开放和社会主义现代化建设的实践中产生了巨大影响，为不久后召开的中共十四大做了重要的思想和理论准备。1992 年 10 月召开的中共十四大，以邓小平南方谈话精神为指导，认真总结中共十一届三中全会以来 14 年的实践经验，对动员全党和全国各族人民进一步解放思想，把握有利时机，加快改革开放和现代化建设步伐，夺取有中国特色社会主义事业的更大胜利进行了战略部署，作出了重大决定。

中共十四大后，邓小平不再管问中央的日常事务②，陈云也不再担任中共中央顾问委员会主任，辞掉了生前最后一个领导职务，从领导岗位上完全退了下来。他们开始安享晚年，过着离休的生活。这一年，邓小平 88 岁，陈云 87 岁。

邓小平和陈云在晚年岁月，仍关注着改革开放和现代化建设事业。每次有中共中央领导同志去看望他们，邓小平和陈云总是利用这个机会，表达他们对有关问题的看法。中共中央领导同志也总是认真听取他们的意见。邓小平和陈云晚年生活的另一项重要内容就是审阅自己的文选，为后人留下一份宝贵的精神财富。

晚年的邓小平喜欢到上海过春节，1988 年至 1994 年的春节他都是在上海度过的。陈云也从 1990 年 10 月起，将休养地点由杭州改到上海。这以后，他每年"十一"前后到上海过冬，来年的四五月间返回北京，一直到 1994 年 5 月。邓小平和陈云喜欢到上海过年或休养，这既有气候的原因，也体现了他们对上海这个改革开放前沿地区的特别感情。

---

① 参见《邓小平文选》第 3 卷，人民出版社 1993 年版，第 370—383 页。

② 1993 年 9 月 16 日，邓小平在同他弟弟邓垦谈话时说："走这一步（指邓小平从领导岗位上退下来——笔者注），我是跟中央的同志讲清楚了的，日常的事情少管、不管，现在一点也不管，让他们放手去搞。现在我比较放心。"见《邓小平年谱（1975—1997）》（下），中央文献出版社 2004 年版，第 1364 页。

中共十四大闭幕后不久，11 月 16 日，江泽民、吴邦国、黄菊、杨德中到上海虹桥迎宾馆看望陈云。因为陈云由于健康原因没有参加中共十四大，已在会前于 9 月 27 日由北京到上海休养，所以江泽民向陈云介绍了中共十四大的有关情况。江泽民谈到中共十四大确立我国经济体制改革的目标是建立社会主义市场经济体制时对陈云说："你是最熟悉市场的。建国初期稳定物价，六十年代回笼货币。"陈云说："那时发钞票，要经毛主席、党中央批准的。"江泽民说："发钞票是要严格起来，这个权中央要收得高一点。"陈云说："你讲既要解放思想又要实事求是，讲得对。"接着，陈云问吴邦国："现在上海商品外销占多少比例？"吴邦国回答说："外销商品占百分之四十。上海商品出口国家的次序是：日本、美国、欧洲和东南亚。"陈云说："假冒伪劣商品，缺斤短两的事，干不得。"吴邦国说："对。在这个问题上，我们要严格把好关。"陈云又问："现在上海存煤几个月？"吴邦国答："三个月。过去最紧张的时候，只有四个小时。"陈云满意地点点头。江泽民说："前段时间，对军队领导班子作了重大调整，我在军委会议上强调，军队必须接受党的绝对领导，要坚决反对和克服山头主义。"陈云说："军队还有地方都不能有山头主义，要搞五湖四海。小平同志健在时，军队解决了这个问题，是件好事。还有一件事，就是现在不少基层，主要是县以下的，干群关系紧张，这也是一个大问题。"江泽民说："是的，我们准备专门抓一下农村党的基层组织建设问题。"陈云说："看到一些材料反映，现在有些基层上报的数字是虚假的，因为不这样上报，他们就过不了关。这个问题也要注意。"江泽民说："我们已经吃够了'大跃进'浮夸风的亏。"① 可以看出，陈云虽然年事已高，且在休养当中，但他仍在时刻关注着党和国家的事业。点到的事情是重要的，提出的意见是中肯的。

1993 年的春节，邓小平和陈云都是在上海度过的。邓小平在去上海前，先到杭州休息了 20 天。在杭州期间，邓小平对浙江省党政军负责人反复强调要抓住机遇，加快发展。1992 年 12 月 17 日，他在同浙江省委书记李泽民、

---

① 《陈云传》（四），中央文献出版社 2015 年版，第 1847—1848 页。

省长葛洪升谈话中指出："要抓住机遇，发展自己，不断提高综合国力。一定要把经济建设搞上去，以经济建设为中心不能动摇。在搞好物质文明建设的同时，要搞好精神文明的建设。面对风云变幻的国际形势，我们要冷静观察，沉着应付，少说多做，要努力把自己的事办好，这样在处理复杂多变的国际事务中才有更多的发言权。"这些讲话和他年初南方谈话的精神是完全一致的。1993年1月4日，邓小平在接见浙江省党政军负责人和老同志代表时，再次强调："我很关注浙江的发展。浙江的发展势头是不错的。要珍惜这个好的发展机遇，保持好的发展势头。"①

1月20日，春节前夕，吴邦国、黄菊等上海市党政领导人和陈国栋、胡立教、汪道涵等老同志到陈云住地给他拜年。吴邦国向陈云汇报了关于振兴上海、开发浦东进展情况的汇报。陈云高兴地说："你们按照江泽民同志讲的既要解放思想又要实事求是的精神干工作是对的，你们的工作是干得好的。你们给我拜了年，我也向你们拜年，同时向全上海人民拜年。"谈话结束时，陈云特地请新华社记者在报道的时候写一笔，趁这个机会向解放军全体官兵拜年，向全国人民拜年。②

1月22日是大年三十，邓小平同吴邦国、黄菊等上海市党政军负责人和各界人士共度除夕。在交谈中，邓小平强调的还是要抓住机遇。他说："我向大家拜年，并通过你们向全体上海人民，首先是上海工人阶级拜年。上海工人阶级长期以来一直是中国工人阶级的带头羊。希望你们不要丧失机遇。对中国来说，大发展的机遇并不多。中国与世界各国不同，有着自己独特的机遇，比如我们有几千万爱国同胞在海外，他们对祖国做出了很多贡献。"邓小平对上海市过去一年的工作予以充分肯定。他说："上海人民在1992年做出了别人不能做到的事情。当然走一步，回头看一下是必要的。要注意稳妥，避免损失，特别要避免大的损失。有一点小的损失不要紧，回头总结经验，改正缺点就是了。乘风破浪，脚步扎实，克服困难更上一层

---

① 《邓小平年谱（1975—1997）》（下），中央文献出版社2004年版，第1356、1358页。
② 《陈云年谱（修订本）》下卷，中央文献出版社2015年版，第506页。

楼。"邓小平特别强调："实践证明，以江泽民同志为核心的党中央领导集体工作做得是好的，是可以信任的。"2月8日，邓小平离开上海前，再次对吴邦国、黄菊说："从现在开始到2010是难得的机会，不要丧失了。"① 殷殷之情，溢于言表。

1993年，中共中央决定采取措施，抑制经济过热势头，加强宏观调控。邓小平和陈云都予以积极支持，并提出重要意见。

中共十四大后，在深化改革、扩大开放的过程中，由于一些地方和部门片面追求高速度，也由于旧的宏观调控机制逐渐失效，新的调控机制尚未健全，以致出现了经济过热现象。具体表现为：货币投放过量，金融秩序混乱；投资需求和消费需求出现膨胀趋势；财政困难状况加剧；工业增长速度过快，基础设施和基础工业的瓶颈制约进一步加大；出口增长乏力，进口增长过快，国家外汇结存基本无增长；物价上涨过快，通货膨胀呈加速之势。针对这些问题，6月24日，中共中央、国务院制定了《关于当前经济情况和加强宏观调控的意见》，提出了16条加强宏观调控的措施，其中包括严格控制货币发行，灵活运用利率杠杆，坚决制止各种乱集资，限期完成国库券发行任务，加强房地产市场的宏观管理，严格控制新开工项目等。② 这16条措施主要是实行适度从紧的财政政策和货币政策，整顿金融秩序和流通环节，控制投资规模，加强价格监督。

6月22日，在《意见》出台前夕，江泽民去住地看望邓小平，听取他对加强宏观调控的意见。邓小平在谈话中赞同江泽民提出的加强宏观调控，突出抓金融工作的建议，并指出："什么时候政府都要管住金融。通货膨胀，人民受损失。人民币不能贬值太多，市场物价要控制住。"③7月13日，江泽民又去住所看望陈云，向他通报中央加强宏观调控十六条意见下达后的情况。江泽民说："中央采取十六条宏观调控措施以后，听到的反映是好的。改革开放同宏观调控是统一的，不是矛盾的。搞社会主义市场经济不要宏观

---

① 《邓小平年谱（1975—1997）》（下），中央文献出版社2004年版，第1359页。
② 参见《十四大以来重要文献选编》（上），中央文献出版社2011年版，第273—280页。
③ 《邓小平年谱（1975—1997）》（下），中央文献出版社2004年版，第1361—1362页。

调控是错误的，这个观点要扭过来。"陈云表示："我双手赞成十六条"，并请中央考虑"快刀斩乱麻，重病要用重药医"，"应该把中央的财力收回来"，"要防止外国把中国'苏联化'"。①

在关心和支持中央加强宏观调控的同时，陈云1993年的生活内容主要是休养，邓小平在这一年主持完成了《邓小平文选》第三卷的编辑工作，并与其弟弟邓垦进行了一次内容重要的谈话。

中共十四大确立了邓小平建设有中国特色社会主义理论在全党的指导地位。会后，编辑出版《邓小平文选》第三卷、为全党进行思想理论武装提供教材的战略任务随之提上了日程。1992年12月8日，邓小平同志办公室通知中共中央文献研究室，同意编辑出版《邓小平文选》第三卷，同时确定了编辑组组成人员和具体负责人。②

从1993年5月起，编辑组将拟收入《邓小平文选》第三卷的全部文稿整理稿，分14批陆续报送邓小平逐篇审定。在审定文稿的过程中，邓小平发表了一系列谈话，对《邓小平文选》第三卷的编辑工作提出指导性意见。

5月4日，邓小平初审编辑组报送的第一批文稿。初审后，邓小平指出："这部分内容不少，可以编一本好书出来。但要加工，要仔细推敲。现在有些东西没有理清楚，看起来费劲，那本《建设有中国特色的社会主义》小本本，大概占三分之一，文字上要下功夫。不成熟的东西，连贯得不好的东西，解释得不清楚的东西，宁可不要。"③ 这次谈话对编辑《邓小平文选》第三卷在文字加工、内容取舍、逻辑连贯等方面提出了明确要求，成为编辑工作的指导方针。

根据邓小平5月4日的意见，编辑组对第一批报送的3篇文稿（代表3种类型）重新进行了整理，于5月17日报送邓小平。编辑组在给邓小平写的报告中提出，对1982年9月13日邓小平在中央顾问委员会第一次全体会议上的讲话稿，比较5月初邓小平看过的那个稿子有两方面改进，"一是删

---

① 《陈云传》（四），中央文献出版社2015年版，第1850页。

② 参见《邓小平年谱（1975—1997）》（下），中央文献出版社2004年版，第1356页。

③ 《邓小平年谱（1975—1997）》（下），中央文献出版社2004年版，第1360页。

去了一些枝节的东西，二是推敲和完善了一些文句和逻辑。篇幅由四千字压到二千字。"报告提出："这样加工整理，讲话中的重要思想比较突出了，行文比较明快了。"对《一心一意搞建设》，这是 1982 年 9 月 18 日邓小平同朝鲜劳动党中央总书记金日成的谈话，报告提出，"这是记录稿，没有发表过，这次也是删去枝节，推敲文字，比您上次看过的整理稿由二千五百字压到一千五百字。"对收入《建设有中国特色的社会主义》的一篇文章（1984 年 6 月 30 日邓小平会见第二次中日民间人士会议日方委员会代表时谈话的一部分），报告提出，这一篇原来的文字整理确有一些逻辑不连贯、表达不清楚的地方，这次作了较大的加工。报告还提出："改动都是在文字和条理分明，没有改变原来的观点，更没有添加当时没有讲过的观点。"5 月 26 日，邓小平看完 3 篇整理稿后说："这 3 篇都整理得很好，文字、内容、逻辑都很好。顾委会的讲话很好。第二篇（同金日成的谈话）改得重点突出了。第三篇（《建设有中国特色的社会主义》）也很好，历史情况讲清楚了。"邓小平鼓励：还可以放手一点嘛！6 月 11 日，邓小平一口气读完编辑组报来的 8 篇文稿，又满意地表示："可以，就这么干。"①

在 6 月 11 日的这次谈话中，邓小平还提出了一条具体编辑意见。他说：《我们对香港问题的基本立场》"这篇文章要加一个长一点的、详细一点的注释。注释要把中英关于香港问题谈判的过程、谈判的主要点都反映出来，要写明中国的意见是撒切尔夫人及英方参加会谈的人表示接受了的。当时谈判谈得很细，谈到驻军的问题。我说，中国对香港行使主权，表现的形式主要是驻军。后来又为一个很小的问题争了起来，就是双方今后在什么地方进行磋商。我说，可以在伦敦、北京、香港三个地方轮流进行。这些问题英方后来都表示接受了。所以，外国人说我敏锐。基本法也是在双方达成谅解和几个协议的基础上才搞成的，英国也同意了。可以把整个中英谈判的过程搞个备忘录，写啰嗦一点不要紧，找个合适的时机发表，配合当前的斗争。要让大家知道，是英方不守信义，我们是守信用的。在这个问题上，可以做一篇

---

① 参见张曙：《邓小平亲自指导编辑〈邓小平文选〉第三卷》，《党史博采》2014 年第 10 期。

好文章。"根据邓小平的意见,《邓小平文选》第三卷对香港问题做了一个详细的注释。①

关于《邓小平文选》第三卷的起止篇目,编辑组提出,把 1983 年出版的《邓小平文选》(一九七五——一九八二年)终卷篇(1982 年 9 月 1 日邓小平在中国共产党第十二次全国代表大会上所作的开幕词)移过来作为新一卷的开篇卷,"就按原来的发表稿,不作改动"。邓小平同意。编辑组提出以南方谈话为终卷篇,邓小平也同意了。7 月 7 日他说:"编到南方谈话为止,这样好,段落比较清楚。"②

从 7 月起,邓小平加快了审阅文稿的速度。他说:"我主要看能不能连贯起来。在审阅过几批文稿后,邓小平对文字整理工作比较满意了,就提出争取早出的要求。"7 月 7 日,他在审阅几篇文稿整理稿时说:"希望编辑人员要加加班,速度快点,争取早点出。"8 月 7 日,他在审阅完编辑组报送的第七次报告和 8 篇整理稿后说:"工作还要加快些。"8 月 17 日,他在审阅完编辑组报送的第十次报告和 9 篇整理稿后说:"这是一本比较好的书,没有空话,要快出。"③

9 月 3 日,邓小平审阅编辑组报送的最后一批文稿。在审阅完最后一篇整理稿后,邓小平高兴地说:大功告成!对南方谈话的最后一段:"……如果从建国起,用一百年时间把我国建设成中等水平的发达国家,那就很了不起!从现在起到下世纪中叶,将是很要紧的时期,我们要埋头苦干。我们肩膀上的担子重,责任大啊!"邓小平表示满意,称赞说:"这个结尾不错。"④

9 月 27 日,邓小平审阅编辑组报送的《邓小平文选》第三卷编辑工作总结报告。编辑组在报告中汇报了《邓小平文选》第三卷在编辑过程中征求有关方面意见的情况,以及作了哪些修改等,同时提出准备在 1994 年,对已出版的《邓小平文选(一九三八——一九六五年)》《邓小平文选

---

① 《邓小平年谱(1975—1997)》(下),中央文献出版社 2004 年版,第 1361 页。
② 《邓小平年谱(1975—1997)》(下),中央文献出版社 2004 年版,第 1362 页。
③ 《邓小平年谱(1975—1997)》(下),中央文献出版社 2004 年版,第 1362 页。
④ 《邓小平年谱(1975—1997)》(下),中央文献出版社 2004 年版,第 1363 页。

(一九七五——一九八二年)》两卷重新修订出版。邓小平阅后作出批示："我都同意"，并欣慰地同有关负责人说："算完成了一件事。"①自此，《邓小平文选》第三卷在邓小平的亲自主持下编辑完成。这部文选共收入邓小平 1982年至 1992 年间的著作 119 篇。

邓小平之所以如此重视《邓小平文选》第三卷，全程亲自指导编辑审定，是有自己的深层思考的，这从他的几次谈话中就能反映出来。7 月 7 日，邓小平在审阅几篇文稿整理稿时指出："这本书有针对性，教育人民，现在正用得着。不管对现在还是对未来，我讲的东西都不是从小角度讲的，而是从大局讲的。"8 月 24 日，他在审阅部分文稿整理稿时，向有关负责人提出："文选印成清样后，发一二十位同志看看，请他们提意见。实际上，这是个政治交代的东西。"9 月 27 日，他同有关负责人说："我的文选第三卷为什么要严肃地多找点人看看，就是因为其中讲到的事都是我们一直在做的事，不能动摇。就是要坚持，不能改变这条路线，特别是不能使之不知不觉地动摇，变为事实。"②从这些谈话中，可以看出邓小平是将自己的文选第三卷作为政治交代留给后人的，目的是以此教育全党和全国人民，坚持基本路线不动摇，沿着他亲自开创的中国特色社会主义道路继续前进。这是邓小平对后辈的殷切期望和谆谆嘱托。

11 月 2 日，《邓小平文选》第三卷由人民出版社出版。同日，中共中央作出《关于学习〈邓小平文选〉第三卷的决定》。《决定》指出：《邓小平文选》第三卷的出版，为落实用邓小平同志建设有中国特色社会主义的理论武装全党，统一全党思想，教育干部和人民，提供了最好的教材和最有力的武器。同日，中共中央举行学习《邓小平文选》第三卷学习报告会，江泽民在会上发表重要讲话。随后，中共中央举办了四期省部级主要领导干部学习《邓小平文选》第三卷的理论研讨班。学习《邓小平文选》第三卷随即掀起高潮。

12 月 9 日，邓小平在住地接见参加编辑《邓小平文选》第三卷的部分

---

① 《邓小平年谱（1975—1997）》（下），中央文献出版社 2004 年版，第 1365 页。

② 《邓小平年谱（1975—1997）》（下），中央文献出版社 2004 年版，第 1362—1363、1365 页。

工作人员，并合影留念。在合影前，为郑必坚、逄先知、龚育之题词，肯定他们在编辑《邓小平文选》第三卷中所做的工作。①

在主持编辑《邓小平文选》第三卷期间，这年9月16日，邓小平同他弟弟邓垦进行了一次内容重要的谈话，涉及坚持四项基本原则、建立退休制度、实现共同富裕等问题。

关于坚持四项基本原则，邓小平说：我们在改革开放初期就提出"四个坚持"。没有这"四个坚持"，特别是党的领导，什么事情也搞不好，会出问题。出问题就不是小问题。社会主义市场经济优越性在哪里？就在四个坚持。四个坚持集中表现在党的领导。这个问题可以敞开来说，我那个讲话②没有什么输理的地方，没有什么见不得人的地方。当时我讲的无产阶级专政，就是人民民主专政，讲人民民主专政，比较容易为人所接受。现在经济发展这么快，没有四个坚持，究竟会是个什么局面？提出四个坚持，以后怎么做，还有文章，还有一大堆的事情，还有没有理清楚的东西。党的领导是个优越性。没有人民民主专政，党的领导怎么实现啊？四个坚持是"成套设备"。在改革开放的同时，搞好四个坚持，我是打下个基础，这个话不是空的。

关于建立退休制度，邓小平说：我退休是党中央全会认可和批准的。我的意思是建立退休制度。没有退休制度，我们的事业难以为继。长久下去，会背起一个大包袱，一堆老人。不仅是数量问题，更重要的是活力没有了，战斗力没有了。国家发展了，我当一个富裕国家的公民就行了。现在证明，我退休以后，江泽民他们搞得不错。我算是比较活泼的人，不走死路的人，但毕竟年龄到这个时候了，没有精力搞了。我在旁边看到成功，在旁边鼓掌，不也是很好的一件事情嘛！要创造一种风气，一代一代传下去，让国家逐步兴旺起来。走这一步，我是跟中央的同志讲清楚了的，日常的事情少管、不管，现在一点也不管，让他们放手去搞。现在我比较放心，我看我们

---

① 参见《邓小平年谱（1975—1997）》（下），中央文献出版社2004年版，第1367页。
② 指邓小平1979年3月在党的理论工作务虚会上的讲话《坚持四项基本原则》。

的事业有希望，我们国家大有希望，我们民族大有希望。

关于实现共同富裕，邓小平说：十二亿人口怎样实现富裕，富裕起来以后财富怎样分配，这都是大问题。题目已经出来了，解决这个问题比解决发展起来的问题还困难。分配的问题大得很。我们讲要防止两极分化，实际上两极分化自然出现。要利用各种手段、各种方法、各种方案来解决这些问题。解决这些问题需要一些年富力强的同志。中国人能干，但是问题也会越来越多，越来越复杂，随时都会出现新问题。比如刚才讲的分配问题。少部分人获得那么多财富，大多数人没有，这样发展下去总有一天会出问题。分配不公，会导致两极分化，到一定时候问题就会出来。这个问题要解决。过去我们讲先发展起来。现在看，发展起来以后的问题不比不发展时少。所以，我们退休以后也不是无事可做。观察社会问题，出点主意，原则上要掌握几条。①

这是邓小平晚年的一次重要谈话。虽然是与他弟弟谈的，是同家人的一次谈话，但谈的都是关系改革开放和现代化建设的前途命运、关系党和国家长治久安的重大政治问题。中国的改革开放和现代化建设是一项系统工程，涉及方方面面的事情，但邓小平在晚年与他弟弟回顾他开创的改革开放伟大事业时，突出谈到的是坚持四项基本原则、建立退休制度、实现共同富裕这三个问题，足见这些问题在他心目中的位置和分量。

改革开放是强国之路，四项基本原则是立国之本，它保证我国改革开放的正确方向。如果离开四项基本原则来谈改革开放，就会造成社会动乱，改革开放就搞不下去。邓小平在改革开放之初就提出了"四个坚持"，特别是反复强调要坚持党的领导，坚持人民民主专政，从而保证了改革开放的顺利进行。这是邓小平为中国特色社会主义事业打下的坚实基础，是留给我们后人的宝贵精神财富，需要我们继续坚持和发展。

邓小平为中国改革开放和现代化建设事业做出的另一个重大贡献就是废除了干部领导职务终身制，建立起了退休制度，并身体力行地作出了表

---

① 参见《邓小平年谱（1975—1997）》（下），中央文献出版社 2004 年版，第 1363—1364 页。

率，为中央领导集体的顺利交替发挥了决定性作用。这是关系党和国家长治久安的重大战略问题，是邓小平为中国特色社会主义事业的坚持和发展奠定的重要制度基础，具有深远的历史意义。

共同富裕一直是邓小平重点关注的问题。之前，1992 年 12 月 18 日，他在阅《参考消息》上刊登的《中国将成为最大的经济国》和《马克思主义新挑战更加令人生畏》两篇文章时就指出："中国发展到一定的程度后，一定要考虑分配问题。也就是说，要考虑落后地区和发达地区的差距问题。不同地区总会有一定的差距。这种差距太小不行，太大也不行。如果仅仅是少数人富有，那就会落到资本主义去了。要研究提出分配这个问题和它的意义。到本世纪末就应该考虑这个问题了。我们的政策应该是既不能鼓励懒汉，又不能造成打'内仗'。"① 鉴于分配问题在当时已开始突出起来，邓小平在和他弟弟的这次谈话中又专门讲到共同富裕问题，指出解决这个问题比解决发展起来的问题还困难，发展起来以后的问题不比不发展时少。事实证明，邓小平当时的预见是准确的，提醒是及时的，认识是深刻的。

1994 年的春节，邓小平和陈云照例是在上海度过的。这是他们最后一次在上海过春节。2 月 9 日是大年除夕。这天，吴邦国、黄菊等上海市党政军负责人分别看望了在上海过年的邓小平和陈云。

邓小平和吴邦国、黄菊等同部分老同志互致新春的祝贺和问候。他说："祝以江泽民同志为核心的中央领导同志春节愉快，身体健康。祝全国人民春节愉快，家庭幸福，人民团结，在新的一年里取得更大的胜利。我一年来你们上海一次，祝上海人民春节愉快。"②

陈云同前来住地向他拜年的吴邦国、黄菊等上海市党政领导人进行了交谈。交谈中，吴邦国将去年上海在改革开放、发展经济和保持社会稳定等方面所做的工作，向陈云作了汇报，并谈了新一年工作的打算。陈云听后满意地说："上海工作是做得好的，不是一般的好，而是很好。"

---

① 《邓小平年谱（1975—1997）》（下），中央文献出版社 2004 年版，第 1356—1357 页。

② 《邓小平年谱（1975—1997）》（下），中央文献出版社 2004 年版，第 1368 页。

在这次重要谈话中，陈云明确提出要维护和加强党中央的权威。他说："从一九七八年党的十一届三中全会以来，全国经济发展很快，人民生活水平有了很大提高，这是有目共睹的事实。当然，目前还存在不少困难和问题。要解决这些困难和问题，首先要维护和加强以江泽民同志为核心的党中央的权威。如果没有中央的权威，就办不成大事，社会也无法稳定。"陈云还说："现在的中央领导班子是坚强的、有能力的，工作是做得不错的。全国上下都要同心同德，团结一致，不折不扣地贯彻落实党中央、国务院采取的一系列方针、政策和措施，把中国经济搞上去是大有希望的，社会主义中国是大有前途的！"

陈云从中共中央领导岗位上完全退下来以后，一直注意维护新的中央领导集体的权威，多次肯定以江泽民同志为核心的党中央工作是做得好的。此次谈话中陈云明确指出没有中央的权威，就办不成大事，社会也无法稳定，并再次肯定现在的中央领导班子是坚强的、有能力的，工作是做得不错的。陈云以其独特的身份带头维护中央的权威，具有特别的政治意义。谈话发表以后，产生了重要影响。

交谈中还谈到中央决定从当年起实行分税制的问题，陈云对此很关注。他对吴邦国、黄菊等说："中央决定从今年起实行分税制，使中央逐步集中必要的财力。上海和全国其他各地都表示赞成，说明大家是顾全大局的，我很高兴。"针对当时经济工作中存在的问题，陈云还提醒说："从全国来看，当前经济工作要特别注意的一个问题，就是建设规模一定要与国力相适应，而且要留有余地。同时，要把注意力集中到提高经济效益上来。"[1]这是陈云的一贯主张。这个观点他坚持了一生。

春节过后，陈云继续在上海休养。邓小平2月19日离开上海。临行前，他在火车上对吴邦国、黄菊说："你们要抓住二十世纪的尾巴，这是上海的最后一次机遇。上海有特殊的素质，上海完全有条件上得快一点。"下午，邓小平途经南京同陈焕友、固辉、方祖岐等江苏省党政军负责人谈话时，仍

---

[1]　《陈云文选》第3卷，人民出版社1995年版，第380页。

然强调的是抓住机遇，加快发展。他指出："现在是机会啊，这个机会很难得呀！中国人这种机会有过多次，但是错过了一些，很可惜！你们要很好抓住。你们要发奋，把群众的积极性调动起来，聚精会神地搞建设。"邓小平还指出："你们发展经济，能快则快，不要搞快呀慢呀的争论。不搞争论是我的一大发明"。① 这些话语重心长，体现了邓小平对上海和江苏等东部沿海省份加快发展的殷切期望和谆谆嘱托。

1994 年 5 月 25 日，陈云因患肺炎住进北京医院，在此后直至逝世的近一年时间里，病情时好时坏，一直未能出院。这年 12 月 22 日，邓小平也因肺部感染住进中国人民解放军总医院，于次年 2 月 7 日病愈出院。

1994 年 11 月 2 日，《邓小平文选（一九三八——一九六五年）》和《邓小平文选（一九七五——一九八二年）》经过增补和修订，由人民出版社出版第二版，分别改称《邓小平文选》第一卷、第二卷。第一卷增补了 4 篇著作，主要是邓小平担任中共中央总书记期间的讲话。第二卷增补了 14 篇著作，其中绝大部分是第一次公开发表。这次增补，对邓小平在 20 世纪 70 年代中至 80 年代初已经提出的关于建设有中国特色社会主义理论的某些重要思想，作了比较充分的反映。全书共收入 60 篇著作。经增补修订后出版的《邓小平文选》第一卷、第二卷，连同 1993 年出版的第三卷，集中了邓小平的主要著作。这些著作反映了从 20 世纪 30 年代末到 90 年代初长达半个多世纪中，邓小平把马克思列宁主义的基本原理同中国革命和建设的具体实践相结合，同时代特征相结合，形成的基本理论观点和政策策略思想，是对马克思列宁主义、毛泽东思想的继承和发展。《邓小平文选》第二卷同第三卷在内容上前后衔接、相互贯通，形成一个科学体系，这两卷成为建设有中国特色社会主义理论的奠基之作。同日，中共中央办公厅转发中共中央宣传部、中共中央组织部《关于学习〈邓小平文选〉第一、二卷的通知》。《通知》要求各级党委要把第一、第二、第三卷作为一个整体来学习。在学习中，要围绕什么是社会主义、怎样建设社会主义这个基本问题，深刻理解邓小平同

----

① 《邓小平年谱（1975—1997）》（下），中央文献出版社 2004 年版，第 1368、1369 页。

志建设有中国特色社会主义理论的由来、形成和发展。要认真研读原著，掌握精神实质，把握理论的科学体系，理论联系实际，统一全党思想，坚持党的基本路线一百年不动摇。①

这年 12 月，陈云也同意中共中央文献研究室提出的再版《陈云文选》的意见。他在病床上用半个月时间，每天听一点需要增补的 33 篇文稿的内容。陈云同意将 1994 年春节在上海的谈话《要维护和加强党中央的权威》作为《文选》最后一篇文章。当他听说准备将《随军西行见闻录》保持原貌收入《文选》时说：当时为了便于在国民党统治区流传，用了化名"廉臣"，并把红军写为"赤军"。1995 年 1 月 19 日，陈云在《陈云文选》再版补充文稿送审本上签名，并在签字后嘱咐身边工作人员一定要送请中共中央常委审阅。后来，当秘书说中共中央常委审阅后表示完全同意，并相信三卷《文选》再版后对于帮助各级领导干部提高思想、理论、政治水平将会起到重要作用时，陈云欣慰地点了点头。②

1995 年的春节，邓小平和陈云都是在医院度过的。这是陈云度过的最后一个春节。1 月，春节前夕，江泽民、李鹏等中共中央领导人前往医院分别看望了邓小平和陈云。邓小平在与江泽民等的谈话中，对全国人民在以江泽民同志为核心的党中央领导下，在改革开放和建设有中国特色社会主义事业中取得巨大成绩表示由衷高兴，并请江泽民等转达他对全国各族人民的节日祝贺。陈云在病床上会见了前来拜年的江泽民、李鹏，并听取他们对当前形势与工作的介绍，向他们表示感谢。下午，陈云要身边工作人员转告希望前来探望的其他中共中央领导人和一些老同志，说大家工作都很忙，泽民同志、李鹏同志都来看过了，可以代表大家了，其他同志就不要来了，谢谢大家的关心。③

4 月 10 日下午，陈云病情急剧恶化。江泽民等获悉后，立即赶到医院

---

① 参见《邓小平年谱（1975—1997）》（下），中央文献出版社 2004 年版，第 1379 页。
② 参见《陈云年谱（修订本）》下卷，中央文献出版社 2015 年版，第 512—513、514 页。
③ 参见《邓小平年谱（1975—1997）》（下），中央文献出版社 2004 年版，第 1371 页；《陈云年谱（修订本）》下卷，中央文献出版社 2015 年版，第 514 页。

探望。下午 2 时零 4 分，陈云病逝于北京医院，终年 90 岁。在陈云病重期间，邓小平曾委派秘书前往医院探望。① 在陈云生病住院及病重期间，江泽民、李鹏、乔石、李瑞环、朱镕基、刘华清、胡锦涛、荣毅仁等党和国家领导人前往医院看望。彭真、杨尚昆、万里、宋平、薄一波、宋任穷等老同志也前往医院看望或通过不同方式表示问候。

4 月 11 日，中共中央、全国人大常委会、国务院、全国政协、中央军委发布讣告，沉痛宣告陈云逝世的消息。讣告对陈云一生的经历作了概述，高度评价了他作为以毛泽东同志为核心的党的第一代中央领导集体和以邓小平同志为核心的党的第二代中央领导集体的成员，在革命、建设和改革的各个历史时期，为党、国家和人民所建立的永不磨灭的功勋。4 月 17 日，江泽民、李鹏、李瑞环、朱镕基、刘华清、胡锦涛、荣毅仁等党和国家领导人到北京医院沉痛送别陈云。李鹏、朱镕基、胡锦涛等陪同陈云亲属，护送陈云遗体到北京八宝山革命公墓火化。同一天，新华社发表了陈云生平的长篇通稿：《陈云同志伟大光辉的一生》，介绍陈云的生平与贡献。

陈云去世两个月后，6 月 13 日，中共中央在北京举行《陈云文选》（一至三卷）、《陈云》画册出版发行暨纪念陈云诞辰 90 周年座谈会。江泽民在会上发表讲话，高度评价陈云的一生和他所作出的贡献。江泽民首先指出：

"新版《陈云文选》三卷本，集中了他的思想和观点，是他长期从事领导工作丰富经验的理论概括，对于我们推进社会主义物质文明和精神文明建设，加强党的建设，都具有重要指导意义。《陈云》画册生动地再现了他的经历、工作和生活。这两部书同时出版发行，是我们党和国家生活中的一件大事，也是我们对陈云同志最好的纪念。""陈云同志的业绩和著作，他的思想、品德和风格，属于我们伟大的党，属于我们伟大的国家和民族。他永远是我们学习的楷模。"

接下来，江泽民从党的建设、领导方法和经济建设等三个方面，概括了陈云对党和人民作出的贡献。

---

① 参见《邓小平年谱（1975—1997）》（下），中央文献出版社 2004 年版，第 1371 页。

　　关于陈云对党的建设作出的贡献，江泽民说："陈云同志关于'执政党的党风问题是有关党的生死存亡的问题'，'党性原则和党的纪律不存在"松绑"的问题'等著名的论断，应该成为全党同志的座右铭。"

　　关于陈云的领导方法，江泽民指出：

　　"陈云同志的远见卓识和杰出才能，来自坚持并善于把马克思主义基本原理同中国具体实际相结合，来自实践和群众。从我国国情出发，尊重实践，尊重群众，清醒地科学地分析和判断情况，在此基础上创造性地、踏实细致地开展工作，并下大的决心一干到底、干出成果，这是陈云同志鲜明的工作特点和领导风格。他一生注重调查研究，认为领导机关讨论决定重要问题要事先拿出百分之九十以上的时间搞调查研究，准备几个方案，反复权衡，慎重决策，同时要求领导干部广交敢讲真话的知心朋友，认真倾听不同意见。他多次回忆延安时期在毛泽东同志亲自指导下学习哲学的情形，认为在干部中特别在领导干部中提倡学哲学有根本的意义，只有掌握马克思主义的认识论和方法论，思想上才能真正提高，工作上才能不犯大的错误。他从实践的切身体验中总结出来的'不唯上、不唯书、只唯实，交换、比较、反复'，是一个充满唯物辩证法的领导原则和工作方法，是对马克思主义哲学和党的思想路线的重要贡献。在陈云同志的身上，我们看到党的老一代领导人的精湛的马克思主义理论修养和生机蓬勃的创造精神，看到中国共产党人对中国社会发展规律的深刻理解和把握，看到无产阶级勇往直前的革命精神和严格求实的科学态度的有机统一。"

　　关于陈云对经济建设作出的贡献，江泽民说：

　　"陈云同志是毛泽东同志为核心的党的第一代中央领导集体和邓小平同志为核心的党的第二代中央领导集体的成员，他对党、对人民的贡献是巨大的、多方面的。特别是他为中国社会主义经济建设的开创和奠基所建立的功勋尤为卓著。新中国建立以后，他长期主持财政经济工作，创造性地贯彻执行党中央和毛泽东同志的指示，提出过许多正确的指导思想、工作方针和重大措施。建国初期，他在实现全国财政经济统一、迅速稳定金融物价、恢复国民经济、安定人民生活和促进财政经济状况基本好转，实行粮食、棉花等主要农产品计划收购、计划供应，有步骤地开展对生产资料私有制特别是对资本主义工商业的社会主义改造，以及制定和实施第一个五年计划、奠定我国工业化基础等各项开创性工作中的贡献，是人所共知的。在全面开展社会主义经济建设时期，他坚持实事求是的原则，反对不顾现实条件的急躁冒进、急于求成的错误倾向，强调建设规模必须同国力相适应，人民生活同国家建设必须兼顾，制定经济计划必须做好财政收支、银行信贷、物资供需和外汇收支的综合平衡，并为有效地克服当时国民经济遭受的严重困难作出过突出贡献。从五十年代起，陈云同志为探索适合中国情况的社会主义经济体制提出过许多重要观点和主张。在'文化大革命'的后期，他根据历史发展的新情况，主张研究当代资本主义，利用外资为我国经济建设服务，使我国在世界市场上占有应占的地位。党的十一届三中全会以后，他总结国内外社会主义经济发展的历史经验，率先批评过去计划工作中存在的弊端，指出计划工作制度中的主要缺点是只有'有计划按比例'这一条，没有在社会主义制度下还必须有市场调节这一条。这些观点，当时对推动全党解放思想、实事求是，进行突破高度集中的计划经济体制的改革，产生过广泛而深刻的影响。他关于按照经济规律办事和进行必要的国家干预的观点，关于'无农不稳'、'无粮则乱'的观点，关于国民收入分配中积累和消费的比例要适当、一要吃饭二要建设的观点，关于中央应该集中必要的财力的观点，关于中央的政治权威要有中央的经济权威作基础的观点，关于要十分重视和认真对待社会上存在的各种消极现象、物质文明和社会主义精神文明一定要一起抓的观点，等等，对我国的社会主义现代化建设，都具有长期的重要指导意义。"①

　　陈云的逝世，使邓小平失去了一位并肩战斗、合作共事近一个世纪的老朋友、老同事、老战友。自1995年2月7日病愈出院后，邓小平一直在家休养。1996年12月12日，邓小平因患病再次住进中国人民解放军总医院。

① 《在〈陈云文选〉(一——三卷)、〈陈云〉画册出版发行暨纪念陈云同志诞辰九十周年座谈会上江泽民同志的讲话(一九九五年六月十三日)》，《人民日报》1995年6月14日。

在此后直至逝世的 2 个多月时间里，邓小平是在医院里度过的。

从 1997 年 1 月 1 日起，十二集电视文献纪录片《邓小平》，在中央电视台第一套节目开始播出。这是一部全面反映邓小平光辉业绩和伟大理论，真实再现邓小平革命生涯和伟人风采的电视文献纪录片。这部文献纪录片由中共中央文献研究室和中央电视台联合摄制。邓小平在医院病房观看了这部电视文献纪录片。

1997 年的春节，邓小平是在医院度过的。这是他度过的最后一个春节。2 月初，春节前夕，江泽民等中共中央领导人到医院看望邓小平。在谈话中，邓小平请江泽民等转达他对全国各族人民的节日祝贺，并希望在以江泽民同志为核心的党中央领导下，把今年恢复对香港行使主权和召开党的十五大这两件大事办好。① 邓小平在最后的日子里，关心的仍是党和国家的大事。

鉴于邓小平的病情不断恶化，2 月 15 日，邓小平夫人卓琳暨子女邓林、邓朴方、邓楠、邓榕、邓质方致信江泽民并中共中央，就邓小平的后事安排提出意见。信中写道："近来小平同志病重，作为他的亲人，我们的心情十分沉重。我们知道，中央的同志们都很关心小平同志，也与我们一样，已开始考虑有关后事安排。小平同志是彻底的唯物主义者，对于生死问题的看法向来达观，关于他的后事，近年来曾对我们多有交代。为了体现小平同志一生的追求和信念，完美地完成他人生的最后一个篇章，根据他的嘱托，我们提出如下意见：一、不搞遗体告别仪式。小平同志历来主张丧事从简，不搞遗体告别仪式符合他的看法。二、追悼会在火化后举行。骨灰盒以中国共产党党旗覆盖，上方悬挂体现小平同志精神面貌的彩色照片，以表达庄重肃穆的气氛。三、家中不设灵堂。四、捐献角膜。解剖遗体供医学研究。五、不留骨灰。根据小平同志本人的意愿，把骨灰撒入大海。小平同志毫无保留地把毕生奉献给了祖国和人民，我们希望，我们为小平同志所做的最后一件事，既能体现小平同志的精神本质，又能以最朴素和最庄严的方式表达我们

---

① 参见《邓小平年谱（1975—1997）》（下），中央文献出版社 2004 年版，第 1374 页。

的哀思。"①意见是根据邓小平的嘱托提出的，中共中央尊重了邓小平亲属提出的这些意见。

2月19日21时零8分，邓小平在北京逝世，终年93岁。在邓小平生病住院及病重期间，江泽民、李鹏、乔石、李瑞环、朱镕基、刘华清、胡锦涛、荣毅仁等党和国家领导人前往医院看望。②

2月19日，邓小平逝世当日，中共中央、全国人大常委会、国务院、全国政协、中央军委发布《告全党全军全国各族人民书》，宣告：邓小平患帕金森病晚期，并发肺部感染，因呼吸循环功能衰竭，抢救无效，在北京逝世。《告全党全军全国各族人民书》高度评价：邓小平是我党我军我国各族人民公认的享有崇高威望的卓越领导人，伟大的马克思主义者，伟大的无产阶级革命家、政治家、军事家、外交家，久经考验的共产主义战士，我国社会主义改革开放和现代化建设的总设计师，建设有中国特色社会主义理论的创立者。同日，江泽民任主任委员的邓小平同志治丧委员会成立。21日，新华社播发《邓小平伟大光辉的一生》的长文，介绍邓小平的生平与贡献。24日，江泽民、李鹏、乔石、李瑞环、朱镕基、刘华清、胡锦涛、荣毅仁等党和国家领导人到中国人民解放军总医院送别邓小平，并护送邓小平的遗体到北京八宝山革命公墓火化。在灵车前往八宝山的道路两旁，有十多万各界人士和从各地赶来的人民群众为邓小平送别。③

2月25日，江泽民、李鹏、乔石、李瑞环、朱镕基、刘华清、胡锦涛、荣毅仁等党和国家领导人以及中央党政军群机关各部门和首都各界代表，家乡代表，生前友好等共一万人，在人民大会堂举行隆重追悼大会，沉痛悼念邓小平。江泽民致悼词，高度评价邓小平光辉、战斗的一生和建立的丰功伟绩。

江泽民指出：中国人民爱戴邓小平同志，感谢邓小平同志，哀悼邓小平同志，怀念邓小平同志，是因为他把毕生心血和精力都献给了中国人民，他

---

① 《邓小平年谱（1975—1997）》（下），中央文献出版社2004年版，第1374—1375页。

② 参见《邓小平年谱（1975—1997）》（下），中央文献出版社2004年版，第1375页。

③ 参见《邓小平年谱（1975—1997）》（下），中央文献出版社2004年版，第1375—1377页。

为中华民族的独立和解放、为中国的社会主义现代化事业建立了不朽的功勋。在中国共产党历史上，党领导中国人民进行了一场把半殖民地半封建的旧中国变成社会主义新中国的伟大革命，十一届三中全会以来又领导人民开始了一场新的革命，要把中国由不发达的社会主义国家变成富强民主文明的社会主义现代化国家。在这两次伟大革命的进程中，实现了马克思主义同中国实际相结合的两次历史性飞跃，形成了两大理论成果，这就是毛泽东思想和邓小平建设有中国特色社会主义理论。两次伟大革命，两次历史性飞跃，造就了两个伟大人物，这就是毛泽东同志和作为毛泽东同志的战友、事业继承者的邓小平同志。

江泽民指出：邓小平同志留给我们的最可宝贵的财富就是他创立的建设有中国特色社会主义理论和在这个理论指导下制定的党在社会主义初级阶段的基本路线。这个理论，科学地把握社会主义的本质，第一次比较系统地初步地回答了中国这样的经济文化比较落后的国家如何建设社会主义、如何巩固和发展社会主义的一系列基本问题。它是马克思列宁主义基本原理与当代中国实际和时代特征相结合的产物，是毛泽东思想的继承和发展，是当代中国的马克思主义。它是全党全国人民集体智慧的结晶，是中国共产党的指导思想和中华民族的精神支柱。

江泽民指出：邓小平同志不仅以他创立的光辉的革命理论指引着我们，而且以他在长期革命实践中锤炼出来的鲜明的革命风格感召着我们。他的英名、业绩、思想、风范将永载史册，世世代代铭刻在人民的心中。

江泽民最后说：更高地举起邓小平同志建设有中国特色社会主义理论的伟大旗帜，更好地贯彻执行党的基本路线，是我们党中央领导集体坚定不移的决心和信念，也是全党全军全国各族人民的共识和愿望。全党全军全国各族人民一定能够继承邓小平同志的遗志，坚定不移，满怀信心，把邓小平同志开创的建设有中国特色社会主义的伟大事业推向前进，把我国建设成为富强、民主、文明的社会主义现代化国家。①

----

①　参见《十四大以来重要文献选编》（下），中央文献出版社2011年版，第364—375页。

3月2日，胡锦涛等受中共中央委托和邓小平夫人卓琳等乘专机将邓小平骨灰撒入东海。

7月1日凌晨，中英两国香港政权交接仪式在香港举行。江泽民庄严宣告："根据中英关于香港问题的联合声明，两国政府如期举行了香港交接仪式，宣告中国对香港恢复行使主权。中华人民共和国香港特别行政区正式成立。经历了百年沧桑的香港回归祖国，标志着香港同胞从此成为祖国这块土地上的真正主人，香港的发展从此进入一个崭新的时代。历史将会记住提出'一国两制'创造性构想的邓小平先生。我们正是按照'一国两制'伟大构想指明的方向，通过外交谈判成功地解决了香港问题，终于实现了香港回归祖国。"①此时此刻，人们更加怀念不久前刚刚去世的邓小平。他在生前曾多次表示愿意活到1997年，亲眼看到中国对香港恢复行使主权，还想到自己的国土香港去走走，哪怕一个小时。但邓小平的这个愿望最终还是没能实现，留下了无尽的遗憾。为表达对邓小平为香港回归作出的历史贡献的敬意，也为实现邓小平未竟的心愿，交接仪式特邀邓小平夫人卓琳出席。

邓小平去世7个月后，9月12日至18日，中国共产党第十五次全国代表大会在北京举行。12日，江泽民代表中共第十四届中央委员会向大会作题为《高举邓小平理论伟大旗帜，把建设有中国特色社会主义事业全面推向二十一世纪》的报告。

报告指出：一个世纪以来，中国人民在前进道路上经历了三次历史性的巨大变化，产生了三位站在时代前列的伟大人物：孙中山、毛泽东、邓小平。第一次是辛亥革命，推翻统治中国几千年的君主专制制度。这是孙中山领导的。第二次是中华人民共和国的成立和社会主义制度的建立。这是中国共产党成立后，在以毛泽东为核心的第一代领导集体的领导下完成的。第三次是改革开放，为实现社会主义现代化而奋斗。这是在以邓小平为核心的第二代领导集体的领导下开始的新的革命。

报告着重阐述了邓小平理论的历史地位和指导意义，指出：邓小平理论

① 《江泽民文选》第1卷，人民出版社2006年版，第651页。

是当代中国的马克思主义，是马克思主义在中国发展的新阶段。邓小平理论坚持解放思想、实事求是，在新的基础上继承前人又突破陈规，开拓了马克思主义的新境界。邓小平理论抓住"什么是社会主义，怎样建设社会主义"这个根本问题，深刻地揭示社会主义的本质，把对社会主义的认识提高到新的科学水平。邓小平理论坚持用马克思主义的宽广眼界观察世界，对当今时代特征和总体国际形势，对世界上其他社会主义国家的成败，发展中国家谋求发展的得失，发达国家发展的态势和矛盾，进行了正确分析，作出了新的科学判断。邓小平理论是贯通哲学、政治经济学、科学社会主义等领域，涵盖经济、政治、科技、教育、文化、民族、军事、外交、统一战线、党的建设等方面比较完备的科学体系，又是需要从各方面进一步丰富和发展的科学体系。

报告强调：马克思列宁主义、毛泽东思想一定不能丢，丢了就丧失根本。同时一定要以我国改革开放和现代化建设的实际问题、以我们正在做的事情为中心，着眼于马克思主义理论的运用，着眼于对实际问题的理论思考，着眼于新的实践和新的发展。在当代中国，马克思列宁主义、毛泽东思想、邓小平理论，是一脉相承的科学体系。坚持邓小平理论，就是真正坚持马克思列宁主义、毛泽东思想；高举邓小平理论的旗帜，就是真正高举马克思列宁主义、毛泽东思想的旗帜；坚持中共十一届三中全会以来的路线不动摇，就是高举邓小平理论的旗帜不动摇。

大会确立邓小平理论为党的指导思想，并在党章中明确规定中国共产党以马克思列宁主义、毛泽东思想、邓小平理论作为自己的行动指南。规定党员和党的干部要认真学习马克思列宁主义、毛泽东思想、邓小平理论。[1]这是对邓小平历史地位的正式确立。

中国的历史由此翻开了新的一页。

---

[1] 参见《十五大以来重要文献选编》（上），中央文献出版社2011年版，第1—12、45—46页。

结　语

邓小平和陈云交往共事的
三个历史阶段

邓小平和陈云共同走过近一个世纪的革命历程。他们之间的交往共事，如果从已经确知的长征时期开始，也有 60 多年的时间。这在我们党的领袖人物中是不多见的。邓小平和陈云交往共事的这 60 多年，可以分为三个历史阶段：

一是新民主主义革命时期。在这个时期，邓小平和陈云虽然基本上没在一起工作和共事，彼此交往也不是很多，但他们二人此时已建立起比较密切的个人和工作关系，为以后的长期合作共事打下了良好基础。

二是社会主义革命和建设时期。这是邓小平和陈云交往共事的一个重要历史阶段。

邓小平自 1952 年 7 月到中共中央工作后，即开始了与陈云一起在中央合作共事的历程。起初，他们都是政务院副总理，邓小平还任中财委第一副主任兼财政部部长，与中财委主任陈云直接搭档，在粮食统购统销等方面进行过密切的合作。在揭批高饶这场党内政治斗争中，邓小平和陈云立场坚定、旗帜鲜明，表现了对党高度忠诚负责的优秀品格，为维护党的团结和统一发挥了重要作用，作出了重要贡献。1954 年 9 月一届全国人大一次会议召开后，邓小平和陈云同为国务院副总理。1955 年 4 月中共七届五中全会后，他们同为中共中央政治局委员。1956 年 9 月中共八大后，他们同为中共中央政治局常委，陈云任副主席，邓小平任总书记，都是以毛泽东同志为核心的党的第一代中央领导集体的重要成员。

中共八大后，邓小平主持中共中央书记处的工作，陈云主持中央财经工作，都处在中央领导工作的第一线。他们在毛泽东的领导下，参加党和国家的重要决策，在许多方面提出过重要的正确主张。在此过程中，邓小平和陈云分工协作，密切配合，为探索适合中国国情的社会主义建设道路作出了积极努力。"大跃进"运动兴起后，他们为纠正"左"的错误提出了重要意见，并为克服严重的经济困难采取了有效措施，发挥了重要作用。对于陈云在1962年提出的分田到户的主张，邓小平给予了明确的支持。

"文化大革命"发动后，邓小平和陈云都受到了冲击，并均被下放到江西。林彪事件后，他们先后出来工作。邓小平复出后主持了1975年的全面整顿工作，但又在1976年的所谓"批邓、反击右倾翻案风"运动中被再次打倒。陈云虽没有邓小平那样波折，但也一直没有恢复在中共中央的领导职务。1976年10月"四人帮"被粉碎、"文化大革命"结束后，他们共同迎来政治的转机。

三是改革开放和社会主义现代化建设新时期。这是他们革命生涯中合作共事的最重要的时期。

在这一时期，邓小平是党的第二代中央领导集体的核心，陈云是以邓小平同志为核心的党的第二代中央领导集体的重要成员。他们是党和国家核心决策层中起关键作用的两位领导人。其中邓小平是最高决策者，陈云在党和国家的决策中特别是在经济和组织方面的决策中发挥着重要作用，有着重要的影响。这是他们的工作关系和共事方式区别于前两个历史阶段的显著特征。

中共十一届三中全会后，邓小平和陈云同第二代中央领导集体其他成员一道，带领全党进行思想路线、政治路线和组织路线的拨乱反正，科学评价毛泽东的历史地位，坚持和发展毛泽东思想，制定和执行以经济建设为中心、坚持四项基本原则、坚持改革开放的党的基本路线，正确解决新中国成立以来的许多历史遗留问题和现实生活中出现的新问题，推进新时期党的建设，推动干部队伍新老合作和交替特别是抓紧培养选拔大批德才兼备的中青年干部，保持党和国家稳定，成功开创了我国社会主义事业发展的新时期。在这些事关改革开放和现代化建设顺利进行的一系列重大问题上，邓小平和陈云都进行了成功的合作。

　　毋庸讳言，在领导和推进改革开放的过程中，由于邓小平和陈云的性格特点、工作方法和所处的领导位置不同，他们在某些具体问题上也的确存在一些差异或分歧，如关于改革开放的节奏、经济发展的速度、物价闯关、特区货币等问题。但他们分歧的性质不是原则性的，不是要不要改革开放，而是在如何改革开放上的差异。这种差异和分歧，从某种意义上来说，反而具有互相补充的作用，而且面对分歧，他们也能够以改革开放大局为重，求大同存小异。正是邓小平和陈云的合作与互补，保证了中国改革开放伟大事业的成功开创和顺利推进。

参考文献

[1]《建党以来重要文献选编》（第1—26册），中央文献出版社2011年版。

[2]《中共中央文件选集》（第1—50册），人民出版社2013年版。

[3]《建国以来重要文献选编》（第1—20册），中央文献出版社2011年版。

[4]《三中全会以来重要文献选编》（上、下），中央文献出版社2011年版。

[5]《十二大以来重要文献选编》（上、中、下），中央文献出版社2011年版。

[6]《十三大以来重要文献选编》（上、中、下），中央文献出版社2011年版。

[7]《十四大以来重要文献选编》（上、中、下），中央文献出版社2011年版。

[8]《邓小平文选》第1、2卷，人民出版社1994年版。

[9]《邓小平文选》第3卷，人民出版社1993年版。

[10]《陈云文选》第1—3卷，人民出版社1995年版。

[11]《邓小平文集(1949—1974)》（上、中、下），人民出版社2014年版。

[12]《邓小平西南工作文集》，中央文献出版社、重庆出版社2006年版。

[13]《陈云文集》第1—3卷，人民出版社2005年版。

[14]《邓小平年谱（1904—1974)》（上、中、下），中央文献出版社2009年版。

[15]《邓小平年谱(1975—1997)》(上、下)，中央文献出版社 2004 年版。

[16]《陈云年谱（修订本)》(上、中、下)，中央文献出版社 2015 年版。

[17]《邓小平传（1904—1974)》(上、下)，中央文献出版社 2014 年版。

[18]《陈云传》(第 1—4 册)，中央文献出版社 2015 年版。

[19]《邓小平画传》(上、下)，中央文献出版社 2014 年版。

[20]《陈云画传》，浙江人民美术出版社 2011 年版。

[21]《回忆邓小平》(上、中、下)，中央文献出版社 1998 年版。

[22]《缅怀陈云》，中央文献出版社 2000 年版。

[23]邓榕著:《我的父亲邓小平:战争年代》，生活·读书·新知三联书店 2013 年版。

[24]邓榕著:《我的父亲邓小平:"文革"岁月》，生活·读书·新知三联书店 2013 年版。

[25]《亲情话陈云》，中央文献出版社 2006 年版。

[26][美] 傅高义著:《邓小平时代》，冯克利译，生活·读书·新知三联书店 2013 年版。

后 记

进入邓小平、陈云思想生平研究领域，缘于 2005 年纪念陈云诞辰 100 周年。以此为契机，国内学界掀起陈云研究的新热潮。我所在的中国社会科学院当代中国研究所也于当年 5 月份举办了纪念陈云诞辰 100 周年的学术座谈会，要求科研人员撰文参会。在这之前，我虽然硕士、博士期间学的专业都是中共党史，但对陈云并不是很了解，更谈不上研究。但作为所里的一名科研人员，撰文参会既是学习，也是任务。于是我提交了题为《试论陈云党建思想与加强党的执政能力建设》的习作，后发表于中国社会科学院直属机关党委主办的内部刊物《社科党建》2005 年第 7 期。这是我进入学术领域后撰写的第一篇陈云研究的学术论文。

为将陈云研究持续深入地开展下去，曾任陈云秘书、时任中国社会科学院副院长、当代中国研究所所长的朱佳木研究员，主持创立了陈云与当代中国学术研讨会年会制度，并从 2007 年起在全国范围内逐年召开，至今已举办了 14 届。我参加了几近历届陈云年会并提交了学术论文。在参加陈云年会及日常陈云研究的过程中，我加深了对陈云的了解和认识，培养起了对陈云研究的兴趣。十几年下来，已在该领域取得一些学术成果，有的还引起了学界同行的关注。

随着陈云研究的不断深入，我发现如果仅囿于陈云本身，不走出陈云，许多问题说不清楚，也无法拓展和深入，持续研究下去对我来说可能会遇到一些制约和瓶颈。于是我眼睛向外，把目光转向了自己比较熟悉、之前又有一定研究基础的邓小平，开始尝试将陈云和邓小平结合起来进行研究，并在相关专题研究上取得一些阶段性成果，从而为本书的撰写奠定了基础、准备了条件，邓小平、陈云思想生平研究也由此成为我一个相对明确和固定的研究方向。

　　在研究邓小平、陈云思想生平的过程中，我发现他们是中共重要领袖人物中共同经历较多、共事时间较长的两位领导人，而且对他们两位领袖人物的关系，特别是他们在改革开放中的关系，是社会各界比较感兴趣的问题，但大部分人并不知究竟，且在不少人中还存在模糊或错误认识。因此，以20世纪为时限，整体考察他们在各个历史阶段、各个工作领域以及各个重大事件中的合作与共事，全景式地展示他们共同走过的近一个世纪的革命历程，应该是一个具有重要学术价值和现实意义的专著选题，也应该会受到读者的欢迎。

　　改革开放以来，学术界已有一些对邓小平和陈云进行总体研究的成果问世。但无论是这方面的学术论文还是为数不多的学术专著，都只涉及邓小平、陈云思想生平中的几个点，还没有连成线，更没有形成面，不能全方位、多领域、长时段地反映他们在长达近一个世纪的革命历程中合作共事的全过程和各方面。因此，本书的选题仍具有比较广阔的研究空间和一定的学术开创性，甚至可以说能够填补这方面的学术空白。因此，我从很早就着手为撰写这样一部学术专著做着多方面的准备，并已开始了部分章节的写作。

　　尽管之前对这个选题思考了很久，也有对邓小平、陈云各自研究以及对他们总体研究的一些成果作基础，但由于本书的时段跨越近一个世纪，涉及我们党革命、建设、改革三个历史时期，又是写邓小平、陈云两个重要领袖人物，涉及我们党和国家历史上几乎所有重大事件，再加上笔者的水平和能力有限，因此本书写起来其难度可想而知。但好在本人是学中共党史出身，对党和国家的历史及相关文献比较熟悉，更重要的是，之前对邓小平、陈云已分别作了许多专题研究，所以书稿的写作进展还算顺利。尤其是签订了出版合同、敲定了交稿日期后，更增加了我的紧迫感。好在越到后面，特别是到改革开放新时期我对相关内容就越熟悉，因此，经过我的长期努力，这本书还是在交稿日期前如期完成了。其中甘苦，如鸭饮水，冷暖自知。

　　由于水平所限，书中难免有不足或不当之处，敬请读者批评指正。

张金才
2020年11月于北京

512

责任编辑：吴广庆

装帧设计：汪　莹

图书在版编目（CIP）数据

邓小平与陈云的世纪历程 / 张金才 著 . — 北京：人民出版社，2021.7

（2022.1 重印）

ISBN 978 - 7 - 01 - 021965 - 3

I.①邓…　II.①张…　III.①邓小平（1904—1997）- 生平事迹

②陈云（1905—1995）- 生平事迹　IV.① A762 ② K827=7

中国版本图书馆 CIP 数据核字（2020）第 044444 号

邓小平与陈云的世纪历程
DENG XIAOPING YU CHEN YUN DE SHIJI LICHENG

张金才　著

人民出版社 出版发行
（100706　北京市东城区隆福寺街 99 号）

北京汇林印务有限公司印刷　新华书店经销

2021 年 7 月第 1 版　2022 年 1 月北京第 2 次印刷

开本：710 毫米 × 1000 毫米 1/16　印张：32.5

字数：500 千字

ISBN 978 - 7 - 01 - 021965 - 3　定价：98.00 元

邮购地址 100706　北京市东城区隆福寺街 99 号

人民东方图书销售中心　电话（010）65250042　65289539